전략적 M&A 실무

개정판

남영호 | 진현식 공저

세명서관

개정판을 내면서

세계는 지금 기업경영환경의 변화요인으로 말미암아 글로벌화와 급속한 기술 발전 및 다양한 소비자 욕구의 증가뿐만 아니라 경쟁심화 등으로 인해 모든 산업분야에 걸쳐 경영환경이 복잡하고 불연속적으로 변화하고 있으며 미래경영환경 변화에 대한 불확실성이 확대되어 가는 추세이다. 규모의 경제범위, 세계화와 시장의 통합화 · 단일화 · 급격한 기술변화 등으로 기업 간의 경쟁은 점차적으로 심화되는 추세이다. 이러한 경영환경변화에 따라 기업의 생존과 성장전략의 방안으로 M&A의 중요성이 크게 부각되어 왔다.

기업이 성장해 나가는 형태에는 내적 성장과 외적 성장으로 구분할 수 있다. 내적인 성장은 전략적인 경영을 통한 핵심역량과 내부경영자원의 효율극대화 등을 통하여 이루어 나갈 수 있지만 외적 성장은 다른 기업과의 전략적 제휴 또는 결합을 통해 사업영역을 확대시켜 나가는 것을 의미한다. 오늘날에 있어서 기업의 외적 성장의 수단으로써 기업 인수합병이 이슈로 등장하였다. 따라서 동일한 산업 내에서의 몸집 부풀리기는 생존과 성장을 위한 필요 불가결한 현안으로 떠오르게 되었으며 M&A의 급물살은 지금도 멈출 줄을 모르고 진행되고 있다. 국내 기업 간의 결합은 말할 것도 없고 국제간의 기업사냥이 현실적으로 증대되기 시작하였으며, 일련의 사례들을 통하여 많은 교훈을 얻을 수 있었음은 구체적인 언급을 회피하더라도 이미 알려져 있는 사실이다.

국제적인 기업환경의 변화는 심지어 기간산업 영역에까지 미치고 있으며, 적대적 M&A의 먹잇감이 되기도 하며, 언제 또 다시 잠재적 공격의 표적이 될 지는 아무도 장담할 수 없는 것이 우리가 처한 엄연한 현실이기도 하다. 이와 관련하여 정부도 대비책을 마련하기 위하여 현행 법률을 개정하고 또한 기업은 지주회사, 금융지주회사의 설립, 산업 내의 기업통합과 결합 등의 형태로 생존과 외적 성장을 추구하였다.

이러한 일련의 과정 속에서 자본시장법은 그간 자본시장을 규율하던 「증권거래법」, 「선물거래법」 등 6개로 나누어져 있던 법률을 2009년 2월 4일 폐지하고 「자본시장과 금융투자업에 관한 법률」로 하나의 단일화된 법률로 통합한 것으로 자본시장의 발전에 장애가 되는 제도적인 요인과 자본시장에 대한 법체계를 개선함으로써 자본시장의 신뢰를 제고하고, 자본시장의 혁신형 기업에 대한 자금공급 기능을 강화하는 등 자본시장의 활성화와 우리나라 금융산업의 발전을 위한 제도적 기반을 구축하였다.

세계 M&A시장은 2019년 상반기 현재 5년 연속 상승세를 지속하고 있으며, 2018년 국내 M&A 거래규모는 56조원으로써 금액과 건수 모두 역대급 규모로 사상 최고치를 기록했다. 이처럼 M&A가 활성화되는 데에는 각국 정부의 경기부양 정책으로 유동성이 풍부해진 가운데, 본격적인 경기 회복에 앞서 시장점유율 확대 및 신성장동력을 확보하려는 기업 수요, 비핵심 자산매각 등을 통한 기업 효율화 유인 등이 높아지고 있기 때문이기도 하다.

이 책의 내용은 개괄적으로 10 Parts로 나뉘어져 구성되어 있다.

Chapter01은 M&A의 개요로써 M&A의 의의와 기능과 그 유형, M&A 시장과 구조와 역할 및 구성요소, M&A시장의 현황과 특징에 대한 총론적인 부분을 요약하여 정리하였다.

Chapter02는 M&A의 절차로써 M&A 전략수립과 대상기업 선정, 교섭에서부터 MOU 체결까지의 과정과 M&A 협상 및 계약체결, 대금지급과 사후관리에 이르기까지를 구체적으로 설명할 뿐 아니라 관련 서식을 대표적인 사례 중심으로 수록하고 있다.

Chapter03은 전략적 인수합병에 대하여 전략적 M&A의 개요에서 시작하여 성공요건과 제약요인, M&A의 전략적 유형을 형태나 전략 목적에 따라 구분하여 설명하는데 힘썼다.

Chapter04는 M&A의 추진전략이다. M&A를 추진하는 동기는 경영전략적이거나 영업적 또는 재무적 동기로 구분할 수 있다. 이 책에서는 M&A의 목적별 추진전략과 주체별 추진전략, 전략적인 추진전략에 대하여 각각의 전략에 대하여 보다 세부적으로 구분하여 설명하고 있다.

Chapter05는 합병에 관한 내용이다. 합병은 흡수합병과 신설합병 그리고 회사

분할로 구분할 수 있으며, 합병의 특수절차와 합병가액의 산정에 대한 사항도 빠짐없이 기술하고 있다.

Chapter06은 M&A 전략의 실행전략에 대한 사항으로써 공개매수 · 자산양수와 양도 및 영업양수와 양도 · 주식의 포괄적 교환과 이전 · 주식연계채권 · A&D전략 · P&A 전략 등 기타 수많은 M&A 전략에 대한 관련 법률과의 관계를 설명하는데 치중하였다.

Chapter07은 적대적 M&A에 대한 내용이다. 적대적 M&A의 개요와 절차 · 대상기업의 공격전략과 경영권 방어전략의 유형과 방법 및 관련 법률에 대한 이해력 증진을 촉진시키는데 치중하였다.

Chapter08은 회생절차의 M&A이다. 특히 개정판에서는 이 부분에 대하여 구체적으로 다루고 있다. 회생절차의 M&A 개요에서부터 회생절차 M&A의 유형과 M&A 진행절차에 관하여 이론과 서울중앙지방법원 파산부의 '회생절차 M&A 준칙'의 관련사항에 대해 요약 설명하고 있다.

Chapter09는 기업공개전략이다. 여기에서는 IPO 전략의 개요에서부터 유가증권 상장과 절차, 우회상장전략, 의무보호예수제도, 상장폐지에 관하여 금융감독 관련 규정과 연관하여 설명하고 있다.

마지막으로 Chapter10 M&A 가치평가이다. M&A에 있어서 가장 중요한 것은 적정한 가격산정이다. 이를 위해서는 M&A 기업가치의 평가가 무엇보다 중요한 요소가 된다. 이 절에서는 M&A 가치평가의 개요에서부터 평가방법과 기술가치의 평가에 대하여 구체적으로 설명하고 있다.

끝으로 이 책이 독자 여러분들께서 수행하는 비즈니스 퍼포먼스에 있어서 업무매뉴얼로써의 길잡이가 되고 나침판의 역할을 하는데 부족함이 없도록 노력하였다. 또한 이 책이 출판되기까지 늘 아낌없는 지원과 성원을 보내주신 세명서관 오영환 사장님과 편집부 직원들의 노고에 감사의 인사를 드린다. 그리고 무엇보다도 독자 여러분께도 깊은 감사를 드리고자 한다.

2019년 8월 연구소에서

공 저 자

차 례

Chapter 01 M&A의 개요

Chapter 04 M&A 추진전략

Chapter 05 합 병

Chapter 06 M&A 전략

Chapter 07 적대적 M&A

Chapter 08 회생절차의 M&A

Chapter 09 기업공개전략

Chapter 10 M&A 가치평가

Chapter 01

M&A의 개요

01 M&A의 의의와 기능

M&A의 역사는 19세기 중반부터 시작되었다. 미국 · 영국을 중심으로 기업투자가 대형화되고, 자유경쟁시장체제가 정착되는 과정에서 기업들이 내적 성장에서 탈피하여 외적 성장을 추구하면서 자연스럽게 태동하였다. 내적 성장이란 기업의 내부자원을 이용해 성장을 추구하는 것이고 외적 성장이란 기업의 외부자원, 즉 다른 기업의 자산을 이용하여 성장을 추구하는 것을 의미한다. 이러한 기업의 외적 성장은 내적 성장이 한계에 달한 경우나 시장 환경 변화에 신속하게 대응하기 위한 성장전략의 하나로 다른 기업을 인수하는 형태로 나타나게 되었다.

M&A(Mergers and Acquisitions)는 둘 이상의 기업이 통합되어 하나의 기업이 되는 기업합병(merger)과 인수기업이 인수대상기업의 주식이나 자산을 전부 또는 일부를 매입함으로써 경영권을 획득하는 기업인수(acquisition)가 결합한 개념이라고 볼 수 있다.

M&A는 내부혁신을 통한 성장보다는 외부재원을 통한 규모 및 범위의 경제 실현으로 기업의 외적 성장에 중점을 두고 있다고 할 수 있다. 내적 성장은 기업이 보유한 내부자원을 활용하여 경쟁력을 증대시키거나 기업의 규모를 확대해 나가는 것을 의미한다.

그러나 이러한 내적 성장 전략은 기업의 시장에 대한 민첩한 접근을 어렵게 할 수도 있으며, 기술 및 인력에 대한 높은 투자회수위험을 수반한다. 반면 외적 성장 전략은 기업으로 하여금 시장에 이미 존재하는 기업이나 사업부문을 인수 · 합병하여 시장지배력의 강화, 기술 및 인력확보 등을 통한 시너지 실현 등을 용이하게 할 수 있다. 이와 같이 M&A는 외적 혁신을 통해 기업의 규모 및 범위의 경제를 실현하거나 시장지배력을 강화함으로써 인수합병기업의 가치 및 이윤을 극대화하는 전략으로 이용되고 있다.

기업 간 M&A는 두 개 이상의 기업 간 인수(acquisition) 및 합병(merger)을 통칭한다. 합병(merger)은 두 개 이상의 기업이 계약 및 동의에 의해 법률적 · 사실적으로 하나의 기업이 되는 것을 말하며, 인수(acquisition or takeover)는 경영권 획득을 목적으로 인수기업이 대상기업 주식이나 자산의 전부 또는 일부를 취득하는 것을 의미한다.

특히 기업인수는 합병에서와 같이 법적인 형태의 변화를 가져오기보다는 주주 간의 주식 또는 자산의 이동을 통한 지배권의 변화를 유발한다. 이와 더불어 광의의 의미에서 M&A는 기업의 자산, 생산라인, 자회사 및 기업의 일부분 또는 전부를 제3자에게 매각하는 분리매각(divestiture) 등을 포함한다.

1 M&A의 의의

M&A(Mergers & Acquisitions)란 기업의 합병 · 인수를 의미한다. 기업들이 자신의 존속을 위하여 끊임없이 자신의 내부자원들을 이용하여 원가절감, 생산시설확충, 품질향상, 신제품, 신기술개발 등을 하며 성장을 모색하다가 내부자원들의 이용 및 결합에 의한 성장이 순조롭지 못하거나, 어려움을 느끼게 되면 자연히 외부 경영자원들을 활용하게 되는데 이러한 외부경영자원 활용의 한 방법이 M&A라고 할 수 있다.

기업의 합병은 둘 이상의 기업이 결합하여 법률적으로 하나의 기업이 되는 것을 의미한다. 기업의 합병은 법률적으로는 신설합병과 흡수합병의 두 가지 방법이 있다. 신설합병이란 두 개 이상의 기존 기업이 모두 해산, 소멸하고 전혀 새로운 회사가 설립되는 것을 말한다. 흡수합병은 기존의 기업 가운데 하나는 존속하고 하나의 기업은 흡수되는 경우를 말한다.

기업의 인수는 대상기업의 자산이나 주식을 취득하여 경영권을 획득하는 것을 말한다. 자산취득에 의한 기업매수의 방법은 영업 양 · 수도에 의한다. 영업양도는 신용 · 고객 · 공장 · 점포 등 영업용 재산 · 종업원 및 경영상 노하우 등 그 사업을 하는 데 필요한 자산을 넘겨주는 것을 말한다.

주식취득에 의한 매수방법에는 기발행주식의 취득방법과 신규 발행주식의 인수 등 두 가지 방법이 있다. 협의의 기업매수는 피 매수기업이 독립된 회사로서 존재할 경우만을 지칭하나, 광의로 두 개 이상의 회사가 법률상 하나의 법인격으로 되는 합병의 경우까지 포함하는 의미로도 사용되며 합병도 실질적으로는 기업매수의 과정을 거쳐 이루어진다.

M&A 또는 기업매수와 관련하여서 "독점규제 및 공정거래에 관한 법률"에서는 "기업결합"이라는 용어를 사용하여 "다른 회사의 주식취득 또는 소유 · 임원겸임 · 합병 · 영업의 양수 · 새로운 회사설립에의 참여 등"을 포괄하는 의미로 사용되며 최근에는 M&A가 넓은 의미로 쓰이고 있어서 기업합병, 기업매수와 금융적 관련을 맺는 합작관계 또는 전략적 제휴 등까지 포함해 M&A의 개념으로 보고 있다.

그리고 대내외적인 경제여건의 변화와 소속 산업에서의 치열한 경쟁에 대응하여 지속적으로 변화 적응하여야 하며 끊임없는 성장 발전을 도모하여야 하는 기업의 입장에서는 기존사업을 바탕으로 매출과 이익을 증대시키고 새로운 투자나 신규 사업을 통해 사업을 다각화하여 자산과 사업규모를 확장하는 데 한계가 있으므로 M&A를 통해 타 기업의 주식과 자산을 인수 또는 합병하여 기업규모를 팽창시키는 외적 경로를 통해 성장과 다변화를 추구하게 된다. M&A는 기업전략의 일환으로 이해해야 한다.

최근에는 M&A가 넓은 의미로 쓰이고 있다. 즉 법률적 · 경제적으로 독립성이 소멸하고 완전한 결합의 형태를 취하는 기업합병과 법률적 독립성은 유지되나 금융적으로 결합한 형태를 취하는 기업매수와 금융적 관련을 맺는 합작관계 또는 전략적 제휴 등까지 포함해 M&A의 개념으로 보고 있다.

M&A와 유사한 개념으로는 구조조정과 기업결합을 들 수 있다. 구조조정은 자산차원의 구조조정과 재무차원의 구조조정으로 구분되는데, M&A는 자산의 확대를 추구하는 기업구조조정 방법의 하나로 기업구조조정의 하위개념으로 보아야 할 것이다.

M&A가 기업 조직개편과 관련된 상법상의 개념인데 반해, 기업결합은 경제력 집중을 억제하기 위한 '독점규제 및 공정거래에 관한 법률'상의 개념이다. 기업결합이란 자산총액 또는 매출액의 규모가 일정 수준 이상인 기업이 타 회사의 주식취득 또는 소유 · 임원겸직 · 합병 · 영업양수 · 새로운 회사 설립에 참여를 통해 일정한 거래분야에서 경쟁을 실질적으로 제한하게 되는 경우를 의미한다. 기업결합은 M&A에 포함되는 합병 · 영업양수 · 주식취득 외에 임원겸직 등이 포함되므로 M&A보다 광의의 개념이고, 그 적용대상이 일정규모 이상인 기업에 한정된다는 차원에서는 M&A보다 협의의 개념이다.

2 기업합병과 기업인수의 개념

기업의 목표는 이윤극대화 혹은 기업가치의 극대화이며, 이는 기업 경쟁력 강화를 통해서 달성할 수 있다. 기업의 외부 환경은 기업의 세계화 · 기술혁신 · 사회 및 정치적 변화 등으로 급변하고 있으며, 이에 따라 기업들은 성장 혹은 쇠퇴를 경험한다. 기업의 성장전략으로는 내적 성장전략과 외적 성장전략으로 구분할 수 있다.

내적 성장전략이란 기업이 보유한 내부자원을 활용하여 고유의 경쟁력을 증대시키거나 신규사업에 진출하여 기업의 규모를 키워나가는 것을 말한다. 하지만, 내적 성장전략은 시장에 대한 민첩한 접근이 어려울 수도 있으며, 또한 기술이나 인력에 대한 투자횟수에 대한 위험이 높을 수 있는 단점이 있다. 반면에 기업은 단기간 시장 진출 · 기술 및 인력 확보 등을 위해 시장에 이미 존재하는 기업이나 사업부문을 인수(acquisition) 혹은 합병(merger)하여 해당 사업에 진출하는 외적 성장전략을 취할 수도 있다.

기업 이윤극대화 혹은 가치극대화는 반드시 성장을 통해서만 이루어지는 것은 아니다. 기업의 경쟁력 강화는 기존의 비효율적인 사업부분 매각 등 구조조정을 통해서 이루어질 수도 있다. 또한, 기업 경영환경이 기업의 생존과 부합하지 않는 경우에 기업 전체를 매각하여 퇴출하는 전략도 기업 이윤극대화의 전략이다.

이와 같이 한 기업의 일부 혹은 전부를 인수 혹은 매각하는 행위가 M&A이다. 이는 합병(merger)과 인수(acquisition)를 합친 것으로 학문적으로나 법률적으로 정확하게 정의된 용어는 아니다. 다만, 실무적으로 기업 간의 인수 합병이 자연스럽게 일어남에 따라 생겨난 용어이다. 합병(merger)은 둘 이상의 기업이 계약에 의해 통합되어 법률적, 사실적으로 하나의 기업이 되는 것을 말하며, 인수(acquisition)는 경영권 획득을 목적으로 하나의 기업이 인수대상기업의 주식이나 자산을 전부 또는 일부를 취득하는 것을 뜻한다. 특히 기업인수는 합병에서와 같이 법적인 형태의 변화를 가져오기보다는 주주 간의 주식이동을 통해 실질적인 기업 지배권의 변화를 유발한다. 앞서 언급하였듯이 M&A의 넓은 의미에는 기업의 자산 · 생산라인 · 자회사 및 기업의 일부분 또는 전부를 제3자에게 매각하는 분리매각도 포함된다.

기업합병과 기업인수는 다음과 같은 차이점을 보이고 있다.

첫째, 기업합병은 둘 이상의 기업이 법적으로 하나의 기업으로 변모하는 것이므로 피합병회사는 그 법적 독립성이 없으며, 그의 채권과 채무가 합병회사로 귀속된다. 하지만, 기업 인수의 경우 피인수회사의 경영상 및 법적 독립성이 유지되어 인수대상기업의 채권과 채무가 인수회사로 귀속되지 않는다.

둘째, 법적인 절차상 기업합병은 이사회나 주주총회의 결의가 있어야 하지만 기업인수는 피인수기업의 이사회나 주주총회의 의결이 필요하지 않다. 또한, 인수기업이 피인수기업에 대한 지배의사가 더 이상 존재하지 않으면 지분을 처분하여 지배관계를 청산할 수 있다. 따라서 기업 인수는 법률적으로나 절차상 기업합병에 비해 간편하게 기업결합을 할 수 있는 방법이라고 할 수 있다.

3 M&A의 분류

전략적 의도에 따른 분류

인수합병은 전략적 의도에 따라 공생(symbiosis) · 흡수(absorption) · 보존(preservation)으로 나눌 수 있다.

공생은 결합한 두 기업이 효율적인 부분만을 공유하고 나머지 조직에 대해서는 기존의 형태를 유지하는 것이다. 1990년 도이치은행(Deutsche Bank)이 모건그렌펠(Morgan Grenfell)을 인수한 사례를 들 수 있다.

흡수는 컴팩사가 기업용 서버 시장장악과 서비스강화 목적으로 DEC를 인수해 일방적으로 흡수한 것처럼 시장에서 경쟁력 있는 기업이 약한 기업을 일방적으로 인수할 경우에 나타나는 유형으로서 피인수기업의 경영권과 인적 · 물적 재산이 인수기업에 포괄적으로 승계된다.

보존은 M&A가 성립되기 전 개별기업이 M&A가 이루어진 후에도 두 기업의 조직의 형태를 변함없이 유지시키는 형태를 말한다. 포드(Ford)가 마쓰다(Mazda)를 인수한 경우가 이에 속한다. 1996년 포드는 마쓰다를 인수했으나 경영진만 일부 변경하고 기존 제휴 관계를 유지하면서 나머지 부분에 대해서는 독립적으로 운영하도록 했다.

사업의 상호연관성에 따른 분류

인수합병은 사업의 상호 연관성에 따라 혼합형 · 수직형 · 수평형으로 나눌 수 있다.

혼합형은 거대통신회사인 ITT 그룹의 아비스렌터카와 쉐라톤호텔 간의 합병처럼 생산이나 판매 면에서 서로 관계가 없는 기업끼리의 결합이다. 이 유형은 주로 사업 다각화나 인재확보 또는 자금조달의 강화나 관리비용의 절감 등을 목적으로 할 때 나타나는 유형이다.

수직형이란 한 기업의 생산과정이나 판매경로 상에서 이전 또는 이후의 단계에 있는 기업을 인수하는 것으로 주로 반제품 등의 재료원의 확보나 일관된 생산체제 또는 종합화 등을 목적으로 할 때 나타난다. 영화제작사인 디즈니(Disney)가 유통 보급망 확보를 위해 Capital & ABC를 인수한 경우를 들 수 있다.

수평형은 같은 산업에서 생산 활동 단계가 비슷한 기업 간에 이루어지는 경우를 말한다. 주로 시장점유율을 높이거나 판매력 강화 또는 생산 및 판매를 일원화하기 위해 이루어진다.

접근방식에 따른 분류

인수합병은 접근방식과 관련된 전략에 따라 공격적 · 방어적 · 방관자적 유형으로 구분할 수 있다.

공격적 유형은 케미컬은행이 소매금융 강화를 위해 체이스맨해튼은행을 인수한 사례처럼 규제의 변화나 경쟁구조의 변화 등에 따른 외부적인 변화 또는 시너지효과 등을 기대할 때 일어난다.

방어적 형태로는 미국의 6대 회계법인 가운데 하나인 프라이스워터하우스와 쿠퍼스앤드라이 브랜드가 합병발표를 하자 시장점유율을 빼앗기지 않으려는 언스트앤드 영과 KPMG가 합병한 사례를 들 수 있다. 즉 경쟁 관계에 있는 기업이 시장선점을 노리고 기업인수합병을 추진할 때 이를 막기 위해 자신도 M&A를 시도하는 유형이다.

방관자적 유형은 시장에서 소극적인 위치를 취하며 M&A에 대해 확실한 비전을 가진 기업에 인수되기를 기다리는 기업이 인수되는 경우이다. 미국의 3대 장거리 전화회사 중 하나인 MCI는 영국의 통신회사인 BT(British Telecom)와 합병약속을 했지만 확실한 비전과 보다 좋은 인수조건을 제시하는 미국의 월드컴에 인수된 바 있다.

4 M&A의 목적

M&A의 목적은 크게 경영 전략적 동기, 영업 · 경제적 동기, 재무적 동기에 의해 나누어질 수 있다.

경영 전략적 동기에 의한 M&A는 조직성장의 지속화, 경영효율의 극대화, 국제화의 추구, 저평가된 기업이 활용, 첨단기술의 도입을 위해 이루어진다.

영업 · 경제적 동기에 의한 M&A는 시장지배력의 확대, 규모와 범위의 경제적 효과, 시장참여 시간의 단축을 위해 이루어진다.

재무적 동기로는 위험분산 효과, 자금조달 능력의 확대, 자본이득의 실현, 조세절감 효과를 노리고 이루어진다.

최근 이루어진 M&A는 여러 M&A의 목적 중 비용절감과 조직통합을 위한 구조조정, 사업시너지의 제고, 성장분야에 있는 신규 사업진출, 초기 시장선점과 핵심기술 확보를 위한 기술획득 목적으로 이루어지고 있다.

경영 전략적 동기

조직성장의 지속화 기업 내부자원의 활용에 의한 성장은 한계가 있으므로 기업의 목적인 지속적인 성장을 위해 다각화나 사업진출 등 외적 성장전략을 모색하게 되고 현재의 사업 분야보다 수익성이 있는 사업으로 진출하여 지속적인 성장을 도모하게 된다.

경영효율의 극대화 전략적으로 비효율적인 사업부문은 매각하고 기존기업이 보유한 우수한 전문경영인이나 직원, 그리고 유망한 업종을 합병 · 인수하여 경영전략과 재무전략을 구사하면 장기적인 관점에서 극대화의 달성이 가능해진다.

국제화의 추구 시장 · 제품 및 기술의 전 세계적 무한경쟁 추세에 맞춘 사업다각화나 해외유망 현지기업과의 M&A는 현지공장 건설 · 인재양성 · 시장개척 등에 소요되는 시간과 비용을 절감하게 된다.

저평가된 기업의 활용 외부기업 중 경영자의 능력부족, 조직의 비능률 및 비효율성 때문에 저평가된 기업이 있는 경우 이러한 기업을 인수하여 우수한 인력을 투입하고 조직을 활성화하여 기업을 성장시킨다면 자원의 효율적 배분 측면에서 매우 유익하며 기업성장과 발전에 획기적인 계기가 된다.

첨단기술의 도입 현재의 기업경영환경은 기술개발의 속도가 빨라지고 제품의 수명주기가 짧아지기 때문에 기업이 독자적인 연구 개발을 통해 시장에서 경쟁력을 유지하고 이익을 실현하기 위해서는 막대한 비용과 시간이 소모되나 우수기술을 보유한 기업이나 첨단기술을 보유하고 있는 능력 있는 기업을 M&A 하면 기술도입에 효과적이다.

경제적 동기

시장지배력 확대 동종업종끼리 수평적 결합을 통해서 기존기업이 보유한 전문경영인, 고객관계, 판매망을 동시에 획득하여 시장구조를 독점화하여 시장점유율과 시장지배력을 강화하고 확대함으로써 이익을 증대시키는 것을 목적으로 한다.

규모와 범위의 경제적 효과 동종기업 간의 M&A는 기업규모의 대형화로 일관된 생산설비 등 생산 및 판매와 관련되는 고정생산비와 유통경비, 판매관리 등 각종 경비를 줄일 수 있는 경제적 효과를 획득할 수 있다.

시장참여의 시간단축 기술개발 속도의 가속화와 산업의 단명화 등에 따라서 신규사업에 투자하는 것보다 M&A를 통해서 신속히 시장에 진출함으로써 제품의 생산수명과 시장선점의 시간을 단축하는 것이 가능하다.

재무적 동기

위험분산 효과 현금흐름의 상관도가 적은 두 기업을 합병하면 현금흐름을 보다 원활히 할 수 있어 재무위험이 감소하는 등 M&A에서도 포트폴리오의 위험분산 효과가 있어 급격한 경제 환경 변화에 적응력이 제고되어 경영위험을 줄일 수 있다.

[Tip] 포트폴리오의 위험분산효과

① 포트폴리오의 위험

- 체계적 위험 : 어떤 자산의 총 위험 중에서 시장의 전체적인 움직임의 불확실성 때문에 발생하는 것으로 전체 시장에 영향을 미치는 위험을 말한다. 이는 분산투자로써 제거되지 않기 때문에 분산불가능위험 또는 피할 수 없는 위험이라고 한다.
- 비체계적 위험 : 시장의 전반적인 움직임과는 무관하게 개별자산에 국한하여 영향을 미치는 위험을 말한다. 이는 투자자금을 여러 자산에 분산투자함으로써 제거될 수 있기 때문에 분산가능위험 또는 피할 수 있는 위험이라고 한다.

② 포트폴리오 분산효과
포트폴리오에 포함된 자산수가 날어 남에 따라 포트폴리오 위험에 대한 개별자산 우험의 영향력(비체계적 위험)이 감소한다는 것이 위험분산효과의 본질이다. 두 개별자산들의 수익률 간의 상관관계에서 기인하는 위험감소효과는 투자금을 여러 자산에 분산투자 할수록 더욱 두드러지게 나타는 효과를 분산효과 또는 포트폴리오효과라고 한다.

자금조달능력의 확대 부채비율이 낮고 기술가치가 큰 기업을 인수함으로써 규모와 양호한 재무구조를 활용하여 자금조달 능력을 높일 수 있고 조달에 따른 비용도 절감하게 되어 경영이 호전될 수 있다.

자본이득의 실현 상대적으로 저평가되고 자산이 적절히 이용되지 못하는 기업을 적은 자본과 많은 부채를 동원하여 인수한 후 정상화 절차를 밟아서 경영이 정상화되어 기업의 현금흐름을 증대시킬 수 있게 되면 재매각으로 큰 자본이득이 실현될 수 있다.

조세절감 효과 피인수기업의 입장에서 M&A를 통해서 보유주식을 매각함으로써 상대적으로 적은 양도소득세를 부담하고 보유 주식을 현금화하는 것이 가능하므로 상속세 및 증여세를 부담하는 것보다 유리할 수 있다.

5 M&A의 기능

M&A는 앞에서 이미 설명한 바와 같이 M&A의 목적에 따라 그 기능을 가지고 있다. 그러나 M&A의 기능은 순기능뿐만 아니라 역기능도 함께 지니고 있다고 할 수 있다.

순기능

M&A에 의하여 부정직하거나 무능력한 경영진을 축출하고, 보다 정직하고 효율적으로 회사를 경영할 경영진을 보충함으로써 경영효율을 증대시킬 수 있으며 또한 경영에 참여하지 못하는 소액주주를 보호한다는 측면과 더 나아가 국가 경제적인 산업구조의 촉진과 국제경쟁력을 증대시키는 기능을 순기능이라고 할 수 있다.

역기능

M&A가 비효율적인 경영진에게 별다른 영향을 주지 못하고, M&A 대상기업의 선정은 경영진의 취약성보다는 재무적인 요인에 의하여 경정되는 경우가 비일비재하다. 따라서 경영진이 회사의 장기적인 발전보다는 단기적인 성과에 의존하게 되고 유동성과 현금흐름이 양호한 회사가 M&A 대상이 되기 때문에 현금을 보유하지 않으려는 경향이 있다. 또한, M&A로 인하여 인수자금의 조달로 인수회사의 부채가 증가하게 되고 불황에 대한 기업의 대처 능력과 대외 경쟁력이 약화되는 요인으로 작용하는 기능도 가지고 있다고 할 수 있다.

02 M&A의 유형

인수 · 합병은 결합형태에 따라서 수평적 인수합병, 수직적 인수합병, 혼합적 인수합병으로 구분되며 거래의사에 따라서 우호적 인수합병과 적대적 인수합병으로 구분된다. 또한, 인수 · 합병 대가 지불방법에 따라서 현금인수, 주식인수, 차입인수(LBO/leveraged buyout)로 나눌 수 있으며 결합주체에 따라서는 내국기업 간 인수합병, 내국기업의 외국기업에 대한 인수합병, 외국기업의 내국기업에 대한 인수합병으로 구분해 볼 수 있다.

1 거래형태에 따른 분류

합병이란 독립된 둘 이상의 회사가 완전히 통합되어 하나가 되는 것으로 합병 후 합병 추진기업의 존속 여부에 따라 흡수합병과 신설합병으로 구분된다.

흡수합병은 합병 기업들 중 한 개의 기업은 합병 이후에도 법률적으로 계속 존속하며 다른 합병대상기업은 합병 이후 해산 · 소멸되는 합병의 형태이다. 신설합병은 합병대상기업들이 모두 해산 · 소멸하고 새로운 기업을 신설하여 해산된 기업의 법적 · 경제적 지위를 승계하는 합병 방법이다.

인수는 인수기업이 피인수기업이 경영지배권을 획득하기 위하여 피인수기업계에게 대가를 지불하고 피인수기업의 자산이나 주식을 획득하는 기업결합의 방법으로서 인수 대상이 무엇인가에 따라 자산인수와 주식인수로 나누어진다.

주식인수는 피인수기업에 대한 흡수합병 없이 피인수기업의 주식만을 취득하며 피인수기업을 지배하는 경우이다. 이렇게 피인수기업의 주식을 취득하는 방법에는 대주주 주식지분의 취득, 주식시장에서의 취득 및 공개매수 등이 있다.

공개매수란 피인수기업의 주주들에게 일정 가격에 주식을 취득하겠다는 제안을 내는 것을 말하며 이 과정을 통해 경영권에 중대한 영향력을 행사할 수 있는 비율의 주식을 획득하게 된다. 자산취득은 인수기업이 피인수기업의 자산 중 일부 혹은 전부를 취득하는 경우를 말한다.

기업합병

기업결합의 가장 강력한 법적 형태로 둘 이상의 회사가 결합 또는 통합하여 하나가 되는 것으로 흡수합병과 신설합병이 있다. 한 회사는 존속하고 다른 회사는 해산하여 그 주주 및 재산이 존속회사에 포괄적으로 승계되는 것을 흡수합병이라고 하며, 모든 회사가 해산하고 새로운 회사를 설립하여 해산회사의 주주 및 재산을 신설회사에 승계시키는 것은 신설합병이라 한다.

신설합병의 단점으로는 해산하는 회사가 보유하고 있는 인·허가 등이 신설회사에 승계되지 않으며 합병회사 주주 전원에게 신설회사 주식을 발행해야 한다는 제약이 있다. 뿐만 아니라 해산회사가 상장회사인 경우에도 신설회사는 그 지위를 승계하지 못한다. 신설합병은 현실적으로 절차가 복잡하고 세무 측면이나 법률적으로 불리한 점이 많기 때문에 일반적으로는 흡수합병의 방식이 주로 이용된다.

이외에도 삼각합병과 2단계 합병이 있다. 삼각합병이란 흡수합병하면서 인수대상기업에게 합병 대가로 모회사의 주식을 교부함으로써 모회사와 간접적으로 합병하는 것인데, 이는 모회사의 합병 주주총회 절차를 회피할 목적으로 이용되는 합병이다.

또한, 2단계 합병이란 공개매수 등을 통해 지배권을 확보한 다음에 2단계에서 합병하는 것이다. 즉 1단계에서 공개매수를 통해 목표로 삼은 인수대상기업을 인수한 후 2단계에서 흡수합병 내지는 신설합병을 시도하는 것을 의미한다. 따라서 흡수합병이나 신설합병의 변형된 형태라고 볼 수 있다. 이외에 주총 결의를 이사회 결의로 대체할 수 있는 간이합병 및 소규모 합병도 있다.

기업인수

인수기업이 인수대상기업의 경영지배권을 획득하기 위하여 대상기업의 주식이나 자산을 취득하는 것을 의미한다. 인수가 단순히 자산을 부분적으로 매수하는 것과 다른 점은 인수의 목표가 인수대상기업의 경영권을 획득하는 데 있다는 점에 있다. 그리고 인수 후에도 인수대상기업이 개별기업으로 계속 존재한다는 점에서 합병과도 차이가 난다.

이러한 인수는 크게 자산인수와 주식인수로 나누어진다.

자산인수(asset acquisition)

문자 그대로 인수대상 기업의 자산을 취득 인수함으로써 경영권을 확보하는 것을 의미한다. 인수기업이 인수대상기업의 공장이나 점포·영업용 자산 또는 경영 노하우 등 인수대상기업 자산의 전부 또는 일부를 취득하는 경우이다. 여기서 경영권 취득을 목적으로 하지 않는 물적 재산의 부분적 취득은 제외한다. 자산의 소유권은 취득기업으로 귀속되기 때문에 대상기업의 자산인수는 인수대상기업의 경영지배권을 흡수하는 효과를 가져 온다.

주식인수(stock acquisition)

인수의 가장 전형적인 방법으로 주식의 인수를 통하여 경영권을 획득하는 것이다. 이는 구체적으로 인수대상기업의 발행주식 전부나 일부를 기존 주주로부터 취득하거나 새로 발행되는 주식을 취득하여 지배권을 완전히 획득하는 방법이다. 이러한 주식인수에는 이미 발행된 주식의 인수와 새로 발행되는 주식의 인수 등 두 가지 방법이 있다.

이미 발행된 주식의 인수는 인수대상기업의 대주주로부터 양수받는 방법과 주식시장에서 주식을 집중적으로 매수하는 방법과 일정한 조건으로 매수청약을 하거나 매도청약을 권유하는 주식공개매수가 있다.

주식시장에서 주식을 집중적으로 매수하는 경우는 주가급등을 방지하기 위하여 은밀하게 조금씩 사모아야 하지만 주식공개매수는 주주들로부터 공개적으로 한꺼번에 많은 양을 사모을 수 있다는 점에서 차이가 있다. 새로 발행되는 주식을 인수하는 경우에는 기존 주주 이외에 제3자인 인수회사에게 신주인수권을 부여하는 제3자 배정 증자의 형태와 전환사채나 신주인수권부사채의 취득에 의한 형태가 있다.

이러한 주식인수는 자산인수에 비하여 장단점이 있다. 우선 단점으로는 장부 외 부채가 존재하거나 우발적인 채무가 발생할 수 있다는 점을 들 수 있다. 이에 반해 장점으로는 발행 주식의 50% 이상을 취득하면 지배가 가능하고 경우에 따라서는 그 이하로도 지배할 수 있어서 투자자금이 적게 소요된다고 볼 수 있다.

또한, 자산인수의 경우 자산매각에 따르는 이익이나 배당금에 대한 이중과세가 발생하는 데 비하여, 주식인수의 경우에는 이러한 문제가 없다. 특히, 상장기업 주식인수의 경우는 비록 대주주 지분거래라 하더라도 증권거래세 및 농어촌특별소비세(농특세는 유가증권시장의 코스피 주식만 해당) 이외에는 세금이 부과되지 않는다는 장점이 있다. 따라서 주식인수가 기업인수의 방법으로 널리 이용되고 있다.

매각 처분

인수나 합병과는 반대로 방만하게 운영되어 오던 사업부문이나 종업원 · 부채청산 등을 위하여 기업을 분할한 다음에 매각하여 기업구조를 재편성하는 작업을 말한다. 따라서 이와 같은 기업매각 또는 처분을 달리 표현하면 기업구조조정(corporate restructuring)이라고도 볼 수 있다.

여기에는 분리설립인 분사화 · 분할설립인 회사분할 · 분리공개 · 분리매각 및 완전매각 등이 있다.

분리공개(carve-out) 일반투자자들을 대상으로 모기업이 소유하고 있는 일부 사업부를 매각하여 자본을 조달하는 형태를 의미이다. 분리공개가 분리설립과 다른 것은 기업의 대주주에게 지분율에 따라 신설된 기업의 소유권이 이전되는 반면, 분리공개는 기업의 주주가 아닌 일반 투자자들을 대상으로 매각한다는 점이다. 또한, 분리설립은 자본의 변화가 전혀 없는 반면에, 분리공개는 조달된 자본을 신규투자, 배당금 지급, 차입금 상환 등에 사용할 수 있다.

분리매각(sell-off) 기업의 일부 사업부를 다른 기업에 직접 매각하는 것으로 새로운 소유주가 경영을 맡게 된다. 이러한 분리매각은 부실한 사업부를 매각하여 주력사업에 집중적으로 투자하기 위한 것으로 활용할 가치가 높은 방법이다. 우리나라의 경우에는 중요한 사업부를 분리매각 할 경우 영업의 일부 양도에 해당하여 주주총회의 특별결의를 거쳐야 하는 문제가 있다. 또한, M&A 유형은 지배권, 결합형태, 거래의사, 지급수단 및 차입주체 등에 따라 구분할 수도 있다.

자발적 분리정리(voluntary bust-up) 자산 및 사업부를 정리하고 독립된 법인으로서의 존속을 포기하는 것을 의미하며, 자발적으로 청산하는 것을 말한다. 부도 위험을 피하거나 혹은 기존사업을 청산하고 제2의 창업을 하고자 할 때 주로 완전 매각을 하게 된다.

2 거래의사에 따른 분류

거래당사자들의 합병 의향에 따라서 우호적 인수·합병과 적대적 인수·합병, 중립적 인수·합병으로 분류할 수 있다.

우호적 M&A

인수·합병은 인수기업의 인수활동이 피인수기업 경영진의 동의하에 이루어지는 인수·합병을 말하며 국내 M&A 사례 중 대부분은 이 형태를 취한다. 우호적 M&A는 인수기업의 사업다각화 및 시장확장, 규모의 경제효과 확보, 필요자원의 원활한 공급, R&D 인력 및 기술력 확보, 기업구조 재편 등의 전략적인 필요에 의해 이루어진다.

당사자 간의 직접교섭 또는 M&A 전문 대리인을 통해 이루어지는 우호적 M&A는 기업 간의 결합 이후 원활한 조직통합과 시너지효과의 극대화를 통해 기업가치를 높이는데 매우 효과적이다.

피인수기업의 입장에서도 독립적으로 존재하는 것보다는 인수기업과 합쳐졌을 때 시너지효과를 발휘하여, 기업가치를 더 증대시킬 수 있거나 혹은 경영진이 개인적으로 인수 대가를 받아서 자본이득을 실현하고자 하는 목적이 있을 때 우호적 인수가 행해지는 경우가 많다.

적대적 M&A

적대적 인수·합병은 인수기업이 피인수기업의 대주주나 경영진의 의사와 상관없이 독자적인 수단에 의해서 피인수기업에 대한 인수·합병을 시도하는 것으로써 주로 시장매집, 공개매수나 위임장 대결과 같은 방법이 사용되며 방어 전략으로는 매수자금 부담주기·재무적인 전략·회사 정관 이용전략 등이 있다.

공개매수란 인수를 시도하는 측이 주주들에게 주식을 일정한 가격에 사겠다는 제의를 내고, 이에 응하는 주주들에게 대가를 지불하고 주식을 양도받아 중대한 영향력을 행사할 수 있는 비율의 지분을 확보함으로써 경영권을 획득하는 방법이다.

이때 인수 측은 인수 대가로 현금을 지불하거나 또는 인수 측이 기업일 경우 자기 회사의 주식을 지불할 수도 있다. 이러한 방법은 미국과 같이 기업 간 인수 · 합병이 활발하게 일어나는 나라에서는 인수 · 합병의 중요한 수단으로 정착되어 있다.

위임장 대결은 인수를 시도하는 측이 피인수기업의 주식 중 일부만을 확보하고 나머지 주주 중 다수로부터 주주총회에서 의결권을 대리 행사할 수 있는 위임장을 받아서 주주총회에서 이사진 투표 시에 자기 의도대로 경영해나갈 사람들을 위주로 이사를 선출함으로써 경영권을 확보하는 방법을 말한다. 통상 피인수기업의 전직 경영자 또는 기업의 내부사정을 잘 알고 있는 외부투자자가 이 방법을 시도하며, 현재의 경영진 또한 위임장 투쟁에 대항하여 보다 높은 비율의 위임장을 주주들로부터 얻으려고 노력하기 때문에 대개 인수 시도 측과 현 경영진 사이 중 어느 쪽이 더 많은 비율의 위임장을 얻느냐에 따라서 인수 · 합병 시도의 성패가 결정된다.

중립적 M&A

우호적 M&A는 인수대상기업의 대주주 혹은 경영자가 인수기업의 기업 인수의향에 대해 찬반에 대한 어떠한 의견도 개진하지 않으며 별다른 조언도 하지 않는 상태에서 이루어진다.

인수대상기업의 대주주 또는 경영자가 자기 기업 인수에 대해 방관자적 자세를 취하는 이유는 기업경영에 흥미를 잃었거나 회사에 손실을 끼쳐 사내 입지가 줄어들어 회사의 방향에 대한 발언권이 축소된 경우나 자금력 부족 등의 이유로 기업의 자력 생존이 어려운 경우 등을 들 수 있다.

인수대상기업 측에서 인수기업의 일방적인 일련의 인수의향과 인수활동에 어떠한 방어나 대응도 하지 않으므로 중립적 M&A의 대상기업은 대개 인수기업에 의해 언제든지 시장매수 · 공개매수 · 위임장쟁탈 등의 방법으로 인수합병 가능한 상태에 있다고 할 수 있다.

3 통합방식에 따른 분류

통합방식에 의한 분류는 매수기업과 매수대상기업의 사업영역에 따라 경제적 결합관계를 기준으로 M&A를 구분하면 수평적 M&A · 수직적 M&A · 복합적 M&A · 구조개편적 M&A로 분류한다.

수평적 M&A

수평적 M&A란 동종의 사업분야를 영위하여 경쟁관계에 있는 기업 간 결합을 의미한다. 규모의 경제 · 중복투자방지 등의 효과를 기대할 수 있으나 과점적 시장구조 형성 및 소비자 후생감소를 유발할 가능성이 있어 전통적으로 공정거래법 등에서 규제의 대상이 되고 있다.

이는 동일한 산업 내에서 생산활동의 단계가 비슷한 기업 간에 이루어지는 M&A이다. 주로 시장점유율을 높이거나 판매력 강화 또는 생산 및 판매를 일원화하기 위해 발생한다.

수직적 M&A

수직적 M&A란 다른 업종에 속하는 회사 간의 M&A를 일컫는데, 한 기업의 생산과정이나 판매경로 상에서 이전 또는 이후의 단계에 있는 기업을 인수하는 것이다.

수직적 M&A는 원자재 · 제품 · 유통 등 가치사슬(Value Chain)상의 전후방 관련 기업 간 결합을 의미하며 생산 및 유통에서 발생하는 비용절감 등의 효과를 기대할 수 있다.

수직적 M&A를 통해 기업은 통합을 통한 기술적 경제성과 거래 내부화를 통한 비용 감소, 관련 제품라인에 대한 통제력의 증대 효과를 얻을 수 있다. 주로 반제품 등의 원재료 확보라든가 일관된 생산체제 등의 목적으로 이루어진다.

복합적 M&A

복합적(conglomerate) M&A는 서로 다른 업종에 속하는 양 회사 간의 결합을 의미하며 해당 업종 간의 수평 또는 수직적 관계와는 무관하게 복수의 회사 간에 이루어지는 M&A로 대개 제품이나 용역 유통 혹은 기술 등 하나 이상의 요소를 공통적으로 포함하는 기업 간에 이루어지는 것이 보통이다.

다각적 M&A는 이종의 사업 분야를 영위하는 기업 간 결합으로 사업 분야의 다양화를 통한 재무적 위험감소나 신규 시장진출 등의 기대효과를 가질 수 있다. 사업

다각화나 인재확보 또는 자금조달의 강화나 관리비용의 절감 등을 목적으로 이루어진다.

Tip 가치사슬(Value Chain)

가치사슬이란 마이클 포터의 저서 '경쟁우위(Competitive Advantage)에서 기업의 가치창출활동을 체계적으로 배열한 가치시스템에서 제시되었으며, 가치사슬활동은 본원적 활동과 지원활동으로 구분된다.

① 본원적 활동 : 제품이나 서비스를 생산하기 위한 직접활동으로서 자원유입 · 생산운영 · 물류산출 · 마케팅 및 판매 · 서비스와 A/S 등을 말한다.

② 지원활동 : 본원적 활동을 간접적으로 지원하는 자원확보 · 기술개발 · 인적자원관리 · 기업하부구조 등의 활동을 말한다.

구조개편적 M&A

구조개편적 M&A는 다른 M&A 형태와는 달리 기업의 영업활동 · 재무구조 · 주주구성 등을 변경하고자 하는 경제적 동기에서 이루어지는 M&A를 말한다.

기업의 구조를 리스트럭처링하기 위한 공정 혹은 사업부문의 일부 또는 전부를 매각하는 자산매각, 하나의 회사를 둘 이상으로 분리하는 회사분할, 회사분할 이후 기존의 회사와 합병하는 분할합병 등이 구조개편적 M&A에 속한다.

4 동기에 따른 분류

기업이 M&A를 행하는 동기에는 각 기업의 특수한 사정 이외에도 기업가치의 극대화나 기업성장의 극대화를 추구하기 위하여 이루어진다고 볼 수 있으며 크게 가치극대화 동기와 비가치극대화 동기로 구분한다.

가치극대화 동기

가치극대화 동기는 합병을 기업의 다른 투자결정과 동일하게 간주하여 합병으로 인해 경제적 이익이 발생하거나 적어도 정상적 이익이 달성될 때 합병이 이루어진다는 것이다.

비가치극대화 동기

비가치극대화 동기는 성장극대화 동기로 불리는 것으로 판매나 자산의 규모를 극대화하려는 동기이다. 이러한 동기들은 상호 배타적인 것이 아니고, 상이한 개별합병을 설명할 수 있으며, 어떤 경우에는 둘 이상의 동기가 동시에 존재할 수도 있다.

기업이 M&A를 추진하는 것은 해당 기업의 특수한 사정 외에도 대상거래의 내용 및 형태에 따라 그 동기가 달라질 수 있다. 그러나 대개의 경우 이를 촉진하는 요소는 제품의 성숙화 및 소비의 다양화에서 비롯된 사업다각화의 필요성과 산업구조변화에 대응한 해당부문의 매각 · 분할 · 분리 등의 기업구조개편, 국제화에의 요청 및 재무구조의 개선을 통한 여유자금의 증대, 기타 기업 내부의 노력으로는 한계가 있는 기술개발력 강화에의 노력 등을 들 수 있다.

M&A는 그 동기가 어디에서 발생하였더라도 기본적으로 인수 후의 기업가치가 인수 전 기업가치보다 커진다고 할 때 비로소 그 추진이 가능한 것이다. 여기서 양자의 가치차이에 의한 메리트를 시너지라고 한다면, M&A 추진에 있어서 흔히 포함되어 있는 프리미엄이라는 것도 이 시너지에 대한 대가로 볼 수 있다. 결국, M&A가 발생하는 동기에 대한 연구는 M&A를 통해 어떤 시너지 또는 어떤 메리트를 추구하는 가로 귀착된다 할 것이다. 한편, 이러한 이론 이외에도 기업합병의 역사를 통해 M&A의 동기를 설명하고 있으며, 전략적 측면에서 M&A의 동기를 설명하고 있다.

전략적 동기

기업이 M&A를 추진하는 것은 해당 기업의 특수한 사정 외에도 대상거래의 내용 및 형태에 따라 그 동기가 달라질 수 있다. 그 요소는 첫째, 제품의 성숙화 및 소비의 다양화에 비롯된 사업다각화의 필요성 둘째, 산업구조변화에 대응한 해당부문의 매각 · 분할 · 분리 등의 기업구조개편 셋째, 국제화 요청 및 재무구조의 개선을 통한 여유자금의 증대 넷째, 기타 기업 내부의 노력으로는 한계가 있는 기술 개발력 강화에의 노력 등을 들 수 있다.

M&A의 동기는 기본적으로 인수 후의 기업가치가 인수 전 기업가치보다 커진다고 할 때 비로소 이루어진다.

첫째, 기업성장과 지속성 유지로서 기업의 목표는 이익에 있다. 수평적이든 수직적이든 M&A는 규모의 확대 및 경영의 다각화를 추진하여 생산원가 절감 및 시장지배력의 증대로 기업의 대외 공신력 향상을 꾀하고 기업의 수명주기의 성숙단계에 접어든 사업으로 대폭적인 사업신장이 어려운 경우 신제품, 신규 사업으로 업종전환을 모색하게 된다. 이러한 관점에서 기업의 성장과 지속성을 갖추게 된다.

둘째, 세계화를 통한 경영전략으로 시장점유율을 확대하기 위하여 기업은 관세장벽을 넘어 원재료 수급의 안정화 및 판매유통망 확보하여야 한다. 세계화를 통한 재화의 대량생산을 통한 원가절감으로 시장점유율을 높인다.

셋째, 연구개발의 효율성 제고로서 기업은 살아남기 위하여 기술개발하지 않으면 안 되는 현상에 살고 있다. 신기술 개발을 위해 많은 인력, 기술, 경험, 시간절약 등이 소요된다. 이에 연구개발의 효율성에 비추어 볼 때 M&A을 통한 기술의 개발시간을 단축하는 것이 효율적이다.

그 밖에 영업적 동기의 신규 시장을 진입하기 위하여 시장점유율이 높은 기업의 M&A를 통한 진출이 원활해지며, 추가적인 마찰이나 지배적인 효과를 얻을 수 있다. 또한, 세무적 동기에서는 누적된 이월결손금을 가진 기업과 과세소득이 있는 기업의 합병은 세액을 감소시키는 데 이용될 수 있다. 두 기업의 결합으로 인한 고정자산 등의 증대로 담보력을 확보하여 자금조달 능력의 확대가 되면 투자기회가 적은 기업이 주주의 배당소득세를 회피시키기 위하여 투자기회가 많은 기업을 인수하여, 장기간 투자함으로써 주주들에게 자본 이득세만 부담하게 하는 경우에도 발생할 수 있다.

5 결재수단에 따른 분류

결재수단에 따른 M&A의 유형은 현금인수방식 · 주식교환방식 · 차입매수 · 복합매수 등 4가지 유형으로 분류할 수 있다.

현금인수방식

이는 주식을 양도하는 대가로 대상기업의 주주에게 현금을 지급하는 방식으로 기업인수를 신속하게 종결지을 수 있고 절차적인 면에서 복잡하지 않으나 기업인수에 소요되는 막대한 자금이 수반되어야 하므로 실제로는 인수자에게 막대한 자금압박의 요인으로 작용하기도 한다.

주식교환방식

이는 대상기업 주주에게 합병기업의 주식으로 교환해 지급하는 방식으로 외국의 흡수합병에서 많이 이용되며 피인수회사의 주주는 인수회사의 주식 등을 자기의 소유주식과 교환하므로 인수회사와 피인수회사가 합병하는 효과를 가져다준다.

차입매수(LBO)

차입매수는 기업의 M&A에 소요되는 자금의 상당 부분을 차입자금에 의존하는 방식으로서 인수대상기업의 자산이나 수익성 등을 담보로 정크본드를 발행하여 각처에서 자금을 조달하고 차후에 피 매수기업의 수익성 향상이나 자산매각을 통해 그 채무를 상환해 나가는 것을 말한다.

차입매수를 통한 기업인수는 몇 가지 특성을 지니고 있다. 피 매수기업의 자산을 담보삼아 자금을 조달하는 만큼 대개 인수대상기업의 성향은 자본집약적인 것이 선호된다. 또한, 소유와 경영의 분리, 단기투자가 고려의 배제, 과감한 구조조정 등에 유리한 사기업 형태가 공기업보다 선호된다. 이는 차후에 기업공개를 통한 막대한 자본이득 실현 가능성을 포함하는 것이다. 차입매수는 차입자금의 이자지급비용과 취득자산의 재평가 시 자산 평가액 증가에 따른 감가상각 증가액 등의 항목에 대한 법인세 감면의 효과가 있다.

Tip 정크 본드(junk bond)

신용평가 등급이 아주 낮은 회사가 발행하는 고위험 · 고수익 채권으로서 신용등급 BB+ 이하인 투기등급 채권이 정크 본드이다. 또한 이런 채권에 투자하는 펀드를 정크 본드 펀드라고 한다. 신용등급이 낮은 기업에 투자하기 때문에 투자위험이 높은 만큼 고수익을 얻을 수 있다.

정크 본드의 종류는 다음과 같다.

① 발행 당시에는 투자 적격 등급이었으나 기업의 실적부진, 경영악화 등으로 투자 부적격 등급으로 전락한 채권
② 규모가 작거나 실직이 낮아 높은 신용등급을 받지 못한 신규기업의 채권
③ M&A를 위한 자금조달의 목적으로 발행되는 채권 등이 있다.

복합매수

복합매수방식은 기업인수의 자금지급을 현금·주식교환·차입매수 등의 방식을 혼합하여 처리하는 방법으로 이 밖에도 Bridge Financing, 기존 회사의 부채를 인수하는 방식, 기타의 현물 지급 등을 결재 수단으로 활용하는 방법 등이 있다.

> **Tip** Bridge Financing
>
> 시간을 다투는 적대적M&A에서 채권을 발행해 자금을 조달하기에는 한계가 있다. 이때 금융기관과 차후 채권을 발행키로 하고 인수자금을 임시로 융통하는 것이다.
>
> 이는 장기차입을 할 때 생기는 자금소요시점과 조달시점의 차이를 메우기 위해 일시적으로 조달하는 단기차입금(Bridge Loan)에서 파생된 기법이다.

6 교섭방법에 의한 분류

교섭방법에 따라서는 개별교섭방법과 공개매수가 있다.

개별교섭

개별교섭에 의한 M&A는 인수기업과 인수대상기업 측의 대주주와 경영자 간에 개별적인 M&A 교섭에 의해 우호적으로 진행되는 M&A 형태로서 대부분의 M&A가 이와 같은 방식을 활용한다.

공개매수

공개매수는 공개적으로 대상기업의 주주들을 상대로 일정한 매수가액을 제시하고 그에 응하여 매도의사를 표시한 주주들의 주식을 장외에서 매수하는 것을 말한다.

> **Tip** 공개매수의 강제성
>
> ① 매수장소 : 한국거래소 밖
> ② 자격조건 : 본인은 물론 본인과의 특수관계자가 보유하고 있는 주식의 총수가 5%이상
> ③ 기산/인원 : 6개월 이내의 기간에 10인 이상에게 매수할 때

대상기업의 주식을 단기간에 시장에서 대량매수하려는 경우 주가의 상승 등의 요인에 의해 많은 비용이 소요되고 매수 목표량을 충족시키기가 쉽지 않은 경우도 발

생한다. 따라서 장외에서 공개적으로 일정한 매수가액을 제시하고 대상기업의 주식을 매집하는 공개매수가 주로 이용된다.

7 결합주체에 따른 분류

결합주체의 성격에 따라서는 크게 전략적 투자자에 의한 M&A와 재무적 투자자에 의한 M&A로 구분할 수 있다. 전략적 투자자는 시장지배력 증대, 규모의 경제 추구 등 M&A를 통한 영업적 시너지효과의 창출을 기대하는 반면, 재무적 투자자는 매수기업의 구조조정 및 재매각을 통해 자본이득의 실현을 추구한다. 따라서 전략적 투자자는 대부분이 기업인 반면, 재무적 투자는 기업 외에도 은행 · 보험회사 · 사모펀드 등 자본력을 갖춘 집단이 주도하고 있다.

결합주체의 국적에 따라 국내 기업 간의 기업결합을 In-In형 M&A, 국내기업의 해외기업 매수를 In-Out형 M&A, 해외기업의 국내기업 매수를 Out-In형 M&A로 구분한다. In-In형 M&A를 제외한 나머지 유형은 다국적기업이 해외 진출지역의 현지기업을 매수하는 것으로 국경 간 M&A라고도 한다.

In-In형

국내기업 간(In-In) M&A는 인수 · 합병, 주식교환, 영업권의 양 · 수도, 전략적 제휴 등의 포괄적 M&A를 말한다. 국내기업 간 M&A의 목적은 대개 규모와 범위의 경제효과 확보를 통한 경제성의 추구, 시너지효과 구축 등 다양한 경영전략의 실현에 있다.

In-Out형

국내기업의 외국기업에 대한 M&A(In-Out)는 국내기업이 해외 직접투자를 통해서 현지의 외국기업을 직접 인수하거나 현지에 설립된 단독투자법인이나 합작투자법인과 외국법인 간의 인수합병을 하는 형태로 이루어진다.

Out- In형

외국기업의 국내기업에 대한 M&A(Out-In)는 크게 직접투자와 간접투자로 구분된다. 외국기업의 직접투자에 의한 M&A는 외국기업이 국내기업을 인수하거나 국내에 직접 투자하여 국내기업과 합작투자법인을 설립하는 형태로써 기업 간의 결합을 통한 시너지효과의 확보와 Win-Win의 성과를 얻는 한편 인수기업의 선진 경영기법과 기술을 국내기업이 습득할 수 있는 좋은 기회를 제공한다. 간접투자에 의한 M&A는 주로 단기적인 자본이득을 위주로 하는 M&A 형태가 대부분이다.

03 M&A 시장의 구조와 역할

1 M&A 시장의 구조

M&A 시장에서 거래대상은 기업 전체 혹은 일부에 대한 경영권이다. 따라서 M&A 시장을 게임이론 시각에서 바라보면 기업 인수 및 매각 게임이라고 할 수 있다.

M&A 시장에서의 경기자(player)로는 인수기업 · 인수대상기업 · 합병대상기업 · 투자은행(investment bank) · 증권회사 · M&A boutique · 법률회사 · 회계법인 등 각종 M&A 중개기관(intermediaries) · M&A 관련 각종 펀드 등이다. M&A를 위한 전략으로는 자금조달전략, 매입전략 M&A 사후관리, 매각전략 등이 있다.

M&A 게임은 정책당국에서 입안된 M&A 관련 각종 법 · 제도 등 규칙에 의거한다. M&A 시장에서 정부의 역할은 새로운 제도의 도입과 기존제도의 개선을 통해 게임의 규칙을 조정함으로써 원하는 정책목표가 게임의 균형이 되도록 유도하는 것이다. 달리 말하면, 정부는 M&A 시장에서 경기자라기보다는 게임규칙의 설정자이다.

일반적인 상품 혹은 서비스 시장에서 매매는 단순한데 비해 M&A는 복잡한 자산형태로 구성된 법적 실태를 대상으로 함으로 그 과정이나 절차가 일반 상품 혹은 서비스 거래보다는 매우 복잡하다.

M&A의 착수에서 완료까지 관련된 조세제도, 회계, 법률, 금융 등 여러 전문적인 문제뿐만 아니라 M&A의 효과 분석 등 M&A 시도 기업들이 내부적으로 해결할 수 없는 복잡한 문제들이 존재한다. 대부분은 M&A 시도 기업들은 아웃소싱을 통하여, 즉 각종 외부 전문기관에게 자문을 구한다.

따라서 M&A 시장은 M&A 당사자뿐만 아니라 다양한 이해 관계자들로 구성되어 있으며, 이해 관계자들은 원활한 M&A를 위해 중요한 역할을 한다. M&A 당사자로 인수측(acquirer)과 인수대상기업(target firm)이며, 인수 측으로는 일반기업 · M&A 전문회사 · 기업사냥꾼(raider) · M&A 펀드 등이 있다. M&A 시장에 참여하는 많은 이해관계자 집단은 그 역할들도 다양하다.

법률회사 · 회계법인 등의 자문기관은 인수기업과 피인수기업 모두에게 해당 M&A와 관련된 법률 및 회계에 대한 서비스를 제공한다. 금융회사 · 벤처캐피탈 등의 자금공급자 · 정보 수집 및 분석의 전문조사기관은 대체로 인수기업 측에서 필요로 하는 그룹이다. M&A 중개기관(intermediary)은 인수기업과 인수대상기업의 M&A를 원활하게 도와주는 역할을 한다. 그 외에 정부기관 · 세무서 등의 외부 이해관계자는 M&A 시장과 간접적인 관계를 갖는 집단이다.

2 이해관계자

자문기관

자문기관으로는 법률회사 · 회계법인 · 투자은행 등이 있다. 우선, 법률회사는 M&A 관련계약서를 작성하거나 M&A가 진행되는 동안 절차에 따른 법률적 검토 등 법률적 자문을 맡는다. 법률회사는 투자은행과 달리 성공여부와 관계없이 법률 고문 수수료수입을 주 수익원으로 하고 있다. M&A 거래가 대규모화되어감에 따라 법률회사의 역할도 매우 커지고 있으며, 최근 대규모 M&A에서는 법률회사가 투자은행과 함께 팀을 구성하여 전체적인 자문에 관여하는 경우가 늘고 있다.

회계법인은 인수대상기업의 분석을 위해 재무제표를 기초로 대상기업의 장부와 자료를 조사하고, 그에 따른 회계정보를 찾기도 한다. 인수 작업에 들어갈 때에는 정밀실사를 주도적으로 수행하는 등 회계부문에서 자문을 수행한다. 경우에 따라서는 인수대상기업의 가치를 산정하며, M&A 후의 경제적 효과나 손익 등을 분석한다.

미국을 비롯한 선진국에서는 투자은행이 M&A 기획 및 전략수립 등 인수대상기업의 탐색에서부터 인수협상과 계약과 사후관리를 맡아서 담당하고 있다. 외부전문가 가운데서도 가장 중요한 역할을 하는 투자은행은 거의 M&A 전 과정에 참여해 인수기업이나 피인수기업의 M&A 기획단계에서부터 M&A가 종료되고 기업 재구축 등 M&A 사후업무까지 다양한 자문 업무를 수행한다. 이들은 주로 자문수수료를 목적으로 M&A 업무를 영위하고 있다.

자금공급자

상업은행(commercial bank)은 전통적으로 보수적인 성격이 강해 주로 M&A 대상기업의 자산을 담보로 한 선순위채권(senior debt)을 인수해 자금을 제공한다. 최근에는 수익 확대를 목적으로 후순위채권(subordinated debt) 인수에도 참여한다. 아직까지 M&A의 주요 자금공급자로서 역할을 수행하고 있으나, M&A 자문수수료가 막대하기 때문에 재정자문인(financial advisor)으로 참여하려는 시도가 늘어나고 있다.

보험회사 · 벤처캐피탈 · 연기금 등이 상업은행보다는 위험을 좀 더 감수하면서 수익률이 높은 후순위채권을 인수하는 주체이다. 벤처캐피탈은 속성상 높은 수익률을 목적으로 M&A에 투자한다. 연기금도 막대한 운용자금 중 일부를 포트폴리오(portfolio) 차원에서 투자해 M&A의 주요 자금공급원이 되고 있다.

인수기업

대부분의 M&A에서 다른 기업을 인수하는 주체가 되는 것은 일반적으로 기업이다. 기업은 다양한 동기를 가지고 다른 기업을 인수함으로써 기업경쟁력을 확보하려고 하고 있다. 기업으로서는 M&A 규모가 커지는 경우 외부 자문가 집단으로부터 조언에 의존하여 M&A를 수행한다.

일반기업의 M&A와는 달리 대상기업의 경영진이 자신의 기업 또는 자회사를 인수하기도 하는데, 이를 경영자차입매수(MBO)라고 한다. M&A 전문회사는 대형투자은행에서 M&A 업무를 수행하던 전문가가 퇴직한 후 설립한 회사가 대부분으로 몇 명에서 몇 십 명에 이르는 소수로 운영되며, 다른 기업의 인수를 전문으로 하는 기업이다. 정크본드 발행을 통한 차입매수(LBO)를 하는 경우가 대부분이다.

Tip LBO의 업무상배임죄 여부

LBO는 기업인수를 추진하는 인수자 입장에서는 피인수회사의 자산을 담보로 활용하여 인수에 필요한 자금을 쉽게 조달 할 수 있다는 측면에서, 또한 인수자의 자금조달, 즉 인수금융에 참가하는 금융기관 입장에서는 피인수회사의 자산을 담보로 확보함으로써 인수금융의 상환안정성을 높일 수 있다는 측면에서, 기업인수기법상 탁월한 장점을 갖고 있으므로 기업인수과정에서 LBO를 활용하려는 요청이 있을 수 밖에 없다. 하지만 LBO는 피인수회사의 입장에서 보면 인수자가 피인수회사를 인수하는 과정에서 추진하는 인수금융을 위해 피인수회사의 자산을 담보로 제공한다는 측면에서, 물상보증의 실질과 그에 따른 위험, 즉 인수금융을 위해 제공된 피인수회사의 자산이 담보실행을 통해 상실될 위험이 명백하므로 다른 특별한 사정이 없다면, 피인수회사의 이익에 반할 수밖에 없는 거래행위이다.

LBO의 업무상배임죄 여부가 문제된 일련의 사건에서 대법원의 판시를 종합해보면 「피인수회사가 LBO를 위해 제공한 담보에 따른 위험에 상응하는 대가가 피인수회사에게 제공되거나, 또는 인수자가 피인수회사의 주식을 100% 인수하여 인수자와 피인수회사의 이해관계가 일치한다고 볼 수 있는 등의 다른 특별한 사정이 없다면, LBO 과정에서 피인수회사의 담보제공은 곧 업무상배임죄에 해당한다.」고 판시하였다(대법원2012도1283호판결, 2012도9148호판결 등 참조)

주식시장에 주의를 집중하고 있다가 기업능력에 비해 저평가된 기업을 발견하게 되거나 특정기업에 대한 공개매수가 발생했을 경우 공개매수 경쟁을 통해 기업을 인수한다. 공개매수에 성공해 대상기업을 인수하는 경우 대상기업의 경영권을 인수하고 대상기업의 효율성을 증대시키기 위해 대상기업의 경영에 직접 참여하기도 한다.

기업사냥꾼(corporate raider)은 기업 인수·합병과 관련한 전문투자가를 일컫는 말로서, 이들은 단순한 일반 주식거래를 하지 않고 능동적으로 위험을 감수하면서 투자행위를 한다. 기업사냥꾼은 초기에 대상기업의 주식을 약 5% 정도 장내에서 매입했다가 대상기업에 프리미엄부 환매를 요구하는 그린 메일러가 되기도 한다. 하지만, 대상기업의 경영진이 환매를 거부할 경우에는 실제로 적대적 인수를 위한 공개매수 시도 등 실질적인 행동으로 옮기는 경우도 많다.

일반적으로 기업사냥꾼과 그린-메일러를 구별하는 것은 쉽고, 다만 같은 투자가가 경우마다 달리 행동하는 것으로 이해된다. 그린메일을 통한 자본차익을 목적으로 하는 전문투자가를 그린-메일러라고 한다.

M&A의 특수한 유형으로서, 파산기업을 전문적으로 인수하는 기금인 벌처펀드(vulture fund)가 있다. 파산기업의 채무증권 등을 값싸게 매입해 주요 채권자가 되고 난 후 파산기업을 경영해 회생시킴으로써 자본차익을 남기는 것을 목적으로 하기 때문에 위험은 매우 높으나 성공할 경우에는 막대한 차익을 올릴 수 있다.

3 M&A 시장의 역할

성숙한 M&A 시장은 다음과 같은 순기능을 가져온다. 잘 발달한 M&A 시장은 벤처기업에게는 자신의 사업범위 및 사업모델을 재구성할 수 있는 기회를 제공하고, 벤처캐피탈에게는 투자 회수의 한 창구로 활용할 수 있게 한다. 활성화된 M&A 시장은 기업 외부의 감시자로서 역할을 수행하여, 경영진의 도덕적 해이(moral hazard)를 약화시키는 등 기업 내부의 지배구조에 영향을 미친다.

여기에서는 잘 발달된 M&A 시장의 역할, 즉 활성화된 M&A 시장의 기대효과를 살펴본다. 특히 기업 외부에 존재하는 M&A 시장이 기업 내부의 지배구조에 미치는 영향에 초점을 맞춰 논의하고자 한다.

이와 관련된 많은 외국의 문헌들은 주로 미국의 M&A 시장의 흐름을 분석하였다. 미국은 세계 곳곳에서 M&A가 가장 활발히 이루어지고 있는 나라이다. 미국에서의 M&A는 시대별에 따라 다양한 형태로 나타났으며, 한 시대의 M&A 흐름이 다음 시대의 기업구조 형태에 영향을 주었다.

1980년대 M&A

기업경영과 소유의 분리는 종종 경영진과 주주 간의 이해갈등을 유발한다. 주주의 목적은 기업가치 증대를 통한 투자수익 극대화에 있는 반면, 경영진은 주주들의 이해에 반하지만, 자신의 효용을 증대시킬 수 있는 기업 활동을 할 유인을 하게 됨으로써 양자 간의 이해갈등이 발생할 수 있다.

기존의 실증연구는 이를 뒷받침하여, 1980년대 이전에는 경영진들은 주주의 목표인 투자수익 극대화에 관심이 없었다고 밝히고 있다. 그 이유로는 M&A를 통한 경영권인수와 같은 외부적 위협의 부재와 스톡옵션 등의 내부적 유인체계의 부재 등이 거론되고 있다.

1980년대에는 규제 완화 정책이 적극적으로 추진되었고, 미국 기업의 주가가 크게 하락하였다. 이는 여러 가지 이유에 기인하겠지만, 경영진과 주주 간의 이해갈등에서 비롯되기도 하였다. 즉, 막대한 양의 여유현금흐름을 경영진들이 주주에게 귀속시키기보다는 주주의 이익에 반하는 비효율적인 사업에 투자하였기 때문이다.

자본시장은 이러한 흐름에 즉각 반응하였고, 따라서 비효율적인 사업을 하는 기업의 주가가 하락하였다. 이는 사업 확장을 위해 새로 공장을 짓거나 신기술을 개발하는 것보다 기존의 시설 또는 하이테크 기업을 주식인수(stock acquisition)나 자산인수(asset acquisition)를 통해 확보하는 것이 훨씬 유효한 전략이 되게 하였다. 이러한 외부적 요인들이 1980년대 M&A 붐을 일으켰다.

1980년대 미국 M&A 흐름의 특징은 크게 다음과 같이 요약될 수 있다.

첫째, 기업들이 M&A를 위해 막대한 양의 부채(debt)를 사용하여, 높은 수준의 레버리지(leverage)를 유지했다는 것이다 이러한 막대한 양의 부채가 활용되는 M&A 기법은 LBO(leveraged buy Out)와 고수익채권(high-yield bond, 일명 정크본드) 발행을 성행시키는 기폭제 역할을 하였다. LBO를 위해서 대체로 총자본의 80%를 초과할 정도의 높은 수준의 부채를 사용하였다. 또한, 1980년대에 발행된 고수익채권 중 약 50% 정도가 M&A에 쓰였는데, 이는 규모가 작은 기업이 큰 기업을 인수할 때 자주 사용되었다. 대규모의 부채를 사용하는 M&A 기법이 시사하는 중요한 점은 기업의 규모가 크다고 해도 M&A 대상에서 제외되지 않는다는 것이다. 기관투자가(institutional investors)의 주식보유가 급증하였고, 이들이 LBO와 고수익채권을 이용한 M&A에 큰 역할을 하였다.

둘째, 인수대상기업의 경영진이 모르게 인수기업이 대상기업의 주식을 매수하는 적대적 M&A(hostile tender offer)의 비중이 다른 시대에 비해 매우 높았다. 1980년대의 적대적 M&A는 전체 M&A의 약 40%를 차지했으며, 이는 90년대보다 많았다. 또한 전문 기업사냥꾼(raider)의 역할이 두드러졌다.

1990년대 M&A

1990년대의 M&A는 다음과 같은 특징을 보이고 있다.

첫째, LBO와 적대적 M&A가 급감하였다. 이에 대한 외부적 요인으로는 1980년대 M&A 방법인 높은 수준의 부채를 이용하는 것에 대한 정치적 압력과 급격히 증가한 M&A로 인한 피해가 속출하는 경우도 있어서 반기업합병 정책이 강화되었기 때문이다. M&A는 1990년대 기업 내부의 지배구조에도 큰 변화를 가져왔다. 미국의 주요 기업 중 50%가 넘는 기업들이 M&A 시도를 받았다.

많은 기업이 M&A를 사전적으로 방어하기 위해 구조조정(restructuring)을 도모하였다. 이러한 구조조정의 형태로는 비효율적인 사업 분야로의 진출과 같은 문어발식 확장 자제, 초과설비의 감소, 주주들의 이익에 반하는 경영진 교체 등이었다. 또한, 스톡옵션과 같은 주식을 근간으로 하는 보상체계를 도입하여 경영진들이 주주의 이익을 존중하게 하는 내부적 유인체계를 마련하였다.

따라서 경영진들도 기업의 구조조정으로부터 이익을 공유할 수 있어 구조조정이 가속화되었다. 이러한 기업 내 구조변화로 적대적 M&A와 LBO가 많이 줄어들었다.

둘째, 경영진이 비효율적인 사업을 추진하지 못하도록 기업의 자산을 경영진으로부터 분리하는 형태이었으나, 1990년대에는 급변하는 시장에서 성장을 위한 새로운 기술 추구를 목적으로 하는 M&A가 활발하였다.

셋째, 부채를 이용하기보다는 주식교환이 M&A에 대한 결재수단으로 등장하였다. 높은 수준의 레버리지를 유지하는 것은 경영진의 특권이었으며 경영진들이 이것을 남용하였으나, 주식교환이 새로운 결재수단으로 등장하면서 높은 수준의 레버리지에 대한 요구가 감소하였다.

2010년대 M&A

2016년 현재 국내 M&A 시장은 약 70조원의 시장규모로 늘어나고 있는 추세를 보이고 있으며 다음과 같은 특징을 가지고 있다. 첫째, 기업 간 M&A의 상당 부분을 시장 전망에 의한 자발적인 M&A가 아닌 그룹 계열사 간의 사업조정에 따른 M&A가 차지하고 있다. 둘째, 국내 M&A시장에서 PEF의 역할이 지속적으로 강화되고 있다. 셋째, 국내 M&A시장은 국민연금과 정책금융공사 등 연기금과 정책금융기관에 의한 정책적 목적의 PEF 출자를 통한 M&A시장 형성이 주를 이루고 있다. 국내 M&A시장에서 역할이 강화되고 있는 PEF의 경우 2004년 PEF 제도 도입 이후 40조원 이상의 시장 규모로 급성장하였다.

4 시너지효과

기업 간 M&A에 따른 시너지효과는 생산 및 경영활동 시너지, 시장지배력 강화, 금융재원확보, 거래 및 정보비용의 효율화 등 크게 네 가지로 구분될 수 있다.

생산 및 경영활동의 통합에 의한 시너지는 인수합병 기업의 생산, R&D 및 기술, 마케팅, 경영전략 등 기업의 전반적인 활동에서 보완적인 요소를 통합함으로써 이루어질 수 있다.

생산 및 생산활동 시너지는 생산 및 기능과 관련된 요소들을 통합하여 규모 및 범위의 경제를 실현하는 것을 의미하며, R&D 및 기술적 시너지는 피합병기업의 신기술 및 보완적 기술을 확보함으로써 제품개발을 쉽게 할 수 있으며, 마케팅 시너지는 피 합병기업의 브랜드 · 유통망 · 광고 및 행사 선전 등을 공유함으로써 확보될 수 있다. 특히 마케팅 시너지의 경우, 밀접히 연관된 제품을 판매하는 기업 간의 M&A를 통해 극대화될 수 있다.

경영전략적 시너지는 피 인수기업의 우위에 있는 경영능력을 모든 차원에서 흡수 혹은 공유함으로써 확보될 수 있다.

담합시너지는 동일하거나 밀접히 연관된 재화 및 서비스를 생산하는 기업 간 인수합병을 통해 시장지배력을 확대하는 것을 의미한다. 또한, 가치사슬 및 중간재에 대한 수급관계에 있는 기업들은 기업결합을 통해 거래 및 정보비용의 효율성을 증진할 수 있다. 마지막으로 금융 시너지는 장기적인 기술 및 생산 활동과 관련된 시너지 실현보다는 단기적인 금융재원 확보와 자산의 분산에 중점을 둔 인수합병의 효과로 볼 수 있다.

04 M&A 시장의 현황과 특징

1 국내 M&A 시장의 현황

국내 M&A 시장은 미국·일본 등 선진국에 비하여 그 실적이 매우 저조한 편이다. 그 원인을 살펴보면 첫째로 그간 국내의 M&A는 기업 전략적 차원보다는 주로 산업구조의 조정이나 부실기업의 정리차원에서 이루어져 왔다. 둘째는 우리 경제는 그간 급속한 속도로 성장하는 과정에 있었기 때문에 미국이나 일본처럼 경제가 성숙기에 접어들어 시장규모가 정체되고 경쟁이 심각하여 다각화의 필요성이 강할 때 적극적으로 추진되는 M&A의 필요성이 상대적으로 작았다고 볼 수 있다. 셋째로 자본시장법에서 규제한 사항 외에도 정부나 국민의 적대적 M&A에 대한 부정적 시각이 만연하고 또한 기업의 주식분산이 미흡하여 대주주 지분이 높아 M&A 자체가 용이하지 않았다고 할 수 있다. 마지막으로 상당수의 기업이 대규모 기업집단 내에서 이미 계열관계를 이루고 상호 유기적인 관계를 유지하고 있어 외부에서 시너지효과를 거두어야 하는 필요성이 상대적으로 작았기 때문이다.

제1기(M&A시장의 태동/1997~2001)

기업이 자산을 매각하는 이유는 여러 가지가 있다. 가장 대표적인 이유 중 하나는 재무상황이 악화되고 채무이행이 어려워져 사업이나 자산의 매각을 통해 자금을 조달할 수밖에 없기 때문이다.

우리나라의 M&A 시장이 본격적으로 열린 원년은 IMF 외환위기가 한국 경제를 강타한 1998년이다. 이때 발생한 대규모의 비자발적인 사업매각들이 본격적인 M&A 딜의 시초였다. 외환위기를 거치면서 대기업들이 연쇄적으로 채무불이행 사태를 맞게 되었으며, 결과적으로 외국계 자본에 매각되거나 정부가 공적자금을 투입해 인수하게 되었다.

제2기(M&A시장의 양적 팽창/2002~2007)

2000년대 초반 들어서도 재무상황이 어려운 기업들의 '비자발적 사업 매각'이 계속됐다. 그런 가운데 외환위기 직후 정부나 해외투자자들이 인수한 기업들이 일정기간의 구조조정과 경영정상화를 거친 뒤 다시 시장에 나오기 시작했다. 이런 매물을 '구조조정 후 재매각 물건'이라고 부르는데, 2000년대 중·후반 국내 M&A 시장의 붐을 주도했다. 하지만 이런 딜들 뒤에는 소위 '승자의 저주(Winner's curse)'가 내리는 경우를 많이 목격하게 된다.

대우건설·대한통운·대우종합기계 등 국내 역대 최대 M&A 딜 순위에서 상위권을 차지하는 메가(mega) 딜이 대표적인 사례다. 이 시기에 과도한 부채를 동원해 막대한 프리미엄을 주고 무리하게 M&A를 추진했던 주요 매수자들은 설상가상으로 곧 이어 닥친 글로벌 경제침체의 쓰나미를 맞았다. 그래서 승리의 샴페인을 터뜨린 지 몇 년도 지나지 않아 스스로 '비자발적 사업 매각'을 피하기 어려운 처지로 전락하게 된다.

이 시기의 끝 무렵에 재무적 투자자들의 투자회수를 위한 재매각 딜(secondary deal)이 늘어났다. 흔히 M&A 매수자를 구분할 때 전략적 투자자와 재무적 투자자로 나눈다. 전략적 투자자는 특별한 경우를 제외하고는 기업을 영속적으로 보유하고 운영할 목적으로 인수한다. 반면 재무적 투자자는 기업을 인수한 뒤 일정기간 보유·운영하면서 기업가치를 높인 후에 재매각 또는 주식상장을 통해 투자를 회수하고 투자수익을 실현한다.

이 시기에 재매각 딜이 많아진 이유는 2000년대 중반에 국내에서 사모펀드의 기업인수활동이 활발하게 일어났기 때문이다. 보통 사모펀드가 기업을 인수하면 3~5년 후에 재매각을 추진하는 경우가 일반적이다. M&A시장 규모가 사상 최대에 달했던 2007년에 10대 M&A딜 중 하이마트·하나로 텔레콤·C&M 등 무려 6개가 사모펀드의 재매각 Deal이었다.

제3기(M&A시장의 질적 성장/2008~현재)

양적팽창을 거듭하던 한국 M&A 시장은 2008년 전 세계에 불어 닥친 경기침체를 기점으로 제동이 걸렸다. 그러나 전체 시장규모가 급감한 반면, 이전에 비해 훨씬 더 다양한 형태의 Deal들이 나타나면서 질적으로는 시장이 오히려 성숙할 조짐을 보이고 있다.

한국에 본격적인 M&A 시장이 열린 이후 그 동안 크게 두 번의 큰 '비자발적 자산매각 주기'가 있었다. 1차가 1990년대 말 외환위기 때였고, 2차는 2008년 말 글로벌 경기침체로 촉발돼 지금까지 이어져 오고 있다. 1차 때와는 달리 2차인 이번에는 금융기관보다는 기업들이 더 타격을 받았다.

특히 몇 년 전에 무리한 차입인수(LBO · Leveraged Buy-out)를 추진했던 기업들은 외부경영환경의 악화로 말미암아 영업현금흐름에 차질이 생기면서 급기야 만기가 돌아오는 부채를 상환하기 어려운 상황이 되고 말았다. 근래에 금호아시아나그룹이 대우건설 · 금호렌터카와 보유하고 있던 부동산 자산을 매각한 사례가 대표적이다.

다른 트렌드는 '비핵심 사업매각'이다. 기업들이 재무상황이 양호한 경우에도 자산을 매각하는 경우가 있는데, 대표적인 것이 핵심사업 경쟁력 강화를 위해 필요한 자금을 비핵심 사업매각을 통해 조달하는 경우이다.

이 경우 매도자는 주로 다양한 사업을 영위하던 대기업 집단들인데, 꼭 팔지 않으면 안 되어서 매각하는 경우라기보다는 자체적인 전략적 판단에 의해 사업매각을 결정하는 경우가 많다.

비핵심 사업 매각의 예로는 두산그룹에서 '처음처럼' 소주를 제조 · 판매하던 주류사업부를 롯데그룹에 매각하고, 주류 및 음료용기를 만들던 사업부를 물적 분할해 사모펀드인 MBK 파트너스에 매각한 사례가 대표적이다.

눈에 띄는 또 다른 트렌드는 창업자들이나 오너들의 캐시-아웃(현금화를 위한 보유자산 매각) Deal이다. 이 경우 매도자는 주로 개인이며, 대부분의 경우 창업자이거나 대주주이다. 대표적인 사례로는 에스콰이어 일가 대주주 지분 전량을 사모펀드인 H&Q에 매각한 경우와 전문건설업체인 영화엔지니어링의 창업주가 지분을 MBK 파트너스에 매각한 경우를 들 수 있다. 다른 사모펀드인 유니타스 캐피탈(Unitas Capital)은 편의점 체인인 바이더 웨이를, 세븐 일레븐을 보유하고 있는 롯데그룹에 매각했다.

2000년대 초반 이후 호황을 구가해 오던 글로벌 M&A 시장은 미국의 서브프라임 모기지 부실문제 등으로 후반기 이후 성장세가 급격하게 저하되는 모습을 보이고 있다. 이는 실물경제의 부진과 더불어 글로벌 투자은행의 손실증가 등으로 M&A 시장 여건이 우호적이지 않기 때문이다.

반면 한국의 M&A 시장은 외환위기 이후 정부 등의 관리 아래에 있었던 대형기업의 매각·공기업의 민영화 등으로 활발한 움직임을 보일 것으로 예상한다. 한국의 M&A 시장은 주로 비관련 다각화를 위한 이종 업종 간의 M&A 유형이 높은 비중을 차지하고 있는데, 세계 M&A 시장과는 대조적인 형태를 보이고 있다.

다시 말하면 세계 M&A 시장이 비용절감 및 시너지효과와 함께 시장점유율 확대를 통한 경쟁력 강화에 초점을 맞추고 있지만, 한국은 특정시장에서 발생하는 변동이나 위험으로부터 기업 전체의 재무적 안정을 위한 M&A에 초점을 맞추고 있음을 의미한다.

중장기적으로 세계 M&A 시장은 선진국 기업의 경영전략 차원의 접근 외에도 신흥국의 참여 등 다양한 양상으로 전개될 것으로 평가되고 있다. 반면 우리나라의 경우 외환위기 이후 구조조정 차원에서 부실기업에 대한 M&A가 주를 이루어 왔으며, 향후에는 성장 동력 확보 차원에서 국경 간 M&A를 통해 원천기술 확보, 해외시장 진출 그리고 시장점유율 확보가 필요한 시점에 도달하였다.

글로벌 M&A 시장 규모 Trend

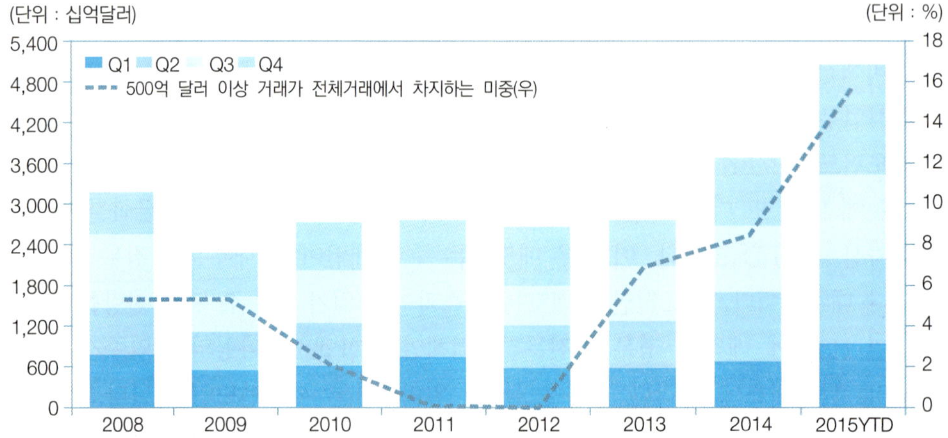

자료 : 자본시장연구원

2 국내 M&A 시장의 특징

M&A는 기업 성장의 돌파구로서 지금과 같은 저성장기일수록 중요성이 부각된다. 또한 저성장기에는 저평가된 매물이 증가하여 니즈와 기회 측면에서 M&A의 잠재력이 내재되어 있기도 하다. 지금과 같이 불확실한 시장환경은 새로운 M&A 기회를 제공하지만 이럴 때일수록 확대되는 리스크를 고려해 신중하게 접근해야 할 필요성이 있으며 최근 우리나라의 M&A 시장은 다음과 같은 특징을 나타내고 있다.

재무구조개선을 위한 M&A 활발

신성장동력 사업과 연관된 벤처기업을 M&A하기 보다는 대기업 등이 재무구조개선을 위해 매각하려는 계열사 구조조정과 관련된 매물이 주요 M&A 대상으로 대두되고 있다.

이는 대기업의 중소·벤처기업 M&A 인수에 대한 헐값인수 논란과 M&A 보다는 자체인력 육성을 선호하는 문화 등이 작용하게 되었다. 그러나 글로벌의 경우에는 새로운 성장동력 확보를 위해 첨단기술 분야의 신생 벤처기업 등에 대한 M&A가 활발히 진행되고 있으며 대표적인 예로서 페이스 북의 와츠 앱(모바일 메신저 업체)

자료 : 유안타증권

및 애센타(무인기 제조업체) 인수, 구글의 딥 마인드(로봇업체) 및 버진 갤럭틱(우주여행업체) 인수 등을 둘 수 있다.

계열사 간 합병 · 분할 증가

대기업의 그룹 내 유사업무를 수행하는 계열사 간 합병 및 지주회사 설립 등 지배구조 개편을 위한 분할이 크게 증가하고 있다. 제일모직과 삼성 SDI의 합병, 현대제철과 현대 하이스코의 합병, 대한항공과 한진 칼의 분할('13.6월), 한라 홀딩스와 만도 분할 등이 대표적인 예이다.

반면 경제 환경의 불확실성 등으로 사업다각화 등을 위한 대기업의 대외 양수도 및 합병 실적은 미흡한 상태에 직면하고 있다. 그러나 글로벌의 경우 외형 확대와 사업다각화 등을 위해 동종 및 이종 업체간 M&A가 활발히 진행되고 있다.

대규모 M&A 거래 증가

국내 및 글로벌 모두 대형 인수 · 합병에 힘입어 M&A 거래금액이 점차적으로 증가하는 추세이기도 하다. 한국 M&A시장은 2012년 이후 연평균 43.7% 급성장하는 추세다. 2015년에는 국내 기업 간 M&A 거래 규모도 809억 달러로 전체의 92.35%를 차지하며 전년 대비 39.1% 증가했다. 한편 최근 삼성과 SK 등 대기업 지배구조 개편 중심으로 M&A 시장이 성장했다면 원샷법 시행 이후에는 중소 · 중견기업의 M&A도 늘어날 것으로 전망된다.

국내기업 대상 M&A

M&A가 대부분 국내 기업을 대상으로 진행되었으며, 국경간 M&A(Cross-border M&A)에는 소극적이며, 국경간 M&A가 활성화되고 있으나 전체 M&A 대비 국경간 M&A의 비중이 낮은 편이다.

M&A활성화에 힘입어 세계적으로 국경간 M&A가 확대되고 있으며 한국의 국경간 M&A도 2014년 294억 달러를 기록하였다. 이에 따라 국경간 M&A가 점차적으로 증가를 기대하고 있으나 세계 전체 M&A 대비 국경간 M&A 비중인보다는 낮은 수준이다.

〈세계 M&A 규모 및 증가율 추이〉

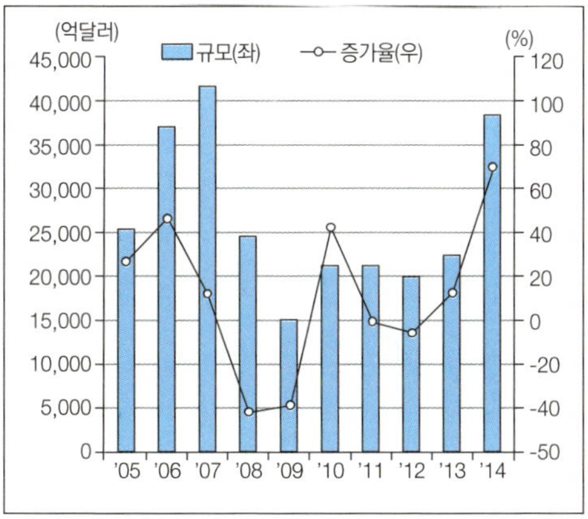

자료 : Bloomberg
주 : 규모 및 증가율은 금액기준

〈한국 M&A 규모 및 증가율 추이〉

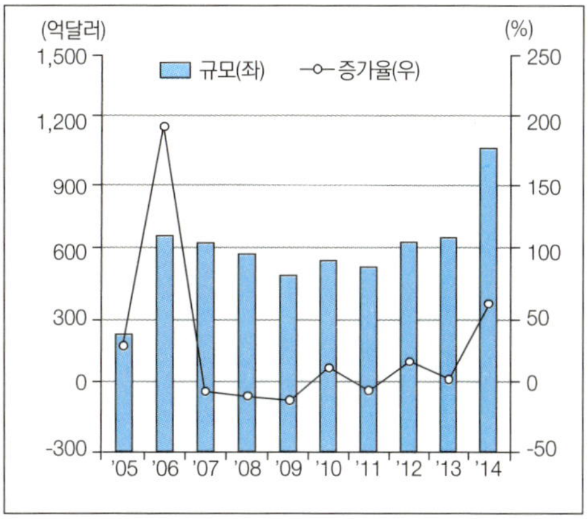

자료 : Bloomberg
주 : 규모 및 증가율은 금액기준

M&A 트렌드

우리나라의 최근 M&A Trend를 살펴보면 다음과 같다.

첫째, 신기술 신사업 중심의 세계 M&A 트렌드와 달리 국내에서는 제조업 및 금융부문을 중심으로 M&A가 추진되고 있다. 세계적으로 제약 · 통신 부문의 M&A가 확대되고 있는 반면 상대적으로 제조업 비중이 높은 한국의 경우 M&A에 있어서도 전체 M&A대비 제조업 부문의 비중이 높은 편이다. 특히 금융부문 M&A가 활발해지면서 그 비중이 확대되기도 하였다.

둘째, 세계적으로는 동종 산업 간 M&A가 활발한데 비해 한국에서는 이종산업 간 M&A 비중이 높은 것으로 나타난다. 특히 인수기업을 기준으로 유통 · 소비재부문에서 동종산업에 대한 M&A 감소세가 뚜렷하게 나타난다.

셋째, 세계적으로 M&A는 피인수기업의 지분을 100% 취득하는 기업매수의 비중이 확대되고 있으나, 한국의 경우 기업매수의 비중은 감소하고'주식거래와 자산매각이 확대되는 모습이 관찰된다. 전체 M&A에서 피인수사업의 지분을 100% 취득하는 기업매수의 비중이 지속적으로 확대된 가운데 자산매각, 주식거래의 비중은 소폭 축소되었다. 반면 한국의 경우 기업매수의 비중은 축소되었으며 대신 주식거래의 비중은 확대되었다.

〈세계 M&A 유형별 비중 추이〉

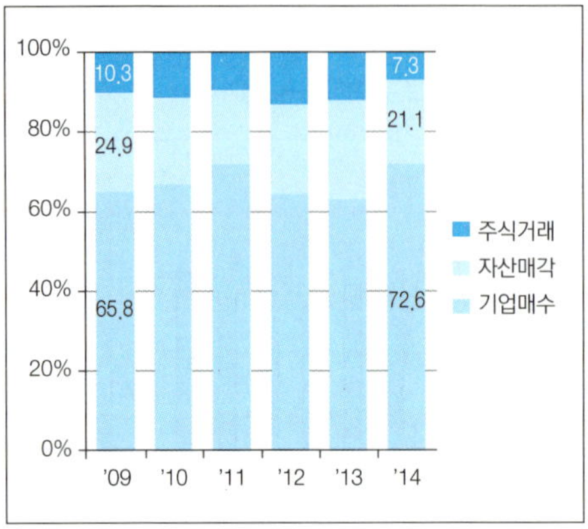

자료 : Bloomberg 자료를 토대로 현대경제연구원 계산
주 : 비중은 금액 기준

〈한국 M&A 유형별 비중 추이〉

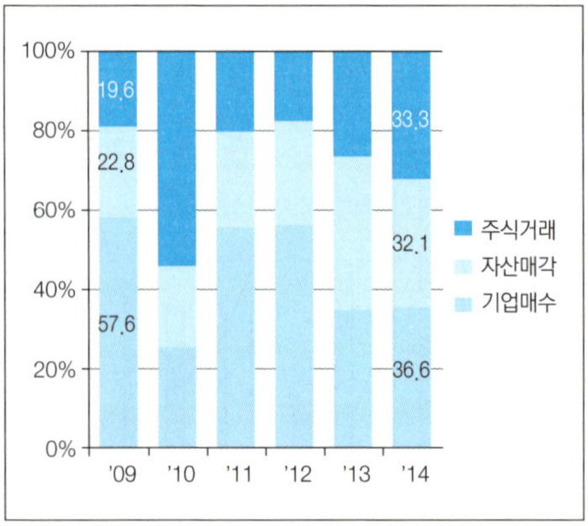

자료 : Bloomberg 자료를 토대로 현대경제연구원 계산
주 : 비중은 금액 기준

향후시장 전망 최근 M&A거래 규모가 전 세계적으로 급증세를 보이는 등 세계 M&A시장은 2000년 이후 최대의 활황기를 맞고 있다. 반면 우리나라에서는 M&A 거래 규모가 증가하고는 있으나 아직도 선진국에 비해 미미한 수준에 이르고 있다.

외환위기 이후 구조조정 목적의 M&A가 거의 마무리 단계에 있고 국내 경제가 안정적 성장 단계에 접어들면서 기업환경 전반에 걸친 다각적 변화가 진행 중이다. 이에 대처하여 기업들의 수익원 다각화, 규모의 경제 실현을 위한 대형화 등 경쟁력 제고를 위한 전략적 M&A시장이 활발히 전개될 것으로 예상된다.

향후 국내 기업들의 M&A 수요 증대에 대비하여 투자은행 육성을 통한 M&A 중개기능 강화, PEF 관련 규제의 완화, 금융기관 및 기업의 해외 진출 관련 제도 정비 등 정책 과제를 선결하는 것이 중요하다고 여겨진다.

정부는 2018년 12월 빅데이터와 인공지능 · 자율주행차 · 차세대통신 · 드론 · 혁신신약 · 맞춤형 헬스케어 등 13개 분야를 혁신성장동력으로 선정 하였다. 무인기(드론) · 인공지능(AI) · 자율주행차 등 4차산업의 신성장동력 분야의 인수합병(M&A) 시장이 활성화 할 전망이다.

정부 차원에서 5년간 9조원을 투입해 시장 확대를 추진하고 있기 때문이다. 대부분 중소, 벤처 기업들이 집중된 사업분야라는 특성상 M&A를 통해 자금 마련과 기술 경쟁력 확대에 나설 가능성이 높기 때문이다.

〈세계 동종산업간 M&A 비중 추이〉

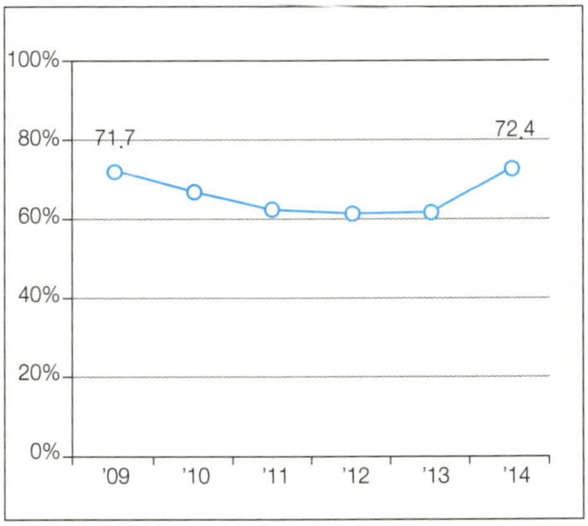

자료 : Bloomberg 자료를 토대로 현대경제연구원 재구성
주 : 비중은 금액 기준

〈한국 동종산업간 M&A 비중 추이〉

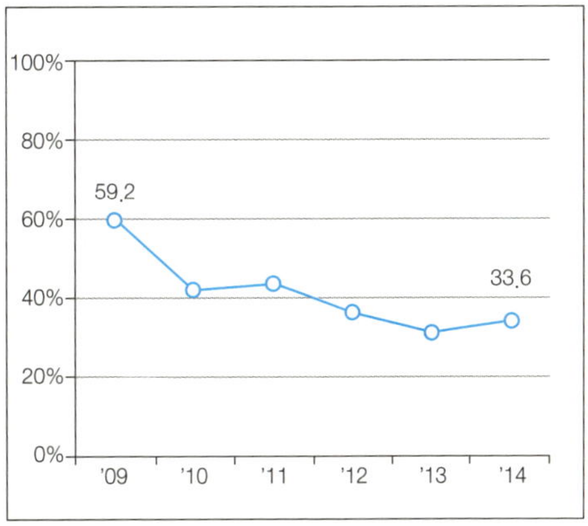

자료 : Bloomberg 자료를 토대로 현대경제연구원 재구성
주 : 비중은 금액 기준

우선 맞춤형 헬스케어와 혁신신약 등 2개 분야에만 투자액의 절반에 육박하는 4조 4,000억원이 투입된다.

빅데이터와 AI를 활용한 맞춤형 헬스케어 연구개발에 2조7,600억원을 투자하고, 혁신신약에는 1조5,960억원을 투자해 2015년 85개인 신약 후보물질을 2022년 129개로 늘리고, 바이오헬스 산업 수출액을 102억 달러에서 130억 달러로 확대한다. 신재생에너지 분야는 8,200억원을 들여 2016년 7.0%인 재생에너지 발전비율을 2022년 10.5%, 2030년 20%로 높인다는 목표를 세웠다. 신재생에너지 분야는 8,200억원을 들여 2016년 7.0%인 재생에너지 발전비율을 2022년 10.5%, 2030년 20%로 높인다는 목표를 세웠다. 자율주행차 분야에는 5,770억원을 투자한다.

노인 · 장애인 지원, 스마트 의료 등 서비스로봇을 상용화하기 위해 지능형로봇에 5,660억원이 투입된다. 드론 분야에는 4,550억원이 투입되며 700억원 규모인 국내 사업용 무인기 시장규모를 1조4,000억원으로 키우고, 차세대통신에는 5,760억원을 투입해 1천600만개인 사물인터넷(IoT) 연결기기를 2배에 가까운 3000만개로 늘릴 방침이다.

AI 분야에는 4,120억원을 투입해 34개인 AI 기업을 3배인 100개로 확대하기로 했다. 가상현실(VR) · 증강현실(AR)에는 1,840억원이 투입되며 중소 · 벤처기업에 VR · AR 전문펀드 투자, 세액공제 등을 지원한다. 연 매출 100억원 이상의 VR ·

AR 글로벌 강소기업 10개 이상을 육성하고, 관련 융복합 서비스를 20개 이상 출시하도록 할 계획이다.

05 M&A의 구성요소

M&A 시장에는 다양한 기관·개인·전문가들이 참여하고 있다. 기업의 지배권, 즉 경영권을 거래하는 전문적인 경제활동이므로 기관이나 개인 단독으로 거래를 완벽하게 진행하기가 어렵고 인수기업에서 직접 M&A를 수행하는 경우에는 많은 위험을 감수해야 하는 만큼 거래금액이 클수록 효율적이고 경제적인 거래 절차를 위해 적절하게 외부전문가를 참여시키는 것이 중요하다.

따라서 M&A 시장에서는 각계의 전문가들이 참여자로서 상호 간의 전문적인 지식과 경험을 토대로 협력을 통해 거래를 성사시키게 된다. 이에 따라 M&A 시장

국내 M&A 시장 Trend

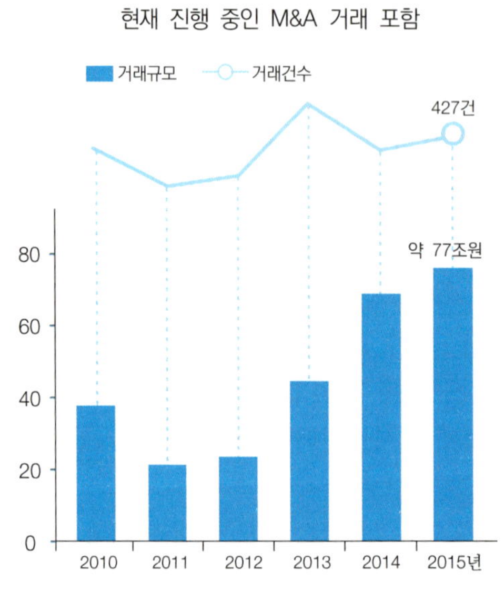

자료 : KDB대우증권

참여자는 크게 일곱 그룹으로 나누어 볼 수 있다.

물론 M&A 관련 업무 또는 M&A 진행절차에 따라 부문별로 관여하는 것이 대부분이므로 M&A 절차의 대부분에 참여하는 참여자는 극히 일부분에 지나지 않으며 단계별로 참여자의 역할과 기능이 다르게 진행된다.

1 거래 당사자

M&A 당사자는 매수자와 매도자를 일컫는다. 기업의 지배권에 대한 거래를 하는 매도자와 인수자가 가장 중요한 시장의 참여자이다. 기업의 경영권을 거래하는 과정에서 매각대상 기업의 대주주가 인수자에게 해당 기업의 경영권을 포함한 지분을 매각하게 되므로 당해기업의 경영진과 대량해고의 위험에 처하게 되는 종업원 그리고 채권자들 역시 M&A의 영향을 받게 된다. 물론 인수자도 역시 경영진, 종업원과 채권자들이 참여자가 된다. 이들은 진행과정에서 처음부터 마지막까지 관계되어 있으므로 가장 중요한 시장참여자 중의 하나이다.

M&A 주선의뢰서(Mandate Letter)

○○ 회계법인컨설팅 귀중
서울시 강남구 역삼동 123-1 11층

귀 회계법인 컨설팅에게 다음과 같이 "주식회사×××"의 인수 자문 업무를 의뢰하고, 그에 따라 귀사를 자문인으로 지정하여 용역을 의뢰합니다.

- 다 음 -

1. 인수의뢰 대상회사 :
   가. 인수 희망 지분율 : 약 ____% (경영권 인수 포함)
   나. 인수 희망금액 : 금__________억원 (____________)

2. 용역의뢰 일자 : 20____년 ____월 ____일

3. 용역의뢰 기간 : 의뢰일로부터 3개월(단, 상호 협의 시 연장가능)

4. 용역의뢰 업무의 범위
   가. 인수대상회사소개
   나. 인수가액 협상 및 결정에 따른 자문
   다. 전 각호 업무수행을 위한 부대업무

5. 용역의 보수
   가. 인수대상 회사의 인수금액 총액의 2.5%(구주 매수대금, 신규유상증자 참여금액, 주식교환금액, 합병 시 평가금액 등 인수대상 회사의 인수에 필요한 현금 및 현물가치 포함)
      - 성공보수 : 경영권 인수 또는 거래대금 완납시점 중 빠른 시기에 지급 (단, 지급금액은 별도협의)
   나. 기업실사비용(회계사 비용 등), 법률자문 비용(변호사 비용 등) 및 기타 부수업무의 수행에 필요한 경비의 지급은 기업매입 여부와 관계없이 의뢰인이 별도로 지급

6. 기타
   가. 비밀유지 의무 : 본 M&A 주선의뢰서는 M&A 수행 목적 이외에는 사용할 수 없음
   나. 대상회사와의 매매중계에 대한 독점적인 권리는 소개 후 1년간 귀하에게 있음

20____년 ____월 ____일

(의뢰인) 회 사 명

대 표 자 인

주 소

2 대상기업 관계자

해당 대상기업의 경영진을 비롯하여 임직원들이 M&A의 직접적인 영향을 받게 되므로 자신도 모르게 M&A 시장에 참여하는 것을 알 수 있다. 임직원으로 재직하고 있는 기업이 M&A가 진행되는 사실이 알려지게 되면 가장 먼저 직원들이 동요할 것이다.

기업이 매각되는 경우 근로자들이 가장 먼저 고용에 대한 불안감을 가지게 되기 때문이며 실제로 M&A가 성사된 기업에서는 인수자 입장에서 대상기업의 임직원을 모두 재고용하면서 인수하는 것이 쉽지만은 않다.

또한, 직접 당사자가 아닌 주주와 채권자들도 역시 자신이 원치 않아도 M&A 시장에 참여하게 된다. 주주들은 최대주주의 의사결정에 따라 함께 보유지분을 매도하거나 계속 보유한다.

다만, 계속 보유하는 경우에는 새로운 인수자와의 마찰을 피할 수 없는 상황이 될 수도 있다. 채권자의 경우 금융거래 시에 대주주 또는 경영진이 연대보증을 했다면 채무승계를 위한 절차를 밟아야 하며, 채권기관 입장에서는 대상기업이 M&A 되었을 때 채권확보에 대한 불안감을 갖게 되므로 최우선적으로 채권확보에 나서게 되는 것이다.

3 자문기관

다양한 자문기간 또한 중요한 참여자이다. M&A 진행절차에 따라 M&A가치평가 · 재무실사 · 법률 실사 · 지적재산권 · 협상 · 금융 등의 자문단이 활동을 하게 된다. M&A 관련 계약서를 작성하거나 M&A가 진행되는 동안 절차에 따른 법률적 검토 등 법률자문을 담당하고 있는 법무법인과 변호사, 대상기업의 분석을 위해 재무제표를 기초로 대상기업의 장부와 자료를 조사하고 그에 따른 회계정보를 찾아내기도 하며, 실제로 인수 작업에 들어갈 때에는 정밀실사(due diligence)를 주도적으로 수행하는 등 회계적인 자문을 수행하는 회계법인과 회계사 역시 중요한 시장 참여자이다.

회계법인은 경우에 따라서는 대상기업의 가치를 산정해주기도 하며 M&A 이후의 경제적 효과나 손익 등을 분석하기도 한다. 또한, 기술가치, 특허 등의 자문이 필요한 경우 변리사가 참여하며, 해당 기업의 노조 또는 인사부문의 자문을 담당하는 노무사도 M&A 시장에 참여하고 있다.

이러한 모든 절차를 일괄적으로 자문하는 기관도 생겨나고 있으며, 외국계 IB에서는 대형 M&A 또는 국제 간 M&A에서 분야별 전문가를 보유하고 자문을 하고 있다.

M&A 자문계약서

(계약당사자) "갑" :

"을" : ××× Capital Investment LTD

"갑"과 "을"은 "갑"이 M&A를 목적으로 한 기업매수·매도에 관한 자문의뢰(이하 "본계약"이라 칭한다)를 하고 다음과 같은 조건으로 계약을 체결키로 하다.

제 1 조(목표)

1. "갑"의 경영전략에 부응하는 회사(이하 '대상회사')를 발굴하고 그 대상회사의 경영권을 인수하는 것(이하 '경영권 인수')을 목표로 한다.
2. 경영권 인수라 함은 대상회사의 임원을 사실상 임명할 수 있는 권리를 "갑"이 취득하는 것을 말한다.
3. 경영권 인수 방법
   - 자산의 인수(영업 양수·양도를 포함한다.), 합병, 주식의 인수 등 인수 형태에는 제한이 없다.
   - 대상회사는 상장, 비상장 및 관리종목 또는 등록 등 그 구분에 따른 대상회사 선택의 제한이 없다.
   - 개별교섭, 공개입찰, 증권거래소 상장주권의 경우 시장 내 매입 혹은 공개매수 등 국내법이 허용하는 범위 내에서는 교섭 또는 매수 방법의 제한이 없다.
   - 우호적인 경영권 인수를 기본 원칙으로 한다.

제 2 조(위임)

1. "갑"은 "을"에게 본 경영권 인수 추진과 관련하여 "을"이 "갑"을 대리 할 권한을 부여한다(이하 "본 대리권"). 본 대리권의 행사는 제4조에 명시된 "을"의 역할을 하는 데 있어서 필요한 범위 내에서 행해져야 하며, "을"은 수시로 "갑"의 의사를 파악하여 "갑"의 의사에 반하여 본 대리권을 행사하

거나 행동하는 일이 없도록 노력하여야 한다.

2. "갑"은 "을"의 사전 동의 없이 제1조와 관련되어 소개한 회사에 대하여 제4조의 "을"의 역할과 중복되거나 "을"이 "을"의 역할을 수행하는 데 지장을 초래할 수 있는 대리권의 수여 혹은 매수자문 등의 용역을 제3자에게 제공하지 않는다. 다만 "을"이 소개하지 않은 회사에 대해서는 제3자와 "갑"이 공동으로 M&A를 추진할 수 있다.

제 3 조(상호협조 및 "갑"의 역할)

1. 제1조에 명시된 목표를 달성하기 위하여 "갑"과 "을"은 상호 적극 협조하여야 한다.
2. "갑"은 "을"이 "을"의 역할을 효과적으로 충실히 수행할 수 있도록 필요한 정보를 제공한다.
3. "갑"은 필요한 경우 "갑"이 보유하고 있는 유·무형의 자산, 각종 내·외부 정보 및 인력을 제공하여 "을"이 "을"의 역할을 효과적이고 충실히 수행할 수 있도록 "을"을 지원하여야 한다.

제 4 조("을"의 역할)

"을"의 주요 역할은 3단계로 구성되고 각 단계별로 다음 항목들이 포함되고 이에 한정되지 않는다. 단, "을"은 "을"의 역할을 행함에 있어서 꼭 필요하다고 판단되는 경우를 제외하고는 가능한 한 "갑"의 명칭을 제3자에게 노출하지 않는다.

1. 제1단계 : 자료, 정보수집, 분석 및 전략수립(대상회사 발굴 및 대상회사 사전평가)
   - 대상회사 발굴
   - 타 M&A주선 기관으로부터의 정보 입수 및 정리
   - 대상회사 및 대상회사 주주관련 자료, 정보의 수집 및 분석
   - 대상회사 인수경쟁자의 파악, 정보수집 및 대책 마련
   - 본 경영권 인수에 영향을 미칠 각종 법률, 규정, 관행에 관한 자료 수집 및 분석
   - 변호사, 회계사 등 외부 전문가 고용에 관한 자문 및 이들의 활용과 관련한 업무조정

- 본 경영권 인수에 따르는 공시 관련 자문

2. 제2단계 : 제1단계에서 수립된 각종 전략 및 대책의 시행(대상기업의 경영권 인수)
   - 제1단계에 기술된 항목에 관한 지속적 용역제공 및 자료, 전략, 대책 등의 추가 보완, 수정 및 개선
   - 주식매수 및 본 경영권 인수 전략 확정에 관한 자문(시기, 협상상대방, 가격, 인수지분율, 인수방법, 절차 등에 관한 자문)
   - 대상회사 주주 등 본 경영권 인수 관련 당사자들과 매수 가격 등 제 인수조건 합의 지원
   - 대상회사 자산, 부채에 관한 평가관련 자문
   - 대상회사의 경영권 양도를 위한 매매계약체결에 관한 자문
   - 각종 필요한 계약서의 작성 지원
   - 본 경영권 인수 전략에 따른 기타 제반 업무의 자문
3. 제3단계 : 사후관리를 위해 필요한 사항(사후관리)
   - 제2단계 완성 후 필요한 경우 별도로 “갑”과 “을“사이에 논의하여 구체적으로 합의하기로 한다.

제 5 조(비밀유지의무)

본 계약 관련 모든 자료는 본 경영권인수 및 사후관리의 목적으로만 사용되어져야 하고, “갑”과 “을”은 그에 따른 비밀을 제3자에 대하여 유지하여야 한다. 본 계약서상의 비밀 준수를 요하는 관련 자료의 범위는 대상회사의 명칭, 대상회사 및 “갑”이 본 경영권의 인수를 의도하고 있다는 사실을 포함하며, 상호 제공된 문서, 자료 및 본 경영권인수와 관련한 교섭, 토의사항, 그 내용 및 조건들을 포함한다.

제 6 조(면책)

1. “갑”은 “을”의 중대한 과실 또는 고의에 의하여 야기되지 않는 한, “을”이 “갑”을 대리하여 하는 행위 및 기타 “을”이 “갑”을 위하여 행한 행위들로부터 발생하거나 근거되어 청구되는 모든 책임 및 손해로부터 “을”을 면책한다.
2. “을”은 “갑”을 위하여 “갑”이 최상의 판단을 내릴 수 있도록 정보 및 기타

용역을 제공하며 본 경영권인수 및 사후관리와 관련한 모든 판단은 "갑"의 책임아래 결정한다. "갑"의 결정에 근거한 모든 결과에 대한 책임은 모두 "갑"에게 귀속한다.

제 7 조(수수료)

1. 대상회사의 경영권인수를 목적으로 하는 주식매매 계약이 체결되는 시점에 "갑"은 "을"에게 성공보수를 지급하는 것이 유효하며, 지급 시기는 중도금이 지급된 때로부터 기 지급된 금액 비율에 따라 상호 협의하여 지급한다. 성공보수는 일금________원(부가세별도) 혹은 주식 매매 계약에 수반되는 총 거래 금액의 3%(부가세별도) 중 큰 금액으로 한다.
2. 제4조제3항이 정하는 역할과 관련하여 "을"의 용역에 대한 필요성이 있는 경우에도 별도 수수료에 관한 합의를 한다.

제 8 조(실비보상)

제7조에서 기술된 수수료 이외에 "을"은 "갑"의 기업매수 자문기관으로부터 본 경영권 인수 또는 사후관리에 필요하다고 판단되는 경우 원칙적으로 "갑"과의 사전합의를 전제로 외부전문가(변호사, 회계사 등)에 전문용역을 의뢰할 수 있으며, 이런 외부 전문용역의 사용으로부터 발생하는 비용은 "갑"이 부담한다.

제 9 조(계약의 종료)

1. 본 계약은 체결일로부터 6개월간 유효하다. 단, 제1조의 목표달성을 위한 작업이 구체적으로 추진되고 있을 경우에는 "갑" 또는 "을"의 요청에 의하여 본 계약기간을 연장할 수 있다.
2. "갑"이 본 경영권 인수를 추진하지 않기로 결정하는 경우 "갑"은 "을"에 대한 30일 전 사전 서면통지로 본 매수자문계약을 종료시킬 수 있다. 단, 중도해지와 관련하여 "을"이 제1조의 목표달성을 위하여 현저한 성과가 있는 경우에는 "갑"은 "을"에게 이에 상응하는 추가적 보상을 하여야 한다.
3. 본 자문계약 종결 후 1년 이내에 "을"이 "갑"을 위하여 본 경영권 인수를 추진했던 대상회사의 경영권을 "갑"이 인수하는 경우에는 "갑"은 "을"에게 별도 합의된 성공보수를 지급한다.

제 10 조(포괄계약)

1. 본 계약서에서 정해진 내용이 특정 대상회사에 적용하기에 적합하지 않을 경우에는 "갑"과 "을"의 합의로 그 대상회사에 한하여 별도로 적용할 규정을 정할 수 있다.
2. 본 계약에 정해지지 않은 사항에 대하여는 "갑"과 "을"이 상호 신의성실의 원칙에 따라 협의 또는 합의하여 결정한다.

제 11 조(기타)

"갑"은 "을"이 대상회사의 매도측(대상회사의 대주주 등 포함)과 기업매도 자문계약을 체결하고 매도측으로부터도 대리권을 수여받거나 이에 따른 수수료를 받는 것에 동의하며, 이에 따라 발생할 수 있는 "갑"과 매도측 및 "갑", "을" 및 매도측 간의 이해상충에 관하여 "갑"은 일체의 이의를 제기하지 않는다.

이상을 증명하기 위하여 각 당사자는 아래 일시에 본 계약서를 2통 작성하여 각 기명날인한 후, 각 1통씩 보관한다.

20__년 ___월 ___일

(갑) 주　　소
회 사 명
대표이사

(을) 주　　소
회 사 명
대표이사

4 재정자문인

M&A 시장에서 중요한 역할을 하는 것은 M&A 재정자문인 이다. 재정자문인은 주로 M&A와 관련한 자문수수료를 목적으로 M&A 업무를 수행하고 있으며 전통적으로 재정자문인의 가장 큰 역할을 하는 기관이 투자은행(investment banks)이다.

Tip 투자은행과 상업은행

① 투자은행(Investment Bank)은 증권중개, 증권인수는 물론 인수합병(M&A), 기업공개(IPO), 자기자본투자(PI), 사모펀드 및 헤지펀드 운영, 자산운용 등을 주간하고 자문하는 금융투자사업을 영위하는 금융회사를 말한다. 모건스탠리나 골드만삭스 등 외국계 증권사들은 브로커리지보다 IB에 더 치중하는 분위기다.

② 상업은행(Commercial bank)이란 예금은행이라고도 하며, 단기자금을 전문적으로 취급하는 금융기관으로 상업은행의 특징은 당좌예금계정의 개설을 통하여 수표 · 어음 등의 지급수단을 창설하는 것과, 신용공여(信用供與)활동을 통하여 현금준비의 수배가 되는 예금통화를 창조하는 것을 주된 업무로 하는 금융회사를 말한다.

M&A 시장의 속성상 많은 위험을 내포하고 있기 때문에 위험을 감수하려는 경향이 강한 투자은행이 이 업무에 적합하다. 인수자금에 대한 금융 서비스를 비롯하여 M&A 진행 과정에서 발생하는 자금관련 전반적인 서비스를 통해 M&A 거래가 성공적으로 완료되도록 지원을 하게 된다.

대부분의 상업은행(Commercial Bank)을 비롯하여 증권회사, 보증보험, 보험사, 연기금, 창투사, 기업구조조정전문회사, 기술거래소, M&A 사모펀드, PEF를 비롯한 각종 펀드 등이 이 그룹에 해당한다.

5 M&A 중개회사

M&A 중개회사는 '비즈니스 브로커' 또는 'M&A 부티크'라고도 불리는데, M&A 중개를 전문적으로 수행하는 회사를 말한다. 매각기업과 매수기업을 연결시켜 주는 역할을 하고, 거래가 성사될 경우 성공보수로 중개수수료를 주 수입원으로 하고 있다.

M&A 부티크의 규모가 커지게 되면 M&A 중개업무 이외에 재정자문 업무가 추가되고 M&A 전문회사가 되기도 한다. 우리나라의 경우 대표적으로 한국M&A거래소가 있다.

한국M&A거래소는 중소기업 인수 · 합병(M&A)을 희망하는 사주 및 대주주, 투자자들에게 적합한 상대방을 연결해주고 컨설팅 서비스를 제공하는 중소기업 M&A 전문 중개회사이다.

국내외 여러 M&A 관련 기관과 제휴하고 광범위한 네트워크를 구축해 최적의 거래 상대방을 연결해주는 매칭 시스템을 구축했다. 파트너들과는 수수료 체계를 확립해 정보 집중이 극대화되도록 하였다. 한국M&A거래소는 2019년 상장을 추진해 주주들과도 투자수익을 공유하겠다는 계획이다.

Tip M&A 부티크(M&A boutique)

부티크란 원래 고가의 유행 여성의류나 액세서리 등을 취급하는 업소를 일컬으나 요즘 들어 M&A에서의 기업인수거래(deal)만을 전문으로 하는 소규모 엘리트 집단을 지칭하는 개념으로도 쓰이고 있다. 이들은 기업을 사려는 측과 팔려는 측을 연결시키는 중계업무를 주로 담당한다. 또한 사려는 기업이나 팔려는 기업을 위해 매수 또는 매도 전략을 수립하거나 경영권을 위협받는 회사를 위해 경영권을 방어해주는 일도 맡고 있다. M&A 부티크에게는 기업의 가치를 분석할 수 있는 능력이 필수적이고 산업의 신조류를 파악할 수 있어야 하며 자금조달 능력도 갖추어야 한다.

6 M&A 전문회사

M&A 전문회사는 소수정예 인원으로 운영되는데, 대형 투자은행에서 M&A 업무를 수행하던 전문가가 퇴직한 후 설립한 회사가 대부분이다. M&A 전문회사는 글자 그대로 다른 기업의 인수를 전문으로 하는 기업으로서 차입매수 전문회사라고도 한다. M&A 전문회사는 M&A가 발생할 경우 인수기업이나 대상기업의 스폰서로서 자문 업무를 수행하기도 한다.

부실기업을 인수하여 구조조정을 거쳐 재매각을 목적으로 설립된 기업구조조정 전문회사(CRC), 창업투자회사인 벤처캐피탈 등도 M&A 시장에 적극적으로 참여하고 있으며, 우리나라의 KT&G를 적대적으로 인수하기 위한 시도를 한 칼아이칸으로 인해 알려진 기업사냥꾼(corporate raiders)은 기업인수 합병과 관련한 전문투자가를 일컫는 말로서 단순한 일반 주식거래를 하지 않고 능동적으로 위험을 감수하면서 투자하며 SK를 공격했던 소버린처럼 적대적 인수를 위한 시장 매집 · 공개매수 시도 등 실질적인 행동으로 옮기는 경우도 많다. 또한, 최근에 주식시장에서 슈퍼개미에 의한 적대적 M&A 시도를 통해 주가차익을 남기는 경우도 있다.

[Tip] 기업사냥꾼(Corporate Raiders)

기업의 인수합병과 관련한 전문투자가를 의미하며, 이들은 특정 목적을 위해서 기업을 인수하거나 합병하는 투자가 또는 전문가 집단이다. 원래 기업사냥꾼은 필요에 따라 우호적 인 M&A 또는 적대적 매수자를 기업사냥꾼으로 표현하는 좁은 의미로 사용하는 경우가 많다. 이들은 초기에 대상기업의 주식을 약 5% 장내에서 매입하였다가 대상기업에 프리미엄부 환매를 요구하는 그린메일러(greenmailer)가 되기도 하지만, 대상기업의 경영진이 환매를 거부할 경우에는 실제로 적대적 인수를 위한 공개매수를 시도한다.

기업사냥꾼은 크게 세 부류로 나눌 수 있다.

첫째, 거대한 기업조직을 운영하면서 기업 가치를 극대화할 목적으로 M&A를 활용하는 경우이다. 대표적인 예로 제네럴 일렉트릴(GE)을 이끄는 잭 웰치(Jack Welch) 회장을 들 수 있다. 웰치는 16년 동안 480여 개의 기업을 사고 팔아 GE를 세계 최고의 기업으로 변신시켰다.

둘째, M &A 를 통해 기업매매차익을 노리는 경우이다. 적대적 M &A를 통해 저렴한 가격으로 기업을 인수한 다음 이보다 높은 가격으로 넘겨 차익을 남긴다. 대표적인 예로 트랜스월드활공(TWA : Trans World Airlines)의 회장인 칼 아이칸(Carl Icahn)이 이 분야에서 유명한 기업 사냥꾼이다.

셋째, M &A 대상이 되는 기업에 전문적으로 투자하여 그린메일(Greenmail)이나 주식매매차익을 노리는 경우로 주로 전문투자지단이 해당한다. 대표적인 예로 대규모의 M&A 펀드를 운용하는 워렌 버핏(Warren Buffet)이 해당된다.

- 그린메일러(green mailer) : 경영권을 담보로 보유한 주식을 시가보다 비싸게 되파는 사람들 증시에서 경영권을 위협할 만큼의 주식을 매수해 경영자를 위협한 뒤 자신이 매입한 주식을 비싸게 되팔거나 경영진이 주식을 매입하지 않을 경우 경영권을 빼앗는 이른바 그린메일(green mail)을 전문적으로 하는 이들을 일컫는다. '갈취', '협박'을 뜻하는 블랙메일(black mail)에 빗댄 것으로, 그린은 녹색인 미국 달러 지폐를 뜻한다. 그린메일러들은 기업매수보다 프리미엄을 획득하기 위한 수단으로 이러한 행위를 행하는 경우가 많기 때문에 윤리적으로 비판을 받기도 한다.

투자요약안내서

1. 거래의 배경

2. Investment Highlight

3. 회사의 현황

3-1. 회사의 개요

회사명	
기업형태	
법인설립일	
대표자	
납입자본금	
발행주식수	
주요 목적사업	
주요제품	
사업장	
종업원수	
매출액	
주요주주	

3-2. 회사의 연혁

구 분	내 용
____년 ____월	
____년 ____월	
____년 ____월	

3-3. 인원 현황

구 분	T= -3	T= -2	T= -1	T=o(P)
임 원				
사무 · 연구직				
생 산 직				
합 계				

4. 보유부동산, 주요설비 및 산업재산권 보유현황

4-1 보유부동산

구 분	소 재 지	용 도	면 적	공시지가	감정가

4-2 주요설비 현황

구 분	설 비 명	수 량	최대 생산능력

4-3 특허권 등 주요 산업재산권 취득 현황

취득일	구 분	내 용

5. 재무제표

5-1 손익계산서

(단위/백만원)

구 분	×× 년	×× 년	×× 년	×× 년
매 출 액				
매출액 증가율				
매 출 원 가				
매 출 총 이 익				
매출총이익률				
판 관 비				
영 업 이 익				
영 업 이 익 률				
영 업 외 수 익				
영 업 외 비 용				
경 상 이 익				
경 상 이 익 률				
특 별 이 익				
법 인 세 비 용				
당 기 순 이 익				
당 기 순이익률				
E B I T D A				
EBITDA/매출액				

5-2 대차대조표 (단위/백만원)

구 분	×× 년	×× 년	×× 년	×× 년
유 동 자 산				
당 좌 자 산				
재 고 자 산				
고 정 자 산				
투 자 자 산				
유 형 자 산				
무형고정자산				
자 산 총 계				
유 동 부 채				
고 정 부 채				
부 채 총 계				
자 본 금				
자 본 잉여금				
이 익 잉여금				
자 본 총 계				
부채와자본총계				

7 간접 이해관계자

벌처펀드는 일반적인 기업이 아니라 파산기업이나 부실채권 등을 전문적으로 인수하는 기금을 말한다. 일반적으로 기업이 파산하게 되면 증권시장에서는 주권뿐만 아니라 채무증권의 가격이 큰 폭으로 하락하게 되는데 벌처펀드는 이러한 파산기업의 채무증권 등을 싸게 매입해 주요 채권자가 되고 난 후 파산기업을 경영해 회생시킴으로써 자본차익을 남기는 것을 목적으로 한다. 따라서 위험은 매우 높으나 성공할 경우에는 막대한 차익을 올릴 수 있다. 론스타가 외환은행을 인수하여 정상화시킨 후 최근에 국민은행에 매각함으로써 막대한 차익을 남긴 것이 대표적인 사례이다.

금융기관도 M&A 시장에서 자금의 공급원으로서 뚜렷한 역할을 하고 있다. 상업은행을 비롯하여 보험회사, 연기금도 막대한 운용자금 중 일부를 포트폴리오 차원에서 M&A의 중요한 자금 공급원이 되기도 한다.

재정거래업자(arbitrageurs)는 M&A와 관련된 재정거래를 전문적으로 하는 사람을 일컫는다. 재정거래란 일종의 무위험거래를 말하는데 주식시장의 일시적인 불균형 등이 발생할 경우에 나타난다.

재정거래업자는 사전에 M&A 대상기업을 선정해 투자하지 않고 반드시 M&A와 관련된 명백하고 객관적인 정보, 예를 들면 공개매수나 합병 발표 등이 있을 때 비로소 M&A에 개입해 주식투자를 하게 되므로 재정거래업자와 기업사냥꾼 또는 그린메일러와 다르다.

재정거래가 일어날 수 있는 일시적인 주식시장의 불균형은 재정거래업자가 재빨리 대상주식을 매수 매도함으로써 주가가 곧 주식의 교환비율로 전환되기 때문에 균형상태로 회복된다.

일반투자가도 M&A 시장에 참여하고 있는 중요한 참여자 중의 하나이다. 일반투자가는 M&A가 진행되는 동안 대상기업의 주식에 투자해 차익을 목적으로 하는 투자를 한다.

이러한 투자는 가장 전형적인 고위험, 고수익이 나타나는 투자로서, 성공할 경우에는 엄청난 수익을 얻지만 실패할 경우에는 반대로 막대한 손실을 입게 되어 투기적 성향이 강한 투자자로 분류할 수 있다.

Chapter 02

M&A의 절차

01 M&A 전략수립과 대상기업 선정
02 교섭과 MOU 체결
03 협상 및 계약체결
04 대금지급 및 사후관리
05 기업매각의 일반절차

M&A의 목적이 구체적으로 결정되어 실제적인 M&A가 일어나기 위해서는 여러 단계의 절차가 매우 중요하고도 신중하게 이루어져야 할 것이다. M&A의 모든 과정은 연속적으로 진행되며 시기적으로 중첩될 수도 있다. 특히 새로 회사를 설립하는 것과는 완전히 다른 각도에서 검토되어야 된다.

M&A 진행절차는 일반적으로 정형화되어 있거나 표준화되어 있는 것이 아니며, 주어진 여건 및 기업환경에 따라 달라질 수도 있다.

1단계	**전략수립 및 대상기업의 선정** • M&A 기본전략 수립 • 대상업계 기초조사 • 자금조달계획 수립 • 실무팀 구성 • 대상기업 선정 · 평가 · 결정
2단계	**교섭 및 MOU 체결** • 대상회사 교섭 • 예비실사 • 우선협상대상자 선정 • 매수희망제안서 제시 • 최종제안서 제시 • MOU 체결
3단계	**M&A 협상 및 계약체결** • 정밀실사 • M&A 협상 • 본 계약체결
4단계	**대금지급 및 사후관리** • 대금지급 • PMI(Post Merger Integration) • 종결(Closing)

01 M&A 전략수립과 대상기업 선정

1 기본전략수립

기업의 M&A가 실제 일어나기 위해서는 사업상의 판단에 의해서 그 방법이 결정되어야 하는데 이에 영향을 주는 요소는 여러 가지 이지만 가장 중요한 요소는

M&A를 하게 되는 목적이다. 어떤 형태의 M&A이든 기업에는 큰 변화가 있게 되므로 확고하고 전략적인 의사결정이 필요하다.

M&A 전략수립에 있어서 먼저 객관적이고 구체적인 분석을 통한 인수능력의 검토가 선행되어야 하며 자기진단과 관련하여 다음과 같은 사항들이 반드시 고려되어야 한다.

- 우리 기업에서 동원할 수 있는 현금과 재력은 어느 정도인가.
- 기업이 보유하고 있는 시장능력과 Market share는 어느 정도인가.
- 현 경영진의 능력은 어느 정도이고 향후 기업의 목표는 무엇인가.
- 현재 경영을 맡고 있는 인물은 누구이며 누가 새로운 인수기업을 운영할 것인가.

이러한 자가진단을 통해서 자기회사를 먼저 점검한 후 본격적으로 M&A 대상기업을 찾거나 일부 사업부문 매입을 추진하게 된다. 기업의 M&A는 사전적인 치밀한 계획과 전략이 필요하며 기업의 성장 또는 생존을 위한 것인지 또는 업종 다각화를 위한 것인지 시장점유율을 높이기 위한 것인지 등 그 목적을 명확히 해야 한다.

어떤 업종을 선택할 것인지 해당 업종이 처해있는 상황이나 중장기적인 환경변화와 전망 등에 대해서 현황과 문제점 파악 등 M&A 추진을 위해 처음부터 종결까지 전반적인 추진계획 및 전략계획을 수립해야 한다.

시장가치의 판단

자기기업의 가치를 모르고 다른 기업과의 M&A를 통한 시너지를 계산할 수는 없기 때문에 가장 먼저 해야 할 일은 자기기업의 시장가치가 얼마나 되는지 정확히 파악하는 일이다.

기업의 재무상태뿐만 아니라 조직 · 환경 등의 요인이 반영된 상태가 시장에서 어떻게 평가되는가와 한 기업이 갖고 있는 강점과 약점은 무엇인가, 외부에서 다가오고 있는 위협과 기회 요소는 무엇인가 하는 분석의 결과가 시장가치 판단의 기준이 된다.

M&A나 전략적 제휴에 있어서 전략의 선정 시장에서 자기 기업의 상황과 위치를 파악해 보면 기업의 사업 방향을 새로 설정하거나 새롭게 할 필요성을 느낄 수 있다. 이러한 필요에 따라 설정된 목표 및 사업 방향의 추진을 위해 가장 먼저 해야 할 일은 시장에서 요구하는 기업의 수준과 기업의 현재 위치와의 차이를 파악하는 것

이다. 이것이 바로 기업의 가치 차이 파악인데 이를 통해서 기업은 변화와 발전의 폭이 얼마나 되는지 그리고 기업이 얼마만큼의 노력을 기울여야 하는 지가 결정된다.

가치 차이분석을 통해 기업의 변화 폭이 결정되면 차이가 난 기업 가치를 획득할 수 있는 방법, 성장전략으로서 적합한 방법은 무엇인지를 결정해야 한다. 전략의 선택은 기업 고유의 업종상 특징, 경영상 특징, 문화적 특징 등을 종합적으로 살펴 이루어지는데 이를 통해 자신에게 가장 유리한 방법이 무엇인지 선별하게 된다. 우리 기업에는 M&A가 적합한지, 전략적 제휴가 적합한지를 판단해야 한다.

예상 이슈 검토

M&A 거래를 진행함에 있어서 매도인과 매수인은 여러 이슈에 직면하게 되며 이러한 이슈들에 대한 해결 정도에 따라 그 성패가 좌우되어진다. 성공적인 거래를 위해 준비단계에서 예상되는 이슈들에 대한 세부적인 검토와 실행계획의 수립이 이루어져야 한다.

- 자산 : 현금성자산, 예금액과 활용 가능성(Viability)
- 토지 매입과 건물에 대한 건설비용
- 연료 · 용수 · 운송 · 통신에의 접근 용이성
- 원자재의 공급
- 관세와 수입 장벽
- 기존 시장과 예상시장
- 기술 · 기계 · 노동 · 품질
- 생산 · 허가 · 기술이전
- 이자율 · 환율 · 세금 · 다른 사고로 인한 비용과 이익
- 잠재적 부가가치
- 환경에 미치는 영향
- 프로젝트의 위험성과 국가별 위험성을 위한 보험

추진 기본계획

추진 기본계획에서 고려해야 할 대표적인 항목들로서 거래절차 · 입찰 · 계약방식 ·

거래형태 등이 있다. 거래절차는 복수의 대상기업을 상대로 하는 경우 입찰의 수, 실사의 기회 수 등에 따라 달라질 수 있다. 입찰 계약의 방식에는 수의계약 · 제한적 경쟁입찰 · 완전경쟁입찰 등이 있다. 또한, 거래방식은 자산양수도방식 · 주식양수도방식 · 영업양수도방식이 있다.

2 전략팀 구성

M&A는 단순한 투자와는 달리 회사 사업 전반에 대한 깊이 있는 이해가 필요하기 때문에 본격적인 M&A 단계에서 가장 먼저 해야 할 일은 전략팀을 구성하는 것이다. M&A 거래는 여러 분야에 대한 경험과 지식이 복합적으로 적용되는 거래이기에 인수하려고 하는 기업의 내부 인력과 더불어 그 효율성을 증대하기 위해 Team을 형성하여 M&A 업무를 진행하는 것이 요청된다.

M&A의 실천전략수립과 진행, 관련 자료의 취합 분석 등을 통해 M&A의 사전단계부터 M&A의 협상단계까지 M&A를 진행시켜 나가는 전담 팀을 구성하는 것이다. Task Force팀은 외부 전문 자문기관들과 한 팀이 되어 진행하는 것이 가장 이상적이며, 크게 사전 M&A팀 · 협상팀 · 사후 M&A팀으로 나누어지고 다시 세부단계와 전략에 따라 구성된다.

예컨대 실사팀에는 변호사 · 회계사 · 금융전문가 · 컨설턴트 등의 전문가들과 함께 M&A를 시도하는 회사의 구성원들이 전략 설정, 실사와 거래준비, 협상 등을 담당한다. 주로 처음 조직된 전략팀을 주축으로 단계마다 팀원이 보충되면서 계속 새로운 팀을 구성해 나가는 것이 바람직스러운 일이다.

3 기초조사

우호적이든 강제적이든 대상기업을 탐색하고 선정하기 위해서는 기업과 소유구조, 경영전략, 기업인수 가능성을 분석하는데 있어서는 정보자료의 수집이 매우 중요하다.

- 회사의 개황 등의 일반적인 기본정보
- 재무상태, 경영성과 및 기타 재무적 현황
- 생산 · 판매 및 유통 현황

- 기술 수준 및 연구개발 동향
- 조직형태 및 인사, 노사관계 상황
- 중요계약 및 기타 관리시스템의 현황

수집해야 할 대상이 되는 정보는 위와 같으며 인수대상기업에 대한 정보자료를 수집하는 과정에서는 정보의 노출우려가 있으므로 극비리에 진행시키는 것이 중요하며 수집된 여러 자료를 근거로 과학적으로 후보기업들을 사전조사, 분석하는 것이 중요하다.

4 대상기업 선정

인수후보를 선정하기 위한 사전정보자료에 의거 기본적인 조사가 완료되면 대상기업을 선정하게 된다. 이때 대상기업을 최종 선정하기 위해서는 후보기업에 대해서 보다 구체적인 부문에 대해서 검토 · 평가해야 한다. 즉, 후보대상기업 들을 회계 · 세무 · 시너지효과 · 법적인 측면 · 경영요인 · 외부경쟁자 환경 · 인수기업 내 장기경영전략의 부합 여부 · 경쟁기업과의 인수경합가능성 · 후보기업의 경영자원과 인수기업의 경영자원이 결합했을 때의 시너지효과 · 노동 · 경영 · 정부 문제까지 포함한 리스크 관리를 종합적으로 검토해야 한다.

그리고 후보기업평가를 보다 정확하게 하기 위해서는 회사의 역사와 배경 · 시장 · 유통 · 기술 · 생산 · 조직 · 재무와 같은 내부평가를 한 후 현재의 경쟁자, 향후 시장 진입이 가능한 경쟁자 등 경쟁자 분석이 병행해서 이루어져야 한다.

대상기업의 세부적인 내외적 요인을 분석한 후에는 인수기업의 재무적인 내용과 비재무적인 내용을 근거로 거래 경제성을 분석해야 한다. 당기순이익과 매출액 · 제조원가와 매출원가 · 부채액 · 자본 등의 대차대조표 항목과 재무제표 각 항목 간의 관계를 통해서 안정성 · 수익성 · 유동성을 살펴보고 해당 기업의 지배관계나 인적자원 수준 그리고 경영진의 경영능력과 시장점유율, 기능수준과 의존도 등의 비재무적인 내용을 살펴서 경제성을 분석한다.

이러한 거래 경제성 분석을 근거로 해당 기업을 인수한 후 발생할 수 있는 시장지배력과 영업력 증대를 통한 피인수 기업의 결합가치를 도출하고 연결재무제표를 작성하여 가치를 평가하고 마지막으로 경영층이 의견일치를 보면 대상기업을 최종적으로 결정하게 된다.

대상기업의 선정 시에는 투자은행과 같은 M&A 전문중개기관에 매수 대상기업의 선정을 의뢰하는 방법과 회사 스스로 직접 선정하는 방법이 있다. M&A 대상기업 선별을 위한 접근 방법으로는 기회주의적 방법 · 연구조사방법 · 기회주의적이며 연구조사하는 방법 등 세 가지가 있다.

기회주의적 방법

매도의사가 있는 기업을 먼저 발견한 후 어떤 회사가 적합한지를 결정하는 것으로 시간절약의 효과가 있다.

연구조사 방법

기업전략에 입각한 선별기준을 설정, 운영하여 매도 의사 있는 회사를 타진하는 것으로 이상적인 방법이지만 많은 노력이 요구된다.

복합적 방법

기업전략에 입각한 선별기준을 보유하고 매수 대상기업을 추적하면서 M&A 중개기관과 끊임없는 접촉을 통해 가장 매력적이며 적합한 매수기업의 매수 기회를 탐색하는 방법이라 할 수 있다.

인수대상 후보 기업의 선정 우선순위를 정할 때 활용되는 선정기준으로는 아래와 같은 항목이 적용된다.

- 서비스 산업과 제조업 중 선호 업종 : 지역 · 산업형태
- 매수기업과의 결합 가능 정도 : 경영자 태도 · 기업문화 · 금융시너지 · 향후 이미지 및 시장효과
- 매수 호가 범위
- 산업구조 : 경쟁사 숫자 및 크기
- 경쟁적 위치 : 시장주도 혹은 부실기업
- 과거 수익성 : 자산수익률 · 총투자수익률 · 매출액수익률 · 매출 및 이윤의 순환성 · 평균주가수익률 · 동종 기업 간의 차이점 및 그 이유

- 과거와 예측된 미래의 성장추세
- 단기 · 중기 · 장기 성장
- 자본투자의 강도 : 현금사용률
- 기술 · 시장 · 법률 및 정치적 위험부담
- 자본시장 전체 대비 투자위험도
- 피매수기업의 재무상태 예측 : 현금흐름(cash flow) · 내부 이익률(IRR) 및 투자수익률 · 주당수익률(PER)
- 금융 및 영업의 leverage effect : 부채정도(gearing level) · 상대적 구조

5 자금조달계획 수립

인수자 측이 M&A 전략수립 시에 우선적으로 고려해야 할 사항이 자금조달 계획이다. M&A는 다양성과 비정형성을 띠고 있기 때문에 다양한 파이낸싱 기법을 활용할 수가 있다. 자금조달방법으로는 자기자본이나 채무에 의한 자금조달, 후순위 유가증권에 의한 조달 등 여러 가지 방법이 이용되고 있다.

자기자본에 의한 자금조달

회사의 영업이익을 활용하거나 유가증권을 발행하는 방법으로 기업인수에 소요될 자금을 마련하는 방식이다.

회사채에 의한 자금조달

주식회사가 장기자금을 마련하기 위하여 발행하는 회사채를 통한 자금조달로 균일한 금액으로 분할된 유통증권은 주식과 더불어 증권시장에서 활발하게 매매가 이루어지고 있다.

회사채 발행은 일반적으로 전문적인 증권회사나 집합투자기구 등 인수업자에 의한 인수단을 구성하고 일정한 위탁 발행수수료를 지급하고 간접 발행의 형식을 취하고 있다. 여기에 참가하는 각 인수업자는 맡은 역할에 따라 주간사 · 공동간사 · 인수 및 매출사 등이 있으며 인수단은 공개모집 방법을 채택하고 있다.

CB · BW에 의한 자금조달

전환사채(CB)나 신주인수권부사채(BW)는 일정기간 경과 후 소유자의 청구에 의하여 보통주식으로 전환할 수 있는 사채를 말한다.

발행사의 입장에서는 사채와 주식의 양면성을 가지고 있으므로 사채와 주식의 양면에 걸친 투자자를 대상으로 모집할 수 있는 장점이 있으며, 발행회사는 전환옵션가치로 인하여 보증사채나 무보증사채보다 유리한 이율로 자금의 조달비용을 절감하는 효과를 가져 올 수 있다.

또한, 회사의 수익성이 향상되어 주식의 배당수익이 사채의 이자수입보다 높아진 시점에서 주식으로 전환할 수 있는 이점이 있으므로 주가상승으로 주식으로의 전환이 진행되면 회사로써는 비교적 수월하게 자기자본의 충실을 기할 수 있다.

차입매수(LBO)

타인자본을 이용하여 기업을 매수하는 수단으로 적은 자본으로도 기업매수가 가능하지만, 거액의 차입을 수반하기 때문에 기업매수 후에는 자기자본비율이 크게 저하되어 신용위험이 높아지는 단점이 있다. 국내에서는 활발하지 않았으나 최근에 이르러 LBO 파이낸싱을 이용한 M&A 성공 사례가 증가하고 있는 추세이다.

M&A 펀드

M&A 펀드로는 사모펀드(PEF)와 CRC펀드를 대표적으로 들 수 있다. 사모펀드(PEF)는 고수익기업투자펀드라고도 하며 자본시장법에서는 100인 이하의 투자자, 뮤추얼펀드는 50인 이하의 투자자를 대상으로 모집하는 펀드를 말한다. 사모펀드는 비공개로 투자자를 모집하여 자산가치가 저평가된 기업에 자본참여를 하게 하여 기업가치를 높인 다음 기업주식을 되파는 전략을 취한다. 우리나라에서는 M&A를 활성화하기 위한 수단으로 사모펀드를 도입하여 시행하고 있다.

반면 CRC 펀드는 기업구조조정전문회사가 주식인수 · 합병 · 영업양수를 통한 구조조정기업의 인수를 통한 정상화 및 재매각을 전문으로 설립된 상법상의 주식회사로써 기업구조조정투자회사(CRV)는 워크아웃기업 처리를 위한 펀드 형태의 Paper Company이며, 이들 회사 모두 기업구조조정을 위해 설립되지만 CRV가 한 개의 워크아웃기업을 맡는 한시적인 기업인 반면 CRC는 영속적으로 존재하며 상대적으로 다양한 업무를 수행하고 있다. 채권금융기관은 CRV나 CRC에 주식을 넘겨 조기에 자금을 회수할 수 있으며 산업별 기업경영 전문가나 펀드 매니저로 구성된 CRV는 싼값에 주식을 사들인 다음 전문경영인을 파견해 구조조정에 나선다.

6 정밀조사

인수대상기업이 선정되면 한 기업이 다른 기업을 인수할 때 부담해야 하는 위험을 최소화하고 위험의 대가를 부담하더라도 계산된 위험에 따라 부담하는 방안을 찾기 위해서 더 구체적이고 세밀하게 인수 대상기업에 대한 정밀조사를 하게 된다. 정밀조사를 할 때는 먼저 전략적인 측면이 얼마나 조화를 이룰 수 있는가를 파악하고 그 차이가 극복될 수 있는 정도면 다음으로 운영적인 면의 조화를 살피게 되는데 운영 시스템 파악은 비즈니스 모델을 통하여 두 기업 간의 문화적인 차이점과 조화 정도를 살피게 된다.

인수기업과 피인수기업 간에 존재하는 차이점의 정도를 찾아내고 그 차이가 좁힐 수 있는 정도인지 아니면 극복하기 어려운 정도인지를 분석한다. 분석 결과 발견된 차이점이 극복할 수 있는 정도면 실천계획을 설정한다.

먼저 하고 있는 일이나 업무의 중복성이 심하다고 판단되면 이에 따른 인력의 재배치나 감원 등의 조치를 취할 수 있다. 그리고 두 기업이 유사한 시장 평가를 받고 있어 M&A를 통한 이미지 제고가 불투명하다면 지금보다 강력한 홍보를 통해 새로운 이미지를 창출하는 방안을 마련한다. 정밀조사에 있어서 체크해야 할 사항은 다음과 같이 요약할 수 있다.

일반사항 체크리스트

대상기업의 정밀조사를 위하여 일반적으로 체크해야할 사항은 다음과 같다.

- 예비지식
  - 연혁, 배경, 소유권, 주주
  - 기업 실체의 종류
  - 공장의 크기 : 토지 면적, 건물 평수, 생산 설비

- 영업 활동
  - 제품 세분화
  - 시장 점유율과 시장 추세
  - 유통 경로
  - 주요 고객(거리를 포함한 지리적 범위)
  - 결제 관행(어음, 현금, 신용 거래)
- 재무 구조
  - 손익계산서 · 대차대조표 · 현금흐름표 · 감사보고서
  - 자금 능력
- 노무 관리
  - 급여체계
  - 노동조합(역할과 활동)
  - 기타 애로사항
- 중장기적 비전
  - 주력사업에 대한 사업계획
  - 주요상품에 대한 사업계획
  - 주요상품에 대한 기업환경

Marketing 부문 체크리스트

Marketing 부문에 있어서 일반적으로 체크해야 할 사항은 다음과 같다.

- 한국과 해외시장의 특정 상품에 관한 수요와 공급의 예측
- 생산능력과 마케팅 전략
- 주요 추진하는 마케팅 전략 : 품질 · 가격 · 운송 등
- 유통경로에 있어서 하부산업 단계와의 관계
- 주요 하부산업의 향후 전망
- 영업지역
- 유통비용 : 각각 유통경로에 대한 비용 분석

공장입지 부문 체크리스트

공장입지 부문에 있어서 일반적으로 체크해야 할 사항은 다음과 같다.

- 입지 조건
  - 입지 형태
  - 지리적 조건
  - 지진 · 연강우량, 풍속, 습도, 홍수, 태풍을 동반한 연 기후정보
  - 주변 여건(산업단지 · 주거단지 등)
  - 부대시설(정비시설 · 사무실 · 창고 · 연구실 · 매점 · 휴게실 등)
  - 토지취득의 제한
  - 지가와 기타 관련 세금
  - 향후 전망
- 원자재의 조달
  - 주요 원자재를 위한 충분한 항만시설과 하역시설
  - 원자재 공급자 · 납기 · 지불기간 · 재고 · 품질 · 관세
  - 원자재 보관 탱크, 창고
- 설비
  - 산업용수원과 용량
  - 전력 공급(가격 · 공급원 등)
  - 탄소배출권, 폐기물 처리시설의 존재와 배출기준
- 기계류
  - 국내 시장에서의 구매 가능성
  - 주요 공급자
  - 가격과 지불기간
  - 수입산 기계와 제한
  - 기계의 임대
  - 국내에서의 적절한 유지와 보수
- 건물
  - 공장설립 비용과 내용연수
  - 관련 건축법
  - 설계 시 특별주의사항(기후 · 법률)

- 건설비용과 기간
- 관련 기관으로부터의 인허가 절차와 소요시간
- 신뢰할만한 설계사무소 유무
- 건설자재의 지역 내 조달

투자환경 부문 체크리스트

투자환경 부문에 있어서 일반적으로 체크해야 할 사항은 다음과 같다.

- 관련법과 규제사항
  - 법률의 응용: 폐수 배출기준, 소방정책, 소음정책
  - 통신 : 통신장애, 설치비용, 운임구조
  - 인력 : 공동체에서의 노동권의 영향력, 실업률, 연령분포, 급여수준, 다른 공장에서의 업무책임
  - 운송
  - 원자재의 운송방법 : 매출과 운송을 위한 거리와 시간
  - 일반적 운송 체계 : 항만, 공항시설
  - 운임 구조 : 통관절차에 관한 시간과 예상되는 비용
- 투자 조건
  - 산업개발 단지의 존재
  - 투자지원과 제한
- 지역 금융
  - 시중은행, 지역은행 또는 외국계 투자은행
  - 이자율과 조건
- 세금
  - 법인세, 소득세
  - 부가세 등 매출에 대한 세금
  - 수입관세
  - 기타 세금

재무정보 및 재무자료 체크리스트

재무정보 및 재무자료에 있어서 일반적으로 체크해야 할 사항은 다음과 같다.

- 3~5년간의 회계감사보고서 검토와 요청
  - 손익계산서
  - 대차대조표
  - 현금흐름분석
  - 연간보고서
  - 세금환급
  - 주문잔고
  - 지난 3~5년간 자본지출 분석
- 거래은행 목록
- 지난 5년간 행해진 배당 정책은 무엇인가.
- 주요부채는 무엇인가.
  - 어음
  - 담보제공
- 재무통제시스템
  - 수익 부서별 예산을 포함하는가.
  - 예산분석을 포함하는가.
  - 적시성을 띄는가.
- 회사는 총체적인 경영정보시스템을 가지고 있는가.
- 내부관리보고서와 수정본에 대한 전체목록을 요청하라.
- 부서별 · 사업부별 결과분석을 요청하라.
- 회계정책, 회계차트와 작성과정의 목록 및 사본을 요청하라.
- 표본 비용보고서를 분석하라.
- 행해진 모든 투자와 담보를 분석하라.
- 모든 보험정책과 중요한 임대계약의 목록을 요청하라.
- 주식의 종류와 지분구조를 분석하라.
- 기간별 외상매출금과 고객별 외상매출액을 검토하라.
- 외상매출금 회수기간을 검토하라.

- 기간별 외상매입금과 판매자별 외상매입금을 검토하라.
- 종업원 급여수당과 다른 종류의 급여를 검토하라.
- 장단기 부채의 종류를 검토하라.
- 재무예측에서
  - 수익
  - 현금흐름
  - 다른 재무적 요소가 있는가.
- 회사가 독립적인 회계법인의 감사를 받았는가.
- 회사가 내부감사를 수행했는가.
- 이연법인세가 기업 활동에 미치는 영향은 어느 정도인가.
- 재고자산 정책은 무엇인가.
- 자산의 상세목록이 있는가.
- 잔여설비에 대한 기록이 있는가.
- 지출통제 승인에 대한 총괄적인 목록이 있는가.
- 매일매일 기업의 재무관리의 적절한 점검과 균형이 있는가.

경영부문 체크리스트

경영부문에 있어서 일반적으로 체크해야 할 사항은 다음과 같다.

- 회사의 규모는 어떠한가.
- 조직이 변화에 대해 신속히 대응할 수 있는가.
- 조직구조는 체계화되어 있는가.
- 정책매뉴얼이 있는가.
- 표준절차매뉴얼이 있는가.
- 얼마나 많은 관리자들이 있는가.
- 대상기업은 공익적 활동경력이 있는가.
- 지출권한과 승인제한의 수준은.
- 적절한 종업원 복지시설이 있는가.
- 회사가 교육훈련계획을 가지고 있는가.
- 회사가 공동체 작업과 관련하여 어느 정도의 경영이 관련되어 있는가.

- 조직도가 있는가.
  - 어느 정도 수준인가.
  - 최근 것인가.
- 관리개발 프로그램이 존재하는가.
- 회사가 심각한 사업위기 시 대처할 수 있는 우발계획이 있는가.

인적자원 체크리스트

인적자원과 관련하여 일반적으로 체크해야 할 사항은 다음과 같다.

- 종업원을 종류 · 연령 · 성별 · 숙련도 · 교육에 따라 분류하라.
- 사회적인 임금수준에 대한 현재 회사의 복지정책
- 복리후생에 대한 조사는 이루어지는가. 얼마나 자주 이루어지는가.
- 부가적인 복리후생프로그램은 있는가.
- 복수노조의 경우 어느 노조가 종업원을 대표하는가.
- 노조 계약기간은 얼마인가.
- 노조관계의 이력은 어떠한가.
- 이익분배가 있는가. 누가 참여하는가.
- 스톡옵션이 영향력이 있는가. 누가 참여하는가.
- 전체를 대상으로 하는 효율적인 공식훈련 프로그램이 존재하는가.
- 관리개발프로그램은 존재하는가.
- 공식적인 교육지원 · 실습 · 훈련프로그램이 있는가.
- 분류별로 노동이직을 분석하라.
- 결근율은 어느 정도인가.
- 사고의 빈도와 심각성은 어느 정도인가.
- 주요관리를 위한 특별한 근로계약이 있는가.
- 회사는 노동자 · 컨설턴트와 어느 정도로 계약을 하는가.

제품 · 시장 체크리스트

제품 · 시장에 있어서 일반적으로 체크해야 할 사항은 다음과 같다.

- 매출의 분석 : 3년간 실적/향후 3년간 예측
- 내수와 수출의 비율
- 지역별 매출 점검
- 전체 주문목록
- 주요 제품이나 서비스의 현황
- 전체 제품과 서비스의 비율을 요청하라.
- 회사는 국제적인 업무를 위해 어떻게 조직되어 있는가.
- 지역별 · 고객별로 대체할 수 있는 부분을 분석하라.
- 주문의 평균규모는 어떠한가.
- 제품성장곡선에서 어느 위치에 있는가.
- 당해연도의 신제품 출시는 어느 정도인가. 내년도 계획은.
- 주요 경쟁자은 누구인가.
- 경쟁자들의 시장점유율은 어떠한가.
- 각 경쟁자들의 강점과 약점은 무엇인가.
- 최근 경쟁자들의 시장진입과 철수현황을 조사하라.
- 제품은 어떻게 유통되는가.
- 유통경로를 조사하고 견본계약서를 요청하라.
- 시너지를 일으킬 대상기업 · 제품 · 유통방법을 결정하라.
- 기업의 명성을 점검할 수 있는 임의의 고객명단을 확보하라.
- 마케팅전략의 주안점은 무엇인가.
- 가격추세 · 피보증인 · 매출정책은 무엇인가.
- 이 부분에 대해서 산업통계와의 비교방법은 되고 있는가.
- 영업부분의 조직구조를 파악하라.
- 판매 시 어떤 종류의 인센티브 프로그램이 존재하는가.
- 고객관리기능이 존재하는가.
- 서비스 기록 · 제품과 보증에 대한 정보가 있는가.
- 제품이나 구성요소에 대한 특별한 라이센스가 존재하는가.
- 고객이나 공급업자와 장기적인 계약관계가 있는가.
- 광고의 종류와 판매증진전략은 무엇인가.
- 기업이 산업 · 상품전람회 등에 참여하는가.

- 비용을 분석하라.
  - 매출비용은 어느 정도인가.
  - 광고비용은 어느 정도인가.
  - 시장조사 비용은 어느 정도인가.

기술 · 연구개발 점검 체크리스트

기술 · 연구개발의 점검과 관련하여 일반적으로 체크해야 할 사항은 다음과 같다.

- 기업의 특허권에 대한 기록, 상표권 · 특허의 상품화는 무엇인가.
- 특허가 침해받기 용이한가.
- 사업에 있어 특허권의 중요도는 어느 정도인가.
- 부서안의 기능별 인원을 분석하라.
- 주요인물의 자질 · 이력 · 경험이 무엇인가.
- 조직도를 요청하라.
- 매출액 대비 연구개발비용의 비율은 어떠한가.
- 연구개발 · 엔지니어링 부분의 문서보안의 유지는 어떻게 하고 있는가.
- 기술정보의 변화와 관계된 과정과 절차는 무엇인가.
- R&D가 기업 외부와의 계약에 미치는 영향은 어느 정도인가.
- 개발이 완료되어 실행가능 한 R&D 프로젝트의 리스트를 획득하라.
- 제품의 개량 · 개선의 빈도는 적절한가.
- 공학적인 노력이 개량에 얼마나 영향을 미치는가.
- 신기술과 관련된 기계장치 · 설비 등을 평가하라.
- 장기목표 과제와 프로그램을 검토하라.
- 설계와 제품혁신에 있어서 누가 대상기업의 주 경쟁자인지 확인하라.
- 대상기업의 연구개발비용을 자사나 산업 또는 경쟁사와 어떻게 비교 하는가.
- 대상기업의 직원이 세미나 · 산업회의에서 보고서를 발표하는 것에 활동적인가.
- 견본에 대한 제시를 요구하라.
- 경쟁자의 기술개발을 후보군의 기술개발과 비교하라.

수익개선 점검 체크리스트

수익개선 점검과 관련하여 일반적으로 체크해야 할 사항은 다음과 같다.

- 수익개선과 투자수익율 개선을 위한 확고한 목표가 있는가.
- 현재 목표가 있는가.
- 목표달성을 위한 책임은 어떻게 할당되어 있는가.
- 주요 참모진이 장기전략계획과 연관된 노력에 참여하는가.
- 수익개선 노력이 장기전략계획과 연관되어 있는가.
- 진행상황에 대한 보고서가 정기적으로 발행되는가.
- 수익개선에 대한 공헌도가 종업원의 성과급제도와 연계되어 있는가.
- 기업은 종업원제안제도를 실시하는가.
- 수익개선노력을 지원하기 위해 최우선적으로 추진하는 것은 무엇인가.

법률부문 체크리스트

법률부문에 있어서 일반적으로 체크해야 할 사항은 다음과 같다.

- 대상기업의 변호인단이 누구이고 어디에 위치하는가.
- 대상기업이 전업 법률자문을 두고 있는가.
- 소송에 대한 경험이 있으며 현재 진행 중인 소송은 있는가.
- 기업이 공정거래 및 반독점소송의 대상이 된 적이 있는가.
- 라이센스나 로열티 지급에 대한 협약이 있는가.
- 대상기업의 리스 · 로열티 · 고용협약 · 공급계약 · 공개된 계약 및 약정 등이 있는가.
- 특별한 유치권이 있는가.
- 적절한 보험에 들어있는가.
- 법률적인 규제 또는 다수의 법을 따라야 하는가.
- 연금제도의 법적인 연관성은 무엇인가.
- 대상기업은 근로협약에 어떻게 영향을 받는가.

생산부문 체크리스트

생산부문에 있어서 일반적으로 체크해야 할 사항은 다음과 같다.

- 개인을 부서별로 분석하라.
- 기계장치 · 설비 · 도구 · 신기술 관련 사항을 평가하라.
- 품질조정 기능이 있는가.
- Quality circle이 사용되고 있는가.
- 효율적인 자재요구계획체계가 있는가.
- 납기는 제 때에 맞추어지고 있는가.
- 제조공정/방법에 대한 개선계획은 있는가.
- 여유설비의 현 수준은 어느 정도인가.
  - 기계 설비는
  - 노동효율성은
  - 평균 직접노무비율
  - 초과생산량
- 제조비용을 분석하라.
- 생산통제는 다음의 것으로 이루어져 있는가.
  - 부분별 원가계산체계
  - 표준원가계산체계
  - 노동효율성
  - 품질수준 실행 보고
  - 불량품 보고
  - 안전과 사고보고.
- 성과급제의 구체적인 계획이 있는가.
- 생산성에 대한 계량프로그램이 있는가.
- 활동적인 산업공학프로그램이 있는가.
- 에너지 보존 · 절감프로그램 노력은 무엇인가.
- 사무실 · 공장 · 창고관리는 적절한가.
- 노동력의 공급원은 어디인가.
- 지역 내에서 적절한 노동력의 공급이 가능한가.
- 개인별 숙련 · 미숙련을 분석하라.
- 직접노무자에 대한 감독의 비율은 어떠한가.
- 생산성을 산업, 자사와 주요경쟁자와 어떻게 비교하는가.

- 공식적인 생산구매 노력이 있는가.
- 구매 또는 하청의 비율은 어떠한가.
- 제품제조주기 및 시간은 적절한가.
- 주문접수에서 배달까지 걸리는 시간 합당한가.
- 우수한 제조공정이 있는가.
- 평균작업량(작업부하)이 단계별로 되어있는가.
- 기계와 건물에 대한 사전 유지보수프로그램이 있는가.
- 공장 레이아웃과 제조공정도를 요구하라.
- 공장에 대한 비사용시간을 기록하라.
- 원자재 구매 시 경쟁입찰이 이루어지는가.
- 자재구매에 있어 단일 공급원과 약점은 무엇인가.
- 원자재 구매평균소요시간은 얼마나 되는가.
- 공적 · 법적규제가 있는 제품공정과 기계장치가 있는가.
- 다음 재고들을 분석하라.
  - 직접원재료
  - 수선을 위한 비품
  - 공장장비
  - 사무실장비
- 모든 제조통제 보고서의 사본을 요청하라.
- 모든 장비는 적절한 보안 안에 있는가.

자산점검 체크리스트

지신점검과 관련하여 일반적으로 체크해야 할 사항은 다음과 같다.

- 현재의 임대 및 소유하고 있는 장비목록을 요청하라.
- 취득원가, 현재가격을 기록하라.
- 시장가치와 현재 장부가격을 비교하라.
- 설비는 적절하게 유지보수 되었는가.
- 리스 · 렌탈 · 보유장비목록을 요청하라.
- 공적 · 법적 규정에 따른 설비가 있는가.

- 불용 설이나 장비가 있는가.
- 자산폐기에 대한 정책이 있는가.
- 적절한 설비가 있는가.
- 공장장비와 설비를 통제하기 위해 사용하는 기술수준은 어떠한가.
- 설비는 화재예방이 충분한가.
- 설비에 대한 보험은 들었는가.
- 현 입지에 증설에 대한 여유는 있는가.
- 설비증설계획의 사본을 재검토하라.

02 교섭과 MOU체결

M&A에서 가장 중요한 부분의 하나가 거래협상 단계이다. 다른 모든 부분이 제대로 준비되고 분석되었다 하더라도 거래가 결렬되면 M&A는 성사될 수 없기 때문이다. 그만큼 거래협상의 중요성은 크다. 기본적인 협의에 앞서 비밀유지협약을 체결한 투자자에게는 보다 상세한 정보를 포함한 상세자료를 제시하게 되며 때에 따라서는 대외비 성격의 정보를 포함하는 경우도 있다.

일반적으로 상세정보는 회사 운영 전반에 대한 정보를 포함하며, 상세자료를 바탕으로 투자의향서(LOI : Letter of Interest)를 제출함으로써 인수 또는 투자를 위한 정보를 수집하기 위하여 예비실사에 참여하게 된다.

1 대상회사 교섭

M&A 대상기업을 확정하고 인수팀을 구성한 후는 그 대상기업의 경영진이나 대주주와의 접촉을 통해 기업매각의 의사가 있는지를 비공식적으로 은밀하게 타진하여야 할 것이다.

이를 통해 기업매각의 의사가 기업매각에 부정적인 상태이지만 인수하고자 하는 쪽에서 꼭 인수를 하겠다고 생각되면 적대적 기업인수를 강행할 것인지 결정하여야 한다.

한편, 상대방이 기업매각 의사를 밝히고 M&A 거래에 응할 의사가 있는 경우 반드시 당사자 간에 '비밀유지협약'을 체결해야 한다.

Tapping

매도인 입장에서 매수가능성이 있는 잠재 매수인 리스트를 작성하고 반대로 매수인 측에서는 설정된 전략 및 인수 필요성에 의거하여 잠재인수대상기업 리스트를 준비한다.

상대기업의 M&A에 대한 필요성 및 자금 여력, 거래 후 얻을 수 있는 효과 등 전반적인 요소를 감안하여 접촉 대상 리스트가 준비되어야 하며 회사의 경영상, 전략상 필요성에 바탕을 두고 접촉대상을 선정하게 된다.

이러한 투자자와의 초기 접촉을 "태핑"이라고 하며, 초기 접촉을 통한 잠재 투자자의 매각 대상기업에 대한 관심도 파악 및 투자안내서 전달과 함께 인적 접촉을 통한 거래 참여 유발 및 잠재 투자자의 선별 효과를 동시에 이끌어 내는 절차이다.

비밀유지협약 체결

태핑 단계 이후 해당 M&A에 대한 관심을 진지하게 표명하는 투자자와 비밀유지협약(CA) 또는 NDA를 체결함으로써 거래에 대한 진행을 제한된 투자자와 진행하게 된다.

현실적으로는 해당 기업에 대한 운영 노하우 및 해당 기업에 대한 사업정보 획득을 목표로 CA를 체결하는 투자자도 존재하는 것이 사실이나 거래 진행을 위해 CA 체결 후 추가 정보를 제공하게 되는 것이 불가피한 현실이라 할 수 있다.

2 매수희망제안서 제시

M&A 절차에 있어 제안서를 제출하는 시기는 상이하게 나타날 수 있다. 뿐만 아니라 이러한 제안서의 성격 또한 각각의 사례마다 다를 수가 있다. 매도 기업 측에서 제공한 상세자료와 외부에 알려진 정보 및 매도인과의 접촉을 통해서 획득한 정보를 바탕으로 제시하게 되는 Indicative Offer의 경우에는 통상적으로 법률적으로 구속을 받지 않는 제안으로 받아들여진다.

매도인은 이러한 매수희망제안서를 검토하여 다수의 매수 희망자들 가운데서 거래종결 가능성이 높고 높은 인수가격을 제시한 잠재 매수인을 1차적으로 선별하여 예비실사에 참여시킨다.

비밀유지협약서(CA)

제 1 조【목 적】

본 계약서는 ○○○(이하 "갑"이라 한다)이 매각 주선 및 자문을 하고 있는 △△회사(이하 "회사"라 한다)의 매각 건에 관련된 정보나 자료를 제공하는데 있어서 준수하여야 할 비밀유지 조건을 합의하였음을 확인하기 위한 협약서이다.

○○○(이하 "을"이라 한다)는 "회사"의 매입검토 의사를 "갑"에게 제시한 후 "회사"의 매각 건에 관한 정보나 자료를 요청한 바, 동 정보나 자료를 제공받기에 앞서서 향후 제공될 정보나 자료를 아래에서 약정한 조건에 따라 비밀을 유지·준수하기로 한다.

제 2 조【정보의 사용용도 제한】

"갑" 또는 "회사"에서 제공할 모든 정보나 자료는 "회사"와 "을"사이에 추진될 거래목적을 위하여서 아래에 기재된 임직원들에게만 제공되며 그 이외의 주주·임원·종업원 등 어떤 관련 당사자에게 정보나 자료가 제공될 필요가 있을 때 반드시 ○○○으로부터 사전 허가를 얻어야 한다. 또한 제공된 각종 정보나 자료는 반드시 본 협약서에 제한된 대로 본래의 거래목적에 관련되어서만 한정적으로 제공되어 사용되어져야 한다.

성 명	직 위	부 서

제 3 조【제한되는 정보의 범위】

"을"은 본 매각 전에 관련되어 제공되는 정보나 자료뿐만 아니라 본 매각 건에 관련된 교섭, 토의 또는 구체적인 교섭내용 및 조건 등에 대하여서도 위 2항에서의 제한에 준하여 비밀유지를 준수하여야 한다.

제 4 조【불가피한 정보유출의 경우】

만일 "을"이 법적인 조치 등으로 인하여 강제적으로 본 거래에 관한 정보나 자료 등을 타인에게 제공하여야 하는 경우 반드시 "갑" 또는 "회사"에 사전에 그 사실을 통고하여야 하며 "갑" 또는 "회사"가 적절한 보호 또는 대응 조치를 할 수 있도록 하여야 한다. 만일 적절한 보호 또는 대응조치를 취하지 않은 상태에서 강제적으로 타인에게 정보가 제공되어야 하는 경우에는 최소한의 정보와 자료가 제공되도록 최선을 다한다.

제 5 조【정보의 회수】

만일 "회사"가 "갑" 또는 "회사"와의 본 매각거래 추진을 중도에서 포기하는 경우 및 "갑" 또는 "회사"에서 요청하는 경우에 "을"은 이미 제공된 자료나 정보의 사본을 남기지 않고 모두 "갑"에게 돌려주기로 한다. "을"이나 관련 당사자들이 이미 제공된 정보를 이용하여 작성한 분석 자료나 보고서나 기타 어떠한 문서도 모두 폐기처분하여야 하며, 이를 서면으로 확인하여야 한다.

위 내용에 대하여 조건 없이 합의하며, 이를 확인하기 위하여 아래에 서명 날인한 후 "갑"과 "을"이 각각 1통씩 보관한다.

20____년 ____월 ____일

(갑) 주 소
회 사 명
대표이사

(을) 주 소
회 사 명
대표이사

비밀유지계약서(NDA)

(계약당사자)

"갑" 회사명 :
대표자 :

"을" 회사명 :
대표자 :

위 계약 당사자간에 있어 "갑"이 제공하는 ○○주식회사(이하 '대상회사'라 한다)의 주식 인수 및 경영권 인수와 관련하여 확보한 모든 자료 등(이하 '관련자료'라 한다)을 "을"에게 제공함에 있어 다음과 같이 비밀유지계약을 체결한다.

제 1 조(계약의 목적)

본 계약은 대상회사의 주식인수 및 경영권 인수와 관련된 비밀정보를 제공함에 있어 대상회사의 비밀정보를 보호하기 위함을 목적으로 한다.

제 2 조(비밀의 범위)

본 계약서상의 비밀준수를 요하는 관련 자료의 범위에는 대상회사의 명칭, 투자기관 및 "갑" 및 "을"이 동 계약을 의도하고 있다는 사실을 포함하여 동 계약에 관련하여 제공된 문서, 자료 및 동 계약에 관련된 교섭, 토의사항, 그 내용 및 조건 등을 포함한다.

제 3 조(비밀의 유지)

모든 관련 자료는 동 거래의 성사 목적으로만 이용되어야 하고, "을"이 "을" 이외의 투자자에게 관련자료를 제공하는 경우에는 "갑"의 사전 동의를 구하여야 하며, "을"은 그에 따른 비밀을 유지한다.

제 4 조(정보의 사용용도 제한)

"을"은 상기 대상 주식의 인수와 관련하여 상기 대상주식 소유권자와 "갑"의 사전 서면동의 없이 직접 접촉할 수 없으며 모든 의사전달은 "갑"을 통하 여 행한다. 만약, "을" 또는 "을"의 특수관계인이나 기타 "을"로부터 관련 자료를 제공받은 자가 "갑"의 사전 서면동의 없이 동 거래를 추진하려 하거나, 추진하여 성사된 경우 "을"은 "갑"에게 "갑"의 주선 또는 중개에 대한 보상 및 "갑"이 부담하게 되는 모든 손실에 대한 보상을 한다.

제 5 조(자료의 반환)

"을"은 상호 제공된 모든 관련 자료를 보존, 관리해야 하며, 일방 당사자의 요청 시에는 제공된 모든 관련 자료는 물론 그 복사본도 즉시 그 일방 당사자에게 반환한다.

제 6 조(비밀준수의무 면제)

법적인 조치 등으로 인하여 불가피하게 동 계약에 관한 관련 자료를 제3자에게 제공하여야 하는 경우에는 본 비밀준수계약 의무를 면제한다. 단, 이러한 불가피한 제공을 하여야 할 경우가 발생되더라도 반드시 상대방에게 사전에 그 사실을 통고하여 상대방이 적절한 보호 또는 대응조치를 할 수 있도록 하여야 한다. 만일 적절한 보호 또는 대응조치를 취할 시간적 여유가 없이 불가피하게 제3자에게 정보가 제공되어야 하는 경우에는 최소한의 정보와 자료만이 제공되도록 최선을 다한다.

제 7 조(의무위반 시정요구)

본 계약의 일방 당사자가 본 비밀준수의무를 위반하였을 경우에 타방 당사자는 동 위반행위에 대하여 시정을 요구할 수 있으며 이때 일방 당사자는 시정요구에 대하여 즉시 응한다.

제 8 조(권리의 부존재 등)

본 계약상 제공되는 비밀정보에 관한 모든 권리는 제공한 당사자에 속하고 본 계약은 어떠한 경우에도, 본 계약상 제공된 비밀정보에 관하여 상대방에게 어떠한 권리나 사용권을 부여하는 것으로 해석되지 않는다.

제 9 조(손해배상)

"을" 및 "을"의 특수관계인이나 "을"로부터 관련 자료를 제공 받은 자가 본 비밀준수계약을 위반하여 "갑"이나 대상회사에 손해를 입힌 경우에 "을"은 손해를 입은 "갑"이나 대상회사에 대하여 모든 손해를 배상한다.

제 10 조(계약기간)

본 계약은 본 계약체결일을 기산점으로 하여 20__ 년 ___ 월 ___ 일까지 그 효력을 가진다.

제 11 조(효력발생)

본 비밀준수계약은 본 계약서 서명 날인일로부터 효력을 발생한다.

제12조 (특약사항)

____

____

____

____

제 13 조(분쟁의 해결)

본 계약과 관련하여 분쟁이 발생한 경우 당사자의 상호 협의에 의한 해결을 모색하되, 분쟁에 관한 합의가 이루어지지 아니한 경우에는 ××법원을 합의관할로 하여 소송을 통해 분쟁을 해결하기로 한다.

본 계약의 체결사실 및 계약내용을 증명하기 위하여 본 계약서를 2통 작성하여 계약 당사자가 각각 서명 또는 날인한 후 각 1통씩 보관한다.

20___ 년 ___ 월 ___ 일

(갑) 주 소
회 사 명
대표이사

(을) 주 소
회 사 명
대표이사

인수의향서 제출 안내서

주식회사 × ×(이하 "회사"라 칭함)는 회사의 장기적인 성장 및 발전을 도모할 수 있는 외부 투자자를 대상으로 외부자본유치를 통한 M&A(이하 "본 거래"라 칭함)를 실시하기 위하여 ○○○회계법인을 재무자문사(이하 "자문사"라 칭함)로 선정하여 본 거래를 추진하고 있습니다.

1. 거래구조

____

____

____

____

2. 제출서류와 접수 시한 및 장소 등

2-1 제출서류

본 거래를 위한 입찰절차에 참여할 의향이 있는 투자자(이하 "잠재적 투자자"라 칭함)는 인수의향서를 포함한 다음의 서류(이하 "인수의향서 및 관련서류"라 칭함)를 제출하여 주시기 바랍니다.

- 인수의향서
- 비밀유지확약서

외국법인 또는 외국인 개인이 인수의향서의 첨부서류인 법인등기부등본, 법인인감증명서, 사업자등록증을 보유하고 있지 않은 경우에는 입찰 전에 자문사와의 사전 서면 협의에 따라 이에 준하는 서류를 제출해야 합니다.

2-2 접수일시 : 20____년 ___월 ___일 _____~ ____시까지

2-3 접수장소 :

2-4 제출방법 : 안내서 상의 모든 제출서류를 빠짐없이 작성하여 원본 1부와 사본 1부를 봉인하여 직접 또는 대리인을 통하여 제출하여야 하며 전자메일, 우편 등의 방법에 의한 접수는 불가합니다.

3. 향후 입찰절차의 진행일정

인수의향서 및 관련서류를 제출한 잠재적 투자자에게는 인수위향서 및 관련 서류 제출 마감 후 3영업일 이내에 개별적으로 향후 예비실사의 시기, 예비실사 이후의 일정 등 입찰서를 작성함에 필요한 사항들에 관하여 공지할 예정이며, 동시에 회사소개서를 송부하여 드리고 예비실사 기회를 드릴 예정입니다.

향후 본 거래를 위한입찰절차의 잠정적인 진행일정은 다음과 같습니다. 다음의 일정은 회사 및 자문사의 사정에 의해 변경될 수 있습니다.

- 인수의향서 접수 : 20___년 ___월 ___일
- 예 비 실 사 : 20___년 ___월 ___일 ~ 20___년 ___월 ___일
- 입찰서류 제출 : 20___년 ___월 ___일

4. 비밀유지

본 거래를 진행하는 동안 잠재적 투자자 및 잠재적 투자자의 자문사는 본 거래와 관련하여 제공되는 어떠한 정보에 대해서도 비밀을 유지하여야 하며, 잠재적 투자자 및 잠재적 투자자의 자문사는 획득한 정보를 오로지 본 거래를 위하여서만 사용하여야 합니다. 본 거래에 참여하기를 희망하는 잠재적 투자자께서는 비밀유지확약서에 서명하여 이를 자문사에 제출하여 주시기 바랍니다.

5. 기타 유의사항

잠재적 투자자는 다음의 사항에 유의하여 주시기 바랍니다.

1. 인수의향서 및 관련 서류 등 제출서류는 제출인 본인의 날인을 필요로 합니다. 만약, 대리인이나 자문사가 날인할 경우 공증을 득한 위임장을 첨부하여 제출해야 합니다.
2. 인수의향서 및 관련서류는 원본 1부와 사본 2부를 제출하여야 하며, 원본과 사본의 내용이 상이할 경우에는 원본의 내용이 우선합니다.

3. 잠재적 투자자는 본 거래에 관심이 있는 다른 투자자와 컨소시엄을 구성하여 본 거래에 참여할 수 있습니다. 이 경우, 컨소시엄의 명칭과 컨소시엄 대표자를 정하여야 하며, 인수의향서 및 관련 서류는 컨소시엄 대표자가 제출합니다. 또한, 인수의향서 및 비밀유지확약서에 각 컨소시엄의 구성원 전원의 날인이 이루어져야 합니다.
4. 일단 접수된 인수의향서 및 관련 서류는 취소, 철회, 회수, 교환 또는 변경할 수 없습니다.
5. 중개 또는 자문용역비 등 본 거래의 진행과 관련하여 잠재적 투자자에게 발생하는 모든 비용은 잠재적 투자자의 부담으로 합니다.
6. 잠재적 투자자가 본 거래와 관련된 추가적인 자료 및 정보를 요청하는 경우, 해당 자료 및 정보의 제출 및 설명은 반드시 주간사를 통하여 이루어질 것이며, 주간사를 통하지 아니하고 다른 어떠한 방식으로도 대상회사 및 대상회사의 임직원과의 개별적인 접촉은 허용되지 않습니다.
7. 본 거래의 진행과 관련하여 불필요하거나 적합하지 않다고 판단되는 자료나 정보의 제공 요구에 대하여 회생회사 및 주간사는 해당 자료나 정보의 제공을 거부할 권리를 갖습니다.
8. 대상회사와 주간사 및 대상회사와 주간사의 임직원은 잠재적 투자자에게 제공하는 모든 정보 및 자료의 정확성과 완전성에 대하여 어떠한 보증이나 책임도 부담하지 아니합니다.
9. 잠재적 투자자가 인수의향서를 제출할 경우 이는 본 안내서 및 첨부에 기재된 조건에 동의한 것으로 간주됩니다.

본 거래와 관련하여 추가 질문사항이 있으시면 아래에 기재된 자문사 임직원에게 연락하여 주시기 바랍니다.

성　명
전화번호
직　책
이 메 일

성　　명
전화번호
직　　책
이 메 일

성　　명
전화번호
직　　책
이 메 일

첨부목록

1. 인수의향서 - 단독 신청인용
2. 인수의향서 - 컨소시엄 신청인용
3. 투자소개서
4. 비밀유지확약서

3 예비실사

실사는 매각 대상기업의 규모, 거래의 복잡성에 따라 그 기간이나 범위가 달라지며 당사자인 매도인과 매수인의 협의를 거쳐 실사 기간 · 실사 범위가 정해진다. 통상적으로 본 실사 기간에 매각 대상회사의 주요 경영진과의 인터뷰 · 공장 등의 현장 실사, 매각 대상회사 경영진의 회사소개가 행해지며, 매수인 측은 매각 대상회사의 운영 및 사업파악, 인수 후 계획 수립을 위해 회사 내부 인력을 실사에 참여시킨다. 외부 전문기관인 회계법인 · 법무법인 등이 각각 재무실사 및 법률실사를 실시한다.

자문사는 전체 실사를 관장하고 최종제안서 제시를 위한 매각 대상회사의 가치평가 작업을 매수회사와 함께 진행한다. 아울러 실사 기간 동안 양측은 서로에 대한 의사파악 및 서로가 원하는 거래구조 · 가격범위에 상대방을 유인하기 위한 노력을 기울인다.

4 최종제안서 제시

잠재매수인의 실사 기간이 종료되면 매수인은 최종제안서를 작성한다. 최종제안서는 법률적으로 구속력이 있는 제안이며, 최종제안서에 언급된 제안 부분을 매도인이 수용할 경우 매수인은 조건 변경을 요구할 수 없다. 물론 본 계약체결 시 최종제안서에 제시된 내용 변경이 반영되지만, 원칙적으로 매도인이 최종제안서를 토대로 잠재매수인을 우선협상대상자로 지정하여 거래를 진행하는 경우 최종제안서의 내용은 법률적으로 큰 의미를 갖는다.

통상적으로 최종제안서에 포함되어야 할 사항은 다음과 같이 요약할 수 있다.

- 인수주체 : 매수인의 명칭, 조직형태, 5% 이상의 주주명부, 계류 중인 사건 내역, 관련 법적·내부적 승인여부 및 계획
- 인수제안대상 및 가격
- 대금지급방법과 시기
- 인수 거래구조
- 인수인의 자금조달 계획
- 인수선행조건
- 최종제안서의 유효기간
- 인수인 측 담당자 연락처
- 인수 후 경영계획 및 기타 요구사항

투자자 소개서

아래 사항을 포함하여 투자자 소개서를 작성하여 주시기 바랍니다. 컨소시엄의 경우 대표자가 대표로 작성하고 컨소시엄 구성원 각각에 대한 설명이 필요한 부분은 구성원 각각이 기재해 주시기 바랍니다.

아 래

1. 투자자 소개

투자자의 전반적인 현황에 대해 다음의 사항을 포함하여 간단·명료하게 기술하여 주시기 바랍니다.

1-1 회사의 연혁

1-2 소유구조 : 지분비율 5% 이상인 주요 주주에 대해서만 작성

주주명	소유주식수	금액/원	지분율/%	비고

1-3 대표자 및 주요 임직원

직 위	성 명	주요 경력 및 학력	비고

1-4 주요 사업 내용

2. 담당자

본 M&A를 담당하는 담당자의 연락 가능한 정보를 기재해 주시기 바랍니다. 컨소시엄의 경우 컨소시엄 구성원 각각의 담당자를 기재해 주시기 바랍니다.

직위	성 명	전화번호	휴대폰	이메일

3. 자문기관

본 거래와 관련하여 제출인 또는 그 대리인과 용역계약을 체결할 예정 중이거나 이미 체결한 자문사명, 자문 내용, 담당자 연락 정보를 기재해 주시기 바랍니다.

자문사명	자문내용	담당자	휴대폰	이메일

4. 사업전략

회사 인수 후 제출인의 장기적인 회사에 대한 사업전략 및 향후 회사의 발전 계획에 대해 간략하게 설명해 주시기 바랍니다.

5. 자금조달계획

향후 인수대금을 조달할 계획에 대해 인수대금에 사용할 현금 및 현금등가물, 장단기 금융상품 잔액 및 추가 출자, 차입 및 사채발행, 자산매각 등의 내역을 포함한 개략적인 자금계획에 대한 사항을 포함하여 설명하여 주시기 바랍니다. 컨소시엄을 구성하는 경우, 각각 요소별로 책임을 질 계획인 컨소시엄 구성원이 기재하시기 바랍니다.

6. 임직원 고용승계계획

회사 인수 후 제출인의 회사 임직원 고용 승계 계획에 대해 간략하게 설명해 주시기 바랍니다.

7. 기타 주요사항

주주총회, 이사회 승인이 필요하거나 관계법령에 따라 인가, 승인이 필요한 경우에 승인절차 및 승인요건, 문제해결 방안 등을 기술 바랍니다.

5 우선협상대상자 선정

최종제안서 접수 결과를 토대로 매도인 측은 제안가격 · 제안 거래구조 · 제안 인수조건 등을 평가한 후 가장 양호한 제안을 한 잠재 매수인을 우선협상대상자로 지정한다. 일반적으로 우선협상대상자는 일정기간 동안 독점권을 가지고 매도인과 협상을 진행할 권리를 부여받는다. 그러나 우선협상대상자와 협상결렬에 대비할 목적으로 차선협상대상자를 함께 선정하는 경우도 있다.

인수의향서(LOI)

수 신 : ______________귀하
참 조 :

아래의 조건으로 대상 회사에 대한 인수의향서를 제출합니다.
본 의향서에는 법적 구속력이 없음을 함께 밝힙니다.

1. 회사개요
   회사명 :
   대표자 성명 :
   설립일자 :
   사업자등록번호 :
   자본금 :
   매출액 :
   본점 소재지 :
   기업형태 :
   주요 사업 내용 :

2. 매수방법 및 절차

매수방법 : □ 주식매수 □ 자산매수 □ 합병

매수기한 : 20___년 ___월 ___일까지

실사 방법/기간 : MOU 체결 후 간이실사 ____일

정식계약 후 주간 정밀실사

3. 매수가격

매수희망금액 : ______~ _____억원

가격산정방식 : 상대가치평가 + 경영권 프리미엄 ____억 (첨부자료 참조)

지불방법 : 계약금 10%, 중도금 40%, 임시주주총회 후 50%

4. 기타 매수조건

기타 사항

(인허가 등)

별첨 : 1. 비밀유지계약서

2. 위임장

3. 잔고증명

4. 회사소개서

5. 상대가치평가

20___년 ___월 ___일

회사명 :

대표자 : ㉦

주소 :

인수의향서(LOI)

(단독 신청인용)

주식회사 ×× 및 재무자문사 귀중

회사명 :
대표자 :
업종 :
주소 :
사업자등록번호 :

당사는 주식회사 ××의 M&A를 위한 경쟁입찰에 참가하고자 본 인수의향서를 제출합니다.

첨부서류 : 1. 투자자 소개서
2. 법인등기부등본
3. 법인인감증명서
4. 최근년도 감사보고서

20___년 ___월 ___일

회사명 :
대표자 : ㉑
주소 :

의향서(Letter of Intent)

본 의향서는 _____(이하 "갑"이라 한다)가 _____(이하"대상회사"라 한다)의 주식을 보유하고 있는 _____(이하 "을"이라 한다)으로부터 "대상회사"의 주식 매수(이하"본거래"라 한다)를 위한 기본적인 조건을 정하기 위한 목적으로 작성한다. "본거래"의 최종 종결일은 20___년 ___월 ___일로 예정되어 있으나, "갑"과 "을"의 합의에 의하여 연장이 가능하다.

1. 주식매수내용

   그가 보유하고 있는 "대상회사"가 발행한 보통주 _____주(액면금500원) 중 최소 ____주에서 최대 ______주를 제 2조에 정한 주식매수가액 산정방법으로 결정된 가액으로 "갑"에게 양도할 의향이 있으며 "갑"은 동 주식을 매수할 의향이 있음을 확인한다.

2. 주식매수가액 산정방법

   제1조의 "대상회사" 주식의 매수가액산정은 대상회사에 대한 "갑"의 제3항에 의한 기업실사 후 본질가치접근법 또는 DCF접근법에 의해 산정된 기업가치 평가결과가액을 기준으로 하여 결정한다.

3. 기업실사

   본 의향서 체결일로부터 "갑"은 14일 이내에 "대상회사"의 정확한 실태파악과 최종 인수가격을 제시하기 위하여 "갑" 또는 "갑"이 지정하는 자가 "대상회사"를 직접 방문하여 현지실사를 실시하기로 하며 실사기간은 3주일 이내로 한다. "을"은 본 기업실사가 원활히 이루어지도록 최선의 협조를 하며 실사에 소요되는 비용은 "갑"이 부담한다.

4. 독점적 지위

   본 의향서의 체결일로부터 "갑"의 주식매수종료까지 "을"은 "갑"이외의 다른 제3자와 "본 거래"에 관한 협상을 하지 않으며 주식매수의 청구 및 기타 정보의 요청에 동의하지 않도록 한다. 단, 본 항에 의하여 "갑"에게 부여된 권리는 "갑"과 "을"의 상호합의에 의하여 연장 가능하다.

5. 임원 및 종업원 사항

주식매수 후 "갑"의 경영권행사를 위하여 이루어질 현 임원 및 종업원의 승계에 대하여는 "을"은 "을"의 의견을 제시할 수 있으며 주식매매계약서에 명시하지 않은 사항은 "갑"의 판단에 따른다.

6. 주식매수계약서

제3조의 기업실사 이후 "갑"과 "을"은 2007년 3월 31일까지 "본 거래"에 대해 상호 합의하여 실태설명, 보증 및 합의 조건을 내용으로 하는 주식매수계약서를 작성 체결하도록 노력한다.

7. 협력사항

"갑"과 "을"은 "본 거래"의 원만한 종결을 위하여 다음 사항을 협력한다.

(1) "갑"과 "을"은 공공기관으로부터 "본 거래"에 필요한 모든 인허가를 취득한다.

(2) 본 의향서 체결일 이후 "대상회사"는 정상적인 사업만을 수행하여야 하며, "을"은 재무상황 및 순이익, 사업분야, 운영방식 등에 중요한 변화가 있을 경우에는 이를 즉시 "갑"에게 통보한다.

(3) "갑"과 "을"은 법에서 요구되는 경우를 제외하고는 상대방의 동의 없이 본 의향서의 작성사실 및 제안된 거래사실을 일반대중이나 제3자에게 공표해서는 안 되며, 인지된 모든 정보는 비밀이 유지되어야 한다.

(4) 본 의향서에 명기한 경우를 제외하고 "갑"과 "을"은 "본 거래"와 관련하여 발생하는 자신의 비용을 각자가 부담하여야 한다.

8. 법적 효력

다음의 사항을 제외하고 본 의향서는 법적 구속력을 구성하지 않는다.

8-1. "대상회사"의 사업내용에 대한 비밀유지 조항

8-2. "대상회사"에 대한 "갑"이외의 매수자와 협상, 접촉을 금지한다는 조항

8-3. "본 거래"와 연관된 자신의 비용을 부담한다는 조항

9. 해지

"갑"과 "을"은 본 의향서와 관련 없이 일방의 서면에 의한 통보에 의하여 본 의향서의 효력을 종결시킬 수 있다. 그러나 의향서 효력의 종결에도 불구하고 8항의 법적 효력은 유효하다

20___년 ___월 ___일

주　소
회 사 명
대표이사

인수의향서(LOI)

(컨소시엄 신청인용)

주식회사 ×× 및 재무자문사 귀중

1. 컨소시엄의 명칭
2. 컨소시엄 대표자

   회사명

   대표자

   업종

   주소

   사업자등록번호
3. 컨소시엄 참가자

회사명	대표자	사업자등록번호	주 소

당 컨소시엄은 주식회사 ××의 M&A를 위한 경쟁입찰에 참가하고자 본 인수의향서를 제출합니다.

첨부서류 : 1. 투자자 소개서

2. 법인등기부등본
3. 법인인감증명서
4. 최근년도 감사보고서

20___년 ___월 ___일

컨소시엄 대표자 : ______________________ ㊞

컨소시엄 참가자 : ______________________ ㊞

컨소시엄 참가자 : ______________________ ㊞

6 양해각서 체결

우선협상대상자와 매도인은 우선협상대상자가 제출한 최종제안서를 토대로 양해각서(MOU)를 체결한다. 양해각서에는 거래당사자인 매도인과 우선협상대상자가 상호 합의한 거래와 관련한 사항 · 향후의 일정 · 독점권 부여기간 · 상세 실사의 범위 및 일정 등이 담겨지며 당사자 간의 합의에 따라 그 내용은 달라질 수 있다. 보통 MOU는 아래 분류와 같이 형식적으로 구분해 볼 수 있으나, 실제로는 단일한 MOU가 여러 측면을 갖고 있는 경우가 많다.

기록의 MOU(Memorialization MOU) MOU의 가장 중요한 용도는 예비적 합의나 부분적 합의 또는 협상과정 중 합의에 이르지 못한 부분 등을 기록하는 것이다. 이로써 장기의 복잡한 계약과정에서 협상자들 기억의 부담을 경감시키고, 이미 합의된 부분을 계약의 일부로서 종결시킴으로써 이 부분을 재협상의 대상으로 삼지 않고 장래 협상의 효율성을 높이는 동시에 이미 합의된 부분에 당사자의 신뢰에 기초하여 최소한 도덕적 구속감을 발생시키는 효과를 갖고자 하는 것이다.

확약의 MOU(Assurance MOU) MOU의 주요한 기능의 하나는 이를 통해 일방당사자 장래 계약의 협상에 대한 의도의 진지성 등 당사자의 계약에 임하는 태도를 나타내는 것이라 할 수 있다. 즉 복잡한 거래에서 잠재적 대상자들과의 접촉을 가진 후 특정 상대방을 구체적 협상의 상대로 지정했다거나 적어도 협상의 대상이 축소되었다는 것을 보여주기도 하고 또 앞으로 보다 핵심적인 문제에 집중하여 협상을 진행시키겠다는 의도를 보이기도 한다.

이것은 타방 당사자로 하여금 은행 등과 결재수단 등의 금융관련 문제를 협상하거나 그 밖의 이해관계에 있는 제3자에게 제시하여 성실히 당해 거래를 추진해 나가는데 도움을 주기도 한다.

협상계획의 MOU(Framework MOU) MOU는 종종 장래의 협상 전반적인 구도를 설계함에 있어서 이용되기도 한다. 특히 M&A 거래에서는 협상 자체가 하나의 큰 업무이므로 예컨대 협상의 책임자는 누구이며 협상의 주요 일정, 양 당사자의 노력범위, 협상 중의 합의의 성격 등이 정해진다. 또 협상에 부수적인 상표권의 보호나 비밀유지의무, 협상 중의 비용분담의 문제 등이 정해지기도 한다.

양해각서(MOU)

본 양해각서는 XX 주식회사(이하 "갑"이라 칭한다)와 ○○ 주식회사(이하 "을"이라 칭한다)가 M&A를 목적으로 상호 신의 성실의 원칙에 입각하여 20__년 ____월 ___일 체결되었다.

제 1 조(목적) 본 양해각서는 ×× 주식회사(이하 "회사"라 한다)에 대한 실사, 최종인수제안서의 제출, 최종인수자의 선정 및 인수계약의 체결 등을 비롯한, "갑"이 보유하고 있는 회사 발행주식 __%(보통주 ____주, 이하 "본건 주식"이라 한다)의 매각(이하 "본건 매각"이라 한다) 과정에 있어 필요한 제반 사항을 규정함을 목적으로 한다.

제 2 조(우선협상대상자의 선정) ① "갑"은 본건 매각과 관련하여 "을"을 우선 협상대상자로 선정한다.

② "갑"은 본 양해각서 체결일로부터 90일의 기간(이하 "우선협상기간"이라 한다) 동안 "을" 이외의 제3자와 본건 주식 또는 그 일부의 매각과 관련한 일체의 협상을 하여서는 아니된다.

제 3 조(이행보증금의 납입) ① "을"은 본 양해각서 체결일로부터 7일 이내에 현금 ____억원(이하 본건 "현금"이라 한다)을 '갑'이 지정하는 은행 _____계좌(이하 "예탁 계좌"라 한다)에, "갑", "을" 및 위 은행 사이에서 제2항 내지 제4항의 인출 조건을 내용으로 한 예탁 계약을 체결하는 것을 조건으로 예탁한다.

② "갑"은 다음 각 호의 경우에 본 건 현금을 인출할 수 있다.

1. "을"이 우선협상기간 종료 전에 제4조제2항에 따른 최종인수제안서를 제출하지 아니하는 경우(다만 제11조제2항에 의하여 본 양해각서가 이미 해지된 경우는 제외한다.)
2. "을"이 제6조의 기간 내에 인수계약의 체결을 거부하는 경우(다만 최종인수제안서에 기재되지 아니한 사항에 관한 당사자 사이의 이견 기타 "을"의 책

임 없는 사유로 인수계약을 체결할 수 없게 되는 경우는 제외한다.)

3. "을"이 인수계약에 규정된 기간 내에 인수대금을 지급하지 아니하는 경우

③ "을"은 전항 각 호의 경우를 제외하고는 제11조에 의하여 본 양해 각서가 해지되는 즉시 본 건 현금을 인출할 수 있다.

④ "갑"과 "을"이 인수계약을 체결하는 경우에는 본 건 현금은 전액 인수 계약금으로 자동적으로 대체된다.

제4조(실사) ① "을"은 전조 제1항에 따라 본건 현금을 납입한 다음 날로부터 30일간 "갑"이 지정하는 회사 내의 장소에서 회사의 장부와 자료의 열람 및 회사의 임직원과의 질의 · 응답(이하 일괄하여 실사라 한다)을 할 수 있다. 다만 위의 실사 기간은 당사자들의 합의에 의하여 5영업일의 범위 내에서 연장할 수 있다.

② "갑"은 회사로 하여금 "을"이 열람을 요구하는 회사의 장부와 자료를 "을"에게 제공하게 하며, 회사의 임직원으로 하여금 "을"의 질의에 응답하게 한다.

제5조(최종인수제안서의 제출) ① "을"은 우선협상기간 종료 전에 "갑"에게 최종인수제안서를 제출한다.

② 전항의 최종인수제안서의 내용은 다음 각 호에 부합하여야 하며, "을"이 그에 부합하지 아니하는 내용의 최종인수제안서를 제출하는 경우에는 최종인수제안서가 제출되지 아니하는 것으로 본다.

1. 본건 주식의 인수대금은 억원 이상일 것(다만 실사 결과 회사에 공개되지 아니한 우발채무 또는 기타의 재산상 손해 발생의 위험이 존재하는 것으로 판명된 경우에는 그러하지 아니하다.)
2. 인수계약체결 후 30일 내에 인수대금 전액을 지급할 것
3. 회사의 현 대표이사 및 상무이사 1인의 잔여 임기를 보장하고 위 임기 동안 현재의 보수 수준을 유지할 것
4. 인수계약체결 후 상당한 기간 내에 회사의 상호를 변경할 것

제6조(최종인수자의 선정) "갑"은 "을"이 전조 제2항에 따른 최종인수제안서를 제출한 경우 "을"을 최종인수자로 선정하여야 한다.

제 7 조(인수계약의 체결) 당사자들은 "을"이 제4조제2항에 따른 최종인수제안서를 제출한 날로부터 10일 이내에 최종인수제안서의 내용 및 제7조의 보장사항을 반영한 인수계약을 체결한다.

제 8 조("갑"의 보장 사항) 회사가 보유한 재고자산을 "갑"이 판매하는 것과 관련하여, "갑"은 인수계약체결 후 1년 6월의 기간 동안 본 양해각서 체결일 현재의 판매대행계약상의 조건과 동일한 조건으로 최소 물량(본 양해각서 체결일 전월 말 현재 "갑"이 판매한 위 재고자산의 물량을 말한다) 이상을 유지할 것임을 보장한다.

제 9 조(비밀 유지) "을"은 실사에 의하여 또는 기타의 방법으로 지득한 회사에 관한 정보를 법령상 그 공개가 요구되는 경우를 제외하고는 "갑"의 사전 서면 동의 없이 제3자에게 공개하여서는 아니된다.

제 10 조(손해배상책임 등의 제한) 본 양해각서에 별도로 규정된 경우를 제외하고는 일방 당사자는 상대방에 대하여 본 양해각서의 위반 또는 기타의 어떠한 사유로도 손해의 배상 또는 비용의 보상 등을 청구할 수 없다.

제 11 조(양도의 제한) "을"은 "갑"의 사전 서면 동의 없이 본 양해각서상의 "을"의 지위, 권리 또는 의무의 전부 또는 일부를 제3자에게 양도하거나 제3자로 하여금 승계하게 할 수 없다.

제 12 조(해지) ① 일방 당사자는 상대방이 본 양해각서의 규정에 위반하는 경우 서면 통지에 의하여 본 양해각서를 해지할 수 있다.

② 본 양해각서는 다음 각 호의 경우에 자동적으로 해지된다.

1. 법령의 규정, 정부 기타 관계기관의 관련 인허가의 거부, 행정명령 또는 행정지도 등으로 인하여 "을"이 본건 주식을 인수할 수 없는 것으로 확정되는 경우
2. 회사의 장부 또는 자료 제출의 거부 등으로 인하여 "을"이 회사에 대한 실사를 정상적으로 수행할 수 없는 경우
3. 일방 당사자의 책임 없는 사유로 제6조의 기간 내에 인수계약이 체결되지 아니하는 경우

제 13 조(준거법) 본 양해각서의 내용은 대한민국 법령에 따라 해석 및 규율된다.

제 14 조(관할 합의) 본 양해각서의 해석 또는 이행과 관련하여 당사자들 사이에 분쟁이 발생하는 경우에는 서울중앙지방법원을 관할법원으로 한다.

이상의 증거로서 당사자들은 본 양해각서 2부를 작성하여 그에 각 기명날인 한 후 각 1부씩 보관하기로 한다.

20____년 ___월 ___일

"갑" : 주식회사 ××
서울시 ____구 ____동 ______번지
대표이사 ㉟

"을" : 주식회사 ○○
서울시 ____구 ____동 ______번지
대표이사 ㉟

03 협상 및 계약체결

대부분의 M&A의 경우 협상으로 시작해서 협상으로 끝난다고 해도 과언이 아니다. 즉 모든 거래 단계별로 협상을 통해 합의함으로써 다음 단계로 넘어갈 수 있기 때문이다. 또한, 다른 모든 부분이 제대로 준비되고 분석되었다 해도 협상에서 거래가 결렬되면 M&A는 성사될 수 없다. 그만큼 거래협상의 중요성이 크며 전통적으로 거래협상은 기업 간 매매에서 비교우위를 획득하려는 단순한 금전적인 합의 방법으로 해석되어 왔다.

그러나 거래협상은 미래의 가치에 기반을 둔 새로운 개념이지 금전적 거래협상만을 의미하는 것은 아니다. 다시 말해 합병 후 얻을 수 있는 가치와 새로운 가치창출을 포함한 광범위한 의미의 합의방법이라 할 수 있다.

1 정밀실사

우선협상대상자의 정밀실사는 전 단계의 실사보다는 한층 세밀하게 진행됨으로 우선협상대상자와 매도인 측 회사의 관계자가 직접 접촉하게 된다. M&A 진행절차에서 실사라 함은 기업의 인수합병에 따르는 위험 또는 문제점을 인수합병계약서에 서명하기 이전에 파악하는 절차로서 대상기업에 대한 재무·영업·법적인 현황 등에 대하여 조사하는 과정을 의미한다.

정밀실사는 이해당사자인 실사의뢰자의 의뢰에 따라 전문컨설턴트, 회계사, 변호사 등 외부 전문가에 의해 수행되는 경우가 일반적이라고 할 수 있다. 정밀실사는 수행하는 업무의 내용에 따라 여러 가지로 구분될 수 있으며, 통상적으로 다음과 같이 구분하여 수행할 수 있다.

정밀실사를 위하여 대상기업 분석 리스트는 다음과 같이 정리할 수 있다.

회사 일반 자료

- 주주 간의 합의서, 회사정관
- 회사 사규와 기타 규정
- 자본금 변동사항
- 주주명부 : 지분율, 출자방식, 주요 주주에 관한 정보, 주주 사이에 통제관계 존재 여부 및 지분에 대한 담보 설정 현황
- 주주총회 및 이사회 의사록
- 자회사, 계열사, 합작회사의 영업허가증, 정관, 회사의 지배구조도, 지분관계도 및 거래관계에 대한 정보
- 영업허가증 및 영업소 목록
- 회사소개서
- 회사의 조직구조도

정부 인 · 허가 및 규제 관련서류

- 현재 영위하는 사업과 관련된 허가, 인가, 관련 정부기관에 진행한 등록, 신고 목록, 인허가 증명서 및 이면, 인허가서류 취득 시 제출한 서류
- 회사 또는 임직원에 대하여 진행되었거나 진행되거나 진행될 우려가 있는 정부기관의 조사 및 검사와 관련된 목록과 서류
- 회사 또는 임직원의 법률위반사항 및 법률을 위반할 우려가 있는 사항
- 사업활동과 관련하여 회사가 정부로부터 받은 행정처벌 관련 자료

재무회계

- 최근 3개년도의 재무제표
- 회사의 차입계약 및 이에 관하여 회사가 제공한 담보에 관한 계약 및 관련 서류 일체
- 회사가 타인에게 제공한 담보의 내역
- 회사의 채무에 대하여 제3자가 제공한 보증, 담보 관련 일체 서류
- 금융기관을 제외한 채권자에 대한 채무현황과 채무잔액을 확인할 수 있는 증서
- 최근 3개년도의 감사보고서, 영업보고서, 내부감사자료
- 미수금 채권 현황 및 대손충당금 잔액 및 증감 사항
- 회사설립 이후의 세금 납부 내역, 조세체납 내역
- 매출 및 구매 · 공급 계약
  - 최근 연도별 매출실적 및 추세
  - 주요 판매 계약 내용
  - 마케팅 및 광고 전략
  - 원부자재 구매기준 및 계약 현황
  - 원자재 공급조건
- 자산 및 부채 관리
  - 매출채권 잔액 및 불량채권 내역
  - 당좌자산 잔액
  - 재고자산 연령 조사 분석
  - 유형자산, 무형자산 내역
  - 상각자산 감가상각 내역 및 현황
  - 매입채무 잔액

- 차입금 명세 및 상환계획
- 추정 재무제표
  - 추정 B/S, I/S
  - 추정 현금흐름표
- 회계 및 정보시스템
  - 회사 전반에 대한 정보시스템 조사

재고자산 / 유형자산

- 시설, 기계 및 장비 등 주요 유형자산과 재고자산의 목록 및 증가 내역, 취득방식 및 분할 납부 금액과 융자임대에 관한 사항. 재고자산의 평가방법
- 차량 및 사용 계약서, 차량의 등록원부 등
- 유형자산의 임대차 목록 및 상세 내역
- 유형자산에 대한 각종 담보권 : 저당 · 질권설정 · 보증 · 유치권 등에 대한 세부내역
- 최근의 재고 가격 및 재고 자산 평가에 미치는 영향
- 토지 · 건물 · 건축 중인 건축물 및 기타 고정설비의 목록,
- 부동산 등기부 및 당해 권리의 주장자에 대한 세부내역
- 부동산에 설정한 각종 담보
- 토지의 용도, 지역 및 도시 계획에 관한 서류
- 부동산평가보고서 또는 감정서 등

사업 활동과 관련된 중요한 계약

- 회사와 임직원 간에 체결된 채용계약
- 회사와 관계회사 또는 관련 자연인과의 거래에 관한 계약의 목록
- 회사의 영업활동과 관련하여 체결된 기본계약서 · 구매계약서 · 판매계약서 · 제품개발계약서 · 서비스계약서 · 광고계약서 등 구매 · 판매 · 공급 관련 일체 계약의 목록 및 그 계약서 사본
- 프랜차이즈계약, 합작계약 · 컨소시엄 계약 또는 경영위임계약이 있는 경우 그 계약서 사본

- 회사의 사업내용을 제한할 수 있는 계약 조항(불경쟁 조항 · 비밀유지조항 등)이 있는 계약 일체
- 주식 또는 기타 자산, 사업의 취득 또는 처분에 관하여 취득한 계약 및 기타 서류의 목록 및 사본, 회사의 합병 또는 기타 기업결합의 관련 계약서 및 문서 목록 및 사본
- 종업원주식 · 주식매입선택권(Stock option)을 부여한 경우, 그 관련 서류, 회사에서 등록자본금 증가와 관련하여 주주 또는 제3자와 체결한 모든 계약서 및 기타 서류
- 수도 · 전기 · 가스 · 청소 · 경비용역 등 각종 utility 관련 계약서
- 회사 또는 주주가 동종 산업에 투자한 경우 그 내역
- 회사의 이사, 기타 사업부서 책임자가 회사 명의로 또는 회사의 업무와 관련하여 제3자에게 써준 각서 · 확약서 · 증명서 기타 서류 일체
- 회사를 당사자로 하는 의무, 청구에 대한 권리, 구제 수단 또는 항변을 가능하게 하는 구두 이해 사항, 관례 등의 내역
- 광고서비스 계약 및 관련 서류
- 라이센스 사용 관련 계약서 및 기타 서류
- 기타 중요한 계약의 목록 및 사본

대외투자에 관한 내역

- 주권 지배 가능한 기타 회사의 명칭 · 지분 참여 비율 · 출자액 · 출자방식 · 경영범위 · 영업허가증 · 정관
- 지분 참여한 회사의 명칭, 지분 참여 비율 · 출자액 · 출자방식 · 경영범위 · 영업허가증 · 정관

인적자원관리

- 각 업무부문의 인원 현황표(업무부문별 인원수 포함, 임원 · 팀장 및 기술개발직 인력을 중심으로 작성 요)
- 각 업무부문별 업무 분장 규정 및 업무분장표
- 고용계약서(정규직 · 계약직 · 임시직 구분 Sample)
- 취업규칙 · 인사규정 및 노동관서에 대한 신고 서류, 퇴직금 지급규정

- 단체협약, 단체협약 최근 3년간 단체교섭 의사록
- 임금협약 및 종업원의 근속연수 위약금 규정 연간 인건비 등의 급여 내역서
- 근로복지 관련 운영규약 및 운영현황
- 복지후생시설 및 운영현황
- 의료보험 · 실업보험 · 공상보험과 관련된 각종 보험증서, 약관 및 보험계약서 일체
- 의료보험 · 실업보험 · 공상보험의 최근 보험료 납부신고서 · 납부영수증 · 집계 총괄표
- 퇴직금 · 단체보험 등 근로자에 관한 기타 보험증권 및 보험약관
- 최근 산재보고서 · 안전 보건 관리 직원의 임명과 그들의 업무 수행, 안전 보건 관리의 위임 또는 대리 업무에 관한 문서, 산업안전 · 보건교육 수행에 관한 문서, 근로환경 측정의 결과
- 파견근로계약 등 용역계약서, 파견회사의 관련 인허가 증명서
- Stock option 내역
- 최근 12개월 동안 자진 퇴사한 근로자명단, 지난 3년간 회사가 해고하거나 해고를 유도하여 퇴직한 모든 근로자의 명단 및 해고 사유
- 국가 유공자 및 그 자녀 고용 실태에 관한 자료, 장애인 고용 실태에 관한 자료
- 노동 관련 행정청이나 법원에 대한 노동 및 고용에 관한 소송 및 청원 있을 경우 그 세부 내역

지적재산권

- 회사의 영업과 관련하여 소유 또는 사용하거나 회사 및 그 사업에 영향을 주는 특허 · 상표 · 의장 · 상호 · 저작권 등 지적재산권에 관한 모든 계약 및 이에 관한 등록 · 출원서 목록과 관련서류 일체(거부된 출원 포함), 특히 저작권의 양도 · 허여 계약 · 저작권 등기증서 등
- 회사에 의한 또는 회사에 대한 지적재산권의 소유 · 사용 · 침해 등에 대한 모든 과거, 진행 중 또는 예상되는 클레임에 대한 목록과 내역
- 기타 라이센스 · 기술도입 · 노하우 등에 관하여 체결한 계약
- 영업비밀 침해와 관련하여 제3자로부터 회사가 중지 및 항의 문서들을 수신하였는지 여부에 대한 정보, 다른 회사로부터 스카우트(scout)한 경력직 직원에 의한 영업비밀 침해 또는 비밀유지 계약 위반 가능성에 대한 정보, 최근 1년간 스카우트한 인력 현황

소송 · 중재 및 행정처벌

- 회사 임직원 및 주주에 대한 사건을 포함하여 회사를 당사자로 하는 소송 등(재산의 보전과 사전집행, 기타 신청절차, 행정심판, 중재, 외국에서의 소송 등 일체의 행정 및 사법절차 포함) 이미 종결된 사건의 소장 · 답변서 · 효력 발생한 판결문서, 소송 계류 중인 사건 목록 및 관련서류, 향후 소송으로 발전될 수 있는 사건 목록
- 분쟁에 관여된 변호사로부터 받은 서신 및 서류의 목록 및 사본
- 진행 중이거나 계류 중인 사건과 관련하여 작성되거나 발송된 판결 · 결정 · 명령 · 사건처분통지 · 화해계약 · 분쟁종결합의서의 목록 및 사본

보 험

- 회사의 보험가입현황
- 보험증권 · 보험약관 · 영수증 등 보험 관련서류 일체
- 각 보험별 기존에 발생한 보험사고의 내용 및 결과 진행상황 등
- 보험금청구 관련정보 및 문서 및 보험회사가 작성한 보고서, 기타문서
- 보험증서에 설정된 담보 또는 질권현황

조 세

- 국세와 지방세 완납증명서
- 세무조사 및 계류 중인 분쟁의 내역

환경관리

- 각종 환경관련 시설 개요 및 현황
- 각종 환경관련 인가 · 허가 및 신고수리 기타 정부기관의 처분에 관한 목록 및 서류
- 최근 3개년도의 환경관련 법규 위반 사항(종결된 사항/ 진행 중인 사항/ 예상되는 사항별로 구별하여 그 경위, 제재 등의 내용, 회사의 시정 여부 등에 관한 정보 포함)
- 최근 환경관련 사고발생현황

- 오염물질 유출관련 보고서 등 환경관련 제반 보고서 및 평가서
- 폐기물 처리, 화학물질 처리 내역 및 관련 서류

유의사항

정밀실사를 적시에 수행하는 것은 해당 거래에 포함된 위험을 사전에 인식하여 관리하는데 매우 중요하다. 정밀실사를 계약체결 이전에 미리 수행하는 것은 실사의뢰자로 하여금 거래가격에 영향을 주는 요인을 사전에 인식하게 함으로써 인수합병 거래와 관련된 시간과 비용 그리고 노력을 효과적으로 감소시켜 향후 발생할 수 있는 잠재적인 문제를 예상하고 이에 대해 효율적인 대응전략의 기초를 제공해 줄 수가 있다.

2 M&A 협상

M&A 추진 절차의 진행과정에서 협상은 정밀실사가 끝난 후 대상기업에 대한 기본적이고 핵심적인 정보의 수집과 전략의 수립 후 계약체결을 위해 대상기업과 교섭을 통한 실질적인 통합을 위한 단계로 대상기업과의 인수가격·인수형태·제반 법적 문제 등이 원만히 조정될 수 있도록 한다.

이러한 협상은 대개 우호적인 M&A에서 적용되며, 매수자와 매도자 상호 간의 의견을 조정함으로써 최적화된 조건으로 거래가 성사되도록 하는 단계이다. 따라서 협상은 이전 단계에서 시간과 비용이 투하됨에 따른 계약 성패의 결정적이고 중요한 단계라고 할 수 있다.

뿐만 아니라 협상은 두 기업의 이견을 좁히고 산재된 조건을 확정하여 거래 금액을 결정하는 등 핵심적인 상황과 밀접한 관계가 있으므로 전문가들로 구성된 협상 추진팀을 구성하여 세부사항과 법적 절차 등에 대한 철저한 조사와 교섭을 통해 추진되어야 한다.

협상준비 협상에 있어서 정보수집 단계에서 협상 상대방에 대한 인물정보, 대상업체에 대한 기업정보, 업종에 대한 산업정보 등 관련된 정보를 가능한 많이 수집해야 한다. 무엇보다도 상대방의 정확 의사를 파악하여 실제 협상에 임하여 발생할 수 있는 다양한 시나리오 전개에 있어서 유연하게 대응함으로써 의견충돌을 최소

화할 필요가 있다. 뿐만 아니라 M&A와 관련된 커뮤니케이션, 정보 보안유지는 실제 소요시간과 비용이나 최종 성공 여부까지 중대한 영향을 미칠 수 있다. 예상치 못한 경쟁자의 등장이나 주식시장의 부정적인 반응 등에 대한 방지를 위해 철저한 보안은 협상 진행에 있어서 중요한 요소이다. 또한, 협상에서 유리한 고지를 선점하기 위해서는 사전에 치밀한 대안의 준비는 상대방을 설득시키는데 영향을 미치게 한다.

협상전략 기업이란 각 기업이 가지고 있는 고유한 기업문화로 이루어진 유기체적인 공동체라고 할 수 있다. 그러므로 기업이란 상품의 거래를 위한 효율적인 협상전략은 매우 중요하며 효율적인 전략에 의한 교섭과 협상능력에 따라 거래의 조건과 성사 여부가 결정 되어 진다.

협상은 서로 다른 이해관계자들이 특정한 이슈에 대한 합의점에 도달하는 과정이다. 따라서 협상은 합의점에 도달하지 못한 이슈 가운데 가장 쉬운 부분부터 우선적으로 해결하여야 한다. 협상과 관련된 주장은 가능한 논리적이고 합리적이어야 하며, 이 시점에서 상식을 벗어난 터무니없는 요구조건은 협상 상대방에게 좌절감과 불쾌감을 불러 일으켜 별다른 진척 없이 논의를 종결시키는 결과를 초래할 수도 있기 때문에 상대방의 신뢰를 확보하기 위한 객관적인 노력을 기울일 필요가 있다.

3 본 계약체결

교섭과 협상이 완전히 끝나면 인수의향서에 합의된 내용을 정밀실사 결과에 따라 재조정하고 인수가격을 확정한 다음 거래의 쌍방은 계약서를 작성 · 날인하게 된다. M&A의 모든 거래에 계약서 작성이 의무화되는 것은 아니지만, 양측의 의사 표시를 명확히 하고 오해를 피하기 위해 관행적으로 이를 작성하는 것이 일반적이다. 합병과 상장법인의 영업양도 등의 경우에는 계약서의 작성이 법률상으로 요구되고 있다.

M&A는 기업의 지배권인 경영권의 거래를 의미한다. 주식매매 계약을 통해 대주주 지분에 해당하는 주식을 취득하여 대주주가 되면 이사회를 장악하여 경영권을 확보하게 된다. 이러한 M&A의 대부분 절차 및 최종 결과는 결국 계약서에 의해서 확정된다. 따라서 계약체결에 대한 중요성은 M&A실무에서 가장 중요한 부분이며 M&A의 실패는 계약서 작성과 이에 따른 계약체결에서 판가름이 나게 된다.

기업의 경영권을 확보하거나 매각을 하는 인수합병 거래에 있어 절차에 따라 단계별로 문서화하는 것이 필요하다. 인수대상기업이 발행한 대주주 등이 소유한 주식인수를 통한 대상기업의 경영권 획득에 대한 M&A의 최종적 조건협상이 마무리되었다면 지체 없이 본 계약을 위한 계약서를 작성한다.

계약서 작성 시 중점적으로 검토하여야 할 내용은 당사자 간 서면에 의한 합의사항과 메모 또는 구두형식으로 합의한 사항들이 빠짐없이 계약서에 반영될 수 있도록 하여야 한다. M&A 본 계약에 따라 거래대금을 지급하며 거래당사자는 주식양수도와 관련되는 세무신고를 하여야 한다. M&A에 대한 본 계약을 체결하고 거래당사자의 각자에 해당하는 세무신고를 마무리함으로써 M&A의 모든 과정은 종결된다.

일반적으로 계약서에는 다음의 사항이 포함되어야 한다.

서론(Introduction) 일반적으로 계약서에 쌍방의 의사를 서술하는 데 사용되는 형식으로 거래의 목적, 계약서에서 사용되는 용어의 해설 등을 기재하여 향후 분쟁이 발생할 경우 중요하게 사용된다.

가격과 양도방법(Price and Mechanic of The Transfer) 이 항목에서는 주식양도, 자산양도, 혹은 합병 등으로 거래구조를 정의하고 M&A 대상기업의 자산을 인수자에게 양도하는 방법을 기재하고 인수자의 거래대금 예탁의 필요성 혹은 인수자의 거래종결 이행보장을 언급하게 된다.

실태설명과 보증(Representation & Warranties) M&A 계약에서 가장 중요하고 법적인 분쟁이 발생하기 쉬운 항목을 사전에 명문화해 놓는 작업이다.

- 양도대상이 되는 기업의 법적 지위 및 기타사항이 인수에 의해 회사 정관 및 관련 법규에 위배되는지의 여부
- 대상기업의 자본계정, 자산, 계열회사에 대한 내용설명과 저당권으로 인한 자산의 계류상태
- 회사 재무상태가 일반적으로 인정되는 회계기준에 따라서 작성되었는지의 여부 및 부외부채 알려지지 않은 거래 급격한 재무상태의 변수 유무
- 세금납부 상태, 계류 중인 소송이나 정부기관으로부터의 시정명령 접수 여부
- 종업원과의 노사협약 등 노사관계

- 자산의 등기상태, 회사가 체결한 계약, 보험가입 여부, 재고현황, 특허권 및 상표권 등의 유효성

서약(Covenants) 이 약정조항은 통상 계약체결 시로부터 closing(계약종결)까지의 기간 동안 특정의 작위 또는 부작위를 약속하는 것을 내용으로 하며 보증(warranties)이 보통 과거나 현재의 사실을 대상으로 하는데 비해 서약은 미래의 행위를 대상으로 한다. 그러므로 대상행위는 closing까지의 행위가 대부분이나 때로는 closing 이후의 행위(겸업금지)인 경우도 있다. 특히 서약조항은 주로 매도회사의 행위를 대상으로 하지만 매수자 측의 행위를 대상으로 하는 경우도 있다.

종결조건(condition) 이 조항에는 그것이 실현되지 않으면 당사자가 배상책임을 부담하지 않고 closing을 거부할 수 있는 사유를 기재한다. 조건사항에는 보장조항이 closing 시점에서 이루어진 것과 마찬가지로 보장 사실이 closing 시점 현재에도 진실하며 약정사항이 closing시까지 모두 이행될 것 등이 기재되는 것이 보통이다. 이 경우 조건으로 명시되지 않았을 경우에도 보장사항이 허위로 드러나거나 약정사항을 불이행한 때에는 계약법의 일반 원칙상 상대방이 계약을 해제할 수도 있을 것이다. 그러나 계약을 해제할 수 있는 것은 계약의 불이행이 중대한 경우에 한하여야 할 것이다.

손해배상(indemnifications) 이 손해배상 조항은 보장사항이나 약정사항의 위반에 대한 손해배상 책임을 규정하는 조항이다. 보장은 계약체결 시 약정 혹은 서약은 계약체결 시부터 closing까지 종결조건은 closing 시점을 대상으로 한 것인 데 비하여 손해배상은 주로 closing 이후에 효용을 발휘하는 것이다.

한 예를 들어 매도자 측이 M&A 기업의 영업자산 일부가 채무를 위한 담보권의 대상이 되어 있는 것이 밝혀졌다면 매수자가 그 담보권의 소멸을 위해 채무를 대신 변제한다면 매수자는 그 금액에 상당하는 배상을 매도자 측에 요구할 수 있는 것이다. 물론 손해배상 조항이 없더라도 매수자는 보장조항 위반으로 매도자 측에 손해배상을 청구할 수 있다.

해약절차와 구제책(Termination Procedures & Remedies) M&A 거래 당사자 중 일방이 거래를 해약할 수 있는 경우와 그 해약의 결과에 대해서 이 항목에서 취급하게 된다. 통상종결을 달성해야 하는 날짜가 명기되지 못하고 일방의 행위 또는 불이행으로 인해서 끝나게 된다면 상대방은 계약을 해약함과 더불어 계약위반을 이

유로 상대방에게 손해배상을 청구할 수 있게 된다.

한편, 구제책은 계약위반으로 인한 손해배상 청구와 특별구제책이 있다. 즉, 특별구제책은 손해배상청구권을 갖게 되는 일방이 즉시 활용할 수 있는 조치를 취하는 것이다.

기타 법률관계(Legal Miscellany) M&A 계약서의 해석지침과 이로 인해 발생하는 의무를 다루는 것으로 비록 이런 규정을 계약과정에서 협상하지 않았다 하더라도 종종 몇 개의 조항은 쌍방에게 유용한 권리를 제공하기도 하는 것이다.

경영권 양수도계약서

본 계약서는 다음의 당사자들 간에 주식회사××× (이하 총칭하여 "회사"라 한다)의 경영권양·수도를 위하여 20__년 __월 __일(이하 "본 계약일"이라 한다)에 체결되었으며 체결된 날부터 유효하다.

(매수자) 주　소 :
성　명 :

(매도자) 주　소 :
성　명 :

전　문

매도자는 주식회사 ×××의 경영권 및 경영권과 관련된 일체를 양도함에 있어 회사의 실질적인 경영권자임을 확인하며, 매수자는 매도자로부터 회사의 경영권을 인수할 의향이 있고, 회사가 향후 실시할 예정인 유상증자에 참여하여 회사의 신주를 취득하고자 하여 양 당사자는 다음과 같이 계약서를 체결한다.

제 1 조(매매의 합의) 본 계약서에서 정하는 조건에 따라, 매도자는 매수자에게

회사의 경영권을 매도하고, 매수자는 매도자로부터 회사의 경영권을 매수하기로 합의한다.

제 2 조(매도자의 의무) 매도자는 본 조 각항의 사항이 부분적이 아닌 포괄적으로 이루어질 수 있도록 최선을 다한다.

2.1 매도자는 본 계약체결 후 7영업일 이내에 경영권 양도를 위한 임시주주총회(단, 안건은 "신규이사 선임의 건"이며 신규이사에 관한 제반 서류는 매수자 측이 매도자에게 서면 제출한다)를 소집하며, 동 소집일 이전에 기존 경영진 전부의 사임서(인감증명서 첨부)를 매수자에게 제출하도록 한다. 단, 사임서상의 사임일은 상기 임시주주총회일자를 기준으로 한다.

2.2 매도자는 200_년 __월 __일 이전에 회사의 임시주총을 개최하여 기존 등기이사, 감사, 사외이사 등 모든 경영진 전부를 퇴임시키고 매수자(매수자가 지명하는 자 포함)가 지명하는 자를 회사의 등기임원으로 선임하여야 한다.

2.3 이와 더불어 계약일로부터 경영권 양수도일까지 매수자와 매도자가 상호 협의하여 회사의 중요 경영 사항을 결정하며 매수자가 필요한 경우 지배인 등기 및 인수팀의 인수업무를 일체 보장하기로 한다. 지배인의 임기는 매수자의 요청이 있을 시까지 한다.

2.4 매도자는 다음 사항을 준수하기 위해 최선을 다한다.

가. 매도자 및 등기이사는 본 계약체결일로부터 주주총회에서 새로운 임원진이 구성되기까지 회사로 하여금 매수자의 사전 동의 없이 다음에 정한 행위를 하여서는 아니된다. 단, 통상적인 영업활동에 관련된 행위는 그러하지 아니한다.

1) 회사자본금의 증액
2) 회사의 해산, 합병 또는 조직변경
3) 회사영업의 일부 또는 전부의 양도, 타 회사 영업의 양수 또는 타 회사의 경영권의 인수
4) 사채의 발행
5) 이사회 규칙 기타 회사 내규의 변경
6) 전체 계약 또는 취업규칙의 변경

7) 고용계약의 변경 또는 사원의 신규채용

8) 어음 및 당좌수표의 발행

9) 제3자를 위한 신규보증의 제공

10) 기타 회사의 자산 또는 영업에 중대한 영향을 미치는 행위

11) 제3자를 위한 담보제공 및 보증행위, 신용공여행위

12) 본 계약 또는 경영권의 적법성을 해치는 행위

나. 매도자는 매수자가 경영권 인수 이후 1년간 회사와 타법인출자회사 및 기타 회사와의 합병, 영업양수도 등 인수합병의 추진, 이사감사의 선임 및 해임 등 경영상의 주요사안을 추진하는 경우 이러한 절차가 원활하게 추진될 수 있도록 최대한 협조한다. 매수자의 요청이 있는 경우 매도자는 매수자에게 의결권을 위임한다.

다. 회사가 매도자 또는 매도자 관련 회사 등을 위하여 제공한 담보나 연대보증, 대여금 등의 모든 채권에 대해서는 경영권 이전이 완료(임시주주총회)된 시점으로부터 제30영업일 이내에 매도자가 해지하여야 한다. 또한, 매도자가 경영하고자 하는 회사의 자회사의 경우에는 경영권 이전이 완료(임시주주총회)된 시점으로부터 제60영업일 이내에 매도자가 해지하여야 하며, 나머지 자회사의 경우는 별도 합의에 의한다.

라. 매도자가 본 항의 의무를 위반하는 경우에는 그 이행의무를 계속 부담하는 이외에 해소하지 못한 담보나 연대보증, 대여금 등의 모든 신용공여관련 금액에 상당한 약속어음을 발행한 후 자신의 비용으로 공증을 완료하여 매수자에게 교부하기로 한다.

마. 매도자는 본 계약에 의한 거래의 완료 이후 매수자나 회사의 이익에 반하여 어떠한 형태로든 회사에 대한 경영권 또는 영업권, 재산권, 인원 등에 대해 직·간접적인 간섭이나 방해 또는 획득 등을 하지 않기로 한다.

제 3 조(매수자의 조건부 이행 의무)

3.1 제2조 각 항에 정하여진 사항이 온전히 이루어진 날로부터 매수자는 매

도자에 대하여 본 계약서의 다른 조항에서 별도의 정함이 있는 경우를 제외하고는 제4조에 따른 매매조건을 이행할 법적 의무를 부담한다.

3.2 본 계약서 체결 시 매수자는 경영권 인수대금 금원(이하 "보관금") 중 금 _____억원을 매수자와 매도자가 합의하여 지정한 법무법인에게 보관시킨다. 한편, 동시에 매도자는 2.2항에 따른 기존 경영진 전부의 사임서를 매수자에게 제출해야 한다. 또한, 매수자는 본 계약일로부터 3영업일 이내에 실사를 개시하며 실사는 개시일로부터 10영업일 이내에 회사 및 관계회사에 대한 실사를 완료해야 하며, 필요한 경우 실사기간은 3일간 연장할 수 있다. 실사는 200_년 __월 __일을 원칙으로 정하되 첨부자료를 포함한 현금성 자산 및 부채, 담보제공 및 보증사항, 법률실사 등 필요한 경우는 실사일을 기준으로 한다. 단, 매도자나 회사의 자료부족 등으로 실사가 지연되는 경우 실사기간에서 제외하기로 한다.

3.3 매수자는 동 실사 결과 본 계약을 해지할 정도의 중대한 사유가 발생하지 않을 경우 본 계약을 해제 또는 해지할 수 없다. 매수자의 귀책사유 없이 본 계약을 즉시 해지할 중대한 사유는 본 계약체결일로부터 경영권 이전이 완료(임시주주총회)된 시점까지 다음과 같은 사유가 발생한 경우이며, 이러한 경우 매수자는 서면통지로써 계약해지를 할 수 있으며 동시에 매수자에게는 일체의 민·형사상 책임이 없는 것으로 한다.

가. 회사가 관리종목으로 편입되거나 상장(IPO)폐지되거나 유가증권 발행제한 조치를 받는 경우

나. 회사나 자회사가 발행하거나 배서 또는 지급보증한 어음 또는 수표가 부도나는 경우

다. 회사나 자회사가 금융기관 거래가 중지 또는 중단된 경우

라. 회사가 정부나 감독기관 등의 불공정거래행위 또는 불법행위 등에 대한 수사를 받음으로써 2개월 이내에 유상증자 또는 사채발행 등 자본조달이 불가능한 경우

마. 회사의 경영권이 본 계약 이행과 상반되는 가압류 또는 처분금지가처분 등이 발생하여 3영업일 이내에 취소되지 아니하는 경우

바. 실사결과 회사의 순자산가치가 본 계약체결 시에 매도자 또는 회사가 제

시한 자료보다 ____억원 이상 감소하는 경우

사. 실사결과 회사의 우발채무, 부외부채, 숨은 부채, 현재 드러나지 않은 책임 이 본 계약체결 시에 매도자 또는 회사가 제시한 자료보다 ___억원 이상 증가하는 경우

아. 매도자 또는 회사가 본 계약 완료일 이전에 본 계약서 상의 주요한 의무사항이나 이행사항을 불이행함으로써 본 계약이 정상적으로 완료되지 아니한 경우

제 4 조(매매조건)

4.1 상기 정하여진 매도인의 의무 사항이 온전히 이루어진 것을 전제 조건으로 하여 매도자는 2.3의 임시주주총회에서 매수자 측이 회사의 등기임원으로 선임되고 정기주주총회 후 매수자가 경영권을 행사를 하고 정상적으로 상장유지를 하여 감사보고서가 제출되는 경우에 3.2의 "보관금" _____억원을 지급받는다.

4.2 매수자는 경영권 인수가 완료된 후 빠른 시일 내에 유상증자를 추진한다.

제 5 조(매도자의 진술 및 보증) 매도자는 매수자에 대하여 다음에 기재된 내용이 본 계약서일 현재 모두 진실하고 정확함을 진술하고 보증한다.

5.1 본 계약서는 매도자에 의하여 체결, 교부되었으며 그 조건에 따라 매도자에 대하여 집행이 가능한 적법하고 유효한 의무를 구성한다.

5.2 회사는 대한민국 법률에 따라 합법적으로 설립되어 존속하고 있으며, 정관상의 주된 사업을 영위할 모든 법률상, 행정상의 인허가, 신고, 등록 등을 거쳤으며 무효 또는 취소로 될 사유는 존재하지 않는다. 본 계약의 체결 및 이행과 관련하여 행정관청에 대한 보고 및 시정사항을 적법하고 충실하게 이행하였다. 또한, 회사가 본 계약서일 현재까지 발행한 모든 주식과 희석화 증권은 적법하게 발행되었다.

5.3 회사는 본 계약서일 현재까지 코스닥시장의 상장을 유지하기 위한 모든 요건을 유효, 적법하게 충족하고 있다.

5.4 매도자는 본 합의서일 현재 회사의 중대한 영향력을 실제적으로 행사할 수 있는 경영권자임을 확인한다.

5.5 회사의 수권자본은 주당 500원의 보통주이며, 그 중 본 계약서일 현재 보통주식 주가 발행되어 있으며, 200_년 __월 __일을 기준일로 하여 전자공시한 분기보고서에서 표시된 사항 이외에는 주식 기타 지분증권을 발행하였거나 향후 행사 · 전환될 지분 관련 증권을 발행한 사실이 없고, 주식이나 기타 지분권 등에 관하여 신주의 우선인수권이나 주식매수선택권 기타 지분 관련 증권의 발행이나 매수와 관련하여 제3자에게 아무런 권리를 부여한 바 없다.

5.6 회사가 본 계약서일 현재까지 공시한 자료(사업보고서, 분기보고서, 주요경영사항에 관한 공시, 공정공시, 자진공시 등) 및 회사가 제시한 자료에 명시된 우발손실 · 우발채무와 본 계약서에 의한 경영권 이전의 완료(임시주주총회)일 이전에 발생한 원인으로 인하여 회사의 재산 상태에 일금 _____ 이상의 악영향을 미칠 수 있는 우발채무 및 우발손실, 부외부채, 숨은 부채, 드러나지 않은 채무 등이 없으며 만일 있을 경우 그 금액은 매도자가 전부 즉시 현금 부담한다. 한편, 매수자가 실사 시 매도자는 본 계약서 체결일 기준의 다음 사항 또는 자료를 적극적으로 제시해야 한다.

1) 최근일 기준의 여수신 내역(현금예금/금융부채)
2) 최근일 기준의 기일 미도래 당좌수표 및 지급어음명세서
3) 최근일 기준의 우발채무내역(융통어음배서/제3자에 대한 지급보증 / 소송계류 중 채무 등)
4) 최근일 기준의 실제 부실자산 내역
5) 최근일 현재의 소송관련 현황
6) 최근일 현재 양도인이 회사에 제공한 담보 · 입보 현황 및 가수금 · 가지급금 현황
7) 최근일 현재 회사가 양도인 또는 양도인 관련회사 등을 위해 제공한 담보 · 입보현황
8) 신주인수권부사채 발행내역
9) 최근 기준 미지급 내역
10) 단, 기타 실사팀이 필요한 자료나 서류는 실사 개시일까지 매수자

에게 제공하기로 함

5.7 회사가 보유한 부동산, 중기, 자동차의 소유권, 임차권, 기타 사용권은 적법한 등기 등록대항 요건을 갖추고 있으며 등기부 또는 회사가 보유한 설비, 집기, 비품, 재고자산 등의 동산에 관하여는 회사가 완전한 소유권과 처분권을 가지고 있으며, 회사가 제공하는 자료에 기재된 것을 제외하고는 유치권, 질권, 양도담보권 기타 여하한 형태의 담보권도 설정되어 있지 아니하다.

5.8 회사가 발행한 어음과 수표는 없으며, 배서한 사실도 없다.

5.9 회사는 계약체결일 현재 공시한 사항 이외의 계속 중인 소송 또는 중재의 당사자로 되어 있지 아니하다.

제 6 조(매수자의 진술 및 보증) 매수자는 매도자에 대하여 다음에 기재된 내용이 본 합의서일 현재 모두 진실하고 정확함을 진술하고 보증한다.

6.1 본 계약서는 매수자에 의하여 체결, 교부되었으며 그 조건에 따라 매수자에 대하여 집행이 가능한 적법하고 유효한 의무를 구성한다.

6.2 매수자의 본 계약서 체결 및 이행은 매수자가 당사자이거나 매수자에게 적용되는 각종 계약 등의 위반, 불이행사항이 되지 아니한다.

6.3 매수자(매수자가 지명하는 자 포함)는 매도자를 통하여 회사의 경영권을 취득할 의사와 재정 능력 또는 자금 조달 능력을 갖고 있다.

제 7 조(불가항력)

7.1 천재지변, 정부의 명령, 폭동, 전쟁 또는 당사자의 통제 범위를 넘는 기타의 사유(제5조 및 제6조에서 보증한 사항은 제외함)에 의한 어느 일방 당사자의 본 계약서 상의 의무 불이행 또는 이행 지체는 본 계약서의 위반으로 간주되지 아니한다. 단, 이러한 사유로 인하여 필요한 의무를 이행하지 못한 당사자는 가능한 한 이를 충실히 준수하도록 그의 능력이 미치는 한 모든 조치를 계속 취하여야 한다.

7.2 사유의 성질상 허용되지 않는 경우 이외에는 불가항력을 당한 당사자는 그러한 불가항력 사유의 발생일 이후 7일 이내에 서면으로 상대방 당사자에게 그러한 불가항력의 발생사실을 알려야 하며, 모든 경우에 가능한

한도 내에서 그러한 사유를 치유 또는 제거하기 위한 노력을 다하여야 한다.

제 8 조(계약서의 해제 및 손해배상)

8.1 당사자 중 일방이 본 계약서 상의 의무를 중대하게 위반하거나 불이행하고 상대방 당사자로부터 시정요구를 받은 날로부터 1주일 이내에 동 위반사항을 시정하지 않는 경우 그 시정요구를 한 상대방 당사자는 즉시 본 계약서를 해제할 수 있다. 다만, 계약서 위반의 내용이 시정 불가능한 것인 경우에는 상대방 당사자는 별도의 시정요구 없이 본 계약서를 위반한 당사자에게 통지함으로써 즉시 본 계약서를 해제할 수 있다.

8.2 당사자 중 어느 일방이 본 계약서 상의 의무를 위반하여 상대방 당사자에게 손해를 입힌 경우에는 그 상대방 당사자는 그로 인하여 본 계약서를 해제하든 해제하지 않든 상관없이 본 계약서를 위반한 당사자에게 손해 배상을 청구할 수 있다.

제 9 조(해제의 효과)

9.1 매도자의 귀책사유로 본 계약이 해제 또는 해지되는 경우 매도자는 매수자로부터 받은 보관금 금원을 즉시 반환하고 동시에 계약위반에 대한 위약금으로 을 매수자에게 즉시 현금 지급한다.

9.2 매수자의 귀책사유로 본 계약이 해제 또는 해지되는 경우 매수자는 본 계약의 원상회복의무가 있으며 동시에 계약위반에 대한 위약금으로 보관금 _____억원이 매도자에게 귀속된다.

9.3 양 당사자들의 불귀책 사유로 계약이 해제되는 경우 매도자와 매수자는 상대방에게 원상회복의 의무만 있고 별도의 위약금은 없다.

9.4 본 조 9.1 및 9.2항의 경우 본 계약을 해제 · 해지하는 당사자는 계약해제 · 해지의 귀책사유가 있는 상대방에게 별도로 본 계약의 이행을 위하여 지출한 비용 등을 청구할 수 있으며 상대방은 이를 즉시 현금 변상하여야 한다.

9.5 매도자와 매수자는 본 계약서 상의 주요한 의무사항이나 이행사항을 위반하거나 지연시킴으로써 상대방에게 발생되는 모든 민 · 형사상 피해나 손실을 즉시 보상하기로 한다.

제 10 조(조세 및 기타 비용의 부담) 본 계약서와 관련하여 각 당사자 앞으로 부과되는 조세, 부담금, 기타 공과금 및 본 계약서에 대한 협상 및 체결과 관련된 비용은 각 당사자의 부담으로 한다.

제 11 조(비밀유지의무) 각 당사자들은 증권거래법 등 관계법규에 의하여 공개하여야 하는 경우를 제외하고는 제3자에 대하여 본 계약서의 내용을 비밀로 유지하여야 하며, 본 계약서의 이행이 완료된 후에도 이를 비밀로 유지하여야 한다.

제 12 조(계약의 효과)

12.1 본 계약서 상의 권리 및 의무는 상대방 당사자의 사전 서면 동의없이 제3자에게 양도될 수 없다.

12.2 본 계약서 상의 모든 약정, 조건은 본 계약서 당사자들 및 그들 각자의 합법적인 승계인을 기속(羈束)하고 그들에 대하여 동일한 효력을 갖는다.

12.3 본 계약은 본 계약체결일 현재 본 계약의 주된 사항에 관한 당사자들 간의 이전의 모든 구두나 서면의 진술, 양해 또는 합의에 우선하며, 본 계약에 포함된 조건들은 이전의 구두 또는 서면합의를 증거로 하여 부인될 수 없다.

12.4 본 계약의 체결 및 이행에 따라 필요한 관련 당국에의 신고 또는 공시 등 조치사항의 시기와 방법은 양도인 갑과 양수인 을이 상호 협의하여 결정토록 한다.

제 13 조(해석 및 분쟁의 해결) 본 계약서 해석의 준거 기준은 대한민국 관계법령으로 한다. 본 계약서에 따른 당사자 간의 분쟁이 발생할 경우 각 당사자들은 신의와 성실로써 상호 원만한 합의에 이르도록 노력하여야 하며, 동 분쟁이 합의에 의하여 해결되지 아니할 경우 서울중앙지방법원을 제1심 관할 법원으로 한다.

제 14 조(효력발생) 본 계약서는 각 당사자들이 서명 날인함과 동시에 효력이 발생한다.

제 15 조(기 타) 매수자(매수자가 지정하는 자를 포함)는 임시주주총회에서 회

사의 경영권을 인수한 후 회사경영과 관련하여 명백한 불법행위나 위법행위가 없는 경우 매도자 및 매도자 측의 기존 경영진을 상대로 어떠한 책임도 묻지 않기로 한다.

위 내용을 증명하기 위하여 당사자들은 2부의 계약서를 작성하여 기명 · 날인하고 각 1부씩 보관한다.

200___년 ___월 ___일

(매도자) 주소 :
주민등록 :
성명 : ㊞

(매수자) 주소 :
주민등록 :
성명 : ㊞

주식 양수도계약서

20__년 ___월 ___일(이하 "계약일") 아래 열거한 당사자는 서울특별시 _____구 ____동 _____번지에 본점을 소재한 XXX주식회사(이하 "대상회사")가 발행한 총 주식(______주)의 50%(_____주)를 양수도하는 계약(이하 "본계약")을 통한 대상회사의 경영권을 이전하는 계약(이하 "본 계약서")을 체결한다.

"갑" (매도자) 회 사 명 :
대 표 이 사 :

"을" (매수자) 회 사 명 :
대 표 이 사 :

전 문

대상회사는 19__년 __월 설립되어 현재 서울특별시 ____구 ___동에 본점을 두고 있으며 현재까지 적법하게 영업을 하고 있다.

"갑"은 대상회사가 발행한 보통주식(액면가________원) _________만주를 적법하게 소유하고 있으며 대상회사의 최대주주 및 대표이사로서 경영권을 행사하고 있다. "갑"은 "을"에게 "갑"이 소유한 주식을 양도함과 동시에 대상회사의 경영권을 이전하기를 원하고 있다.

"갑"과 "을"은 대상주식을 양도 양수함과 동시에 회사의 경영권을 "갑"으로부터 "을"에게 승계 이전하며 "을"은 "갑"으로부터 주권을 양수하고 대주주로서 주주를 대표하여 회사를 신의 성실하게 경영할 것을 약속한다.

이에 "갑"과 "을"은 아래와 같은 조건에 따라 "갑"은 대상주식을 양도하고 "을"은 양수할 것을 합의한다.

제 1 조(양 · 수도대상 주식) 본계약의 양 · 수도대상 주식(이하 대상주식)은 "갑"이 소유하는 대상회사의 발행주식________주로 한다.

제 2 조(양 · 수도 대금)

1. 대상주식에 대한 양 · 수도 대금은 주당__________원 (₩________) 총 합계 __________원(₩__________)으로 하며 제 3조의 지급방법으로 지급한다.
2. 양 · 수도 대금은 "갑"이 제시한 재무제표를 기준으로 평가 산정하였다.

제 3 조(수도 대금의 지급)

1. 계약금
   가. "을"은 본계약에 대한 계약금으로 __________원 (₩_________)을 본계약체결일로부터 2영업일 이내에 "갑"과 "을"이 합의하여 선임한 변호사의 은행계좌로 지급한다.
   나. 본 계약금은 제6조 또는 제 7조에 열거된 내용을 이행하지 않아 "갑"과 "을" 상호 간에 다툼이 발생하였을 경우는 제9조의 내용에 따라서 당사자에게 계약금이 전달된다.
2. 잔금
   가. "을"은 잔금에 해당하는 일금 __________원(₩___________)을 주식양 · 수도가 완료되고 주주총회를 통해 "을"또는 "을"이 지정한 사람들이 이사로 선임된 당일에 "갑"이 지정하는 은행계좌로 지급하기로 한다.

제 4 조(주식의 양도)

1. 제3조제2항에 의한 잔금을 완납하는 날에 "갑"은 "을"에게 대상주식의 양도와 관련된 일련의 조치를 하여야 한다.
2. "갑"은 "을"이 주주권을 행사할 수 있도록 잔금 지급과 동시에 명의개서, 배서 등의 필요한 조치를 완료하여야 한다.

제 5 조(경영권 이전)

1. 본 계약에 따른 매매대금 중 잔금이 완납된 날을 경영권 이전일로 한다.
2. "갑"은 경영권 이전일까지 전 이사 및 감사의 사임서를 회사에 제출하도록 하여야 한다.
3. 경영권의 이전을 위하여 "을"의 임시주주총회 소집 요청이 있는 경우,

"을"이 요청한 날 임시주주총회를 개최할 수 있도록 경영권 이전일 전에 "갑"은 임시주주총회 소집에 필요한 조치를 취하여야 한다.

제6조("갑"의 보증 및 서약)

1. "갑"은 대상주식의 유일하고 적법하고 진정한 소유자로서 주주로서의 권리를 행사하는데 아무런 법적, 사실상의 제약이 없음을 보증한다.
2. 대상주식을 대상으로 하는 보상의 청구, 재판의 진행 기타 주주권의 행사에 장애를 초래할 어떠한 법적 부담이나 분쟁이 없으며 예정되어 있지 않다.
3. "갑"은 본계약을 추진함에 있어 "갑"과 "을"이 상호 필요하다고 인정되는 경우 다른 주주에의 통지 또는 이사회의 소집 및 결의 기타 필요한 사전 조치를 취하여야 한다.
4. "갑"은 본계약의 체결 전 지급보증, 채무의 인수, 사채의 발행 등 대상회사의 재산상태 및 권리의무관계에 중대한 영향을 미칠 수 있는 행위 또는 주주의 의결권을 희석시킬 수 있는 행위를 하여서는 아니된다.
5. 본계약체결일 현재 대상회사는 자신의 사업에 중대한 악영향을 초래할 수 있는 소송, 중재, 행정소송, 청구, 심리 및 조사에 연루되어 있지 않으며, "갑"이 최대한 알고 있기로는 본계약체결 이전에 발생한 사실로 인해 소송, 중재, 행정소송, 청구, 심리 및 조사 등에 연루될 가능성이 없다.
6. "갑"은 회사가 최근 작성한 대차대조표 기타 재무제표가 기업회계기준에 따라 유효하게 작성되었음을 보증한다.
7. 본 계약체결일 이전에 발생한 사실 또는 경영활동으로 인하여 회사가 부담하거나 부담하게 될 채무 중 대상회사의 장부에 계상되지 않은 대상회사의 부채(이하 "부외부채")가 본 계약체결 이후 발견될 경우 "갑"은 이에 대한 책임을 진다.
8. "갑"은 본계약일 이후 실시되는 실사에 필요한 자료와 정보를 사실에 입각하여 적기에 제공해야 한다. 만일 "갑"이 고의 또는 중대한 과실로 사실과 다른 자료나 정보를 제공했을 경우 "갑"은 "을"이 입은 모든 손해를 보상한다.

제 7 조("을"의 보증 및 서약)

1. "을"은 본 계약을 체결하여 대상주식을 매수하고 회사의 경영권을 이전받을 수 있는 충분한 자금력과 경영능력을 보유하고 있다.
2. "을"은 계약을 체결한 후 계약서에 작성된 날짜에 계약금 및 잔금을 지급한다. 단, "갑"과 "을" 서로간의 합의에 의해 지급일이 변경될 수 있다.
3. "을"은 법적, 사실적으로 회사의 경영권을 이양받기 위해 필요한 최선의 노력을 다한다.
4. "을"은 대상회사의 새로운 주주로서 대상회사의 경영권을 행사할 수 있는 법적 자격을 보유하고 있으며 경영권이전 후 선량한 관리자의 의무를 다해 회사의 지속적 성장발전을 도모하는데 최선의 노력을 다 할 것을 서약한다.
5. "을"은 본 계약상 지위를 제3자에게 이전할 수 없고, "갑"의 사전 동의에 따라 이전한 경우 추가로 "갑"이 부담하는 제세공과금 및 비용 일체를 부담하여야 한다.

제 8 조(신의 성실의 원칙)

1. "갑"과 "을"은 본 계약 이행이 완료된 이후에도 대상회사의 성장과 주주의 이익을 위하여 상호 협조한다.
2. 본 계약의 해석과 이행에 대하여 분쟁이 발생한 경우 "갑"과 "을"은 원만한 해결을 위하여 최대한 노력한다.
3. 본 계약의 중개 수수료 및 제반 비용은 특별한 약정이 없는 한 각자 부담한다.

제 9 조(계약해제 및 위약금)

1. 각 당사자가 본 계약서에 서명 날인함과 동시에 본 계약은 본 계약서에 기술한 내용에 따라 효력을 발생한다.
2. "갑"이 본 계약체결 후 제6조의 내용을 포함한 본 계약에 따른 의무 및 합의 조건과 내용을 이행하지 못한 때에는 "을"은 계약을 해제할 수 있고, 계약금 등 그 기간까지 납입한 금액을 "을"에게 반환하고 위약금으로 일금_________원(₩_________)을 "을"에게 지급한다.

3. "을"이 본 계약체결 후 제7조의 내용을 포함한 본 계약에 따른 의무 및 합의 조건과 내용을 이행하지 못한 때에는 "갑"은 계약을 해제할 수 있고, 계약금을 반환하지 않고 "갑"에게 귀속된다.

제 10 조(특약사항)

1. "을"은 본계약일 이후 "을"의 판단에 의해, "을"의 비용으로 대상회사에 대한 실사를 할 수 있으며, 대상회사에 대한 본계약일 이후 실사 결과 "을"이 대상회사의 부외부채 및 우발채무를 발견하거나, 본 계약일 이후 대상회사의 자산/부채상태가 200__년 ___월 ___일자 기준으로 제시한 약식 재무제표에 나타난 상태에 비하여 각각의 계정과목에 5% 이상의 현저한 차이가 있는 경우 "을"은 "갑"에게 양수도 대금의 조정을 포함한 본계약 조건의 변경을 요구할 수 있다.
2. 본계약일 이후 경영권 이전일 전까지 향후 "갑" 또는 대상회사의 임원진에 의하여 대상회사의 임원 대여 등의 비정상적인 자금의 유출이 발견되었을 경우 발견된 금액만큼을 "갑"이 "을"에게 배상하여야 한다.

제 11 조(포괄계약서)

"본 계약서" 이후 "갑"과 "을"은 상호합의하에 "본계약"에 근거하여 추가계약을 체결할 수 있다.

제 12 조(비밀유지의무)

1. "갑"과 "을"은 본 계약의 내용을 제3자에게 누설하지 아니하며, 본 계약의 협상, 이행과정에서 알게 된 상대방의 기밀사항을 제3자에게 누설하지 아니한다.
2. 본 계약과 관련하여 본 계약의 내용 또는 회사의 향후 경영계획 등에 관한 사항을 특정 제3자 또는 불특정 다수인에게 공표해야 할 경우 이와 관련한 제반 사항은 상호 협의하여 처리한다.
3. 본 의무를 다하지 않았을 경우 발생하는 손해에 대하여 "갑"과 "을"은 그 손해액만큼 상대방에게 지급하도록 한다.

제 13 조(합의 관할)

본 계약의 이행에 관한 법적 분쟁이 원만히 해결되지 못한 때에는 대상회사의 소재지를 관할하는 서울중앙법원을 관할법원으로 한다.

제 14 조(본 계약서의 유효기간)

본 계약서는 "갑"과 "을"이 본 계약서에 언급된 의무사항을 완전히 이행할 때까지 유효한 것으로 한다.

본 계약서에 작성된 대로 계약이 체결되었음을 증명하기 위하여 "갑"과 "을"은 계약일에 서명 날인하여 본 계약서를 2통 작성하여 "갑"과 "을"이 각 1통씩 보관한다.

20___년 ___월 ___일

"갑" : 주식회사 ××
서울시 ___구 ___동 _____번지
대표이사 ㊞

"을" : 주식회사 ○○
서울시 ____구 ___동 _____번지
대표이사 ㊞

영업 양수도계약서

20__년 ___월 ___일(이하 "계약일") 아래 열거한 당사자는 서울특별시 ___구 ___동 ____번지에 소재한 ××주식회사(이하 "대상업체")가 운영하는 ○○○ 관련 사업 (이하 "대상사업")의 영업과 관련한 모든 권리 및 영업과 관계된 유무형의 자산을 양수도하는 계약 (이하 "본 계약" 및 "본 계약서")을 체결한다.

"갑"(매도인) 법인명 :
주소 :
대표이사 :

"을"(매수인) 법인명 :
주소 :
대표이사 :

전 문

"대상업체"는 현재 법인으로서 서울특별시 ___구 ___동 ____번지에 본점을 두고 있으며 현재 적법하게 영업을 하고 있다.

"갑"은 "대상사업"의 실질적인 소유자로써 "갑"은 "을"에게 "갑"이 소유한 영업 중 "대상사업"의 영업과 관련한 모든 권리 및 영업과 관계된 유무형의 자산(이하 "영업권")을 양도함을 원하고 있다.

"갑"과 "을"은 "영업권"을 양 · 수도함으로써, 동 "영업권"을 "갑"으로부터 "을"에게 승계 이전하며 "을"은 "갑"으로부터 "영업권"을 양수하여, "대상사업"을 신의 성실하게 경영할 것을 약속한다.

이에 "갑"과 "을"은 아래와 같은 조건에 따라 "갑"은 "영업권"을 양도하고 "을"은 양수하여 이에 대한 아래에 명시된 대금을 지불할 것을 합의한다.

제 1 조【양수도 대상 영업권】

"갑"이 소유한 영업 중 "대상사업"의 영업과 관련한 모든 권리 및 영업과 관계된 유무형의 자산(이하 "영업권")을 대상으로 한다.

제 2 조【양수도 대금】

"영업권"에 대한 양수도 대금은 총 일금________원으로 하며 제3조의 지급방법으로 지급한다.

제 3 조【양수도 대금의 지급】

1. 계약금

   "을"은 "본 계약"에 대한 계약금으로 지급하는 금액은 없다.

2. 잔금

   "을"은 잔금에 해당하는 일금________원을 "본계약"이 체결되고 난 이후 3일 이내에 "갑"이 지정하는 금융기관의 계좌에 지급하도록 하도록 한다.

제 4 조【"영업권"의 양도 및 범위】

양수도 대상 "영업권"의 범위는 다음과 같다.

1. "대상사업"의 웹사이트 운영과 관련된 모든 무형 자산, 즉 서버개발 소프트웨어, 서버 운영 소프트웨어, 운영과 관련된 모든 소프트웨어, 데이터베이스, 메일 계정, 저작권, 개발 계획서, 프로그램원천 소스 및 "본 계약" 체결 전 "대상사업" 운영에 필요했던 모든 무형의 노하우
2. "대상사업"의 웹사이트 운영과 관련된 모든 비품자산, 즉 현재 운영 중인 서버 하드웨어
3. "대상사업"의 웹사이트 운영과 관련하여 타 업체와 체결한 각종 계약관계(문서 및 구두로 체결된 모든 계약을 포괄함) 및 제휴 관계와 이로 인하여 발생한 권리 및 이를 증명할 수 있는 제반 계약서
4. "대상사업"의 웹사이트 운영에 필요한 관리자 툴, 결제 회원 관리/매출관리 화면 및 데이터베이스, 주요 고객 업체 리스트 등 "대상사업"의 원활한 운영 관리상에 필요한 모든 자료
5. "대상사업"의 효과적인 영업을 위해 혹은 영업을 통해 확보한 중요한 문서 자

료. 이는 회원 관리에 관한 각종 문서자료, 광고 및 공고의 고객에 대한 문서자료, 주요 고객 리스트, 관리자 툴 상의 디지털 결과물 자료 등의 영업 양수도 기간 중 "을"이 요청한 자료

6. "대상사업"을 포함한 인터넷 아르바이트 관련 영업 업종을 진행함에 있어 확보했던 각종 인터넷 도메인들. 이는 별도의 인터넷 도메인 양수도 양식을 통해 확인하도록 한다.
7. 이 외 "대상사업"의 영업과 관련한 제반 모든 권리(이하 "영업권")를 포함한다.
8. 제4조제1항부터 제8항까지의 모든 목록은 "본계약서"의 별첨 1. 자료에 포함하여 "을"에게 제공되고 이를 기준으로 진행하도록 한다.

제 5 조【"영업권"의 양도 기준일 및 양도 세부 사항】

1. "영업권"의 양도기준일은 제3조제2항에서의 잔금이 지급된 시점으로 하며, 양도기준일로부터 "영업권" 양수도 기간이 완료된 시점까지의 매출은 "을"에게 귀속되도록 한다. 이 외에도 양도 기준일부터 "대상사업"으로부터 발생한 모든 영업의 결과는 "을"에게 귀속된다.
2. "영업권"의 양도기준일로부터 "갑"과 "을"상호합의하에 각각의 담당자를 정하고 "영업권" 양수도와 관련한 기구를 설치하는 등 일련의 조치를 취하도록 한다.
3. "양 · 수도기간" 중 "갑"은 "을"이 요청한 별첨 1. 자료를 포함하여 "대상사업"의 원활한 운영과 관련하여 필요한 자료를 "을"에게 제출하여야 한다.
4. "영업권" 양수도와 관련한 세부사항은 "본 계약" 체결 후 "갑"과 "을"의 상호 합의하에 결정, 진행한다.

제 6 조【"갑"의 보증 및 서약】

1. "갑"은 "대상사업"의 유일하고 적법하고 진정한 소유자로서 "대상사업"의 양 · 수도를 행사하는데 아무런 법적, 사실상의 제약이 없음을 보증한다.
2. "갑"은 "대상사업"을 대상으로 하는 보상의 청구, 재판의 진행 및 "영업권"의 행사에 장애를 초래할 어떠한 법적 부담이나 분쟁이 없으며 예정되어 있지 않다.

3. “본 계약” 체결일 현재 “영업권”과 관련하여 초래할 수 있는 저작권 침해 등을 포함한 모든 소송, 중재, 행정소송, 청구, 심리 및 조사에 연루되어 있지 않으며, “갑”이 최대한 알고 있기로는 “본 계약” 체결 이전에 발생한 사실로 인해 소송, 중재, 행정소송, 청구, 심리 및 조사 등에 연루될 가능성이 없다. 만약, “본 계약” 체결 이후 “본 계약” 체결 이전에 발생한 사실로 인해 소송 등의 법적, 재산상의 문제가 발생할 경우 이는 “갑”의 책임으로 한다.
4. “갑”은 “본 계약” 체결 이후 “대상사업”과 관련된 어떤 형태의 사업도 향후 5년간 진행하지 않으며, 본 “영업권”과 관련되어 개발된 자료나 DB 등을 “을”의 사전 허가 없이 사용하지 않으며 그 권리를 포기한다.
5. “갑”은 “대상사업”의 웹사이트를 운영함에 있어, 실제로 고객이 의도하지 않은 허위 공고 및 “대상업체”의 인위적인 공고가 없었음을 보장한다.
6. “본 계약” 체결 이후 “본 계약” 체결 이전에 발생한 매출에 대한 기존 고객의 환불 요청 등이 있을 경우 이는 “갑”의 책임으로 한다.
7. “본 계약” 체결과 관련하여 “을”에게 제출한 각종 문서 및 구두상의 자료가 사실과 다름없음을 보장한다.

제 7 조【“을”의 보증 및 서약】

1. “을”은 “본 계약”을 체결하여 대상 “영업권”을 양수하여 영업을 지속할 수 있는 충분한 자금력과 경영능력을 보유하고 있다.
2. “을”은 법적, 사실적으로 “영업권”을 양수받기 위해 필요한 최대의 노력을 다한다. “을”은 “갑”으로부터 사실상 “영업권”을 양수받은 이후에 행사한 행위로 인하여 “갑”이 제3자에 대하여 책임을 부담하게 되는 경우, 이를 배상하여야 한다.

제 8 조【신의 성실의 원칙】

1. “본 계약”의 해석과 이행에 대하여 분쟁이 발생한 경우 “갑”과 “을”은 원만한 해결을 위하여 최대한 노력한다.
2. “본 계약”과 관련하여 발생한 세금, 중개수수료 등 제반 비용은 특별한 약정이 없는 한 각자 부담한다.

제 9 조【계약해제 및 위약금】

1. 각 당사자가 본 계약서에 기명·날인함과 동시에 "본 계약"은 본 계약서에 기술한 내용에 따라 효력을 발생한다.
2. "갑"이 "본 계약"체결 후 "본 계약"에 따른 의무 및 합의 조건과 내용, 제5조의 양도 세부사항 및 제6조의 "갑"의 보증 및 서약을 이행하지 못한 때에는 "을"은 "갑"과의 사전협의 없이 계약을 해제할 수 있고, "갑"은 계약금 및 잔금 등 그 기간까지 "을"이 지급한 금액을 "을"에게 1주일 이내에 반환하고 "을"에게 추가적인 손해가 있을 경우 "갑"은 손해금액만큼을 "을"에게 배상한다.
3. "을"이 본 계약체결 후 "본 계약"에 따른 의무 및 합의 조건과 내용, 제5조의 양도 세부사항 및 제7조의 갑의 보증 및 서약을 이행하지 못한 때에는 "갑"은 "을"과의 사전협의 없이 계약을 해제할 수 있고, "을"이 "갑"에게 기 지급한 계약금 및 잔금은 "갑"에게 귀속한다.

제 10 조【포괄계약서】

"본 계약서" 이후 "갑"과 "을"은 상호합의하에 "본계약"에 근거하여 추가 계약을 체결할 수 있다.

제 11 조【비밀유지의무】

1. "갑"은 "본 계약"의 내용을 제3자에게 누설하지 아니하며, "본 계약"의 협상, 이행과정에서 알게 된 "을"의 기밀사항을 제3자에게 누설하지 아니한다.
2. "을"은 "본 계약"과 관련하여 "본 계약"의 내용 또는 회사의 향후 경영계획 등에 관한 사항을 특정 제3자 또는 불특정 다수인에게 공표해야 할 경우 "갑"과의 사전협의 없이 "을"의 독자적인 판단 하에 "본 계약"과 관련된 모든 정보를 공개할 수 있다.

제 12 조【합의 관할】

"본 계약"의 이행에 관한 법적 분쟁이 원만히 해결되지 못한 때에는 "대상업체"의 소재지를 관할하는 서울중앙법원을 관할법원으로 한다.

제 13 조【본 계약서의 유효기간】

"본 계약서"는 "갑"과 "을"이 본 계약서에 언급된 의무사항을 완전히 이행할 때까지 유효한 것으로 한다.

본 계약서에 쓰여진 대로 계약이 체결되었음을 증명하기 위하여 "갑"과 "을"은 계약일에 서명 날인하여 본 계약서를 2통 작성하여 "갑"과 "을"이 각 1통씩 보관한다.

20___년 ___월 ___일

"갑" : 주식회사 ××
서울시 ___구 ___동 _____번지
대표이사 ㊞

"을" : 주식회사 ○○
서울시 ___구 ___동 _____번지
대표이사 ㊞

자산 양수도계약서

'○○○주식회사'(이하 '갑'이라 한다)와 △△△주식회사'(이하 '을'이라 한다)는 '을'의 자산을 '갑'에게 양도하는 자산양수도 거래에 합의한 뒤 다음과 같이 '자산양수도계약서'(이하 '계약서'라 한다)를 체결한다.

제1조 (거래형태 및 양도대상)

1. 거래형태 : '을'은 자사의 전자제품 제조 부문의 자산 일체를 '갑'에게 양도하기로 한다.
2. 양도대상 : 예외적인 일부 자산 등을 제외한 '을'의 인천소재 전자제품 제조 공장부지 · 건물 · 기계 · 설비 · 비품 · 차량운반구 등 자산 일체

제2조(가치산정 및 양도방법)

1. 가치평가 : 회계법인 · 감정평가법인 등의 평가기관이 산정한 자산가치평가 금액에 따라 '을'의 전자제품 제조공장의 개별 자산가치를 평가하여 적절한 자산양수도 금액을 산정한다.
2. 대금지급 : 상기 가치평가에 의해 산정된 자산양수도 대금은 계약금(총 거래금액의 10%)을 본 '계약서' 체결 시 선지급하고 계약체결일 직후부터 1개월 이내에 중도금(총 거래금액의 10%)를 중간지급하며 계약금과 중도금을 제외한 잔금은 등기절차가 이루어지는 날에 지급하기로 한다. 다만, '갑'은 실사를 통해 상기 합의한 금액의 10% 이내에서 인수가격을 조정할 수 있다.

제3조 (소유권이전 및 등기)

양수도 대상 자산의 소유권 이전일은 대상자산의 소유권이전 및 등기가 이루어지는 2012년 1월 31일로 정하되 양수도 절차의 진행상황에 따라 '갑'과 '을'이 합의해 소유권이전 및 등기일자를 변경할 수 있다.

제4조 (협조의무)

'을'은 본 '계약서'에 명시된 자산양수도 거래의 원활한 이행을 위해 '갑'에게 신의성실의 원칙에 입각해 생산관리 내역 등의 정보제공에 협조하고 자산양수도 시점까지 제조 설비의 운영에 만전을 기한다.

또한, '갑'이 거래 종결 이후에도 원활히 인수 자산을 활용 할 수 있도록 도와야 한다.

제5조 (고용 해지 및 승계)

'을'은 본 '계약서'에 잔금지급 및 등기일자 이전에 양도대상 제조 설비의 고용된 인력을 모두 퇴직 처리함과 동시에 잔여 임금 및 퇴직금 등을 일괄 정산해야 한다.

다만, 해당 인력 중에서 '갑'이 인정하거나 본인들이 희망하는 경우에는 고용을 승계하고 고용조건을 보장하기로 한다.

제6조(기타사항)

본 계약서에 명시되지 않은 사항은 '갑'과 '을'이 상호 협의하여 진행한다.

제7조(분쟁관할법원)

본 계약서에 명시된 사항과 관련하여 분쟁이 발생할 경우 관할법원은 인천 지방법원 합의부로 한다.

위와 같은 내용을 증명하기 위해 '갑'과 '을'은 본 계약서를 2통 작성하고 기명날인 한 뒤 각각 1통씩 보관하기로 한다.

20____년 ____월 ____일

'갑' 주 소 :

회 사 명 :

'을' 주 소 :

회 사 명 :

04 대금지급과 사후관리

1 대금지급

M&A 거래에 따른 모든 대내외 절차가 완료되어 계약의 효력이 발생하면 대금을 지급하게 된다. 대금지급의 방법·형태 및 일정 등에 대해서는 계약조건에 따라 인수자는 의무를 이행하면 된다. 즉, 인수자에 의한 대금의 지급이 완료되면 M&A의 거래는 성공적으로 종결되게 된다. 거래대금의 지급은 보통 현금에 의한 지급, 채무증서에 의한 지급, 주식에 의한 지급, 연계방식에 의한 지급이 있다.

M&A의 대금지급 시기는 본 계약서에 거래 상대방이 합의한 일정에 따라 지급된다. 가장 간단하고 일반적인 방법은 거래 종결일에 대금을 지급하는 방법이며, 국내에서 흔히 행해지는 본 계약체결일에 일정 부분을 지급하고 종결일에 잔금을 지급하는 방법은 우리나라에서는 흔히 볼 수 있는 경우이지만 외국에서는 그렇지가 않다. 또한, 입찰보증금 역시 해외에서는 찾아보기 힘든 일이지만 우리나라에서는 자주 사용되고 있다.

2 종결(Closing)

M&A의 최종절차는 인수대금의 지급 완료와 함께 매수대상인 자산 또는 영업권, 주식을 매수자에게 이전하는 절차이다. 이 경우 대체로 매도자와 매수자의 자문기관으로 참여한 변호사 및 중개기관 등 관련자들이 대부분 참가한 가운데 필요한 서류들을 교환하는 것으로 이루어진다. 결국, 종결에서는 M&A 절차의 종결인 동시에 그에 따른 금융문제의 종결을 의미하는 것이다.

그러나 계약 당사자 간에 의하여 선정된 특정의 Escrow Agent에 의해 수행되는 Escrow Closing도 있다. 이러한 경우에는 거래 완결을 위한 필요조건이 충족되지 않은 상태에서 종결되므로 Escrow Agreement를 명확히 설정할 필요가 있다. 또한, 이행되지 않은 조건이 치명적으로 중요할 때는 종결하지 않는 것이 바람직한 일이다. 종결 시에 수반해야 할 사항으로서는 최종서류의 확인 및 확정, 이사회의 승인, 인·허가의 완료, 주식의 양도, 합병승인, 거래대금의 지급이며, 종결일자는 추가적으로 발생될 변경할 날짜를 수정할 시간을 갖기 위해 통상적으로 공휴일 전일을 기준일로 정하는 것이 다반사이다.

3 PMI(Post Merger Integration)

합병 후 통합관리(Post Merger Integration)는 M&A의 최종단계로 계약 체결 후 업무방식과 조직문화 등 제반 환경이 다른 조직을 진정한 의미의 단일 실체로 변화시켜, 인수·합병한 조직의 새로운 미션에 모든 업무와 조직문화가 정렬되어 M&A의 효과를 기대할 수 있는 상태까지 도달시키는 활동으로 정의할 수 있다.

물리적으로 합병했다고 해서 모든 기업이 시너지효과를 누릴 수 있는 것은 아니다. 진정한 인수 합병의 성공은 PMI를 성공적으로 완성했을 때 가능하다. M&A에는 두 가지 측면이 있는데, 하나는 M&A 계약 자체의 성사에 이르는 Deal Making이고, 다른 하나는 PMI, 즉 기업 인수 합병 후 통합이다.

인수 합병 후에 일어나는 통합의 문제는 그 복잡함이나 조직에 미치는 영향력에 있어 더 많은 주의와 노력을 요한다. PMI란 이와 같은 인수 합병 이후 예상되는 조직의 변화 관리에 초점을 맞추는 것이다.

PMI가 중요하게 부각된 배경으로는 인수 합병을 단행한다고 해서 모든 기업이 의도했던 주주가치 창출이나 경영 성과의 향상과 같은 시너지효과를 누리지는 못한다는 사실을 들 수가 있다. 바로 이런 점에서 PMI에 대한 최고 경영진의 관심은 높아질 수밖에 없다.

기업 통합의 성공을 위한 PMI 준비는 계약체결 이전부터 이루어져야 한다. 많은 기업들이 인수 합병 후에서야 비로소 조직 통합을 고려하는 데서 M&A 실패의 원인을 찾을 수 있다. PMI에는 조직의 변화 관리, 다양한 심리 문제, 문화 차이의 극복 등 수 많은 난관이 도사리고 있어 문제가 발생한 후에 수동적으로 대처하는 접근 방식으로는 온전한 해답을 찾기가 어렵다.

두 기업 간의 결합은 쌍방에 급격한 변화와 마찰, 동요를 가져 주기도 한다. 회사는 M&A를 통해 법적으로는 하나의 기업이 되겠지만 조직 구성원들은 서로 다른 조직의 틀에서 지내왔고 업무방식이나 변화의 수용능력, 기업 문화 등 여러 면에서 서로 다르기 때문에 내부적으로는 아직 별개의 조직으로 갈라져 있다고 할 수 있다. 이와 같은 문제들을 해결하기 위해서는 조직 구성원들을 구분하는 기준이 되는 문화, 업무 방식, 조직 구조, 변화에 대한 수용 능력 등을 하나로 묶는 조정 과정을 반드시 거쳐야 한다.

사후관리팀 구성 사후관리팀은 인수 합병 후 운영 방안을 계획하고 새로 탄생한 기업이 안정화될 때까지의 일련의 과정을 수행하게 된다. 사후관리팀은 실무 경험이 풍부하면서 전문 지식을 갖춘 조직을 변화시킬 수 있는 능력이 있는 사람들로 구성하여 정해진 스케줄에 따라 목적된 업무를 완수하게 되면 해체하고 본연의 부서로 제각기 복귀함으로써 그 기능을 완수하게 된다.

공유비전의 창조 공유비전은 두 조직이 실질적으로 결합하는데 필요한 미래에 대한 방향을 제시하는 것이다. 공유 비전을 통해 구성원들은 조직의 미래상을 분명히 깨달으면서 전략적 우선순위를 가늠하게 된다.

전략적 비전이란 기업이 설정하고 있는 경영이념 및 공유해야 할 이념을 기초로 회사가 도달할 수 있는 최대한의 마땅히 있어야 할 모습과 목표를 설정하고 그에 도달하기 위한 시나리오, 방침 그리고 행동규범을 설정하는 것이다. 공유 비전은 구성원과 고객, 주주 등 이해 당사자들에게 새로운 행동 양식과 실행이 필요함을 일깨워 주고 매일매일 벌어지는 의사결정 과정에 지침이 된다.

공유비전에는 새 기업이 품질과 가격, 서비스, 전달 체계를 어떻게 결합해야 자기 업종에서 다른 기업과 차별화된 기업이 될 수 있는가 하는 가치제시와 다른 기업보다 월등한 성과를 내기 위해 우리 회사가 반드시 갖추어야 하는 필수 기술과 지식 · 경험이 무엇인지를 규정하는 차별화된 역량 그리고 M&A의 이득이 누구를 위한 것인지에 대한 설명, 지속적인 고객가치를 창출하기 위해 필요한 조직에 대한 명시, 재무적인 측면과 기업의 성장률, 고객 서비스 같은 영역에서의 성과목표에 대한 내용을 담고 있어야 한다.

프로세스 재구축 프로세스란 특정한 목적을 달성하기 위해 구성된 일련의 행위들을 말한다. 따라서 경영전략 방침 및 목표의 달성을 위해 필요한 프로세스를 재구축해야 한다. 새로운 조직을 이끌어 나가기 위해서는 핵심적인 수용능력과 업무방식(Process)을 파악하는 것은 매우 중요한 일로써 기업의 경쟁력 강화와 비전 달성의 목표로 새로운 수용 능력 개발과 운영방식을 통해 불필요하거나 중복되는 부분을 없애 나가면서 조직의 수직적 분화와 수평적 분화를 통하여 결합된 조직을 효율적으로 운영하기 위한 방안을 제시해야 한다.

업무통합 업무통합이란 불필요한 업무단계의 폐지, 유사업무의 통합, 처리절차의 간소화 등을 총칭한다. 업무통합 계획에는 먼저 두 회사의 프로세스와 사업부문 기능을 통합하기 위한 방안으로 기존 자료의 정비 및 업무절차 개선 방안, 관련 정보 시스템의 연계통합 방안, 서비스 체계 구축 방안 등 경영정보 일원화를 위한 마스터 플랜이 수립되어야 한다.

이를 위해서는 상세한 점검표가 필수적이며 결정적인 성공 요소와 실패 요소가 무엇인지를 정리한다. 또 최악의 상황을 고려한 비상계획도 담아야 하며 의사소통과 보고를 원활하게 하기 위한 요구 조건들도 정리하고 이런 모든 사항을 뒷받침하기 위한 재무 결과를 예측해 봐야 한다.

공유문화 창출　기업문화의 일반적인 개념은 한 조직체의 구성원들이 모두 공유하고 있는 가치관과 신념, 이데올로기와 관습, 규범과 전통, 그리고 지식과 기술 등을 포함한 종합적인 개념으로 조직 구성원과 조직 전체의 행동에 영향을 주는 기본 요소를 말한다.

따라서 공유 문화는 M&A를 통해 새롭게 재편된 조직이 전사적으로 공유할 기업 전반의 문화이다. 공유문화는 인수 합병 이전 이질적인 기업 문화를 하나의 새로운 공통문화로 대체할 수 있도록 하여 결국 새로운 조직의 결속력 및 동질성 확립을 위한 필수요소가 된다.

공유문화를 통해 구성원들 간에 공감대가 형성되어 있지 않으면 M&A에 따른 변화가 조직에 효과적으로 흡수되지 않고 오히려 파벌 형성, 직원 간의 갈등 증대, 직원의 사기와 업무 능률이 떨어지기 쉽다. 공유문화는 기존의 조직 구성원에게 새로운 협력 가능성 및 효용성을 믿게 하고 제한 사항을 제거함으로써 정착될 수 있다.

인적자원통합관리 시스템 구축　새로 만든 문화를 성공적으로 정착시키기 위해서는 조직의 인력에 대한 관리 방법 또한 적절하게 바꾸어야 한다. 인적자원관리의 통합은 조직 구성원들이 내·외부 환경변화에 자발적으로 대응하면서 조직 목적달성에 적극적으로 기여하게 하여 조직 발전과 함께 개인의 만족과 발전을 동시에 달성케 할 수 있도록 체계화시켜야 한다.

시스템적 관점에서 인적자원관리는 기업의 생산성 및 구성원 만족을 동시에 달성하는 것을 목표로 하여 인적자원을 관리하는 일련의 프로세스이며 물적 자원과 인적자원을 투입하고, 양자의 결합을 통해 조직목표달성 및 구성원의 만족을 꾀하려는 체계적 시스템인 것이다. 따라서 M&A 후의 통합된 인적자원관리시스템의 구축은 보다 면밀히 검토되어야 할 것이다.

통합 조직구조 창출 기존 조직의 역량, 조직구조 특성 간의 상호관계가 M&A 후에 미치는 영향을 파악하는 것은 매우 중요한 일이다. 새로운 조직으로 거듭나서 완벽한 통합화를 이루기 위한 단계로서 향후 조직구조에 대한 청사진을 만들고 제시된 통합된 조직구조를 지원하기 위해 지원기술을 연결하는 작업이 필요하다.

조직에 통합화 구조를 일시에 적용하는 것은 그에 따른 위험이 크기 때문에 일반적으로 몇 개의 사업부문 또는 하위조직 기능에 먼저 시범적으로 실행해 보는 것도 좋은 방법이 될 수 있다.

이 시범실행을 통해서 통합화 구조가 각 업무방식과 수용 능력 그리고 기능적인 측면을 어떻게 효율적으로 지원하는지 알 수 있으며 그렇지 못할 경우 어느 부분에서 통합화 구조가 기능의 결여 또는 지원이 불가능한지를 파악할 수 있다. 통합 구조는 한 번 설치해도 고정적인 구조가 아니라 기술의 변화, 시장의 재구성 또는 내부의 재무적 문제점과 같은 사항으로 변경 가능한 구조다.

이를 위해서 기술 표준에 대한 벤치마킹, 시장의 변화 관찰과 재무적 문제점들에 대해 재조정하고 보완해야 한다.

따라서 새로운 환경에 적응이 용이한 유기적 조직구조로의 전환이 무엇보다 중요하며, 또한 핵심역량 개발에 더불어 관심을 가져야 한다.

4 PMI 체크리스트

PMI란 기업 인수 또는 합병을 통해 두 회사가 하나가 된 뒤 운영체계 · 조직문화 등 기업경영과 관련된 각종 요소를 하나로 묶으면서 가치와 문화를 공유하는 하나의 조직으로 거듭나는 통합 과정을 말한다.

인수 · 합병 후 양자 간 통합 전략은 M&A의 성패를 좌우하는 핵심요소로서 그 중요성이 증대되고 있지만, 많은 기업들이 PMI 계획 수립에 충분한 시간을 투자하지 못하거나 PMI 계획을 효과적으로 실행하지 못하고 있다. 사전에 PMI 계획을 체계적으로 세워 인수 초기부터 통합이슈에 적극적으로 대처해야만 M&A를 통한 시너지 효과를 창출할 수 있다.

실 사

PMI를 함에 있어 제일 먼저 진행해야 할 일은 실사이다. 이는 M&A를 진행하는 과정에서 대상회사가 제출한 자료를 근거로 한 정밀실사의 절차와는 전혀 다른 형태라고 할 수 있다. 왜냐하면 이는 M&A 이후의 과정이기 때문이기도 하다.

- 인수회사의 법률 이슈
- 소송 및 미결제 금액
- 회사의 감사보고서 및 규제관련 보고서 등
- 임직원 복지후생
  - 회사의 휴가정책
  - 연기금 현황
  - 부서이동과 승진 등
  - 주식발행계획 및 현황
  - 연금보장대책, 임직원 이익배분 상태
  - 학자금 현황 및 무급 휴가제도
  - 퇴직금 정책
  - 임직원 보험, 보상제도 및 기록
  - 임직원 채용 및 해고 기록
  - 정년퇴직 제도
  - 각종 계약 및 미실현 약정 등
  - 각종 보험 및 관련계약
- 보 상
  - 고용 계약서
  - 연봉 및 상여금 지급계획
  - 황금낙하산
  - 주요 경영진의 특권 · 혜택
  - 각종 인센티브제도
  - 용역업체 계약(임시직원 · 인턴사원 등 포함)
- 내부감사 및 시정조치
- 서류 · 기록의 보존 및 보존연한
- 컨설팅, 독점 또는 기밀유지계약 등
- 직원수첩 · 연락망
- 해외지사망 및 실적 등

통합 인사정책

통합을 촉진하기 위해서는 인력운영 및 인사관리의 뒷받침이 이루어져야 한다. 기존조직의 인사정책과 인사제도의 차이를 확인하고 적절한 인사융합관리를 통해 인적통합을 추진하는 것이 무엇보다 필요하다.

- 보 상
  - 연봉과 상여금 및 다른 지급계획이 조화를 이루고 있는가.
  - 통합조직에 표준화된 업무를 적용할 수 있는가.
  - 통합 시에 양사의 불균형에 대한 기회비용은 어느 정도인가.
  - 통합에 대한 과정과 업무영역에 대한 보상은 어떻게 할 것인가.
- 두 개 회사의 급여시스템을 결합할 수 있을 것인가.
- 기존의 급여지급 정책이나 절차를 변경하거나 변경사항을 알려주기 위한 의사소통 계획은 무엇인가.
- 새롭게 합병된 합병기업의 비전과 전략을 기반으로 장기적인 급여지급의 전략은 무엇인가.
- 인사정책
  - 두 회사의 인사정책 비교
  - 두 회사 간의 정책 사이의 차이점 극복
  - 관계자들의 요구사항을 고려하여 새로운 정책을 적용할 날짜를 결정
  - 정책에 대한 의사소통 계획에 대한 정의
- 성과관리
  - 유사한 업무영역에 대한 성과기준의 표준화
  - 기존의 성과평가의 절차에 대한 통합의 고려
  - 새롭게 합병된 기업의 합병과정에 따른 저조한 성과의 고려
  - 업무에서 성과관리시스템의 통합을 위한 관리자와 종업원이 의사소통 및 교육훈련의 제공
- 운영 및 기술
  - 인사정보시스템의 통합방안 결정
  - 모든 인사기록정보를 분석하기 위한 절차 결정
  - 인수된 기업의 조직을 표준화하기 위한 인사 관련 양식의 결정
  - 새로운 회사의 요구와 절차에 대한 내부 인사정보

- 인수된 기업 조직의 요구와 절차에 따라 필요한 인사정보
- 새로운 조직의 개인 인사기록정보 처리를 위한 관행과 정책

• 채 용
  - 인수기업의 신규인력 채용절차
  - 신규인력을 채용하기 위한 예산, 계획, 광고 · 홍보의 실행 방법
• 복리후생
  - 종업원에게 제공하기 위한 복리후생계획
  - 종업원 복리후생에 대한 결정방법
  - 고용주 · 종업원의 기여도에 따라 복리후생에 대한 예산, 가격, 학점(해당되는 경우) 등을 설계하는 방법
  - 지속적인 복리후생에 대한 관리 절차
  - 복리후생을 위한 의사소통 계획
• 종업원 관계
  - 양사의 노동조합을 효과적으로 통합하기 위한 전략
  - 회사의 모든 업무영역에서 종업원의 요구사항에 대한 인사정책
  - 합병기업의 종업원 준수사항의 이행
  - 종업원관리(노조)를 위한 법적 비용의 산정
• 교육훈련 및 개발
  - 합병과정을 지원하기 위한 단기적인 교육훈련
  - 합병과정을 지원하기 위한 중장기 교육훈련
  - 합병기업의 교육훈련 프로그램은 동업종 최고의 프로그램으로 구성 검토
  - 교육훈련 관리절차
• 국제 인사관리
  - 위에서 전술한 합병기업의 통합을 위한 모든 인사분야 문제는 해외 지사 등에도 동일하게 적용토록 한다.

조직설계 및 채용

조직문화란 조직의 구성원들이 보편적으로 공유하는 가치 · 태도 · 신념의 총체로 공유된 가치의식이 그 핵심을 이룬다. 공유된 가치의식은 기업의 경영이념 · 경영진의 강조정신 · 구성원의 행동방식 · 조직의 상징특성과 관리관행으로 표출되어 나타난다.

- 조직설계
  - 합병된 기업의 유사한 기능조직을 통합할 것인가 아니면 분리하여 운영할 것인가.
  - 만일 유사기능조직을 통합한다면 통합조직을 위한 올바른 조직설계는 무엇인가.
  - 유사기능조직을 한 번에 일시적으로 통합할 것인가 아니면 천천히 통합할 것인가.
  - 이러한 조직설계를 위해 참고할 만한 유사한 기업이 있는가.
  - 새로운 합병기업을 지원하기 위하여 얼마나 크게 기능조직을 통합할 것인가.
  - 새로운 회사에서 조직설계를 위해 선호하는 방법은 무엇인가.
  - 새로운 회사에는 얼마나 많은 조직계층이 있는가.
  - 합병기업의 새로운 비전과 전략을 지원하기 위한 새로운 기능조직이 있는가.
  - 합병으로 인해 자체관리팀과 같이 혁신적인 조직으로 향해 갈 수 있는 기회가 있는가.
  - 특정한 부분에 대하여 아웃소싱이 가능한가.
- 합병기업조직에서 개인적인 업무의 선택권이 있는가.
  - 필요한 인재가 조직에 존재하는가.
  - 의사결정을 위한 선택기준이 존재하는가.
  - 외부의 자원이 필요한 경우 어떻게 공급되고 선택되는가.
- 성과급(인센티브) 제도를 통해 핵심인재를 확보할 수 있는가.
- 조직의 슬림화는 어떻게 관리되는가.
- 종업원 채용과 이동 등의 지원을 위한 내·외부의 의사소통 프로그램은 존재하는가.
- 인재를 확보하기 위한 지속적인 지원제도가 있는가.

인사부문의 재설계

인사 관련부서의 역할을 재정립하고 과거 두 조직의 인사정책과 인사제도의 공통점과 차이점을 확인·분석하여 통합조직에 현실적으로 적합한 대안을 마련해야 할 것이다.

- 인력의 규모와 지역적인 분산
- 추진 중인 업무의 형태
- 업계 벤치마크(유사사례 참조)

- 사업전략에서 인사부분의 역할 분석
- 인사부문의 자동화 단계 · 등급
- 아웃소싱 규모
- 인사부서 직원의 역량
- 인사분야 기능면에서의 질적인 능력에 대한 측정
- 해외지사 등 해외인력 지원인사제도

변화관리

변화관리를 위한 업무통폐합 · 인력재배치 · 조직재설계 · 사업조정 등 조직 및 기능 재조정과 관련하여 비전과 전략 · 조직문화 · 조직 및 기능 · 업무시스템 · 인사융합 관리의 활동과 향후 방법론을 개선할 필요가 있다.

- 리더십 역량 : 합병의 성공을 위해 매주 중요한 지도자의 역할
- 성과관리 : 새로운 업무에 적응도를 높이는 인사시스템
- 의사소통 계획 : 적절한 시기에 적절한 형식으로 종업원간에 정보의 교류
- 비전/미션/전략 : 관리팀의 새로운 조직의 비전, 미션과 전략의 가치를 확정
- 양사의 문화 정체성과 다양성 : 문화적인 문제
- 문화 : 합병회사의 문화를 이해하고 양사의 문화를 합치는 것에 대한 이해
- 팀 구축 : 새로운 조직의 생산성 향상에 기여
- 새로운 관리자의 역할 : 새로운 과제를 실행하기 위한 새로운 관리자의 역할

PMI 성공 포인트 성공적인 PMI를 위한 몇 가지 일반적인 원칙을 살펴보면 다음과 같다.

- 첫째는 비전이다. 비전은 변화에 대응하고 변화를 이용할 수 있게 해 준다. 비전은 이상과 현실 간의 균형을 의미하므로 상호 적합성에 대한 집착을 버려야 한다. 따라서 합병 파트너에게서 얻을 수 있는 것을 분명하게 찾아야 한다.
- 둘째는 리더십이다. 리더십의 공백을 막기 위해서는 강력한 추진력과 단호함이 요구된다.
- 셋째는 성장이다. 합병에 있어서 성장이 아닌 비용절감이 주목적이 되어서는 아니 되며, 영속적인 성장을 목표로 하여야 한다.

- 넷째는 초기의 가시적인 성과이다. 초기의 가시적인 성과는 기업 내부뿐만 아니라 외부에도 존재하고 있다. 무엇보다도 가시적이고 지속적인 성과창출이 가능한 분야를 먼저 발굴하여야 하며 특히 자산, 고객, 지식에서 초기의 성과를 찾는데 노력해야 한다.
- 다섯째는 기업문화의 차이 극복이다. 기업문화에 대한 근시안적 접근방법은 합병을 통한 가치를 파괴하게 된다. 따라서 한쪽 문화를 다른 쪽으로 이식시키거나, 양쪽 문화를 유지하면서 점진적 통합이나 복합적인 문화를 창조하는 방법도 있다. 또는 새로운 정체성을 확립하기 위해 비전을 가진 리더십과 커뮤니케이션 같은 행동과학적인 방법에 대해서 이해하는 것도 중요하다.
- 여섯째는 리스크 관리이다. 리스크는 피하지 말고 적극 수용하는 것이 중요하다. 그러기 위해 먼저 프로젝트의 우선순위를 정하고 문제를 파악하여 사안의 중요성에 따라 리스크를 분류하여 관리한다.

05 기업매각의 일반절차

1 매각준비 단계

주요 업무	세부 진행 사항
매각방침 결정	매각방식 결정: 공개경쟁, 제한경쟁, 수의계약 등 매각일정 수립
자문사 선정	금융자문사 선정(또는 직접매각, 법무법인 및 회계법인 선정)
매각계획 수립	세부추진일정 수립, 매각 관계기관 간의 역할 분담
실사 (Due Diligence)	실사자료 요청 및 준비, 경영층/관리자 면담 회계법인 실사 및 실사보고서 작성 법률자문사 실사 및 실사보고서 작성
마케팅 자료준비	투자개요서(Information Flyer 또는 Teaser Memo) 및 투자설명서 (Information Memorandum: IM) 등 작성 - 핵심 투자요소 - 국내산업 현황 및 업계내 회사지위 - 연혁, 상품, 영업내용 및 재무정보 등

주요 업무	세부 진행 사항
Valuation	Valuation 방법 결정 Valuation 실시 Valuation Model 구조수립 및 자료수집 회사 Projection 자료 제시 유사거래 및 유사기업 분석
잠재매수자 파악	Potential Buyer 리스트 작성 및 사전기준 적용(Screening) - 관심사, 재무 능력 - 투자동기 및 제시 주가 - 거래 수행능력 등

2 매각실행 단계

주요 업무	세부 진행 사항
잠재매수자 접촉 및 자료 배부	투자가 접촉 - 관심도 파악 - Information Flyer(Teaser Memo)제공 투자가 반응 파악
예비입찰	투자의향서(Letter of Intent) 및 비밀유지확약서(confidentiality Agreement) 접수 Information Memorandum 등 제공 후보기관 선정을 위한 예비일찰 심사기준 설정 예비입찰서(Non-Binding Bid) 접수 및 평가 후보기관 선정(Short-Listing)
실사준비	자료열람실(Data Room) 설치 - 재무정보 및 영업현황 - 원재료 수급 등 생산 및 판매 현황 - 계약현황 및 직원현황 - 보수체계 및 복지제도 - 법률관계 등 Management Presentation 준비
실사진행	Data Room 실사 Management Presentation 및 면담 현장 방문(Site Visit)
최종입찰	최종 입찰서(Binding Bid) 접수
우선협상 대상자 선정	최종 입찰서 평가 및 우선협상대상자 선정 - 투자동기 및 자금조달 능력 파악 - 기타 주요 Issue 분석 등

주요 업무	세부 진행 사항
MOU 체결	본 계약 체결 전 추진 일정 등의 기본사항 합의 - 인수예정가격, 대금지급조건 등 기본 사항 합의 - 상세 실사 일정 및 향후 추진 일정 등 합의
상세 실사	회사제시 자료를 근거로 실사 후 가격 협상 및 합의 - 회계법인과 법무법인 등 전문기관에 실사 의뢰
협상	우선협상대상자와 매각조건 최종 협상 - 주당가격, 대금지급조건 등 매매계약서 작성
계약체결	서명식
Closing	대금납입 및 주권 등 양도

Chapter 03

전략적 인수합병

01 전략적 M&A의 개요
02 전략적 M&A의 성공요건
03 M&A의 제약요인
04 M&A의 전략적 유형

01 전략적 M&A의 개요

1 전략적 의사결정

전략경영이란 업무관리와는 달리 전략적 의사결정에 주된 관심을 둔다. 그렇다면 어떠한 것들이 전략적 의사결정인지 알아야 한다. 물론 의사결정이 전략적으로 중요한 정도는 그 기업이 직면하고 있는 상황과 시점에 따라 달라질 수 있다. 그렇지만 대체로 같은 특성을 갖는 의사결정의 경우 전략적 의사결정의 대상이 된다. 따라서 전략적 의사결정의 요소를 살펴보면 다음과 같다.

첫째, 최고경영자의 의사결정 참여를 필요로 한다. 전략적인 문제는 보통 기업 내부의 여러 부문에 동시에 관계되기 때문에 전사적인 안목과 자원배분의 권한을 가진 최고경영자의 의사결정을 필요로 한다.

둘째, 대규모의 자원동원을 필요로 한다. 전략적 의사결정은 보통 장기적 관점의 투자를 필요로 하며 자본 · 인적자원 · 물적 자산에 관한 심각한 배분문제를 발생시킨다.

셋째, 기업의 경영성과에 장기적인 영향을 미친다. 전략적 의사결정은 장기 투자의 문제를 다루며 이러한 투자결과의 영향은 오랫동안 영향을 미치게 된다.

넷째, 미래지향적이다. 전략적 의사결정은 현재의 지식과 정보보다는 미래에 대한 예측과 판단에 기초한다.

다섯째, 외부환경에 대한 고려를 중시한다. 기업은 환경변화로 인한 영향을 심각하게 받으며 전략적 의사결정은 경쟁자 · 소비자 · 공급자 · 정부 등 외부로부터의 영향에 대해 효과적으로 대응함을 주된 과제로 한다.

M&A의 목적은 시장 확대 · 제품군의 다변화 · 지적자산 획득 · 비관련 다각화 등 그 목적에 따라 다양한 양상을 띠고 있다. M&A는 사전적인 치밀한 계획과 전략이 필요하며 기업의 성장 또는 생존을 위한 것인지 또는 업종 다각화를 위한 것인지 시장점유율을 높이기 위한 것인지 등 그 목적을 명확히 해야만 한다. 어떤 업종을 선택할 것인지 해당 업종이 처해있는 상황이나 중장기적인 환경변화와 전망 등에 대해서 현황과 문제점 파악 등 M&A 추진을 위해 전략적 접근이 필요하다.

명확한 목표의 설정

무엇보다 명확한 목표 설정이 필요하다. 회사의 장단기 전략, 자금 사정, M&A 동기 등에 따라 가장 적합한 대상기업은 달라질 수 있으며, 이러한 명확한 목표 설정은 성공적인 M&A를 위한 첫 걸음이라 할 수 있다.

M&A 동기에 따라 경영전략적인 동기로는 사업다각화·브랜드·기술확보 등을 둘 수 있으며, 영업적 동기에는 시장지배력 확대·규모의 경제 등을 꼽을 수 있으며, 조세절감을 위한 재무적 동기 등을 들 수 있다.

산업환경 분석

산업분석은 산업동향분석과 산업진화분석으로 구분하여 실시할 수 있다. 산업분석이란 산업의 특성과 전망에 대한 분석으로 개별산업 또는 관련 사업에 중요한 영향을 미치는 요인들을 광범위하게 분석하는 것을 의미한다. 즉 경제사회의 환경변화에 따른 산업의 변화와 이것이 개별기업에 미치는 영향을 파악하는 것이라고 할 수 있다. 산업분석은 현재 산업동향과 산업의 역동성·라이프 사이클 분석 등을 통하여 산업의 핵심성공 요인을 파악하고 경쟁우위 확보를 위한 핵심역량 강화 및 사업방향 등의 전략 대안을 도출하는데 그 목적이 있다. 따라서 산업분석에 있어서 전략집단은 전략적 사업단위로 구분하여 접근하는 것이 분석의 효율성을 제고시킬 수 있다.

대상기업이 속해 있는 산업에 대한 분석은 대상기업 선정을 위한 기초가 된다. 자본집약도와 기술집약도가 모두 낮은 기업은 진입장벽이 낮고 경쟁이 심하여 인건비 등이 저렴한 후진국이 경쟁력을 갖는 산업이다. 반면, 반도체·이동통신 등은 자본과 기술집약도가 모두 높을 뿐 아니라, 세대별 기술에 따라 추가적인 자본투자가 필요한 산업으로 진입장벽이 높은 분야이다.

인수대상기업 분석

인수대상기업 분석을 위한 핵심 검토사항은 크게 세 가지로 살펴볼 수 있다. 첫째, 실행가능성이다. 이는 법률적 제약사항, 경영권 지분 인수에 대한 제약사항, 내부적 인수자금 조달 가능성 등에 대한 검토가 우선적으로 필요하다. 둘째, 인수기업과 대상기업 간의 적합도 분석이다. 전략적 측면에서 적합한지 여부, 경영실적 등 인수

매력도와 합병 후 통합의 용이성 등에 대한 분석이 필요하다. 셋째, 인수에 따른 재무적 효과분석으로 합병 시너지에 따른 기업가치를 평가하고, 합병 시나리오별 회계적 · 세무적 · 경제적 효과 등에 대한 분석 등이 필요하다.

최종의사결정

적합도와 재무적 효과 및 실행가능성에 대한 분석이 끝나면 이를 기초로 크게 네 가지 범주의 인수대상기업을 나눌 수 있다.

실행가능성과 적합도와 재무적 효과가 모두 높은 대상기업은 협상을 통한 인수를 바로 추진할 대상이다. 반면, 실행가능성은 높으나 적합도, 재무적 효과가 낮은 대상기업에 대해서는 인수를 포기하거나, 향후 인수 대상기업 및 산업 환경의 개선이 예상되면 전략적으로 인수 추진을 선택할 수도 있다.

모두 낮은 기업에 대해서는 매력 있는 부분만을 분리하여 자산 양수도 등의 방법으로 인수하는 방안을 생각해 볼 수 있다. 마지막으로 적합도와 재무적 효과는 높으나 실행가능성이 낮은 목표에 대해서는 상황개선 또는 대안 모색을 통해 실행가능성을 높인 후 인수를 추진할 수 있다.

M&A 추진팀 구성

최종의사결정에 따라 M&A 대상기업이 결정되면 M&A 추진 TF팀의 구성을 하고 인수 자문업체 선정 작업에 착수하게 된다. 이 팀에서는 M&A의 성공적인 추진을 위한 전략수립 및 M&A 사례 분석과 연구를 통해 최적의 M&A 방안을 강구하게 된다.

팀은 회사 내부의 각 분야의 전문가들로 구성되어야 하며 기본적으로 재무전문가, 생산전문가, 영업전문가, 기획전문가가 필수적으로 참여하여야 한다.

추진팀의 팀장은 최고경영자 또는 전권을 위임받은 임원이 되는 것이 바람직스럽다. 또한, 외부전문가들인 회계법인 · 법무법인 및 M&A 중개기관 등은 자신의 전문분야에 대한 의견개진과 자문 역할에 국한하고, 종국적인 의사결정은 반드시 회사 내부의 전문가들에 의하여 내려져야 한다.

2 실행전략

제약요인 분석

인수 대상기업이 선정되면 인수자 및 목표기업에 대한 제약요인을 분석한 후 적절한 인수방식을 선택하게 된다. 인수자에 대하여 분석이 필요한 제약사항으로는 크게 나누어 법적인 요인과 세무회계적인 요인, 환경제도적인 요인으로 대별할 수 있다.

구체적인 내용은 따로 다루기로 하고 여기서는 간략하게 일반적인 예로써 출자총액 제한 · 보유현금 · 대체 M&A 모색 가능성 · 매각가능 자산 등이 있다. 동시에 목표기업에 대해서는 고용승계 · 지분매각 제한 내용 · 공개매수 필요 여부 · 상장 여부 등에 대한 분석을 한 후 가장 적합한 인수방식을 선택하게 된다.

인수방식 선택

첫째는 주식인수방식이다. M&A에서 실제 가장 빈번하게 활용되는 방식으로 회사는 그대로 놔두고 그 소유권인 주식을 인수하고, 이어서 경영진을 교체하는 방식이다. 회사의 계속성을 가장 확실하게 담보하고 절차가 간단한 장점이 있다. 이를 통해 회사의 인수자는 회사의 재산 및 영업망과 기타 영업상 인허가 또는 면허 등의 권리를 전체적으로 이어받아 사업을 계속할 수 있다.

이러한 인수방식을 취하려면 실사를 통해 인수 대상회사의 영업상태와 자산 및 부채 등을 파악하여 그 인수가액을 결정하게 된다. 이 방식으로 기업을 인수하는 경우 가장 조심할 사항은 피인수회사의 부외부채와 우발채무이다. 이에 대한 대비책으로는 인수계약서 상에 양도인으로 하여금 회사의 채무 등에 대하여 명확하게 진술하게 하고, 부외부채에 대하여는 양도인이 연대보증을 하는 방법이 활용된다.

둘째는 자산인수방식이다. 이는 기업이 소유하고 있는 대지와 공장설비만 사들여 기업을 인수하는 방식으로써 자산인수 방식은 기업 전체를 인수하는 주식인수나 부실기업의 자산과 부채를 우량기업이 떠안은 자산부채 이전과는 구별된다. 자산부채 이전 방식으로 금융기관을 정리할 때 우량은행은 정리대상 은행의 예금과 부채를 모두 떠안고 여기에 자산의 전부 또는 일부를 함께 넘겨받는다. 그러나 자산인수 방식은 부실기업이 갖고 있는 과다한 부채나 종업원 · 영업권 등을 인수하지 않는다.

셋째로 영업양도방식을 들 수 있다. 영업양도란 영업의 동일성을 유지하면서 영업용 재산과 고객선 그리고 기타 영업권 등 인적·물적 영업조직 일체를 양도하는 것이다. 따라서 개개 또는 여러 개의 영업용재산을 양도하는 것과 구별된다. 이러한 영업양도는 한 기업의 재산이 일괄해서 다른 기업에게 이전되는 점에서 흡수합병과 유사하지만 여러 가지 차이점을 내포하고 있다.

넷째는 회사 간의 합병이다. 합병이란 피합병회사인 소멸회사의 재산과 영업권 등 일체의 권리의무가 인수회사로 넘어가게 된다. 합병에는 두 개의 회사가 상법의 특별규정에 의하여 합쳐져 그중 한 회사가 다른 회사를 흡수하는 흡수합병과 별도의 새로운 회사를 설립함으로써 소멸회사의 권리의무를 포괄적으로 승계하고 나머지 회사는 청산절차를 거치지 않고 소멸하는 신설합병으로 구분할 수 있다. 이 밖에도 SPC 설립을 통한 LBO 구조, 물적 분할 또는 인적 분할 후 인수, 매도자의 현물출자와 인수자의 현금출자를 통한 Joint Venture 설립 등 다양한 인수방식을 선택할 수 있다.

Financing 계획

M&A 실행전략에 있어서 가장 중요한 사항이 자금조달 계획이다. M&A는 다양성과 비정형성을 띠고 있기 때문에 다양한 파이낸싱 기법을 활용할 수가 있다. 자금조달방법으로는 자기자본이나 채무에 의한 자금조달, 후순위 유가증권에 의한 조달 등 여러 가지 방법이 이용되고 있다.

첫째는 자기자본에 의한 자금조달 방식이다. 이는 회사의 영업이익을 활용하거나 유가증권을 발행하는 방법으로 기업인수에 소요될 자금을 마련하는 방식이다.

둘째는 회사채에 의한 자금조달 방식이다. 주식회사가 장기자금을 마련하기 위하여 발행하는 회사채를 통한 자금조달로 균일한 금액으로 분할된 유통증권은 주식과 더불어 증권시장에서 활발하게 매매가 이루어지고 있다.

셋째는 CB·BW에 의한 자금조달 방식이다. 전환사채(CB)나 신주인수권부사채(BW)는 일정기간 경과 후 소유자의 청구에 의하여 보통주식으로 전환할 수 있는 사채를 말한다. 발행사의 입장에서는 사채와 주식의 양면성을 가지고 있으므로 사채와 주식의 양면에 걸친 투자자를 대상으로 모집할 수 있는 장점이 있으며, 발행회사는 전환옵션가치로 인하여 보증사채나 무보증사채보다 유리한 이율로 자금의 조달비용을 절감하는 효과를 가져 올 수 있다.

넷째로 LBO 방식이 있다. 이는 타인자본을 이용하여 기업을 매수하는 수단으로 적은 자본으로도 기업매수가 가능하지만, 거액의 차입을 수반하기 때문에 기업매수 후에는 자기자본비율이 크게 저하되어 신용위험이 높아지는 단점이 있다. 국내에서는 활발하지 않았으나 최근에 이르러 LBO 파이낸싱을 이용한 M&A 성공 사례가 증가하고 있는 추세이다.

마지막으로 M&A 펀드가 있다. M&A 펀드로는 사모펀드(PEF)와 CRC 펀드를 대표적으로 들 수 있다. 사모펀드(PEF)는 고수익기업투자펀드라고도 하며 자본시장법에서는 100인 이하의 투자자, 뮤추얼펀드는 50인 이하의 투자자를 대상으로 모집하는 펀드를 말한다. 사모펀드는 비공개로 투자자를 모집하여 자산가치가 저평가된 기업에 자본참여를 하게 하여 기업가치를 높인 다음 기업주식을 되파는 전략을 취한다. 우리나라에서는 M&A를 활성화하기 위한 수단으로 사모펀드를 도입하여 시행하고 있다.

Tip M&A펀드와 PEF의 차이점

M&A를 활성화시키자는 차원에서 사모 M&A펀드제도가 도입되었으나 M&A펀드는 경영권 획득을 위한 지분취득으로 활용되고, 그 M&A펀드가 회사를 직접 경영할 수가 없다. PEF의 경우 특정 기업의 경영권획득을 목적으로 결성될 수 있으며, 펀드 자체로만 회사의 경영권을 행사할 수 있다. 이에 따라 제도적으로도 M&A펀드는 말 그대로 펀드로서의 기능만 갖고 그에 대한 실체가 인정되지 않지만, PEF의 경우는 그 펀드 자체가 하나의 법인격체로의 기능을 하게 된다.

전문인력 확보

M&A는 경험이 많은 기업이 절대적으로 유리하며, 축적된 경험을 연속적으로 활용해야 M&A 추진의 효율성이 증대된다. 이런 점에서 경험 많은 M&A 전문인력 확보는 M&A 성공 여부에 가장 중요한 요소가 된다.

또한, 최고경영자의 강한 인수의지와 자신감은 회사의 운명을 좌우할 대형 M&A Deal에 있어서는 절대적으로 중요하며, 이러한 리더십을 뒷받침할 전사적 차원의 전문인력 확보 또한 필수적이다. 회사 내부 역량이 부족할 경우에는 경험 많은 자문사를 고용하여 이를 커버할 수 있다. 사실상 어느 정도 규모가 되는 M&A Deal에서는 자문사 고용이 필수적이라 할 수 있다.

외부자문기관의 전문성과 풍부한 경험을 활용할 수 있고, M&A 추진 주체에 대한 익명성이 요구되거나, 거래의사의 진지성을 나타내기 위하여 자문기관을 활용할 수 있으며, 이는 내부의사결정을 위한 객관적인 의견 제공을 가능케 한다.

3 이해관계자 분석

경쟁자 분석

경쟁자의 목표와 전략을 분석하기 위해서는 먼저 경쟁대상자의 파악을 우선 실시해야 한다. 그렇기 위해서는 먼저 잠재경쟁자를 규명할 필요성이 있다. 잠재경쟁자란 현재 시장에 참여하고 있지는 않지만, 시장의 진입장벽을 쉽게 극복할 수 있는 기업으로써 자사가 M&A를 시도하는 대상회사의 산업에 진입함으로써 현재 영유하고 있는 사업과의 시너지효과를 기대할 수 있는 기업들이다.

그러므로 현재 전략 확장과정에서 자사의 인수 대상회사가 진출해 있는 산업에 진입 가능성이 있는 기업으로써 전방통합이나 후방통합을 할 가능성이 있는 공급자나 구매자 또한 잠재경쟁자에 속한다고 할 수 있다.

경쟁대상자가 파악되면 이들의 전략과 목표를 분석해야 한다. 여기에서 경쟁자의 역량에 대한 분석을 위해서는 질적이고 판단적인 방대한 자료가 요구되어 진다. 이 자료에 포함되어야 할 사항으로 경쟁자의 목표, 경쟁자의 가정, 경쟁자의 현재 전략 등이 있다.

경쟁자의 역량과 강점 및 약점을 파악하기 위해서는 그들의 핵심역량이 무엇이며, 성장능력과 환경변화에 신속한 대응 능력이 있는지와 변화할 수 있는 능력이 있는지 파악하여야 한다.

법률규제 검토

현재 우리나라의 M&A 관련 법률규제는 M&A의 장애요인으로도 작용하고 있다. 그중에서 이슈로 등장되고 있는 대표적인 내용만 살펴보면 대략 다음과 같다.

공정거래법 분야 공정거래법 분야에서는 공정거래법상 기업결합 제한기준, 공정거래법상 지주회사의 행위제한, M&A를 통한 규모의 경제로 국제 경쟁력을 확보하기 해서는 대규모기업집단에 대한 출자총액 제한제도 등이 있다.

상법 분야 상법분야에는 물적 분할제도, 급변하는 경제환경 변화에 대응하기 위한 합병 본연의 취지를 더욱 살리기 위해서는 상장법인의 합병과 관련하여 채권자 보호절차, 반대주주의 주식매수권 청구권절차, 상호주식소유 제한으로 인한 주식교환방식을 통한 거래방식이 제한 등이 있다.

자본시장법 분야 증권거래와 관련된 자본시장법에서는 상장법인과 비상장법인 간의 합병조건, 기업인수증권투자회사의 자산운용위탁제도, M&A를 촉진하기 위한 주식공개매수 제도, 상장법인이 다른 법인을 합병하는 경우 요건 등 자본시장법이 제정되면서 많은 부분에서 변경된 사항이 있으나 '자본시장과 금융투자업에 관한 법'과 관련된 주요 사항은 따로 다루기로 한다.

세법 분야 세법 분야에서는 합병 시의 법인세법상 이월결손금 승계문제, 합병차손의 세무상 비용인정문제와 과점주주에 대한 취득세 문제, 포합주식 청산소득과세, 주식교환(Swap)형태의 거래에서도 100%의 주식을 교환하는 포괄적 주식 교환 이외의 경우에는 양도소득세가 발생하므로, 주식교환 형태의 거래에 어려움이 있으므로 주식교환(Swap) 형태의 거래에 대한 양도소득세의 감면 문제 등도 검토되어야 할 사항이다.

기타 법 분야 노동시장의 유연성을 제고하기 위해서는 현행 근로기준법의 개정이 필요하다는 의견과 해외 M&A 및 투자 관련 외국환거래규정상 투자제한 및 보증제한에 대한 완화 사항, 자본시장법상 기업가치를 평가하고 합병비율을 구하여 피합병법인의 주주에게 합병대가를 지불하는 경우 그 합병대가의 세무상 평가액이 피합병법인의 주주의 주식 취득가액보다 큰 경우 의제배당으로 간주되어 법인세 또는 소득세가 과세되는 문제가 있다.

M&A 후 잉여인력 등의 처리에 있어 법적으로나 노사관계 등에 상당한 제약으로 작용한다는 의견도 검토대상이 될 것이다.

02 전략적 M&A의 성공요건

최근 국내 기업들의 M&A는 전략적 의도가 점진적으로 변화하고 있음을 발견할 수 있다. 이러한 변화는 리스크 분산과 신성장 동력을 찾기 위한 경우가 많지만, 산업 내 리더가 되기 위해 M&A를 활용하는 사례가 점차 증가하고 있다.

이는 일정 수준의 다각화를 이룬 기업들이 선택과 집중을 다시 추구하는 과정에서 경쟁력을 강화하기 위한 전략이라 할 수 있다. 이러한 기업들의 M&A 내용을 살펴보면 가치사슬 상의 전후방 통합이나 Top 5에 속하는 경쟁사의 인수가 대부분이다.

이는 M&A의 목표가 리스크 분산보다는 산업 내 리더가 되거나 산업 내 리더와 본격적인 경쟁이 가능한 수준에 도달하고자 하는 것임을 말해 주기도 한다. 따라서 M&A의 전략적이며 성공적인 실행 방안을 살펴보도록 한다.

1 전략적 통합

현재의 위치에만 안주했던 기업들은 한 때의 포만감에 사로잡혀 있다가 역사의 뒤안길로 사라져 갔으며, 자신의 역량을 벗어나는 M&A를 추구한 기업들은 그 진통을 견디지 못하고 기존 사업 분야에서마저 자리를 내주고 말았다.

반면 M&A를 성공적으로 수행해 온 세계적인 기업들은 핵심 역량을 기반으로 시너지를 창출할 수 있는 분야가 있다면 M&A를 통해 과감히 진출해 갔다. 그리고 진출한 분야에서 다시 시너지를 추구하면서 새로운 분야로 뻗어나갔다.

그 과정에서 이니셔티브를 놓치기 싫어하는 기존 조직의 저항을 극복하고 역량을 자신의 것으로 소화시켜 나갔다. 이를 통해 핵심 사업을 재 정의하고 새로운 환경에 적극적으로 적응해 갔다. M&A는 글로벌 기업으로 성장하기 위한 핵심적인 수단임에 틀림없다. 지금은 막연한 거부감이나 환상보다는 냉철한 이성으로 M&A라는 카드를 다시 한번 바라 볼 필요가 있다.

M&A가 기업가치를 상승시킨 경우는 그리 많지 않다. KPMG의 연구 결과에 따르면, 전체 기업합병 사례 중 회사의 가치를 상승시킨 경우는 겨우 17% 수준에 머물고 있다. 30%는 뚜렷한 변화를 찾아볼 수 없었으며, 53%는 오히려 가치가 떨어졌던 것으로 나타났다. 중요한 것은 실패 사례 중 70%가 통합 과정에 문제가 있었다는 점이다.

이는 M&A에 있어서 통합 과정이 얼마나 중요한지를 나타내는 것으로, M&A의 성공 여부가 효과적인 통합 전략에 달려 있음을 반증하는 결과이기도 하다. M&A의 실행 주체들은 M&A의 목적별로 통합 과정에서 발생하는 이슈 및 관리 포인트가 달라진다는 사실에 유의해야 한다. 이는 M&A 목적별로 통합 전략이 달라져야 한다는 것을 의미한다.

M&A의 목적을 크게 다섯 가지로 나눈다. 첫째 성숙산업에서의 구조조정을 위해,

둘째 지리적 확장을 위해, 셋째 신상품의 개발 또는 신시장의 개척을 위해, 넷째 연구개발 능력을 높이기 위해, 마지막으로 산업의 융합화에 대비하기 위해 기업들은 M&A를 실시하는 것으로 나타났다.

M&A 목적 분류기준에 따라 주목해야 할 통합 전략 포인트에 대해 살펴본다.

산업 내 구조조정

산업 내 구조조정은 일관된 원칙으로 신속하게 통합한다. 산업 내 구조조정 목적으로 이루어지는 M&A는 특히 성숙산업에서 생산용량 초과 문제로 인해 발생한다. 따라서 인수기업은 생산 용량을 축소하고, 시장점유율을 늘리며 운영효율성을 극대화하는 방향으로 통합 전략을 가져가야 한다. 이를 위해 경쟁력 없는 사업부를 과감히 정리하고, 핵심 사업 부문 위주로 사업 포트폴리오를 재조정하는데 초점을 맞추어야 한다. 이 경우 피인수기업의 상대적 규모가 중요한 이슈가 될 수 있다.

만일 인수기업과 피인수기업의 규모가 대등할 경우 경영진 사이에 통제권에 대한 다툼이 발생할 수 있다는 점에 특히 유의해야 한다. 따라서 통합기업의 경영진 선임에 있어 양자가 신속한 합의를 이뤄내는 것이 중요하다. 일단 경영진이 선출되면, 통합 전략의 핵심은 피인수기업이 인수기업의 프로세스를 신속하게 받아들이도록 하는 데 있다. 한쪽이 확실한 주도권을 갖지 못하면, 운영의 효율성을 높일 수 있는 방안들이 현실적으로 실행에 옮겨지기 어렵기 때문이다.

중요한 것은 일관된 원칙과 공동의 목표를 가지고 구조조정을 진행해야 한다는 점이다. 성공적인 합병으로 꼽히고 있는 미국 케미컬은행과 체이스맨해튼은행의 경우 미국 내 1위 달성이라는 명확한 합병 목표를 가지고 하나의 통합 방향으로 전개한 결과 두 은행의 합병이 성공적으로 마무리될 수 있었다.

지리적 시장 확대

피인수기업의 경쟁력 있는 부문을 그대로 유지하는 것이다. 지리적 시장 확대를 위한 M&A는 일반적으로 규모가 큰 인수기업이 특정 지역에서 높은 점유율을 점하고 있는 소규모의 기업을 인수하는 경우가 많다.

따라서 피인수기업의 경우 오히려 M&A를 반길 수 있으며, 인수기업은 자사의 앞선 노하우나 프로세스를 전파함으로써 보다 넓은 지역에서 경쟁력을 가질 수 있다.

인수기업은 피인수기업의 경쟁력 있는 부문을 그대로 유지함으로써, 현지에 있는 우수 인력과 충성도 높은 고객들을 유지하는 데 주력해야 한다.

세계 최대의 엘리베이터 회사 오티스가 LG산전의 엘리베이터 부문을 인수한 사례에서도 이는 잘 나타나 있다. 인수전에는 미츠비시 등 일본 업체에 밀려 아시아 시장에서 고전하고 있던 오티스는 한국 시장에서의 지배력을 확보하기 위해 LG산전의 엘리베이터 부문을 인수하는 데 적극적으로 나섰다. 오티스는 인수 후에 기업 간 통합 과정을 거치면서, LG산전이 한국 시장뿐만 아니라 해외에서도 우수한 경쟁력을 보유하고 있다는 사실을 발견하였다. 따라서 오티스는 기존의 LG산전 엘리베이터 부문의 해외 지사들을 그대로 유지하면서 한국 시장을 거점으로 아시아 시장뿐만 아니라 글로벌 시장까지 지배력을 보다 강화할 수 있었다.

상품/시장 확대

인수목적 및 주력사업을 분명히 하는 것이다. 상품 또는 시장 확대를 위한 M&A는 현재 보유하고 있는 제품과 시장을 확장할 목적으로, 또는 새로운 제품과 시장을 개발할 목적으로 이루어진다.

SK그룹의 경우 섬유업체로 출발하였지만, 한국이동통신을 인수하여 이동통신 사업에 뛰어든 이후 신세기이동통신, 커뮤니티 사이트인 싸이 월드를 계속적으로 인수하여 새로운 제품과 시장에서 독보적인 시장지배력을 구축하고 있다. 이처럼 상품 또는 시장 확장을 목적으로 하는 경우 M&A를 잘 활용하면, 주력 사업을 바꿀 수 있을 만큼 파급 효과가 크다. 하지만 경영진이 주력 사업을 분명히 하지 않을 경우 기존 사업과 새로 추진하는 사업 간의 자원 배분에 있어서 혼란을 초래할 수 있다. 따라서 인수하고자 하는 목적과 수준을 분명히 하는 것이 중요하다.

예를 들어 기존의 제품라인과 시장을 개선하는 차원인지, 아니면 새로운 제품과 시장을 개척하여 주력 사업의 변화를 가져올 것인지를 명확히 하여 통합 작업을 진행해야 한다. 세계 최대 보안 회사인 타이코 인터내셔널의 경우 M&A 후 통합 원칙 중의 하나가 핵심 사업 분야를 지킨다는 것이다. 타이코는 통신과 전기 부문, 의료 및 특수제품 부문, 화재 및 보안 서비스 부문, 제어 부문의 4가지를 주력 사업으로 선정하고, 이 4가지 핵심 사업을 강화시키는 범위 안에서 통합 전략을 실행하고 있다.

연구개발 능력강화

인력 유출 방지에 유의하는 것이다. 시장이 빠르게 변화하고 제품수명주기가 짧아지고 있는 하이테크 산업의 기업들은 내부적인 연구개발 역량만으로 시장에 대응한다는 것이 결코 쉬운 일이 아니다. 따라서 부족한 연구개발 능력을 보완하거나 이를 대체하기 위해 다른 업체를 인수하는 사례가 점차 늘고 있다.

시스코의 경우 1996년부터 2000년까지 무려 80개가 넘는 회사를 인수하였다. 이 회사의 CEO 존 챔버스는 "만일 6개월 내에 부품이나 완제품을 개발할 만한 역량이 없다면, 필요한 것을 사들일 수밖에 없다. 그렇지 않으면 기회는 달아나고 만다."라고 말했다.

연구개발 능력을 높이기 위한 M&A에 있어서 통합 전략의 핵심은 우수 연구 인력의 이탈을 방지하는 데 있다. 성공적인 M&A가 되기 위해서는, 피인수기업의 우수 연구 인력이 계속해서 조직에 남아 있도록 만들고, 이들이 순조롭게 통합 과정에 적응하여 기술개발에 모든 에너지를 집중할 수 있도록 총력을 기울여야 한다. 핵심기술을 보유한 우수 인재들이 합병 과정에서 조직을 이탈한다면 M&A 목적 자체가 무의미해지기 때문이다.

산업 융합화 대비

독립적인 회사운영으로 사업기회를 현실화시켜는 것이다. 산업 융합에 따른 M&A는 새로운 산업이 등장할 것으로 예측되는 상황에서 주로 발생한다. 따라서 새로운 산업에서 선도자 이익을 누리기 위해 기존 산업에서 필요한 자원을 조달하는 것이 중요하다.

잠재 사업기회를 놓치지 않기 위해서는 기존 보유 자원과 피인수기업의 자원 간 연계성을 극대화하는 데 초점을 맞추어야 한다. 또한 피인수기업에게 넉넉한 입지를 제공하는 방향으로 통합 전략을 가져감으로써 새로운 사업 기회에 대한 대응력을 높일 수 있다.

따라서 사업을 독립적으로 운영하여 구체적인 사업 기회를 현실화시키는 노력이 요구된다. 영화사인 파라마운트와 케이블TV 회사인 MTV와 니컬로디언, 그리고 미국 최대 비디오 배급사인 블록버스터 등을 보유하고 있는 미국의 바이어컴은 '글로벌 브랜드를 가진 연예오락 콘텐츠 제공 기업'이라는 비전 아래 독립적으로 자회사들을 운영하고 있다. 바이어컴은 엔터테인먼트 산업 융합 과정에서 요구되는 자원들을 확보하기 위해 각 회사들을 인수한 뒤, 독립적으로 운영하면서 사업 기회를 구체화시키고 있다. 예컨대 파라마운트가 소장하고 있는 영화필름을 활용, MTV와 니컬로디언을 통해 세계 시장에 내놓고 있으며 비디오 블록버스터의 사업 구조를 정비해가고 있다.

통합 수준과 속도조절

지금까지 우리는 기업들이 M&A를 통해 얻고자 하는 시너지효과와 그 목적에 따라 서로 다른 통합 전략을 가져가야 한다는 사실을 알 수 있었다. 그러나 그 목적에 상관없이 M&A를 도모하는 기업들이 반드시 검토해야 할 부분이 있다. 향후 시장상황과 피인수기업의 조직문화가 그것이다. 이를 고려하여 통합 속도를 조절하고, 인수기업 프로세스에 초점을 맞춰 한 방향으로 통합할 것인지, 아니면 독립적으로 운영할 것인지를 결정해야 한다.

와튼경영대학원의 Singh 교수는 통합 수준과 합병 성과 사이에 trade-off 관계가 있다는 사실을 실증적으로 밝혀냈다. 이는 인수기업의 방식대로 한 방향으로 강하게 통합할수록 피인수기업의 강점이 약화된다는 것을 의미한다. 이에 대한 전략으로 향후 시장의 불확실성이 큰 경우에는 피인수기업의 특성과 문화를 고려해 점진적인 통합을 가져갈 필요가 있다. 다시 말해 피인수기업의 입지를 넓혀주면서 미래 사업 기회에 대한 대응력을 높이는 것이 유리하다. 반면에 시장이 안정적이고, 불확실성이 낮은 경우에는 강한 통합으로 빠르게 피인수기업의 역량을 흡수하여 시장지배력을 높이는 전략이 바람직하다.

우호적 통합전략

중요한 것은 어떤 경우에든 우호적으로 통합할 경우의 성과가 높다는 점이다. M&A 성과는 전적으로 통합 과정에 달려있다. 문제는 M&A 후 통합이 쉽지 않은데 있다. 특히, 수많은 M&A가 일어났음에도 불구하고, M&A 성공을 가져오는 일반적인 원칙은 알려지지 않고 있다.

M&A 후 통합 과정에서 발생하는 문제점들을 사전에 예상하기는 힘들며, 서로 다른 두 조직이 하나로 태어나면서 나타나는 수많은 이슈들을 모두 효과적으로 관리한다는 것은 사실상 불가능하다. 하지만, M&A의 목적과 피인수기업의 특성을 고려해 그에 맞는 통합 전략을 실행한다면, 통합에 있어 실패 확률을 줄이는 것은 가능하다.

2 체계적 위험관리시스템

M&A는 직접적인 비용 절감의 목적으로 수행되기도 하고, 신사업 진출 및 시장 점유율 확대의 목적으로 추진되기도 한다. 그러나 그 목적이 무엇이든 M&A의 본질은 바로 변화에 있으며 이는 불확실성과 위험을 의미한다.

결국 M&A 과정에서 이루어지는 변화들을 이해하고 그에 따른 여러 가지 위험들에 대비하지 않는다면 성공적인 결과를 기대할 수 없을 것이다. A.T.Kearney는 효과적인 위험관리가 M&A의 성패를 좌우한다는 내용의 연구결과를 발표한 바 있다. 과거 몇 년간 전 세계적으로 이루어진 M&A 결과, 전체 통합기업의 58%가 주주가치를 증가시키지 못한 것으로 나타났으며, M&A의 과정에서 효과적인 위험관리 시스템이 부재했다는 것이 그 주요한 원인으로 지적되었다. 심지어 68%의 M&A에서는 체계적인 위험관리시스템이 운영되지 않았던 것으로 나타났다.

이러한 연구 결과에서도 나타나듯이 M&A를 추진하는 상당수의 기업들이 위험관리에 큰 관심을 보이지 않고 있다. 그러나 잠재적 위험요인의 파악과 철저한 검토가 선행되지 않는다면, 실제 발생하는 위험에 대응할 수 없음은 물론이고 결과적으로 M&A의 성공을 기대하기 어렵게 될 것이다.

일반적인 M&A의 프로세스인 전략수립 · 가치 산정 · 기업 실사 · 계약체결 · 합병 후 통합에 따라 단계별로 생각할 수 있는 주요 위험요인들에 대해 알아보기로 한다.

구체적인 전략수립의 선행

M&A 전략수립 단계에서는 M&A 가능성의 검토, 기대 가치 측정, 구체적 추진 계획 수립 등의 활동을 수행한다. M&A의 성공이라는 일차적인 목적뿐만 아니라 이를 통해 의도했던 궁극적인 목표 달성을 위해서도 전략의 청사진은 매우 중요하다.

일반적으로 M&A 전략을 수립하기 위해서는 서로 다른 인수대상기업들이 가지고 있는 기회와 위험 등을 분석하게 되는데, 각각의 대안들을 서로 비교 · 평가하는 것이 필요하다. 특히 각 대안들과 관련하여 잠재적 위험을 파악 · 측정하는데 많은 시간과 노력을 투입해야 한다. 이 단계에서는 다음과 같은 질문들에 대답할 수 있어야 한다.

- 자사가 M&A를 통해 달성하고자 하는 궁극적인 목적은 무엇인가.
- 현재 고려하고 있는 M&A는 자사의 핵심 사업 및 역량과 일관성을 갖는가.

- 대상기업의 선정에 너무 많은 대안들을 동시에 고려하고 있지 않은가.
- M&A 추진 팀에는 어떤 기능과 인력이 필요한가.

다각적 인수대상 가치측정

인수대상기업의 가치산정은 쉽지 않은 단계인 만큼 전체 M&A의 성패를 좌우하기도 한다. 실제로 상당수의 M&A에 있어서 인수대상에 대한 과도한 기대로 인해 지나치게 많은 금액을 지불한 것으로 나타난 사례가 있다.

따라서 이 단계에서는 대상기업의 가치를 다각적인 측면에서 조사 · 분석해야 할 뿐만 아니라 여러 이해관계자들과의 원활한 커뮤니케이션, 재무적인 측면의 영향평가, 조직 및 HR, 마케팅 및 브랜드, 그리고 실제적인 관리 측면에 대한 이슈들도 충분히 고려해야 한다. 이 단계에서는 다음과 같은 질문들에 대답할 수 있어야 한다.

- 재무 · 마케팅, HR 등 다각적인 측면에서 대상기업의 가치 산정이 이루어졌는가.
- 주주 · 종업원 · 애널리스트 등 여러 이해관계자들의 기대 및 의견을 간과하지는 않았는가.
- 컨설팅 · 투자은행 · 법률회사 등 외부 조언자들을 적절하게 활용하였는가.
- 예상인수가격 등 M&A 주요 비밀의 관리는 철저하게 이루어지고 있는가.

실사 및 계약체결 단계는 피합병기업이 선정된 후 구체적인 사항들을 조사 · 검토하며 실제적인 계약을 진행하는 단계이다. 당초 수립했던 M&A 전략과의 일관성을 확인하는 동시에 실사단계에서 발견된 사실들에 기초하여 계약의 내용을 적절하게 수정 또는 보완해야 한다.

특히 Joint Venture 등과 같이 일반적인 M&A의 형태가 아닌 경우라면 합의 내용과 계약 사항에 대해 더욱 세심한 주의와 검토가 필요할 것이다. 이 단계에서는 다음과 같은 질문들에 대답할 수 있어야 한다.

- M&A를 통한 가치창출과 기대 시너지효과를 구체적으로 파악하였는가.
- IT 측면의 통합이 가능한가? 이를 통한 비용 절감 효과는 어느 정도인가.
- 피합병기업의 경영자 및 관리자들이 보유하고 있는 경영역량은 어느 정도인가.
- M&A를 도와주는 외부전문가들은 두 회사에 대해 많은 지식을 갖고 있는가.

합병 후 통합

합병 후 통합(PMI) 과정의 중요성이 부각됨에 따라 이를 성공적으로 진행하기 위한 방법에 대해 많은 연구가 이루어지고 있다. 합병 후 통합 과정의 실패는 전체 M&A의 실패를 의미하기 때문이다.

앞서 언급한 바 있는 AT Kearney의 조사 결과에서도, 실제 M&A를 추진한 기업의 53%가 합병 후 통합 과정에 가장 많은 실패 위험이 존재하고 있다고 대답했다. 이러한 사실은 특히 합병 후 통합 과정에 존재하는 위험요인들에 대해서 체계적인 준비와 대응이 필요하다는 것을 시사하고 있다.

물론 모든 M&A가 두 기업이 완전히 동화하여 하나의 조직이 되는 것을 목표로 할 필요는 없다. M&A 완료 후에도 개별적인 독립 조직으로 운영되거나 또는 중간적인 모습을 취할 수도 있다. 어떤 모습이 더 좋다는 일반적인 정답은 없으며, 그것은 각각의 M&A가 가지고 있는 목표와 상황에 따라서 결정되어야 할 것이다. 그렇지만 두 기업이 완전히 동화되어 하나의 조직이 되려는 경우라면 다음과 같은 질문에 대답할 수 있어야 할 것이다.

- M&A 추진 팀에 피합병 기업의 주요인력을 포함시킬 필요는 없는가.
- 피합병 기업의 경영진을 교체함에 있어, 리더십 및 잠재적인 관리역량 등을 충분히 고려하였는가.
- 국제적인 M&A에 있어서 지역에 따른 개인 및 조직의 동기부여방식 · 조직문화 등의 차이를 충분히 이해하고 있는가.
- 합병 후 통합 과정에 대한 구체적인 마일스톤 및 관리방향은 설정되어 있는가.

변화에 대한 이해와 준비

변화하는 경영환경 하에서 준비와 실행에 걸리는 시간이 길어질수록 M&A 기회의 상실, 재무비용의 증가, 이해관계자의 신뢰 감소, 주가 하락의 가능성 증가 등 부정적인 요소들이 증가하기 때문이다.

앞서 말한 바와 같이 M&A의 본질은 바로 변화이며, 이는 수많은 불확실성과 위험을 의미한다. 특히 현상에 대한 이해와 철저한 준비 없이 이루어지는 의사결정이야말로 M&A의 실패를 초래하게 하는 가장 큰 위험요인이라 할 수 있을 것이다. 성공적인 M&A의 경우 그 이면에 숨겨져 있는 많은 위험들을 파악하고 효과적으로 대응하는데 좌우된다고 해도 과언이 아닐 것이다.

3 적합성의 확보

기업이 처음 의도했던 인수합병 목적을 달성하기 위해서는 어떠한 접근방식이 필요하고 인수합병의 성공요건이 무엇인지를 파악하는 것은 무엇보다도 중요한 일이다. 인수합병의 성공요건으로서는 세 가지 적합성인 재무적 적합성 · 전략적 적합성 · 인적/조직 문화적 적합성을 확보하여야 한다.

먼저 재무적 적합성은 인수합병 기업이 인수합병 후에 재무적으로 건실한 상태를 유지할 수 있는가를 의미한다. 만약 재무적 적합성에 대한 검토가 제대로 이루어지지 못하면 기업인수에 필요한 적절한 가격산정을 하지 못할 뿐만 아니라 향후의 현금흐름이나 수익에 대한 잘못된 추정을 하게 하여, 기업의 가치를 떨어지게 하는 요인으로 작용한다.

전략적 적합성은 인수합병 기업이 인수합병 후에 시장에서 경쟁력 확보나 핵심역량의 강화 등을 촉진할 수 있는가를 의미한다. 이는 인수합병 기업이 향후 지속적으로 성장할 수 있는가에 대한 여건을 파악 · 조성하는 일이기 때문에 중요하다. 마지막으로 인적/조직 문화적 적합성은 인수합병 기업이 인수합병 후에 구성원 특성, 조직 운영이나 조직 화 통합과 같은 일상적인 경영상의 적합성을 확보할 수 있는가를 의미한다.

이제까지의 인수합병 사례를 보면, 재무적/전략적 적합성에 대해서는 매우 구체적인 사항까지도 사전 검토가 이루어지는 것이 일반적이다. 이는 재무적 · 전략적 적합성의 검토 결과가 기업 인수가격 등과 같이 당장 가시적인 결과로 나타나기 때문이다.

그러나 인수 합병이 실패로 끝난 사례들을 보면, 인적/조직 문화적 적합성에 대한 충분한 사전검토가 이루어지지 않은 것으로 나타난다. 예를 들어 인수합병 후 양 기업의 연구개발 · 영업 · 생산과 같은 부문이 어떻게 시너지를 확보할 것인지, 또한 엔지니어, 마케팅 기획자 · 일반 관리자들이 어떻게 통합 기업에서 역량을 발휘할 것인지 등에 대해서는 사전에 충분한 검토를 하지 않는 것이 일반적이다.

인수 합병을 성공적으로 이끄는데 있어 중요한 요인은 인적/조직 문화적 적합성을 확보하는 일이다. 서로 다른 기업 문화 · 관리시스템 · 조직구조 · 임금체계 등을 갖고 있던 기업들이 합병 후 새로운 하나의 기업으로 통합되지 못하고서는 통합 시너지

효과를 발휘할 수 없는 것이다.

인수합병을 경험한 회사의 관리자들은 기업 통합과정에서 가장 중요한 이슈는 사람에 관한 것이라고 지적한다. 핵심 인재의 유지가 가장 중요하게 대두되고 있는 등 사람에 관한 이슈가 그 중요성에 있어 상위를 차지하고 있다. 인수합병이 구성원들에게 새로운 기회를 가져다준다는 점을 신속히 인식시키지 않으면 능력있는 구성원들은 먼저 회사를 떠날 수 있다.

인수합병을 성공적으로 이끌기 위해서는 각 기업이 보유하고 있던 인력과 기술·조직을 완전히 흡수 통합하는 것이 필요하며, 이는 새로운 회사의 성패를 결정짓는 매우 중요한 일이다. 이를 위해서는 다음 몇 가지 요인에 대해 사전 검토하는 것이 필요하다. 인적/조직 문화적 통합과정을 위한 체크 포인트는 다음과 같이 요약할 수 있다.

운영 방식의 명확화

인수합병 후 기업 운영방식을 어떻게 할 것인지에 대한 전체적인 그림을 명확히 하는 것이 우선 필요하다. 이때 인수합병 기업의 조직운영방식을 무조건 어떤 방식이어야 바람직하다고 결정짓는 것이 아니라 양 기업의 구성원 특성이나 기업문화 등의 차이를 고려하여 최선의 대안을 선택하는 것이 바람직하다.

예를 들어 인수 합병한 회사의 조직운영방식은 하나의 기업으로 완전한 통합부터 인수 합병은 되었지만 양 기업이 독립적인 기업처럼 운영하는 방식까지 여러 가지 대안이 있을 수 있다. 통합의 정도가 가장 높은 완전한 통합의 경우, 일반적으로 동종 산업의 기업끼리 인수합병하였을 경우 가장 선호되는 방식으로서, 인수 회사가 피인수 회사의 경영을 직접 통제하거나 생산·마케팅·영업라인을 완전히 하나의 기업으로 통합하는 조직운영방식을 취하는 것이 일반적이다.

반면, 통합의 정도가 가장 낮은 독립운영의 경우, 재무적 투자를 위하여 기업을 인수합병하는 경우에 선호되는 방식이다. 또한, 통합의 정도가 중간 정도인 경우 인수회사가 피인수회사의 생산라인이나 영업 점포망을 추가로 확장하기 위하여 통합하는 경우에 선호되는 방식이다. 이때 인수회사가 스탭 기능을 중앙집권적으로 통합하고, 각 사업 부문의 계획과 실적을 관리하는 방식을 취하는 것이 일반적이다.

지속적인 기업문화의 통합추진

양사의 기업문화 차이가 큰 경우 통합작업은 그만큼 어렵고 시간이 걸리게 된다. 기업 문화적 통합과정은 보통 3단계를 거치게 된다. 첫째 단계는 양 기업의 문화적 차이를 확인하는 단계이다. 이 경우 보통 설문을 통해 사업의 구조적 특성, 조직의 실제 운영 방식 그리고 구성원들의 믿음과 가치 체계에 대해 조사가 이루어진다. 조사 시에는 구성원들이 심리적으로 인지하는 미묘한 부분까지 심층분석하는 것이 필요하며, 만약 차이가 있다면 전사적 차원의 이슈인지 아니면 일정 사업부문의 이슈인지를 구분해 내는 것이 필요하다. 문화적 통합의 두 번째 단계는 문화적 차이가 나타나게 되는 원인을 파악하는 단계이다. 문화적 차이가 발생하는 이유는 조직운영방식이나 관리시스템에 의해 나타나기 때문에 이에 대한 비교분석이 필요하다. 문화적 통합의 세 번째 단계는 통합으로 인한 시너지효과뿐만 아니라 통합으로 인해 예상되는 위협요인에 대해 확인하는 단계이다. 위협요인에 대한 확인을 통해 기업운영방식에 대한 전체적인 그림을 수정할 필요도 생긴다.

통합실무팀의 통합관리

통합실무팀은 기업 인수합병과 관련된 실무적 역할을 수행하는 팀으로서 추진일정에 대한 관리나 인수합병계약서에서 제기된 각종 실행 안에 대한 모니터링, 그리고 통합 시에 나타나는 각종 이슈에 대한 조정역할을 수행한다.

이러한 역할을 수행하는 통합실무팀은 인수합병에 관한 오너 십을 갖도록 하여야 한다. 인수 합병 시에는 통합작업과 관련된 많은 프로젝트팀이 활동을 한다. 그런데 각 프로젝트팀 간에 의견이 다른 경우가 많으며, 다양한 의견을 전사적인 입장에서 조정하는 것이 매우 중요하다.

따라서 통합실무팀이 전사적인 관점에서 주인의식을 갖고 의견을 조율할 수 있도록 역할을 부여하는 것이 바람직하다. 또한, 인수합병 시에는 많은 시간을 투입해 문제를 해결하기보다는 가능한 빠른 시간 내에 통합작업을 마무리해야 한다. 인수합병 후 성공적으로 기업을 통합하는 시스코의 경우, 보통 3개월에서 6개월 내에 조직통합 작업을 마무리하는 것으로 알려져 있다.

이외에 통합실무팀은 어떠한 이슈에 대해 단 하나의 대안에 집착하지 말고, 시나리오 계획에 입각하여 각종 대안을 검토하는 것이 바람직하다.

예를 들어 영업사원의 사기 제고와 관련된 이슈에 대해서는 계획대로 추진될 경우의 최상 시나리오와 계획과는 반대로 이루어질 경우의 최악 시나리오를 작성하고, 상황에 따라 즉각 대응하도록 하는 것이 성공 가능성이 높다.

이를 위해 너무 정량적인 자료에만 의존하지 말고, 양사의 실제 상황에 대한 정성적인 자료에 대해서도 항상 관심을 가져야 한다. '인수합병은 성공 가능성이 낮다'는 것이 정설이다. 이는 우수인재 유출, 조직문화 통합 등 경영의 소프트한 이슈를 제대로 관리하지 못하기 때문에 그렇다.

03 M&A의 제약요인

1 M&A 제도적 환경

우리나라의 M&A 역사는 선진국들의 경우와는 달리 그동안 기업의 M&A와 관련되는 M&A 법률이 시장상황에 맞게 구체적으로 규정되어 있지 못하였으며, 환경이 변하게 되고 상황이 발생할 때마다 필요한 법을 제정하거나 개정하는 식으로 운영되어 온 것도 엄연한 사실이다.

이러한 법령 가운데에서 핵심이 되는 법은 기업 활동의 기초를 제공하는 '상법'과 '자본시장과 금융투자업에 관한 법률', 그리고 시장의 독점화를 방지하는 '독점규제 및 공정거래에 관한 법률'이라고 할 수 있고 '세법'도 중요한 문제 중의 하나로 거론된다.

물론 상법 · 자본시장법 · 공정거래법 · 세법 등이 M&A 관련 주요법령이라고 할 수 있으나 M&A를 하는 입장에서는 이 법 이외에도 고려해야 할 법령이 상당 부분 존재하고 있다.

우리나라의 M&A 관련 법률과 규정은 상법 · 자본시장법 등을 포함한 총 30여 가지나 된다. 이 중에서 주요 법령이라 할 수 있는 상법 · 자본시장법 · 공정거래법 · 세법 등에 규정된 M&A 관련 내용을 다음과 같이 요약하여 정리할 수 있다.

상 법

합병절차 상법상 합병은 원칙적으로 상법에서 정한 바에 따라 자유로이 할 수 있으나 기업합병은 당해 회사의 주주뿐만 아니라 채권자의 권리관계에도 지대한 영향을 미치는 사항이므로 상법에서는 합병의 절차에 관하여 엄격한 규제를 하고 있다.

합병의 절차는 먼저 합병계약을 체결하는 것으로 시작한다. 이에 따라 주주총회에서 합병계약의 승인결의를 하고 채권자보호절차를 취하며 그밖에 부수적인 절차를 거친다. 그리고 합병계약에서 정한 합병기일이 도래하면 당해 회사는 실질적으로 합병하게 되며 최종적으로 합병의 효력이 발생하게 된다. 주식회사에 대해서는 주주보호를 위한 추가적인 몇 가지의 절차가 더 요구되고 있다.

10% 신고제도 상법상 회사가 다른 회사의 발행주식 총수의 10%를 초과하여 취득한 때에는 이를 대상회사에게 지체 없이 통지하여야 한다는 규정을 두고 있다(상법 제342조의3). 이 규정은 어떤 회사가 대상회사의 주식을 대량취득 시 그 취득이 회사지배권의 변동을 초래할 정도 또는 그에 준하는 정도의 지분에 해당하는 경우에는 대상회사에게 적절한 대응기회를 줄 필요성과 함께 지분권 변동에 따른 다양한 상황변화를 주주 · 채권자 · 기타 공중에게 알리기 위해 제정된 것이다.

이 규정은 상호보유의 금지나 상호보유 시 의결권제한제도가 실질적으로 시행될 수 있도록 하는 제도적 조건이기도 하다. 그러나 상법의 10% 신고제도는 '자본시장과 금융투자업에 관한 법률'의 5% 규칙에 의해 의미가 제한된다.

상장회사의 경우에는 자본시장법상 5% 규칙에 의하여 규율되므로 대부분 상장회사가 아닌 비공개회사만이 이 제도의 적용을 받게 될 뿐이기 때문이다. 상장회사가 아닌 경우 대부분 지분소유가 소수의 주주에 의해 지배되기 때문에 이미 그 대상회사가 이를 당연히 알고 있을 것이고 따라서 이 제도의 의미가 크지 않게 된다.

양도제한 주식 상법은 주식의 양도는 원칙적으로 자유이지만 정관이 정하는 바에 따라 이사회의 승인을 얻도록 하여 제한을 가할 수 있다고 정하고 있다(상법제335조). 주식양도제한에 관한 제도를 공개회사에 적용할 경우 매 거래마다 이사회의 승인을 얻도록 한다면 자유로운 주식의 유통성을 심각하게 해할 수 있게 된다.

그러나 상장회사를 비롯한 공개회사가 양도제한 규정을 정관에 정하고 있다면 어떠한 수단보다도 적대적 M&A에 대한 효과적인 방어수단이 될 수 있을 것이지만 상장 시 주식의 양도제한규정이 있으면 이를 수정해서 주식의 자유양도성을 보장해야 하므로 비상장회사의 경우에만 정관에 의한 주식양도제한을 활용할 수 있을 것이다.

제3자 배정 상법은 주식회사가 자본증가 시에 발행되는 신주에 대하여 기존의 주주에게 그의 지분비율에 따라 배정할 것을 원칙으로 삼고 있다. 이를 주주의 신주인수권이라 한다. 그러나 정관에 따른 정함이 있는 경우에는 기존주주의 신주인수권을 배제하여 제3자에게 배정할 수 있도록 하고 있다(상법 제416조). 실제로 신주발행과 동일한 효과를 갖는 전환사채나 신주인수권부사채를 발행하는 경우에는 예외 없이 제3자 배정의 형식을 취하여 왔다. 주주에게 신주인수권을 부여하는 것을 원칙으로 하고 정관에 정함이 있는 경우 예외적으로만 주주 이외의 제3자에게 신주인수권을 부여할 수 있도록 규정하면서 전환사채의 발행 및 신주인수권부사채에 대하여 각각 준용하고 있다.

그러나 이러한 제3자 신주배정은 주주의 지분율을 저하시키는 한편, 대기업의 변칙상속의 수단으로 활용되는 등 기존 주주의 이익을 침해하는 경우가 있었다. 이러한 문제를 해결하기 위하여 기존주주의 인수권을 보장하면서 한편으로는 기업의 자금조달이라는 측면을 감안하여 주주 외의 자에게 신주를 배정하는 경우에는 정관에 의하도록 하되 신기술의 도입 · 재무구조의 개선 등 회사의 경영 목적상 필요한 경우로 제한함으로써 주주의 신주인수권을 강화하였다.

자기주식 취득 상법에서는 몇 가지의 예외적인 경우를 제외하고는 자기주식의 취득을 금지하고 있다(상법 제341조). 왜냐하면 회사는 스스로 자기회사의 구성원이 될 수 없고, 자신의 자본을 구성하고 있는 자기주식을 취득하는 경우에는 출자의 환급과 같은 효과를 가지게 되고, 회사가 자기주식의 거래를 통하여 투기적 거래에 활용할 수도 있고, 자기주식 취득이 일부의 주주에게만 매도의 기회를 주기 때문에 주주평등의 원칙을 해칠 수 있기 때문이다.

그러나 '자본시장법'에서 정한 몇 가지 조건이 충족되면 자기주식의 취득을 허용하고 있다. 우선 배당가능이익의 한도 내에서만 허용하고, 취득가능비율은 총 발행주식수의 1/3의 범위까지 허용된다. 그리고 반드시 유가증권시장을 통하여 일정기간 동안만 취득이 가능하다(자본시장과 금융투자업에 관한 법률 제165조의3).

상호주 소유제한 상법에서는 금지되는 주식의 상호보유는 원칙적으로 모자회사 간의 상호보유를 대상으로 한 것으로 규정하고 있다(상법 제369조). 자회사에 의한 모회사 주식취득이 금지되는 것이다.

그러나 주식의 포괄적 교환, 주식의 포괄적 이전, 회사의 합병 또는 다른 회사의 영업 전부의 양수로 인한 때, 회사의 권리를 실행함에 있어 그 목적을 달성하기 위하여 필요한 때에는 모 · 자회사 간의 상호주 보유를 예외적으로 인정하고 있다(상법 제343조)

모 · 자회사 간의 상호주보유를 금지하는 원칙인데 반하여, 비 모 · 자회사 간의 상호 주식보유에 대하여는 의결권행사를 제한하고 있다. 이때는 비록 모 · 자회사와 관계가 없는 회사 간이라 해도 일정비율의 상호보유(10%)가 있는 경우에는 의결권 행사를 제한하고 있다.

Tip 상호주 취득금지

A회사(모회사)가 B회사(자회사)의 발행주식 총수의 50/100을 초과하는 주식을 소유하는 경우에 B회사는 A회사의 주식을 원칙적으로 취득할 수 없다. 또한 A회사와 B회사가 C회사의 발행주식 총수의 50/100을 초과하는 주식을 소유하는 경우에 C회사는 A회사의 자회사로 간주하여 C회사는 A회사의 주식을 취득할 수 없다. 그리고 A회사가 B회사의 발행주식총수의 50/100을 초과하는 주식을 소유하고 있고, B회사는 D회사의 발행주식 총수의 50/100을 초과하는 주식을 소유하고 있다면 D회사는 A회사의 손자 회사이면서 동시에 B회사의 자회사로서 A회사 및 B회사의 주식을 주식을 취득하지 못한다.

주식매수청구권 주식매수청구권은 합병 · 영업양도 등 회사의 일정한 행위 시에 이에 반대하는 주주가 회사에 대하여 공정한 가격으로 자신의 주식 전부를 매수하도록 청구할 수 있는 권리이다. 이 제도는 다수파 주주들에게는 회사의 중요한 사항의 결정과 수행을 가능하게 하고, 다른 한편으로는 다수파 주주의 횡포 등에 의한 일방적인 결정으로부터 소수주주들을 보호하기 위하여 투하자본을 회수할 수 있는 예외적인 경우를 인정하기 위한 제도이다. 그러나 매수청구권의 행사로 인하여 회사가 지나친 자금 부담을 느껴 합병 자체가 무산될 여지도 있다.

주식의 포괄적 교환 및 이전 지주회사 설립 등을 용이하기 위하여 회사가 주식의 포괄적 교환 또는 이전에 의하여 다른 회사 발행주식의 전부를 소유할 수 있도록 기업의 구조조정을 지원하고 있다.

소수주주권 소수주주권이란 경영진에 대한 영향력을 독점하다시피 하는 대주주의 횡포를 방지하기 위해 지분이 적은 주주가 단합해 대주주에게 대항할 수 있도록 상법상 부여한 권리를 일컫는다. 이사에게 불법행위 중지를 요구하는 유지(留止)청구권 등 개인비리 관련사항과 주주총회 소집청구권 등 기업비리관련사항으로 구별된다.

소수주주권 행사는 개개인뿐만 아니라 여러 명이 지분을 합쳐 일정지분율에 이를 경우 가능하다.

현행 상법은 소수주주권의 개별적 행사 요건으로 주주총회에 관한 소수주주권으로 주주총회소집권(366조)과 주주제안권(363조의2), 임원의 선임 · 감독에 관한 소수주주권으로 이사선임시의 집중투표청구권(382조의2), 이사의 위법행위유지청구권(402조), 주주대표소송제기권(403조, 324조, 467조의2 4항), 이사 · 감사 · 청산인의 해임청구권(385조 2항, 415조, 539조 2항), 회계 감독에 관한 소수주주권으로 회계장부열람권(466조), 검사인선임청구권(467조), 그리고 회사해산판결청구권(520조)을 규정하고 있다.

이중 발행주식 총수의 100분의 1 이상의 소수주주권은 이사의 위법행위유지청구권(402조), 주주대표소송제기권(403조, 324조, 467조의2 4항)이고, 발행주식 총수의 100분의 3 이상의 소수주주권에는 주주제안권(363조의2), 주주총회소집청구권(366조), 이사·감사·청산인의 해임청구권(385조 2항, 415조, 539조 2항), 집중투표청구권(382조의2), 회계장부열람권(466조), 검사인선임청구권(467조)이 있다. 그리고 발행주식 총수의 100분의 10 이상의 소수주주권은 회사해산판결청구권(520조)이 있다.

집중투표제도 주주총회에서의 일반적인 이사선임 결의는 개별 이사후보자 각각에 대하여 찬반 의사결정이 이루어지나 집중투표제는 동일한 주주총회에서 2인 이상의 이사를 선임하고자 할 경우 각 주주는 선임할 이사의 수(후보자의 수가 아님)와 동일한 수의 의결권을 가지고 그 의결권을 이사후보자 1인 또는 소수에게 집중하여 투표하여 최다수 득표자부터 순차적으로 이사로 선임하는 방식이다.

집중투표의 실시요건으로는 정관에 집중투표를 배제하는 규정이 없어야 하며 자산총액 2조원 이상인 대규모상장회사의 의결권 있는 발행주식 총수의 1% 이상을 보유한 주주는 집중투표의 방법으로 이사를 선임할 것을 청구할 수 있다.

대규모상장회사가 정관에서 집중투표를 배제하고자 하거나 그 배제된 정관을 변경하려는 경우 의결권 있는 발행주식 총수의 3%(정관상의 더 낮은 주식보유비율을 정할 수 있음)를 초과하는 수의 주식을 가진 주주는 그 초과분에 관하여 의결권 행사를 할 수 없다. 대규모상장회사가 집중투표의 배제 여부에 관한 정관의 변경을 주주총회의 목적사항으로 하는 의안을 상정하고자 하는 경우에는 여타 정관변경에 관한 의안과 별도로 상정하여 의결해야 한다.

자본시장과 금융투자업에 관한 법률

증권신고서 자본시장법에서 증권의 범위가 열거주의에서 포괄주의로 확대됨에 따라 투자자 보호 필요성이 있는 모든 증권은 신고서 제출대상이 된다. 합병 · 분할 · 분할합병 · 주식의 포괄적 교환 이전과 영업 · 자산양수도의 경우에도 증권발행이 수반되는 때에는 증권신고서를 제출해야 한다.

증권신고서의 제출 시기는 증권을 모집 · 매출하기 전에 신고서를 제출하여야 하며 신고서가 수리되어야만 모집 · 매출을 할 수 있다. 증권신고서의 제출대상은 증권을 공모(모집 또는 매출)하는 경우 공모금액이 10억원 이상의 경우에는 증권신고서를 제출해야 하며 10억원 미만인 경우 소액공모 공시서류를 제출해야 한다.

합병 등에 따른 신주 발행 시 청약권유자는 합병법인이며 청약권유대상자는 피합병법인의 주주이다. 따라서 증권신고서 제출의무자는 합병법인이며, 피합병법인의 주주에게 배정되는 합병법인의 신주에 대해 전매제한조치 1년간 보호예수를 취하지 않는 경우에는 증권신고서를 제출해야 한다.

다만, 사업보고서를 제출하지 않은 법인 간 합병의 경우에는 증권신고서 제출의무가 면제된다.

투자설명서 투자설명서는 증권신고서의 내용을 바탕으로 작성해야 하는 청약권유 문서로서 투자설명서 · 예비투자설명서 · 간이투자설명서 등이 있다. 청약을 권유하는 경우에는 투자설명서(예비 · 간이투자설명서 포함)를 사용해야 하며, 투자자에게 미리 교부하지 않고서는 증권을 취득하게 하거나 매도할 수 없다.

예비투자설명서는 신고서가 수리된 후 그 효력이 발생되기 전에 증권의 청약을 권유하기 위하여 신고서의 효력이 발생되지 아니한 사실을 부기한 청약권유문서이다. 투자설명서는 신고서 효력발생 후 모집 · 매출의 조건이 확정된 경우 청약의 권유 및 승낙을 위하여 이용하는 청약권유 문서이다. 간이투자설명서는 발행인이 증권신고서가 수리된 후 신문 · 방송 · 잡지 등을 이용한 광고안내문, 홍보전단 또는 전자전달매체를 통하여 청약을 권유하는 경우 투자설명서에 기재하여야 할 사항 중 그 일부를 생략하거나 중요한 사항만을 발췌하여 기재 또는 표시한 청약권유 문서이다.

공개매수 공개매수란 유가증권시장 밖에서 불특정 다수인으로부터 주식 등을 매수하는 행위를 말한다. 이러한 공개매수를 하는데 있어서는 5% 보유자에 대한 신고의무 등 여러 제한이 뒤따르는데, 이러한 제한을 가하는 이유는 공개매수절차 등의 투명화를 통해 주권상장법인의 경영권 변동의 공정성을 도모하고 나아가 이에 대한 적절한 공시를 통하여 투자자를 보호하기 위한 것으로 공개매수 공고를 한 후 금융위원회와 거래소에 신고하도록 하고 있다.

M&A가 기업의 구조조정이 상시적 예방적으로 이루어지게 하고, 경영자나 대주주로 하여금 주가관리를 통하여 시장에서 기업가치가 적정하게 평가되도록 하며, 기업의 경영권이 가장 능력 있는 자에게 이전되도록 촉진한다는 인식 아래, M&A의 활성화를 기하기 위한 것이다.

상장주식 등의 대량보유상황 공시 주권상장법인의 주식 등을 5% 이상 보유하게 되거나 1% 이상 변동된 경우에는 그 보유상황과 보유목적과 그 변동내역을 그 날로부터 5일 내에 금융위원회와 거래소에 의무적으로 보고해야 한다.

5% 보고제도는 기업지배권 경쟁시장의 공정성을 확보하고 증권시장의 투명성을 높이기 위해 이에 관한 정보를 신속하게 공시하게 함으로써 경영권 변동가능성에 대한 예측정보를 제공하고 주식 등의 대량수급정보를 공개하여 투자자에게 투자판단의 자료를 제공한다. 금융위원회와 거래소는 제출받은 보고서를 인터넷 홈페이지 등을 이용하여 공시하여야 하며, 이러한 대량보유주주 등 보유현황은 실시간으로 확인할 수 있다.

의결권 대리행사권유 제한 주주총회에서 다수의 의결권을 확보할 목적으로 당해 회사의 주주에게 의결권행사의 위임을 권유하는 경우에 필요한 정보가 정확하게 제공되도록 하여 합리적이고 효과적으로 의결권 대리행사를 할 수 있도록 의결권 대리행사의 권유절차를 제한하고, 권유문서의 기재사항 및 표시방법 등을 정하며 그 권유사실을 공시하도록 하는 제도를 의미한다.

불특정 다수인에게 의결권을 자기에게 위임해 달라고 권유행위를 하려면 금융위원회가 정하는 서식에 의해 참고서류 및 위임장 용지를 피권유자에게 제공하는 날 5일 전까지 금융위원회에 제출하고 일정장소에 비치하고 일반인들이 열람할 수 있도록 하여야 한다.

주식매수청구권 제도 주식매수청구권이란 주식회사의 합병이나 영업양수도 등의 결정에 반대하는 주주가 회사에 대해 자신의 주식을 사달라고 요구할 수 있는 권리를 말한다. 지배주주의 결정에 불만을 가질 경우 주주는 회사의 주식을 매도하거나 주주총회에 나가 반대표를 던지는 것이 일반적이다.

일단 주주총회에서 의사결정이 이루어지면 주주들은 그 결정을 따르거나 시장에 주식을 팔 수밖에 없다. 따라서 주식매수청구권은 결정권자가 반대자들의 착취를 막기 위해 착취가 일어나지 않았을 경우의 최저가격을 보장해주기 위한 제도로서 공고 또는 통지를 한 날부터 2주부터 20일 이내에 주식의 종류와 수를 기재한 서면을 청구할 수 있으며 해당 법인은 매수청구기간이 종료하는 날부터 1개월 이내에 해당 주식을 매수하여야 한다.

이때의 주식의 매수가격은 주주와 해당 법인 간의 협의로 결정한다. 다만, 협의가 이루어지지 아니하는 경우의 매수가격은 이사회 결의일 이전에 증권시장에서 거래된 해당 주식의 거래가격을 기준으로 하여 산정된 금액으로 하며, 해당 법인이나 매수를 청구한 주주가 그 매수가격에 대하여도 반대하면 법원에 매수가격의 결정을 청구할 수 있다.

자본시장법에서는 주식매수청구권의 성립요건을 이사회 결의사실이 공시되기 이전에 해당 주식을 취득하였음을 증명하거나 이사회결의 사실이 공시된 날의 다음날까지 취득계약이 체결되었음을 증명한 주식에 대해서만 주식매수청구권을 인정하고 있다. 이는 이사회결의 사실이 공시된 이후 주가가 하락할 경우 시장에서 주식을 매수하여 주식매수청구권(매수가격은 과거 일정기간 평균시가로 산정)을 행사하는 무위험 차익거래를 방지하기 위한 목적이라고 할 수 있다.

상장법인의 자기주식 취득 자사주 취득은 주가의 안정화, 경영권 안정 도모, 주주의 이익환원, 재무 전략적 차원에서 그 유용성을 찾을 수 있다. 자기주식을 취득 또는 처분하려는 경우에는 취득 또는 처분의 목적 · 금액 및 방법 · 주식의 종류 및 수에 대해서 금융위원회가 정하여 고시하는 사항에 따르며 신탁계약을 체결 또는 해지하려는 경우에는 체결 또는 해지의 목적 · 금액 · 계약기간 · 그 밖에 금융위원회가 정하여 고시하는 사항으로 체결 · 해지 시에는 법률에 의한 제한을 받는다.

또한, 자본시장법에서는 사업보고서 제출대상법인은 자기주식의 취득 또는 처분(신탁계약의 체결 또는 해지 포함)에 대한 결의가 있은 때에는 그 결의일 익일까지 주요사항보고서의 제출토록 보고의무를 확대하였다.

자본시장법은 자기주식의 취득으로 인한 효익이 모든 주주에게 공정하게 분배되고 취득 · 처분으로 인한 시장혼란이 발생되지 않도록 함과 동시에 지나친 자기주식 취득으로 인하여 회사의 재무건전성 저해 및 불공정 거래 소지를 예방하기 위하여 여러 가지 제한을 두고 있다.

- 의사결정방법의 제한 : 자기주식의 취득 · 처분, 신탁계약의 체결 · 해지의 결정은 반드시 이사회 결의에 의하도록 하여 신중한 의사결정이 전제되도록 하고 의사결정에 대한 책임소재를 명확하게 하고 있다.
- 취득방법의 제한 : 해당 주권상장법인의 직접취득으로는 증권시장에서 취득하는 방법과 공개매수를 통해 취득하는 방법, 신탁계약에 따라 자기주식을 취득한 신탁업자로부터 신탁계약이 해지되거나 종료된 때 반환받는 방법이 있다.
- 취득금액 한도의 제한 : 회사의 자기주식 취득 및 과다 보유는 주식회사의 자본충실 책임원칙에 위배될 수 있고 해당 법인의 재무건전성 악화를 초래할 수 있어 일정한 범위(배당가능이익)내에서 제한하여 운영할 필요가 있다. 상장법인의 자기주식 취득은 상법상 배당가능이익 한도로 제한되며 취득 이후 경영실적 부진 등으로 직전사업연도 말의 자기주식 취득한도를 초과하여 자기주식을 보유하게 된 때에는 그날로부터 3년 이내에 초과분을 처분하여야 한다. 자기주식 취득(신탁계약의 체결) 한도의 산정은 외부감사 결과 수정된 직전 사업연도 말 현재의 대차대조표를 기준으로 산정한다.
- 자기주식 취득 · 처분 기간에 대한 제한 : 자기주식 취득 · 처분에 관한 이사회 결의가 있은 때에는 그 익일까지 주요사항보고서를 제출하여야 하며, 자기주식 취득의 경우 주요사항보고서를 제출한 후 3일이 경과한 날부터 3월 이내에 취득하여야 하고 자기주식 처분의 경우 이사회 결의일 익일부터 3월 이내의 기간 동안 자기주식을 처분하여야 한다.

주권상장법인의 이익소각 주권상장법인은 정관에 근거 규정이 있는 경우 자본시장법 제165의3에 의해 이사회의 결의로 주식을 소각할 수 있다. 다만 이사회 결의로 이익소각을 할 수 있다는 정관규정이 없는 경우에는 상법 제343의2에 따라 정기주주총회 특별결의에 의해서만 가능하다.

소각할 주식은 이사회 결의 후 새로이 취득한 주식 또는 주주의 주식매수청구권의 행사에 따라 취득한 자기주식에 한 한다. 이사회에서는 소각할 주식의 종류와 총수, 취득할 주식가액의 총액, 취득기간에 대해 결의하여야 하되 취득기간은 이사회 결의 후 최초로 도래하는 정기주주총회일 이전이어야 한다.

SPAC 제도 '자본시장과 금융투자업에 관한 법률 시행령', '한국거래소 상장규정' 및 '증권의 발행 및 공시에 관한 규정'이 개정됨에 따라 우리나라도 SPAC이 도입되었다. SPAC는 기업인수목적회사(Special Purpose Acquisition Company)로써 기업인수를 유일한 목적으로 하여 일반투자자로부터 공모방식으로 일정규모 이상의 자금을 모집하여 설립한 Paper Company를 말한다.

SPAC은 경영진이 비상장기업인 대상기업을 발굴하고 주주가 기업인수 여부를 결정하는 구조로써 SPAC 설립 후 일정기간 내에 대상회사를 인수하고 기업공개를 통해 가치가 상승한 합병기업의 주식을 투자자들이 주식시장에서 매각하여 투자이익을 회수할 수 있게 하는 수익구조이다. 이러한 SPAC에 대하여 집합투자 관련 규제의 적용을 배제함으로써 상법상 절차에 따라 일반 주식회사 형태로 SPAC을 설립할 수 있도록 하고 있다.

SPAC은 주식공모를 통해 자금을 모은 후 합병방식으로 다른 기업을 인수할 목적으로 설립된 회사로서 M&A 전문가와 금융회사 등으로 구성된 발기인이 비상장회사를 설립하는 설립단계, 공모를 통해 자금을 모으는 공모단계와 주식을 상장하고 인수대상 회사를 물색하여 합병하는 상장 및 합병단계로 운영된다.

SPAC 설립단계에서 발기인은 자기자본 1천억원 이상인 지분증권 투자매매업자인 증권사가 대표발기인으로 참여한 비상장회사로써 투자매매업자가 해당 SPAC의 주식공모 시 주관회사 업무를 수행할 수 있다.

공모단계에서는 SPAC은 금융위원회에 증권신고서를 제출하고 사업설명회를 통하여 투자대상범위, 경영진, 투자위험, 투자자 보호에 대한 정보를 공시하여 투자자를 모집한다. 이때 공모자금의 90% 이상을 한국증권금융에 예치 또는 신탁하도록 함으로써 투자자금이 보호되도록 하고 있으며, 공모 이후 90일 이내에 상장을 의무화함으로써 투자자들의 환금성에 제약이 발생하는 것을 방지하고 있다.

상장 및 합병단계에서 SPAC의 핵심 경쟁요소인 경영진 변경 등에 대해서는 상장 이후에도 자격심사 등을 통하여 지속적으로 관리하도록 하고 기업인수 방식은 합병으로 제한하여 기업인수 시한은 공모 이후 최대 36개월로 제한된다.

기업인수 승인은 주주총회의 특별결의를 통해 이루어지며 또한 발기인과 경영진은 기업인수와 관련한 의결권을 제한하고 반대주주에 대해서는 주식매수청구권을 부여하고 있다. 기업인수 대상회사에 대하여 우회상장 심사요건을 적용하고 관리종목기업 등 한계 상장기업과의 합병이 제한된다.

일반적으로 SPAC의 주요 특징으로 첫째, SPAC의 경영진이 대상기업을 발굴하고 주주가 기업인수 여부를 결정하는 이중적 투자구조로 되어 있다. 둘째로 SPAC의 설립 후 일정기간 내에 대상회사를 인수하고 기업공개를 통해 가치가 상승한 합병기업의 주식을 투자자들이 주식시장에서 매각하여 투자이익을 회수할 수 있게 하는 수익구조로써 자기자본 1천억원 이상의 지분증권 투자매매업자의 지분율이 5% 이상으로 유지되어야 하고 자금조달 방법이 주식 및 주식관련사채로 제한되며, 특히 SPAC의 상장 이후에는 주식관련사채의 발행도 금지된다. 셋째는 기업결합방식이 합병으로 제한된다는 특징을 지니고 있다.

SPAC 제도의 도입은 국내 IB가 단순한 중개업무 중심에서 IPO, M&A, PI 등 다양한 IB 업무로 수익구조를 다변화시킬 수 있는 기반을 제공하고, 경기침체로 인하여 IPO 시장이 위축되었을 때 유망 비상장기업의 자금조달을 가능케 하며, 차입금융을 활용하는 PEF의 활동이 상대적으로 위축되었을 때 대규모 공모자금을 바탕으로 우량기업을 인수하는 노력을 계속함으로써 M&A 시장을 활성화할 수 있다.

또한, 일반투자자들은 SPAC 투자를 통하여 투자의 안전성, 전문성, 투자회수의 편의성을 보장받을 수 있을 뿐만 아니라 시장원리에 따라 우회상장을 건전화시키는 정책수단이 될 수 있다.

독점규제 및 공정거래에 관한 법률

기업결합의 제한 기업결합(M&A)이라 함은 기업 간의 자본적 · 인적 · 조직적인 결합을 통해 기업결합 당해회사의 활동을 단일한 관리체제하에 통합시킴으로써 개별기업의 경제적인 독립성을 소멸시키는 행위를 말하며 기업결합의 수단으로는 다른 회사의 주식취득 · 영업양수 · 합병 · 임원겸임 · 회사신설 등이 있다.

이러한 기업결합은 경쟁력이 소진된 기업의 소유 · 지배 · 경영의 주체를 혁신하여 기업의 생명을 강화 내지 연장시키고 투자자본의 생산성 및 자원배분의 효율성을 제고하는 순기능이 있다. 그러나 다른 한편 기업결합은 독과점을 형성하거나 경제력집중을 심화시킬 수 있으며 절대적인 기업결합이 성행할 경우에는 경영자들이 단기적 경영성과에만 치중하게 됨으로써 장기적으로는 산업발전이 위축되고 실물투자 경시풍조가 만연되는 역기능도 있다.

따라서 기업결합이 기업의 경쟁력이나 국민경제에 미치는 순기능을 극대화하고 역기능을 최소화하기 위해 기업결합을 적절히 규제하는 제도를 운용하고 있다.

독점규제 및 공정거래에 관한 법률상의 기업결합은 각종 M&A를 함에 있어서 반드시 점검해야 할 기본적인 사항 중의 하나이다. 공정거래법은 기업결합이 경쟁 제한적인 기업결합에 해당하는지를 심사하기 위해 자산총액 또는 매출액의 규모가 2조원 이상인 기업결합신고대상인 회사가 회사자산총액 또는 매출액의 규모가 2천억원 이상인 기업결합 대상회사 또는 그 특수 관계인이 다른 회사의 발행주식 총수(상법 제370조의 규정에 의한 의결권 없는 주식은 제외)의 20/100(자본시장법의 규정에 의한 주권상장법인의 경우에는 15/100) 이상의 주식을 소유하게 되는 경우, 임원겸임의 경우, 다른 회사와 합병하거나 다른 회사의 영업을 양수하는 경우 등의 하나에 해당하는 기업결합을 하는 경우에는 이를 공정거래위원회에 30일 이내에 신고하도록 되어 있다(독점규제 및 공정거래에 관한 법률 제7조).

지주회사 설립 · 전환의 신고 지주회사를 설립하거나 지주회사로 전환한 자는 자본총액(대차대조표상의 자산총액에서 부채액을 뺀 금액을 말한다.)의 2배를 초과하는 부채액을 보유하는 행위, 자회사의 주식을 그 자회사 발행주식 총수의 100분의 40(주권상장법인인 경우 100분의 20) 미만으로 소유하는 행위, 계열회사가 아닌 국내회사의 주식을 당해 회사 발행주식 총수의 100분의 5를 초과하여 소유하는 행위(소유하고 있는 계열회사가 아닌 국내회사의 주식가액의 합계액이 자회사의 주식가액의 합계액의 100분의 15 미만인 지주회사에 대하여는 적용하지 아니한다) 또는 자회사 외의 국내계열회사의 주식을 소유하는 행위, 일반지주회사의 자회사는 그 손자회사 발행주식 총수의 100분의 40(그 손자회사가 상장법인 또는 국외상장법인이거나 공동출자법인인 경우에는 100분의 20으로 한다. 이하 이 조에서 "손자회사주식보유기준"이라 한다) 미만으로 소유하는 행위. 손자회사가 아닌 국내계열회사의 주식을 소유하는 행위를 하여서는 아니 된다.

대규모기업집단 지정제도 경제력 집중을 주도하는 대기업의 상호출자와 출자총액을 규제하기 위하여 마련된 제도이다(독점규제 및 공정거래에 관한 법률 제14조). 여기서 '기업집단'이란 동일인 및 동일인 관련자가 주식의 최대출자 등의 상당한 영향력 행사를 앞세워 사실상 회사의 사업내용을 지배하는 것을 말한다(같은 법 제2조2호, 같은 법 시행령 제3조 참조).

공정거래위원회는 이러한 기업집단 중 총자산 합계액이 5조원 이상인 기업집단을 공시대상기업집단, 10조원 이상인 기업집단을 상호출자제한 기업집단으로 지정하게 된다. 지정을 받게 되면 상호출자의 금지(동 법 제9조), 순환출자의 금지(동 법 제9조의2), 계열회사에 대한 신규채무보증제한(동 법 제10조의2), 금융회사 또는 보험회사의 의결권 제한(동 법 제11조), 주식소유현황의 신고(동 법 제13조) 등의 규제를 받게 된다.

세 법

합병에 관한 세제는 먼저 합병법인의 경우에는 합병차손익에 대한 과세, 피합병법인 이월결손금 승계, 납세의무의 승계가 문제가 되며, 합병법인 주주에게 있어서는 자기주식소각이익의 자본전입시의 재배당, 불공정 합병 시 증여의제가 문제되며, 피합병법인의 경우에는 청산소득 법인세, 폐업신고가 문제되고, 피합병법인 주주의 경우에는 의제배당에 대한 소득세, 불공정 합병 시 증여의제가 문제된다.

2 M&A의 장애요인

국내에서 M&A를 활성화하는데 있어서는 여러 가지 장애요인들이 있다. M&A 시장이 활성화되지 못한 이유로는 첫째가 부정확한 가치평가기준을 지적하고 있고, 다음으로 전문기관 및 인력부족이며 그 다음이 대상기업에 대한 정보부족 · 법률절차상의 복잡성 · 기업 간의 불신 · 자금조달의 어려움 순 등으로 나타나고 있다.

따라서 산업의 구조조정과 경쟁력을 강화하는 차원에서 M&A의 활성화를 저해하는 요인들이 무엇인가에 대해서 구체적으로 살펴볼 필요가 있다. 여기에서는 M&A의 활성화를 저해하는 요인들이 무엇인지를 법률적 요인, 세무 · 회계적 요인, 환경 · 제도적 요인으로 구분하여 살펴보기로 한다.

법률적 요인

위에서 살펴본 바와 같이 M&A 환경 중 법률적 측면은 적지 않은 개정작업이 이루어져 옴으로써 법률적 장애요인은 많이 완화되었다고 할 수 있지만, 아직도 법률적 장애요인으로 지적되는 사항 역시 적지 않다. 이와 관련하여 자세히 살펴보고자 한다.

현물출자의 검사 상법 제422조에 따라 현물출자에 대한 검사인 개입의 문제가 대두된다. 인수합병의 주요 특징 중의 하나가 인수자금의 조달이 필요 없는 주식교환방식을 통한 인수합병이다. 미국 등 선진국의 경우 수년간 인수합병 중 주식교환을 통한 비율이 매년 크게 증가하고 있으며, 우리나라도 주식교환방식을 통한 인수합병이나 전략적 제휴를 하고 있다.

M&A 수단으로 쌍방이 신주를 발행하여 주식스왑을 하는 경우 신주 인수인은 그

배정 주식 수에 따라 납입기일에 그 인수한 각 주식에 대한 인수가액을 전액 납입해야 한다고 하여 주식스왑의 경우에도 현물출자의 절차를 따라야 한다. 또한, 사용된 주식스왑의 경우 이를 활용하여 M&A를 수행하는 경우에는 시장이 객관적으로 평가하기 힘든 주관적인 요소가 평가과정에 포함되고 있다.

이러한 요인으로 말미암아 많은 기업들은 신주의 발행을 통한 변칙적인 주식스왑을 하고 있는 실정이다. 이를 인정하는 특례조항이 없어 법과 현실이 괴리되어 있는 상태이다. 또한, 실질적으로 주식스왑을 실행하기 위해서는 M&A 대상기업 간의 주식스왑비율과 검사인 또는 감정인에 의한 교환비율이 일치해야 하는데 그렇지가 못하다. 만약 양사가 일치하지 않을 경우에는 힘든 협상과정을 거쳐 결정된 교환비율이 감정인의 평가나 법원의 심사과정에서 크게 변경되어 주식교환에 의한 M&A가 실패할 가능성이 커지기 때문이다.

뿐만 아니라 법원에 검사인을 신청하고 검사인을 통한 검사완료까지 상당한 기일이 소요되며 신속한 인수합병이 필요한 기업의 경우 장애요인이 되기도 한다. 주권상장법인이 자기주식 또는 신주를 다른 주권상장법인의 주식과 교환하는 방식으로 그 다른 주권상장법인에 주식을 현물로 출자하는 경우로서 '자본시장과 금융투자업에 관한 법률' 시행령으로 정하는 방법에 따라 그 출자 주식의 가격을 평가한 경우에는 「상법」 제422조제1항에 따른 검사인의 조사 또는 공인된 감정인의 감정이 있는 것으로 본다. 주권상장법인이 다른 법인과 합병하려는 경우 합병가액의 산정에 관해서는 별도로 다루기로 한다.

채권자보호절차 상법 제232조 및 제527조의 5에서는 채권자보호절차에 대하여 규정하고 있다. 채권자보호절차의 간소화 역시 개선이 필요한 사항이다. 합병에 반대하거나 합병조건에 불만이 있는 채권자는 이의를 제출할 수 있다.

만일 이의제출이 없는 경우에는 합병을 승인한 것으로 간주한다. 회사는 합병결의가 있은 후 2주 이내에 회사채권자에 대하여 합병에 이의가 있으면 1월 이상의 기간 내에 이의를 제출할 것을 공고하고, 회사가 알고 있는 채권자에 대하여 개별적으로 별도로 최고를 해야 한다. 이는 합병을 하지 않더라도 회수할 수 없는 채권까지 현행 법규상 이를 일괄적으로 변제, 담보제공 또는 재산을 신탁토록 하여 보호하고 있는 결과를 가져온다.

그러나 영업양도나 합병 등을 위한 주주총회의 소집공고에서 합병의 내용 등이 표시되며, 그 상세내용은 주주총회일 2주간 전부터 본점에 비치되므로 채권자가 그 내용을 충분히 알 수 있음에도 불구하고 다시 합병승인 주주총회일로부터 2주 내에 1개월 이상의 채권자 이의기간을 부여함에 따라 합병소요기간이 지나치게 장기화되는 문제점이 있다.

또한, 합병 결의 후 그 익일을 이의제출 공고일로 하여 공고를 하더라도 최소한 1개월이 소요되며, 회사가 사채를 발행한 경우에는 이의신청기간은 법원에 의하여 연장될 수 있어 소요기간도 그만큼 늘어나게 된다. 만일 채권자가 이의를 제출한 때에는 회사는 채권자에 대하여 변제, 담보제공 또는 신탁회사에 재산을 신탁하는 등 필요한 조치를 취하여야 하는 등 합병에 따른 추가적인 자금 부담이 될 뿐만 아니라, 지금까지 무담보채권자였던 채권자의 지위를 담보권자로 변경하는 결과를 초래하여 인수합병의 장애요인이 되고 있다.

영업양도 · 양수 상법 제374조에는 회사가 다른 회사에게 영업의 전부 또는 중요한 일부를 양도한 경우 주주총회의 특별결의를 거쳐야 한다. 그러나 영업양도의 경우 규모에 관계없이 주주총회를 거치도록 함으로써 신속한 구조조정의 추진이 어려운 실정이다.

주식매수청구절차 주식매수청구절차는 여전히 복잡하다. 합병이나 영업양도 등과 같이 주권상장법인이 상법 제360조의3, 제360조의9, 제360조의16, 제374조, 제522조, 제527조의2 및 제530조의3에서 규정하는 의사결정사항에 관하여 이사회의 결의가 있는 때에 그 결의에 반대하는 주주는 주주총회 전에 당해 법인에 대하여 서면으로 그 결의에 반대하는 의사를 통지한 후, 다시 주주총회 결의일로부터 20일 이내에 주식의 종류와 수를 기재한 서면으로 매수를 청구하는 이중의 절차를 취하고 있다.

이에 따라 매수청구를 해야 하는 주주 입장에서는 두 번에 걸쳐 매수청구를 위한 의사를 표현하도록 하고 있다. 회사입장에서는 다수의 주주로부터 관련 의사를 서면 접수하여 이를 관리하는데도 상당한 실무상의 인력손실이 발생하고 있으며, 해당 사안의 신속한 진행을 저해하는 측면이 있다.

보호예수(lock-up) 주식에 대한 명의개서 주식 의무보호예수제도는 증권선물거래소의 상장규정과 금융위원회의 고시인 '증권의 발행 및 공시 등에 관한 규정'에 의해 구제되고 있으며, 상장법인이 주식공모 등 특정사유 발생 시에 최대주주나 법령에서 지정하는 자의 주식매각으로 인한 주가급락과 이로 인한 투자자의 투자손실을 방지하기 위해 마련되었다.

신규상장시 최대주주 등의 의무보호예수는 의무보호예수기간이 유가증권시장의 경우 6개월, 코스닥시장은 1년으로 규정하고 있다. 단, 코스닥시장은 상장 후 6월이 경과한 시점부터 매월마다 5%씩 반환을 받아 시장에 매각할 수 있다. 코스닥시장의 경우 최대주주가 차명으로 주식을 소유하고 있는 때에도 보호예수를 해야 한다.(유가증권시장 상장규정 제27조)

또한 우회상장에 의해 비상장기업이 사실상 상장기업이 되는 상장효과를 보게 될 경우 비상장기업의 주요 출자자 등은 자신이 보유하고 있는 비상장기업의 주식을 모두 보호예수해야 한다.(유가증권상장규정 제35조)

뿐만 아니라 상장기업이 비상장기업을 합병하는 경우, 비상장기업이 상장기업에 흡수합병됨으로써 사실상 상장의 효과를 보는 것으로써 비상장기업의 최대주주도 보호예수를 해야 한다.(유가증권시장 상장규정 제75조) 기타 코스닥시장 상장규정에는 초과유상증자분 · 벤처금융 · 기관투자자 · 주식교환 · 제3자배정 유상증자의 경우에도 보호예수를 의무화하고 있다.

상장법인과 비상장법인의 합병조건 제한 불건전한 우회상장방지 등을 통한 코스닥시장의 건전성 제고를 위해 코스닥시장 상장법인과 비공개법인 간의 합병 시 비공개법인에 대한 합병요건으로 코스닥 신규상장심사요건과 거의 동일한 내용(자본상태 · 경영성과 · 부채비율 · 자본금 변경 · 감사인의 의견 · 소송 및 부도발생 및 최대주주 등의 소유주식비율의 제한 등)을 충족시킬 것을 요구하고 있다.

그러나 이는 불건전한 우회상장(Back-Door listing)을 방지하고자 하는 정책적 목표 아래 코스닥시장 상장법인과 비공개법인 간의 엄격한 합병요건은 결과적으로 비상장법인의 합병 필요성을 감쇄시키며, 자격요건을 구비하지 못한 기업의 경우 원천적으로 합병을 막게 되어, 과거 무분별한 A&D로 인한 시장의 혼란이나 코스닥시장의 수급을 조절하기 위한 정책적 필요에 의한 합병요건 강화의 필요성에도 불구하고 M&A에 대한 다양한 접근을 어렵게 하고 있다.

즉, 코스닥 신규상장심사와 같은 장기간의 준비가 필요한 내용을 만족시키는 비공개법인이라면 독자적인 IPO를 추진할 것이고, 이를 충족시키지 못하는 법인의 경우 합병이 불가능하므로 비공개법인의 불건전한 우회상장뿐만 아니라 코스닥시장 상장법인이 구조조정 및 신규사업의 관점에서 비상장법인을 합병하는 것조차 거의 봉쇄되고 있어 기업구조조정에 커다란 장애요인이 될 가능성이 크다 할 것이다.

이 경우 이질적이고 시너지효과가 불분명한 비상장기업의 편법적인 코스닥상장을 통한 환금성 확보를 위하여 코스닥상장기업과의 합병은 가능하지만, 오히려 코스닥 시장 상장요건을 갖추지 않고 있지만, 시너지효과가 분명한 비상장기업과 코스닥 상장법인과의 합병은 봉쇄되어 있다.

공정거래법상의 문제 공정거래법상 M&A와 관련하여 문제되는 규정은 출자총액 제한 · 지주회사 · 기업결합의 제한 등이 대표적이다.

공정거래법 제10조의 출자총액제한제도는 1987년 4월에 도입된 제도로서 도입 당시는 국내 다른 회사에 출자할 수 있는 출자총액(출자한도액)을 순자산의 40%로 제한하였으나, 1995년 4월 개정에서 순자산의 25% 범위 내로 제한을 강화하였다.

그러나 1997년 IMF 경제위기 이후 외국인 투자유치를 적극적으로 추진하면서 외국인은 제한 없이 국내기업에 출자할 수 있게 제한을 없앴으나, 국내 30대 대규모기업집단 소속회사들은 출자총액제한제도에 묶여 일정 한도 내에서만 국내 다른 회사에 출자할 수밖에 없음에 따라 국내기업의 경영권 방어에 어려움이 예상되자, 이에 대한 보완책으로 출자총액제한제도를 폐지하였다.

하지만 위 제도의 폐지 이후 30대 그룹의 출자비중이 급증하여 경제력 집중이 심화될 우려가 있다는 명목으로 다시 2001. 4.부터 순자산액의 25% 범위 내로 출자한도액을 정하게 되었다. 이처럼 출자총액제한제도가 다시 부활하게 되면서 M&A를 통한 규모의 경제로 국제경쟁력을 강화하는데 커다란 장애요인이 되고 있다는 비판이 강하게 제기되어 제37차 개정인 2009년 3월 25일 다시 폐지되었다.

또한 공정거래법 제8조의 지주회사(holding company)는 종래 경제력 집중을 심화할 우려가 있다는 관점에서 엄격히 금지되어 오다가 1999년 공정거래법 개정 시에 제한적으로 인정되게 되었다. 이처럼 지주회사제도를 도입하게 된 배경은 지주회사가 기민하고 유연한 구조조정(restructuring)을 가능하게 하고 주주중심의 경영을 가능하게 하며 분사화를 통해 개별사업의 위험을 해당 회사에 국한(firewall)시킬 수 있으며, 기업합병에 따르는 부작용을 최소화할 수 있는 등 긍정적인 효과가 작지 않다는 점을 감안한 것이었다.

그러나 경제력 집중에 대한 우려 등으로 인해 지주회사의 행위제한이 너무 심하여 이 제도가 활성화되는데 장애가 있다는 비판이 적지 않았다. 그 이루 이러한 행위제한에 대해 2001년 이후 2007년까지 4차례에 걸친 법률의 개정이 이루어져 지주회사의 설립과 전환이 급물살을 타고 있는 실정이다.

공정거래법 제7조는 일정한 거래분야에서 경쟁을 실질적으로 제한하는 기업결합 제한하고 있다. 문제는 일정한 거래분야, 즉 관련시장(relevant market)에서 경쟁을 실질적으로 제한하는 행위가 무엇인지를 판단하는 것이다. 이러한 경쟁 제한성과 관련하여 1996년 경쟁제한성 추정제도를 도입하여 기업결합이 일정한 경우에 해당되는 때에는 경쟁제한성이 있는 것으로 추정하도록 하였다(공정거래법 제7조제4항). 이러한 경쟁 제한성 추정제도는 M&A 및 구조조정을 지나치게 제한하고 있다는 비판을 받고 있다.

세무 · 회계적 요인

관련 법규들 대부분이 상장기업 위주의 M&A 제도라는 것이다. 실제로, M&A 시장은 상장기업뿐만 아니라 비상장법인을 대상으로 한 시장도 무시할 수 없는 시장임에도 불구하고, 이 시장을 대상으로 한 제도적인 장치가 부족하다. 비상장기업의 경우 창업 대주주들이 기업을 매각하려 해도 매수기반이 제한되어 있어 시장이 활성화되어 있지 못하다.

M&A와 관련된 세제상 부담요인으로는 소멸법인의 청산소득에 대한 과세문제, 피합병법인의 이월결손금승계부인문제, 의제배당소득에 대한 과세문제, 합병차익에 대한 과세이연문제, 취득자산에 대한 취득세, 등록세 부과문제, 피합병법인의 세무조정사항 승계불허문제, 합병 시 증여의제문제, 비상장 주식교환 시 과도한 증권거래세 문제 등이 상존하고 있다. 실제, 합병회계가 인격승계설 현물출자설이든 지분풀링법이든 매수법이든 일단 어떤 기준이 선택되었다면, 그에 맞는 회계처리가 일관되게 적용되어야 한다.

실제 회계처리는 이러한 각종의 회계처리가 혼동되어 적용되고 있어 우리나라 합병회계는 어떤 기준에 의하여 설명할 수 없는 난맥상에 놓여 있다. 이렇게 된 이유는 첫째, 합병의 출발점이 되는 상법이 현실로 발생하고 있는 합병을 제대로 규율하지 못하고 있고, 둘째, 합병에 관한 재무정보 제공의 기본적 회계규범이 될 기업회계기준에서는 합병회계를 유도할 어떤 단서가 될 만한 규정이 미흡하여 거의 공백상태이며, 셋째, 합병회계의 전문적 회계기준으로서 종전의 합병회계준칙도 몇 가지 조문만 있을 뿐 현실의 합병을 수용할 만한 체계로서는 크게 미흡하여 사실상 회계규범으로서 수용성을 잃고 있다.

그런데 새로 제정된 결합회계준칙 역시 기업합병의 실태에 근거한 것이 아닌 외국의 기업결합에 초점이 맞추어져 있어 여전히 결합회계준칙의 수용성에 의문을 갖게 한다. 넷째, 기업의 합병에 있어서 기업들이 가장 중요시하고 사실상 기업회계에 크게 영향을 주고 있는 세무회계 역시 합병과세에 대한 체계적인 정비가 되어 있지 않고 산발적으로 규제하고 있어 합병회계가 더욱 난조에 빠진 것이다. 이처럼 합병회계를 규제한 각종 회계규범이 원시적인 상황에 있기 때문에 현실적으로 많은 어려움이 나타나고 있는 것이다.

합병 시 이월결손금 승계 현행 법인세법상 피합병법인의 주주 등이 합병법인으로부터 받은 주식이 합병등기일 현재 발행주식의 10% 이상이어야 하며 구분 경리할 것으로 규정되어 있다. 그러나 실제 합병법인으로 받은 주식이 합병등기일 현재 발행주식의 10% 이상이라는 규정은 일반적인 대기업이 벤처기업을 흡수합병하는 경우 일반적인 대기업은 발행주식수가 소형 벤처기업 발행주식의 20~30배 이상이므로 벤처기업 흡수합병은 적용되지 않는다.

또한, 한 개의 벤처기업이 타 벤처기업과 합병하는 경우 사실상 벤처기업은 각 종업원의 업무영역과 업무내용을 구분하기 어려운 실정이므로 사업부별 또는 피합병법인과 합병법인의 업무영역을 구분하여 구분 경리하기란 현실적으로 불가능하다.

한편, 현행법상 합병 후 이월결손금의 공제를 받기 위한 요건으로 합병법인이 합병등기일이 속하는 사업연도의 다음 사업연도 개시일로부터 3년간 피합병법인으로부터 승계받은 사업을 계속 영위할 것을 요구하고 있다. 그러나 경영상의 이유로 피합병법인으로부터 승계받은 사업을 폐지해야 할 경우가 있으나 이 경우 공제받은 이월결손금 전액을 익금산입하는 등 이월결손금의 공제요건이 너무 엄격하다는 지적이다.

합병 시 청산소득 공제 합병으로 소멸한 피합병법인의 청산소득금액은 피합병법인의 주주 등이 합병회사로부터 받은 합병대가의 총합계액에서 피합병법인의 합병등기일 현재 자기자본총액을 공제한 금액으로 한다.

현행법상에서 합병법인으로부터 받은 합병대가는 액면가로부터 산정하도록 함으로써 일반법인의 경우에는 청산소득 납부액이 발생하지 않는 경우가 다수이지만, 인터넷 벤처기업의 경우 기술력을 높이 평가받는 경우에는 합병법인의 발행주식수가 많으므로 청산소득금액이 산정되게 된다. 이러한 이유로 합병법인이 자기자본이 적은 벤처기업을 합병하기를 꺼리는 경우가 있다.

합병차손의 비용인정 합병법인이 부채가 자산을 초과하는 피합병법인을 인수할 경우 피합병법인의 부채가 자산을 초과하여 계상된 영업권은 재무제표에 필연적으로 발생하게 된다. 또한, 법인세법상 기업회계에서는 합병으로 인한 영업권 발생 시 영업권 상각액에 대하여 비용으로 인정하고 있으나, 세무상 가치가 없는 영업권을 인정하지 않으므로 상각액을 손금불산입하고 있다.

즉, 합병법인이 합병으로 소멸하는 법인의 부채가 자산을 초과하여 그 초과한 금액을 영업권으로 계상하고, 이를 상각한 경우 세무계산상으로는 당해 영업권이 없는 것으로 하고 동 상각액은 손금불산입하고 있다. 이에 따라 합병법인의 입장에서는 가치가 없는 영업권 상각액을 세무상 손금부인 함으로써 추가적인 제세금이 발생하는 애로가 있다.

의제배당 비과세 합병의 경우 청산소득문제와 동일하게 주주의 경우 합병법인으로부터 그 합병으로 인하여 취득하는 주식 등의 금액과 금전 기타 재산가액의 합계액이 그 피합병법인의 주식 등을 취득하기 위하여 소요된 금액을 초과하는 금액이다.

그러나 일반적으로 피합병법인의 주주는 당해 법인의 기술개발 및 수익창출에 따라 코스닥 상장 시 주식을 매각하여 이익을 실현하는 것이 일반적이나 합병되는 경우 합병법인의 주식을 교부받게 되면 코스닥시장의 매매차익에 대하여 비과세 되는데 한하여 의제배당에 해당되어 과세되며 그 세율이 훨씬 높아 M&A 장애요인으로 대두될 수밖에 없다.

포합주식 청산소득과세 내국법인이 합병으로 인하여 해산하는 경우 그 청산소득의 금액은 피합병법인의 주주 등이 합병법인으로부터 받은 합병대가의 총합계액에서 피합병법인의 합병등기일 현재의 자기자본의 총액을 공제한 금액으로 한다. 합병법인이 합병등기일 전 2년 이내에 취득한 피합병법인의 주식(출자지분 포함)이 있는 경우, 그 포합주식에 대하여 당해 포합주식의 취득가액을 합병교부금으로 보아 청산소득을 과세하고 있다.

포합주식에 대한 청산소득계산특례를 정한 배경은 합병하기 전 미리 피합병법인의 주식을 대부분 취득하여 합병절차에서 이러한 포합주식을 소각하는 경우 청산소득이 발생하게 되는데도 이러한 청산소득에 대한 법인세 과세를 회피하기 위하여 합병 전에 미리 주식을 취득하는 것을 방지하기 위해서 정해진 것이다.

하지만 합병과 관련한 조세회피의 목적 없이 해당 기업의 주식을 소유하였으며, 그 거래가 정당하다고 판단되는 경우까지 사후적으로 발생한 합병에 의하여 소급적으로 부인당하는 것은 부당하다는 비판이 적지 않다.

과점주주에 대한 취득세 지방세법상 법인의 주식 또는 지분을 취득함으로써 과점주주가 된 때 또는 과점주주의 소유주식비율이 증가한 때에 그 과점주주는 당해 법인의 부동산 등을 취득한 것으로 간주하여 취득세를 부과하고 있다. 이에 따라 부동산 등이 많은 비상장법인에 대해 M&A를 추진하는 경우, 과점주주 취득세는 상당한 부담이 되고 있다.

그런데 법인의 과점주주가 당해 재산을 실질적으로 소유하기 때문에 실질과세의 원칙에 따라 취득세를 과세한다면 당해 재산의 형식적 취득자인 법인에 대해서도 과세하는 것은 이중과세이다. 당해 재산에 대한 과점주주의 실질적 지배력 측면에서는 차이가 없음에도 불구하고 설립 시 또는 감자로 과점주주가 된 경우에는 취득세를 과세하지 않는데 비해, 유상증자 또는 주식취득으로 인한 경우에만 과세하는 것 문제가 있다.

환경 제도적 요인

기업 가치평가 모델미비 과거 우리나라는 기업에 대한 담보적 가치나 신용도 측정을 위한 가치평가는 보편적으로 이루어져 왔으나, 기업에 대한 본질적이고 보편적인 가치평가에 대한 기회가 많지 않았다.

또한, 국내 M&A 업무가 개인차원의 인적네트워크에 의해 이루어지면서 업계의 노하우가 축적이 되지 않아 국내시장에서 일반적으로 통용될 수 있는 보편적인 기업평가모델이 나타나지 않고 있는 실정이다. 개별기업의 가치를 평가함에 있어서 무형자산인 기술력 등 지적자산에 대한 관심도가 높아져 기술가치에 대한 평가필요성이 나타나면서 이에 대한 객관적으로 받아들여질 수 있는 보편적인 평가모델의 제시가 대두되어 왔으며, 최근에 이르러 M&A 전문기관들의 기업 가치평가 모델에 대한 기법이 향상되고 있기는 하지만 보편화되어 있지 못하다.

M&A 중개 및 자금시장 문제 우리나라에는 M&A 부띠끄(Boutique) 형태로 운영되는 다수의 M&A 중개회사, 기업구조조정전문회사 등이 M&A 및 기업구조조정 관련 업무를 수행하고 있으나, 이들 기업의 영세성으로 인해 전문성이나 시장의 신뢰도 확보에 어려움이 있다.

하지만, 국내시장에서 가장 활발하게 업무를 수행하는 M&A 전문회사는 대개 부띠끄 형태로 10억원 내외의 자본금과 5명 내외의 소수인원으로 운영되는 등 조직 및 자본의 영세성에 따라 거래(Deal) 리스크에 대한 헤지가 이루어지기 어려운 상황으로 시장에서의 신뢰를 확보하기가 쉽지 않은 실정이다.

더욱이 M&A 업무나 기업구조조정업무를 원활하게 수행하기 위해서는 필수적으로 대규모 자금거래가 수반되어야 하는데 매도 매수자 측의 은밀한 요청에 의해 진행되는 M&A의 경우 대개 매도자 측의 개인 네트워크를 통해 이들 중개기관에 연결되고 있다.

따라서 인수자 측과의 협의가 이루어진 후 실제 거래의 완성을 위하여 자금거래를 해야 하는 단계에 이르면 매수자의 신용에 의해 직접인수자금을 조달해 오지 않는 경우 중개기관의 시장 신용도에 의해 금융기관으로부터 자금을 주선해 주는 역할 또는 인수거래에 일부 참여하여 부분적이나마 레버리지를 일으킬 수 있는 기능 등은 기대하기 어려워 거래의 성공률이 떨어질 수밖에 없는 실정이다.

제도 금융권의 한계 제도금융권의 투자은행 전환에도 불구하고 우리나라는 시설자금이나 장기성 자금의 조달창구로서의 은행은 존재하나, M&A나 기업구조조정을 지원할 수 있는 엄밀한 의미에 있어서의 투자은행이 없다고 할 수 있다.

거액자금이 수반되어야 하는 M&A나 기업구조조정 업무의 수행과정에서 거래 자체에 대한 검증과 인수자금에 대한 지원을 맡아야 할 은행은 은행법상의 유가증권 취득을 위한 자금의 대출이 금지되어 있다. 은행 자체의 관련주식의 취득 또한 금융당국의 사전승인을 받도록 되어 있는 등 제도적 한계로 인하여 이러한 거래의 주체가 되지 못하고 있다.

그러나 향후 기업 간 M&A에 대한 수요가 늘어나는 상황에서 금융권의 역할이 수행되지 않을 경우 피인수회사 내부자금을 이용한 사적 LBO의 유혹이나, 악성자금을 통한 인수로 M&A의 결과가 기업의 내부가치를 향상시키기보다는 그 반대의 결과를 초래할 수 있다. 따라서 건전한 M&A 거래의 활성화를 위해서는 이들 제도금융권의 협조가 선행되어야만 할 것이다.

Financing 방법의 한계 우리나라 금융기관의 경우 엄밀히 말해 투자은행이 존재하기 어려운 상황으로 시설자금이나 장기성 자금의 조달창구로서의 역할을 담당할 수 있는 은행이 존재하지만, M&A나 기업구조조정업무를 지원할 수 있는 투자은행(IB)은 존재하지 않는다.

국내은행이 주식을 담보로 잡고 돈을 빌려줄 때 개별회사 주식의 20% 이상을 초과해서 담보로 잡을 수 없도록 규정하고 있다. 이에 따라 상장기업의 우호적 M&A의 경우에도 환가성을 가졌다고 인정되는 상장유가증권인 주식을 담보로 해당 기업의 M&A에 대하여 대출을 하는 것 자체에 큰 어려움이 있어 인수자 측의 자금 부담을 가중시키고 있다.

이러한 은행 보험권의 제약으로 인해 대개는 저축은행이나 제3금융권 및 사채시장에서 자금을 조달하거나 불법적인 방법으로의 자금차입을 해 거래 안정성 및 효율성을 떨어뜨리게 되는 주요 요인이 되고 있다.

노동시장의 유연성 확보 M&A를 통한 기업 구조조정 시 가장 큰 걸림돌이 노동시장의 유연성 확보문제이다. IMF 경제위기를 겪으면서 우리나라 기업들은 구조조정과정을 거치게 되었고, 그 과정에서 겪는 가장 큰 어려움 중의 하나는 기업변동, 즉 기업 인수 합병 · 사업의 양도 · 자산매각 · 사업교환 · P&A 등의 과정에서 발생하는 노동문제에 대한 법률적 근거가 제대로 갖추어지지 못했다는 점이다.

특히, 기업변동에 따른 근로자의 고용승계와 기업변동 후의 고용조정의 한 방법으로서 경영상 해고에 대해 노사는 물론 해당 기업 간에 대립과 갈등을 겪었다. 특히, 기업의 구조조정이 상시구조조정체계로 전환되면서 기업 변동 시 고용조정에 대한 근로자의 반발로 구조조정이 지연되거나, 근로자에 대한 과도한 보호로 인하여 왜곡된 구조조정이 행해지는 것은 바람직하지 않다.

상시구조조정체계로 전환되면서 노동문제와 M&A에 있어서 경영권의 이전 및 변경이 이루어지는 M&A의 경우에 인수기업에서는 피인수기업을 본래의 경영목표와 맞게 재설계하기 위하여 경영의 합리화를 추구하게 되고 그 과정에서 감량경영이 필요하게 되어 인원정리의 가능성이 폭넓게 존재하게 된다.

따라서 절차 측면에서의 제한규정 설정과 소송 시 사용자 측에게 입증책임을 부담시키는 방법에 의한 근로자보호문제는 별도로 하더라도, 긴박한 경영상의 필요성 의미를 구체화나 완화하여 규정할 필요가 있을 것이다.

외국인 M&A 활성화의 장애요인 외국인의 M&A가 전면적으로 허용된 이후에 대기업들의 사업부문 매각과 합작 등에 적극 호응함으로써 원활한 사업구조조정에 크게 기여한 것으로 평가되고 있다. 이처럼 외국기업들의 국내기업 M&A가 용이해지고 이에 따른 외국인투자가 늘어남에 따라, 외국기업과 국내기업 간의 M&A가 활성화되었다.

또한, 정부의 강도 높은 구조조정의 요구로 국내기업들은 한계기업들과 부실기업들을 과감히 정리하게 되었다. 그러나 그동안의 지속적인 외국인의 투자여건 개선 노력에도 불구하고 외국인의 M&A 활성화를 저해하는 요인들이 일부 남아 있다.

우리나라는 IMF 경제위기 이후 국제적 정합성을 위해 회계기준을 전면적으로 개정하여 한 단계 더 높은 수준으로 끌어올렸다. 그리고 기업의 회계자료를 작성하는 단계에서부터 회계 전문 인력이 적극 참여할 수 있도록 공인회계사 선발인원도 대폭 증원하였다.

분식회계 근절을 위해 감사위원회제도를 도입하는 등 감사인의 독립성을 제고하는 동시에 분기별 재무제표제도의 도입 등 종합적인 대책을 마련하여 추진하고 있다. 이와 같이 단기간 내에 국제적인 수준과 비교하여 손색이 없을 정도로 제도와 환경을 구축하여 왔다.

합병관련 기업회계의 장애요인 합병회계준칙의 문제점으로는 합병회계준칙에 대한 인식의 부족 및 준칙준수에 대한 강제성 부족, 조세절감의 수단으로 합병회계준칙의 자의적 활용 등을 지적할 수 있다.

회사의 규모가 작아 외부감사의 대상이 아닌 경우 합병준칙의 준수 여부를 판단할 감사가 수행되지 않고 있으며 외부 이해관계자에 의한 왜곡된 정보에 대한 규제가 사실상 존재하지 않는다. 특히, 우리나라 기업합병의 특징이 첫째, 주로 정부주도의 부실기업 정리수단으로 사용되고, 둘째, 계열기업 간의 합병이라는 점이라고 볼 때 주주들의 올바른 합병회계원칙의 준수에 대한 요구가 정책적 목적에 대한 부수적인 수단으로 흐르는 경향이 있다.

정보이용자의 측면에서도 당장의 합병효과를 합병회계처리원칙의 준수에 따른 장기적인 회계실체의 재무상태의 파악보다 우선시하는 경향이 있다. 따라서 정보이용자 및 정보생산자의 입장에서 모두 복잡한 합병준칙의 준수에 대한 동기가 결여되어 있다고 하겠다.

따라서 우리나라는 기업회계보다는 세법상의 조세절감 목적이 우선시되는 현상이 발생하고 있다. 나아가 온갖 편법이 동원되어 지분통합법이 남용될 가능성이 매우 높다.

우리나라 기업합병이 관계회사 간의 부실기업 정리의 차원에서 주로 이루어진다고 할 때 동등한 협상력 아래에서 이루어질 수 있는 지분통합법의 회계처리의 발생은 극히 예외적이다. 외부정보이용자 특히, 주주들의 경우 합병준칙에 의한 회계정보의 필요성을 느끼지 못하고 있으므로 동일한 조건에서는 합병 시 또는 그 이후 조세절감의 목적이 우선시 되고 있다는 것이다. 나아가 온갖 편법이 동원되어 지분통합법이 남용될 가능성이 매우 높다.

M&A에 대한 인식부족 우리나라의 M&A는 자생적인 필요성보다는 부실화된 기업에 대한 산업 정책적 측면에서 타의에 의하여 구조조정이 추진된 경우가 많아 M&A에 대한 이해도가 매우 낮았다. 고용조정과 관련하여 노동조합을 중심으로 M&A에 대한 근로자들의 불안감과 피해의식이 상존하고 있는 등 이해관계자그룹인 임직원들의 M&A에 대한 부정적 시각이 문제이다. 무엇보다 M&A의 대상이 되는 개별기업의 경영진은 M&A란 기업경영의 기득권 변동을 가져올 수 있는 변화의 수단으로 보고 이에 대한 강한 거부감을 나타내고 있다.

M&A 관련거래에 대한 관리부재 자금력이 부족한 상태에서 M&A가 시도되는 경우 일반적으로 금융기관으로부터 관련 자금의 지원 조달이 곤란한 현실적인 이유로 제도권금융기관을 이용하지 않고 저축은행이나 사채업자를 동원하는 경우가 있다.

또한, 매도하는 기업의 대주주가 대개 해당 기업의 경영진으로 이사회 및 자금라인을 장악하고 있어 매수인 측은 매도자 측과 합의로 M&A 대상기업의 내부자금을 이용한 사적 LBO를 일으키는 경우가 있어 M&A 거래를 통해 개별기업의 가치가 악화되는 결과가 초래되며, 결국 부도나 부실화에 이르는 경우가 발생하기도 한다.

오히려 회사의 자산을 담보로 차입을 통해 추가적인 자금을 조성하여 이를 빼돌리며 영업자금을 유용하여 결국은 기업을 부실화시킬 수도 있다. 이 경우 매도자인 대주주를 제외한 나머지 주는 최대주주의 무책임하고 부도덕한 행위로 부실기업의 주주권만 갖게 되어 손실이 발생한다. 이러한 사례들이 발생할수록 사회적인 시각은 개선되기보다 M&A에 대하여 부정적인 시각을 갖게 되며 시장참여자들의 입지를 좁게 할 뿐이다.

04 M&A의 전략적 유형

M&A의 전략적 유형은 일반적으로 모든 인수합병이 비슷하다고 생각하지만 실제로 다섯 가지의 독특한 유형이 존재한다. 그 유형을 구분해낼 수 있다면 기업인수에서 성공할 가능성이 한층 더 높아질 것이다.

인수합병이라고 통틀어 말하는 기업매매 거래가 실제로는 매우 상이한 전략적 활동들로 이루어지고 있다. 성숙기에 접어든 산업에서 합병을 통해 생산용량 과다 문제를 해결하고, 지역적으로 분산되어 기업 활동이 이루어지는 산업에서 경쟁업체를 흡수 통합하는 방편이 된다.

또한, M&A를 통해 신상품 또는 신시장으로 진출할 발판을 마련하며, 자사의 미진한 R&D를 대체하기도 한다. 뿐만 아니라 새로운 산업을 창출함으로써 산업 간 경계가 붕괴되는 상황을 최대한 활용한다. 기업의 인수 활동은 이러한 이유 때문에 이루어진다.

기업통합 활동을 주관하는 경영자들이 상이한 도전과제에 직면한다는 점은 당연하다. 생산용량 과다로 기업을 인수하는 경영자는 어떤 공장의 문을 닫아야 하고 어떤 직원을 해고시켜야 할지를 신속하게 판단해야 한다. 그 반면 첨단신기술을 확보하기 위해 기업을 인수하는 경영자는 피인수기업에서 일하고 있던 최고의 엔지니어들을 떠나지 못하게 붙들어 두는 것이 과제가 된다. 이러한 두 가지 시나리오는 인수기업의 경영자가 거의 상반된 행동을 취할 것을 요구한다.

따라서 상이한 유형의 인수활동에서 발생하는 문제점들을 자원프로세스 가치관이라는 틀 속에서 검토해 보기로 한다.

1 생산용량 과다에 의한 전략

이러한 전략의 전략적 목표는 인수기업이 생산용량을 축소하고 시장점유율을 늘리며 운영을 보다 능률적으로 하기 위한 것이다. 매우 많은 인수합병이 생산용량 과다가 심각한 산업에서 이루어지는데, 이러한 산업은 대개 역사가 오래되었고 자본집약적인 경우가 많다. 생산용량 과다에 의한 인수합병은 인수합병거래의 유형 가운데 37%를 차지하고 있다. 이 범주에 드는 산업에는 자동차 · 철강 · 석유 등이 있다. 인수기업의 관점에서 볼 때 인수를 추진하는 근본적인 이유는 '먹느냐 먹히느냐' 하는 정글의 법칙이다. 이러한 유형의 인수거래는 전략적으로 의미가 있으며 전략적 의미가 있을 때에만 성공으로 이끌 수 있다.

인수기업은 경쟁력이 부족한 시설을 폐쇄하고 능력이 부족한 관리자들을 정리하고 관리프로세스를 합리화시킨다. 궁극적으로 인수기업은 시장점유율을 확대하고 운영에 효율을 기하며 능력이 더 뛰어난 관리자를 확보하고 시장에서 영향력을 확대시키게 되며 그 결과 산업 전체적으로 볼 때 초과 생산용량이 경감된다. 인수비용을 과다하게 지불하지만 않는다면 이러한 결과를 얻어내지 못할 이유가 없다.

수천 건의 인수거래가 이러한 목표를 염두에 두고 이루어지고 있다. 하지만 사후에 판단해 보면 그러한 거래가 성공적으로 이루어진 경우는 거의 없다. 그 이유는 지난 수 십 년 간의 경험을 통해 볼 때 프로세스와 가치관이 굳건하게 자리 잡고 있어 기초가 탄탄한 대규모 기업들을 합병하는 일은 엄청나게 어렵다.

물론 성숙기에 접어든 산업에 속한 대부분의 기업들이 이에 해당된다. 그러한 기업들을 합병하는 작업은 승자와 패자가 갈리는 게임이 되곤 한다. 인수기업은 가능한 많은 자사 시설을 그대로 유지하고 자사 직원들을 가능한 더 적게 해고하면서 자사의 프로세스와 가치관을 피인수기업이 받아들이도록 만들기 때문이다.

피 인수기업의 직원들에게 득이 되는 것은 별로 없다. 위와 같은 이유와 더불어 또 다른 이유 때문에 생산용량 초과를 해결하기 위한 인수거래에는 특별한 관심을 기울여야 한다. 지금부터는 각각의 요소들에 대해 자원프로세스 가치관이라는 틀 내에서 설명하기로 한다.

먼저 자원의 관점에서 생각해보자. 합리화라는 목표를 달성하기란 결코 쉽지 않다. 조직 간 권력 다툼이나 법적인 문제 또는 흔히 볼 수 있는 인간 본성 등의 형태로 나타나는 비합리적인 요소들이 필연적으로 개입되기 때문이다. 이러한 문제들로 말미암아 애초에는 우선순위가 명백해 보이는 일들이 복잡하게 꼬이게 된다.

우선 인수기업과 피인수기업의 고위 경영자들에게 발생하는 문제부터 짚어보자. 특히 대등한 기업들의 합병이 이루어질 때 합병작업은 매우 성가시고 많은 시간을 허비하며 정치적 성격을 강하게 띠게 된다.

경영진은 자신의 위치를 고수하는데 에너지를 쏟게 되고 이에 따라 사업이 어려움에 빠지게 된다. 이러한 현상은 계속 되풀이되어 조직의 최하위 계층에 있는 일반 직원들에게까지 퍼져 나가게 된다. 어느 한 쪽의 규모가 훨씬 큰 인수거래 시에도 문제점이 나타난다. 새로 인수된 회사 출신의 가장 우수한 직원들이 회사를 떠나버릴 가능성이 크다. 인수기업과 피인수기업 임직원들이 뒤섞여 지낼 때 직원들은 기업 내에 존재하는 다수의 문화를 절충해서 수용해야 한다.

어떤 물리적 시설을 폐쇄할 것인지를 결정하는 일은 어떤 사람을 해고해야 할 것인지를 결정하는 일보다 간단하거나 분명한 문제가 아니다. 시설은 입지 · 제품믹스 · 회계비용 · 환경문제 · 정부의 규제 정도 · 채용관행 등에 따라 매우 다양하다.

합병에 참여한 기업들은 자사 자원의 질이 상대적으로 높다고 주장하기 마련이다. 살아남은 사업부는 대개 자체의 자원이 훨씬 우수하다고 주장하기 마련이지만 항시 그렇지만은 않다. 피인수기업의 관리자들에게 폐쇄해야 할 시설이나 제품 라인을 결정하라고 요구할 경우 그들은 현상유지에만 사로잡혀 효과적인 퇴출전략을 제대로 설계하지 못한다.

비즈니스 프로세스를 통합하는 일은 직원들을 통합시키는 일보다 훨씬 더 어렵다. 대기업들은 성과측정 · 제품개발 · 자원배분에 활용하는 정교한 시스템을 갖추고 있으며 이러한 시스템은 대기업의 사업수행방식에 완전히 중추적인 역할을 담당한다. 새로운 시스템을 단순히 받아들이게 하는 데에도 상당한 시간이 소요되며 관리자들이 시스템을 효과적으로 활용하게 만들기 위해서는 여러 해가 걸릴 수 있다.

다임러벤츠사(Daimler-Benz)와 크라이슬러사Chrysler)가 합병했을 때 그러한 문제들은 아주 사소한 것에서부터 매우 심각한 것에 이르기까지 폭발적으로 늘어났다. 다임러와 크라이슬러사는 양사 모두 자사가 생산용량 초과로 인해 휘청거리고 있다는 분석을 내린 상태에서 동일업종의 대등한 회사 간의 합병으로 출범했다. 양사의 최고경영층은 상대회사의 독특한 자산과 역량이 자사와 결합되어 완벽한 조화를 이루어낼 것이라고 인식했다.

그러나 양사의 경영방식이 놀랄 만큼 달랐기 때문에 업무관계가 곧 혼란에 빠져들고 말았다. 독일 임원진은 모든 이슈에 대해 상세한 토의자료를 준비하는 임원보좌역들을 두고 있었다. 미국 임원진은 보좌역을 두지 않았고, 엔지니어나 다른 전문가들과 직접 대화를 나눈 다음 스스로 의사결정을 내렸다. 독일인들의 의사결정은 관료적 절차를 밟아 최고경영층에 전달되어 최종 승인을 받는 식으로 이루어졌으며, 일단 최고경영층의 승인이 이루어지면 그것은 확고부동한 방침으로 굳어져 추진되었다.

미국 임원들은 중간 계층에 있는 직원들이 스스로 알아서 일을 처리하도록 허용했기 때문에 임원 수준의 승인을 받지 않고서도 주도적으로 일을 추진해 나갈 수 있게 해주었다. 독일인들은 직장에서 담배를 피웠고 점심시간에 와인을 마셨으며 밤늦게까지 일하고 피자와 맥주를 배달시켜 먹었다. 합병되기 이전 크라이슬러사는 작업장 내에서 음주와 흡연을 금지했다. 미국인들은 업무 마감이 임박했을 때에는 밤샘작업을 하기도 했으나 항시 밤늦게까지 일하지는 않았다. 별로 놀랄만한 일은 아니지만 이러한 문화적 차이와 프로세스상의 차이는 완화되기보다 점점 악화되었고 결국 최고위계층 경영자들 사이의 긴장을 고조시켰다.

다임러크라이슬러사의 사장인 토머스 스톨캠프가 크라이슬러 출신 임원들을 보좌할 내부 자문스태프를 두었을 때 다임러사의 대표이사인 위르겐슈렘프는 스톨캠프가 인원수로 밀어붙이는 의사결정을 하려고 한다고 비난했다. 스톨캠프가 업무처리 방식에 대해 문제를 제기하자 슈렘프는 스톨캠프가 하찮은 일을 가지고 트집을 잡는다고 책망했다.

끝으로 회사의 가치관이 상이할 때 나타나는 문제점에 대해 살펴보자. 이는 프로세스에 관련된 문제점에 비해 명확한 설명이 어렵긴 하지만 이에 못지않게 중요한 문제이다. 가치관에는 회사가 직원들에게 어떠한 의무를 지니며 직원들은 회사에 어떠한 의무를 지니는가. 어떠한 행동이 보상을 받는가. 그리고 회사가 무엇을 표방하는가. 등에 관련된 공유된 전제가 포함되어 있다. 성숙기에 이른 과점적 산업 내에서 합병하는 기업들이 유사한 가치관을 갖고 있는 경우는 흔히 찾아볼 수 있다.

예컨대 케미컬은행이 매뉴팩처러스하노버은행을 인수하고 그 후에 체이스은행을 인수했을 때 뉴욕을 기반으로 활동했던 이들 은행은 전문적인 은행가들이 이끌고 있었기 때문에 문화가 유사했으며, 이로 인해 통합이 성공을 거둘 수 있었다.

대규모 기업 간 합병에 참여하는 기업들이 가치관을 공유하고 있지 않을 경우 다임러사와 크라이슬러사의 사례에서 볼 수 있듯이 심각한 문제가 발생할 수 있다. 앞서 언급했듯이 이 두 회사의 업무처리방식과 전제는 처음부터 극단적으로 달랐다. 또한, 이러한 차이점은 처음에 생각했던 것보다 점점 심화되었다.

다임러사는 기술 중심적인 회사였지만 크라이슬러사는 판매와 마케팅에 좀 더 초점을 맞추고 있었다. 다임러사의 임원들에게는 특전이 많이 제공되고 있었지만, 크라이슬러사의 임원들에게는 급여가 더 많이 제공되고 있었다. 다임러사의 활동적인 리더였던 슈렘프는 자신이 간소화되고 혁신적인 자동차회사를 인수했다고 생각했지만, 그의 모든 경험은 좌절감만을 안겨주었다.

미시간주의 오번힐즈에 있는 크라이슬러사의 전임 사장의 집무실로 옮긴 다음 그는 시가를 피울 수 있도록 스프링클러를 껐으며 적포도주를 마실 수 있도록 바를 설치했다. 그것은 그가 할 수 있는 일이었다. 그가 할 수 없었던 일은 그가 필요로 했던 사람들을 떠나지 못하도록 붙들어 두는 일이었다.

크라이슬러사의 에너지 원천이었던 크라이슬러사의 제조기술 홍보부서의 고위 리더들은 슈투트가르트의 기능적 관료체제에 자신들의 운명을 종속시켜야 한다는 것을 깨닫고 떠나버렸다. 두 회사 관리자들이 자기 자신과 자신들의 역할 그리고 자신들의 회사에 대해 생각하는 방식이 근본적으로 달랐기 때문에 이론상으로는 완벽한 조화를 이루리라고 생각되었던 것이 제대로 실현되지 못했던 것이다.

기업을 통합하고 문화를 통합시키는 일은 저마다 복잡하고 독특한 성격을 띤다. 물론 모든 상황에 적합한 규칙은 존재하지 않는다. 하지만, 인수합병 과정에 대해 일반적인 수준에서의 관측은 가능한데 각 각의 전략적 인수합병 활동에 대해 논의하다 보면 몇 가지 권고안을 얻어낼 수는 있다. 이러한 가이드라인은 인수나 합병을 고려할 때 효과가 있는 것과 효과가 없는 것 그리고 주의해야 할 점 등에 대해 다루고 있다.

합병한 회사에 대한 합리화 작업을 단행하지 않고서는 제대로 운영할 수 없으므로 신속하고 효과적으로 합리화 작업을 시행할 수 있는 방법을 모색해야 한다. 인수기업의 자원이 피인수기업의 자원보다 더 뛰어나다고 가정해서는 아니 된다. 또한, 사람들이 수년에 걸쳐 만들어온 것을 손쉽게 포기할 것이라고 기대해서도 아니 된다. 피인수기업으로 하여금 인수기업의 프로세스를 신속하게 받아들이게 만들어야 한다.

만일 피인수기업의 규모가 인수기업과 비슷하고 프로세스가 상이하다면 문제가 발생할 것으로 예상해야 한다. 핵심인력 중 일부가 떠나버림으로써 합병기업을 합리화시키는 작업에 어려움이 발생할 것이다. 자발적인 동의를 얻어내는 것이 가장 좋지만 조기에 동의를 확보하는 것이 필수적이다. 국가 · 종교 · 민족성 · 성별 등이 달라 발생하는 차이점을 전부 근절시키려고 하지 말아야 한다. 인수합병 시 높은 프리미엄을 지불해야 할 필요가 있을 경우 성과를 얻어내는 데 걸리는 시간이 훨씬 더 앞당겨질 것이라는 점을 명심해야 한다.

만일 피인수기업의 프로세스와 가치관이 가치가 있는 것이어서 인수를 했다면 시간이 필요하다. 인수합병 거래가 이루어지기 전에 그러한 프로세스의 가치를 이해하지 못했거나 인정하지 않았던 임원들은 인수합병이 이루어진 이후에도 피인수기업을 제대로 관리하지 못할 것이다. 대규모 기업 간 합병을 하려고 할 때 두 회사의 프로세스와 가치관이 비슷하지 않다면 한걸음 뒤로 물러서서 합병이 적절한지를 재고해 볼 필요성이 있다.

2 지리적 흡수통합을 위한 전략

지리적 흡수통합을 위한 인수합병은 언뜻 보면 생산용량초과에 의한 기업인수와 비슷해 보이지만 지리적 흡수통합을 위한 인수합병이 산업수명주기의 초기에 전형적으로 이루어진다는 면에서 볼 때 생산용량초과에 의한 기업인수와는 본질적으로 다르다. 많은 산업은 지리적으로 분산된 상태에서 장기간 존속한다. 즉 특정한 지역에서 생겨난 기업들은 해당 지역에서 활동을 영위하며 한동안은 어느 기업도 특정 지역 또는 전국적으로 지배적인 위치를 구축하지 못한다.

성공적인 전략을 구사한 기업들이 결국에는 인근지역에 있는 다른 기업들을 흡수통합시킴으로써 지리적으로 확장하게 된다. 만일 특정지역 고객들과의 관계가 중요한 경우 대개 운영단위(operating units)는 그 지역에 맞추어 활동을 계속한다. 인수기업은 그러한 활동을 통해 운영비를 절감함과 동시에 고객에게 제공하는 가치를 향상시킨다.

생산용량초과에 의한 인수와 지리적 흡수통합에 의한 인수는 둘 다 사업단위를 통합시키는 것이기 때문에 각 사례별로 분석해 보지 않으면 양자를 구분하기 어렵다. 하지만, 두 가지 형태의 인수합병은 몇 가지 면에서 근본적으로 다르다. 우선 인수합병을 하는 전략적 이유가 다르다.

지리적 흡수통합은 규모의 경제와 범위의 경제를 달성하기 위해 이루어지며, 거대규모 기업을 구축하기 위해 이루어지는 경우가 많다. 생산용량초과에 의한 인수합병은 생산용량과 중복자산을 줄이는 것을 겨냥하며 이는 규모가 점점 축소되는 세계시장에 맞추어 거대규모 기업을 경량화시켜 나가는 과정에서 이루어진다.

지리적 흡수통합을 위한 인수합병은 생산용량 초과에 따른 인수합병과 달리 양자 모두 승리하는 것을 전제로 하는 경우가 많기 때문에 성공으로 이끌기가 좀 더 수월하다. 규모가 더 큰 기업에 인수되는 소규모 기업은 여러 가지 문제 즉 고용승계, 자본과 전국적인 마케팅 및 최신 기술의 활용 규모가 더 큰 경쟁기업으로부터의 위협제거 등을 해결하는데 도움을 받을 수 있다. 인수기업의 입장에서는 인수합병을 통해 다른 지역에 진입해 현지에 적합한 경영을 해나가야 한다는 문제를 해결할 수 있다. 대규모 회계법인들은 이러한 방식으로 조직을 확장시켜 나간다. 대규모은행, 장례식장의 대규모 체인망, 호텔체인, 신흥 대규모 인터넷 컨설팅회사 등도 그러한 방식을 취하고 있다.

지리적 흡수통합을 위한 인수합병에서 자원은 대개 문제가 되지 않는다. 인수기업은 일반적으로 소규모 기업을 원래대로 유지하면서 현지의 경영진을 그대로 승계해 운영하는 경우가 많기 때문이다.

어떠한 유형의 인수합병 거래라 할지라도 인수 대상기업을 제대로 선정하지 못해 실제가치보다 더 비싼 가격을 지불하고 인수하는 일이 발생할 수 있다는 점을 명심해야 한다. 지리적 흡수통합을 위한 인수합병의 경우 주로 피인수기업에 새로운 프로세스와 가치관을 도입하는 것이 주요 도전과제가 된다.

인수기업은 피인수기업의 자원인 현지관리자 · 상표 · 고객 등을 그대로 유지하면서 피인수기업이 인수기업의 프로세스를 받아들이게 만든다. 인수기업의 프로세스 때문에 인수거래가 의미 있는 것이 되는 경우는 매우 흔한데 인수기업의 프로세스를 활용해 피인수기업을 훨씬 더 효율적인 기업으로 탈바꿈시키는 경우가 많다. 하지만, 인수기업은 이러한 2단계 조치를 서둘러 취할 필요가 없다. 실제로 인수기업은 초기에서 두르지 않고 서서히 일을 해나가야 한다. 피인수기업의 관리자들이 새로운 프로세스에 익숙해지려면 시간이 필요한 경우가 많기 때문이다.

뱅크원은행은 지방은행과 지역은행들을 흡수통합 하는 데 있어 주목할 만한 성공을 거두었는데 뱅크원은행은 프로세스 문제에 특별히 주의를 기울였다. 뱅크원은행은 "보기 드문 파트너십"이라는 구호 하에 관리자들을 피인수기업에 신속히 파견해 피인수기업에서 사용되던 것보다 간편한 자사의 프로세스를 은행업무 처리에 활용하게 만들었다. 그 반면에 피인수은행의 관리자들이 새로운 경제적 목표를 달성할 수 있는 방법을 차근차근히 배워 나갈 수 있도록 허용했는데 이를 위해 창의적인 인센티브 보상을 제공했을 뿐만 아니라 각종 후원과 지도 훈련을 활용했다. 지리적 흡수통합을 위한 인수합병 시 소규모 기업과 때로는 가족소유 소기업을 인수하는 경우가 많다. 이러한 소규모 기업이 강하고 독특한 가치관을 지니고 있는 경우 그것을 신속하게 바꾸려고 하다 보면 필요 없는 것을 없애려다가 소중한 것까지 함께 잃게 되는 결과가 초래된다.

피인수기업들은 보다 합리화되고 능률적인 프로세스를 환영하는 경우가 많다. 하지만, 상당한 저항이 발생할 경우 시간을 가지고 서서히 접근함으로써 피인수기업 직원들이 새로운 프로세스에 적응할 수 있게 만들어야 한다. 지리적 흡수통합을 위한 인수합병에 있어 능률성을 신속히 확보하는 것보다는 핵심 직원과 핵심 고객을 붙잡아 두는 것이 훨씬 더 중요하다. 피인수기업에 강한 문화가 자리 잡고 있는 경우에 그와 다른 가치관을 도입하려면 치밀하고 점진적으로 접근해야 한다. 이때 채찍보다는 당근을 활용해야 한다. 특히 급여수준이 높고 대체가 어려운 직원들의 경우 더욱더 그렇게 해야 한다.

3 제품 또는 시장확장을 위한 전략

인수합병의 세 번째 범주는 기업의 제품라인을 확장시키거나 해외시장에 진출하기 위해 이루어지는 형태이다. 이러한 인수합병은 지리적 흡수통합을 위한 인수합병과 유사한 경우도 있고 대규모 기업 간 거래형태로 이루어지는 경우도 있다. 이러한 인수합병은 또한 단순히 인근도시나 인근지역으로 진출하기보다는 다른 국가로 진출하는 형태를 띠는 경우도 있다. 이러한 인수합병의 성공가능성은 거래 당사자 기업들의 상대적인 규모에 달려 있다.

거의 대등한 기업들이 합병할 경우에는 생산용량초과에 의한 인수합병 시 나타나는 문제점이 그대로 드러난다. 즉 기초가 탄탄하게 잡혀 있던 대기업으로 하여금 새로운 프로세스와 가치관을 받아들이도록 만들 때 경험할 수 있는 어려움에 봉착하게 된다. 그 반면 대규모 기업이 소규모 기업들을 계속해서 인수해 나갈 경우에는 성공가능성이 높아진다. 확장을 위한 인수합병거래는 지리적 흡수통합을 위한 인수합병과 공통점이 많지만 새로운 가치관은 고사하고 새로운 프로세스를 도입하려는 과제조차도 훨씬 더 큰 어려움을 갖는다.

그 예로서 퀘이커오츠사가 스내플사를 인수했을 때 퀘이커오츠사는 자사의 광고 및 유통과정이 스내플사에게는 전혀 적합하지 않다는 사실을 알게 되었다. 그와 마찬가지로 영국의 소매업체인 막스앤스펜서가 피플즈백화점을 인수했을 때 훌륭하기로 소문난 자사의 유통시스템이 캐나다의 지리적 구조에 대처하기에는 역부족이라는 사실을 깨달았다.

이와 대조적으로 GE는 동일한 유형의 인수활동에서 큰 성공을 거두어왔다. 잭 웰치의 지휘 아래 거 대규모 기업 GE는 사업단위별로 어떠한 요구를 하여 균형을 유지해야 할 것인지에 대해 극도로 세심한 주의를 기울이고 있다. 임원들은 GE 본사와 인수가치가 있는 기업들이 담당해야 할 역할 간의 중요한 차이점이 무엇인지에 주의를 기울이고 있다.

인수하고자 하는 대상이 무엇인지를 명확하게 이해하는 것이 무엇보다 필요하다. 주력사업에서 벗어날수록 무엇을 인수하는가에 대해 확신하기 어렵다. 인수기업의 입장에서 핵심이라고 생각하는 프로세스가 피인수기업이 사용하고 있는 프로세스와 전혀 다를 수 있다는 점을 명심해야 한다.

문화적 차이와 정부규제로 말미암아 핵심 프로세스가 제대로 실행되지 못할 수도 있다. 인수대상기업을 매입하기로 결정하게 만든 성공 요인이 어떻게 해서 형성된 것인지를 충분한 시간을 가지고 파악하는 것도 잊어서는 아니된다. 인수기업은 제품개발 능력이 뛰어나지 못하지만 피인수기업은 제품개발에 뛰어나다는 식의 이유를 파악하고 인수기업의 규모가 인수대상기업에 비해 상대적으로 크다면 성공을 거둘 가능성이 높아진다는 사실을 명심해야 한다.

4 연구개발 활동 대체전략

인수합병의 네 번째 범주로서 내부 연구개발 활동을 대체하기 위한 기업인수는 제품 및 시장 확장을 위한 인수합병과 연관되어 있긴 하지만 이러한 형태의 인수합병은 극히 최근에 나타나기 시작했고 이에 대한 검증이 제대로 이루어지지 않은 상태이므로 별도로 다루고자 한다.

점점 짧아지는 제품수명주기에 대응해 시장 내에서 지위를 확보하기 위해서 소위 하이테크회사들과 생명공학회사들은 연구개발 활동을 직접 수행하는 대신에 다른 기업을 인수한다. 시스코사의 대표이사 겸 사장인 존체임버스는 "만일 6개월 내에 부품이나 완제품을 개발할만한 자원이 없다면 필요한 것을 사들이는 수밖에 없다. 그렇게 하지 못하면 기회는 달아나고 만다."라고 말한다.

시스코사는 인터넷 서버와 통신장비 분야를 지배하기 위한 경쟁을 벌이면서 62개 회사를 인수했다. 인수 대상기업의 입장에서 보면 기술시장에서 지속 가능한 회사를 구축하려면 막대한 자금이 소요되므로 자사를 매각하는 것이 바람직해 보이는 경우가 많다. 또한, 인수에 나설 가능성이 있는 회사 예컨대 마이크로소프트사와 직접적으로 경쟁할 경우 쉽게 박살이 날수도 있다. 마이크로소프트와 시스코는 연구개발을 대체하는 수단으로서 인수활동을 적극적으로 전개하고 있는데 이 두 회사의 성공은 연구개발로서의 인수합병전략이 효과가 있음을 보여주고 있다. 그러나 규모가 좀 더 큰 표본을 대상으로 장기간에 걸쳐 연구한 결과는 아직까지 나오지 않고 있다.

연구개발을 대신하는 인수합병전략이 생명공학회사보다는 정보기술회사들에게 좀 더 적합한 전략이 된다는 점은 일부 입증되고 있다. 왜냐하면, 연구개발을 대체하는 수단으로 제약회사들이 수행한 인수활동이 재무적 성과로 나타나기까지 상당한 시간이 소요되기 때문이다. 그 차이점은 IT 설계가 모듈방식을 취하고 있다는 점 때문에 나타날 수도 있다.

연구개발을 위한 인수활동을 하는 기업이 당면하는 도전과제에 대해 단정적으로 말하기에는 이른 시점이긴 하지만 문제가 분명히 발생할 수 있는 영역을 지적할 수 있는데, 그러한 영역은 자원 프로세스 가치관이라는 틀 내부의 곳곳에 일정하게 분포되어 있다. 인수기업이 직면하는 크나큰 과제는 핵심 인력들을 붙들어 두는 것이다. 이러한 개개인이 보유하고 있는 전문성은 그들이 개발해낸 기술 자체보다 훨씬 더 가치가 있다. 일반적으로 볼 때 피 인수기업의 핵심 인력들이 떠난다면 인수는 성공할 수 없다. 하지만, 십중팔구는 인수 그 자체가 핵심 인력들을 부자로 만들어 주었을 것이며 회사가 바뀌어 가는 방식이 마음에 들지 않을 경우 그들은 주저 없이 회사를 떠날 것이다.

인수기업이 아무리 세심한 주의를 기울여 새로운 프로세스와 가치관을 받아들이게 한다고 해도 기업가 정신이 충만한 소규모 기업들은 과거보다 제약조건이 훨씬 더 많아졌고 심지어 관료화되었다고 느낄 것이다. 뱅크원은행에 회사를 매각한 지방은행 소유주는 그로 인해 저렴한 자본을 활용하고 상품의 종류를 늘리고 규모가 더 큰 은행의 마케팅 능력을 활용함과 동시에 '사장'이라는 직함을 유지할 수 있었기 때문에 매각하길 잘했다고 생각했을 수 있다. 하지만, 기술자 겸 관리자들을 기분 좋게 만들기 위해서는 인수기업이 훨씬 더 많은 기량을 발휘하고 공을 들여야 한다.

지리적 흡수통합을 위한 인수합병과 제품 또는 시장 확장을 위한 전통적인 인수합병과 달리 연구개발을 대체하기 위해 인수·합병을 할 때에는 상황이 너무 빠르게 바뀌기 때문에 인수기업은 인수 대상기업을 기존 구조에 연결시키는 일에 시간을 낭비해서는 아니된다. 그 다음 과제는 인수기업의 직원들이 일을 망치지 않게 단속하는 일이다. 기술력이 뛰어난 오늘날의 대기업에는 "우리 것이 아니다."라는 오만한 자세로 새로운 것을 배척하는 증후군이 자리 잡고 있는데 이로 인해 인수거래가 무산되기 쉽다. 인수 대상기업은 자사의 기술력을 자랑하지만, 인수기업은 다르게 생각할 때 인수기업 내부의 연구개발 인력들은 외부인들을 괘씸하게 생각할 것이다. 시스코사는 이러한 긴장을 극도로 잘 관리하고 있는데 시스코사는 인수한 회사의 실력이 자사보다 뛰어난 경우가 종종 있다는 점을 인정하는 문화가 형성되어 있다.

5 산업융합에 의한 전략

앞에서 살펴본 네 가지 범주의 인수합병은 하나의 특정한 산업 내에서 활동하는 기업들 사이의 관계가 바뀌는 것과 관련이 있다. 인수합병의 마지막 범주는 산업의 형태가 근본적으로 변화되는 것과 연관되어 있다. 이러한 인수합병은 입증되지 않은 가설을 토대로 새로운 산업과 비즈니스 모델을 창시하는 것인데 경계가 사라져가는 기존 산업들로부터 자원을 추려내 결합시킴으로써 중요한 시너지를 창출하게 된다.

산업융합에 의한 인수합병의 경우 다른 네 가지 범주의 인수합병에 비해 경영진에게 주어지는 과제가 훨씬 더 어렵다. 이러한 인수합병의 성패는 인수와 통합을 얼마나 잘 해내느냐 하는 것뿐만 아니라 산업의 경계에 대해 얼마나 현명하게 예측을 하느냐에 의해서도 좌우된다.

연구개발로서의 인수합병과 마찬가지로 산업융합에 의한 인수합병도 면밀한 분석이 어렵다. 하지만, 산업융합에 의한 인수합병의 경우 그러한 활동이 새로운 것이기 때문에 분석이 어려운 것은 아니다. 면밀한 분석이 어려운 이유는 이질적인 회사들을 결합시켜 전략적 지렛대 효과를 얻어내려는 시도가 사안별로 매우 독특하기 때문이다.

기업들의 규모에 상관없이 이러한 인수합병은 현재 진행 중인 일종의 창업활동이며 현시점에서 볼 때 그러한 활동의 성패 여부는 창업가의 기량과 운뿐만 아니라 다른 요인에 의해 좌우되는 것 같다. AT&T의 최근 역사를 살펴보면 도박과도 같은 그러한 활동이 얼마나 어려우며 또한 그것을 승리로 이끄는 것이 얼마나 어려운지를 잘 알 수 있다.

AT&T가 컴퓨터제조업체인 NCR을 인수한 것은 AT&T 그리고 다른 많은 회사가 컴퓨터와 통신이 수렴 · 융합하는 산업이라고 생각했기 때문이었다. 그러나 그러한 결합은 성공하지 못했다. 그 반면 AT&T가 맥코우사의 무선통신 사업부를 인수한 것은 매우 효과가 있었다. AT&T가 맥코우에 지불한 인수가격을 정당화시킬만한 재무적 성과를 얻었는지 여부는 별개의 문제이다. AT&T는 케이블TV 업계에서 몇 개 업체를 인수했는데 케이블TV 업계의 제왕이라고 할 수 있는 존멀론이 지리적으로 흡수 · 통합시켰던 TCI사를 인수한 일이 특히 두드러진다. AT&T는 자사를 네 개의 사업단위로 분리시켰다. 누구라도 최소한 AT&T의 전략이 진화하고 있다는 결론을 내릴 수 있는 상황인 것이다.

몇몇 연예·오락 회사들도 이러한 접근방식을 취해 더 나은 성과를 내고 있는 것이 분명하다. 바이어컴사는 "범세계적 브랜드를 구축한 연예오락콘텐츠 제공회사"로서 성공을 구가하고 있다. 바이어컴사는 파라마운트가 소장하고 있는 영화 필름을 활용해 MTV와 니컬로디언사를 세계시장으로 확장시켜 나가고 있으며 비디오 대여업의 산업구조를 정비해 나가고 있다.

한편, 니컬로디언사의 상표가 부착된 만화영화는 파라마운트사가 영화산업에서 활동하는 인재들의 비용을 통제하는데 도움을 주고 있다. 디즈니사와 루퍼트머독의 뉴스코퍼레이션사도 동일한 영역에서 활발한 활동을 전개하고 있다. 다른 산업에서는 산업융합을 위한 인수합병이 어떠한 경우에 성공하고 어떠한 경우에 실패하는가를 판단하기 어렵다. 시어즈로벅사는 자사의 소매업이 자연스럽게 금융서비스로 확장될 것으로 생각했으나 후에 디스커버사와 딘위터사로부터 투자를 회수하기로 결정했다.

산업융합에 의한 인수합병 거래 중 성공하는 거래는 일련의 단계를 밟는 것 같다. 먼저 인수기업의 회계 및 통제시스템을 인수 대상기업에 설치 운영한다. 다음으로, 인수기업은 필수적이지 않은 프로세스들을 합리화시키기 시작한다. 하지만, 그러한 작업이 신속하게 이루어지지는 않는다.

끝으로 인수기업의 전략적 목표에 적합하지 않은 사업을 정리해 포트폴리오를 정비한다. 이러한 조정작업이 이루어지고 난 다음 자회사들에게는 매우 큰 자율성이 부여된다. 조직과 시스템에 균형을 잡는 것이 중요하다는 인식에 의해 사업을 통합시키는 작업이 견인되기보다는 가치를 창출할 수 있는 구체적인 기회에 의해 사업통합작업이 견인된다. 어느 곳을 연결시켜야 할지를 결정하는 일에 최고경영자들이 반드시 관여한다. 전략적 통합은 하의상달로 자연스럽게 이루어지는 활동이 아니기 때문이다.

Chapter 04

M&A 추진전략

01 목적별 추진전략
02 주체별 추진전략
03 전략적인 추진전략

01 목적별 추진전략

1 성장형 전략

기업이 성장의 기회를 모색하려면 인수합병(M&A) · 가치사슬(Value Chain)의 재구성 · 소비자 감성 활용 등 세 갈래의 성장형 전략을 구사해야 한다. 아직까지도 M&A에 수동적으로 접근하는 기업이 많다. 수동적인 접근으로 일관하는 기업은 거시 경제 요인 변화나 예상 밖의 상황에 무방비로 노출된다. 그리고 이런 상황이 발생할 때 현 시점에서 선택 가능한 모든 전략 대안을 고려하기보다 가시적으로 보이는 전략안만을 고려하게 된다. 또한, 합병의 파급효과를 충분히 검증하지 않은 채 의사결정을 내릴 위험도 있다. 실수는 성장기회 상실과 주주 가치 파괴로 이어진다는 점을 기억해야 한다.

성공적인 인수기업으로 거듭나기 위해서는 먼저 회사의 성장전략을 정의하고 성장실현을 위한 M&A의 역할을 정의해야 한다. 또한, 전략을 분명히 이해하고 M&A가 기업성장을 위해 할 수 있는 역할을 명확히 이해할 때만이 전략적 가치가 없는 인수대상기업은 신속히 배제함으로써 가장 가치 있는 인수대상기업에 대한 상세한 리스트를 마련하고 향후 M&A 전략의 적정성을 평가할 기본정보와 전략을 개발할 수 있는 것이다. 성장전략과 연계된 적절한 인수대상의 선택, 인수를 통한 성장이 회사에 가장 적합한 성장전략이라고 판단되었다면 다음으로 적절한 인수대상을 가려내야 한다. 이때 기업이 고려해야 할 요소는 업계경쟁력을 구성하는 요소와 회사의 현재 역량수준 그리고 매력적인 인수후보기업 유무 등이다.

성장전략은 기업의 장기적 성장목표와 그 목표에 이르기 위한 성장계획을 말한다. 따라서 기업의 성장전략에는 장차 회사가 어떤 사업을 할 것인가, 회사는 어떤 강점을 가진 기업이 될 것인가, 회사의 장래 규모는 어느 정도가 적절한지 등 장기적인 성장과 발전에 대한 목표와 계획이 포함된다. 그리고 단지 목표를 세우는 것만으로는 아무런 변화도 일으킬 수 없으므로 성장계획이 필요하게 된다.

성장계획에는 그 목표를 이루기 위해서는 어떤 일을 해야 하고, 그 일을 위해서는 어떤 자원이 필요하며, 그리고 그 자원은 어떻게 확보할 수 있는지에 대한 세밀한

계획도 필요하게 된다. 이와 같이 장기적 성장과 발전에 대한 목표 및 실행계획을 합쳐 장기성장계획이라고 한다. 기업의 성장전략은 곧 장기성장계획을 뜻한다.

모토롤라사의 성장전략을 예로 들어 보면 다음과 같다. 모토롤라(Motorola)사는 90년도에 급격한 이익하락에도 불구하고 이동무선전화 및 무선 호출기 개발에 많은 투자를 하였다. 그 이유는 이 시장을 선점하여 리더가 됨으로써 적정규모와 생산경험 등으로 생산단가를 절감할 수 있다고 판단했기 때문이다. 또한, 경쟁자가 생길 경우 판매단가의 인하경쟁으로 인해 생산단가가 높으면 생존하기 어려운 처지에 놓이게 된다. 모토롤라사는 생산단가의 절감이유 외에 다음과 같은 이유로 성장 전략을 택하게 되었다. 성장하는 기업은 약간의 경영상 실수나 비효율적인 사항에서 야기된 타격을 정체된 기업보다 덜 받는다. 또한, 대기업이 위기에 처했을 땐 지원받을 가능성도 크다. 성장기업에는 승진기회 · 해 볼만 한 일 · 높은 일자리가 많기 때문에 인재확보가 쉬워진다. 또한, 자금유통이 쉬우며 금융비용 또한 적어지기 때문에 유리하다. 변화가 심하고 위험이 따르는 산업에서 안정화 전략은 단기적인 성공에 불과해 장기적으로는 실패하기 쉽다. 따라서 변화의 위험성이 많은 산업에서는 성장 전략이 유리하다.

침체기일수록 산업의 균형이 깨어지기 때문에 M&A를 적극적으로 활용할 수가 있다. 과거에 일어났던 M&A를 비교해 보면 경기침체기의 M&A가 더 높은 가치를 창출한다는 것을 알 수 있다.

첫째, 매물의 가격이 낮기 때문에 과도한 프리미엄을 지불할 필요가 없기 때문이다.

둘째, 침체기에는 인수하고자 하는 매각대상의 기초가 어느 정도 수준인지 가늠할 수 있다. 아무리 실사작업을 열심히 하더라도 그 회사 본질상의 바탕에 대한 건강은 알지 못한다. 다만, 침체기에는 당장의 유동성 위기가 있더라도 fundamental이 좋은 회사와 그렇지 않은 회사 중 옥석을 가릴 수 있는 기회가 된다. 버블이 없어진 상태이기 때문에 인수하고자 하는 매물을 골라내기에는 오히려 적정한 시기이다.

셋째, 매물이 있기 때문에 하는 M&A가 아니라 침체기임에도 전략적으로 의미가 있는 M&A만 전략적으로 선별하게 된다.

침체기에 M&A를 고려하는 이유는 여러 가지가 있을 수 있다.

첫째, 기업이 가지고 있는 포트폴리오 완성이다. 평소에 모자랐던 핵심기술, 또는 핵심시장 진출을 위해 그러한 포트폴리오를 정착을 시키고 완성시키기 위한 기회로서 고려할 수 있다. 반대로 불필요한 사업부분을 매각함으로써 핵심 사업에 대한 가치를 창출하는 것이 중요하다.

둘째, 산업의 통폐합이다.

셋째, 해외 진출이다. 지금이야말로 미국, 유럽의 저가 매물이 많이 나와 있는 상태이다. 우리나라 · 중국 · 인도 등 신흥국에서 선진국의 오래된 브랜드나 기업을 인수할 수 있는 기회이기도 하다.

2 유지형 전략

기업은 경쟁과 균형관계를 유지하며 안정적인 성장과 이익의 극대화를 추구한다. 산업별로 차이가 있으나 대부분의 업종에서 이러한 경쟁과 균형관계가 성립되며 이러한 구도가 갑자기 변화되면 기업의 미래가 불투명해지는 경우가 있기 때문에 이를 유지하기 위한 M&A 전략을 활용하게 된다.

계속되는 경영환경 변화 속에서 탄력적으로 대응함으로써 균형관계를 유지하고 유지관계를 통하여 경영활동 과정에서 나타나는 경영성과 이외에 얻어지는 학습효과를 적절히 활용하는가도 중요한 요소이다.

균형관계를 유지하기 위해서는 반드시 필요한 핵심 역량을 확보해야 할 것이다. 기업이 독자적으로 핵심 역량을 개발하기 위해서는 시간 혹은 자원 배분의 측면에서 제약이 따르게 되므로 M&A를 통해 확보하는 것이 더 경제적일 수 있다.

이 경우 기업은 성공적인 M&A를 성사시켜 영업력 · 기술력 등의 분야에서 단번에 필요한 핵심역량을 획득할 수도 있고, 사업범위를 다각화하려는 경우에도 M&A를 통해 사업 영역의 유지가 가능해진다. 불확실성이 크고 빠르게 변화하는 디지털 경제시대에서 시장 환경이나 고객의 요구에 신속하게 대응하기 위해서는 M&A를 통해 필요할 때마다 필요한 기술역량을 기업 외부에서 조달하는 것이 더욱 효과적일 수 있다.

안정화전략은 아무것도 하지 않는 전략이 아니다. 또한, 이익증대목표를 포기하는 전략도 아니다. 이것은 기존사업의 효율성 증대를 전략방향으로 설정함으로써 높이는 전략이다. 즉 같은 제품과 서비스 · 같은 시장 · 같은 기능을 유지하며 기존사업에서 효율을 증대시키는데 초점을 맞추는 것이다.

따라서 같은 사업에서 목표의 이익을 달성하기 위해서는 제품포장을 변경한다든지, 가격의 변화를 꾀한다든지 하여 경쟁적인 전략을 사용할 수가 있는 것이다. 이것은 제품의 라이프사이클이 성숙기에 있는 기업이 사용하는 전략으로 특히 이 경우에는 시장을 세분화하며 제품을 차별화하고 목표이익을 낮게 잡는 것이 일반적이다.

그 예로서 거버사를 들 수 있다. 거버(Gerber)사는 유아식품 기업이다. 거버사는 신생아 출산율이 떨어짐으로써 유아식품 외의 다른 사업에서 성장을 찾아야 했다. 그래서 성인식품 사업을 시작했는데 실패하고 말았다. 이에 거버사는 다시 유아용 상품에만 전념하기 시작하여 유아용 인형, 옷, 가습기, 유리병 등 400여 개 상품을 취급하였다. 신상아 출산율이 상승하였지만 같은 부모에게 더 많은 상품을 팔고자 하는 전략으로 안정화 전략을 고수하였다. 거버사는 연 3% 정도의 성장을 목표로 하고 있으며 이러한 안정화 전략은 느리지만 안정적인 환경에 적절한 전략이라고 평가받고 있다.

3 축소형 전략

기업은 경영다각화를 통하여 다양한 분야의 사업부문을 유지하지만, 시간이 경과함에 따라 사업부문별 수익성에는 변화가 생기기 시작한다. 이러한 경우에 수익성이 악화되는 사업부문에 대해서 추가적인 투자를 할 것인지 아니면 이를 분리하여 매각을 할 것인지의 선택을 하게 된다.

이때 기업가치 제고를 위하여 과감하게 매각하는 방법이 최선의 대안이 되는 경우도 있다. 또한 장기적인 불황의 시기에는 기업의 매출이 급격히 감소함에 따라 규모를 축소해야 하는 경우도 발생하게 된다. 이와 같이 기업을 축소하거나 분할매각·분리독립 등의 방식도 중요한 M&A 전략이 될 수 있으므로 기업 내부자금의 경색으로 경영난에 봉착하거나 기술개발의 속도나 기술의 진부화에 밀려나 구조조정을 해야 하는 경우 최대한 신속한 의사결정이 이루어져야 할 것이다.

축소화 전략은 제품과 시장, 그리고 기업기능을 축소화하는 것이다. 이러한 전략은 어떤 산업에 사업성이 있을지라도 경쟁력이 없을 때 나타나며, 경쟁력 저하는 매출이익의 저하와 자금부족현상을 초래한다. 따라서 축소화 전략은 종업원을 해고하고 R&D비용, 마케팅비용 등 여타 비용지출을 축소하게 된다. 또한, 외상매출금의 조기회수를 강화하며 자산을 매각하여 다른 사업에 투자한다.

[Tip] 기업분할방식

기업분할은 회사를 가로로 쪼개는 방식으로 1998년 말 상법 개정으로 허용된 기업분할 방식의 하나이며 크게 물적분할과 인적 분할로 나눈다.

물적분할은 분리 · 신설된 회사의 주식을 모회사가 전부 소유하는 기업분할 방식을 말한다. 기존회사가 분할될 사업부를 자회사 형태로 보유하므로 자회사에 대한 지배권을 계속 유지한다. 인적분할은 존속 회사 주주들이 지분율대로 신설법인의 주식을 나눠 갖는 기업분할방식을 말한다. 신설회사와 존속회사의 주주가 분할초기에는 동일하지만 주식거래 등을 통해 지분구조가 달라지므로 독립된 형태를 띤다. 분리독립은 기업의 자회사 또는 사업부를 독립 기업화하는 방법의 하나이다. 분리설립은 또 자회사 또는 사업부의 경영진에 의한 차입매수에 의해서도 이루어질 수 있다.

80년대 중반의 미국은 공장의 생산능력이 시장규모에 비해 너무 큰 반면, 생산시설 또한 진부했다. 일부기업은 전략의 실패로 엉뚱한 사업에 투자를 하거나 장기적인 안목에서 사업구조를 재조정하기 위해 자산매각이나 대량 자산상각을 하고 있었다.

90년 이후부터 현재까지 수입개방화로 경쟁력을 잃어버린 우리나라 중소기업과 과잉투자를 했던 대기업도 이러한 축소화 전략을 사용하고 있다. 이와 같은 축소화 전략은 대부분 사업의 라이프 사이클 측면에서 쇠퇴기에 있는 경우에 사용하게 된다. 그레이하운드사의 축소화 전략에서 우리가 배워야 할 점이 무엇인지를 상기시켜 준다. 날씬한 개가 그려져 있는 버스 그레이하운드는 수십 년 동안 미국의 시골길을 달리는 변함없는 풍경이었다. 79년에는 6,400만 명의 승객이 그레이하운드 버스를 이용했으나 85년에는 단지 3,300만 명만이 이 버스를 이용하였다.

그것은 이 버스 이용자들의 대다수가 항공요금이 낮아져 비행기를 이용하였기 때문이다. 이에 그레이하운드사는 비용절약을 계획했지만 노동조합의 반대에 부딪혀 결국 사업 축소화 전략을 시도하게 되었다. 이 회사는 98개나 되는 회사 소유의 버스정류장을 폐쇄하고 승객들을 버스정류장 대신 길가에 하차시키기도 하고 여러 도시에 버스운행을 중단하여 1만 명의 종업원 중 3분의1이 직장을 잃게 되었다.

4 복합형 전략

기업의 생애주기에 따라 모든 기업이 성장하거나 성숙기에 진입한 상태에 있는 것은 아니다. 성숙기 기업이 적극적인 새로운 성장산업에 적극적인 투자를 게을리 할 경우 경쟁에서 도태될 수밖에 없다. 이러한 경우에는 경쟁력 회복을 위한 새로운 성장동력을 구축하기 위해 핵심역량을 모아야 하지만 그렇지 못할 반대의 상황이 올

수도 있다.

또한, 동일한 기업에서 여러 종류의 사업을 하고 있을 때 각 사업본부별로 성장전략·안정화전략·축소화전략을 동시에 사용하는 것을 말한다. 또한, 같은 기업이 과거에는 성장전략에서 현재에는 안정화전략으로 그리고 미래에는 다시 성장전략 등 시차를 두고 여러 전략을 사용하는 것을 의미한다.

하나의 기업이 여러 사업을 수행할 경우 각 사업마다 사업의 라이프 사이클이 다르다. 성장기에 있는 사업은 성장전략이 가능하고 성숙기에 있는 제품은 안정화전략을, 쇠퇴기에 있는 제품은 축소화전략을 사용한다. 외부환경의 변화가 어떤 사업에는 사업의 기회로, 또 다른 사업에는 위협으로 작용할 수 있다. 이러한 환경의 변화에 따라 각기 다른 전략을 사용해야 할 것이다.

하나의 사업만을 수행할 경우에는 시간의 흐름에 따라 외부환경의 변화 또는 제품의 라이프 사이클이 변화함으로써 과거·현재·미래의 각 상황에 적절한 전략을 사용하게 된다.

그 예를 코닥사의 복합전략에서 찾아볼 수 있다. 오랫동안 필름산업의 선두주자로서 성장전략을 추구해온 코닥사는 70년 무렵부터 현실에 만족하고 10여 년 동안 안정화전략을 사용하였다. 그때의 매출액은 105억 달러 정도 되었다. 그러는 동안에 고객과 시장이 변화하고 강력한 경쟁자들도 생기에 되어 85년 코닥은 다시 확장전략을 사용하기 시작, 17개의 독립 사업본부로 조직을 재편성하여 신제품개발에 박차를 가하게 되었다. 또한, 신제품 판매에 경쟁이 심해지자 소매점에 조그만 필름현상 인화기계를 제공하면서까지 사업 확장에 전력하였다. 그러나 그쯤 즉석카메라와 관련한 폴라로이드사와의 재판에서 패소함으로써 4억 달러에 상당하는 자산을 상각하고 1만 2,900명의 직원을 해고하는 등 축소화 전략도 동시에 사용해야 했다.

이러한 추진전략을 구사함으로써 사업 환경변화에 적절히 대응함으로써 기업의 목적과 목표를 달성할 수 있을 뿐만 아니라 지속적인 성장기업으로 발전해 나갈 수 있기 때문이다.

사업 환경변화의 특징은 크게 세 가지로 나누어 볼 수 있다.

첫째, 경쟁 주체가 다양화한다는 것이다. 기존 기업 간의 경쟁은 물론이고, 타 산업 플레이어, 전방 공급자나 고객까지도 잠재적 · 실체적 경쟁자가 될 수 있다. 예로써 사모펀드의 경우 금융업을 벗어나 산업자본을 지배하는 중요한 플레이어로 부상했으며, 다양한 산업에서 경쟁구도 재편을 주도하고 있는 상황이다.

둘째, 경쟁의 속도와 강도가 증가한다는 점이다. 신시장에 진입하는 방식으로 M&A의 활용이 증가하면서 경쟁자 진입속도는 더욱 증가하고 있다. 많은 기업들이 개방형 비즈니스 모델과 개방형 혁신을 추진하면서 전략 변화도 빨라지게 되었다. 고정비용 감소와 지식 · 아이디어를 활용한 기업이 증가하고 그 영향력이 확대되면서 경쟁 강도 또한 더욱 심화될 것으로 보인다.

셋째, 경쟁의 범위가 확대되고 있다. 기술 · 산업간 컨버젼스는 자신의 경쟁산업이 어디인지 획일적으로 규정하는 것을 어렵게 만들었다. 웹 · 가상현실 등의 등장은 경쟁의 공간적 범위 확대를 가져왔다. 글로벌화 · 고객 라이프 스타일의 변화가 가속되면서 경쟁의 지리적 · 산업적 · 공간적 범위는 더욱 다양해질 것으로 예상된다.

이에 기업들은 다음과 같은 방향으로 대응할 수 있을 것이다. 먼저 고객관점에서 경쟁을 정의해야 할 필요가 있다. 일반적인 상식이나 기업관점에서는 예측할 수 없는 경쟁이 증가하기 때문이다. 고객의 관점에서 희소한 자원은 돈에서 시간으로 이동할 것이다. 더 많은 제품과 서비스가 등장할 경우 고객의 신체도 희소한 자원이 될 수 있다. 이처럼 다양한 관점에서 고객 중심으로 경쟁을 정의하는 기업만이 승자가 될 것이다.

또한, 조직의 유연성을 확대할 필요가 있다. 경쟁의 속도 증가와 범위확대에 대응하기 위해서는 민첩한 전략대응이 필수적이다. 이를 위해서는 협업상대자, 사업파트너를 관리하는 방식도 변화시켜야 한다.

나를 중심으로 움직이는 비즈니스 생태계 구축 등도 모색해 볼 수 있다. 마지막으로 미래 예측을 위한 지속적인 활동이 필요하다. 예측 가능한 미래뿐 아니라 불확실성, 테러와 같은 돌발변수가 증가하고 있기 때문이다.

돌발변수는 수요 측면뿐 아니라 투자와 같은 공급측면의 리스크를 증대시킨다. IBM의 조사에 따르면 신규투자 시 해당 지역의 정치적 불확실성 때문에 투자를 유보한다는 응답자가 40%에 달했다. 미래경쟁과 사업환경에 대한 다양한 시나리오 작성 등 미래예측방법론을 더욱 정교하게 하는 것도 한 방법이다.

02 주체별 추진전략

M&A는 추진주체에 따라 기업이 주도하는 M&A와 PEF 등 각종 재무적 투자자(Financial Sponsor)가 주도하는 M&A, 외부기관이 주체가 되어 주도하는 M&A, 전문분야 커뮤니티의 활성화를 통한 M&A로 구분할 수 있다. 추진 주체에 따라 M&A의 목적과 방식 등에 차이가 있어 이런 구분은 M&A 시장의 움직임을 파악하는데 유용하다. M&A 중에는 계약이 되었으나 거래대금 미결제 등 각종 이해상충 문제로 성사되지 못하는 경우도 종종 있다. 따라서 시장에 발표된 M&A가 과연 실제로는 얼마나 완료되었는지를 보는 것도 시장의 한 단면을 보여 주는 흥미로운 부분이다.

Tip 재무적 투자자

재무적 투자자(Financial Investor)란 기업이나 사업에 자금이 필요할 경우 기업의 경영이나 사업의 운영에는 참여하지 않고, 수익만을 목적으로 투자자금을 조달해주는 투자자를 말한다.

재무적 투자자에는 은행이나, 기관투자자(증권, 보험, 자산운용 등), 국민연금 같은 공적 기관들이 포함된다. 사업권의 획득을 목적으로 하지 않고, 투자자금에 대한 배당과 원리금 수익을 목적으로 투자하기 때문에 해외 민자시장에서는 '순수투자자(Pure Investor)'라고 불리기도 한다.

1 기업주도형 전략

기업주도형 M&A는 기업의 사업확장이나 구조조정 등을 주요 목적으로 한다. 따라서 자체자금을 주로 활용하고 지분교환 등 재무적 부담을 줄일 수 있는 M&A 방식이 사용된다. 이러한 기업주도형은 매도자와 매수자 간의 직접적인 계약을 통해 성사되는 경우가 많으며 서로 상대방에 대하여 잘 알고 있는 경우에 주로 활용된다. 기업주도형 M&A는 정밀한 실사와 기업분석 등 중요한 절차를 생략하고 신뢰를 바탕으로 이루어지기 때문에 그 이후에 대상기업의 엄청난 부외부채나 우발채무 등으로 인하여 인수기업도 어려워지는 단점도 있을 수 있다. 따라서 기업주도형 추진전략은 다음과 같은 장단점을 내포하고 있다.

기업주도형 M&A 추진전략의 장점

- 신속한 M&A 진행이 가능하다.
- 관계회사 혹은 자회사의 합병 등에 적합하다.
- 자문기관 등에 지출하는 비용을 절감할 수 있다.
- 내부에 전문인력이 풍부할 경우 자체진행이 가능하다.

기업주도형 M&A 추진전략의 단점

- 정밀실사 생략 시 부외부채 및 우발채무 부담을 안게 된다.
- 거래가격에 대한 협상의 어려움이 있다.
- 불리한 조건의 계약을 할 수 있다.
- 진행절차의 하자로 인한 불이익을 당할 수 있다.
- 진행과정의 착오로 장기간이 소요될 수 있다.

2 재무적 투자자 주도형 전략

투자수익의 극대화를 추구하는 재무적 투자자 주도형 M&A는 자기자본수익률을 높이기 위해 자금의 대부분을 외부에서 조달한다. 그러므로 외부자금의존도가 높은 구조상 금융시장의 변동성에 더 많이 노출되어 있어 금융시장 환경변화에 더욱 민감하게 반응하게 된다. 최근 수년간 글로벌 M&A 시장은 M&A 붐으로 표현될 정도로 커졌고 특히 재무적 투자자 주도형 M&A 시장이 급성장하였다. 시장 전체에서 1995년 약 3%에 불과하던 재무적 투자자 주도형 M&A의 비중은 2002년 처음으로 10% 대를 넘어섰고 불과 5년이 지난 2007년 상반기에는 약 26%로 증가하였다. 물론 이와 같은 성장은 평균 LBO 규모의 대형화와 거래 건수의 증가를 수반하였다. 재무적 투자자 주도형 M&A 시장이 급성장한 배경으로는 최근 수년간 지속되어 온 저금리 기조와 글로벌 유동성 증가에 따른 풍부한 투자자금을 꼽을 수 있다. 또한, 투자에 대한 고수익 기대를 높여주는 실물경제의 호황도 영향을 미쳤다.

그러나 서브프라임 부실 여파가 신용경색으로 확대되면서 상황은 달라졌다. 우호적이었던 거시경제 여건악화 가능성, 서브프라임 부실 여파는 거시 경제적 측면과 글로벌 M&A 시장 내의 구조적인 측면에서 M&A 시장에 영향을 미칠 수 있다.

차입형 M&A는 구조적으로 외부충격에 취약하다. 신용경색 문제가 당장 LBO시장에 여파를 미치기까지 거시 경제적 측면뿐만 아니라 M&A 시장의 미시적인 측면, 즉 LBO의 구조적 여건도 상당 부분 영향을 미칠 것으로 보인다. 비록 시장의 불안감이 높아지고 있지만 글로벌 M&A 시장에서는 항상 수익 창출의 기회가 있다는 점도 염두에 두어야 한다.

시장의 침체 국면이 투자자에게 오히려 유리하게 전개될 가능성도 있는 것이다. 역으로 투자자에게는 투자수익률 상승이나 인수 비용 절감 등의 수혜를 받을 수 있는 유리한 M&A 기회가 될 수도 있다. 이런 관점에서 본다면 실물경제 침체로 글로벌 M&A 시장이 크게 위축될 경우에는 오히려 저가 매수의 기회가 생기고, 인수경쟁도 줄어드는 등 구조조정 목적의 M&A가 활성화될 여지도 있을 것이다. 따라서 해외사업 확장에 골몰하는 신흥시장 기업이나 현금을 충분히 확보한 기업에게는 유망한 기회가 될 수도 있다.

3 외부 주도형 전략

M&A의 추진을 외부전문가 또는 외부기관에게 의뢰하는 방식으로써 법률적인 리스크와 시간절약의 장점도 있지만 비용이 많이 들어가는 단점도 있다. 따라서 회사의 규모, 업종, 방식 등에 따라 최적의 전문가그룹이나 자문기관을 선정하여 의뢰하는 것이 무엇보다 중요하다.

전문적인 자문을 하거나 절차의 진행을 대행해 주는 외부기관은 다음과 같이 정리해 볼 수 있다.

외부전문가 그룹

- 전문 컨설턴트 : Investment Bank 소속의 컨설턴트
- 변호사 : M&A 전문변호사
- 회계사 : M&A 과정의 회계와 세무관계 자문
- 변리사 : 기술가치평가 및 지적재산권 관련 자문
- 노무사 : 전반적인 인사부문과 고용승계 등의 자문
- 중개업자 : M&A Finder로서 대상기업 알선 및 중개
- M&A 전문가 : 경험이 많은 전문가

외부기관

- Investment Bank : 외국계 대형 IB로서 M&A 자문과 진행
- 법무법인 : 법률서비스와 전문적인 자문
- 회계법인 : 자산실사 및 진행방식 등 전문서비스 제공
- 증권회사 : 중개 · 자문 · 자금관련 서비스 제공
- 금융회사 : 금융 · 중개 · 자문서비스 제공
- 컨설팅회사 : 경영 · M&A · 금융컨설팅 서비스 제공
- 창투사 : 투자자로서 자금투자 및 자문 서비스 제공
- 기업구조조정회사 : CRC에 대한 M&A 진행
- 보증기관 : 신용보증기금 · 기술신용보증기금 · 보증보험회사
- 협회단체 : 교육 및 전문 서비스 제공

4 커뮤니티 주도형 전략

대부분 벤처기업의 경우 자산규모와 매출규모가 일반 기업에 비하여 작거나 적은 회사가 대부분이다. 기술과 유능한 인적자원을 보유하고 있지만 자금운용이나 기타 경영관리 시스템과 경영기법에 있어서는 미흡한 경우가 많이 있다. 이러한 몇 가지의 요소만 해결한다면 성장가능성이 큰 것이 이들 벤처기업의 특징 중의 하나라고 할 수 있다.

이러한 향후의 성장가능성을 보유하고 있는 기업이 M&A시장에 나와도 기업가치나 기술가치 평가에 있어서 단순한 향후 성장가능성 하나만으로 거래가 성사되기란 그리 쉬운 일이 아니다. 따라서 이들 상호 간에 커뮤니티를 형성하여 이를 통하여 대상기업에 대한 충분한 정보와 가치를 인정하고 신뢰를 바탕으로 하여 M&A를 진행하는 경우가 이에 속한다. 이와 같은 기술집약적인 기업의 최고경영자나 기술, 연구 인력이 중심이 되어 전문분야 커뮤니티의 활성화를 통해 M&A를 보다 적극적으로 추진할 수가 있다.

기술집약적 기업과 관련한 커뮤니티의 종류 및 참여방법은 다음과 같이 요약 정리해 볼 필요가 있다.

- 지역별 · 업종별 협회단체 및 최고경영자 등의 커뮤니티

- 학연 중심의 오프라인 커뮤니티
- 클러스터 단위 전문 협의회
- 온라인 전문분야 커뮤니티
- 교육과정 이수자 기수별 커뮤니티
- 협회나 단체의 세미나 참여 커뮤니티
- 학회 · 기관 등의 인포멀 커뮤니티

03 전략적인 추진전략

1 우회상장 전략

우회상장은 비상장기업이 이미 거래소시장이나 코스닥시장에 상장된 기업과 합병, 주식교환 및 인수를 통해 상장심사나 공모의 절차를 거치지 않고 곧바로 상장을 하는 것으로서 이를 'Back door listing'이라고도 하고 정식 루트를 밟지 않고 우회적인 길을 택했다고 해서 뒷문상장이라고도 한다.

순기능 측면에서의 우회상장을 활성화시키고 역기능을 최대한 줄일 수 있다면 M&A를 통한 IPO는 자본시장이나 기업 모두에게 좋은 기회가 될 수 있을 것이다. 일반적으로 우회상장은 정상적인 상장의 경우와 비교해서 시간과 비용을 절감하고 복잡한 절차를 생략할 수 있는 이점을 가지고 있다.

따라서 대부분의 우회상장은 중소기업이 IPO의 대안적인 방법으로 이용하고 있다. 자본시장의 관점에서 볼 때에도 미래 성장 전망이 불투명한 상장기업을 매개로 하여 성장 동력을 갖춘 비상장기업이 자본시장에 진입한다면 투자자 등 자본시장 참여자의 견지에서는 시장에 새로운 활력이 될 수 있는 장점을 가지고 있다. 우회상장을 통한 활발한 벤처자본 회수가 궁극적인 벤처산업의 발전에 큰 영향을 미칠 수도 있다.

우회상장은 2000년 벤처 버블기 때 A&D(인수 후 개발)라는 이름으로 우회상장을 포장하여 주가조작의 방법으로 활용됨으로써 우회상장에 대한 부정적인 시각이 아직도 남아있다. 어떠한 시너지효과도 기대할 수 없는 상장기업과 비상장기업이 합병하여 시세차익을 거두었던 사례들이 존재한다. 우회상장 자체가 자본시장에 유해하다고 하기는 어렵다. 유해한 우회상장을 원천봉쇄하고 자본시장에 유익한 우회상장을 활성화시킬 때 자본시장이 신뢰를 얻고 자본시장 본연의 목적인 기업의 자금조달이 한층 더 쉬워질 수 있을 것이다.

2 투자유치 전략

향후 회사가 성장하는 데 있어서 필요한 소요자금에 대한 추정과 그에 따른 투자유치 전략이 필요하다. 따라서 투자유치의 필요가 있으면 IR(Investor Relations) 전략이 수립되어야 한다. 이는 주주 또는 투자자에게 경영방침과 기업의 내용에 대한 정확한 정보를 제공함으로써 잠재적 투자자에게 기업에 대한 이해증진과 신뢰구축을 목적으로 시행하는 전략적인 마케팅 활동이라고 할 수 있으며 기업의 내재가치와 경영계획을 인식시켜 금융시장에서 기업 이미지 제고와 최적의 자금조달을 도모하는 전략적 활동을 의미한다.

외부자금을 유치하는 작업은 분명히 하나의 일이다. 사업을 영위하기 위해서 사업계획을 짜는 것처럼 투자유치를 하기 위해서는 반드시 자신이 하는 일을 재포장하는 작업이 필요하다. 같은 제품이라고 하더라도 어떻게 포장하느냐가 중요한 것처럼 같은 사업아이템, 비슷한 기술을 가지고 투자를 유치하는 기업이 자신의 기업을 분명히 인식하고 자금조달계획 등 모든 것이 투명하게 정리되어 있다면 그 기업은 투자유치에 한발 더 다가선 기업이다.

투자유치를 위해서 경영자는 객관적으로 자신의 회사를 보려는 노력을 해야 한다. 그리고 객관적으로 파악한 회사의 사업내용을 투자자의 입장에서 정리해 주어야 한다. 투자자가 누구인지 그리고 투자하기를 원하는 사람이 분명한 투자 아이템을 가지고 있다면 비슷한 유형의 아이템을 부각하여 투자유치 제안서를 작성하여야 할 것이다.

회사 사업내용에 관한 객관적인 고찰이 필요하다. 모든 회사는 나름대로 가능성과 한계를 내포하고 있다. 좋은 회사는 자신의 가능성과 장점을 최대한 부각하여 사업화를 영위하는 것이며, 한계를 계속적으로 보완하여 나가는 기업이다. 그러나 나쁜 기업은 자신의 장·단점도 제대로 파악하지 못하는 기업이거나 파악하고 있다고 해도 그것을 남에게 드러내려고 하지 않는 기업이다. 투자를 유치하려고 하는 기업은 분명히 자신기업의 현재상황의 장단점을 잘 파악하고 있으며, 단점에 관하여는 보완하고 있다는 인상을 주어야 한다.

투자유치를 희망하는 업체는 현재 개발하고 있는 아이템의 국내시장규모 · 해외시장규모 등에 관한 시장조사와 향후 회사가 국내 · 국외시장의 몇 %를 점유할 것인지 그리고 어떻게 마케팅활동을 펼쳐서 현실화시킬 것인지에 관한 내용이 필요하다. 아무리 국내에서 훌륭한 회사라고 해도 그 시장이 앞으로 줄어들게 된다면 그곳에 투자할 사람은 없을 것이다. 투자자들도 투자를 결정할 때 이러한 영역을 반드시 점검하려 할 것이므로 사전에 투자유치를 원하는 업체 측에서 준비하면 이로울 것이다. 이런 노력은 투자자들에게 이 업체가 얼마나 시장을 제대로 파악하고 있는가 하는 것을 가늠하는 기회가 되는 것이다.

투자유치 유의사항

투자유치를 성공적으로 이끌기 위해서는 다음과 같은 점에 유의할 필요가 있다.

최초 투자자를 잘 선택한다 최초 투자자의 지명도에 따라 회사가치가 달라질 수 있다. 최초 투자자가 다른 더많은 투자자를 이끌 수 있다. 그래서 핵심 투자자의 역할이 중요하다.

투자자와 긴밀한 관계를 유지한다 최초 투자자에게는 메리트가 많이 갈 수 있는 Funding 계획도 필요하다. 한편, 컨소시엄 형태 또는 단계별 증자단계라 할지라도 기존 투자자의 역할은 매우 중요하다.

전략적 투자자를 영입하는 방안을 고려한다 캐피탈 게임만을 목적으로 하는 벤처캐피탈의 투자유치뿐만 아니라, 영업과 R&D 등에 도움을 줄 수 있는 전략적 파트너로부터의 투자는 큰 도움이 되므로 전략적 투자자를 영입하는 것은 하나의 좋은 방편이 된다. 전략적 파트너의 영입은 또한 기술적인 검증을 쉽게 하는 척도가 된다.

너무 많은 투자자와의 접촉은 좋지 않다 사업계획서 배부를 남발하게 되면 프로젝트의 질이 떨어진다. 그리고 실제로 투자를 하기 어렵거나, 투자의사결정 심사능력이 떨어지는 투자자에게는 자세한 자료를 배부할 필요성이 적다. 실제로 투자가 가능하거나 투자자 그룹을 리드할 수 있는 투자자와 의향을 타진한 후 관심이 많을 경우에만 자세한 자료를 배부하고, 그 투자자를 설득시키는데 최선을 다하는 전략을 갖추도록 한다.

자금시장 환경에 따라 Funding 전략을 달리한다.

구 분	성 장 기	하 락 기
자금 시장	자금조달 원활, 자금풍부	경색, 유동성 부족
벤처캐피탈	투자 활발	투자 위축
투자유치전략	컨소시엄에 의한 투자유치	단계별 투자유치

준비는 철저히 하고 진행은 빨리한다 반복하여 언급하지만 투자자의 입장을 고려하여 자료준비에는 철저를 기해야 한다. 완벽한 준비 후에 투자자와 심도 있게 접촉하는 것이 좋다. 한편, 계속적으로 예비투자자가 보완자료를 요청하는 상황이 될 경우, 투자기업에 대한 신뢰성이나 준비성에 마이너스 요인이 된다. 충분한 자료준비를 하여 의사결정에 도움을 주고, 완벽한 자료 제출 후에는 Funding 일정을 가급적 빠른 시간 내에 끝내도록 한다.

펀딩의 원칙

펀딩에 성공하기 위해서는 몇 가지 원칙을 지키는 것도 중요한 일이다.

정공법을 택한다 회사의 내용을 투명하게 공개하되 과도한 포장은 금물이다. 무엇보다도 중요한 것은 외부 투자자들로부터 신뢰를 확보하는 것으로 지나치게 깔끔한 사업계획서는 오히려 역효과를 가져올 수 있다.

회사의 가치를 고려해 단계적으로 펀딩한다 필요한 자금을 한꺼번에 조달하는 것은 무리다. 점진적인 시장가치 상승으로 대외적 신뢰도를 제고하고 전략적 주주관계를 지속적으로 유지하는 것이 필요하다. 무리한 가격으로 펀딩을 받는 것은 당장은 유리하지만 미래에는 부담이 될 수 있으며 특히 초기 투자자들에게 손실을 끼치고 사업에 성공하기는 매우 어렵다.

구체적이고 확실한 수익모델을 제시한다 미개척 틈새시장에 대한 성장가능성을 구체적으로 제시하고 시장의 진입 장벽을 뚫을 수 있는 영업 능력을 보여줘야 한다.

펀딩의 적기는 시장이 결정한다 시장 환경이 좋을 때 최대한 자금을 조달하는 것이 좋다. 당장 자금이 필요 없거나 가격이 너무 낮다는 이유로 펀딩을 미루다 보면 실제로 자금이 필요한 시기에 시장상황이 나빠져 아예 펀딩을 받지 못해 위기를 맞을 수도 있다.

투자자 선택을 신중하게 한다 반드시 큰 회사가 좋은 것은 아니다. 큰 업체들은 지원이나 협력 관계가 상대적으로 약할 수도 있다.

투자받은 이후에도 협력관계를 유지한다 심사역은 일반적으로 여러 투자업체를 가지고 있다. 사업에는 항상 돌발적인 상황이 발생하기 마련이다. 회사에서 수시로 정보를 제공하고 도움을 요청하다 보면 결정적인 도움을 받을 수 있다.

동시에 너무 많은 기관과의 접촉은 피한다 기관은 때가 묻은 업체를 기피한다. 좋은 조건을 위해 많은 기관에게 사업계획서를 제출했으나 펀딩에 실패할 경우 이 업체는 더 이상 투자받기가 어렵다. 벤처캐피탈 시장은 좁고 투자회사나 심사역 상호 간에는 모두가 통한다는 사실을 명심해야 한다.

선도적 투자업체를 집중 공략한다 인베스터 공략에 성공하면 나머지 창투사들은 숟가락을 드는 정도로 쉽게 공략할 수 있다. 리딩 인베스터가 누구이냐의 문제는 나머지 창투사들이 안심하고 펀딩할 수 있는 구조적인 포인트를 제공한다. 리딩 인베스터는 기관의 브랜드와 심사역 개인의 브랜드가 중요하다.

최고경영자의 능력이 중요하다 솔직하고 능력 있는 CEO는 신뢰를 준다. 투자자들은 많은 직원이 일시적으로 회사를 떠나더라도 혼자서 회사를 운영할 수 능력을 갖춘 CEO를 높게 평가한다.

경영자 자신의 자금을 직접 투자해 리스크를 공유한다 CEO가 자신의 돈을 직접 넣은 것이야말로 투자자들의 신뢰를 얻는 지름길이다.

공동대표제는 투자유치에 불리할 수 있다 영역이나 경영권 분쟁 등 갈등의 소지가 많다. 또한, 의사결정이 늦어 벤처 특유의 효율적인 경영이 어렵다고 볼 수 있다.

확실한 팀 능력을 갖춘다 사업목표를 수행할 수 있는 팀원의 능력과 분야별 전문가들의 팀워크가 중요하다.

회사에 대한 직원들의 충성도가 중요하다 스톡옵션 등 돈을 중심으로 모인 기업인가, 아니면 CEO의 경영 능력이나 회사의 비전을 보고 모인 기업인가 하는 것은 중요한 판단의 잣대가 된다.

블랙엔젤인 유사 투자사, 사이비 컨설팅사 등을 조심한다 과도한 리베이트를 요구하면 회사에 두고두고 부담이 될 수 있으며 펀딩의 지연으로 회사의 사업진행에 차질이 발생하기 마련이다.

투자제안서의 작성

투자유치를 진행하는 기업이라면 정부자금신청, 벤처기업 등록을 위한 기술사업계획서 작성 등 최소한 한 두 차례 정도 사업계획서를 작성한 경험을 가지고 있을 것이다. 사업계획서는 내용상 어쩌면 대동소이한 면들이 항상 존재한다. 다만, 이 사업계획서가 누구를 대상으로 작성된 것인지에 따라 제안서의 내용이 달라질 뿐이다. 즉 사업계획서 작성 포인트가 달라지는 것이다. 투자제안서는 투자자들에게 필요한 정보를 우선적으로 제공해야 한다.

투자자들에게 필요 없는 정보를 잔뜩 실어 놓은 투자제안서는 아무 필요가 없다. 그리고 투자유치를 위해 사업계획서를 작성할 때는 투자개요서, 투자제안서로 2가지를 작성하여 두는 것이 좋다. 투자개요서는 처음 찾아갔을 경우, 간략하게 회사에게 관한 강한 투자욕구를 일으킬 만한 것을 중심으로 10쪽 내외로 작성하는 것이 좋다. 그리고 투자를 위해 더 자세한 자료를 요구할 경우 상세한 투자제안서를 작성하라.

투자제안서의 내용은 대략 아래와 같다. 모든 사업계획서가 대동소이하나 본인의 회사 강점을 중심으로 해서 보완하는 것이 좋다.

회사소개

- 회사개요 : 대표자 · 설립일 · 자본금
- 회사연혁
- 주요주주현황

제품소개

- 제품설명
- 기능 및 효과 설명
- 타제품과의 비교

시장분석

- 기존시장분석 : 국내 · 국외
- 잠재시장분석 : 시장예측 · 매출가능성 분석
- 해외시장분석 및 수출가능성 분석

- 국내외 경쟁시장 분석

기술력 분석
- 제품 경쟁력 : 품질경쟁력 · 가격경쟁력
- 기술적 우위성 : 절대적 기술수준 · 진입장벽 분석

기술인력 현황
- 대표이사 : 학력 · 주요경력
- 주요 연구개발인력 : 학력 · 주요경력
- 마케팅 인력 : 학력 · 주요경력

재무 분석
- 전년도 B/S, I/L 작성
- 당해연도 및 향후 추정 B/S · I/L 작성 : 매출처별 매출추정, 거래처별 계약기간 명시

향후 추진전략
- 향후 개발 아이템
- 향후 시장전망

3 외국기업 투자유치 전략

오늘날 세계경제의 중요한 특징은 국경의 장벽이 허물어지고 생산의 분화와 공급사슬현상이 지구촌 차원으로 확대되고 있다. 다국적 기업들은 시장의 규모 · 자원확보 등을 위하여 투자를 통한 성장촉진 수요에 부응하여 세계적 차원에서 경영활동을 하고 있다. 특히 금융의 글로벌화가 일어나면서 국경 간 M&A를 통한 외국인 직접투자의 증대가 급격히 일어나고 있다. 우리나라는 경제개발의 초기부터 수출주도형 발전전략을 추구하여 해외시장에서 경쟁을 통하여 선진국으로부터 새로운 생산방식 · 신기술과 경영에 관한 노하우를 체득하였다.

우리 경제의 산업구조 전환을 위하여 제조업에서 조선 · 철강, 전자 · 자동차 등 수출 선도업종들은 지속적인 기술혁신을 통하여 세계적 경쟁력을 유지하는 한편 지

식기반 서비스산업을 육성하여야 한다. 이들 선진 서비스산업을 육성하는 길은 서비스 선진국들로부터 M&A형 외국인 직접투자 형태로 국내에 유입되어 선진 지식이 국내에 확산될 때 단기간에 효과적으로 일어날 수 있다.

본격적 글로벌화가 진행되고 거대 경제권과의 FTA를 통하여 한국의 산업과 기업은 글로벌 차원의 치열한 경쟁에 직면하여야 한다. 글로벌 차원의 본격적인 경쟁은 각국 산업 경쟁우위의 급변, 신산업의 기술력을 지닌 세계적 다국적 기업들이 한국에서 기업 활동을 할 수 있도록 우리의 흡수능력을 강화시켜야 한다.

규제 완화 · 고급인력공급 · 생활환경개선 등이 이루어지면 우리가 필요한 양질의 외국기업투자를 유치할 수 있으며 이들이 유치될수록 우리나라의 산업구조 고도화와 경쟁력은 향상되는 것이다.

다국적 기업들은 세계경제의 공급사슬현상과 생산의 분화현상에 대응하여 수익 모델을 찾고 있는 것이다. 글로벌리제이션과 공급사슬현상의 지구촌적인 확산에 대응하고 우리나라 경제의 성장잠재력을 확충하여 지속 가능한 발전전략을 구사하기 위해서는 다국적 기업들을 유치하여야 한다. 따라서 이들 기업들이 찾아올 수 있도록 매력적인 환경, 즉 기업의 흡수능력을 배양하는 데 있다.

4 IPO 전략

IPO(Initial Public Offering)란 주식을 신규로 상장하기 위해 '자본시장과 금융투자업에 관한 법률'에 의한 모집 또는 매출의 방법으로 주식을 새로 발행하거나 이미 발행된 주식을 매도하는 것을 기업공개라고 한다. 기업공개를 통하여 소수의 대주주가 소유하는 주식을 일반투자자에게 분산시켜 당해기업의 주식이 증권시장을 통하여 자유롭게 거래될 수 있게 함으로써 직접금융방식에 의한 기업자금의 원활한 조달을 가능케 하고 재무 정보를 공시함으로써 경영합리화를 도모하여 기업의 건전한 발전을 통한 경쟁력 강화할 수 있게 된다.

기업공개에는 직접금융을 통한 자금조달 기회뿐만 아니라 주식 상장에 따른 법령과 세제상의 혜택, 기업의 재무내용이나 경영상황이 매스컴 및 관계기관의 각종 자료에 공개됨으로써 국내외의 투자자 및 거래처에 인지도를 제고하는 효과가 있다. IPO는 형식적으로는 주식회사가 주식을 일반투자자에게 분산시킴으로써 기업공개요건을 갖추는 것을 의미하나 실질적으로는 소수의 대주주가 소유한 주식을 일반투자자에게 분산시켜 증권시장을 통하여 자유롭게 거래될 수 있도록 함으로써 기업자금조달의 원활화를 기하고 자본과 경영을 분리하여 경영합리화를 도모하는 것이라 할 수 있다.

성공적인 IPO

성공적인 IPO 전략을 수행하기 위해서는 사업비전 · 산업성장추세 · 기업의 역량 · 사업가로서의 능력과 자세 등을 종합적으로 점검해 IPO가 적절한 투자회수 전략인지를 판단해야 한다. 사업을 성공적으로 수행한 이후 자신의 지분을 정리하는 투자회수 수단으로서 코스닥시장 상장을 염두에 두는 경우도 있으나 IPO를 선택할 경우에도 보통의 방식처럼 공모를 통해 유가증권시장에 상장하는 방법도 있다. IPO는 기업입장에서 사업수준을 한 단계 끌어올리는 계기가 될 수도 있지만, 그 자체가 사업의 종결을 의미하지는 않는다.

성공적인 IPO 전략에는 IPO 이후의 사업비전을 제시하는 것이 매우 중요한 요소임을 명심하여야 한다. IPO 이후의 달라진 기업위상에 걸맞은 사업비전, 조직운영, 인력관리 등에 관한 포괄적인 전략을 지녀야 종업원, 투자자 등 이해관계자들의 기업에 대한 헌신과 관심이 지속된다.

기업공개의 효과

증권을 체계적 시장인 유가증권시장 또는 코스닥시장에 상장함으로써 주식의 환금성이 높아지며, 정기 · 수시공시 등 공시의무를 이행함에 따라 기업에 대한 신뢰도가 증가되므로, 유상증자 · 채권발행 등 직접금융시장을 통한 자금조달이 용이해진다. 뿐만 아니라 주식의 분산을 통한 소유와 경영의 분리를 촉진하여 경영의 합리화를 도모할 수 있는 동시에 경영활동에 대한 공시의무가 부여되어 경영의 투명성이 제고되고, 다수의 투자자가 기업경영을 감시하게 되므로 기업의 공신력이 제고된다.

또한, 주식이 유가증권시장 또는 코스닥시장에 상장될 경우 환금성이 높은 재산운용수단이 되어 투자자에게 새로운 투자수단을 제공하기도 하며 상장 주식의 높은 유동성으로 주식의 공모과정에서 상당한 프리미엄을 받을 수 있게 되므로 기존주주는 많은 자본이득을 얻을 수 있다.

기업공개에 따른 법적인 혜택은 다음과 같다.

- 자기주식 취득방법의 확대(자본시장법 제165조의 3)
- 일반 공모증자 용이(자본시장법 제165조의6)
- 의결권 없는 주식의 발행한도 특례(자본시장법 제165조의15)
- 주식배당의 특례(자본시장법 제165조의13)
- 신종사채의 발행(자본시장법 제165조의11)
- 사채발행의 한도 확대(자본시장법 제165조의10)
- 주주총회 소집절차의 간소화(상법 제542조의4)
- 주주의 배당소득에 대한 분리과세(소득세법 제14조제3항, 제129조제2항)
- 상속 및 증여재산의 시가평가(상속 및 증여세법 제63조 및 동법시행령 제53조)
- 증권거래세 탄력세율 적용(증권거래세법 제8조 및 동법시행령 제5조)
- 장기보유주식에 대한 배당소득 비과세(조세특례제한법 제91조 및 동법시행령 제88조의4)

Chapter 05

합 병

01 합병의 개요

합병이란 회사의 일부나 전부가 해산하게 되어 재산과 권리 그리고 의무가 포괄적으로 존속회사나 신설회사에 이전되어 회사의 구성원이 존속회사나 신설회사의 구성원으로 되는 것을 의미한다.

합병은 기업합동형태로서 경쟁력적인 부분의 강화를 위한 기업규모의 확장과 영업비 절약 등의 경영합리화, 경쟁의 회피와 시장의 확장 등의 목적으로 이루어지게 된다.

이러한 합병은 신설합병과 흡수합병으로 나누어지게 되는데, 신설합병은 현재의 회사를 모두 해산시키고 동시에 새로운 회사를 설립하게 되는 경우를 의미하며, 흡수합병은 현재의 회사는 존속하고 다른 회사는 해산을 하게 되는 경우를 말한다. 합병은 회사의 자유이지만 상법 및 특별법에서 제한을 하는 경우들이 있다.

1 합병의 개념

회사는 자본집중에 의한 이윤추구라는 본래의 목적을 달성하기 위하여 내부적으로 기술혁신과 경영합리화를 도모하는 것에 만족하지 않고 생산비의 절감 · 규모의 경제 실현 · 시장의 독점 · 각종 조세의 감면 등의 경제적 요인에 의하여 외부적으로 다른 회사와 결합하게 된다.

이러한 기업결합 중에 가장 완전한 형태의 법률적 형식이 바로 합병이다. 합병이란 2개 이상의 회사 또는 일부가 해산하고 소멸하면서 그 회사의 권리의무의 전부가 청산절차를 거치지 않고 합병으로 인하여 성립된 회사 또는 합병 후 존속하는 회사에 포괄적으로 승계되는 회사법상의 법률사실을 말한다.

회사의 합병으로 인하여 소멸된 회사의 권리의무는 신설회사 또는 존속회사에 포괄적으로 승계되고, 원칙적으로 소멸회사의 주주는 신설회사 또는 존속회사로 수용되는 효과가 발생한다.

합병의 본질이 무엇인가에 관해서는 크게 인격합일설과 현물출자설이 대립하고 있다.

합병 · 영업양수도 · 분할 절차의 비교

구 분	합 병	분 할	영 업 양 수 도
근거법	상법	상법	상법
주주총회 결의여부	원칙은 필요하나 소규모합병시 불요	불요	중요한 영업양수도의 경우 해당
주주총회 승인요건	특별결의	특별결의	특별결의
반대주주의 주식매수청구권	원칙은 존재하나 소규모합병 시 미해당	단순분할시 청구권 없음	주총승인을 받은 경우 청구권 있음
채권자 보호절차	있음	분할합병 시에는 있음	없음

인격합일설은 합병은 2개 이상의 회사가 하나의 회사로 합일되는 단체법상의 특별한 법률사실이라고 보는 입장이다. 이 견해에 의하면 합병에 의하여 회사가 하나로 합일되는 결과 회사재산의 이전이나 사원(주주)의 수용 등이 일어난다고 한다.

현물출자설은 합병은 해산하는 회사의 영업 전부를 현물 출자함으로써 새로운 회사가 설립되거나 존속하는 회사의 자본이 증가된다고 한다. 이 견해에 의하면 회사가 현물출자를 하지만 회사의 실질적 소유자로서 사원(주주)이 소멸회사의 재산을 이전한 대가를 받음으로써 소멸회사의 사원(주주)이 신설회사 또는 존속회사의 주식을 배정받아 그 사원(주주)가 된다고 한다. 현물출자설에 의하게 되면 재산의 이전을 초래하는 현물출자나 영업양도와 같은 다른 법현상과의 구분이 애매하게 된다.

대체로 입격합일설이 합병의 경제적 동기와 목적을 직접 설명하기에는 어려움이 있다고 해도, 인격합일설에 의할 때 채무초과회사의 합병과 무증자합병 및 합병에 따른 주주의 수용을 무리없이 설명할 수 있다는 점에서 다수의 지지를 받고 있다.

2 합병의 종류

신설합병과 흡수합병

합병에는 먼저 신설합병과 흡수합병으로 나눌 수 있다. 신설합병은 합병당사회사의 전부가 해산하고 그와 동시에 새로운 회사가 설립되어 해산회사의 권리의무를 포괄적으로 승계하는 방법이다. 이에 대해 흡수합병은 합병 당사회사 중 하나의 회사만 이 존속하고 나머지 회사는 모두 해산하고 존속회사가 해산회사의 권리의무를 포괄적으로 승계하는 방법이다.

실무상 이루어지는 합병은 대부분 흡수합병이고 신설합병의 예는 극히 드물다. 그 이유로서는 합병당사회사 간에 경제적 우열이 있어 우세한 쪽이 존속하기를 원하기 때문이기도 하고, 경제적으로 대등한 회사 사이의 합병이라고 하여 새로운 회사를 설립하는 것은 절차적 · 경제적 부담이 있을 뿐만 아니라 세제상의 유불리가 있기 때문이다.

삼각합병과 역삼각합병

삼각합병은 지주회사법의 제정과 더불어 도입된 제도로써 모회사의 자회사가 제3의 회사와 합병하는 형태의 합병으로 이를 통해 모회사가 제3회사의 영업과 자산을 획득하는 것을 말한다. 삼각합병의 종류에는 전진형(forward)와 후진형(reverse)가 있는데, 전진형은 모회사가 자회사를 설립한 후 자회사에 대상회사를 흡수 합병시키는 것이고, 후진형은 모회사가 대상회사의 합병을 목적으로 자회사를 설립하고, 그 자회사가 대상회사에 합병되어 소멸되고 대상회사가 합병 후에 존속하는 형태이다.

역삼각합병은 자회사가 흡수합병하면서 소멸회사가 되고 상대방회사가 존속회사가 되고 자회사는 모회사의 주식을 주면서 재산이 없어 소멸하는 것이고 존속회사는 모회사의 주식을 갖고 자기회사의 주식을 모회사에 주게 되어 모회사의 자회사가 되는 것이다. 이는 모회사의 주식을 많이 갖는 것이 아니라 자회사가 가지고 있는 주식을 주되 모회사가 존속회사의 주식을 소유함으로써 모회사가 되는 형태이다. 자회사와 합병하면서 모회사의 주식을 준다는 의미이고 존속회사의 주식을 모회사가 소유함으로써 모회사가 존속회사의 모회사가 된다는 것이다.

삼각분할합병

지난 2012년 개정 시행된 상법에서는 자회사(A)가 인수대상기업(B)를 인수하면서 그 대가로 모회사 주식(A)을 인수 대상회사 주주에게 교부할 수 있도록 하는 삼각합병만 허용되었지만 2016년3월부터 시행된 개정상법의 삼각분할합병은 인수하는 회사(A)는 인수대상 기업(B)에서 인수하고 싶은 특정사업부(B1)만 인수하고, B회사

주주에게는 A회사 지분이 아닌 A의 모회사(A')의 지분을 교부한다.

자회사 A의 인수합병이기에 A'회사는 주주총회를 열 필요가 없고 A'회사 주주에게 매수청구권이 발생하지 않는다. 주주총회는 B회사에서만 1회 열리고, 매수청구권 또한 분할 된 B1 주주로 한정된다. 따라서 매수청구권이 최소화된다. A회사와 합병에 불만이 있는 B 주주는 자회사 A가 아닌 A'회사(모회사 혹은 지주회사) 주식을 배정받기에 반대도 많지 않을 것으로 판단된다.

따라서 인수 기업 입장에서는 지분율이 부족한 핵심회사 및 사업부 지배력 강화할 수 있고, 오너 입장에서는 보유 중인 자회사를 통해 모회사 격인 지주사 지분율을 높이는 방안으로 활용될 수 있다.

간이합병과 소규모합병

주식회사가 합병하는 경우에는 합병당사회사의 주주총회의 특별결의가 필요한데, 상법은 경우에 따라 흡수합병시 소멸회사 또는 존속회사의 이사회의 승인결의로 주주총회의 승인결의에 갈음할 수 있는 간이합병과 소규모합병을 인정하고 있다. 간이합병은 흡수합병시 소멸회사의 총주주의 동의가 있거나 존속회사가 소멸회사의 발행주식 총수의 100분의 90 이상에 해당하는 주식을 소유하고 있는 때에는 소멸회사의 주주총회의 승인결의 없이 이사회의 결의만으로 합병할 수 있다.

소규모합병은 흡수합병시 존속회사가 합병으로 인하여 발행하는 신주의 총수가 그 발행주식 총수의 100분의 10을 초과하지 않고 또 존속회사가 소멸회사의 주주에게 지급할 합병교부금을 정한 경우에 그 합병교부금이 존속회사의 최종의 대차대조표상의 순자산액의 100분의 5를 초과하지 않는 때에는 존속회사의 주주총회의 결의 없이 이사회의 결의만으로 합병할 수 있다. 그러나 합병 후 존속하는 회사의 발행주식 총수의 100분의 20 이상에 해당하는 주식을 가진 주주의 반대가 있는 때에는 이 절차를 이용할 수 없다.

간이합병과 소규모합병은 주주총회를 소집하는 것이 무의미하거나 그 실익이 없는 경우에 주주총회의 소집에 드는 시간과 사무적 부담을 들어 줌으로써 합병의 신속과 편의를 도모하기 위하여 빈번하게 이용되고 있다. 어느 경우나 주주의 참가 없이 이사회가 행하는 결의의 공정성 문제가 제기될 수 있다.

3 합병의 자유와 제한

종류가 다른 회사 간의 합병

회사는 다른 종류의 회사와도 합병을 할 수 있지만 합병당사회사가 주식회사이거나 유한회사일 때에는 합병에 대한 제한이 있다. 즉 합병당사회사 중 일방 또는 쌍방이 주식회사나 유한회사인 때에는 합병 후 존속하는 회사 또는 신설되는 회사는 주식회사 또는 유한회사이어야 한다(상법 제174조 제2항).

그 이유는 주식회사 또는 유한회사가 합병하여 합명회사 또는 합자회사로 신설되거나 존속함으로써 주주 또는 사원이 무한책임을 지는 것을 방지하는 데 있다.

주식회사와 유한회사가 합병을 하는 경우 법원의 인가를 얻지 아니하면 주식회사를 신설회사 또는 존속회사로 하지 못하고, 주식회사가 사채를 상환하기 전에는 유한회사를 신설회사 또는 존속회사로 하지 못한다.

이는 유한회사에 인정되는 사원의 자본전보책임을 합병을 통해 회피하거나, 사채를 발행할 수 없는 유한회사가 합병에 의해 사채상환의무를 부담하게 되는 것을 방지하기 위함이다.

청산중인 회사 등의 합병

해산 후 청산중에 있는 회사도 청산이 주주총회에 의한 결산보고서의 승인되기 전까지는 합병할 수 있으나 반드시 존립중의 회사를 존속회사로 하여야 한다.

파산절차 중인 회사는 파산재단의 관리·처분권한이 파산관재인에게 전속하여(채무자 회생 및 파산에 관한 법) 주주총회가 합병승인결의를 할 수 없기 때문에 합병할 수 없다. 그러나 회사정리절차 또는 갱생절차 중인 회사는 정리절차 또는 갱생절차에 의하여 합병할 수 있다.

채무초과회사의 합병 또는 무증자합병

존속회사가 자본금을 증가시키지 않는 합병을 할 수 있는가에 관해서는 다툼이 있었다. 존속회사가 합병대가로 교부할 수 있는 충분한 자기주식을 가지고 있는 경우에는 신주를 발행할 필요가 없고, 존속회사가 100% 지분을 소유하고 있는 자회사를 흡수합병하는 경우에는 합병신주를 배정할 수도 있다는 견해와 배정하지 않아도 된다는 견해가 대립하고 있었다.

금전교부합병(교부금합병) 또는 현물제공합병이 허용되는 개정 상법에서는 무증자합병이 당연히 발생하게 되고, 채무초과회사를 소멸회사로 할 경우에는 이를 인정할 필요가 있다. 합병의 본질을 인격의 합일로 보는 한 무증자합병은 자연스럽게 인정된다고 본다. 실제 무증자합병의 사례가 있으며, 등기실무도 가능한 것으로 취급하고 있다.

존속회사가 해산회사의 주식을 가지고 있는 경우 그 주식에 배정되는 존속회사의 주식은 자기주식에 해당하여 취득이 금지된다고 볼 여지도 있고, 해산회사가 자기주식을 소유하는 경우 그 주식에 대해 존속회사의 주식을 발행하게 되면 해산회사가 청산절차 없이 소멸하는 합병의 성질상에 반하게 되는 점을 생각한다면 무증자합병은 인정되어야 한다고 본다.

채무초과상태에 있는 물적회사의 경우에는 국민경제적 차원에서 법령상 인정하거나 사원권이 희석되는 다른 합병당사회사의 사원 전원의 동의가 있는 경우를 제외하고 사원권 보호의 관점에서 원칙적으로 허용되지 아니한다고 하고, 대법원도 채무초과회사를 해산회사로 하는 합병을 불허하고 있다고 한다.

기타 법령상의 제한 또는 규제

일정한 거래분야에서 경쟁을 실질적으로 제한하는 합병은 영업양도 등과 마찬가지로 허용되지 않는다(독점규제 및 공정거래에 관한 법률). 대규모 회사가 합병 등 기업결합행위를 하는 경우에는 주주총회의 결의가 있은 후 30일 이내에 공정거래위원회애 신고하여야 하며 신고 후 30일 이 경과할 때까지는 합병등기 · 영업양수의 이행행위 등을 할 수 없다.

특정한 업종을 영위하는 법인간의 합병 등에 대해서는 주무관청의 인 · 허가를 받아야 한다. 예컨대 주권상장법인이 다른 법인과 합병 · 영업양수도 · 주식의 포괄적 교환과 이전 · 분할 또는 분할합병을 하는 때에는 대통령령으로 정하는 요건과 방법 등의 기준에 따라야 하고, 주무관청의 승인을 받아야 한다(자본시장과 금융투자업에 관한 법률)

4 합병의 효과

회사의 소멸과 정관의 변경 또는 회사의 설립

합병등기를 한 때에는 합병당사회사의 일부 또는 전부가 해산과 동시에 소멸하고 소멸회사의 주주는 그 자격을 상실한다. 합병의 경우에는 해산한 회사는 당연히 소멸하고 청산절차를 밟을 필요가 없다. 흡수합병의 경우에는 합병등기 시에 합병계약과 합병결의에 따라 정관이 변경되고, 신설합병의 경우에는 새로운 회사가 설립된다.

권리의무의 포괄적 승계

신설회사 또는 존속회사는 합병에 의하여 소멸회사의 권리의무를 포괄적으로 승계한다. 권리의무의 승계는 법률상 당연히 이루어지는 것으로 각개의 권리의무에 관하여 개별적 이전행위를 하거나 채무인수절차를 밟을 필요는 없다.

그러나 신설회사 또는 존속회사가 포괄 승계한 권리를 처분하기 위해서는 등기·등록 등 공시방법을 갖추어야 하고, 권리의 이전에 대항요건을 필요로 하는 경우에는 제3자에 대항하기 위해서는 대항요건을 갖추어야 한다.

소멸회사의 권리의무는 포괄적으로 승계되기 때문에 특약으로 재산의 일부 또는 영업의 일부를 승계대상에서 제외할 수는 없다. 따라서 소멸회사의 채무의 전부 또는 일부를 승계하지 않는다는 뜻의 합병승인결의를 하더라도 승계하지 아니한다는 뜻의 조항은 무효로 된다.

공법상의 권리의무 및 형사책임 등의 승계

합병에 의하여 소멸회사의 공법상의 권리의무가 신설회사 또는 존속회사에 승계되는지의 여부는 해당 공법상의 제도의 취지에 따라 개별적으로 판단되어야 할 것이지만, 원칙적으로 공법상의 권리의무도 승계되는 권리의무에 포함된다.

신설회사 또는 존속회사에 대하여 소멸회사의 형사책임을 추궁할 수는 없다. 그러나 이미 소멸회사에 대하여 벌금 등이 확정된 경우에는 합병에 의한 신설회사 또는 합병 후의 존속회사에 대하여 집행할 수 있다(형사소송법).

소멸회사가 당사자로 된 민사소송은 합병에 의하여 중단되고 신설회사 또는 존속회사가 이를 수계한다(민사소송법).

소멸회사를 피고로 하는 회사법상의 소도 합병에 의하여 소의 이익이 소멸하는 예외적인 것(이사선임결의취소의 소 등)을 제외하고는 원칙적으로 신설회사 또는 존속회사에 승계된다고 본다.

주주의 신주인수권을 무시한 신주발행은 합병 후에도 주주가 소유하는 주식의 비율에 영향을 미치기 때문에 소멸회사를 피고를 한 신주발행무효의 소도 신설회사 또는 존속회사에 승계된다. 반면에 소멸회사에 대하여 소를 제기한 원고주주가 흡수합병시 존속회사의 주식을 배정받지 못한 때에는 존속회사의 주주자격을 갖지 못하기 때문에 원고적격을 상실한다.

02 합병비율과 합병가액

기업이 합병하는 경우 합병회사는 피합병회사의 자산과 부채를 승계하고 그 대가로서 합병회사의 신주를 교부하게 되며, 이때 승계된 피합병회사의 순자산가액과 그 대가로서 지급하는 합병회사 주식가액과의 비율을 합병비율이라 한다.

따라서 합병비율은 피합병회사의 주식과 합병회사의 주식과의 주식교환비율(stock exchange ratio)을 의미한다. 이러한 합병비율은 합병당사회사간의 협의에 의하여 결정되며, 주주의 입장에서 볼 때 합병비율은 합병당사회사의 객관적 기업가치 또는 1주의 내재적 가치에 상응하도록 공정하게 결정되는 것이 바람직하다.

기업이 합병을 하는 경우 합병회사는 피합병회사의 자산과 부채를 승계하고 그 대가로서 합병회사의 주식을 발행하여 교부하여야 한다. 기업합병의 대가는 원칙적으로 주식이어야 하기 때문에 합병비율은 합병으로 인하여 수입하는 피합병회사의 순자산가액과 그 대가로서 지급하는 합병회사 주식가액과의 비율을 말하며 이는 곧 합병회사의 주식과 피합병회사의 주식과의 주식교환비율이라고 할 수 있다.

1 합병비율산정을 위한 평가방법

기업이 합병을 하는 경우 합병회사는 피합병회사의 자산과 부채를 승계하고 그 대가로서 합병회사의 주식을 발행하여 교부하여야 한다. 기업합병의 대가는 원칙적으로 주식이어야 하기 때문에 합병비율은 합병으로 인하여 수입하는 피합병회사의 순자산가액과 그 대가로서 지급하는 합병회사 주식가액과의 비율을 말하며 이는 곧 합병회사의 주식과 피합병회사의 주식과의 주식교환비율이라고 할 수 있다.

합병비율을 결정하려면 합병 당사회사에 있어서는 기업의 평가가 먼저 이루어져야 하며 이러한 기업의 평가에 따라 합병대가를 결정할 수 있게 된다.

기업가치 평가방법

결론부터 말하면 대상기업에 대한 객관적인 평가기준은 존재하지 않는다. 특히 우리나라의 M&A의 역사는 일천하기 때문에 기업가치 평가방법이 케이스로 축적되어 참고할 만한 것이 적고 일반화된 평가방법이 도출되었다고 보기 어렵다.

다만, 합병당사법인에 상장법인이 포함되어 있을 경우에는 자본시장법 및 동법 시행령, 유가증권발행 및 공시에 관한 규정 등에 의하여 평가방법이 규정되어 있으므로 이를 검토하여야 한다.

합병비율 결정을 위한 평가기법

평 가 기 법	내 용	비 고
유가증권발행 및 공시에 관한 규정 (본질가치산정방식)	자산수준과 수익가치의 가중 평균치로서 미래가치인 수익가치의 비중이 60%임.	실무적으로 가장 빈번히 사용되나, 이론적 충실성 부족
상속, 증여세법에 의한 평가	과거 3년간 순손익가치와 최근 사업연도의 순자산 가치중 큰 금액	참고목적 사용/신생 벤처기업의 경우 적용 곤란
현금흐름(CF)할인법	미래의 영업 현금흐름을 리스크 프레미엄을 반영한 할인율로 현재가치화	이론적으로 유력하며, 실무적으로도 많이 이용
PER Analysis	동 업종 상장기업의 PER를 적용하여 미래 기업가치 추정	시장적 접근법으로 참고목적 사용
상대가치법	유사업종 상장사의 주가와 주당 순자산, 경상이익 등을 기준으로 발행사의 동 지표를 비교하여 산정함	참고목적 사용
배당평가모형	향후 배당금 예측하여 일정한 할인율로 현재가치화	실무적으로 거의 미적용
경제적 부가가치(EVA)	자본비용 초과분 영업이익을 가중평균 자본비용으로 할인	실무적으로 거의 미적용
Revenue승수법	업종별로 매출액에 일정한 승수를 곱하여 가치 추정	VC가 실무적으로 이용. 승수의 이론적 근거취약
가입자 단가법	회원 또는 서비스가입자의 단위당 일정단가 적용	VC가 특정업종에 적용

2 합병가액의 산정

기업공개 여부에 따른 산정

합병회사	피합병회사	합병회사	피합병회사
비공개	비공개	제한 없음	제한 없음
공 개	비공개	기준주가, 기준주가 산정 불가 시 본질가치	$\dfrac{\text{자산가치} \times 1 + \text{상대가치} \times \dfrac{1.5}{2.5} + \text{상대가치}}{2}$ 상대가치를 산정할 수 없는 경우에는 자산가치와 수익가치를 가중평균 산정
공 개	공 개	기준주가	기준주가
분석 기준일		주요사항보고서를 제출하는 날의 5일 전일	

합병가액의 산정방법

기준주가 산정방법

합병가액	산 정 내 역
기준주가	기준주가 = MIN[(ⓐ + ⓑ + ⓒ) / 3, ⓒ] ⓐ 이사회결의일과 합병계약을 체결한 날 중 앞서는 날의 전일을 기산일로 거래량으로 가중한 1개월 평균종가 ⓑ 최근 1주일간 평균종가 ⓒ 최근일의 종가

본질가치 산정방법 본질가치는 다음에서 산정하는 자산가치와 수익가치를 각각 4 : 6으로 가중 평균하여 산정한다.

구 분	산정방법
자산가치	(A)
수익가치	(B)
본질가치	C = (A × 0.4) + (B × 0.6)
규 정	증권의 발행 및 공시 등에 관한 규정

자산가치 산정방법 자산가치는 주요사항보고서를 제출하는 사업연도의 직전 연도 말 자본총계에서 다음과 같은 사항을 가감하여 산정한다.

구 분	산 정 방 법
1. 합병신고서 제출일 직전연도 감사보고서상 자본총계	A
(1) 가산항목	B = a + b + c
- 자기주식	a
- 결산기 이후 유상증자액	b
- 결산기 이후 자본잉여금 증가액	c
(2) 차감항목	C = a + b + c + d + e + f + g
- 무형자산	a
- 회수불능채권	b
- 투자주식 및 관계회사 주식 평가	c
- 퇴직급여충당금 부족 설정액	d
- 전환권 및 신주인수권 대가	e
- 결산기 이후 특별손실	f
- 결산기 이후 전기 오류수정손실	g
2. 순자산	D = A + B + C
3. 발행주식 총수	E = a + b + c
- 최근 사업연도말 발행 주식수	a
- 결산기 이후 유상증자 주식수	b
- 결산기 이후 무상증자 주식수	c
4. 1주당 자산가치	F = D/E
규 정	증권의 발행 및 공시 등에 관한 규정

수익가치 산정방법 수익가치는 다음과 같이 주요사항보고서를 제출하는 사업연도와 그 다음 사업연도 2개년을 추정하여 산정한 주당 추정이익을 자본환원율(할인율)로 할인하여 산정한다. 수익가치를 할인하기 위한 할인율은 분석기준일 현재 국민 · 우리 · 신한 · 외환은행 등 4개 은행의 1년 만기 정기예금 최저이율 평균치의 1.5배를 적용한다.

구 분	T=1	T=2	산정방법
1. 추정연도 경상이익			A
2. 유상증자 추정이익			B
3. 소 계			C = A + B
4. 법인세등			D
5. 각사업연도추정이익	a	b	E = C - D
6. 발행주식 총수	c	d	
7. 1주당추정이익	F = a/c	G = b/d	
8. 추정연도별가중치	60%	40%	
9. 1주당평균추정이익	F × 60%	G × 40%	H
10. 자본환원율			I
11. 1주당수익가치			J = I/H
규 정	증권의 발행 및 공시 등에 관한 규정		

상대가치 산정방법 상대가치방식이란 평가하려고 하는 회사와 사업 내용이 유사한 업종에 속하는 상장회사의 주가 · 1주당 배당금액 · 이익금액 · 순자산가액의 평균치로서 국세청이 발표하는 수치를 기준으로 하여 평가회사의 1주당 배당금액 · 이익금액 · 순자산가액을 비교하여 평가액을 산출하는 방법이다. 이 방법은 기업의 이기환원성 · 수익성 · 자산가치성에 시장평가요소를 가미하여 평가하려는 점에서 뛰어나다.

구 분	산 정 방 법
1. 상대가치	상대가치 =MIN[①, ②] ① 유사회사별 비교가치를 평균한 가액의 30% 이상을 할인한 가액 ② 유사회사 주가의 평균치 ※ 유사회사 주가는 분석기준일 전일부터 소급하여 1월간 종가의 산술평균으로 함.
2. 상대가치 산출 요약	① 유사회사별로 비교가치를 평균한 가액의 30% 이상을 할인한 가액 ② 유사회사별 비교가치 $\text{유사회사주가} \times \left(\frac{\text{발행회사주당경상이익}}{\text{유사회사주당 경상이익}} + \frac{\text{유사회사 주당순자산}}{\text{발행회사주당순자산}} \right) \times \frac{1}{2}$ ③ 주당경상이익 $\left(\frac{\text{최근연도 경상이익}}{\text{발행회사주식총수}} + \frac{\text{직전연도 경상이익}}{\text{발행주식총수}} \right) \times \frac{1}{2}$ ④ 발행주식총수는 분석기준일 현재를 기준으로 산정.

구 분	산 정 방 법
3. 유사회사의 조건	유사회사는 평가대상회사와 자본금, 매출액, 주요재무비율, 주당순이익, 제품구성비 등이 유사한 공개법인으로서 다음의 요건을 충족하는 2개 이상의 주권상장법인으로 한다. ① 주당경상이익이 액면가액의 10% 이상일 것 ② 주당순자산이 액면가액 이상일 것 ③ 상장 또는 협회등록일이 속하는 사업연도의 결산을 종료하였을 것 ④ 최근사업연도 감사의견이 적정 또는 한정일 것
4. 규 정	증권의 발행 및 공시 등에 관한 규정

3 합병가액의 공정성 확보

외부평가기관의 평가의무

합병가액의 공정성을 확보하기 위한 외부평가기관의 평가의무는 다음과 같다.

- 주권상장법인과 주권상장법인이 합병하여 주권상장법인이 되는 경우에는 원칙적으로 외부평가를 받을 의무가 없으나 예외적으로 유가증권시장 상장법인과 코스닥시장 상장법인 간 합병의 경우로서 기준가격을 산정할 수 없는 때에는 외부평가를 받아야 한다.
- 주권상장법인과 주권비상장법인이 합병하여 주권상장법인이 되는 경우에는 외부평가기관의 외부평가를 받아야 한다.
- 주권상장법인이 다른 법인과 합병하여 주권비상장법인이 되는 경우에는 원칙적으로 외부평가를 받아야 하나 합병 당사회사가 모두 기준주가에 따라 합병가액을 산정하는 경우에는 외부평가를 받지 않을 수 있다.
- 정부의 문서 등에 의한 합병 시 합병 당사회사가 계열회사 관계에 있고 합병가액을 시장에서의 거래가격으로 산정하지 않고 합병하는 경우에는 외부평가기관의 평가를 의무화하고 있다.

외부평가기관

외부평가기관으로서는 인수업무 및 모집·사모·매출의 주선 업무를 인가받은 자, 신용정보의 이용 및 보호에 관한 법률 제4조에 따라 신용평가업무에 대하여 허가를 받은 자, 공인회계사법에 따른 회계법인으로 구분할 수 있다.

부실평가 방지장치

외부평가기관이 평가의 대상이 되는 법인과 다음의 특별관계가 있는 경우에는 평가를 금지한다.

- 외부평가기관이 합병당사회사에 그 자본금의 3% 이상을 출자하고 있는 경우 또는 그 반대의 경우
- 외부평가기관에 그 자본금의 5% 이상을 출자하고 있는 주주와 합병당사법인에 그 자본금의 5% 이상을 출자하고 있는 주주가 동일인이거나 그 특수관계인인 경우. 단, 기관투자자로서 실질 지배관계에 있지 않는 경우는 예외에 속한다.
- 외부평가기관의 임원이 합병당사회사에 1% 이상 출자하고 있는 경우 또는 그 반대의 경우
- 외부평가기관 또는 합병당사회사의 임원이 합병당사회사 또는 외부평가기관의 주요주주의 특수 관계인인 경우
- 동일인이 외부평가기관 및 합병당사회사의 주요한 경영사항에 대하여 사실상 영향력을 행사하는 관계에 있는 경우
- 외부평가기관이 합병 당사회사의 감사인인 경우

03 합병의 일반절차

주식회사가 합병을 함에는 합병계약을 체결하기 전에 합병당사회사는 다양한 방법으로 합병을 위한 조사와 교섭을 진행한다. 그런 다음 합병계약을 체결하고 합병계약서에 대한 주주총회의 승인결의를 거쳐 채권자이의절차를 밟게 된다.

합병에 반대하는 주주가 있는 때에는 주식의 매수를 청구하게 된다. 소멸회사의 주주에 대해 주권제출에 관한 공고와 통지를 하여 신주권을 교부하고, 소멸회사의 재산 등을 이전하는 절차를 이행한 후 합병등기를 한다. 합병에 관한 이해관계자에게 필요한 정보를 제공하기 위하여 합병서류를 사전과 사후에 공시하여야 한다. 합병은 이와 같은 일련의 절차를 거쳐 완성된다.

합병대상회사에 대한 조사와 교섭

기업 인수합병이 오랜 기간 거래관계에 있던 회사 사이에서 이루어지든 금융기관의 중개에 의하든, 합병계약을 체결하기 전에 먼저 기업인수합병의 상대방회사에 대해 조사와 교섭을 행한다.

통상의 절차로서는 비밀준수계약을 체결한 후 상대방회사에 관한 미공개정보를 포함한 정보를 입수하고, 그 정보가 진실하다는 가정 하에 합병비율 등 합병조건을 제시하고 이에 대해 합의가 성립하면 기본합의서를 작성한다.

곧이어 합병대상회사에 대한 실지조사를 실시하고 이 때 알게 된 사실을 기초로 재차 합병비율 등 합병조건에 관한 교섭이 이루어지고, 합의가 성립되면 최종적으로 합병계약서를 작성한다.

영업재산의 인도 후에 합병대상회사는 자산과 부채 등을 검사하고 절차상 가능하다면 그 결과에 기하여 합병비율 등의 수정이 이루어진다. 이 과정에서 교섭기간 중에는 매수대상회사는 다른 회사와 인수합병 등의 교섭을 금지하는 합의를 하기도 한다.

합병계약서의 작성

주식회사가 합병을 하는 경우에는 합병당사회사는 회사의 대표기관을 통해 합병계약을 체결하고 일정한 사항을 기재한 합병계약서를 작성하여 주주총회의 승인을 얻어야 한다.

합병계약은 합병에 관한 단체법상의 특별한 계약으로서 합병조건, 존속회사 또는 신설회사의 조직·체제, 합병절차의 진행 등 합병의 기본적 사항을 정하게 된다.

합병계약의 내용은 합병당사회사 및 주주 등 이해관계자에 대해 미치는 영향이 크기 때문에 그 내용의 결정에 대해서 단체법적인 제약이 많고 사적자치가 크게 제한을 받게 된다.

상법은 합병계약서에 기재할 사항을 합병의 종류에 따라 다르게 정하고 있다. 합병계약서에 기재해야 할 사항은 신주의 배정사항이나, 금전교부합병 등에 관한 사항 등 법정사항 외에 임의적 기재사항으로서 합병당사회사의 선관의무 · 합병조건의 변경 · 합병계약의 해제 · 재산의 인계 · 임원의 퇴직금 · 근로자의 승계 등을 합병계약서에 기재할 수 있다. 또한 실제로 그렇게 하고 있다.

채권자 이의절차

합병에 의해 합병당사회사의 일부 또는 전부가 소멸하게 되고, 경영상태가 좋지 아니한 회사와 합병을 하는 경우에는 책임재산의 악화에 따라 채권회수가 곤란해지는 위험이 있게 된다.

또한 합병계약에서 존속회사 또는 신설회사의 증가할 자본금과 준비금의 총액을 어떻게 정하는가에 따라 존속회사 또는 신설회사의 자본금과 준비금의 총액이 합병 전의 합병당사회사의 자본금과 준비금의 총액보다 적어지는 경우가 발생할 수 있다. 따라서 합병으로 인하여 합병전보다 불리한 지위에 처할 수 있는 채권자를 보호하기 위하여 상법은 합병당사회사로 하여금 채권자이의절차를 밟도록 하고 있다.

회사는 합병승인결의가 있은 날부터 2주 내에 회사채권자에 대하여 합병에 이의가 있으면 1월 이상의 일정한 기간 내에 이의를 제출할 것을 공고하고, 알고 있는 채권자에 대하여 이를 각각 최고하여야 한다(상법).

여기서 회사가 '알고 있는 채권자'란 채권자가 누구이고 채권이 어떠한 내용의 청구권인지가 대체로 회사에 알려져 있는 채권자를 말한다. 간이합병과 소규모합병의 경우에는 공고·최고의 기간은 이사회의 결의가 있은 날로부터 기산한다.

채권자가 위 기간 내에 이의제출을 하지 아니한 때에는 합병을 승인한 것으로 본다. 채권자가 이의제출을 한 때에는 회사는 그 채권자에 대하여 변제 또는 상당한 담보를 제출하거나 이를 목적으로 하여 상당한 재산을 신탁회사에 신탁하여야 한다.

주식회사의 사채권자가 회사에 이의를 제출하는 경우에는 사채권자집회의 결의가 있어야 하고, 이 경우 법원은 이해관계인의 청구에 의하여 사채권자를 위하여 이의 제출기한을 연장할 수 있다

1 흡수합병 절차

합병계약서의 작성

합병을 위해서는 먼저 이사회의 결의에 의하여 당사자 간의 합병계약을 체결하게 된다. 이사회에서 결의하여야 할 사항으로는 합병목적 · 합병방법 · 합병비율 · 합병교부금 · 합병 후 자본금 및 주식 수 · 합병계약일 · 합병기일 · 배당기산일 · 주식매수청구권 등이 포함된다.

흡수합병계약서의 법정기재사항은 다음과 같다.

- 존속하는 회사가 합병으로 인하여 발행할 주식총수를 증가한 때에는 그 주식의 총수 · 종류와 수, 이는 소멸회사의 주주에게 교부할 신주를 발행하기에 발행 예정 주식 총수가 부족한 때에는 이를 증가 변경하여야 하므로 이를 기재 사항으로 한 것이다.
- 존속하는 회사의 증가할 자본과 준비금 총액, 존속회사가 소멸회사로부터 승계하는 것은 소멸회사의 실질 재산이므로 합병당사회사의 자본이나 준비금의 합계가 합병 후의 자본이나 준비금의 액이 되는 것은 아니다.
- 존속하는 회사가 합병 당시에 발행하는 신주의 총수 · 종류와 수 및 합병으로 인하여 소멸하는 회사의 주주에 대한 신주의 배정에 관한 사항, 소멸회사의 주주가 받을 주식의 내용과 배정비율에 관한 것을 정한 것이다. 이는 합병당사회사의 재산 상태에 따라 결정된다.
- 존속하는 회사가 합병으로 인하여 소멸하는 회사의 주주에게 지급할 금액을 정한 때에는 그 규정, 이를 보통 합병교부금이라고 한다. 주식을 전혀 교부하지 않고 금전만을 교부할 수는 없다.
- 각 회사가 승인결의를 할 사원총회 또는 주주총회의 기일, 합병계약서는 주주총회의 특별결의에 의한 승인을 얻어야 하며 이는 합병의 효력발생요건이다.
- 합병을 할 날, 이것을 합병기일이라고 한다. 합병의 효력은 등기에 의하여 발생하므로 합병의 효력발생일과는 관계가 없다.
- 존속하는 회사가 합병으로 인하여 정관을 변경하기로 정한 때에는 그 규정
- 소규모합병의 경우 존속하는 회사 주주총회의 승인을 이사회의 승인으로 갈음하는 경우에 존속하는 회사의 합병계약서 주주총회의 승인을 얻지 아니하고 합병을 한다는 뜻
- 기 타

이상의 법정기재사항 외에 소멸회사의 해산비용 · 대차대조표작성 등에 관한 임의적인 기재사항을 기재할 수 있을 것이다.

주요사항보고서 제출

사업보고서 제출 대상법인이 다른 법인과 합병계약을 체결하거나 이사회에서 합

병을 결의한 때에는 그 다음날까지 주요사항보고서를 금융위원회와 한국거래소에 제출하여야 한다.

주요사항보고서에 기재해야 할 사항은 다음과 같다.

- 합병의 개요
- 합병의 목적
- 합병의 방법
- 합병의 요령
- 합병비율 및 그 산출근거
- 상장법인이 비상장 법인과 합병 시 외부전문기관의 평가의견요약
- 합병 당사회사 간의 출자 · 채무보증 기타 거래
- 주식매수청구권의 내용 및 행사에 관한 사항
- 기타 투자자보호에 필요한 사항
- 합병당사회사에 관한 사항
- 회사의 개황
- 사업의 내용
- 재무에 관한 사항
- 감사인의 감사의견
- 관계회사 등의 현황
- 임원 및 종업원에 관한 사항
- 주식에 관한 사항
- 기타 필요한 사항

기업결합신고

자산총액 또는 매출액의 규모가 2조원 이상인 기업결합신고대상인 회사가 회사자산총액 또는 매출액의 규모가 2천억원 이상인 기업결합 대상회사를 합병하는 경우에는 공정거래위원회에 합병등기일로부터 30일 이내에 신고해야 한다.

합병계약서 등의 공시

합병결의를 하기 위한 주주총회일의 2주 전부터 합병을 한 날 이후 6월이 경과하는 날까지 다음 각 호의 서류를 본점에 비치하여야 한다.

- 합병계약서
- 합병으로 인하여 소멸하는 회사의 주주에게 발행하는 주식의 배정에 관하여 그 이유를 기재한 서면
- 각 회사의 최종의 대차대조표와 손익계산서

주주 및 채권자는 영업시간 내에는 언제든지 그 열람을 청구할 수 있고, 비용을 지급하여 등본이나 초본의 교부를 청구할 수 있다.

합병승인 총회

주식회사가 합병을 함에는 합병계약서를 작성하여 주주총회의 특별결의에 의한 승인을 얻어야 한다. 합병승인 주주총회에 앞서 주주권을 행사할 자를 확정하기 위해 주주명부 폐쇄 및 기준일을 정한 때에는 그 기간 또는 2주 전에 공고하여야 하며 합병승인 주주총회일의 2주간 전에 각 주주에게 서면으로 합병계약의 요령을 기재한 소집통지를 발송해야 한다.

상장법인의 경우 합병승인 주주총회 소집을 위하여 주주에게 통지하는 경우에는 주요사항보고서에 기재한 합병의 개요와 주요사항보고서를 위원회에 제출한 사실 및 시기 등을 요약하며 함께 통지 또는 공고해야 하며, 그 문안을 사전에 금융위원회에 제출하여야 할 뿐만 아니라 영업현황 등 사업개요와 주주총회의 목적사항별로 금융위원회가 정하는 방법에 따라 작성한 참고서류를 통지 · 공고하거나 일정한 장소에 이를 비치하여야 한다.

간이합병의 경우에는 상법이 규정한 조건하에서 합병으로 인하여 소멸하는 회사 주주총회의 승인은 이를 이사회의 승인으로 갈음할 수 있다. 소규모합병의 경우에는 합병 후 존속하는 회사가 합병으로 인하여 발행하는 신주의 총수가 그 회사의 발행주식 총수의 100분의 5를 초과하지 아니하는 때에는 그 존속하는 회사 주주총회의 승인은 이를 이사회의 승인으로 갈음할 수 있다.

합병반대 주주의 주식매수청구

합병계약서의 주주총회의 승인에 관하여 이사회의 결의가 있는 때에 그 결의에 반대하는 주주는 주주총회 전에 회사에 대하여 서면으로 그 결의에 반대하는 의사를 통지한 경우에는 그 총회의 결의일로부터 20일 이내에 주식의 종류와 수를 기재한 서면으로 회사에 대하여 자기가 소유하고 있는 주식의 매수를 청구할 수 있다.

간이합병의 경우 공고 또는 통지를 한 날로부터 2주 내에 회사에 대하여 서면으로 합병에 대한 반대의사를 통지한 주주는 그 기간이 경과한 날부터 20일 이내에 주식의 종류와 수를 기재한 서면으로 회사에 대하여 자기가 소유하고 있는 주식의 매수를 청구할 수 있다.

채권자보호절차의 이행

합병계약서에 대한 주주총회의 승인결의가 있는 날부터 2주 내에 채권자에 대하여 합병에 이의가 있으면 1월 이상의 기간 내에 이를 제출할 것을 공고하고 알고 있는 채권자에 대하여는 따로따로 이를 최고하여야 한다.

단, 간이합병과 소규모합병의 경우에는 이사회의 승인결의를 주주총회의 승인결의로 본다. 채권자가 이러한 기간 내에 이의를 제출하지 아니한 때에는 합병을 승인한 것으로 보며, 이의를 제출한 채권자가 있는 때에는 회사는 그 채권자에 대하여 변제 또는 상당한 담보를 제공하거나 이를 목적으로 하여 상당한 재산을 신탁회사에 신탁하여야 한다.

합병 후 소멸하는 회사의 재무제표상에 채무가 없다는 이유만으로는 그 절차를 생략하거나 보다 간략한 방법으로 채권자의 보호절차를 밟을 수 없다.

구 주권제출 공고

소멸회사의 1주에 대하여 존속회사의 주식 1주를 부여하는 1 : 1의 합병의 경우 외에는 소멸회사의 주식에 관하여 합병 또는 분할을 하여야 하므로, 1월 이상의 기간을 정하여 그 뜻과 그 기간 내에 주권을 회사에 제출할 것을 공고하고 주주명부에 기재된 주주와 질권자에 대하여는 각별로 그 통지를 하여야 한다.

즉 소멸회사의 1주에 대하여 존속회사의 주식 수주를 부여하거나 소멸회사의 수주에 대하여 존속회의의 주식 1주를 부여하는 경우에 주권제출공고를 하여야 하는 것이다.

소멸회사의 주식 1주에 대하여 존속회사의 주식 1주를 부여하는 경우에는 주권 제출의 공고가 필요 없다. 공고는 소멸회사의 정관 소정의 공고방법에 의하여야 한다. 합병에 적당하지 아니한 단주가 발생하면 이는 상법에서 규정하고 있는 단주처리방식에 의한다.

합병실행

합병계약서에 정해진 합병기일에 소멸회사의 재산 및 주주관계서류가 존속회사에 인도되고 소멸회사의 주주에게 신주가 배정되게 되는데 합병의 효력은 등기에 의해 발생하지만, 합병기일에 주주명부의 합산이나 사채원부의 합산 등의 절차를 실행하게 된다.

합병기일을 선정함에 있어서는 주식병합을 위한 구 주권 제출 종료일과 합병기일은 동일한 날이거나 합병기일이 구 주권 제출기간 종료일 이후의 날이어야 한다. 합병 후 존속회사는 합병계약서에 정한 기일에 합병으로 인하여 소멸하는 회사가 가지는 권리의무 일체를 인계받고 소멸회사는 청산절차를 요하지 아니한다.

합병보고총회

채권자보호절차 완료 후 주식의 합병 · 분할이 있는 때에는 그 절차 완료 후, 존속하는 회사가 단주가 있는 경우 그 처리를 한 후, 지체 없이 주주총회를 소집하여 합병에 관한 사항을 보고하여야 한다. 소멸회사의 주주로서 존속회사 신주의 배정을 받은 자는 이 총회에서 주주와 동일한 권리가 있다. 그러나 흡수합병의 경우에는 이사회의 결의에 의한 공고로써 주주총회에 대한 보고에 갈음할 수 있다. 이때 합병시에 발행하는 신주의 인수인에게도 주주총회 소집을 통지하여야 한다.

합병종료 보고

주요사항보고서를 제출한 상장법인 또는 그 업무를 승계한 법인은 합병등기를 한 때에는 지체 없이 합병종료 보고서를 금융위원회와 거래소에 제출하여야 한다. 또한, 공정거래법에 의한 대규모회사 또는 시장지배적 사업자는 합병등기 후 30일 이내에 공정거래위원회에 통지하여야 한다.

신주권 발행 및 합병교부금 교부

합병등기로 합병의 효력이 생기면 존속회사는 소멸회사의 주주에게 주식을 발행하여 교부해야 한다. 또한, 상장회사가 합병 후 존속하는 회사라면 주식에 대한 상장절차도 필요하다. 합병당사회사의 재산상태 등이 일정한 비율에 의한 주식의 배정을 곤란하게 하는 경우에는 그 조정을 위하여 존속회사가 해산회사의 주주에게 주식 이외에 합병교부금을 교부하기도 하는데 이는 합병계약서에 기재되어 있어야만 지급할 수 있다. 합병교부금의 지급 시기는 합병등기를 종료한 때이다.

Tip 합병교부금

흡수합병이건 신설합병이건 합병회사는 해산회사의 주주에게 합병교부금을 지급할 수 있는데, 이에 관한 구체적 내용은 합병계약서에서 정하여진다(상법 523조 4호, 동법 524조 4호). 즉, 회사합병 과정에서 합병당사회사의 재산상태 등이 합병비율에 따른 주식배정을 곤란하게 하는 경우 그 배정비율을 조정하기 위하여 해산회사의 주주에게 주식 이외에 지급하는 금전을 원칙적으로 합병교부금이라 한다.

변경등기와 해산등기

'갑'회사와 '을'회사가 합병하여 '갑'회사가 된 경우 '갑'회사는 변경등기를 해야 하고 '을'회사는 해산등기를 하여야 한다. 이 두 개의 등기는 당사자가 서로 다른 경우에 해당하므로 하나의 신청서로 작성할 수는 없고 별개의 신청서로 작성하여야 한다. 비송 217조, 195조 2항은 합병으로 인해 본점소재지에서 하는 해산등기의 신청과 합병으로 인한 변경등기의 신청은 동시에 신청서로 하여야 한다. 합병으로 인한 해산등기를 신청할 본점소재지를 관할하는 등기소와 변경등기를 신청할 본점소재지를 관할하는 등기소가 일치하지 아니한 경우에는 해산등기는 부득이 존속회사의 본점소재지의 관할등기소를 거쳐 신청하여야 한다. 이점은 본점의 타관이전의 경우와 다르다.

신청서의 조사 존속회사를 관할하는 등기소는 동시에 신청된 위 양쪽의 등기신청 중 어느 하나에 관하여 각하사유가 있는 때에는 이들 신청을 함께 각하하여야 한다(비송 217조, 196조 1항). 합병으로 인한 변경등기는 합병으로 인한 소멸회사의 해산등기가 완료될 때까지 보류하지 않고 바로 등기를 한 후 소멸회사의 관할등기소에 해산등기신청서를 송부하는 점이 본점이전의 경우와 다르다.

등기기간 합병으로 인한 변경등기의 경우 존속회사에 있어서는 합병보고총회가 종료한 날 또는 보고에 갈음하는 공고일로부터 본점소재지에서 2주, 지점소재지에서는 3주 내에 그 등기를 신청하여야 하며, 합병으로 말미암은 해산등기에 있어서 흡수합병의 경우에는 존속회사의 합병보고총회가 종결한 날 또는 보고에 갈음하는 공고일로부터 소멸회사의 본점소재지에서는 2주, 지점소재지에서는 3주 내에 해산의 등기를 하여야 한다.

신청인 존속회사의 대표이사가 그 변경등기를 신청하여야 하며, 소멸하는 회사의 대표이사가 그 해산의 등기를 신청하여야 한다.

합병으로 인한 변경등기 합병으로 인하여 전환사채 또는 신주인수권부사채를 승계한 때에는 그 사채의 등기도 동시에 신청하여야 한다.

- 합병으로 인하여 소멸한 회사의 상호·본점 및 합병한 취지
- 수권주식을 증가 변경한 경우 합병 후 존속회사가 발행할 주식의 총수
- 합병 후 존속회사의 발행주식의 총수와 그 종류 및 각각의 수
- 합병 후의 존속회사의 자본총액
- 지점소재지에서는 합병의 연월일

흡수합병으로 소멸하는 주식회사의 지점에도 해산 등기를 하여야 하므로 소멸회사의 지점 지배인을 존속회사의 지점 지배인으로 계속하려면 존속회사의 해당 지점에 새로이 지배인 선임 등기를 하여야 한다.

합병으로 인한 해산등기 존속회사의 상호·본점 및 합병으로 인하여 해산한 취지와 그 연월일이다. 해산 연월일은 존속회사의 변경등기 연월일이다.

합병절차의 소요기간

구 분	주요 절차	기한(기일)	근거규정
1. 합병이사회 결의	1. 외부감사인 지정신청 2. 합병비율적정성 외부 평가	결산기말 1개월 전까지 합병승인 주총 6개월 전까지 신고서 제출 전까지	상법 자본시장법
2. 합병계약	1. 합병계약서체결, 합병고시	이사회결의(또는 합병계약 체결) 후 지체 없이	상법
3. 주요사항 보고서 제출	1. 사업보고서제출 대상법인	계약 또는 이사회결의 익일	자본시장법
4. 합병승인 주총	1. 주총소집 이사회결의 2. 주주명부 폐쇄 공고 3. 주총소집통지 발송 4. 합병대차대조표 공시 5. 주총개최 · 합병승인	폐쇄기간 2주일 전에 주총일 2주일 전에 주총일 2주 전부터	상법
5. 주주보호 절차	1. 반대주주 주식매수 청구	주총일후 20일 이내 청구	자본시장법
6. 채권자보호절차	1. 이의제출 공고, 최고	주총일 2주일 내	상법
7. 주식병합 절차	1. 주권제출 공고, 통지 2. 단주처리	합병승인 주총 후	상법
8. 합병실행	1. 합병기일		
9. 합병보고 총회	1. 주총소집 이사회 결의 2. 주주명부 폐쇄경고 3. 주주명부 폐쇄개시 4. 주총소집 통지발송 5. 주총개최	폐쇄기간 2주일 전 주총일 2주 전 폐쇄기간 2주일 후 합병기일 후 지체없이	상법
10. 합병등기	1. 변경등기(존속회사) 2. 소멸등기(소멸회사)	본점 : 보고총회 후 2주 내 지점 : 보고총회 후 3주 내	상법
11. 합병종료 보고	1. 합병종료보고서 제출 2. 합병사실 통지	합병 후 지체 없이 합병 후 지체 없이	자본시장법
12. 신주권 및 합병 교부금 교부		등기일로부터 1개월 정도	증권발행 및 공시에 관한 규정
13. 매수청구 주식 매수		매수청구기간 종료일 후 1월	자본시장법

합 병 계 약 서

(흡수합병)

××주식회사(이하 "갑"이라 칭한다)와 ○○주식회사(이하 "을"이라 칭한다)는 상호 신의 성실의 원칙에 입각하여 다음과 같이 합병 계약을 체결한다.

제 1 조【합병】

"갑"은 "을"을 합병해서 존속하며, "을"은 해산한다.

제 2 조【증자】

1. "갑"은 합병에 의해 지금까지 발행하던 주식 총수를 ____만주 증가한다.
2. 전 항에서 증가한 주식은 모두 액면 보통주식(1주의 액면금액 금 ______원)으로 한다.

제 3 조【합병비율】

1. "갑"은 합병 시에 보통주식 ____주(1주 액면금액 금 ______원)를 발행하고 합병기일 현재 "을"의 최종 주식에서 "을"이 소유하고 있는 액면 ______원의 보통주식 1주에 대해 "갑"의 보통주식 1주당 비율을 할당 교부한다.
2. 이 합병에 의해 "갑"은 자본금 _____만원, 자본준비금 _____만원, 이익준비금 ______만원, 임의준비금 ______만원으로 증가한다. 단, 자본준비금에 대해서는 병합기일을 기준으로 "을"의 자산상태에 따라 "갑"과 "을"이 협의하여 변경할 수 있다.

제 4 조【장부액인수】

1. "을"은 20___년 ___월 ___일 현재의 회계장부, 대차대조표, 그 외 동일 계산을 기초로 해서 합병기일에 자산, 부채 및 권리의무 일체를 "갑"이 인수한다.

2. "을"은 20__년 __월 __일 이후 합병기일까지 자산, 부채에 변동이 생길 경우에는 별도로 계산서를 첨부하고 그 내용을 즉시 "갑"에게 명시해야 한다.

제 5 조【관리의무】

"을"은 계약체결 후에 합병기일까지 관리자의 주도하에 업무를 집행하고 모든 재산을 관리한다.

제 6 조【합병기일】

"갑"과 "을"의 합병기일은 20_년 ___월 ___일로 한다. 단, 동 기일까지 합병에 필요한 절차를 진행할 수 없는 경우에는 "갑"과 "을"은 협의하여 이를 연기할 수 있다.

제 7 조【신주의 배당】

합병으로 인해 발행한 "갑"의 신 주식에 대한 배당은 합병기일로부터 기산한다.

제 8 조【종업원의 인수】

"을"의 종업원은 합병기일로부터 "갑"이 인수하며, 근속연수는 전후 통산한다.

제 9 조【"을"의 해산】

"을"의 해산에 필요한 비용은 전부 "을"이 부담한다.

제 10 조【계약의 조정】

계약체결일로부터 합병의 실행에 이르기까지 천재지변이나 그 외의 이유로 인해 "갑"이나 "을"의 자산상태나 경영상태에 중대한 변경을 가져왔을 경우, 또는 다른 하자가 발생했을 경우에는 "갑"과 "을"의 협의하에 합병을 취소하고 합병조건을 변경할 수 있다.

제 11 조【기타】

이 계약에서 정한 것 외에 합병과 관련해서 필요한 사항이 있는 경우, 그 계약의 취지에 기초해서 "갑"과 "을"의 각 대표자가 협의하여 결정한다.

제 12 조【주주총회의 소집】

"갑" 및 "을"은 20_년 __월 __일을 기해서 각각 주주총회를 소집하고 이 계약의 승인 및 실행에 필요한 사항에 있어서 결의를 거쳐야 하며 그 승인 결정 후 "갑"과 "을"은 서로의 취지를 통보한다.

제 13 조【효력발생시기】

이 계약은 "갑" 및 "을"의 주주총회의 승인을 얻어 주요 관청의 허가를 얻음과 동시에 효력이 발생한다.

본 계약을 증명하기 위해 본 계약서 2통을 작성하고 각자 기명 · 날인한 후 각각 1통씩 보관한다.

20___년 ___월 ___일

(갑) 주소 :

상호 :

대표자 : ㉐

(을) 주소 :

상호 :

대표자 : ㉐

2 신설합병 절차

합병절차

합병계약서 작성 합병계약서를 작성하여 주주총회의 승인을 얻어야 하는 점은 흡수합병의 경우와 같으나, 신설합병은 새로운 회사를 설립하여야 하므로 정관의 작성, 기타 설립행위를 할 설립위원을 각 회사에서 선임하여 이들이 설립에 관한 제반절차를 이행한 후 창립총회를 소집하게 된다. 합병계약서의 기재사항은 다음과 같다.

- 신설회사의 목적과 상호
- 회사가 발행할 주식의 총수
- 1주의 금액
- 수종의 주식을 발행하는 때에는 그 종류와 수
- 본점소재지
- 신설회사가 합병 당시에 발행하는 주식의 총수·종류와 수 및 각 회사의 주주에 대한 주식의 배정에 관한 사항
- 신설회사의 자본과 준비금의 총액
- 각 회사의 주주에게 지급할 교부금에 관한 사항(교부금에 대한 정함이 있는 경우)
- 각 회사에서 합병의 승인결의를 할 사원총회 또는 주주총회의 기일
- 합병기일에 정함이 있는 경우 합병기일

주요사항보고서 제출 사업보고서 제출 대상법인이 다른 법인과 합병계약을 체결하거나 이사회에서 합병을 결의한 때에는 그 다음 날까지 주요사항보고서를 금융위원회와 거래소에 제출하여야 한다. 주요사항보고서에 기재해야 할 사항은 금융위원회가 고시한 바에 따른다.

합병계약서의 승인과 설립위원의 선임 주주총회의 특별결의에 의하여 합병계약서의 승인을 받고 또 설립위원을 선임하여야 한다.

채권자보호절차의 이행/주권제출의 공고 및 재산의 인계 이와 관련된 모든 절차는 흡수합병의 절차와 동일하다.

정관작성 설립위원은 합병계약서에 정하는 바에 따라 정관을 작성하고 기명날인

또는 서명하여야 한다. 이 정관은 원시정관이 아니므로 인증은 필요 없다.

창립총회 설립위원은 각 소멸회사에서 채권자 보호절차를 이행한 후, 주식의 병합 또는 분할을 요할 경우에는 그 절차종료 후 창립총회를 소집하여야 한다. 창립총회의 소집절차 · 결의방법 · 결의사항 등은 통상의 주식회사 설립의 경우와 같다. 창립총회에서는 정관변경의 결의를 할 수 있다. 그러나 합병계약의 취지에 위반하는 결의는 하지 못한다. 이사회는 공고로써 창립총회에 대한 보고에 갈음할 수 있다.

대표이사의 선임 이사회를 열어 대표이사를 선임한다.

설립등기와 해산등기

합병등기의 신청절차와 신청서의 조사에 대하여는 흡수합병의 등기절차와 동일하다.

합병으로 인한 설립등기 창립총회가 종결된 날 또는 보고에 갈음하는 공고일로부터 본점 소재지에서는 2주, 지점소재지에서는 3주 내에 그 등기를 하여야 한다.

합병으로 인한 해산등기 창립총회가 종결한 날 또는 보고에 갈음하는 공고일로부터 소멸회사의 본점소재지에서는 2주, 지점소재지에서는 3주 내에 그 해산의 등기를 하여야 한다.

신청인 합병으로 인한 설립등기 시에는 설립회사를 대표하는 자가 그 등기를 신청하고 합병으로 인한 해산등기 시에는 해산되는 회사를 대표하는 자가 그 등기를 신청한다.

등기사항 합병으로 인한 설립등기 시 소멸회사의 전환사채 또는 신주인수권부사채를 승계한 때에는 그 사채의 등기도 동시에 신청하여야 한다.

- 통상의 설립등기사항
- 소멸회사의 상호 · 본점 및 합병한 취지
- 지점소재지에 있어서는 회사 성립 연월일 추가

합병으로 인한 해산등기 시 신설회사의 상호 · 본점 및 합병으로 인하여 해산한 취지와 그 연월일이다.

설립등기 첨부서면 설립등기의 첨부하여야 할 서류는 다음과 같다.

- 합병계약서
- 소멸회사의 합병에 관한 주주총회나 이사회의사록, 사원총회의사록 또는 총사원의 동의가 있음을 증명하는 서면
- 상법 제527조의5 제1항의 규정에 의한 공고 및 최고를 한 사실과 이의를 진술한 채권자가 있는 때에는 이에 대하여 변제 또는 담보를 제공하거나 신탁을 한 사실을 증명하는 서면
- 소멸회사의 등기부등본
- 주권제출의 공고사실을 증명하는 서면
- 이사회의 공고로써 창립총회에 대한 보고에 갈음하는 경우 그 공고사실을 증명하는 서면
- 설립위원의 자격을 증명하는 서면
- 신설회사의 정관
- 창립총회의사록
- 이사회의사록
- 임원의 취임을 증명하는 서면
- 임원의 주민등록번호를 증명하는 서면
- 명의개서대리인을 둔 때에는 명의개서대리인과의 계약을 증명하는 서면

합병으로 인한 해산등기시에는 위임장 외에는 첨부서면이 필요 없다.

합 병 계 약 서

(신설합병)

××주식회사(이하 '갑'이라 칭함) ○○주식회사(이하 '을'이라 칭함) △△주식회사(이하 '병'이라 칭함) 간의 회사합병에 관하여 다음과 같이 합병계약을 체결한다.

제1조 갑·을·병은 합병하여 새로운 회사(이하 '신회사'라 칭한다)를 설립하고 갑·을·병은 해산한다.

제2조 신회사의 상호, 목적 및 본점소재지는 다음과 같다.

1. 상호 : 신주식회사(가칭)
2. 목적
   (1) ………………………………
   (2) ………………………………
   (3) ………………………………
3. 본점 소재지 서울시 _____구 _____동 _____번지

제3조 1. 신회사가 발행하는 주식총수는 00만주로 하고 액면주식 1주의 금액은 금 _______원으로 한다.

2. 신회사의 자본액은 금 ____백만원으로 하고, 준비금액은 금 ___백만원으로 한다.

제4조 신회사가 합병 시에 발행하는 주식은 전부 액면 보통주식으로 하고 그 총수는 _____주로 한다.

제5조 1. 합병실행일을 20__년 ___월 ___일로 한다.

2. 갑·을·병은 20__년 ___월 ___일 현재의 재산목록 및 대차대조표를 기초로 하여 전 항의 합병실행일까지의 수지를 가감하여 각기 자산, 부채 및 영업에 관한 권리의무 일체를 신회사에 인계한다.

제6조 1. 신회사는 합병실행당일에 있어서의 갑 · 을 · 병의 각 주주에 대하여 각기 다음 비율에 의하여 신주식 및 교부금을 교부한다.

갑의 주식 ______주에 대하여 신주식 ______주

을의 주식 ______주에 대하여 신주식 ______주

병의 주식 ______주에 대하여 신주식 ______주

2. 본 계약체결 후 합병실행일 까지의 갑 · 을 · 병 중 어느 쪽의 수지상태에 기한 변동이 있을 때는 갑 · 을 · 병의 각 대표자의 협의로서 전항의 교부금의 비율 및 제3조제2항의 준비금을 변경할 수 있다.

제7조 합병실행 당일에 있어서의 갑 · 을 · 병의 종업원은 당사회사와 협정하여 신회사에 인계한다.

제8조 갑 · 을 · 병은 본계약 후 제5조제2항의 인계에 이르기까지 선량한 관리자의 주의로서 각 회사가 서로 협조하여 업무를 운영할 것이며 사업 또는 자산상태에 중대한 영향을 미치는 사항 및 적립금의 사용, 통상 외의 경비로서 다액에 걸치는 비용의 지출 등을 할 때는 사전에 각사 대표자간에 협조하여 이를 결정한다.

제9조 1. 갑 · 을 · 병은 본 계약에 관하여 20_년 __월 __일에 각기 주주총회의 승인을 얻어야 한다.

2. 신회사의 설립위원은 각 회사 3명으로 하여 각기 전항의 주주총회에서 선임한다.

3. 신회사의 창립총회는 20__년 ___월 ___일에 개최한다.

제10조 갑 · 을 · 병이 신회사에 인계한 자산에 관하여 합병행위 후 2개년 이내에 중대한 하자가 발견되었을 때는 본 계약체결 시에 존재한 당해 회사의 기타 관계자는 각각 그 책임을 부담한다.

제11조 본 합병절차상 부득이한 사정이 생겼을 때는 갑 · 을 · 병의 각 대표자는 협의하여 합병실행일, 창립총회 개최일 등을 변경할 수 있다.

제12조 본 계약의 효력은 갑 · 을 · 병의 각 주주총회의 승인을 얻고 또한 관계관청에 대한 허가 등의 절차를 완료할 때에 발생한다.

제13조 제2조의 상호 및 본 계약에 규정되지 않은 사항에 관하여는 합병의 취지에 위반하지 않는 한 갑 · 을 · 병의 각 대표자가 협의하여 결정한다.

제14조 본 계약체결일로부터 합병실행에 이르기까지 천재 기타 불측한 사유로 말미암아 갑 · 을 · 병의 자산 및 경영상태에 중대한 변동이 발생할 때나 숨은 중대한 하자가 있을 때는 갑 · 을 · 병의 각 대표자의 협의로서 다시 합병조건을 변경하거나 본 계약을 해제할 수 있다.

상기 계약의 증명으로 본 계약서 3통을 작성하여 갑 · 을 · 병의 각 대표자는 서명 날일하고 각각 1통을 보유한다.

20___년 ___월 ___일

(갑) 주소 :
회사명 :
대표이사 : ㊞

(을) 주소 :
회사명 :
대표이사 : ㊞

(병) 주소 :
회사명 :
대표이사 : ㊞

3 분할과 분할합병 절차

회사의 분할이란 「분할회사의 자산 · 부채 · 자본의 전부 또는 일부가 분리되어 적어도 하나 이상의 신설 또는 기존의 승계회사에 분할회사의 권리의무가 부분적으로 포괄 승계되고, 그 대가로 원칙적으로 승계회사의 주식이 분할회사의 주주에게 그리고 예외적으로 분할회사 자신에게 부여되는 회사법상의 법률요건 또는 회사법상의 행위 내지 제도」를 말한다.

현행 상법상 주식회사에 한하여 회사의 분할을 허용하고 있으며, 회사는 분할에 의하여 1개 또는 수 개의 회사를 설립하거나(단순분할), 1개 또는 수 개의 존립중의 회사와 합병하는 것 또는 분할되는 회사의 일부가 다른 회사 또는 다른 회사의 일부와 분할합병을 하여 회사를 설립하는 경우(분할합병), 그리고 회사는 분할에 의하여 1개 또는 수 개의 회사를 설립함과 동시에 분할합병을 할 수 있다(단순분할과 분할합병의 병행)고 규정하고 있다.

또한 상법은 분할신설회사 또는 분할합병의 상대방회사 주식을 분할회사의 주주에게 귀속시키지 않고 분할회사가 그대로 소유하는 것을 허용하고 있다(물적분할). 그리고 개정상법은 자회사(분할승계회사)가 분할회사의 특정 사업부문만을 분리하여 분할합병 할 때 자회사가 모회사의 주식을 분할회사에 대가로 주는 방식을 허용했다(삼각분할합병).

단순분할

합병과 관련을 갖지 않는 회사분할을 단순분할이라 한다. 단순분할에는 새로운 회사가 설립되고 분할 전 회사는 청산절차 없이 소멸되는 완전분할과 분할 전 회사의 재산의 일부만이 분할 후 회사에 이전되고 분할 전 회사는 존속하는 불완전분할이 있다.

분할합병

어느 회사가 분할한 후에 그 분할된 부분이 다른 기존회사나 또는 다른 회사의 분할된 부분과 합쳐져서 하나의 회사가 되는 형태를 분할합병이라 한다. 분할합병에는 분할된 부분이 다른 회사에 흡수되는 흡수분할합병과 분할된 부분이 다른 기존 회사 또는 다른 회사의 분할된 부분과 합쳐져 회사가 신설되는 신설분할합병이 있다.

분할의 효력발생

회사의 분할 또는 분할합병은 분할 또는 분할합병 후 존속하는 회사 또는 분할로 인하여 설립되는 회사가 그 본점소재지에서 분할 또는 분할합병의 등기를 함으로써 그 효력이 생긴다. 분할 또는 분할합병의 등기는 분할 또는 분할합병의 효력발생요건이며, 창설적 효력이 있다. 분할 또는 분할합병으로 인하여 설립된 회사 또는 존속하는 회사는 분할하는 회사의 권리와 의무를 분할계획서 또는 분할합병계획서가 정하는 바에 따라서 승계한다.

분할 및 분할합병의 절차

절차의 간소화를 위하여 분할 또는 분할합병에 의하여 설립되는 회사가 분할 전 회사의 출자만으로 설립되는 경우에도 분할 전 회사의 주주에게 손해가 되지 않는 경우에는 검사인 등에 의한 조사를 생략하도록 하였다.

분할계획서 또는 분할합병계약서의 작성 회사가 분할 또는 분할합병을 하는 때에는 분할계획서 또는 분할합병계약서를 작성하여 주주총회의 승인을 얻어야 한다.

분할에 의하여 회사를 설립하고자 하는 경우에는 분할계획서에 다음의 사항을 기재하여야 한다.

- 설립되는 회사의 상호, 목적, 본점소재지 및 공고방법
- 설립되는 회사가 발행할 주식의 총수 및 1주의 금액
- 설립되는 회사가 분할 당시에 발행하는 주식의 총수, 종류 및 종류별 주식의 수
- 분할되는 회사의 주주에 대한 설립되는 회사 주식의 배정에 관한 사항 및 배정에 따른 주식의 병합 또는 분할을 하는 경우에는 그에 관한 사항
- 분할되는 회사의 주주에게 지급할 금액을 정한 때에는 그 규정
- 설립되는 회사의 자본과 준비금에 관한 사항
- 설립되는 회사에 이전될 재산과 그 가액
- 분할 후의 회사의 책임에 관한 정함이 있는 경우에는 그 내용
- 설립되는 회사의 이사와 감사 또는 감사위원회를 설치하는 경우 감사위원의 그 성명과 주민등록번호
- 설립되는 회사의 정관에 기재할 그 밖의 사항

분할에 의해 존속하는 회사의 경우에는 분할계획서에 다음의 사항을 기재하여야 한다.

- 감소할 자본과 준비금의 액
- 자본감소의 방법
- 분할로 인하여 이전할 재산과 그 가액
- 분할 후의 발행주식의 총수
- 회사가 발행할 주식의 총수를 감소하는 경우에는 그 감소할 주식의 총수, 종류 및 종류별 주식의 수
- 정관변경을 가져오게 하는 그 밖의 사항

분할되는 회사의 일부가 다른 회사와 합병하여 그 다른 회사가 존속하는 경우에는 분할합병계획서에 다음의 사항을 기재하여야 한다.

- 분할합병의 상대방 회사가 분할합병으로 인하여 발행할 주식의 총수를 증가하는 경우에는 증가할 주식의 총수, 종류 및 종류별 주식의 수
- 분할합병의 상대방 회사가 분할합병을 함에 있어서 발행하는 신주의 총수, 종류 및 종류별 주식의 수
- 분할되는 회사의 주주에 대한 분할합병의 상대방 회사 주식의 배정에 관한 사항 및 배정에 따른 주식의 병합 또는 분할을 하는 경우에 그에 관한 사항
- 분할되는 회사의 주주에 대하여 분할합병의 상대방 회사가 지급할 금액을 정한 때에는 그 규정
- 분할합병의 상대방 회사의 증가할 자본의 총액과 준비금에 관한 사항
- 분할되는 회사가 분할합병의 상대방 회사에 이전할 재산과 그 가액
- 분할합병 후의 회사의 책임의 정함이 있는 경우에는 그 내용
- 각 회사가 분할합병계약서의 결의를 할 주주총회의 기일
- 분할합병을 할 날
- 분할합병의 상대방 회사의 이사와 감사 또는 감사위원회를 설치하는 경우 감사위원의 그 성명과 주민등록번호
- 분할합병의 상대방 회사의 정관변경을 가져오게 하는 그 밖의 사항

분할되는 회사의 일부가 다른 회사 또는 다른 회사의 일부와 분할합병을 하여 회

사를 설립하는 경우에는 분할합병계획서에 다음의 사항을 기재하여야 한다.

- 설립되는 회사의 상호, 목적, 본점소재지 및 공고방법
- 설립되는 회사가 발행할 주식의 총수 및 1주의 금액
- 설립되는 회사의 자본과 준비금에 관한 사항
- 설립되는 회사에 이전될 재산과 그 가액
- 분할 후의 회사의 책임에 관한 정함이 있는 경우에는 그 내용
- 설립되는 회사의 이사와 감사 또는 감사위원회를 설치하는 경우 감사위원의 그 성명과 주민등록번호
- 설립되는 회사의 정관에 기재할 그 밖의 사항
- 설립되는 회사가 분할합병을 함에 있어서 발행하는 주식의 총수, 종류 및 종류별 주식의 수
- 각 회사의 주주에 대한 주식의 배정에 관한 사항과 배정에 따른 주식의 병합 또는 분할을 하는 경우에는 그 규정
- 각 회사가 설립되는 회사에 이전할 재산과 그 가액
- 각 회사의 주주에게 지급할 금액을 정한 때에는 그 규정
- 각 회사에서 분할합병계약서의 승인 결의를 할 주주총회의 기일
- 분할합병을 할 날

단순분할계획서의 기재사항은 분할합병을 하지 아니하는 부분의 기재에 관하여 이를 준용한다.

분할대차대조표 등의 공시 분할되는 회사의 경우에는 분할계획서 또는 분할합병계획서의 승인을 위한 주주총회의 회의일의 2주 전부터 분할의 등기를 한 날 또는 분할합병을 한 날 이후 6월 간 다음 각 호의 서류를 본점에 비치하여야 한다.

- 분할계획서 또는 분할합병계약서
- 분할되는 부분의 대차대조표
- 분할합병의 경우 분할합병의 상대방 회사의 대차대조표
- 분할되는 회사의 주주에게 발행할 주식의 배정에 관하여 그 이유를 기재한 서면

분할되는 회사의 일부가 다른 회사와 합병하여 그 다른 회사가 존속하는 경우(분할합병의 상대방회사)에 그 회사의 이사는 분할합병을 승인하는 주주총회의 회일의 2주

전부터 분할합병의 등기를 한 후 6월간 다음 각 호의 서류를 본점에 비치하여야 한다.

- 분할합병계약서
- 분할되는 회사의 분할되는 부분의 대차대조표
- 분할되는 회사의 주주에게 발행할 주식의 배정에 관하여 그 이유를 기재한 서면

주주총회의 승인 회사가 분할 또는 분할합병을 하는 때에는 분할계획서 또는 분할합병계획서를 작성하여 주주총회의 특별결의로써 그 승인을 얻어야 한다. 이 승인결의에 관하여는 의결권 없는 주식의 주주도 결의권이 있다. 어느 종류의 주주에게 손해를 미치게 되는 때에는 그 종류 주주의 총회의 결의도 있어야 한다.

만약 회사의 분할 또는 분할합병으로 인하여 분할 또는 분할합병에 관련되는 각 회사 주주의 부담이 가중되는 경우에는 그 주주 전원의 동의가 있어야 한다.

분할합병의 경우에는 분할결의에 관한 주주총회의 특별결의에 반대하는 주주에게 합병의 경우와 같이 주식매수청구권이 인정되어 있으나 단순분할의 경우에는 원칙적으로 이러한 주식매수청구권이 인정되지 않는다.

채권자의 보호절차 분할합병의 경우 당사자인 회사는 주주총회의 분할승인결의가 있는 날로부터 2주간 내에 채권자에 대하여 분할에 이의가 있으면 1월 이상의 기간 내에 이를 제출할 것을 공고하고 또 알고 있는 채권자에 대하여 각별로 최고하여야 한다.

채권자가 위의 기간 내에 이의를 제출하지 아니한 때에는 분할을 승인한 것으로 보고, 이의를 제출한 때에는 회사는 그 채권자에 대하여 변제 또는 상당한 담보를 제공하거나 이를 목적으로 하여 상당한 재산을 신탁회사에 신탁하여야 한다.

이때 사채권자가 이의를 함에는 사채권자 집회의 결의가 있어야 하는데, 이 경우 법원은 이해관계인의 청구에 의하여 사채권자를 위하여 이의의 기간을 연장할 수 있다.

주권제출의 공고 등 회사의 분할에 따라 주식의 분할과 병합이 있는 경우에는 이를 위한 주권제출공고 등을 한다.

보고총회 분할 또는 분할합병에 의하여 존속하는 회사의 이사는 채권자보호절차 완료 후, 주식의 합병·분할이 있는 때에는 그 절차 완료 후 존속하는 회사가 단주가 있는 경우 그 처리를 한 후 주주총회를 소집하여 분할 또는 분할합병에 관한

사항을 보고하여야 한다.

이사회의 공고로서 주주총회에 대한 보고에 갈음할 수 있다. 단, 자본의 총액이 5억원 미만인 회사로써 이사가 1인이 된 경우에는 그러하지 아니하다.

창립총회 분할에 의하여 회사가 설립되는 경우에는 대표이사가 설립위원이 되며, 설립위원은 각 소멸회사에서 채권자 보호절차를 이행한 후, 주식의 병합 또는 분할을 요할 경우에는 그 절차종료 후 창립총회를 소집하여야 한다.

창립총회의 소집절차 · 결의방법 · 결의사항 등은 통상의 주식회사 설립의 경우와 같다. 창립총회에서는 정관변경의 결의를 할 수 있다. 그러나 분할합병계약의 취지에 위반하는 결의는 하지 못한다. 이사회는 공고로써 주주총회에 대한 보고에 갈음할 수 있다.

기타 절차 회사분할에 따라 주식분할, 주식병합, 단주처리의 필요가 있는 경우에는 상법의 해당규정을 준용한다. 회사분할에 의한 회사의 설립에 관하여는 주식회사의 설립에 관한 규정을 준용한다.

다만, 설립위원은 대표이사로 한다. 이때 분할에 의하여 설립되는 회사는 분할 전의 회사의 출자만으로 설립할 수 있는데, 이 경우 분할 전 회사의 주주에게 그 주주가 가지는 그 회사의 비율에 따라서 분할 후 신설되는 회사의 주식이 발행되는 때에는 주식회사의 변태설립사항에 대하여 적용되는 법원이 선임한 검사인 등에 의한 조사 · 보고의 규정은 적용되지 않는다.

분할등기의 절차

등기기간 회사가 분할을 한 경우 본점소재지에서는 2주간 내, 지점소재지에서는 3주간 내에 분할 후 존속하는 회사에 있어서는 변경등기, 분할로 인하여 소멸하는 회사에 있어서는 해산등기, 분할로 인하여 설립되는 회사에 있어서는 설립등기를 하여야 한다.

그러한 등기기간의 기산일은 합병의 경우와 같다. 분할합병의 경우에는 보고총회가 종결한 날(이러한 보고총회에 갈음하여 이사회가 공고하는 경우에는 공고일)이고, 단순분할의 경우에는 창립총회가 종결한 날(이러한 창립총회에 갈음하여 이사회가 공고하는 경우에는 공고일)이다.

등기신청인 분할에 의하여 회사가 설립되지 않는 경우에는 기존의 각 회사의 대표자가, 회사가 설립되는 경우에는 기존회사의 변경등기는 기존회사의 대표이사가, 신설되는 회사의 설립등기는 신설되는 회사의 대표이사가 각 신청하여야 할 것이다.

분할 또는 분할합병으로 인한 소멸회사의 해산등기는 분할 또는 분할합병 후 존속 또는 설립하는 회사의 대표자가 소멸회사를 대표하여 신청할 수 있다.

등기신청서를 제출할 등기소 존속회사 · 신설회사 · 소멸회사의 관할등기소(본점소재지의 관할등기소를 의미한다. 이하 같다)가 서로 다른 경우, 분할 또는 분할합병으로 인한 등기의 신청서를 제출하여야 할 등기소는 다음과 같다.

- '갑' 회사의 일부를 분할하여 '을' 회사를 설립한 경우에는 '갑' 회사의 관할등기소
- '갑' 회사를 분할하여 '을' 회사와 '병' 회사를 각 설립하고 '갑' 회사는 소멸하는 경우에는 '갑' 회사의 관할등기소
- '갑' 회사의 일부를 분할하여 '을' 회사와 '병' 회사를 각 설립하고 '갑' 회사는 존속하는 경우에는 '갑' 회사의 관할등기소
- '갑' 회사의 일부는 분할하여 그 분할된 부분을 '을' 회사에 합병하고 '갑' 회사와 '을' 회사가 모두 존속하는 경우에는 '갑' 회사의 관할등기소
- '갑' 회사의 일부를 분할하여 그 분할된 부분과 '을' 회사를 합병하여 '병' 회사를 설립하고 '갑' 회사는 존속하며 '을' 회사는 소멸하는 경우에는 '을' 회사의 관할등기소
- '갑' 회사와 '을' 회사가 각 일부를 분할하여 그 분할된 부분을 합하여 '병' 회사를 설립하고 '갑' 및 '을' 회사가 존속하는 경우
  - '갑' 회사와 '을' 회사의 관할등기소가 같은 경우에는 '갑' 및 '을' 회사의 관할등기소
  - '갑' 회사와 '을' 회사의 관할등기소가 서로 다른 경우에는 '병' 회사의 관할등기소가 '갑' 또는 '을' 회사 중 어느 한 회사의 관할등기소와 같은 경우에는 '병'회사와 관할등기소를 같이하는 '갑' 또는 '을' 회사의 관할등기소
  - '갑' 회사와 '을' 회사 및 '병' 회사의 관할등기소가 서로 다른 경우에는 '갑' 또는 '을' 회사 중 어느 한 회사의 관할등기소
- '갑' 회사의 일부는 분할하여 그 분할된 부분과 '을' 및 '병' 회사를 합병하여 '정' 회사를 설립하고 '갑' 회사는 존속하며 '을' 및 '병' 회사는 소멸하는 경우
  - '을' 회사와 '병'회사의 관할등기소가 같은 경우에는 '을' 및 '병' 회사의 관할

  등기소
  - '을' 회사와 '병' 회사의 관할등기소가 서로 다른 경우에는 다음의 순서에 따른다.
  - '갑' 회사의 관할등기소가 '을' 또는 '병' 회사 중 어느 한 회사의 관할등기소와 같은 경우에는 '갑' 회사와 관할등기소를 같이하는 '을' 또는 '병' 회사의 관할 등기소
- '정' 회사의 관할등기소가 '을' 또는 '병' 회사 중 어느 한 회사의 관할등기소와 같은 경우에는 '정' 회사와 관할등기소를 같이하는 '을' 또는 '병' 회사의 관할등기소
- '갑', '을', '병', '정' 회사의 관할등기소가 모두 다른 경우에는 '을' 또는 '병' 회사 중 어느 한 회사의 관할등기소
- 기타의 경우로 존속회사·신설회사·소멸회사의 관할등기소가 같지 않은 경우로서 위에서 언급한 사례 이외의 경우에는 원칙적으로 소멸회사의 관할등기소, 존속회사의 관할등기소 순에 의하되, 소멸회사 또는 존속회사가 둘 이상인 경우에는 그 밖의 다른 관련회사 중 소멸회사 또는 존속회사와 관할등기소를 같이하는 회사가 있는 때에는 다른 관련 회사와 관할등기소를 같이 하는 그 소멸회사 또는 존속회사의 관할등기소에, 그와 같은 회사도 없는 때에는 둘 이상의 소멸회사 또는 존속회사 중 어느 한 회사의 관할등기소에 제출하는 것으로 한다.

동시 신청 분할 또는 분할합병으로 인한 변경등기와 설립등기 및 해산등기의 신청은 각 회사의 관할등기소가 같은 경우이든 서로 다른 경우이든 동시에 신청하여야 한다.

등기사항 분할 또는 분할합병에 의한 변경등기, 해산등기 또는 설립등기의 경우 다음과 같은 사항을 등기하여야 할 것이다.

분할 또는 분할합병으로 인하여 전환사채 또는 신주인수권부사채를 승계한 때에는 그 사채의 등기도 동시에 신청하여야 한다. 다만, 지점소재지에서는 분할한 회사의 상호·본점 및 분할합병의 연월일만 등기하여야 한다.

- 분할 또는 분할합병 후 소멸하는 회사 또는 분할한 회사의 상호·본점 및 분할 또는 분할 합병한 취지

- 분할 또는 분할합병 후 존속회사가 발행할 주식의 총수(수권주식을 증가 변경한 경우)
- 분할 또는 분할합병 후 존속회사의 발행주식의 총수와 그 종류 및 각각의 수
- 분할 또는 분할합병 후의 존속회사의 자본총액
- 분할합병 상대방회사의 이사와 감사를 정한 때에는 그 성명과 주민등록번호
- 지점소재지에서는 분할 또는 분할합병의 연월일

분할 또는 분할합병에 의한 해산등기 신설회사의 상호 · 본점 또는 분할합병의 상대방회사의 상호 · 본점 및 분할 또는 분할합병으로 인하여 해산한 취지와 그 연월일이다.

분할 또는 분할합병에 의한 설립등기 소멸회사의 전환사채 또는 신주인수권부 사채를 승계한 때에는 그 사채의 등기도 동시에 신청하여야 한다.

- 통상의 설립등기사항
- 소멸회사의 상호 · 본점 및 분할 또는 분할 합병한 취지
- 지점소재지에 있어서는 회사성립 연월일 추가

첨부서면 분할 또는 분할합병에 의한 변경등기에는 다음의 서면을 첨부해야한다.

- 분할 또는 분할합병계약서(비송 216조의2)
- 분할회사의 주주총회(분할 또는 분할합병계약서의 승인)이나 종료 주주총회의사록
- 분할합병 상대방회사의 주주총회의사록(분할 또는 분할합병계약서의 승인총회와 분할 또는 분할합병의 보고총회의 2개의 총회 또는 분할합병보고총회를 이사회의 공고로써 갈음한 경우에는 공고를 하였음을 입증하는 서면
- 상법 527조의5 제1항의 규정에 의한 공고 및 최고를 한 사실과 이의를 진술한 채권자가 있는 때에는 이에 대하여 변제 또는 담보를 제공하거나 신탁을 한 사실을 증명하는 서면
- 소멸회사의 등기부등본(존속회사의 본점 관할등기소에 소멸회사의 본점 또는 지점의 등기가 없는 경우)
- 주권제출의 공고사실을 증명하는 서면(소멸회사의 주식에 관하여 병합 또는 분할을 한 경우)
- 단주가 발생하여 임의 매각한 경우에는 법원에 허가서

분할로 인한 설립등기에는 다음의 서면을 첨부해야 한다.

- 분할 또는 분할합병계약서
- 소멸회사의 분할에 관한 주주총회의사록
- 상법 제527조의5 제1항의 규정에 의한 공고 및 최고를 한 사실과 이의를 진술한 채권자가 있는 때에는 이에 대하여 변제 또는 담보를 제공하거나 신탁을 한 사실을 증명하는 서면
- 소멸회사의 등기부 등본(신설회사의 본점소재지 관할등기소에 소멸회사의 본점 또는 지점의 등기가 없는 경우)
- 주권제출의 공고사실을 증명하는 서면(주식의 병합 또는 분할을 한 경우)
- 이사회의 공고로써 주주총회에 대한 보고에 갈음하는 경우 그 공고사실을 증명하는 서면
- 신설회사의 정관(인증불요)
- 창립총회의사록(인증)
- 이사회의사록(인증)
- 임원의 취임을 증명하는 서면
- 임원의 주민등록번호를 증명하는 서면

분할 공시

공시의 필요성 분할되는 회사의 주주와 회사채권자는 회사의 분할에 따르는 이해관계가 크므로 주주가 분할 또는 분할합병결의에서 찬성할 것인지 여부를 사전에 판단할 수 있게 하고 또한 회사채권자는 분할 또는 분할합병에 이의를 제기할 것인지의 여부를 사전에 판단할 수 있게 하기 위한 것이다. 공시해야 할 서류에는 다음과 같은 것들이 있다.

분할되는 회사

- 분할계획서 또는 분할합병계약서
- 분할되는 부분의 대차대조표
- 분할합병의 경우에는 분할합병의 상대방 회사의 대차대조표
- 분할되는 회사의 주주에게 발행할 주식의 배정에 관하여 그 이유를 기재한 서면

흡수분할합병의 경우 상대방 회사

- 분할합병계약서
- 분할되는 회사의 분할되는 부분의 대차대조표
- 분할되는 회사의 주주에게 발행할 주식의 배정에 관하여 그 이유를 기재한 서면

공시기간 및 방법 분할 또는 분할합병 승인을 위한 주주총회일의 2주 전부터 분할등기를 한 날, 또는 분할합병을 한날 이후 6월이 경과한 날까지 위 서류를 본점에 비치하여야 한다.

단순분할 중 존속분할절차

절 차	일정	관련법규	비고
1. 분할을 위한 이사회결의	D-16	상법	
2. 이사회 결의사항 공시 · 신고	D-16	자본시장법 증권의 발행 및 공시규정 유가증권시장 공시규정 코스닥시장 공시규정	이사회 결의 후 지체 없이
3. 분할계획서 작성	D-16	상법	
4. 주요사항보고서 제출	D-16	자본시장법, 증권의 발행 및 공시규정	
5. 주주명부 기준일 및 폐쇄 공고	D-15	상법	기준일 2주간 전
6. 분할계획 통보	D-13		
7. 주주명부확정 기준일	D	상법	주주명부폐쇄기간 : D+1～+10
8. 권리주주 확정	D+7		
9. 주주일람부 · 주총참석장 작성	D+8		
10. 주총소집 통지문 인계	D+9		주총참석장 사송분 인출
11. 주총소집통지서 발송(공고)	D+12	상법	주총 2주 전까지 무의결권 우선주주 포함 필요 시 종류주주총회도 소집
12. 분할대차대조표 등의 공시	D+12	상법	주총 2주 전부터 분할등기일 또는 분할합병일 이후 6월간

절 차	일정	관련법규	비고
13. 경영참고사항 비치	D+12	증권의 발행 및 공시규정	주총 소집통지 · 공고시점부터 주총종료일까지
14. 주주총회 개최	D+27	상법	분할합병계약서 승인(특별결의)
15. 주주총회결과 보고	D+27	증권의 발행 및 공시규정 유가증권시장 공시규정 코스닥시장 공시규정	주총결의 후 즉시
16. 채권자이의제출공고 · 통지	D+28	상법	채권자 이의 제출기간 : D+29~+58
17. 구주권 제출공고 · 통지	D+28	상법	구주권 제출기간 : D+29~+58
※ 현물출자일	D+29		※분할회사만 해당
18. 주식매매거래기간 공고	D+47	유가증권시장상장규정	매매거래기간 : D+57~상장 전일
19. 채권자보호절차 종료, 주식병합절차 종료	D+58	상법	
20. 주식병합효력발생일 분할합병기일	D+59	상법	
21. 보고총회(창립총회) 및 공고	D+60	상법	총회는 이사회 결의로 갈음 가능
22. 등기	D+61	상법	분할회사 : 자본감소등기 신설회사 : 설립등기
23. 분할종료보고서 제출	D+61	증권의 발행 및 공시규정	변경등기 후 즉시
24. 임원 · 주요주주 주식 현황 보고	D+61	자본시장법	변동일 익월 10일까지
25 최대주주 등 주식 변동 상황 제출	D+61	유가증권시장상장규정	소유주식변동 즉시
26. 신주발행 의뢰	D+64		

분할합병 중 존속분할합병절차

절 차	일정		관련법규	비고
	위탁사	대행사		
1. 분할합병을 위한 이사회결의	D-16		상법	
2. 이사회 결의사항 공시·신고	D-16		자본시장법 증권의 발행 및 공시규정 유가증권시장 공시규정 코스닥시장 공시규정	사유발생 즉시
3. 분할합병계약체결	D-16		상법	
4. 주요사항보고서 제출	D-16		자본시장법 증권의 발행 및 공시규정	
5. 주주명부 기준일 및 폐쇄 공고	D-15		상법	기준일 2주간 전
※ 기업결합 신고	D-14		공정거래법	분할합병 상대방회사만 해당
6. 분할합병계획 통보	D-13			
7. 주주명부확정 기준일		D	상법	주주명부폐쇄기간 : D+1～+10
8. 권리주주 확정		D+7		
9. 주주일람부·주총 참석장 작성		D+8		
10. 주총소집 통지서 인계	D+9			분할합병계약의 요령 포함 참석장 사송분 인출
11. 주총 소집통지서 발송(공고)	D+12		상법 자본시장법	주총 2주 전까지 무의결권 우선주도 의결권 행사 필요 시 종류주주총회도 소집
12. 분할대차대조표 등의 공시	D+12		상법	주총 2주 전부터 분할등기일 또는 분할합병일 이후 6월간
13. 경영참고사항 비치	D+12		자본시장법 증권의 발행 및 공시규정	주총 소집통지·공고시점부터 주총종료일까지
14. 분할합병반대의사 접수	D+12 ～+26		상법 자본시장법	분할합병반대의사 표시주주만 주식매수청구권 행사 가능
15. 주주총회 개최	D+27		상법	분할합병계약서승인(특별결의)

절 차	일정		관련법규	비고
	위탁사	대행사		
16. 주주총회결과 보고	D+27		증권의 발행 및 공시규정 유가증권시장 공시규정 코스닥시장 공시규정	주총결의 후 즉시
17. 채권자이의제출 공고 · 통지	D+28		상법	채권자이의제출기간 : D+29∼+58
18. 구주권제출 공고 · 통지	D+28		상법	구주권제출기간 : D+29∼+58
※ 현물출자일	D+29			분할회사만 해당
19. 주식매수청구 기간 만료	D+47		상법 자본시장법	주총결의일부터 20일 내
20.주식매수청구권 행사내역 보고	D+47		증권의 발행 및 공시규정 유가증권시장 상장규정	
21. 주식매매거래기간 공고	D+47		유가증권시장 상장규정	매매거래기간 : D+57∼상장 전일
22. 채권자보호 절차 종료 식병합절차 종료	D+58		상법	
23. 주식병합효력 발생일 분할합병기일	D+59		상법	
24. 분할합병보고 이사회 결의 및 공고	D+60		상법	분할합병보고주주총회에 갈음
25. 등기	D+61		상법	분할회사 : 자본감소 등기 상대방회사 : 합병등기
26. 분할합병종료 보고서 제출	D+61		증권의 발행 및 공시규정	변경등기 후 즉시
27. 임원 · 주요주주 주식현황 보고	D+61		자본시장법	변동일 익월 10일까지
28. 최대주주 등 주식 변동상황 제출	D+61		유가증권시장상장규정	소유주식 변동 즉시
29. 신주발행 의뢰	D+64			

04 합병의 특수절차

1 소규모합병

특정 회사가 다른 법인과 합병을 하려면 주주총회를 열고 합병에 반대하는 주주들에겐 적정가격을 적용해 주식매수를 해주어야 한다. 그러나 합병 주체 회사가 피합병회사 주주들에게 교환해줄 주식 수가 당초 발행 주식 수의 5% 이하일 경우에는 그 절차를 생략할 수 있다. 이런 간단한 합병절차를 밟는 것이 소규모 합병이다. 다시 말하면 대규모 회사가 소규모의 회사를 흡수 합병하는 경우에는 대규모 회사의 입장에서는 일상적인 영업활동의 규모에 지나지 않는 자산취득임에도 불구하고 주총의 결의와 주식매수청구절차를 거침은 비경제적이라고 판단하여 소규모의 회사를 흡수 합병하는 경우 주총의 승인결의를 생략하고 이사회의 결의로 대신할 수 있다.

소규모합병의 요건

합병 후 존속하는 회사가 합병으로 인하여 발행하는 신주의 총수가 발행주식 총수의 100분 10을 초과하지 아니하는 때(2016.03.02.개정)에는 그 존속회사의 주주총회의 승인을 이사회의 승인으로 갈음할 수 있다. 다만, 다음의 경우에는 소규모합병이 허용되지 않고 주주총회의 승인이 요구된다.

- 소멸회사의 주주에게 지급하는 교부금이 존속회사 최종 대차대조표상 현존하는 순자산액의 2%를 초과하는 때
- 합병대가 규모가 존속회사 발행주식 총수의 20% 이상인 경우 소유주주가 공고 또는 통지일로부터 2주 내에 회사에 대하여 서면으로 소규모합병에 대한 반대의사를 통지한 때

절차 및 효과

소규모합병의 절차와 효과는 다음과 같이 간단히 요약할 수 있다.

- 합병존속회사의 신주가 발행주식 총수의 5/100 이내인 경우, 이사회의 승인으로 갈음한다.

- 합병계약서에 주총의 승인 없이 합병한다는 뜻을 기재해야 한다.
- 소규모 합병의 공고와 통지를 해야 한다.
- 합병계약서를 작성한날부터 2주내에 피합병 법인의 상호 · 본점 · 소재지 · 합병한날 · 주총의 승인 없이 합병을 한다는 뜻을 공지 또는 통지해야한다.

소규모합병의 제한

합병교부금이 존속회사 순자산액의 2% 초과하거나 존속회사의 발행주식 총수의 20%이상 소유주주가 반대하는 경우에는 이사회 결의로 소규모 합병을 인정하지 않으며, 주식매수청구권행사가 인정되지 아니한다.

소규모합병의 특례

존속하는 회사의 합병계약서에는 주주총회의 승인을 얻지 아니하고 합병을 한다는 뜻을 기재하여야 한다. 존속하는 회사는 합병계약서를 작성한 날부터 2주 내에 소멸하는 회사의 상호 및 본점의 소재지, 합병을 할 날, 주주총회의 승인을 얻지 아니하고 합병을 한다는 뜻을 공고하거나 주주에게 통지하여야 한다. 존속하는 회사의 주주에 대해서는 주식매수청구권이 인정되지 않는다.

2 간이합병

간이합병의 요건

합병으로 인하여 소멸하는 회사의 총주주의 동의가 있거나 그 회사의 발행주식 총수의 100분의 80 이상(2016.03.02.개정)을 합병 후 존속하는 회사가 소유하고 있는 때에는 합병으로 인하여 소멸하는 회사의 주주총회의 승인을 이사회의 승인으로 갈음할 수 있다. 또한 간이합병은 흡수합병의 소멸회사에만 적용된다.

절차 및 효과

간이합병의 절차와 효과는 다음과 같이 간단히 요약할 수 있다.

- 이사회의 결의만으로 합병이 가능하다.

- 소멸회사는 합병한다는 뜻을 공고 하거나 주주에게 통지해야 한다. 다만 주주 전원의 동의가 있는 경우에는 공고나 통지를 하지 않는다.
- 주식매수청구권 행사가 가능하다.
- 간이합병의 공고, 통지가 있은 후 2주간 내 회사에 서면으로 합병의 반대를 통지한 주주는 그 기 간이 경과 후 20일내에 주식매수청구권을 행사 할 수 있다.

간이합병의 특례

소멸하는 회사는 합병계약서를 작성한 날부터 2주 내에 주주총회의의 승인을 얻지 아니하고 합병을 한다는 뜻을 공고하거나 주주에게 통지하여야 한다. 다만, 총주주의 동의가 있는 경우는 제외한다.

분할합병에 대해서도 간이 · 소규모합병제도가 준용된다.

소규모합병과 간이합병의 차이점

구 분	소규모 합병	간이 합병
적용대상	존속회사	소멸회사
적용요건	소멸회사의 규모가 극히 소규모여서 존속회사 주주에 미치는 영향이 매우 적은 경우	존속회사가 소멸회사 주식의 90% 이상을 소유하여 합병 여부가 존속회사의 의사만으로 결정되거나 소멸회사 총주주의 동의가 이미 존재하는 경우
주주총회 여부	존속회사의 주주총회 불필요	소멸회사의 주주총회 불필요
견제 장치	존속회사 주식의 20% 이상이 소규모합병에 반대하는 경우에는 합병승인총회 필요	
주식매수 청구권	• 존속회사 : 불인정 • 소멸회사 : 인정	• 존속회사 : 인정 • 소멸회사 : 불인정

3 소규모 · 간이합병의 절차

합병계약의 체결

간이합병과 소규모합병도 합병계약의 체결에서 시작된다. 일반 합병과 마찬가지로 합병당사회사의 대표이사가 체결하며, 합병비율 등 합병에 관한 모든 사항을 기재한다. 특히 소규모합병의 경우에는 "주주총회의 승인을 받지 아니하고 합병한다는 뜻"도 기재하여야 한다.

간이/소규모합병 공고 및 통지

간이합병의 경우 소멸회사는 합병계약서를 작성한 날로부터 2주내에 "주주총회의 승인을 얻지 않고 합병한다는 뜻"을 공고하거나 또는 주주에게 통지하여야 한다. 다만, 총주주의 동의가 있거나 존속회사가 소멸회사의 주식 전부를 소유한 경우에는 이러한 통지나 공고가 불필요하다. 소규모합병의 경우에도 존속회사는 합병계약서를 작성한 날로부터 2주내에 소멸회사의 상호 · 본점소재지 · 합병을 할 날(합병기일) · 주주총회의 승인결의 없이 합병을 한다는 뜻을 공고하거나 주주에게 통지하여야 한다.

합병반대의사통지 및 정식절차 진행

존속회사의 발행주식 총수의 100분의 20 이상을 소유하는 주주가 위의 통지 또는 공고일로부터 2주간 내에 서면으로 합병반대의사를 통지한 경우 주주총회 결의를 생략할 수 없다. 따라서 이 경우 소규모합병이 아닌 정식합병으로 가야한다.

이사회의 승인결의

간이합병의 경우 소멸회사는 이사회에서 합병계약을 승인한다. 실무상으로는 소멸회사는 존속회사의 거의 100% 자회사이므로 주주총회를 생략하는 것이 큰 의미는 없다. 이에 반해 소규모합병의 존속회사는 상장(등록)회사인 경우가 흔하고, 주주가 다수인 경우가 많아 주주총회를 생략하고, 이사회로 갈음할 실익이 크다.

합병계약서 등의 비치

주주 및 채권자가 사전에 합병에 관한 구체적 사항을 파악하도록 소정사항을 공시하여야 한다. 즉, 쌍방회사의 대표이사는 합병승인을 위한 이사회의 2주간 전부터 일정기간동안 합병계약서, 소멸회사의 주주에 대한 존속회사 주식의 배정사항과 그 이유를 기재한 서면, 합병당사회사의 대차대조표를 본점에 비치하여야 한다.

주식매수청구절차

존속회사가 소멸회사의 주식 전부를 소유하는 경우에는 주식매수청구의 문제가 발생하지 않는다. 다만 소멸회사의 주식 100분의 90 이상을 소유하는 것을 사유로 간이합병하는 경우에는 반대주주가 있을 수 있으므로 주식매수청구절차를 생략할 수 없다. 이 경우 반대주주는 위 통지 또는 공고일로부터 2주간 내에 합병반대의사를 서면으로 통지할 수 있으며, 통지 또는 공고일로부터 2주간이 경과한 날로부터 20일 이내에 주식의 매수를 청구할 수 있다. 소규모합병의 경우에는 반대주주의 주식매수청구를 인정하지 않는다.

채권자보호절차

소멸회사와 존속회사는 각각 합병승인 결의일로부터 2주내에 1월 이상의 기간을 정하여 회사채권자에 대하여 합병에 이의가 있으면 그 기간 내에 이의를 제출할 것을 공고하고 또 알고 있는 채권자에게 대하여는 따로따로 이를 최고하여야 한다.

거래소 등에 대한 신고

상장법인이 다른 법인과 합병하고자 하는 경우에는 금융위원회와 한국거래소에 신고하여야 하며, 특히 상장법인이 비상장법인과 합병하고자 하는 경우에는 합병승인 주주총회의 결의는 비상장법인이 금융위원회에 유가증권발행인으로 등록한 후 2월이 경과하여야만 그 효력이 있다.

보고총회의 개최

간이소규모합병의 경우에도 존속회사는 보고총회를 개최하여야 한다. 다만, 보고총회는 원래부터 이사회의 결의와 그 공고로써 갈음할 수 있으므로 실무상으로는 이사회의 공고로 갈음한다.

합병등기

합병은 합병등기를 한 때 그 효력이 생긴다. 존속회사에 있어서는 합병취지의 등기와 자본금이 증가하는 경우에는 증자등기를, 소멸회사는 해산등기를 동시에 신청하게 된다.

소규모 합병절차

절 차	일 정	내 용	관련규정
사전준비절차		합병관련 법률, 회계, 조세 문제 검토 합병비율 결정 합병일정 및 절차 결정 합병계약서, 합병신고서 등 관련 서류 작성 금융위 · 거래소담당자와 사전협의	
외부평가기관과 평가 계약 체결	D-48	금융위, 거래소에 신고	발행 · 공시규정
합병 이사회결의	D-41		
합병 이사회결의 공시 · 신고		금융위 ,거래소에 신고	자본시장법 발행 · 공시규정
합병신고서 제출		주주명부폐쇄 및 기준일 공고 전일까지	발행 · 공시규정
합병계약 체결	D-28	합병계약 공고 또는 통지 2주 이내	상법
합병계약서, 합병 B/S 비치공시	D-15	합병주주총회갈음 이사회 결의 2주 전~합병을 한 날 이후 6개월간	상법
합병계약 공고 또는 통지		합병계약서 체결일로부터 2주 이내 존속회사는 합병주주총회 없이 합병한다는 뜻 기재	상법
반대주주 반대의사 통지 완료	D-1	합병계약공고 또는 통지일로부터 2주 내 서면통보 20% 이상 주주 반대시 소규모합병 불가	상법
주주총회 갈음 이사회 승인	D	소규모 합병시 이사회 승인이 주주총회 대체	상법
채권자 이의제출 공고 및 최고	D+1	합병주주총회갈음 이사회 결의일로부터 2주 내 공고, 공고기간 1개월 이상	상법
합병기일	D+33	실질적인 합병일	
합병보고총회갈음 이사회 결의	D+34	합병보고주주총회 대체	상법
합병등기	D+36	합병보고주주총회일 또는 합병 보고총회갈음 이사회결의 공고일로부터 본점 : 2주내, 지점 : 3주내	상법

합병계약서

××주식회사를 “갑”, ○○주식회사를 “을”로 하여 “갑”과 “을” 간의 합병에 의한 계약을 다음과 같이 체결한다.

제 1 조【합병】

“갑”은 “을”을 합병해서 존속하며, “을”은 해산한다.

제 2 조【증자】

1. “갑”은 합병에 의해 지금까지 발행하던 주식 총수를 ________주 증가한다.
2. 전 항에서 증가한 주식은 모두 액면 보통주식(1주의 액면금액 금 ________원)으로 한다.

제 3 조【합병비율】

1. “갑”은 합병 시, 보통주식 ________주(1주 액면금액 금________원)를 발행하고 합병기일 현재 “을”의 최종 주식에서 “을”이 소유하고 있는 액면 ________원의 보통주식 1주에 대해 “갑”의 보통주식 1주당 비율을 할당 교부한다.
2. 이 합병에 의해 “갑”은 자본금 ________만원, 자본준비금________만원, 이익준비금________만원, 임의준비금________만원으로 증가한다. 단, 자본준비금에 대해서는 병합기일을 기준으로 “을”의 자산상태에 따라 “갑”과 “을”이 협의하여 변경할 수 있다.

제 4 조【장부액인수】

1. “을”은 20___년 ___월 ___일 현재의 회계장부, 대차대조표, 그 외 동일 계산을 기초로 해서 합병기일에 자산, 부채 및 권리의무 일체를 “갑”이 인수한다.
2. “을”은 20___년 ___월 ___일 이후 합병기일까지 자산, 부채에 변동이 생길

경우에는 별도로 계산서를 첨부하고 그 내용을 즉시 "갑"에게 명시해야 한다.

제 5 조【관리의무】
"을"은 계약체결 후에 합병기일까지 관리자의 주도하에 업무를 집행하고 모든 재산을 관리한다.

제 6 조【합병기일】
"갑"과 "을"의 합병기일은 20__년 __월 __일로 한다. 단, 동 기일까지 합병에 필요한 절차를 진행할 수 없는 경우에는 "갑"과 "을"은 협의하여 이를 연기할 수 있다.

제 7 조【신주의 배당】
합병으로 인해 발행한 "갑"의 신 주식에 대한 배당은 합병기일로부터 기산한다.

제 8 조【종업원의 인수】
"을"의 종업원은 합병기일로부터 "갑"이 인수하며, 근속연수는 전후 통산한다.

제 9 조【"을"의 해산】
"을"의 해산에 필요한 비용은 전부 "을"이 부담한다.

제 10 조【계약의 조정】
계약체결일로부터 합병의 실행에 이르기까지 천재지변이나 그 외의 이유로 인해 "갑"이나 "을"의 자산상태나 경영 상태에 중대한 변경을 가져왔을 경우, 또는 다른 하자가 발생했을 경우에는 "갑"과 "을"의 협의 하에 합병을 취소하고 합병조건을 변경할 수 있다.

제 11 조【기타】
이 계약에서 정한 것 외에 합병과 관련해서 필요한 사항이 있는 경우, 그 계약의 취지에 기초해서 "갑"과 "을"의 각 대표자가 협의하여 결정한다.

제 12 조【주주총회의 소집】

"갑" 및 "을"은 20___년 ___월 ___일을 기해서 각각 주주총회를 소집하고 이 계약의 승인 및 실행에 필요한 사항에 있어서 결의를 거쳐야 하며 그 승인 결정 후 "갑", "을"이 서로의 취지를 통보한다.

제 13 조【효력발생시기】

이 계약은 "갑" 및 "을"의 주주총회의 승인을 얻어 주요 관청의 허가를 얻음과 동시에 효력이 발생한다.

본 계약을 증명하기 위해 본서 2통을 작성하고 각자 기명날인한 본 계약서를 각각 1통씩 보관한다.

20___년 ___월 ___일

(갑) 주소 :
회사명 :
대표이사 : ㉿

(을) 주소 :
회사명 :
대표이사 : ㉿

Chapter 06

M&A 전략

01 공개매수
02 자산양수 · 양도 및 영업양수 · 양도
03 주식의 포괄적 교환과 이전
04 주식연계채권
05 A&D 전략
06 기타의 전략

01 공개매수

1 공개매수의 개요

공개매수의 의의

공개매수는 기업지배권의 획득이나 유지·강화를 목적으로 주권상장법인 등의 의결권 있는 주식 등(환사채 등 잠재주권 포함)을 증권시장(이와 유사한 시장으로서 해외에 있는 시장을 포함) 밖에서 불특정다수인에게 매수의 청약을 하거나 매도의 청약을 권유하여 그 주식 등을 매수하는 행위를 말한다.

매도와 매수 쌍방당사자 간의 계약 그 밖의 합의에 따라 종목, 가격과 수량 등을 결정하고 그 매매의 체결과 결제를 증권시장을 통하는 방법으로 하는 주식 등의 매수(시간 외 매매)는 증권시장 밖에서 행하여진 것으로 본다.

'자본시장과 금융투자업에 관한 법률'에서는 공개매수를 특정다수인에 대하여 주식 등의 매수(다른 유가증권과의 교환을 포함)의 청약을 하거나 매도(다른 유가증권과의 교환을 포함)의 청약을 권유하고 증권시장 밖에서 당해 주식 등을 매수하는 것으로 정의하고 있다.

공개매수제도의 목적

자본시장법 제133조 및 134조에서는 공개매수를 정의하고 공개매수 적용대상을 정하고 있을 뿐만 아니라 공개매수 공고를 한 자에게 공개매수신고서 제출의무 등을 부여하고 있는데 이는 공개매수제도의 투명화를 통한 기업경영권 경쟁의 공정성을 확보하고, 무분별한 기업인수·합병을 방지하여 기업지배권의 안정을 도모하기 위한 것이다.

아울러 공개매수 등에 대한 공시를 통하여 투자자를 보호하고 경영권 이전을 목적으로 지불되는 경영권 프리미엄을 모든 주주가 균등하게 누릴 수 있도록 위한 것이다.

공개매수의 적용대상

다음의 요건에 해당하는 요건으로서

- 적용 대상증권 : 주권상장법인이 발행한 주식, 신주인수권이 표시된 것, 전환사채권, 신주인수권부사채권, 교환사채권, 파생결합증권
- 매수기간 : 6개월 이내에
- 매수장소 : 장외(유가증권시장 및 코스닥시장 밖)에서
- 매수상대방의 수 : 매수청약 또는 매수청약의 권유의 상대방 10인 이상으로부터
- 취득방법 : 매수 등을 하고자 하는 경우

아래 경우 중 하나에 해당할 때에는 공개매수를 하여야 한다.

- 보유주식이 5% 이상일 것 : 당해 매수 등을 한 후에 본인과 그 특별관계자가 보유(소유 기타 이에 준하는 경우도 포함한다)하게되는 주식 등의 수의 합계가 당해 주식 등의 총수의 100분의 5 이상이 되는 경우
- 5% 이상인 주주의 추가 매수행위 : 본인과 그 특별관계자가 보유하는 주식 등의 수의 합계가 당해 주식 등의 총수의 100분의 5 이상인 자가 당해 주식 등의 매수 등을 추가로 하는 경우

따라서 비상장주식을 취득한다거나 의결권이 없는 우선주식을 취득한다든지, 유가증권시장 내에서 상장주식을 취득하여 5% 이상이 되는 경우, 장외에서 6개월 이내에 상장주식을 취득하여 5% 이상이 되더라도 10인 미만으로부터 매수한 경우 등은 위의 여섯 가지 공개매수요건을 동시에 충족하지 않으므로 공개매수 적용대상에 해당되지 않는다. 이외에도 다음의 경우에는 자본시장법 제133조제3항 및 동법시행령 제143조에서 정하고 있는 것은 공개매수규정이 적용되지 않으므로 공개매수의 방법으로 주식 등의 매입을 할 필요가 없다.

- 소각을 목적으로 하는 주식 등의 매수 등
- 주식매수청구에 응한 주식의 매수
- 특수관계인으로부터의 주식 등의 매수 등
- 신주인수권 · 전환청구권 또는 교환청구권의 행사에 의한 주식 등의 매수 등
- 자본시장법 제78조제1항에 따라 증권의 매매를 중개하는 방법에 의한 주식의 매수
- 파생결합증권의 권리 행사에 따른 주식 등의 매수 등
- 다른 주주의 권익 침해가 없는 것으로 다음에 해당하는 매수

- 기업의 경영합리화 정부의 인·허가 지도·권고 등에 따른 매수
- 정부의 공기업민영화계획 등에 의하여 정부가 처분하는 주식 등의 매수
- 법원의 인·허가에 따른 화의, 정리절차 중인 회사의 주식 등의 매수
- 채권금융기관 등이 기업구조조정촉진법에 따라 처분하는 주식 등의 매

공개매수의 분류

공개매수에는 대상기업의 주식 전량을 매수하고자 하는 전량공개매수와 일부만을 매수하고자 하는 부분공개매수가 있다. 또한, 매수대금을 현금으로 지불하는 현금공개매수와 유가증권으로 교환하는 교환공개매수가 있다. 또한 인수기업이 서로 다른 매수조건을 내걸고 그리고 두 기간으로 나누어 공개매수를 제의하는 것으로 2단계 공개매수가 있다.

2단계 공개매수 2단계 공개매수란 인수기업이 대상기업의 주주가 청약하는 주식 중에서 1단계로 일정수량에 대해서는 높은 가격으로 공개매수하여 경영권을 인수한 다음에 2단계로 공개매수 때보다 낮은 가격을 대상기업의 잔여주주에게 지불하는 전략이다. 2단계 공개매수에서는 1단계의 매수가격과 2단계의 합병대가가 공개매수 개시 이전에 발표된다. 일반적으로 1단계에서 대상기업 총 주식의 51%에 대해서는 전액 현금으로 높은 가격에 매수하여 경영권을 확보한 다음에 2단계에서는 낮은 가격으로 현금 대신에 주식교환 또는 채권으로 지불하게 된다. 2단계의 합병거래는 잔여주주가 축출된다는 의미에서 축출합병이라고 한다.

이 전략은 주주에게 1단계의 매수에 신속히 청약하지 않는다면 1단계에 비하여 불리한 2단계의 조건으로 매도하여야 된다는 것을 인식시켜 신속히 청약하도록 압력을 가하려는 의도로 설계된 것으로 강압적 특성을 갖는다. 또한 2단계 공개매수는 전량공개매수에 비하여 매수기업에 유리한 측면이 있다. 즉 1단계 및 2단계 가격의 평균가격이 제3의 인수자가 제시한 전량공개매수가격보다 낮을 경우에도 1단계 가격이 전량공개매수의 매수가격보다 높으면 대상기업의 인수에 성공할 수 있기 때문이다. 2단계 매수는 매수자가 1단계 매수를 통해서 이미 경영권을 확보한 다음에 이루어지는 것이기 때문에 매수자 입장에서 청약된 주식의 가치가 높지 않다. 그러나 2단계 공개매수는 전량공개매수보다 투자자들이 이해하기 어려우며 그것이 지닌 강압적 성격 때문에 경영진들의 인수방어 행동을 유발시키고 법원은 대상기업 경영진의 경영권방어 행위를 수용하는 태도를 보일 가능성이 크며, 미국에서는 이러한

사례가 많은 것으로 알려지고 있다.

교환공개매수 교환공개매수는 매수자가 매수증권에 대한 대가를 현금 대신에 증권으로 지급하는 공개매수이다. 이처럼 매수주식에 대한 대가를 증권으로 지급하기 때문에 교환공개매수를 하기 위해서는 증권을 사전에 발행했거나 또는 매수한 증권이 있어야 하기 때문에 시간적으로 현금매수보다는 지체되기 쉬우며 특히 증권을 발행하기 위하여 사전에 유가증권신고서를 제출하여야 하는 등 비밀유지가 어려운 편이다.

이처럼 교환공개매수가 시간적으로 지체되기 쉬우며 비밀유지가 어려운 까닭에 일반적으로 교환공개매수가 적대적 M&A 수단으로는 자주 이용되지 않고 있다.

전량공개매수와 부분공개매수 대상기업 발행주식 전부를 현금으로 매수하는 전량공개매수는 2단계 공개매수에서 나타나는 강압적인 매도압력 문제나 교환공개매수의 시간적 지체 문제 등을 일으키지 않고 대상기업의 경영권을 획득할 수 있는 방법이다. 부분공개매수의 경우는 대상기업의 주주가 주식매도를 과잉 청약하게 되면 비례적으로 배분하여 매입하여야 하기 때문에 매수자가 원하는 지분의 매수주식에 대하여 완전한 프리미엄을 지급할 수 없다. 따라서 전량공개매수가 부분공개매수에 비하여 대상기업 경영진에게는 더욱 위협적이다.

한편, 현금공개매수는 교환공개매수에 비하여 더 오랫동안 매수계획에 대한 비밀을 유지할 수 있다. 따라서 현금공개매수는 언제 공개매수를 개시할 것인가에 대하여 신축성을 가질 수 있고 대상기업이 방어조치를 취하거나 백기사(white knight)를 동원할 시간적 여유를 제한하는 데 도움이 된다. 그러나 현금공개매수는 주식 등 증권을 교환하는 경우보다 대상기업 주주에게 더 많은 세금을 부담시킬 수 있기 때문에 더 높은 매수가격을 지불하여야 할지 모른다.

다만, 우리나라의 경우 상장기업 주식을 매도할 경우에는 자본이득세가 과세되지 않기 때문에 주주의 세금 부담 문제는 고려사항이 되지 않을 것이다.

2 공개매수 절차

공개매수를 하고자 하는 자는 이 단계에서 공개매수 목적과 공개매수 할 주식 등의 종류 및 수, 공개매수기간 · 가격 · 결제일 등 공개매수조건 등을 비롯한 공개매수 전반에 대한 충분한 검토와 의사결정이 이루어져야 한다. 실질적으로 공개매수 전반에 대한 검토 및 의사결정 단계에서 공개매수 공고 안, 공개매수신고서 기재사항

등에 대한 의사결정이 이루어져야 하며 이러한 의사결정을 토대로 추후 신고·공시 의무를 이행해야 한다.

공개매수 절차도

공개매수사무취급자 선임	: 공매매수사무취급자 선정
공개매수 내용 공고	: 2 이상 일간신문, 경제신문 공고
공개매수신고서 제출	: 금융위, 거래소 제출, 사본 대상회사 송부
공개매수설명서 작성 비치	: 금융위, 거래소, 본·지점 비치
공개매수실시	: 제출일 후 20일 이상 60일 이내
공개매수 통지서 송부	: 응모자에 송부
매수대금지급	: 종료일 익일 수량 전부 매수
공개매수결과보고서 제출	: 금융위, 거래소 보고

공개매수사무취급자 선정

공개매수를 하고자 하는 자는 적어도 공개매수를 결정하기 전에 공개매수사무취급자를 선정해야 한다. 공개매수사무취급자는 공개매수를 하고자 하는 자를 대리하여 공개매수 관련 사무를 취급하는 자로서 증권회사에 한함.

통상적으로 공개매수사무취급자는 공개매수와 관련한 공고, 공개매수설명서의 작성 및 비치, 공개매수 청약의 접수, 공개매수 청약계좌의 관리, 공개매수 청약주식의 접수 및 보관, 공개매수대금의 결제, 공개매수통지서의 발송 등 공개매수에 필요한 업무를 수행한다.

공개매수 공고

공개매수를 하고자 하는 자는 '신문 등의 자유와 기능 보장에 관한 법률'에 의한 일반 일간신문 또는 경제 분야의 특수일간신문 중 전국을 보급지역으로 하는 둘 이상의 신문에 다음의 사항이 포함된 공개매수 공고를 하여야 한다.

- 공개매수를 하고자 하는 자
- 공개매수 할 주식 등의 발행인
- 공개매수의 목적
- 공개매수 할 주식 등의 종류 및 수
- 공개매수기간 · 가격 · 결제일 등 공개매수조건
- 매수자금의 내역
- 공개매수자 및 그 특별관계자의 현황
- 공개매수사무취급자에 관한 사항
- 공개매수의 방법
- 공개매수 할 주식 등의 발행인(공개매수대상회사)의 임원 또는 최대주주와의 사전협의가 있는지 여부와 사전협의가 있는 경우 그 협의내용
- 공개매수 종료 후 공개매수대상회사에 관한 장래계획
- 공개매수신고서 및 공개매수설명서의 열람장소

공개매수자가 공개매수 공고를 하는 때에는 미리 공개매수사무취급자를 대리인으로 지정하여 당해 대리인으로 하여금 공고하게 하여야 한다. 공개매수 공고 안서식은 금융위원회가 '증권의 발행 및 공시 등에 관한 규정'에 별도로 정하고 있다.

공개매수신고서 제출

공개매수자는 공개매수신고서를 당해 공개매수공고를 한 날에 금융위원회에 제출하여야 한다. 다만, 공개매수공고일이 공휴일 그 밖의 금융위원회가 정하는 날에 해당되는 때에는 그 다음날에 제출할 수 있다. 공개매수자가 공개매수신고서를 제출하는 때에는 미리 공개매수사무취급자를 대리인으로 지정하여 당해 대리인으로

하여금 공개매수신고서를 제출하게 하여야 한다.

공개매수신고서에 기재할 사항은 다음과 같다.

- 공개매수자가 개인인 경우에는 주민등록등본(외국인인 경우에는 이에 준하는 서류)
- 공개매수자가 법인 기타 단체인 경우에는 정관 및 법인등기부등본 또는 이에 준하는 서류
- 공개매수 관련 사무에 관한 계약서 사본
- 공개매수에 필요한 금액 이상의 금융기관 예금 잔액, 그 밖에 자금의 확보를 증명하는 서류
  - 공개매수대금을 결제일까지 인출하지 아니하는 경우에는 그 내용을 기재한 서류를 추가로 제출
  - 공개매수신고서를 제출한 후 공개매수대금을 인출하여 결제일까지 운용하고자 하는 경우에는 인출일부터 결제일까지의 자금의 운용계획서와 그 내용을 확인할 수 있는 서류를 추가로 제출
- 다른 증권과의 교환에 의한 공개매수인 경우에는 공개매수자가 교환의 대가로 인도할 증권의 확보를 증명하는 서류
  - 「독점규제 및 공정거래에 관한 법률」 제8조의 제2항제2호의 기준에 해당하지 아니할 목적으로 현물출자를 받기 위하여 공개매수를 하고자 하는 경우에는 신주의 발행을 증명하는 서류를 제출하는 경우
  - 교환대상증권을 결제일까지 처분하지 아니하는 경우에는 그 내용을 기재한 서류를 추가로 제출하는 경우
  - 공개매수신고서를 제출한 후 교환대상증권을 처분하여 결제일까지 운용하고자 하는 경우에는 처분일부터 결제일까지의 증권의 운용계획서와 그 내용을 확인할 수 있는 서류를 추가로 제출하는 경우
- 다른 증권과의 교환에 의한 공개매수에 관하여(모집 또는 매출의 신고) 신고를 하여야 하는 경우에는 그 신고서에 기재할 사항의 내용과 동일한 내용을 기재한 서류
- 주식 등의 매수 등에 행정관청의 허가·인가 또는 승인이 필요한 경우에는 그 허가·인가 또는 승인이 있었음을 증명하는 서류
- 공개매수공고내용

- 공개매수 공고 전에 해당 주식 등의 매수 등의 계약을 체결하고 있는 경우에는 그 계약서의 사본
- 공개매수자가 외국인 또는 외국법인 등인 경우에는 국내에 주소 또는 사무소를 가진 자에게 해당 공개매수에 관한 권한을 부여한 것을 증명하는 서면
- 공개매수신고서에 첨부하는 서류가 한글로 기재된 것이 아닌 경우에 그 한글 번역문

신고서사본 송부 및 제출

공개매수자는 공개매수신고서를 제출한 때에 지체 없이 그 사본을 대상회사에 송부하고, 거래소에 제출하여야 한다.

정정신고서 제출 및 공고

공개매수자는 매수조건을 변경하고자 하는 경우에는 공개매수기간이 종료하는 날까지 정정신고서를 제출하여야 함. 다만, 매수가격의 인하, 매수예정주식 등의 수의 감소, 매수대금 지급기간의 연장, 공개매수기간의 단축, 청약(응모)주주에게 줄 대가의 종류의 변경(다만, 청약주주가 선택할 수 있는 대가의 종류를 추가하는 경우는 제외) 및 공개매수 대금지급기간의 연장을 초래하는 공개매수조건을 변경할 수 없으며 공개매수자가 정정신고서를 제출한 때에는 지체 없이 그 사실과 변경한 내용을 공고하여야 한다.

철회신고서 제출 및 공고

공개매수자는 공개매수를 할 수 있게 된 날 이후에는 공개매수를 철회할 수 없다. 다만, 대항공개매수가 있는 경우나 공개매수자가 사망 · 해산 · 파산하거나 발행한 어음 또는 수표의 부도 등 공개매수공고 당시 예측할 수 없었던 중대한 재해 등이 발생한 경우는 공개매수기간의 말일까지 철회할 수 있다. 또한, 공개매수대상회사에 합병, 분할(합병), 주식의 포괄적 이전 또는 교환, 영업이나 자산양수 · 양도 · 해산 · 파산 · 부도발생 · 당좌거래정지 · 상장폐지 · 중대한 재해(천재 · 지변 · 전시 · 사변 · 화재 및 기타의 재해로 인하여 최근 사업연도자산총액의 100분 1의 10 이상의 손해가 발생한 경우)가 발생한 경우로 공개매수를 철회할 수 있다는 조건을 공개매수

공고 시 게재하고 이를 공개매수신고서에 기재한 경우는 공개매수기간의 말일까지 철회할 수 있으며 공개매수를 철회하고자 하는 경우에는 철회신고서를 금융위원회와 거래소에 제출하고 그 내용을 공고하여야 한다.

공개매수설명서의 작성 · 공시

공개매수설명서는 공개매수에 대한 투자판단에 필요한 정보를 투자자에게 제공하기 위한 목적으로 작성 · 비치하는 것으로 공개매수자는 공개매수를 하고자 하는 경우에는 그 공개매수에 관한 설명서를 작성하여 공개매수 공고일에 금융위원회와 거래소에 제출하여야 하며, 공개매수 사무취급자의 본 · 지점에 비치하고 일반인이 열람할 수 있도록 하여야 한다. 공개매수설명서에는 공개매수신고서에 기재된 내용과 다른 내용을 표시하거나 그 기재사항을 누락하여서는 아니된다. 공개매수자는 공개매수 할 주식 등을 매도하고자 하는 자에게 공개매수설명서를 미리 교부하지 아니하면 그 주식 등을 매수하여서는 아니된다.

공개매수설명서에 기재할 사항은 공개매수신고서에 기재한 내용과 동일하고 공개매수자가 상장법인인 경우에는 당해 법인의 재무에 관한 사항은 그 기재를 생략할 수 있으며 유가증권 발행 신고와 관련한 사업설명서의 사용에 관한 규정은 공개매수설명서에 관하여 준용된다. 공개매수기간은 공개매수공고일로부터 3일이 경과한 날부터 20일 이상 60일 이내의 기간. 다만, 당해 공개매수기간 중 대항공개매수가 있는 경우에는 대항공개매수기간의 종료일까지 그 기간을 연장할 수 있으며 공개매수자는 공개매수를 위한 조건이 충족될 경우 공개매수기간의 종료 후 공개매수 통지서를 청약자에게 지체 없이 송부하여야 한다. 공개매수 통지서에는 주식 등의 종류, 청약주식 등의 총수, 매수예정주식 등의 총수, 반환주식 등의 총수 및 반환방법 · 매수대금 · 증권거래세액 및 기타세액 · 결제일 등 결제에 관한 사항을 기재하면 된다.

공개매수결과보고서 제출

공개매수자는 공개매수가 종료한 때에는 지체 없이 그 결과를 기재한 공개매수결과보고서를 작성하여 금융위원회와 거래소에 보고하여야 한다.

유의사항

공개매수자금 보유 증빙제출 시 유의사항은 공개매수자는 내·외국인의 구분 없이 공개매수자금 보유 증명서류로 국내 금융기관이 발행한 예금잔고증명서 또는 단기 금융상품 등 기타 자금보유증명서를 제출해야 하며, 공개매수 당시 매수자금의 현존성을 확인하기 어려운 금융기관의 지급보증서는 증빙으로 인정되지 않는다.

모집·매출에 의한 증권을 대상으로 교환공개매수 시 유의사항은 다른 증권과의 교환에 의한 공개매수와 관련하여 증권신고서를 제출한 때에는 관련 증권신고서의 접수번호 등을 기재하는 방식으로 첨부서류 제출에 갈음할 수 있다.

모집·매출에 의한 증권을 대상으로 교환공개매수를 하는 경우 증권신고서를 먼저 제출한 때에는 공개매수신고서를 제출하기 전까지 예비투자설명서에 의한 권유행위를 할 수 없으며 이 경우 증권신고서 제출과 관련된 절차와 공개매수신고서 제출과 관련된 절차를 모두 충족시켜야 하므로 두 개의 신고서를 동시에 제출하는 것이 바람직하다.

3 공개매수 관련 금지행위

공개매수기간 중 별도매수의 금지

공개매수자(그 특별관계자 및 공개매수사무취급자 포함)는 공개매수 공고일로부터 매수기간 종료 시까지 공개매수 이외의 방법으로 동일 주식 등의 매수를 하지 못한다. 이는 공개매수가격이 일반적으로 시장가격에 비하여 높은데 시장에서 공개매수가격보다 낮은 가격에 주식을 매수할 수 있도록 하면 주주평등의 원칙과 모든 주주에게 높은 가격을 보장하여야 하는 원칙에 위배되기 때문이다. 그러나 다른 주주의 권익을 침해할 염려가 없는 다음과 같은 경우에는 공개매수 외의 방법으로 주식취득이 가능하다.

- 해당 주식 등의 매수 등의 계약을 공개매수공고 전에 체결하고 있는 경우로서 그 계약체결 당시 공개매수의 적용대상에 해당하지 아니하고 공개매수공고와 공개매수신고서에 그 계약사실 및 내용이 기재되어 있는 경우
- 공개매수사무취급자가 공개매수자 및 그 특별관계자가 아닌 자로부터 해당 주식 등의 매수 등의 위탁을 받은 경우

공개매수조건의 변경금지

공개매수자는 매수조건을 변경하고자 하는 경우 공개매수기간 종료일까지 정정 신고서를 제출하여야 하나 다음의 사항에 대해서는 조건을 변경할 수가 없다.

- 매수가격의 인하
- 매수예정주식 등의 수의 감소
- 매수대금 지급기간의 연장
- 공개매수 기간의 단축
- 응모주주에게 줄 대가의 종류 변경. 다만, 응모주주가 선택할 수 있는 대가의 종류를 추가하는 경우는 제외한다.
- 공개매수대금 지급기간의 연장을 초래하는 공개매수 조건의 변경

4 실효성의 확보

의결권행사의 제한

자본시장법 제133조제3항(의무공개매수), 동법 제134조(공개매수공고 및 공개매수신고서의 제출)제1항 · 제2항을 위반하여 주식 등의 매수 등을 한 경우에는 그날부터 그 주식(그 주식 등과 관련한 권리행사 등으로 취득한 주식 포함)에 대한 의결권 행사금지를 금지한다.

금융위원회의 조치

금융위위원회는 자본시장법 제133조제3항(의무공개매수), 동법 제134조(공개매수공고 및 공개매수신고서의 제출)제1항 · 제2항을 위반한 주식(그 주식 등과 관련한 권리행사 등으로 취득한 주식 포함)에 대하여 6개월 이내의 기간을 정하여 처분을 명할 수 있다.

금융위위원회는 투자자 보호를 위하여 공개매수자 등 관계인에게 참고자료의 제출을 명하거나 금감원으로 하여금 장부 · 서류 물건 등을 조사하게 할 수 있다.

금융위원회는 다음 각 호의 어느 하나에 해당하는 경우에는 공개매수자 등에 대하여 정정을 명할 수 있고 공개매수를 정지 또는 금지하거나 1년의 범위에서 공개매수의 제한 및 공개매수 사무취급업무의 제한, 임원의 해임권고, 고발 및 수사기관

에의 통보, 경고 · 주의 등의 조치를 할 수 있다.

- 공개매수공고 또는 정정공고를 하지 아니한 경우
- 공개매수신고서 · 정정신고서 또는 공개매수결과보고서를 제출하지 아니한 경우
- 공개매수공고 · 공개매수신고서 · 정정신고서 · 정정공고 또는 공개매수결과보고서 중 중요사항에 관하여 거짓의 기재 또는 표시가 있거나 중요사항이 기재 또는 표시되지 아니한 경우
- 공개매수신고서 · 정정신고서 또는 철회신고서의 사본을 발행인에게 송부하지 아니한 경우
- 공개매수신고서 · 정정신고서 또는 철회신고서의 사본에 신고서에 기재된 내용과 다른 내용을 표시하거나 그 내용을 누락하여 송부한 경우
- 공개매수설명서에 관하여 자본시장법 제137조(공개매수설명서 작성 · 공시)를 위반한 경우
- 자본시장법 제139조(공개매수의 철회 등) 제1항 또는 제2항을 위반하여 공개매수를 철회한 경우
- 자본시장법 제140조를 위반하여 공개매수에 의하지 아니하고 매수 등을 한 경우
- 자본시장법 제141조(공개매수의 조건과 방법)를 위반하여 공개매수를 한 경우
- 자본시장법 제145조(의결권제한 등)를 위반하여 의결권을 행사하거나 처분명령을 위반한 경우

5 규제 위반에 대한 제재

과징금

다음의 경우 공개매수신고서에 기재된 공개매수 예정총액의 100분 1의 3(20억원을 초과하는 경우에는 20억원)을 초과하지 않는 범위에서 과징금을 부과할 수 있다.

- 공개매수신고서 정정신고서 또는 공개매수설명서 그 밖의 제출서류 또는 공고 중 중요사항에 관하여 거짓의 기재 또는 표시를 하거나 중요사항을 기재 또는 표시하지 아니한 경우
- 공개매수신고서 · 정정신고서 또는 공개매수설명서 · 그 밖의 서류를 제출하지

아니하거나 공고하여야 할 사항을 공고하지 아니한 경우

형사처벌

공개매수공고 및 공개매수신고서 · 정정신고서 및 정정공고 · 공개매수설명서 중 중요사항에 관하여 거짓의 기재 또는 표시를 하거나 중요사항을 기재 또는 표시하지 아니한 자, 공개매수공고 및 정정공고를 하지 아니한 자, 공개매수신고서 제출의무를 위반한 자는 5년 이하의 징역 또는 2억원 이하의 벌금에 해당된다.

의무공개매수 · 공개매수기간 중 별도매수금지 의무를 위반하여 공개매수에 의하지 아니하고 주식 등의 매수 등을 한 자는 3년 이하의 징역 또는 1억원 이하의 벌금에 해당한다.

공개매수설명서를 미리 교부하지 아니하고 주식 등을 매수한 자, 자본시장법 제145조에 따른 처분명령을 위반한 자는 1년 이하의 징역 또는 3천만원 이하의 벌금에 해당된다.

과태료

규제위반에 대한 과태료 처분은 다음과 같다.

- 다음의 경우 5천만원 이하의 과태료를 부과한다.
  - 공개매수신고서 · 정정신고서 또는 철회신고서의 사본을 발행인에게 송부하지 아니한 자
  - 공개매수신고서 정정신고서 또는 철회신고서의 사본에 신고서에 기재된 내용과 다른 내용을 표시하거나 그 내용을 누락하여 송부한 자
- 다음의 경우 1천만원 이하의 과태료를 부과한다.
  - 공개매수결과보고서를 제출하지 아니하거나 거짓으로 작성하여 제출한 자
  - 금융위의 공개매수자 등 관계인에 관한 보고의무 또는 자료제출 명령 등에 불응한 자

6 신고사항

신고 · 보고사항	관련법규	신고의무자	제출처	신고기간
공개매수신고서 제출	자본시장법 증권발행 및 공시규정	공개매수자	금융위원회 거래소	공개매수 공고일
공개매수신고서 사본 송부	자본시장법	공개매수자	발행인	지체 없이
공개매수에 관한 결정이 있은 때(공개매수 결의)	증권발행 및 공시규정	공개매수자	거래소	사유발생익일
공개매수자로부터 당해 사실을 통보받은 때(피공개매수)	증권발행 및 공시규정	발행인	거래소	사유발생익일
공개매수에 관한 의견을 표명한 경우	자본시장법 증권발행 및 공시규정	발행인	금융위원회 거래소	지체 없이
정정신고서 제출	자본시장법 증권발행 및 공시규정	공개매수자	금융위원회 거래소	공개매수기간이 종료하는 날까지
철회신고서 제출	자본시장법 증권발행 및 공시규정	공개매수자	금융위원회 거래소	공개매수기간 말일까지
공개매수결과보고서	자본시장법 증권발행 및 공시규정	공개매수자	금융위원회 거래소	공개매수종료 후 지체없이
공개매수결과가 확정된 때(공개매수 결과)	증권발행 및 공시규정	발행인	거래소	사유발생익일

02 자산양수 · 양도 및 영업양수 · 양도

자산양수도란 토지 · 건물 등 유 · 무형재산의 매매 교환 등으로 소유권 이전의 법률효과가 발생하는 거래를 말한다. 양수법인이 양도법인의 사업의 전체 또는 일부를 인수하는 것으로 양도법인이 반드시 소멸되는 것은 아니다.

영업양수도란 일정한 영업 목적에 의하여 조직화된 총체, 즉 인적 · 물적 조직을 그 동일성을 유지하면서 일체로서 이전하는 것을 말한다.

영업양수도와 자산양수도의 차이점은 절차상의 차이, 고용관계의 승계 여부 등이 있으나 실제로는 주주총회의 승인을 받아야 하는 것이다.

1 자산 양수도의 절차와 방법

절 차	법 령	대상처	비 고
외부평가계약체결	증권의 발행 및 공시 등에 관한 규정		자산의 양수도가액의 적정성 평가
이사회결의	상법		
주요사항보고서 제출	자본시장법	금융위원회	결의일 익일까지
자산양수도계약	상법		
주주총회의 소집통지 또는 공고	상법		주총 2주 전까지
승인 주주총회	상법		
자산양수도기준일	상법		
종료보고서 제출	자본시장법 증권의 발행 및 공시에 관한 규정		주요사항보고서를 제출한 주권상장법인 등이 자산양수도 관련 자산의 등기 등 사실상 자산양수도를 종료한 때에는 서면을 금융위원회에 제출해야 한다.

자산양수도의 경우 원칙적으로 주주총회의 승인이 요구되지 않으나 판례는 '회사 영업의 전부 또는 일부를 양도하거나 폐지하는 것과 같은 결과를 가져오는 영업용 재산의 양도'는 주총 특별결의를 거쳐야 한다고 하였다.

주요사항 보고

중요한 자산을 양수 · 양도하고자 하는 경우 자산양수 · 양도의 목적, 당해 자산에 관한 사항, 자산양수 · 양도 가액 및 그 산출근거와 자산양수 · 양도의 당사회사 또는 당사자에 관한 사항 등을 이해관계자에게 공시하도록 하는 제도이다. 주요사항보고서 제출대상은 사업보고서 제출대상법인의 중요한 자산의 양수 · 양도로서 양수 · 양도하고자 하는 자산액이 최근 사업연도 말 현재 자산총액의 100분 10 이상인 경우로서 일상적인 영업활동으로 상품 · 제품 · 원재료를 매매하는 행위 등 다음 각 호의 1에 해당하는 경우에는 제외된다.

- 상품 · 원재료 · 저장품 기타 재고자산의 매입 · 매출 등 일상적인 영업활동으로 인한 자산의 양수도
- 영업활동에 사용되는 기계 · 설비 · 장치 등의 주기적 교체를 위한 자산의 취득

또는 처분, 다만 그 교체주기가 1년 미만인 경우에 한한다.

- 「자본시장과 금융투자업에 관한 법률」 및 「상법」에 따른 자기주식의 취득 또는 처분
- 「금융위원회의 설치 등에 관한 법률」 제8조 8에 따른 검사대상 기관과의 거래로서 약관에 따른 정형화된 거래
- 「자산유동화에 관한 법률」에 따른 자산유동화
- 공개매수에 의한 주식 등의 취득 공개매수 청약에 의한 주식 등의 처분
- 「자본시장과 금융투자업에 관한 법률」 제4조제3항에서 정한 국채증권 · 지방채증권 · 특수채증권 또는 법률에 의하여 직접 설립된 법인이 발행한 출자증권의 양수 · 양도
- 위 각 호에 준하는 자산의 양수 · 양도로서 투자자 보호의 필요성이 낮은 자산의 양수 또는 양도

원시취득 또는 신주인수가 자산양수도에 해당하는지 여부 유상증자 시 청약을 통해 주식을 취득하는 경우 혹은 상대방이 없는 원시취득은 기존 자산의 존재를 전제로 한 양수 · 양도의 개념에 포함되기 어려움이 있다.

구 증권거래법상의 중요한 자산양수도의 예외사항과의 차이점 종래에는 증권의 장내 매매, 파생상품계약에 따른 자산의 취득 · 처분 현물출자에 따른 자산의 취득 · 처분의 경우에는 자산양수도신고가 면제되었으나 자본시장법에서는 이러한 예외조항이 삭제되었으므로 위와 같은 경우에도 주요사항보고서를 제출해야 한다.

제출시기 및 방법

중요한 자산의 양수 · 양도에 관한 계약을 체결하거나 이사회의 결의가 있을 때에는 그 익일까지 주요사항보고서를 제출하여야 한다.

종료보고서

자산의 등기 등 사실상 양수 · 양도를 종료한 때에는 지체 없이 종료보고서를 제출해야 한다.

2 영업양수 · 양도의 절차와 방법

영업양수도의 요건

중요한 영업양수도의 기준은 다음과 같다.

- 양수 · 양도하고자 하는 영업부문의 자산액이 최근 사업연도 말 현재 자산총액의 100분의 10 이상인 양수 · 양도
- 양수 · 양도하고자 하는 영업부문의 매출액이 최근 사업연도 말 현재 자산총액의 100분의 10 이상인 양수 · 양도
- 영업의 양수로 인하여 인수할 부채액이 최근 사업연도 말 현재 부채총액의 100분의 10 이상인 양수
- 영업 전부의 양수

영업양수 · 양도의 절차

중요한 영업의 양수 · 양도는 합병과는 법적 성격의 차이에도 불구하고 기업의 재편성 또는 결합의 중요한 수단이 된다는 점을 감안하여 상장법인의 중요한 영업양수도의 경우에도 합병과 동일한 공시의무를 부과함으로써 투자자보호 및 공정한 유가증권 거래질서의 확립을 도모하고 있다.

- 비공개법인의 절차
  - 영업양수 · 양도 계약체결 및 이사회 결의
  - 영업양수 · 양도 및 주주총회 소집에 대한 이사회 결의
  - 주주명부 폐쇄 및 기준일 공고
  - 주주명부 확정 기준일
  - 주주총회 소집공고 및 통지 발송
  - 반대의사 서면통지 접수마감
  - 영업양수 · 양도 승인 주주총회 개최
  - 영업양수 · 양도 기준일
  - 주식매수청구 행사 및 주식매수 청구대금 지급
- 공개법인의 절차
  - 공개법인 이사회 결의내용 공시

- 일시적인 매매거래 정지
- 주요사항보고서 제출
- 주주총회 소집공고 및 통지 발송
- 주주총회 소집 통지, 공고, 비치공시
- 주식매수청구 서류 제출
- 영업양수 · 양도 종료보고서 제출

승인 주총 특별결의

상법 제374조는 다음과 같은 영업양수도의 경우 주주총회의 승인을 얻도록 정하고 있다.

- 영업의 전부 또는 중요한 일부의 양도
- 영업 전부의 임대 또는 경영위임 타인과 영업의 손익 전부를 같이 하는 계약 기타 이에 준하는 계약의 체결, 변경 또는 해약
- 다른 회사의 영업 전부의 양수
- 회사의 영업에 중대한 영향을 미치는 다른 회사의 영업 일부의 양수

주요사항 보고

중요한 영업을 양수 · 양도하고자 하는 경우 영업양수 · 양도의 목적, 당해 영업에 관한 사항, 영업양수 · 양도 가액 및 그 산출근거와 영업양수 · 양도의 당사회사 또는 당사자에 관한 사항 등을 이해관계자에게 공시하도록 하는 제도이다. 주요사항보고서 제출대상은 사업보고서 제출대상법인의 중요한 영업의 양수 · 양도로서 양수 · 양도하고자 하는 영업양수도에 관한 계약을 체결하거나 이사회의 결의가 있는 때에는 그 익일까지 주요사항보고서를 제출하여야 한다.

종료보고서

영업의 등기 등 사실상 양수 · 양도를 종료한 때에는 지체 없이 종료보고서를 제출해야 한다. 다만, 영업양수도와 관련하여 증권신고서가 제출된 결과 증권발행실적보고서를 제출하는 경우에는 제외한다.

3 양수도가액의 결정 및 외부평가제도

영업 · 자산 양수도의 경우에는 합병과 달리 양수도 가액의 결정방법이 법정되어 있지 않고 당사자 간의 합의에 따라 자율적으로 결정하도록 하되 양수도가액산정의 적정성을 도모하기 위하여 외부평가기관의 평가의견을 주요사항보고서에 첨부하도록 의무화하고 있다.

다만, 중요한 자산의 양수 · 양도 중 증권시장을 통한 증권의 매매 자산의 경매 등 외부평가기관의 평가 필요성이 적은 자산의 양수 · 양도로서 금융위원회가 정하여 고시하는 경우에는 외부평가기관의 평가를 받지 않을 수 있다. 주요사항보고서에 첨부할 서류는 계약서, 외부평가기관의 외부평가 의견서이다.

외부평가

상장법인이 중요한 자산이나 영업을 양수 · 양도하고자 하는 경우에는 외부평가기관으로부터 양수 · 양도 가액의 적정성에 대하여 평가를 받아야 한다. 외부평가기관은 다음과 같다.

- 인수업무 및 모집 · 사모 · 매출의 주선 업무를 인가받은 자
- '신용정보의 이용 및 보호에 관한 법률' 제4조에 따라 신용평가 업무에 대하여 허가를 받은 자
- 공인회계사법에 따른 회계법인

외부평가기관이 평가의 대상이 되는 법인과 다음의 특별관계가 있는 경우 평가를 금지한다.

- 외부평가기관이 합병당사회사에 그 자본금의 3% 이상을 출자하고 있는 경우 또는 그 반대의 경우
- 외부평가기관에 그 자본금의 5% 이상을 출자하고 있는 주주와 합병당사법인에 그 자본금의 5% 이상을 출자하고 있는 주주가 동일인이거나 그 특수관계인인 경우. 단, 기관투자자로서 실질 지배관계에 있지 않는 경우는 예외에 속한다.
- 외부평가기관의 임원이 합병당사회사에 1% 이상 출자하고 있는 경우 또는 그 반대의 경우
- 외부평가기관 또는 합병당사회사의 임원이 합병당사회사 또는 외부평가기관의

주요 주주의 특수관계인인 경우
- 동일인이 외부평가기관 및 합병당사회사의 주요한 경영사항에 대하여 사실상 영향력을 행사하는 관계에 있는 경우
- 외부평가기관이 합병 당사회사의 감사인인 경우

03 주식의 포괄적 교환과 이전

주식의 포괄적 교환이라 함은 완전모회사의 완전자회사가 되는 회사의 주주가 가지는 자회사의 주식은 완전모회사가 되는 회사에 이전하고 완전자회사가 되는 회사의 주주는 완전모회사가 발행하는 신주의 배정을 받음으로써 완전모회사의 주주가 되는 회사법상의 행위를 말한다. 주식의 포괄적 이전이라 함은 완전자회사가 되는 회사의 주주가 소유하는 그 회사의 주식은 주식이전에 의하여 설립하는 완전모회사에 이전하고 그 완전자회사가 되는 회사의 주주는 그 완전모회사가 주식이전을 위하여 발행하는 주식의 배정을 받음으로써 그 완전모회사의 주주가 되는 회사법상의 행위를 말한다.

모회사가 자회사의 발행주식 총수를 소유하는 완전모자관계를 형성하기 위한 방법으로 금융지주회사법에 의해 금융회사에 우선 도입되었으며, 2001년 상법의 개정에 의해 모든 회사가 이 제도를 이용할 수 있게 되었다. 이 제도는 기업의 구조조정을 위한 입법적 지원책으로서 공개매수나 합병 등 다른 방법에 비해 저비용으로 완전모자관계를 형성하는 지주회사의 창설을 쉽게 한다는 점에서 큰 의미가 있으며 신한금융지주회사, 우리금융지주회사, 신성무역, 디피씨 등에서 이 제도를 활용한 사례가 있다.

주식교환과 같은 효과를 낼 수 있는 방법으로는 공개매수 · 주식매집 · 합병 등이 있으나 공개매수나 매집의 경우 개인 간의 거래로 이에 응하지 않는 주주가 있을 경우 완전모자관계형성이 불가능하고 막대한 주식취득비용이 발생하게 된다. 또한, 합병의 경우 조직의 비대로 규모의 불경제가 생기고 이종의 사업이 한 회사에 뒤섞여 경영상의 비효율과 위험이 집중되는 문제가 있을 수 있다. 주식교환이나 이전의

경우 개별 주주와의 거래가 없으므로 저비용으로 완전모자회사 관계를 형성할 수 있으며, 또한 관련회사들의 법적 독립성을 유지함으로써 기업위험을 분산하면서도 경영지휘의 통일을 기할 수 있는 장점을 가지고 있다.

1 주식교환의 방식

구주를 교환하는 방식

구주를 교환하는 방식은 A회사와 B회사가 이미 발행되어 있는 자기의 주식을 서로 교환하는 것이다. 이러한 방식의 주식교환은 현행법상 아무런 문제가 없으므로 당사자 간의 합의로 자유롭게 행할 수 있다. 다만, 주식교환에 참여한 양 당사자 기업의 주주 모두가 양도소득세를 부담하기 때문에 주주들에게 큰 부담으로 작용하여 주식교환에 의한 M&A의 활성화에 걸림돌이 되고 있다.

인수회사가 신주를 발행하는 방식

M&A를 원하는 기업인 A사와 B사 중에서 상대적으로 우량한 A사가 신주를 발행하고, B사는 A사의 신주를 인수하며, 그 인수대가를 지급함에 있어서 현금 대신에 B사의 구주로 납입하는 현물출자방식이다. 상법상 현물출자의 목적이 될 수 있는 것은 대차대조표의 자산에 기재할 수 있는 것이면 무엇이든 가능하지만, 현물출자 재산의 과대평가로 자본의 충실을 해할 위험을 방지하기 위하여 상법은 원칙적으로 법원이 선임한 검사인에 의하여 엄격한 조사를 받도록 규정하고 있다. 이러한 현물출자에 관한 법률적 과정을 엄격하게 실행할 경우 많은 시간이 소요되어 주식교환비율에 대한 합의 이후 주가 변동으로 인하여 주식교환이 무산될 가능성이 높고, 공인된 감정인이라고 할지라도 비상장법인의 주식가치를 정확히 평가하기가 매우 어렵기 때문에 현실적으로 주식교환이 원활히 이루어지기가 그리 쉽지만은 않다.

쌍방회사가 신주를 발행하는 방식

A회사와 B회사가 신주를 제3자 우선배정방식으로 발행하여 상호 인수시키는 방식이다. 이 경우 주식을 현물로 출자하는 방식을 취하게 된다. 그러나 이러한 현물출자의 경우 상법상으로 법원의 감독 등을 받게 되고, 대주주가 소유주식을 주식교

환의 목적으로 현물출자 할 경우 제3자 배정으로 받는 신주에 대한 이익에 대하여 증여세를 물게 되며, 현물출자로 인한 자본이득에 대하여 양도소득세 및 증권거래세가 부과되는 등의 불리한 점이 있다. 다만, 벤처기업에 대하여는 '벤처기업육성에 관한 특별조치법'에서 주식교환을 인정하고 있다.

우회적 방식

위와 같은 여러 가지의 단점을 회피하기 위하여 다음과 같이 상호 제3자 배정 유상증자를 통한 방식을 취할 수도 있다.

- B기업의 대주주가 보유한 B회사의 주식을 A회사에 매각하고 받은 대금으로 B기업의 대주주가 A기업의 제3자 배정 유상증자에 참여하도록 하는 방식으로서, A기업은 B기업의 주식을 매수한 자금을 거의 회수할 수 있기 때문에 많은 현금 없이도 기업을 인수할 수 있다.
- A기업과 B기업 중 한 기업이 먼저 제3자 배정방식으로 신주를 발행하고 일방이 신주인수대금을 타방에게 지급하면 타방은 이 대금을 이용하여 다시 상대방의 제3자 배정 유상증자에 참여하는 방식이다. 이 경우에도 현금 없이 기업을 인수할 수 있는 장점이 있다.

주식교환의 이점과 평가

주식교환을 통하여 회사를 인수하는 경우 그 인수대가로 현금 대신에 주식을 교부하므로 큰 자금 없이 사업영역을 확장할 수 있고, 회사의 지배권을 유지하면서 새로운 사업의 파트너를 만들 수 있으며, 투자유치의 수단으로 이용될 수 있다. 그러나 현재 우리나라에서 진행되고 있는 우회적인 주식교환의 방식은 실질적으로는 법원이 선임한 검사인의 검사 등 감독을 받아야 하는 주식의 현물출자에 해당하지만, 이를 우회적인 방법으로 회피하는 작용을 하고 있다. 이것은 현물출자시의 자본의 충실을 기하기 위한 제도의 목적을 퇴색시키고 투자자의 보호를 위하여도 바람직하지 않은 현상이라고 보인다.

벤처기업의 주식교환제도

주식교환제도의 활성화를 위하여 주식을 현물출자하여 주식교환을 하는 경우 법원에 의한 검사인의 선임과 감독 등 법원의 통제장치를 완화할 필요성이 있고, 비상장 미등록 주식의 주식교환 시에 양도소득세의 면제, 증권거래세를 인하하는 등 조치의 필요성이 제기되고 있다. 또한, 제3자 배정 유상증자의 경우에 주식의 증가로 인하여 주가가 하락하는 경우 기존의 주주에게 막대한 손해를 줄 여지가 있으므로 이때 주식매수청구권을 인정하여야 할 필요성도 강조되고 있다. 이러한 현실적인 필요성에 따라서 벤처기업에 대하여 주식교환을 쉽게 할 수 있는 제도적 장치를 마련하였다. 이러한 제도적인 장치들은 현실적인 자금이 풍족하지 아니한 벤처기업에 있어서의 M&A를 통한 전략적 제휴를 활성화시킬 수 있는 적절한 방안으로 생각된다.

벤처기업육성에 관한 특별조치법 제15조에서는 주식회사인 벤처기업('자본시장과 금융투자업에 관한 법률'에 따른 증권시장에 상장된 법인은 제외한다.)은 전략적 제휴를 위하여 정관으로 정하는 바에 따라 자기주식을 다른 주식회사의 주요주주(해당 법인의 의결권 있는 발행주식 총수의 100분의 10 이상을 보유한 주주를 말한다.) 또는 주식회사인 다른 벤처기업의 주식과 교환할 수 있다.

이에 따라 주식교환을 하려는 벤처기업은 상법 제341조에도 불구하고 주식교환에 필요한 주식에 대하여는 자기의 계산으로 자기주식을 취득하여야 한다. 이 경우 그 취득금액은 상법 제462조제1항에 따른 이익배당이 가능한 한도 이내이어야 한다.

위에 따라 주식교환을 하려는 벤처기업은 다음 각 호의 사항이 포함된 주식교환 계약서를 작성하여 주주총회의 승인을 받아야 한다. 이 경우 주주총회의 승인 결의에 관하여는 상법 제434조를 준용한다.

- 전략적 제휴의 내용
- 자기주식의 취득 방법 · 취득 가격 및 취득 시기에 관한 사항
- 교환할 주식의 가액총액 · 평가 · 종류 및 수량에 관한 사항
- 주식교환을 할 날
- 다른 주식회사의 주요주주와 주식을 교환할 경우 주주의 성명 · 주민등록번호 · 교환할 주식의 종류 및 수량

주식교환을 하려는 벤처기업은 그에 관한 이사회의 결의가 있을 때에는 즉시 결의내용을 주주에게 통보하고, 주식교환계약서를 갖추어 놓아 열람할 수 있도록 하여야 한다. 벤처기업이 전략적 제휴에 따른 주식교환에 따라 다른 주식회사의 주요주주의 주식이나 다른 벤처기업의 주식을 취득한 경우에는 취득일부터 1년 이상 이를

보유하여야 한다. 상법 제434조제1항에 따른 주식교환에 따라 벤처기업의 주식을 취득한 다른 주식회사의 주요 주주의 경우에도 또한 같다. 자기주식의 취득 기간은 상법 제434조제3항의 주주총회 승인 결의일로부터 6개월 이내이어야 한다.

또한, 전략적 제휴를 반대하는 주주에게는 주식매수청구권을 인정함으로써 주식교환을 원활하게 할 수 있게 하였다. 주식매수의 청구를 받은 벤처기업은 그 청구를 받은 날로부터 2월 이내에 그 주식을 매수하여야 하고, 6개월 이내에 이를 처분하여야 한다.

'상법'과 '독점규제 및 공정거래에 관한 법률'은 주식의 포괄적 교환을 통하여 지주회사와 자회사의 관계로 되는 것을 인정함으로써 주식교환을 일정한 범위 내에서 촉진할 수 있는 근거를 두고 있다. 특히 독점규제 및 공정거래에 관한 법률 제8조의2는 벤처기업의 경우에는 지주회사가 자회사 발행주식 총수의 20% 이상을 소유하면 되는 것으로 인정하여 일반기업의 경우에 40% 이상을 요구하는 것보다 그 요건이 대폭 완화되어 있다.

세법은 지주회사에 대하여 일정한 조세특례를 인정하고 있다. 즉, '독점규제 및 공정거래에 관한 법률'에 의한 지주회사에 대하여는 자회사로부터 받는 배당금수입에 대하여 이중과세를 조정하는 제도를 법인세법에 두고 있다. 그리고 일반지주회사 및 금융지주회사의 설립을 지원하기 위하여 현물출자 또는 주식교환 등에 대한 양도소득세 또는 법인세의 과세를 지주회사 주식의 처분 시까지 이연할 수 있는 근거 규정을 조세특례제한법에 두고 있으며, 이 규정은 벤처지주회사의 경우에도 마찬가지이다.

2 포괄적 주식교환의 절차

주식교환계약서의 작성

모회사로 예정된 회사와 자회사로 예정된 회사 간에 주식교환계약서를 작성해야 하고 다음의 사항을 기재하여야 한다.

- 완전모회사가 되는 회사가 주식교환으로 인하여 정관을 변경하는 경우에 그 규정
- 완전모회사가 되는 회사가 주식교환을 위하여 발행하는 신주의 총수. 이 경우 모회사는 주식교환을 함에 있어서 신주발행에 갈음하여 회사가 소유하는 자기주식으로서 상법 제342조의 규정에 의하여 상당한 시기에 처분하여야 할 주식을

자회사의 주주에게 이전할 수 있다. 「상법 제342조에 의해 상당한 시기에 처분해야 할 자기주식」은 모회사가 합병이나 영업 전부의 양수로 인해 취득한 자기주식, 회사의 권리를 실행하기 위하여 취득한 자기주식, 단주의 처리방법으로 취득한 자기주식 · 주식매수청구권의 행사에 응해 취득한 자기주식에 한한다. 따라서 임직원의 주식매수선택권행사에 대비하여 취득한 자기주식이나 퇴직하는 임직원으로부터 양수한 자기주식은 주식교환에 활용할 수 없으며, 또 모회사는 주식교환에 사용하기 위하여 자기주식을 취득할 수 없다.

- 종류와 종류별 주식의 수 및 완전자회사가 되는 회사의 주주에 대한 신주의 배정에 관한 사항
- 완전모회사가 되는 회사의 증가할 자본의 액과 자본준비금에 관한 사항
- 완전자회사가 되는 회사의 주주에게 지급할 금액을 정한 때에는 그 규정. 여기에서 주주에게 지급할 금액이란 주식교환교부금을 말하며 모회사의 기존주주들과의 지분관계를 고려하거나 기타 이유로 자회사의 주주들로부터 이전받을 주식의 일부에 관해서는 신주를 발행하지 않고 금전으로 지급하는 경우의 금액을 의미한다.
- 각 회사가 주식교환계약서를 승인할 주주총회 기일
- 주식교환을 할 날. 여기에서 '주식교환을 할 날'이란 주주총회가 승인을 하면 주식교환의 효력이 생기는 날을 의미하며, '주식교환을 할 날'에 완전자회사가 되는 회사의 주권은 무효가 된다.
- 각 회사가 주식교환을 할 날까지 이익을 배당하거나 금전으로 이익 배당을 할 때에는 그 한도액
- 회사가 자기주식을 이전하는 경우에는 이전할 주식의 총수 · 종류 및 종류별 주식의 수
- 완전모회사가 되는 회사에 취임할 이사와 감사 또는 감사위원회의 위원을 정한 때에는 그 성명 및 주민등록번호. 이 경우 모회사의 이사 및 감사로서 주식교환 전에 취임한 자는 주식교환계약서에 다른 정함이 있는 경우를 제외하고는 주식교환 후 최초로 도래하는 결산기에 관한 정기총회가 종료하는 때에 퇴임하게 되므로 당초의 임기까지 재임시키려 한다면 주식교환계약서에 임의적 기재 사항으로써 그 뜻을 기재해 두어야 한다.

주주총회의 승인

완전모회사가 될 회사와 완전자회사가 될 회사에서 각각 주주총회의 특별결의에 의한 승인을 얻어야 한다. 주주총회 소집통지서에 주식교환계약서의 주요 내용, 반대주주의 주식매수청구권 내용 및 행사방법, 일방회사의 정관에 주식의 양도에 관하여 이사회의 승인을 요한다는 뜻의 규정이 있고 다른 회사의 정관에 그 규정이 없는 경우에는 그 뜻을 기재하여야 한다.

공시

주식교환의 승인을 위한 주주총회일의 2주 전부터 주식교환의 날 이후 6월이 경과하는 날까지 주식교환에 관련된 소정의 서류를 본점에 비치해야 한다. 주식의 포괄적 교환에 대한 이사회 결의가 있은 때에는 그 다음날까지 주요사항보고서를 제출하고 주식교환을 한 날 지체 없이 종료보고서를 제출해야 한다. 주식교환에 있어서는 어느 쪽 회사에도 채권자보호절차를 요하지 않는다.

주식의 포괄적 교환이 금지되는 경우

주식의 포괄적 교환이 금지되는 경우는 다음과 같다.

- 채무초과인 회사를 자회사로 하는 주식교환의 경우
- 기존 모회사를 완전자회사로 하는 주식교환의 경우
- 완전자회사가 전환사채 등을 발행한 경우

주식교환에 대하여 신고를 요하는 경우

자산총액이 1천억원 이상인 회사는 지주회사로 전환하거나 지주회사를 설립하는 경우에는 공정거래위원회에 신고하여야 한다. 즉, 주식교환의 날 현재 대차대조표상의 자산총액이 1천억원 이상인 회사를 완전모회사로 하는 주식교환의 경우에는 '독점규제 및 공정거래에 관한 법률'의 지주회사 설립에 해당하므로 공정거래위원회에 신고하여야 한다. 그 외 주권상장법인 또는 코스닥상장법인이 다른 법인과 주식교환을 하고자 하는 경우에는 이사회 결의가 있는 그 익일까지 주요사항보고서를 금융위원회와 거래소에 제출하여야 한다.

3 주식교환의 실무절차

이사회 결의

주식교환을 위해서는 먼저 주식교환 당해회사의 이사회 결의를 거쳐 주식교환계약서를 작성하고, 주식교환 승인을 위한 주주총회의 소집을 결의하여야 한다.

주요사항보고서 제출

사업보고서를 제출하는 법인은 주식교환을 위한 이사회를 개최하거나 주식교환계약서를 작성한 경우에는 그 익일까지 주요사항보고서를 금융위원회와 거래소에 제출하고 공시하여야 한다.

기준일 및 주주명부 폐쇄기간 설정 공고

주권 소지자 등이 의결권 · 매수청구권 · 질권행사 등 권리 행사에 차질이 없도록 기준일로부터 2주간 전까지 정관에서 정한 일간지에 기준일 및 주주명부 폐쇄기간이 설정되었음을 상법에 따라 공고해야 한다.

주주총회 소집 공고 · 통지

주주총회일로부터 2주간 전까지 소집통지를 하여야 하며, 주권상장법인의 경우 의결권 있는 발행주식수의 1% 이하를 소유한 소액주주에게는 2 이상의 일간신문에 각각 2회 이상 주주총회 소집공고를 함으로써 소집통지에 갈음할 수 있다. 무의결권 우선주를 소유한 주주에게는 종류주주총회를 개최하지 않더라도 주식매수청구권 행사요령만은 통지하여야 한다.

주식교환 승인을 위한 주주총회 소집 통지 · 공고문의 기재사항은 다음과 같다.

- 주식교환계약서의 주요내용
- 상법 제360조의5 제1항의 규정에 의한 주식매수청구권의 내용 및 행사방법
- 일방회사의 정관에 주식의 양도에 관하여 이사회의 승인을 요한다는 뜻의 규정이 있고 다른 회사의 정관에 그 규정이 없는 경우 그 뜻

주식교환계약서 공시

주식교환 당해 회사에서는 주식교환 승인 주주총회일의 2주 전부터 주식교환을 한 날 이후 6월이 경과하는 날까지 다음 서류를 본점에 비치하고, 주주의 열람 및 등·초본 교부 청구에 응하여야 한다.

- 주식교환승인 주주총회의 사전공시 서류
- 주식교환계약서
- 완전자회사가 되는 회사의 주주에 대한 주식의 배정에 관하여 그 이유를 기재한 서면
- 상법 제360조의3 제1항의 주주총회의 회일(제360조의9의 규정에 의한 간이주식교환의 경우에는 동조 제2항의 규정에 의하여 공고 또는 통지를 한 날)전 6월 이내의 날에 작성한 주식교환을 하는 각 회사의 최종 대차대조표 및 손익계산서

주주의 반대의사 접수

주식매수청구권 행사를 위해 주식교환에 반대하는 주주는 주식교환승인 주주총회 전까지 당해 회사에 서면으로 반대의사를 통지해야 한다. 이 경우 주식매수청구권은 무의결권 우선주 소유 주주에게도 주식매수권청구권이 인정된다.

채권자보호절차

주식교환에 있어서는 자회사에는 전혀 자산의 변동이 없고, 모회사에서는 자회사의 주식이 이전되어 오히려 재산이 늘어나기 때문에 채권자보호절차가 필요 없다.

승인 주주총회 결의

주식교환을 위해서는 주주총회의 특별결의로 주식교환계약서의 승인을 얻어야 한다. 우선주 등 수종의 주식을 발행하였을 경우에는 주식교환으로 인하여 어느 종류의 주주가 불이익을 받게 되거나, 주식의 종류에 따라 특별한 정함을 한 경우에는 당해 종류 주주총회의 결의가 필요하다.

주주총회 결의결과 신고

주식교환승인 주주총회가 종료되면 결의 결과를 금융위원회와 거래소에 지체 없이 종료보고서를 제출해야 하고, 공정거래위원회에는 다음과 같은 해당사항에 대하여 신고를 하여야 한다.

- 지주회사를 설립하는 경우에는 설립등기일부터 30일 이내
- 다른 회사와의 합병 또는 회사의 분할을 통하여 지주회사로 전환하는 경우에는 합병등기일 또는 분할등기일부터 30일 이내
- 다른 회사의 주식취득, 자산의 증감으로 인하여 지주회사로 전환하는 경우에는 당해사업연도 종료 후 4월 이내

주식매수 청구

주주총회 회일 전까지 주식교환에 반대하는 의사를 통지한 주주는 주식교환 승인 주주총회 결의일로부터 20일 이내에 회사에 서면으로 주식매수를 청구하여야 한다.

주권상장법인의 경우에는 주식매수 청구내역을 금융위원회와 거래소에 지체 없이 문서로서 보고하여야 한다.

주식매수대금의 지급

주식매수대금은 주식매수청구 종료일로부터 1월 이내에 지급하여야 한다.

상장법인의 주식매수가격 결정방법 매수가격은 주주와 당해 법인 간의 협의에 의하여 결정. 다만, 협의가 이루어지지 아니하는 경우의 매수가격은 이사회의 결의일 이전에 유가증권시장 또는 코스닥시장에서 거래된 당해 주식의 거래가격을 기준으로 대통령령이 정하는 방법에 따라 산정된 금액으로 하며, 당해 법인이나 매수를 청구한 주식 수의 100분의 30 이상이 그 매수가격에 반대하는 경우에는 금융위원회가 그 매수가격을 조정할 수 있다. 이 경우 매수가격의 조정 신청은 주식매수대금 지급종료일의 10일 전까지 하여야 한다.

비상장법인의 주식매수가격 결정방법 비상장법인의 경우에도 주식의 매수가액은 주주와 회사 간의 협의에 의하여 결정. 그러나 매수청구를 받은 날부터 30일 이내에 협의가 이루어지지 아니한 경우에는 회사 또는 주식의 매수를 청구한 주주는 법원에

대하여 매수가액의 결정을 청구할 수 있다.

자기주식의 취득 및 처분 주식교환으로 인하여 발행회사에서 자기주식을 취득한 때에는 매수한 날부터 3년 이내에 처분하여야 한다.

주권의 실효절차

주식교환에 의하여 완전자회사가 되는 회사는 주주총회에서 승인을 한 때에는 다음 각 호의 사항을 주식교환의 날 1월 전에 공고하고, 주주명부에 기재된 주주와 질권자에 대하여 다음 사항을 각각 통지해야 한다.

- 주주총회 특별결의에 의한 승인을 한 뜻
- 주식교환의 날의 전날까지 주권을 회사에 제출하여야 한다는 뜻
- 주식교환의 날에 주권이 무효가 된다는 뜻

완전자회사에서는 주식교환을 한 날의 1월 전에 주식교환으로 완전자회사가 되는 회사의 주식이 무효가 된다는 뜻과 주식교환을 할 날까지 주권을 제출할 것을 공고하고, 주주명부에 기재된 주주 및 질권자에게는 개별적으로 통지해야 하며, 주식교환으로 인해 완전자회사가 되는 회사의 주권은 주식교환일 날 무효가 된다. 주권의 분실 등으로 구 주권을 제출할 수 없는 자가 있는 때에는 그 자의 청구에 의하여 3월 이상의 기간을 정하고 이해관계인에 대하여 그 주권에 대한 이의가 있으면 그 기간 내에 제출할 뜻을 공고하고, 그 기간이 경과하도록 이의가 없으면 신 주권을 청구자에게 교부할 수 있다.

주식의 병합 또는 분할로 인하여 발생하는 단주는 신주를 경매하여 지급한다. 그러나 거래소 시세가 있는 주식은 거래소에 매각하고, 거래소 시세가 없는 주식은 법원의 허가를 받아 경매 이외의 방법으로 매각할 수 있다.

주식교환 등기

주식교환으로 완전모회사가 되는 회사는 자본증가의 변경등기를 하여야 한다.

주식교환 후 공시

상법은 주식교환 후 주식교환 당해 회사는 주식교환을 한 날 등을 기재한 서면을

주식교환을 한 날부터 6월간 발행회사의 본점에 비치하고 주주의 열람 및 등·초본 교부 청구에 응하도록 정하고 있다.

주식교환 신주배정 및 통지

완전자회사의 주주 및 질권자에 대하여는 주권의 실효절차가 종료되는 주권제출기간 만료시점을 기준으로 주식교환신주를 배정하고 신주배정 내역을 통지해야 한다. 이 경우 완전자회사의 주식의 질권자는 주식교환 신주 또는 교부금에 대하여 질권을 행사할 수 있으며, 등록질권자는 주권의 교부를 직접 청구할 수 있다. 주식교환의 효력은 완전자회사의 주권이 무효가 되는 주식교환 일에 발생하므로 주식교환절차상 주식의 교환을 한 날은 구 주권 제출기간이 만료된 이후의 날이어야 한다.

4 간이주식교환과 소규모주식교환

간이주식교환

간이주식교환은 주식교환 시 완전자회사가 되는 회사에만 적용되는 제도로서 그 요건은 완전자회사가 되는 회사의 전체 주주로부터 동의가 있거나 완전모회사가 되는 회사에서 완전자회사가 되는 회사의 주식을 90% 이상을 소유하고 있는 경우에 이사회 승인으로 주주총회 승인을 갈음할 수 있다.

완전자회사가 되는 회사는 전체주주의 동의가 있는 경우를 제외하고는 주식교환 계약서를 작성한 날로부터 2주 내에 주주총회의 승인을 얻지 않고 주식교환을 한다는 뜻을 공고하거나 주주에게 통지하여야 한다. 주주는 이 공고 또는 통지한 날로부터 2주간 이내에 회사에 대하여 서면으로 주식교환에 반대하는 의사를 통지할 수 있으며, 반대의사를 통지한 주주는 앞의 2주간이 경과한 날로부터 20일 이내에 주식의 종류와 수를 기재한 서면으로 회사에 대하여 자기가 소유하고 있는 주식의 매수를 청구할 수 있다.

소규모주식교환

완전모회사가 되는 회사에서 완전자회사가 되는 회사의 주주에게 발행하는 신주가 완전모회사가 되는 회사의 발행주식 총수의 100분의 10를 초과하지 않는 경우에 완전모회사의 주주총회 승인은 이사회 승인으로 갈음할 수 있다.(상법제360조의 10(개정2015.12.1.)

다음 두 가지 경우에는 소규모주식교환절차가 적용되지 않고 정식 절차에 따라 주주총회 승인결의가 필요하다.

- 주식교환교부금이 완전모회사가 되는 회사의 최종 대차대조표상으로 현존하는 순자산액의 100분의 2를 초과하는 경우
- 완전모회사가 되는 회사의 발행주식 총수의 100분의 20 이상을 소유한 주주가 서면으로 주식교환에 반대하는 의사를 통지한 때

소규모주식교환을 하고자 할 경우에는 우선 주식교환계약서에 주주총회의 승인을 받지 않는다는 뜻을 기재하여야 한다. 또한, 주주에 대한 공시절차로서 존속회사에서는 주식교환계약서를 작성한 날로부터 2주 내에 주식교환을 할 날 및 주주총회의 승인 결의 없이 주식교환을 한다는 뜻을 공고하거나 주주에게 통지하여야 한다. 소규모주식교환 절차에서는 반대주주의 주식매수 청구가 인정되지 않는다.

5 주식의 포괄적 이전절차

주식이전계획서

주식이전을 위해서는 먼저 이사회 결의를 거쳐 주식이전계획서를 작성하고, 이의 승인을 위한 주주총회 소집을 결의하여야 한다.

주식이전계획서서의 기재사항은 다음과 같다.

- 설립하는 완전모회사의 정관의 규정
- 설립하는 완전모회사가 주식이전에 있어서 발행하는 주식의 종류와 수 및 완전자회사가 되는 회사의 주주에 대한 주식의 배정에 관한 사항
- 설립하는 완전모회사의 자본의 액 및 자본준비금에 관한 사항
- 완전자회사가 되는 회사의 주주에 대하여 지급할 금액을 정한 때에는 그 규정. 이를 주식이전교부금이라 하며 주식이전비율을 조정하기 위한 목적이나 수 개의 회사가 공동으로 주식이전을 하고자 할 때 각 회사별 주주의 지분을 조정하기 위한 필요에서 지급하는 경우의 금액으로써 주식이전의 경우에는 모회사가 신설되므로 자회사의 주식 이외에는 다른 자산을 갖지 아니하므로 주식이 전교부금을

지급하자면 자회사의 주주에 대한 미지급금으로 계상하여 두었다가 설립 후 자회사로부터 수취하는 배당금이나 차입을 통해 해결하여야 할 것이다.

- 주식이전을 할 시기. '주식이전을 할 날'이란 주주총회가 승인을 하면 주식이전의 효력이 생기는 날을 의미하며, 주식이전을 할 날에 완전자회사 되는 회사들의 구 주권은 무효가 되지만 주식이전의 효력은 등기를 함으로써 발생한다.
- 완전자회사가 되는 회사가 주식이전의 날까지 이익을 배당하거나 상법 제462조의3의 규정에 의하여 금전으로 이익배당을 할 때에는 그 한도액
- 설립하는 완전모회사의 이사와 감사 또는 감사위원회의 위원의 성명 및 주민등록번호
- 회사가 공동으로 주식이전에 의하여 완전모회사를 설립하는 때에는 그 뜻. 이는 수 개의 회사가 주식이전을 통해 공통의 모회사를 설립할 수 있음을 예상한 규정으로 하나의 회사가 자기의 지주회사를 만들 실익은 크지 않으므로 오히려 수 개의 회사가 공통의 지주회사를 만드는 경우를 예상한 규정이다.

주식이전계획서 공시

주식이전승인을 위한 주주총회일의 2주 전부터 주식이전의 날 이후 6월을 경과하는 날까지 다음 각 호의 서류를 본점에 비치하고 주주의 열람 및 등·초본 교부청구에 의하여야 한다.

- 주식이전계획서
- 완전자회사가 되는 회사의 주주에 대한 주식의 배정에 관하여 그 이유를 기재한 서면
- 상법 제360조의16 제1항의 주주총회의 개최일 전 6월 이내의 날에 작성한 완전자회사가 되는 회사의 최종 대차대조표 및 손익계산서

모회사 설립 및 자본의 한도

주식이전의 경우 정관은 주식이전계획에 의해 정해지고, 자본은 자회사의 주식이전에 의해 구성되므로 주권실효절차만 밟으면 설립등기에 의해 모회사가 설립된다. 모회사의 자본은 주식이전의 날에 자회사가 되는 회사에 현존하는 순자산액에서 그 회사의 주주에게 지급할 금액을 공제한 액을 초과하지 못한다.

주권의 실효절차

주식이전에 의하여 완전자회사가 되는 회사는 주주총회에서 승인을 한 때에는 다음 각 호의 사항을 공고하고, 주주명부에 기재된 주주와 질권자에 대하여 각각 통지해야 한다.

- 주주총회에서 이전을 승인하였다는 뜻
- 1월을 초과하여 정한 기간 내에 주권을 회사에 제출하여야 한다는 뜻
- 주식이전의 날에 주권이 무효가 된다는 뜻

주식이전의 효력발생시기

주식이전을 한 때에는 설립한 모회사의 본점의 소재지에서는 2주 내에, 지점의 소재지에서는 3주 내에 설립등기를 하여야 하며, 설립등기를 함으로써 주식이전의 효력이 발생한다. 즉 등기를 한 날에 자회사의 주주가 소유하는 자회사 주식은 모회사에 귀속되고 자회사의 주주는 모회사의 주주가 된다.

공시

주식이전의 승인을 위한 주주총회일의 2주 전부터 주식이전의 날 이후 6월이 경과하는 날까지 주식이전에 관련된 소정의 서류를 본점에 비치해야 하며, 주식의 포괄적 이전에 대한 이사회 결의가 있은 때에는 그 다음날까지 주요사항보고서를 제출하고 주식이전에 따른 등기를 한 때에는 지체 없이 종료보고서를 금융위원회와 거래소에 제출해야 한다.

모회사설립과 주식이전

모회사의 자본은 주식이전의 날에 자회사가 되는 회사에 현존하는 순자산액에서 그 회사의 주주에게 지급할 금액을 공제한 금액을 초과하지 못한다. 주식이전의 경우에는 주식교환과는 달리 모회사의 자기주식을 자회사의 주주에게 교부하거나 모회사가 자회사의 주식을 이미 보유하고 있는 경우가 있을 수 없다.

주식연계채권

주식연계채권으로는 전환사채 · 신주인수권부사채 · 교환사채 등을 들 수 있다. 이들 사채는 회사가 자본을 조달하는 방법으로 발행하지만, 일정기간이 지난 후에 주식으로 전환되거나 신주를 인수할 수 있는 권한이 있는 특수한 사채이다.

따라서 적대적 M&A를 행하고자 하는 매수자 측은 이들 사채를 대량 소유자로부터의 양수하거나 시장에서의 매집 또는 공개매수의 방법 · 발행 시의 대중모집 등의 방법에 의하여 취득함으로써 회사의 지배 · 경영권을 획득할 수 있다.

예를 들어 '갑'이 제1지배주주로 'A' 주식회사의 15%의 주식을, '을'이 제2대 주주로서 14%의 주식을 배정받았을 경우, 만약 이후 'A' 주식회사에서 전환사채 또는 신주인수권부사채를 발행한다면 지배주주의 순위가 바뀌어 적대적 M&A가 일어날 가능성이 있다. 이에 대한 방어책으로서 M&A의 대상이 되기를 회피하고자 하는 회사가 새로운 종류의 보통주를 미리 발행하여 회사설립자나 그의 가족 등과 같이 현재의 경영진에게 우호적인 주주에게 인수시킴으로써 적대적 M&A를 꾀하는 자의 지분을 감소시키고 합병에 있어서 각각의 종류주주총회의 승인결의를 요하도록 함으로써 새로운 보통주에 거부권을 인정하는 방법이 활용되기도 한다.

우리나라에서는 신주발행보다는 주로 사모에 의한 전환사채(CB)가 이용되는데, 과거 한화종금과 미도파의 사모전환사채에 관하여 서울지방법원 민사 제50부는 전환사채의 유통범위가 광범위하므로 한화종금의 사모전환사채발행은 적법한 것이며, 그 제도는 존중되어야 한다는 취지의 판시를 한 바 있다.

전환사채(CB)

전환사채(Convertible Bond)란 사채권자가 그 자유의사에 따라 일정한 조건하에 발행회사의 주식으로 전환할 수 있는 권리, 즉 전환권이 부여된 특수한 사채이다. 전환사채는 사채권을 표방하고 있는 유가증권이면서 주식으로 전환될 수 있는 전환권을 지님으로써 주식과 사채의 중간적 형태를 취하고 있다. 전환사채는 주식으로 전환될 수 있는 전환권이 부여되어 있으므로 일반사채보다 낮은 확정이자를 지급하게 된다.

일반적으로 일반사채와 비교해 1/3 정도의 이자비용을 줄이는 효과가 있는 것으로 나타났다. 모든 기업이 이자비용을 줄이는 목적으로 전환사채를 발행하지는 않았지만, 전환사채의 낮은 이자비용은 이자부담이 높은 기업이나 특정상태의 기업에는 좋은 자금조달수단이 된다. 전환사채는 사채에 전환권을 부여함으로써 낮은 확정이자를 지불하게 되고 이러한 낮은 이자율은 재무 불안이 높은 기업에 있어서는 좋은 자금조달 수단이 된다. 그러므로 재무 불안이 높은 기업의 전환사채발행은 기업의 이해관계자들에게 좋은 정보적 가치가 있다.

전환사채(CB)의 기능

(발행기업 입장)

저리의 자금조달 가능 전환사채는 채권의 가치 이외에 향후 주식가격 상승에 따른 매매차익의 실현이 가능하다는 옵션이 부가되어 있는 점에서 일반사채의 발행이율보다 낮아질 수 있는 것이다. 따라서 일반적으로 발행회사는 전환을 촉진시키는 것이 자금조달 비용의 경감을 가져올 수 있을 것이다. 그러나 전환사채의 자본비용이 저렴하기 위해서는 전환권의 가치가 과대평가될 때 가능해진다는 점을 강조한다.

기업의 재무구조개선 효과 전환사채에 의해 자금을 조달하게 되면 일정기간이 지난 후에 전환이 이루어질 때 타인 자본인 부채가 자기자본으로 성격이 변화되기 때문에 전환이 완료된 후부터는 이자지급이나 원금상환의 부담이 전혀 없어지므로 발행기업의 재무적 부담이 감소되고 자본의 구성도 안정되어 건전하게 된다.

즉, 부채의 감소와 자기자본의 증가라는 이중효과를 발생시키게 되어 재무구조를 개선시키게 되는 것이다. 또한, 통상 전환 시 전환가격이 액면가액을 상회하므로 그 차액만큼 주식발행 초과금으로 유입되어 자본 충실화를 유도한다.

유상증자 효과 시가 유상증자의 경우에는 발행주식수가 일시에 증가되어 배당압력이 갑자기 심해지지만 전환사채의 경우에는 전환이 서서히 이루어지게 되어 시가유상증자에 비하여 완만하게 배당압력이 증가한다.

또한, 발행회사는 정관의 정함 또는 주주총회의 특별결의에 의하여 전환사채 전액을 주주 이외의 자에게 발행할 수 있으므로 대주주의 자금부담 없이 전환사채권자만이 참여하여 시가유상증자를 실시하는 효과가 있다.

이 경우에 전환청구에 의한 발행주식이 보통주식이면 기존주주의 지분율이 감소하는 문제점은 있으나 무의결권 우선주라면 기존주주의 지분율에 영향을 주지 않게 된다.

주가하락과 EPS의 하락 완화 효과 재무레버리지를 감소시키는 자본구조의 변화로서 부채나 우선주의 보통주 교환 · 보통주 발행 · 전환증권의 강제된 전환은 일반적으로 주가하락을 초래한다. 보통주 발행에 의해서 자본조달을 하면 신주의 발행가격이 주식시가를 하회하는 수준에서 결정되고 대량의 보통주를 증권시장에서 단기간에 완전히 매출하려면 기존주가의 하락이 필연적으로 발생한다.

그러나 전환사채 발행에 의한 자본조달은 보통주 시가보다 높은 전환가격으로 자금을 조달할 수 있으므로 유상증자 시보다 신주발행가격의 손실을 막을 수 있고 주식으로의 전환이 일정시점에 집중되지 않고 만기일까지 여러 기간 동안에 걸쳐 전환이 발생되므로 유상증자 시보다 기존주가의 하락 압력이 완화된다.

또한, 신규 사업이 기존사업의 수익률을 유지할 수 없는 경우에 보통주 대신에 전환사채를 발행하면 EPS의 하락을 완화시킬 수 있다. 그 이유는 일정기간이 경과한 후 신규 사업의 수익이 전환사채권자에게 지급하는 이자액보다 많아서 수익률이 높아지고 주가가 상승하면 그때서야 전환권이 행사되어 주주로서의 권리를 향유하려하기 때문이다.

Tip EPS(Earnings Per Share/주당순이익)

당기순이익을 주식수로 나눈 값을 EPS라고 한다.. 주당순이익은 당기순이익 규모가 늘면 높아지게 되고 전환사채의 주식전환이나 증자로 주식수가 많아지면 낮아지게 된다. 주당순이익이 높다는 것은 그만큼 경영실적이 양호하다는 뜻이며 배당 여력도 많으므로 주가에 긍정적인 영향을 미친다.

대리인 문제의 해결수단 대리인과 관련된 문제는 일반적으로 세 가지로 분류할 수가 있다.

첫째는 기업의 지분에 대해 부분 소유경영자가 완전소유경영자가 소비하는 이상의 비금전적 이득 또는 직무 부대소비를 하는데 관련된 것이다.

둘째는 유한책임하에서 부채조달을 하는 경우 주주가 위험이 높은 투자 안에 투자하거나 수익성이 높은 새로운 투자안을 포기하거나 주주와 채권자의 이해관계가 파산절차에 의해 해결되는데 관련한 것이다.

셋째는 정보의 불균형으로 인한 문제이다.

위의 세 가지 종류의 대리인 문제 중에서 첫 번째와 두 번째의 문제는 전환사채의 발행이 해결책이 될 수가 있다.

첫 번째의 문제는, 기업이 전환사채를 발행하는 것은 부분소유경영자가 put

option을 제공하는 것과 마찬가지인데 이때 만일 부분 소유경영자가 비금전적 보상을 과다하게 요구 소비하여 기업의 가치가 하락한다면 외부자금 제공자가 put option을 행사하여 기업을 정해진 가격으로 부분소유경영자에게 다시 팔게 되므로 부분소유경영자는 과도한 비금전적 보상을 자제하게 될 것이다.

두 번째의 문제는 일반사채를 발행하는 기업의 경영자들은 기업투자 계획의 위험을 증가시키는 행동을 할 수도 있는데 만일 이때 기업의 위험이 증가한다면 사채보유자들은 피해를 입게 되고 보통 주주들이 유리하게 되는 경우가 발생할 것이다. 왜냐하면, 위험한 투자 안이 성공하게 되면 사채보유자들은 고정수익 이상을 받을 수 없는데 반해 보통 주주들은 보상의 모든 부분을 누릴 수 있기 때문이다.

그러므로 일반사채 매입자들은 이와 같은 가능성을 고려하여야 하며 더 높은 이자율을 요구함으로써 보상받아야 하는데 이러한 높은 비용을 피하는 방법으로는 call option을 이용하는 것이다.

Tip Call Option과 Put Option

옵션이란 일정 기간이 지난 후 전환사채를 미리 정한 가격으로 매매할 수 있는 권리로써 살 수 있는 권리를 콜옵션이락하며, 팔 수 있는 권리를 풋옵션이라고 한다.

콜옵션은 만기일이나 만기일 이전에 행사가격으로 매도자로부터 살 수 있는 권리를 매매하는 계약을 말한다.

풋옵션은 거래 당사자들이 미리 정한 가격으로 장래의 특정시점 또는 그 이전에 팔 수 있는 권리를 매매하는 계약이다.

이처럼 옵션 매수자는 선택권이 있기 때문에 자신에게 유리한 경우에만 권리를 행사하고 불리하면 권리를 포기할 수 있다. 이처럼 옵션은 권리만 있고 의무가 없으므로 매입자는 해당 옵션을 매도한 사람에게 일정한 프리미엄를 지불해야 한다. 반면에 옵션 매도자는 옵션 매수자로부터 프리미엄을 받았기 때문에 권리행사에 반드시 응해야 할 의무를 갖는다.

(투자자 입장)

잠재적 주식으로서의 성격 전환청구기간 중 미리 정해진 전환가격에 따라 주식으로의 전환이 가능하기 때문에 자본이득을 획득할 수 있다. 선택의 옵션이 있으므로 미래 주식시세의 상승 시 투자자의 재산형성에 공헌할 수 있다.

인플레이션 헷지효과 일반사채의 경우 일정액의 표시된 금액에 한하여 권리가 보장되는 것이므로 만일 인플레기간에는 이에 대한 저항력이 없어 화폐가치의 하락으로 인한 손실을 피할 수 없는 반면 전환사채는 기업의 자산 가치를 나타내는 주식으로의 전환이 가능하므로 인플레이션 때문에 발생하는 손실을 피할 수 있다.

즉, 물가수준의 상승에 따라 기업의 이익은 증가하고 이익의 증가는 배당의 증가를 가져오고 이익과 배당의 증가는 주식가치를 상승시키게 된다. 그 결과 투자자는 배당에 의한 소득의 증가뿐 아니라 주식가치의 증가를 동시에 실현하게 되어 인플레이션의 헷지효과를 누리게 된다.

투자자 보호장치의 존재 주가가 하락하는 경우 표면금리라는 제어장치의 존재는 전환사채가 보다 안정적인 투자수단으로 인식되게 만든다. 즉, 주가가 상승할 때에는 옵션의 행사로 매매차익을 얻을 수 있고 주가 하락 시에는 일정수준에서 위험을 억제하여 불황과 호황 시 어느 경우에도 양호한 금융상품으로 존재한다.

사실상 그 반대의 경우도 각각 존재하기 때문에 항상 양호하다고는 할 수 없지만 많은 투자자들은 상황을 낙관적으로 비교하고 있다. 또한, 전환에 의해 부여되는 주식의 가치가 실질적으로 감소할 가능성이 있는 재무적 의사결정이 있을 경우 전환가격의 조정으로 전환권의 가치저하를 보완하여 투자자를 보호하고 있다.

전환사채 발행 시 검토사항

중요 발행조건 검토 전환사채 발행조건 중 가장 중요한 요인으로 고려하여야 할 것은 발행금리, 즉 표면이율과 만기보장수익률 그리고 전환조건이다. 이 세 가지 요인은 상관관계를 가지며 전환사채의 소화에 직접적 영향을 미치게 된다.

전환사채의 발행금리는 일반적인 회사채(보증사채 · 무보증사채)의 발행 금리보다 낮다. 그 이유는 채권가치 외에 향후 주가상승 시에 전환에 따른 주식매매차익(Capital Gain)이라는 메리트가 첨가되었기 때문이다.

일반적으로 전환사채의 표면이율이 낮으면 할인율이 높고, 표면이율이 높으면 할인율이 낮은 것이 보통이며 양자는 서로 보완관계에 있다. 즉 발행금리가 낮으면 전환가액도 낮게 책정되어야 하고, 발행금리가 높으면 그 대신 전환가액을 높게 책정할 수 있다.

전환권행사가 곤란할 경우 저율의 표면금리로 발행되는 전환사채는 매출이 어렵다. 이러한 투자위험을 제거해 주기 위해 만기도래 시 미전환된 전환사채에 타 금융상품에 상응하는 수익률을 보장해 주는 것이 만기보장수익률이다.

전환청구기간 동안 코스닥 상장 등이 확실시되는 기업은 높은 보장수익률로 발행금리를 더욱 낮출 수 있고, 전환사채의 소화를 용이하게 하는 등 일거양득의 효과를 얻을 수 있다.

전환사채 발행조건 전환사채의 발행조건은 다음에서 정하고 있는 바와 같다.

- 이자지급 방법 : 매 사업연도 말 후급
- 상환기한 : 자율적으로 결정
- 전환가액 : 상장법인은 기준주가의 90% 이상이나, 비상장법인은 주식공모전에는 발행주식의 액면가액 이상, 주식공모 이후는 공모가액 이상
- 전환청구기간 : 자율적으로 정하되 대개 정관에서 정하는 바에 의하여 발행일 익일부터 상환 직전 일까지로 되어 있다.
- 전환금지기간 : 전환사채를 발행하는 경우에는 3개월이 경과한 후에 전환할 수 있는 조건으로 이를 발행하여야 한다. 다만, 모집이 외의 방법으로 전환사채를 발행하는 경우에는 발행 후 1년이 경과한 후에 전환할 수 있는 조건으로 이를 발행하여야 한다.
- 기한 전 상환청구 : 비상장법인이 전환사채 발행 후 1년 이내에 당해 법인의 주권을 증권거래소에 상장하지 아니한 때에는 전환사채권자가 상환기한 전에 원리금 상환을 청구할 수 있고, 발행회사는 청구일로부터 30일 이내에 이를 지급한다는 조건으로 발행되어야 한다. 기한 전 상환청구시의 상환가액은 발행회사가 발행 시에 제시한 기한 전 상환청구 시 적용되는 이자율에 의하여 산출한 발행일로부터 경과 일까지의 이자액을 권면액에 가산한 금액으로 한다.

발행규모 전환사채의 발행규모는 상법상 사채발행한도와 소요자금계획, 발행시점에 있어서 주식동향 등을 고려하여 결정하여야 한다. 또한, 발행기업의 정관에 규정된 한도 내에서 발행하여야 하며, 전환대상 주식이 무의결권 우선주인 경우에는 전환 후 납입자본의 1/4 이내의 범위 내에서만 발행이 가능하다.

전환대상 주식 전환사채 발행의 궁극적인 목적이 회사의 재무구조를 개선하고 낮은 비용으로 장기저리 자금을 조달하는 데 있으므로 보통주식으로 전환시키는 것이 일반적이다. 그러나 보통주로 전환을 정하는 경우에는 상황에 따라 경영지배권의 약화를 초래하여 경영권의 침해를 받을 수 있다. 전환대상 주식을 보통주식으로, 우선주식으로 또는 일정금액의 보통주식과 일정금액의 우선주식의 병행할 것인지를 정관상에 정하여야 한다.

표면이율 표면이율은 앞에서 언급한 바와 같이 전환조건과 상호 밀접한 관계를 가지고 있으며 보증사채 이율보다 낮은 것이 보통이다. 발행회사가 스스로 모집하는

경우에는 신중하게 결정하여야 한다. 주간사 회사를 통하여 사채를 발행하는 경우에는 발행회사와 주간사의 협의에 의하여 결정하여야 한다.

전환비율 전환비율이란 전환사채와 이에 대하여 주어질 주식의 비율을 말하는데, 전환비율도 전환사채 발행을 결정하는데 중요한 부분이다. 즉 전환비율에 따라 전환사채의 발행금액도 달라지고, 전환사채의 평가도 달라지고, 투자자의 호응도가 결정된다. 전환비율을 부분전환으로 발행할 수 있으나 통상적으로 100% 전환으로 발행하는 기업이 대부분이다.

발행시기 일반적으로 전환사채의 가치는 전환 전의 채권가치뿐만 아니라 향후 주가상승에 따른 시세차익을 겨냥한 주식가치에 의하여 결정된다. 따라서 주식시장 전체의 시황전망이나 개별기업의 향후전망이 유리하게 전망될 때 발행하는 것이 발행회사의 입장에서는 보다 저렴하게 전환사채를 통한 자금을 조달할 수 있다.

전환사채의 장단점과 한도

전환사채의 장점 현행 발행되는 사채보다 저렴한 비용으로 자금조달이 가능하다. 주식전환 만기 시까지 수시로 이루어지므로 유상증자 시보다 배당압력이 적다. 주식으로의 전환으로 인한 자본잉여금의 증가로 재무구조개선 효과가 크다. 주식시장이 침체되는 경우에도 성장잠재력이 높은 기업은 시장여건에도 불구하고 발행이 용이하다.

전환사채의 단점 전환청구시마다 증자를 실시해야 하므로 실무상 번거로움이 많다. 사채의 전환에 따라 경영권에 영향을 줄 수 있다.

전환사채의 한도 비상장 주식회사는 상법상 사채의 발행한도는 최종의 대차대조표에 의하여 회사에 현존하는 순자산액의 4배를 초과하지 못하므로 제한이 있다.

다만, 주권상장법인이 발행하는 전환사채 및 신주인수권부사채 중 주식으로의 전환 또는 신주인수권 행사가 가능한 분에 해당하는 금액은 상법 제470조의 규정에도 불구하고 사채발행한도의 제한을 받지 않는다.

전환사채 발행 절차

전환사채 발행의 결정 회사의 이사회 결의 또는 정관이 규정하는 바에 따라 주주총회의 결의로 전환사채를 발행할 수 있다. 단, 자본의 총액이 5억원 미만인 주식회사로 이사가 1인인 경우에는 주주총회에서 결의한다. 사채의 일반적인 발행사항 외에 다음의 사항에 대하여 정관의 규정이 없으면 이사회 또는 정관에서 주주총회에서 결정하기로 한 경우에는 주주총회에서 이를 결정하여야 한다.

- 전환사채의 총액
- 전환의 조건
- 전환으로 인하여 발행한 주식의 내용
- 전환을 청구할 수 있는 기간
- 주주에게 전환사채의 인수권을 준다는 뜻과 인수권의 목적인 전환사채의 액
- 주주 외의 자에게 전환사채를 발행하는 것과 이에 대하여 발행할 전환사채의 액

주주 이외의 자에 대하여 전환사채를 발행하는 경우에 그 발행할 수 있는 전환사채의 액, 전환의 조건, 전환으로 인하여 발행할 주식의 내용과 전환을 청구할 수 있는 기간에 관하여 정관에 규정이 없으면 주주총회의 특별결의로써 이를 정하여야 한다.

전환사채의 발행제한 및 전환금지기간 주권상장법인은 다음 각 호의 기간 중에는 「상법」 제513조의2제1항에 따라 주주에게 사채의 인수권을 부여하여 모집하거나 영 제176조의8제1항의 방법으로 사채를 모집하는 방식(이하 "공모발행방식"이라 한다) 외의 방법으로 전환사채를 발행할 수 없다.

- 자본시장법 제29조에 따른 소수주주(이하 "소수주주"라 한다)가 해당 주권상장법인의 임원 해임을 위하여 주주총회의 소집을 청구하거나 법원에 그 소집의 허가를 청구한 때에는 청구 시부터 해당 임원의 해임 여부가 결정될 때까지의 기간
- 소수주주가 법원에 해당 주권상장법인 임원의 직무집행정지를 청구하거나 주주총회결의의 무효 · 취소 등의 소를 제기하는 등 해당 주권상장법인의 경영과 관련된 분쟁으로 소송이 진행 중인 기간
- 위 각호에 준하는 해당 주권상장법인의 경영권분쟁사실이 신고 · 공시된 후 그 절차가 진행 중인 기간
- 주권상장법인이 전환사채를 발행하는 경우에는 그 발행 후 1년이 경과한 후에 전환할 수 있는 조건으로 이를 발행하여야 한다. 다만, 공모발행방식으로 발행하는 경우에는 그 발행 후 1월이 경과한 후에 전환할 수 있는 조건으로 이를 발행할 수 있다.

주주배정에 의한 발행 신주인수권과 달리 주주는 당연히 전환사채의 인수권을 갖는 것이 아니고 정관의 규정 또는 이사회 또는 법률이나 정관의 정하는 바에 따라 주주총회의 결의에 의하여 인수권이 부여된다.

주주에게 인수권을 부여하는 경우에는 신주발행의 경우와 같이 배정일의 공고와 실권예고부 최고 내지 공고를 하여야 한다. 주주 이외의 자에 대해 발행코자 할 때에는 정관 또는 주주총회의 특별결의로 정한 발행사항의 범위 내에서 구체적인 사항을 이사회에서 결정한다.

청약과 납입 사채의 청약은 청약서에 의한다. 다만, 총액인수와 위탁모집에 의할 경우 그 인수권에 대하여는 청약서에 의할 필요가 없다. 사채의 모집이 완료한 때에는 이사는 지체 없이 인수인에 대하여 각 사채의 전부 또는 제1회의 납입을 시켜야 한다. 그 납입장소는 은행 또는 기타 금융기관일 필요는 없다. 사채의 발행은 그 총액에 대한 응모와 납입이 없으면 전체로서 성립하지 아니한다.

전환의 청구

전환사채는 사채발행회사의 주식으로의 전환권이 사채권자에게 주어진 사채이다. 따라서 전환권이야말로 전환사채의 핵심을 이루는 권리이다. 상법상 사채권자는 일정기간 내에 전환청구를 할 수 있는데, 그 일방적 의사표시에 의하여 당연히 전환의 효력이 나타나서 사채권자는 주주의 지위를 취득하게 되므로 전환권은 사채권자를 주주로 변경하는 형성권이다.

전환청구기간 내에 주식의 전환을 청구하는 자는 청구서 2통에 채권을 첨부하여 회사에 제출하여야 한다. 그 청구서에는 전환하고자 하는 사채와 청구 연월일을 기재하고 기명날인 또는 서명하여야 한다. 전환의 청구는 주주명부 폐쇄기간 중에도 할 수 있다. 단, 이때에는 전환된 주식의 주주는 그 기간의 총회의 결의에 관하여는 결의권을 행사할 수 없다. 왜냐하면, 전환청구를 한 때 그 효력이 나타나서 주주가 되는데, 의결권은 이익배당 청구권과는 달리 즉시 행사할 수 있을 것이므로 주주총회의 소집통지 등 총회의 진행에 복잡한 문제가 생기기 때문이다.

전환사채의 전환가액 결정 주권상장법인이 전환사채를 발행하는 경우 그 전환가액은 전환사채 발행을 위한 이사회결의일 전일을 기산일로 하여 그 기산일부터 소급하여 산정한 다음 각 호의 가액 중 높은 가액(자본시장법 시행령 제176조의8 제1항의 방법으로 사채를 모집하는 방식으로 발행하는 경우에는 낮은 가액) 이상으로 한다.

다만, 전환에 따라 발행할 주식이 증권시장에서 시가가 형성되어 있지 않은 종목의 주식인 경우에는 '증권의 발행 및 공시에 관한 규정' 제5-18조 제3항을 준용한다.

- 1개월 가중산술평균주가, 1주일 가중산술평균주가 및 최근일 가중산술평균주가를 산술평균한 가액
- 최근일 가중산술평균주가
- 청약일 전(청약일이 없는 경우에는 납입일) 제3거래일 가중산술평균주가
- 주권상장법인이 발행하는 전환사채가 다음 각 호의 어느 하나에 해당하는 경우에는 전환가액을 100분의 90 이상으로 할 수 있다.
  - 2 이상의 신용평가업자가 평가한 해당 채권의 신용평가등급(해당 채권의 발행일부터 과거 3월 이내에 평가한 채권의 등급이 있는 경우 그 등급으로 갈음할 수 있다)이 투기등급(BB+ 이하)인 경우
  - 해당 사채를 「자산유동화에 관한 법률」에 따라 발행하는 유동화증권의 기초자산으로 하는 경우
- 다음 각 호의 어느 하나에 해당하는 주권상장법인이 금융기관의 대출금 또는 사채를 상환하기 위하여 전환사채를 발행하는 경우에는 제1항 및 제2항의 규정을 적용하지 아니할 수 있다.
  - 기업구조조정 촉진을 위한 금융기관협약에 의하여 기업개선작업을 추진 중인 기업
  - 금융기관이 공동(「은행법」 제8조의 규정에 의하여 은행업을 인가받은 자를 1 이상 포함하여야 한다.)으로 경영정상화를 추진 중인 기업이 경영정상화 계획에서 정한 자를 대상으로 전환사채를 발행하는 경우 해당 기업

전환가액의 조정 주권상장법인이 전환가액을 조정할 수 있는 전환사채를 발행하는 경우에는 다음 각 호의 방법에 따라야 한다.

- 전환사채의 발행을 위한 이사회에서 증자·감자·주식배당, 또는 시가변동 등 조정을 하고자 하는 각 사유별로 전환가액을 조정할 수 있다는 내용, 전환가액을 조정하는 기준이 되는 날(이하 "조정일"이라 한다) 및 구체적인 조정방법을 정하여야 한다.
- 시가하락에 따른 전환가액의 조정 시 조정 후 전환가액은 다음 각 목의 가액 이상으로 하여야 한다.

- 발행당시의 전환가액(조정일 전에 신주의 할인발행 등의 사유로 전환가액을 이미 조정한 경우에는 이를 감안하여 산정한 가액)의 100분의 70에 해당하는 가액. 다만, 정관의 규정으로 조정 후 전환가액의 최저한도(이하 "최저조정가액"이라 한다), 최저조정가액을 적용하여 발행할 수 있는 전환사채의 발행사유 및 금액을 구체적으로 정한 경우 또는 정관의 규정으로 전환가액의 조정에 관한 사항을 주주총회의 특별결의로 정하도록 하고 해당 전환사채 발행 시 주주총회에서 최저조정가액 및 해당 사채의 금액을 구체적으로 정한 경우에는 정관 또는 주주총회에서 정한 최저조정가액
- 조정일 전일을 기산일로 하여 '증권의 발행 및 공시에 관한 규정' 제5-22조 제1항 본문의 규정에 의하여 산정한 가액

전환의 효력발행 주식의 전환은 그 청구를 한 때에 효력이 생긴다. 즉, 전환청구를 한 때에 전환사채권자는 사채권자의 지위를 상실하고 주주가 된다. 다만, 전환권을 행사한 자의 이자의 지급이나 이익의 배당에 관하여는 그 청구를 한 때가 속하는 영업연도 말에 전환된 것으로 본다. 이 경우 신주에 대한 이익이나 이자의 배당에 관하여는 정관이 정하는 바에 따라 그 청구를 한 때가 속하는 영업연도의 직전 영업연도 말에 전환된 것으로 할 수 있다.

전환의 효력이 발행한 때에는 사채는 감소 또는 소멸하고 발행주식이 증가하며 이에 따라 자본총액도 증가한다. 전환사채권자가 전환청구를 하면 회사는 주식을 발행해 주어야 한다. 전환권은 형성권이므로 회사의 승낙 없이 당연히 전환의 효력이 나타난다. 전환의 효력발생 시기는 전환을 청구한 때이다. 다만, 이익이나 이자의 배당에 관하여는 청구를 한 때가 속하는 영업연도 말에 전환된 것으로 본다. 영업연도 말에 전환한 것으로 보는 것은 이익배당에 있어서 일할 계산하는 번잡을 덜고 획일적으로 처리하기 위한 것이다.

그러나 이러한 편리는 전환권을 행사하는 때의 전 영업연도 말에 전환한 것으로 보도록 해도 같은 효과를 얻을 수 있다. 오히려 이렇게 하는 것이 전환사채의 묘미를 한층 더 발휘하는 길일 것이다. 전환의 효력이 발생하면 사채권자는 그때부터 주주가 되고, 사채권자로서의 지위를 상실하므로, 회사는 새로 주식을 발행하여야 하고, 사채권은 법적 효력을 상실하게 된다. 전환사채의 전환청구가 있으면, 전환사채를 목적으로 한 질권자는 전환으로 인해 받을 주식에 대해서 물상대위권을 행사하게 된다.

전환과 자본금 전환사채의 전환은 곧 신주의 발행이므로 발행주식수의 증가와 사채의 감소를 가져온다. 발행주식수의 증가는 자본의 증가를 의미하는데, 상법은 주식의 액면미달 발행금지의 취지를 살려서 전환주식의 전환에도 준용하고 있다.

따라서 전환으로 인하여 발행하는 주식의 발행가액은 전환사채의 발행가액과 일치하도록 하여야 한다. 그 결과 등가전환의 경우에는 전환사채의 감소액만큼 자본이 증가하게 되고, 시가전환의 경우에는 전환사채의 감소액보다 적은 액은 자본증가를 하게 되고, 그 차액은 자본준비금으로 적립하게 된다.

2 신주인수권부사채(BW)

신주인수권부사채(Bond with Warrant)란 회사채 형식으로 발행되며 일정 기간이 지나면 미리 정해진 가격으로 주식을 청구할 수 있는 사채로써 주식 · 채권 · 외환 등의 정해진 수량을 약정한 값에 매매할 수 있는 권리를 워런트라고 하는데, 발행기업의 주식을 매입할 수 있는 권리가 부여된 사채를 워런트가 붙은 사채, 곧 신주인수권부사채라 한다.

신주인수권부사채는 대개 고정된 이자를 받을 수 있는 채권과 주식인수권리가 따로 매매될 수 있다. 워런트 소지자가 주식을 요구할 경우 대개 신주를 발행하여 건네주는 것이 일반적이다.

투자자들은 발행기업의 주가가 약정된 매입가를 웃돌면 워런트를 행사해 차익을 얻을 수 있다. 그렇지 않으면 워런트를 포기하면 된다. 채권 부분의 고정금리를 확보하며 주식의 시세차익도 가능한 것이다. 사채권자에게 발행 후 일정한 행사기간 내에 정해진 행사가격으로 발행회사의 신주발행을 청구할 수 있는 권리인 신주인수권이 부여된 사채를 의미한다.

신주인수권부사채의 발행회사는 자금조달 코스트가 낮은 자금을 이용할 수 있으며 사채발행과 신주발행을 통하여 사채액면 총액의 2배까지 자금조달이 가능하다. 신주인수권부사채가 발행된 후 사채권자가 신주인수권을 행사하여 신주가 발행되면 자본의 구성이 변동된다.

신주인수권부사채의 특성은 무엇보다도 투자자에게는 투자의 안정성과 투기성이라는 양면의 매력을 부여하고 발행회사에는 자금조달을 다양화할 수 있다는 점에서 여타 사채와 비교하여 다른 경제적 기능을 찾아볼 수 있다.

신주인수권부사채를 보유한 투자자는 증권시장이 불황이어서 신주인수권을 행사하지 못하는 경우에도 보증사채보다 다소 저리이기는 하나 발행 시 약속된 사채이자 및 원금을 보장받을 수 있어 안전한 투자수단이 된다.

그리고 최근 발행된 신주인수권부사채의 발행조건을 보면 대개 만기 시까지 신주인수권을 행사하지 못할 경우는 원금에 일정률의 프리미엄(Premium)을 더해 상환되기 때문에 최소한 정기예금 금리이상의 수익률을 보장받게 된다.

신주인수권부사채는 행사기간 중 언제라도 미리 정해진 행사가격에 따라 신주의 발행을 청구할 수 있기 때문에 인플레에 대한 대응력 및 증시 활황 시 높은 매매차익을 기대할 수 있다.

신주인수권부사채는 사채의 안정성과 주식의 수익성의 양면을 동시에 갖추고 있어 경제가 불황일 때는 주가는 하락하지만 신주인수권부사채의 가격은 표면금리라는 제어장치가 있어 하락이 일정수준에서 멈추게 되어 최저수익은 보장하여 주며 경제가 호황일 때는 주가상승으로 상당한 매매차익을 얻을 수 있다.

신주인수권부사채와 전환사채 신주인수권부사채와 전환사채의 차이점은 다음과 같이 요약할 수 있다.

- 신주인수권부사채
  - 주식을 취득하는 권리의 내용 : 사채발행회사의 신주를 인수하는 권리
  - 신주취득의 한도 : 사채금액의 범위 내에서 발행
  - 주식납입금 : 회사가 임의로 정하는 금액 현금납입. 그러나 발행회사가 인정하면 대용증권으로도 납입도 가능하다.
  - 권리행사 후 : 사채권은 존속. 그러나 대용증권을 납입한 경우는 사채권은 소멸한다.
  - 권리행사에 의한 발행회사의 자본구성 변화 : 자본금 및 자본준비금 증가, 대용납입인 경우 사채감소, 자본계정증가
  - 발행이율 : 보통사채와 전환사채의 중간수준
  - 권리의 행사가격 : 행사가격
- 전환사채
  - 신주취득의 한도 : 사채금액과 같은 금액

- 주식납입금 : 사채금액과 대체
- 권리행사 후 : 사채권 소멸
- 권리행사에 의한 발행회사의 자본구성 변화 : 사채(부채계정)감소, 자본계정 증가
- 발행이율 : 보통사채보다 현저히 낮음
- 권리의 행사가격 : 전환가격

신주인수권부사채의 종류

신주인수권부사채는 다음과 같이 분류할 수 있다.

- 보증 유무에 따라
  - 보증 신주인수권부사채
  - 담보부 신주인수권부사채
  - 무보증 신주인수권부사채
- 발행형태에 따라
  - 분리형 : 신주인수권은 사채권과 별도의 신주인수증권으로 표시되어 사채권에서 따로 분리하여 양도가 가능하게 독자적으로 유통된다. 분리형의 신주인수권은 그 가치가 주식의 시가와 행사가격의 차이가 되므로 주식보다도 투기성이 강하다.
  - 비분리형 : 신주인수권을 사채권에 사채의 권리와 병행하여 표시하기 때문에 신주인수권은 사채권에서 따로 분리하여 양도할 수 없다고 되어 있다. 대용납입제도를 허용하는 경우에는 전환사채와 제도 면에서 별 차이가 없기 때문에 대용납입을 허용하지 않고 있다.

발행 시 검토사항

사채표면이율 표면이율은 신주인수권의 가치에 따라 결정되는데 주가 상승률이 높아 신주인수권의 가치가 높은 경우에는 상대적으로 표면이율을 낮추어 발행할 수 있다. 일반적으로 신주인수권부사채의 표면이율은 보증사채보다는 낮고 전환사채보다는 높다. 신주인수권 행사시 그 행사가액을 결정하기 위한 기준가격으로 산출방식은 전환사채와 동일하다.

행사가격 행사가격의 결정은 향후 신주발행 시 자본금 및 주식발행초과금 발생 규모에 영향을 준다. 현재 우리나라에서는 행사가격을 기준주가의 100% 이상으로 정하고 있으며, 비상장법인의 경우에는 주식공모 전은 발행주식의 액면가액 이상, 주식공모 후는 공모가액이상으로 정하고 있다. 행사가격을 높게 결정할 경우에는 발행주식수가 줄어들어 자본금 증가는 작고 주식발행초과금의 규모는 커져서 제3자 배정의 경우에도 대주주 지분율의 감소가 작고 향후 배당압박도 적다.

또한 행사가격을 낮게 결정할 경우에는 발행주식수가 늘어나서 자본금의 증가는 커지고 주식발행초과금의 규모는 작아져서 상대적으로 배당압력이 커지고 대주주 지분율의 감소도 커진다. 그러나 행사가능성이 높아져서 자금 코스트의 경감을 기대할 수 있다.

연보장 수익률 주식시장의 침체로 인해 만기까지 행사가 이루어지지 못할 경우 원금상환 시 사채권 소유자에게 원금에 일정의 할증금을 더해서 상환함으로써 사채권자의 저수익률을 보전해 주는데 이 경우를 연보장수익률이라고 한다. 이 연보장수익률을 적절히 올려줌으로써 표면이율이 낮은 신주인수권부사채의 사채가치를 높여서 매출이 원활하게 할 수 있다.

행사비율 행사비율이란 사채금액에 대한 신주의 발행비율을 말하는데 이 행사비율은 기업의 적정자본금 규모, 대주주의 지분율 등을 감안하여 결정하여야 한다.

발행할 주식종류 발행할 주식은 보통주식이 일반적이다.

신주인수권부사채의 발행요건

발행대상기업 및 한도 상장법인 및 비상장법인이 정관의 한도 내에서 발행 가능하다. 그러나 상법에 의해 상장법인이 발행하는 신주인수권부사채 중 신주인수권의 행사가 가능한 부분에 해당하는 금액은 사채발행한도의 제한을 받지 아니한다.

주권상장법인이 신주인수권부사채를 발행하는 경우 각 신주인수권부사채에 부여된 신주인수권의 행사로 인하여 발행할 주식의 발행가액의 합계액은 각 신주인수권부사채의 발행가액을 초과할 수 없으며, 공모발행방식 외의 방법으로 분리형 신주인수권부사채를 발행하는 경우에는 사채의 발행일부터 해당 사채 만기의 3분의 1에 해당하는 기간(그 기간이 1년 이하인 경우에는 1년)이 경과하기 전까지는 해당 신주인수권부사채의 신주인수권증권이 분리된 사채만을 매입하지 않는 조건으로 이를 발행하여야 한다.

신주인수권부사채의 정관상 제한사항은 다음과 같다.

- 주주에 대하여 발행하는 경우 : 정관에 규정이 없는 것은 다음 사항을 이사회가 결정한다. 그러나 정관으로 주주총회에서 이를 결정하도록 할 수 있다. 정관 또는 이사회에서 결정할 사항은 다음과 같다.
  - 신주인수권부사채의 총액
  - 각 신주인수권부사채에 부여된 신주인수권의 내용
  - 신주인수권을 행사할 수 있는 기간
  - 이익이나 이자의 배당에 관하여는 신주납입을 한때가 속하는 영업연도 말(또는 직전 영업연도 말)에 신주의 발행이 있는 것으로 본다는 뜻
  - 주주에게 신주인수권부사채의 인수권을 준다는 뜻과 인수권의 목적인 신주인수권부사채의 금액
- 제3자에 대하여 발행하는 경우
  - 주주 외의 자에 대하여 신주인수권부사채를 발행하는 경우에는 정관의 규정 혹은 주주총회의 특별결의로 다음 사항을 결정하여야 한다.
- 결정하여야 할 사항
  - 주주 외의 자에게 발행할 신주인수권부사채의 금액
  - 신주인수권 내용
  - 신주인수권을 행사할 수 있는 기간

중요 발행조건 검토　신주인수권부사채도 전환사채와 같이 발행조건 중 가장 중요한 요인으로 고려하여야 할 것은 발행금리, 즉 표면이율과 만기보장수익률 그리고 신주인수조건이다. 이 세 가지 요인은 상관관계를 가지며 신주인수권부사채의 소화에 직접적 영향을 미치게 된다.

신주인수권부사채의 발행금리는 전환사채보다는 높으나 일반적인 회사채(보증사채, 무보증사채)의 발행 금리보다 낮다. 그 이유는 채권가치 외에 향후 주가상승 시에 신주 인수에 따른 주식매매차익이라는 메리트가 첨가되었기 때문이다.

일반적으로 신주인수권부사채의 표면이율이 낮으면 할인율이 높고(할증률이 낮고), 표면이율이 높으면 할인율이 낮은 것(할증률이 높은 것)이 보통이며 양자는 서로 보완관계에 있다. 즉 발행금리가 낮으면 행사가액도 낮게 책정되어야 하고, 발행금리가 높으면 그 대신 행사가액을 높게 책정할 수 있다.

신주인수권 행사가 곤란할 경우 저율의 표면금리로 발행되는 신주인수권부사채는

매출이 어렵다. 이러한 투자위험을 제거해 주기 위해 만기도래 시 미행사된 신주인수권부사채에 타 금융상품에 상응하는 수익률을 보장해 주는 것이 만기보장수익률이다.

행사청구기간 동안 코스닥 상장 등이 확실시되는 기업은 높은 보장수익률로 발행금리를 더욱 낮출 수 있고, 신주인수권부사채의 소화를 용이하게 하는 등 일거양득의 효과를 얻을 수 있다.

신주인수권부사채의 발행조건은 다음과 같다.

- 신주인수권 행사로 인하여 발행할 주식의 종류 ; 보통주 또는 무의결권 우선주 단, 무의결권 우선주 발행에 관해서는 정관에 정함이 있어야 한다.
- 발행이율 : 자율적으로 결정. 표면이자율의 경우 전환사채보다는 높으며, 보통사채보다는 낮다.
- 이자지급방법 : 자율로 정하나 통상적으로 매 3개월 또는 매 사업연도 말 후급으로 한다.
- 신주인수권 행사로 발행되는 신주의 주금납입 : 현금납입
- 상환기한 : 자율적으로 결정
- 행사가액 : 상장법인은 기준주가의 100% 이상, 비상장법인의 경우 주식공모 전에는 발행주식의 액면가격, 주식공모 이후 공모가격 이상
- 행사기간 : 자율적으로 정하되 대개 정관에서 정하는 바에 의하여 발행일 익일부터 상환 직전일까지로 되어 있다.
- 행사비율 : 100% 이내
- 청구금지기간 : 신주인수권부사채를 발행하는 경우에는 3개월이 경과한 후에 행사할 수 있는 조건으로 이를 발행하여야 한다. 다만, 모집 이외의 방법으로 신주인수권부사채를 발행하는 경우에는 발행 후 1년이 경과한 후에 행사할 수 있는 조건으로 이를 발행하여야 함
- 기한 전 상환청구 : 상장법인이 신주인수권부사채 발행 후 1년 이내 공모를 하지 아니한 때에는 신주인수권부 사채권자가 상환기한 전에 발행일로부터 경과일까지의 기간에 대하여 신주인수권부사채 발행 시에 제시한 기한 전 상환청구 시 적용되는 이자율에 의한 이자액을 권면금액에 가산한 금액으로 상환을 청구할 수 있고 발행회사는 청구일로부터 30일 이내에 이를 지급한다는 조건으로 발행되어야 한다.

신주인수권부사채의 발행절차

- 보증신주인수권사채
  - 예비절차
    - ·주간사선정 및 업무협의
    - ·이사회 결의
    - ·이사회 결의 내용 통보
  - 본절차
    - ·원리금지급보증계약 체결
    - ·총액인수 및 매출계약체결
    - ·등록기관 지정
    - ·증권신고서 제출, 상장신청서 제출
    - ·사채발행 안내공고
    - ·증권신고서효력발생, 사업설명서 배포, 사채청약서 작성배포
    - ·사채청약서 작성배포
    - ·사채청약 및 납입
    - ·상장
    - ·사채등기·납입금 인출
    - ·증권 발행실적 보고
    - ·등록필증·견양교부 신청
    - ·사채원부작성
- 무보증신주인수권사채
  - 예비절차
    - ·주간사선정 및 업무협의
    - ·이사회결의
    - ·이사회결의 내용통보
  - 본절차
    - ·신용평가회사의 사채등급평가
    - ·증권분석보고서 작성
    - ·사채모집위탁계약 체결·원리금지급대행계약 체결
    - ·총액인수 및 매출계약체결

· 등록기관지정
· 증권신고서 제출 · 상장신청서 제출
· 사채발행 안내공고
· 증권신고서효력발생 · 사업설명서 배포 · 사채청약서 작성배포
· 사채청약
· 사채납입 · 상장
· 사채동기 · 납입금 인출
· 증권발행실적보고
· 사채원부작성

신주인수권부사채의 장단점

(발행회사의 입장)

장점 신주인수권부사채의 발행회사 입장에서 볼 때의 장점으로 다음과 같은 사항을 들 수 있다.

- 신주인수권이라는 추가적 기회를 첨가하여 사채시장 악화 시에도 인수 및 매출이 용이하다.
- 보통사채에 비하여 표면이자율을 인하하여 자금조달 코스트가 낮다.
- 사채의 발행자금과 신주인수권의 행사에 따른 추가자금의 유입으로 자금이 이중으로 유입된다.
- 대주주의 추가자금 부담 없이 유상증자를 대체할 수 있는 방법으로 이용할 수 있다.
- 상법상의 사채발행한도에서 제외한다.
- 현시장이 어렵더라도 미래 활황장세가 예견되는 경우
- 신주인수권 행사에 따른 자본금 증가 및 주식발행 초과금의 증가에 의해 재무구조가 개선된다.

단점 신주인수권부사채의 발행회사 입장에서 볼 때의 단점으로 다음과 같은 사항을 들 수 있다.

- 신주인수권의 행사 후에도 사채권이 존속된다.

- 주가의 변동으로 행사시기가 일정치 않으므로 자본구조가 불확실하다.
- 대주주의 지분율이 하락될 우려가 있다.
- 증자등기 등 업무가 번거롭다.
- 신주인수권의 행사가 투자가의 임의대로 이루어지기 때문에 발행회사가 자금조달을 계속 수행함에 있어서 어느 정도 장애요인이 될 수 있으며 또한 주로 주가가 높을 때 행사되므로 자금사정이 어려운 시기에 적절히 대처해 나가기 어렵다.

(투자자의 입장)

장점 신주인수권부사채의 투자자입장에서 볼 때 장점으로 다음과 같은 사항을 들 수 있다.

- 투자의 안정성과 수익성
- 주가상승 시 신주인수권의 행사로 주식투자에 의한 매매차익을 얻을 수 있다.
- 신주인수권 행사 후에도 사채는 존속하기 때문에 확정이자 및 원금을 확보할 수 있을 뿐만 아니라 회사의 청산 또는 정리절차가 개시되더라도 보통주주에 우선하여 투자자금을 회수할 수 있게 된다.
- 기관투자가도 매입이 가능하다.

단점 신주인수권부사채의 투자자입장에서 볼 때 단점으로 다음과 같은 사항을 들 수 있다.

- 신주인수권의 행사는 주가상승이 전제되어야 하므로 약세시장에서는 메리트가 없다.
- 신주인수권행사 후에는 낮은 이율의 사채만 존속한다. 전환사채의 경우에는 전환권의 행사로 사채는 소멸된다.

신주인수권의 행사

신주인수권을 행사하려는 자는 청구서 2통을 발행회사(명의개서대행기관)에 제출하고 청구서를 제출함에 있어서 신주인수권증권이 발행된 때에는 신주인수권증권을 첨부하고 이를 발행하지 아니한 때에는 채권을 제시하여야 한다.

이 경우의 제출된 신주인수권증권은 회사가 회수하고 비분리형의 경우에 회사에 제시된 채권은 신주인수권의 행사가 있었다는 기재를 하고 다시 제시한 자에게 반환된다. 주주명부폐쇄기간 중에도 신주인수권 행사를 할 수 있다.

납입 신주인수권을 행사하는 경우에 신주의 발행가격 해당금액을 납입하여야 하며 납입은 채권 또는 신주인수권증권에 기재한 은행 기타 금융기관의 납입장소에서 하여야 한다.

그러나 신주인수권부사채의 상환에 갈음하여 그 발행가액으로 신주에 대한 납입이 있는 것으로 본다는 뜻의 정함이 있는 때에는 사채의 상환금에 의한 대용납입이 가능하다. 즉 예외적으로 상계에 의한 납입이 인정되는 셈이다.

이밖에 납입에 관하여는 납입금보관자의 변경 및 납입금 보관자의 증명과 책임에 관한 규정이 적용된다.

효력 신주인수권을 행사한 자는 신주의 발행가액의 전 금액을 납입한 때에 주주가 된다. 그리고 신주인수권부사채의 상환에 갈음하여 주금을 대용 납입한 경우는 신주인수권의 행사를 위한 청구서에 신주인수권증권(분리형의 경우)이나 채권을 첨부하여 회사에 제출한 때에 주주가 된다.

그러나 이익이나 이자의 배당에 관하여 주주로 보는 시기는 그 청구를 한때가 속하는 영업연도 말로 본다. 그러나 정관에 따로 정한 경우에는 그 청구를 한때가 속하는 영업연도의 직전 영업연도 말에 전환된 것으로 할 수 있다.

변경등기 신주인수권의 행사에 의하여 등기사항이 변경된 때는(발행주식 총수의 증가, 대용납입에 의한 신주인수권부사채의 총액의 감소 등) 변경등기를 하여야 한다.

행사가격의 조정 발행회사가 유상증자 · 주식배당 · 준비금의 자본전입 또는 합병 등을 하는 경우 신주인수권행사가액을 조정한다.

주주의 보호 신주인수권부사채의 발행은 전환사채와 같이 기존주주의 이해관계에 중대한 영향을 미치므로 주주보호를 위한 장치가 필요하다. 다음 두 가지 제도가 이 같은 목적에 기여한다.

신주인수권부사채의 발행은 통상의 신주발행이나 전환사채의 발행과 마찬가지로 주주에게는 중대한 이해가 걸린 문제이다. 따라서 신주인수권부사채의 인수권을 원칙적으로 주주가 가지는 것으로 하고, 주주가 아닌 자에게 신주인수권부사채를 발행할 경우에는 신주인수권부사채의 가액, 신주인수권의 내용과 신주인수권을 행사할 수 있는 기간에 관하여 정관의 규정 또는 주주총회의 특별결의로 정하게 하고 있다. 이를 결의하기 위해 주주총회를 소집할 경우에는 소집통지와 공고에 신주인수권부사채의 발행에 관한 의안 요령도 기재하여야 한다.

사채권자의 보호 신주인수권부사채를 발행한 후에 발행회사가 주식배당을 하거나 준비금 자본전입을 하거나 혹은 신주인수권부사채가 인수권을 행사함으로써 발행할 신주의 발행가액을 하회하는 가액으로 유상신주를 발행하는 경우에는 사채권자가 인수할 신주의 가치가 희석되므로 전환사채에서와 마찬가지로 신주 발행가를 조정해야 한다.

'유가증권 인수업무 규정'에서는 사채발행 당시 주간사회사와 발행회사와 특약으로 발행가액을 조정하게 하고 있다. 신주인수권부사채 행사가액의 조정은 전환사채 전환가액의 조정과 동일하다. BW의 발행으로 저렴한 비용의 안정적 자금을 조달하게 됨으로써 회사의 자금사정이 호전되고 경영실적이 크게 개선되며 배당률이 높아진다면 발행회사 · 사채권자 · 기존주주 · 3자의 이익이 대체적으로 합치될 수 있을 것이나, 만약 그렇지 못할게 될 경우에는 3자 사이에 이익 상반이 발생할 수 있다.

즉 기존주주 특히 경영권과는 전혀 무관한 소액주주의 입장에서 BW의 발행에 동의할 때에는 그에 상응하는 반대급부가 돌아올 것을 기대하고 동의한 것인데 BW의 발행에도 불구하고 배당 및 자본차익의 측면에서 이익을 얻지 못한다면 발행주식수의 증가에 의한 불이익만을 받게 된다.

3 교환사채(EB)

교환사채(Exchangeable Bonds)란 채권을 보유한 투자자가 일정시일 경과 후 발행사가 보유 중인 다른 회사 주식으로 교환할 수 있는 권리가 붙은 사채로써 주식전환이 가능한 채권이라는 점에서 전환사채와 유사하나 전환대상주식이 발행사가 아닌 다른 회사의 것이라는 차이점이 있다. 1995년 정부가 해외에서 증권을 쉽게 발행할 수 있기 위해 새롭게 허용해 준 해외증권 발행방법으로 기업이 투자하고 싶은 곳은 많지만 국내 이자율이 높아 국내에서 조달하기 힘들 때 유리한 자금동원방법이라 할 수 있다.

그리고 대기업들은 공정거래법의 상호출자제한 때문에 어쩔 수 없이 팔아야 하는 주식을 해외에서 좋은 조건에 팔 수 있는 장점을 제공하기도 한다. 발행사 측면에서는 자기회사 지분율이 변하는 위험을 없애면서 보유주식을 보다 비싼 값에 팔 수 있는 이점이 있다. 다만, 교환대상 주식을 발행한 기업이 동의해야만 교환사채를 발행할 수 있다.

회사가 필요한 자금을 자본시장을 통하여 조달함에 있어서 자기자본에 해당하는 주식의 발행 그리고 타인자본에 해당하는 사채의 발행 등이 일반적으로 사용되고 있다. 이러한 방법을 사용함에 있어서 양질의 장기자금을 충분히 조달하도록 하기 위하여 교환사채 등 이른바 신종사채의 발행에 관한 규정을 도입하였다. 교환사채는 원래 프랑스 회사법에서 발행회사의 주식과 교환이 가능한 사채의 발행을 허용한 것을 본받은 제도이다. 교환사채에 관한 규정은 자본시장법 제165조의11 및 시행령 제176조의13으로 흡수되었다. 교환사채에 관하여 자본시장법에 기재되지 아니한 사항은 상법의 적용을 받는다고 하겠다.

교환사채의 발행요건

주권상장법인은 이사회의 결의에 따라 해당 법인이 소유하고 있는 상장증권(자본시장법 제165조의2 또는 제165조의5에 따라 취득한 자기주식을 포함한다.)과 교환을 청구할 수 있는 권리가 부여된 사채를 발행할 수 있다.

교환사채에 관하여는 사채청약서 · 채권 및 사채원부에 다음 각 호의 사항을 기재하여야 한다.

- 상장증권과 교환을 청구할 수 있는 권리가 부여되었다는 뜻
- 교환할 상장증권의 내용
- 교환의 조건
- 교환을 청구할 수 있는 기간

교환사채를 발행하는 주권상장법인은 사채권자의 교환청구가 있는 때 또는 그 사채의 교환청구기간이 만료하는 때까지 교환에 필요한 상장증권을 예탁결제원에 예탁하여야 한다. 이 경우 한국예탁결제원은 그 증권이 신탁재산임을 표시하여 관리할 수 있다.

교환사채를 상장증권과 교환하는 경우에는 상법을 준용한다. 교환권 청구 시 추

가적인 자금유입이 없다는 점에서 신주인수권부사채와 다르며, 자본금의 증가가 수반되지 않는다는 점에서 전환사채와 다르다.

- 발행대상 법인 : 주권상장법인
- 표면이자율 : 자율적으로 정한다.
- 이자지급 방법 : 자율적으로 정한다.
- 교환가액 : 자율적으로 정한다.
- 상환기간 : 자율적으로 정한다.
- 교환의 조건 : 이사회 결의사항
- 교환을 청구할 수 있는 기간 : 이사회 결의사항
- 교환대상 유가증권의 예탁 : 교환사채를 발행하는 주권상장법인은 교환에 필요한 상장유가증권을 사채권자의 교환청구가 있을 때 또는 당해사채의 교환청구기간이 만료하는 시점까지 예탁결제원에 예탁하여야 한다.
- 사채발행한도 : 상법 제470조의 한도제한을 적용받게 된다.
- 교환할 상장 유가증권의 내용 기재 : 주권상장법인이 교환사채를 발행할 경우 사채청약서, 채권 및 사채원부에 다음의 사항을 기재하여야 한다.
  - 상장유가증권과 교환을 청구할 수 있는 권리가 부여되었다는 뜻
  - 교환할 상장유가증권의 내용
  - 교환의 조건
  - 교환을 청구할 수 있는 기간
- 정관상의 제한 : 주권상장법인은 정관의 정함이 없는 경우 이사회 결의만으로 교환사채를 발행할 수 있다.

사채표면 이자율 교환사채는 사채는 이자와 함께 주식으로 교환할 수 있는 장점이 있으므로 표면이자율은 일반적인 사채보다는 낮은 수준이며 교환대상 주식의 배당수익률보다는 높은 수준이다.

교환가격 교환가격의 결정은 사채발행규모에 직접적인 영향을 미친다. 즉 교환대상 주식수가 확정되어 있으므로 교환가격을 높일 경우 사채발행규모가 크며, 교환가격을 낮출 경우 사채발행규모가 낮아진다. 그러나 높은 교환가격은 사채의 소화에 악영향을 미치므로 역효과일 수 있다.

연보장 수익률 주식시장이 기대만큼 활황이 되지 못하여 사채권자가 교환을 신

청하지 않을 경우, 원리금 상환 시 사채권 소유자에게 원금에 일정의 할증금을 더해서 상환함으로써 일정이율의 복리상품을 만들어 사채권자의 저수익률을 보전해 주게 되는데 이때의 일정이율을 연보장수익률이라 한다.

교환비율 교환비율이란 사채권면액 중에서 교환에 참여할 수 있는 금액을 의미한다. 즉 교환가격이 10,000원이고 교환사채 100,000원을 소유한 사채권자가 전액 교환을 청구할 때 교환율이 100%이면 기업은 10주의 주식을 교환해 주어야 하고 교환비율이 50%이면 5주의 주식을 교환해주게 된다. 결국, 교환비율은 사채발행 규모와 교환대상 주식의 총규모를 감안하여 결정한다.

교환을 청구할 수 있는 기간 교환청구를 할 수 있는 기간은 이사회결의에 의해 정한다.

발행절차

이사회의 결의 주권상장법인은 이사회의 결의에 의하여 교환사채를 발행할 수 있다. 이사회에서 결의할 내용은 교환사채도 사채의 일종이므로 사채에 관한 일반적인 사항, 예컨대 사채의 총액 · 각 사채의 금액 · 이율 · 이자의 지급방법과 기한 · 상환의 방법과 기한 · 발행방법 · 납입기일 · 사채모집의 수탁회사 등을 정하여야 한다. 명문의 규정은 없더라도 교환의 조건 · 교환으로 인하여 제공할 유가증권의 내용 · 교환을 청구할 수 있는 기간 등도 정하여야 한다. 그 주요한 것들은 다음과 같다.

- 사채의 총액 : 사채를 발행함에 있어서 그 총액은 최종의 대차대조표에 의하여 회사에 현존하는 순자산액의 4배를 초과하지 못한다. 이러한 사채의 발행한도를 둔 것은 사채의 상환능력을 고려한 것이라고 할 것이며, 이미 발행한 사채의 금액도 포함하는 잔고의 의미를 가지고 있다. 다만 차환발행, 즉 구사채를 상환하기 위하여 새로이 사채를 발행하는 경우에는 구사채의 금액은 사채의 총액에 산입하지 아니한다.
- 교환으로 인하여 제공할 유가증권의 내용 : 교환으로 인하여 제공할 유가증권의 내용으로서 자본시장법에서 정하고 있는 것은 상장유가증권이다. 상장유가증권으로는 주권 · 외국주권 또는 외국주식예탁증서 · 채권 · 외국채권 · 수익증권 등이 그 대상이 될 수 있을 것이다. 그러나 현실적으로는 주식만이 주로 그 대상이 될 것으로 보인다. 경제적으로 보건대 다른 사채로 교환이 가능한 교환사채는

별로 매력이 많지 않을 것으로 보이며, 자본시장법도 전환주식의 전환에 관한 상법의 규정을 교환사채 교환의 경우에 준용하도록 하고 있어 주식을 전제로 한 것으로 이해된다.

- 교환의 조건 : 교환사채의 교환으로 인하여 제공되는 유가증권과의 교환비율 또는 교환가액을 뜻한다. 예컨대 "사채 100,000원을 모 주식회사의 주식 1주로 교환할 수 있다."라는 식으로 정하는 것과 같다.
  통상 교환가액은 대상유가증권의 시가를 기준으로 어느 정도의 할증을 하여 정하는 것이 일반적이다. 할증률은 교환대상 유가증권의 발행회사의 사업내용 · 사업전망 · 유가증권의 시세 추이 · 유통성 등 여러 가지 사항을 고려하여 정하게 되는바, 사채권자의 입장에서는 교환사채의 원리금 지급에 관한 권리와 교환으로 인한 수익 등 두 가지 가운데 한 가지를 선택할 수 있는 것이므로 그 할증을 지급할 합리적인 이유가 있게 되고, 교환사채 발행회사의 입장에서는 대상 유가증권을 시장에 매각하는 것보다 더 많은 금액을 받을 수 있는 가능성이 있으며, 그러한 교환이 이루어지지 아니하더라도 금전 융통적인 효과가 있으므로 이를 발행하게 되는 것이다.
- 교환가액의 조정—주식의 발행 등에 의한 경우 : 사채가 발행된 이후에 교환대상 유가증권을 발행한 회사의 사정으로 주식구성에 변경이 생기는 등의 사유가 발생한 경우 교환으로 인하여 받을 유가증권의 실질적 가치에 변경이 생기므로 기존의 교환조건을 그대로 유지하는 것은 사채권자에게 불리하다. 이러한 변경을 통상 희박화(dilution)라고 부른다. 이러한 희박화의 경우에 그 실질적인 가치를 확보하여 주기 위하여 사채권관련 계약서에 미리 교환가액을 조정하여 주는 조항을 포함시키게 된다.
  희박화의 경우에 그 교환가액을 조정하여 주는 방법으로는 통상적으로 2가지가 사용된다. 그 하나는 주식의 시가를 기준금액으로 하는 것이며, 다른 하나는 당해 교환사채의 교환가액을 기준금액으로 하는 것이다. 해외증권에 있어서 통상적으로 시가를 기준금액으로 하는 방법이 사용된다.
  통상적으로 이러한 교환가액의 조정사유로 예시되는 것들로는 무상증자, 주식분할, 주식의 병합, 기준금액보다 낮은 액면으로 하는 주식배당, 기준금액보다 낮은 발행가액으로 하는 유상증자, 기준금액보다 낮은 전환가액이나 인수가액을 가진 전환사채나 신주인수권부사채의 발행, 주주에게 기준금액보다 낮은 가액으로 주식 · 자산을 배분하거나 주식 · 자산을 인수할 수 있는 권리를 주는 경우 등이 있다.

- 교환가액의 조정 — 시가하락을 반영하는 경우 : 사채가 발행된 이후에 교환대상 유가증권(특히 주식의 경우)의 시가가 하락하여 교환권을 행사할 배경이 이루어지지 않는 경우 그 교환을 촉진하기 위하여 교환가액을 임의로 감액하여 줄 수 있는 경우를 미리 예정하여 사채발행약정에 미리 포함시켜 놓는 경우도 있다.
- 교환기간 : 사채권자가 교환을 청구할 수 있는 시기와 종기를 정하여야 한다. 예컨대 "발행 후 3개월이 경과한 때부터 만기 1개월 전까지"로 정할 수 있다. "교환대상 주식이 일정한 조건으로 거래소에서 거래될 때 교환기간이 시작된다."와 같이 조건을 첨부하여 정할 수도 있을 것이다.

교환대상 유가증권의 예탁 교환사채를 발행하는 주권상장법인은 교환에 필요한 상장유가증권을 사채권자의 교환청구가 있는 때 또는 당해 사채의 교환청구기간이 만료하는 때까지 한국예탁결제원에 예탁하여야 한다.

이것은 교환대상 유가증권을 확보하여 교환사채권자의 교환청구에 응할 수 있도록 하기 위함이다. 이 경우 교환사채를 발행하는 회사는 예탁결제원을 계약당사자로 하여 교환대상 주식의 예탁관리계약을 체결하고 이를 예탁결제원으로 인도한다.

예탁된 교환대상 주식의 주권은 교환사채권자의 교환권 행사 이외에는 반환이 금지되므로 예탁결제원은 교환대상 주식의 처분을 제한하여 그 주식수를 관리한다.

교환대상 유가증권의 반환사유는 교환사채의 상환이 도래하는 때이다. 따라서 이 경우에는 교환대상 유가증권의 교환사채의 발행회사로 인도한다.

교환권의 행사

교환의 청구절차 교환을 청구하는 교환사채권자는 청구서 2통에 교환사채권을 첨부하여 회사에 제출하여야 한다. 해외증권의 경우에는 해외에 교환 대리인을 선정하는 예가 많고, 그러한 경우에는 약정에 따라서 해외에 소재하는 교환 대리인에게 서류를 제출함으로써 같은 효과가 인정될 수 있을 것이다.

교환청구의 효력발생 교환사채에 있어서 교환은 그 청구를 한 때에 효력이 생긴다는 것이다. 그러나 교환대상 유가증권은 이미 발행되어 교환사채 발행회사가 소유하고 있는 상태이므로, 이론상으로나 현실적으로나 교환청구를 하면 바로 교환의 효과가 생기도록 하는 것은 쉬운 일이 아니다.

이 규정은 교환청구에 대해 회사의 승낙을 요하지 아니하고 바로 대상 유가증권을 사채권자에게 인도해 줄 의무가 생긴다. 그리고 교환청구는 주주명부 폐쇄기간 중에도 할 수 있으나, 만일 그 교환청구가 교환대상 주식 발행회사의 주주명부 폐쇄기간 중 이루어진 경우에는 그 폐쇄기간 중 총회의 결의에 관하여는 의결권을 행사할 수 없다.

자기주식의 취득 및 처분

일반적으로 회사가 자기주식을 취득하는 것은 상법의 규정에 의하여 엄격하게 규제되고 있다. 그리고 예외적으로 주식을 취득한 경우에도 지체 없이 주식실효의 절차를 밟거나 상당한 시기에 처분을 하여야 한다. 자기주식 취득의 방법에 의한 교환사채 발행에 관한 일반적인 절차는 아래와 같다.

자기주식의 취득에 관한 이사회결의 주권상장법인이 자기주식을 취득하고자 하는 경우에는 일정한 사항에 관하여 이사회의 결의를 거쳐야 한다. 이사회의 결의를 거쳐야 하는 내용으로는 취득의 목적 · 취득예정금액 · 취득에 소요되는 자금의 조달방법 · 주식의 종류 및 수 · 취득하고자 하는 주식의 가격 · 취득방법 · 취득하고자 하는 기간 · 취득 후 보유하고자 하는 예상기간 · 취득을 위탁할 증권회사의 명칭 · 기타 투자자보호를 위하여 필요한 사항 등이다.

자기주식취득신고서의 제출 주권상장법인이 자기주식을 취득할 것을 이사회에서 결의한 때에는 지체 없이 자기주식의 취득에 관련되는 사항을 기재한 취득신고서를 금융위원회에 제출하여야 한다.

취득기간 주권상장법인이 자기주식을 취득하고자 하는 경우에는 그 취득신고서를 제출한 후 3일이 경과한 날부터 3개월 이내에 금융위원회가 정하는 방법에 따라 유가증권시장 또는 코스닥시장에서 이를 취득하여야 한다. 한편, 이 기간에는 일정한 제한이 가해진다.

매수주문의 방법 취득신고서를 제출하거나 이익소각신고를 한 주권상장법인이 유가증권시장 및 코스닥시장을 통하여 자기주식을 취득하기 위하여 매수주문을 하고자 할 때에는 발행 및 공시규정에서 정하는 일정한 요건을 따라야 한다.

다만, 정부 · 한국은행 · 예금보험공사 · 한국산업은행 · 기업은행 · 한국수출입은행 · 기타 정부가 납입자본금의 100분의 50 이상을 출자한 법인으로부터 자기주식을 취득하는 경우에는 거래소가 정하는 시간 외 대량매매의 방법에 의할 수 있으며, 시장상황 급변 등으로 투자자보호와 시장안정을 유지하기 위하여 즉각적인 조치가 필요한 경우의 특례를 인정하고 있다.

취득보고 취득신고서를 제출한 주권상장법인이 자기주식의 취득을 완료하거나 이를 취득하고자 하는 기간이 만료된 때에는 그날부터 5일 이내에 자기주식의 취득에 관한 취득결과보고서를 금융위원회에 제출하여야 한다.

자기주식의 처분에 관한 이사회결의 주권상장법인이 자기주식을 교환사채 발행의 방법으로 처분하고자 하는 경우에는 처분에 관한 일정한 사항에 관하여 이사회의 결의를 거쳐야 한다. 이 이사회의 결의는 교환사채 발행의 이사회 결의와는 별도의 내용에 관한 것으로서 반드시 거쳐야 한다.

물론 두 가지를 하나의 회의에서 처리하는 것은 무방하다. 이사회의 결의를 거쳐야 하는 내용으로는 처분목적 · 처분예정금액 · 주식의 종류 및 수 · 처분하고자 하는 주식의 가격 · 처분방법 · 처분하고자 하는 기간 · 처분을 위탁할 증권회사의 명칭 · 기타 투자자보호를 위하여 필요한 사항 등이다.

자기주식처분신고서의 제출 주권상장법인이 자기주식을 처분할 것을 이사회에서 결의한 때에는 지체 없이 자기주식의 처분에 관련되는 사항을 기재한 서류를 금융위원회에 제출하여야 한다.

처분기간 주권상장법인이 취득한 자기주식을 처분함에 있어서는 일반적으로 그 기간에 대한 제한이 있다. 그러나 '공기업의 경영구조개선 및 민영화에 관한 법률'의 적용을 받는 기업이 민영화를 위하여 당해기업의 주식과 교환을 청구할 수 있는 교환사채권을 발행하는 경우에는 그 기간의 제한이 없다.

교환사채의 발행 주권상장법인이 자기주식을 교환대상으로 하는 교환사채를 발행한 경우에는 당해 사채를 발행하는 때에 자기주식을 처분한 것으로 본다.

처분보고 주권상장법인이 교환사채의 발행을 완료한 때에는 그날로부터 5일 이내에 자기주식의 처분에 관한 결과보고서를 금융위원회에 제출하여야 한다.

CB와 BW, EB의 비교

<table>
<tr><th>구 분</th><th>전환사채</th><th>신주인수권부사채</th><th>교환사채</th></tr>
<tr><td>발행 가능법인</td><td colspan="2">모든 법인</td><td>상장법인</td></tr>
<tr><td>권리행사목적</td><td colspan="2">사채발행회사의 신주</td><td>상장증권</td></tr>
<tr><td>정관의 근거</td><td colspan="2">정관에 근거가 있어야 발행 가능하며, 주주 외의 자에게 발행하는 경우에는 정관에 발행 한도를 설정하여야 함</td><td>불필요</td></tr>
<tr><td>행사가액제한</td><td colspan="2">상장법인은 시가 이상
투기등급(BB+) 채권 및 유동화증권의 기초자산으로 발행하는 전환사채의 전환가액은 시가의 90% 이상 워크아웃기업 등 구조조정 대상기업에 대하여는 전환가액 제한 면제</td><td>불필요</td></tr>
<tr><td>행사기간제한</td><td colspan="2">발행일로부터 1월(사모는 1년) 이상 경과 후</td><td>자기주식을 교환대상으로 하는 교환사채의 경우
1. 장내매수, 공개매수로 취득한 주식은 6월 경과
2. 주식매수청구에 응하여 취득한 주식은 취득즉시 청구할 수 있으나 취득일로부터 3년 이내</td></tr>
<tr><td>대금납입방법</td><td>사채로 납입</td><td>현금 또는 사채</td><td>사채로 납입</td></tr>
<tr><td>권리의 분할</td><td>분할불가</td><td>분할 가능</td><td>분할 불가</td></tr>
<tr><td>등기 여부</td><td>등 기</td><td>등 기</td><td>불필요</td></tr>
</table>

교환사채인수 및 매출계약서

××주식회사(이하 "발행회사"라고 한다)는 ○○○증권주식회사(이하 "주간사회사"라고 한다), △△은행(이하 "공동간사회사"라고 한다), □□증권주식회사(이하 "인수회사"라고 한다)와의 사이에, "발행회사"가 20_년 __월 __일 발행하는 무보증 교환사채와 관련하여 아래와 같이 계약을 체결하다.

제 1 조(정의) 본 계약에서 사용하는 용어는 다음과 같은 뜻을 가진다.

1. "인수단"은 "주간사회사"와 "공동간사회사", "인수회사"를 말한다.
2. "본 사채"는 "발행회사"가 발행하는 만기 20_년 __월 __일, 권면이자율 __%, 권면총액 금______억원의 제___회 무보증 교환사채를 말한다.
3. "본사채 조건"은 "본사채" 및 기타 "본사채"의 발행과 관련된 모든 계약과 기타 자료에서 정하는 "발행회사", "사채권자" 및 "주간사회사"의 의무 및 권리를 말한다.
4. "신용평가기관"은 금융위원회가 신용평가전문기관으로 지정한 자를 말한다.
5. "인수규칙"은 자본시장법 제165조의 11에 의하여 금융투자협회에서 정한 '증권인수업무에 관한 규정'을 말한다.
6. "거래소"는 유가증권의 매매거래를 위하여 설립된 한국거래소를 말한다.
7. "금융협회"는 금융투자협회를 말한다.

제 2 조(인수 및 매출)

1. "발행회사"는 "인수단"에게 "본 사채"의 총액인수 및 매출을 위탁하며, "인수단"은 이를 수락한다.
2. "인수단"은 다음과 같이 "본 사채"를 인수한다. 각 "인수단"구성원의 인수 의무는 개별채무이다.

   주간사회사 : 사채의 권면총액 기준 금 _____억원

   공동간사회사 : 사채의 권면총액 기준 금 _____억원

   인수회사 : 사채의 권면총액 기준 금 _____억원

제3조 ("본 사채"의 발행조건)

1. 사채의 권면총액 : 금_______억원(₩_____________원)
2. 사채의 발행가액 : 각 사채권면금액의 100.00%
3. 사채발행가액의 총액 : 금_______억원(₩_____________원)
4. 각 사채의 권종 : 본 사채는 실물채권을 발행하지 않고 등록발행함을 원칙으로 하므로 채권의 권종 및 번호에 관한 사항은 구별기재하지 않는다.
5. 사채의 이율 : 사채 발행일 익일부터 20__년 ___월 ___일까지 연이율 __%로 한다. 단, 교환청구 기간 내에 교환권을 행사하지 아니한 사채권에 대한 만기보장수익률을 연복리 ___%로 한다.
6. 사채의 상환방법과 기한 : "본 사채"의 원금은 20__년 ___월 ___일에 원금의 __%에 해당하는 금액을 일시 상환한다. 단, 상환기일이 은행휴업일인 경우에는 그 다음 영업일로 하고 원금 상환기일 이후의 이자는 계산하지 아니한다.
7. 이자지급방법 및 기한 : 이자는 "본 사채" 발행일로부터 원금상환기일까지 계산하며 아래 이자지급기일에 연이율의 1/2씩 분할 후급한다. 단, 이자지급기일이 은행휴업일인 때에는 그 다음 영업일로 하고 이자 지급기일 이후의 이자는 계산하지 아니한다.

   20__년 ___월 ___일, 20__년 ___월 ___일, 20__년 ___월 ___일
   20__년 ___월 ___일, 20__년 ___월 ___일, 20__년 ___월 ___일
8. 연체이자 : 제6호 및 제7호의 기일에 원금 또는 이자를 지급하지 아니한 때에는 동 원리금에 대하여 연체이자를 지급한다. 이 경우 연체이자는 약정지급일부터 실제지급일까지의 경과기간에 대하여 서울특별시에 본점을 두고 있는 시중은행의 연체대출 최고이율을 적용하되, 동 연체이율 최고이율이 사채이자율을 하회하는 경우에는 사채이자율을 적용한다.
9. 원금상환 및 이자지급장소 : (주)_____은행 영업부 및 해당 지역 각 광역시와 도청 소재지 모점
10. 사채의 모집수탁회사 : _____증권(주)
11. "발행회사"의 기한의 이익상실 : "발행회사"는 다음 각 호의 경우 "본사채"에 관한 기한의 이익을 상실한다.

- "발행회사"가 "본 사채조건"을 위반하고, 사채모집위탁계약에 의한 수탁회사가 이의 시정을 요구하였으나 위반사항을 시정하지 아니할 때
- "발행회사"가 발행, 배서, 보증, 인수한 어음 또는 수표가 부도 처리되거나 기타의 이유로 은행거래가 정지된 때
- "발행회사"가 파산선고신청 또는 회사정리절차 개시신청을 하였을 때
- "발행회사"가 "본 사채"이외의 사채에 관하여 기한의 이익을 상실한 때
- 기타 사정으로 "발행회사"가 "본 사채 조건"상의 의무를 이행할 수 없다고 수탁회사가 판단하였을 때

제 4 조 (모집 및 매출 관계사항)

1. 공고기간 : 증권신고서 효력발생일 이후부터 청약개시일 전일까지
2. 청약방법
   - 소정의 청약서 2통에 필요한 사항을 기입하고 기명날인 또는 서명하여 청약증거금과 함께 청약 취급처에서 청약한다.
   - 청약자는 1인 1건에 한하여 청약할 수 있으며 "금융실명거래 및 비밀보장에 관한 법률"의 규정에 의한 실명자이어야 한다.
   - 모집 또는 매출총액의 10%는 일반(이하 개인 및 일반법인으로 한다.) 청약자에게 배정하고, 나머지 90%는 기관투자자에게 배정한다.
   - 청약당일의 영업개시시간 이후 평일 15시, 토요일 12시까지 접수된 것에 한하여 다음 각 호의 방법으로 우선 배정한다.

     가. 일반청약자

       1) 총 청약건수가 매출총액을 최저청약단위(1천만원)로 나눈 건수를 초과하는 경우에는 추첨에 의하여 최저청약단위(1천만원)를 청약자에게 배정한다.
       2) 총 청약건수가 매출 총액을 최저청약단위(1천만원)로 나눈 건수를 초과하지 않는 경우에는 청약자의 청약금액에 관계없이 최저 청약단위(1천만원)를 우선 배정하고, 최저청약 단위(1천만원)를 초과하는 청약분에 대하여는 그 초과 청약금액에 비례하여 최저 정약 단위(1천만원)로 안분 배정한다.

     나. 기관투자자 : 기관투자자의 청약을 집계하여 청약금액에 비례하여

안분 배정한다

- 상기 각 호의 배정분 중 청약 미달 잔여금액이 있는 경우 이를 초과 청약이 있는 다른 각호의 배정분에 합산하여 배정한다.
- 상기의 방법으로 배정후 잔액이 발생할 경우 그 잔액에 대하여는 선착순으로 배정할 수 있다.
- 무자격청약 등의 처리에 관한 사항
  ① 일반청약자는 이중청약이 있는 경우 그 전부를 청약으로 보지 아니한다.
  ② 무자격청약자 : 청약자는 "금융실명거래 및 비밀보장에 관한 법률"에 의거 실지 명의에 의해 청약하여야 한다.

3. 청약단위
   - 일반청약자의 경우 최저 5천만원 이상 최고 5억원 이하를 청약한도로 하여 최저청약단위를 1천만원으로 한다.
   - 기관투자자의 경우 최저 10억원 이상을 청약한도로 하여 최저청약단위를 5억원으로 한다.
4. 청약기간
   시작일 : 20__년 ___월 ___일
   종료일 : 20__년 ___월 ___일
5. 청약증거금
   모집 또는 매출가액의 100%로 한다.
6. 청약취급장소
   _____증권(주) 본 · 지점, ____증권(주) 본 · 지점
7. 납입장소
   - 서울지역 청약분 : ____은행 영업부
   - 지방지역 청약분 : ____은행 해당지역 각 광역시와 도청소재지 모점
8. 상신청예정일 : 20__년 ___월 ___일
9. 사채권교부예정일
   등록기관에 사채의 권리내용을 등록하고 사채권은 발행하지 않는다.
10. 등록청구 : 각 "인수단"은 총액인수한 채권에 대하여 납입기일에 등록청

구서와 인감표 2매(각 2매)를 작성하여 등록기관에 청구한다. 단, 총액 인수한 채권을 매매한 경우 해당 매매분에 대하여는 각 매수자로부터 이전등록청구서와 인감표 2매(각 2매)를 징구하여 등록기관에 청구하여야 한다.

제5조(교환에 관한 사항) "본사채"는 사채권자의 청구에 의하여 사채 권면 금액의 100%를 다음 각 호의 조건에 따라 ◎◎주식회사의 기명식 보통주식으로 교환할 수 있다.

1. 교환비율 : 각 사채권면액을 교환가액으로 나눈 주식수의 100%를 교환주식수로 하고 1주미만의 단수주에 해당하는 사채의 원리금은 "발행회사"가 당해 교환주식의 교부전일까지 한국예탁결제원에 입금하여 교환주식 교부 시에 교환 청구인에게 지급하며, 단수주대금의 해당기간 이자는 지급하지 아니한다. 단 사채권면금액 일부에 대한 교환은 청구할 수 없다.
2. 교환가격 : 본 사채 발행을 위한 이사회결의일 전일(20_년 __월 __일)로부터 소급하여 유가증권시장에서 성립된) ◎◎주식회사 보통주의 종가(기세제외)를 거래량으로 가중평균한 1개월 평균종가, 1주일 평균종가 및 최근일 종가를 산술평균한 가액을 기준으로 한 보통주 기준주가____원의 115%에 해당하는 가액을 백원 단위에서 반올림한 ____원을 교환가격으로 한다.
3. 교환가격의 조정
   - 교환청구를 하기 전에 당초의 시가를 하회하는 발행가액으로 유상증자를 하거나 기타 주식배당, 준비금의 자본전입을 함으로써 주식을 발행하는 경우에는 다음과 같이 교환가격을 조정한다.

$$\text{조정 후 교환가격} = \text{조정전교환가격} \times \frac{\text{주식수} + \text{신발행주식수} \times (\text{1주당발행가액}/\text{시가})}{(\text{기발행주식수} + \text{신발행주식수})}$$

   - 합병, 자본의 감소 및 주식분할 등에 의하여 교환가격의 조정이 필요한 경우에는 "주간사회사"와 협의에 의하여 교환가격을 조정한다.
   - 단, 위 산식에 의한 기발행주식수는 조정 후 교환가액의 적용일 직전월 말 현재의 주식수로하며, 조정 후 교환가액의 원단위 미만은 절사한다.
4. 교환대상 주식의 종류 : ◎◎주식회사 기명식 보통주식

5. 교환청구기간 : 사채발행일 이후 3개월이 경과한 날(20_년 __월 __일)로부터 상환기일 1개월 전일(20_년 __월 __일)까지로 한다. 다만 교환주식의 결산기말 또는 신주 배정기준일이 설정된 때에는 당해 기준일 이전 5영업일간은 교환청구를 접수하지 아니한다.
6. 교환청구장소 : 한국예탁결제원 본원 및 지원
7. 기타사항
   - 교환청구 효력 및 절차
     가. 교환사채 소지인이 한국예탁결제원에 교환 청구하는 것은 "발행회사"에게 교환청구하는 것과 동일한 효력을 갖는다.
     나. 교환청구의 효력발생시기는 소정의 교환청구서 2통에 필요한 사항을 기재한 후 서명날인하고 당해 교환사채권 및 미지급이표 전량을 첨부하여 관련 서류 일체를 한국예탁결제원의 교환업무 취급 장소에 제출한 때로 한다.
     다. 교환사채 소지인이 교환청구 할 때에 미지급이표 전량이 제출되지 않는 경우에는 미제출이표에 해당하는 사채이자금액을 예탁결제원이 교환청구인으로부터 징수하여 "발행회사"에게 환급한다.
   - 교환주권의 교부방법 : 교환주식은 교환청구일을 포함한 제4영업일 이내에 예탁결제원의 교환청구 접수 장소에서 교부한다.
   - 교환주식의 최초 배당금 및 이자 : 교환주식은 교환청구일 직전 이자지급일에 교환된 것으로 보아 배당의 효력을 가지며 교환청구일 직전 이자지급일 익일부터 교환주식 교부일까지의 이자는 소멸한다.
   - 교환가격조정 공시방법 : "발행회사"는 교환가격이 조정된 경우에는 "금융위원회", "한국거래소" 및 "주간사회사"에 통보하며, 공고는 정관에 따라 서울특별시에서 발행되는 일간 매일경제신문에 게재한다.

제 6 조 ("발행회사"의 보장) "발행회사"는 각 "인수단"에게 다음과 같은 내용을 보장한다.

1. "발행회사" 이사회는 20_년 __월 __일 적법한 절차에 따라 "본사채"의 발행을 승인하는 결의를 하였고, 그 이후 "본사채"의 발행조건의 변경, 발행취소 또는 발행과 관련하여 추가로 어떠한 내용의 결의를 하지 않았다.

2. "발행회사"가 "본사채"의 모집과 관련하여 "금융위"에 제출한 증권신고서에는 투자자들이 "본사채"투자에 대한 결정을 하는데 필요한 "발행회사" 및 "본사채"에 관한 중요한 사항이 모두 포함되었으며, 위 증권신고서에 기재된 내용 중 사실이 아니거나 판단을 그르치게 할 내용은 없다.
3. "발행회사"가 "인수단"에게 이미 공개한 내용 외에는 "발행회사"의 20××년 회계연도 이후 "발행회사"의 수익, 운영결과, 자금, 재무 등의 경영상태 및 예상과 관련하여 중대하면서 불리한 어떠한 변화도 발생하지 않았다.
4. "발행회사"의 이사회는 본 계약의 체결과 이행 및 "본사채'의 발행을 승인하였고, "발행회사"가 본 계약을 체결하고 이행하는 것이 "발행회사"의 정관과 "발행회사"가 일방 당사자인 다른 모든 계약 및 협약 등의 어느 조항과 상충되지 않으며, 본 계약서에 언급된 조항 외에 추가로 정부와 공공기관의 승인 또는 신고나 제3자의 동의가 필요하지 않다.
5. "발행회사"와 "주간사회사", "공동간사회사"는 "증권인수업무에 관한 규정"에서 금지하는 관계에 있지 아니한다.
6. "발행회사"는 2개 이상의 "신용평가기관"으로부터 "본사채"에 대한 평가를 받았다.
7. "한국거래소"에 관련 사채권 신규상장 신청서의 작성과 "본사채"의 발행만 제외하고는, "본사채"를 "한국거래소"에 신규상장하는데 필요한 관련 법령상의 요건은 모두 충족되어 있다.

제 7 조(선약)

1. "발행회사"는 "인수단"의 사전 동의 없이 증권신고서를 수정하거나 수정하기 위한 정정신고서를 "금융위"에 제출하지 않고, "본사채"납입금의 납입이 완료될 때까지 증권신고서의 수정을 필요로 하게하는 행위를 하지 않는다.
2. "발행회사"는 "본사채"의 발행이 완료된 후, 관련법령에서 요하는 '증권발행실적보고서'를 적시에 작성, 금융위에 제출하고 발행 후 2년간 공중의 열람에 공여하여야 한다.
3. "발행회사"는 "본사채"를 발행한 이후 2년 동안 금융위 또는 거래소에 제출하는 "발행회사"의 재무제표, 분기재무제표 및 반기 재무제표와 감사보

고서를 위 제출 후 3일 내에 "인수단"에게도 제출한다.

제 8 조(인수시기) 본 인수계약서에 의한 "인수단"의 인수의무는 사채금 납입기일 이전에 본 계약서상 "발행회사"가 사채납입기일까지 이행하여야 할 모든 의무를 이행하고, 선약조항을 위반하지 않은 것을 조건으로, 납입기일인 20__년 ___월 ___일에 발생된다.

제 9 조 (제서식의 작성 및 공고)

1. "발행회사"는 "주간사회사"에게 증권신고서가 수리된 날에 증권신고서사본 및 예비사업설명서를, 증권효력발생일에 사업설명서를 "주간사회사"가 요청하는 물량만큼 교부하여야 한다.
2. 청약안내의 공고는 "인수단"이 "발행회사"와 협의한 후 2 이상의 일간신문에 "발행회사"와 "인수단"의 연명으로 한다.

제 10 조(수수료)

1. "발행회사"는 "주간사회사"에게 인수수수료로 본 사채의 권면총액의 1,000분의 5에 해당하는 금______원을 청약자의 납입금을 납입은행에서 인출하기 전 납입기일 익일에 "인수단"을 대표한 "주간사회사"에게 현금으로 지급하여야 하며, 이를 위하여 "발행회사"는 납입은행에게 이와 같은 내용을 지시하여야 한다.
2. "주간사회사"는 위 수수료에서 제비용을 제외한 나머지 수수료를 "인수단"의 인수비율에 따라 배분한다.
3 위에서 제비용이라 함은 금융투자협회에 납부할 공모회비(총수수료의 15/1,000에 해당하는 금액), 본사채 청약에 필요한 제서식의 인쇄비, 청약안내공고에 따른 비용 및 "총액인수 및 매출계약서" 2부 중 1부의 인지세 등을 말한다.

제 11 조(비용) "본사채"의 인수 및 매출에 필요한 비용 중 위의 제10조의 제비용을 제외한 모든 비용은 "본사채"의 매출의 완료와 상관없이 "발행회사"가 부담한다. "주간사회사"는 "본사채"의 매출과 관련하여 발생하는 비용을 증빙서류를 첨부하여 "발행회사"에게 청구하고, "발행회사"는 청구된 비용을 즉시 "주간사회사"에게 지급한다.

제 12 조(원리금상환사무의 대행) "본사채"의 원리금 상환업무는 (주)△△은행 본

점 영업부 및 해당지역 각 광역시와 도청소재지 모점이 대행하며, 취급 장소 및 절차 등은 "발행회사"가 동 은행과 체결하는 계약에서 정한 바에 따른다.

제 13 조(인수 및 매출 일정의 변경) "발행회사"가 "본사채"의 인수 및 매출과 관련하여 "금융위"에 제출한 증권신고서에 대한 "금융위"의 수리지연관계로 "본사채"의 인수 및 매출에 관한 일정 등을 변경하고자 할 경우에는 "인수단"과 합의하여야 한다.

제 14 조(사채권의 발행여부) "본사채"에 대하여는 사채권발행 없이 한국예탁결제원에 등록발행 한다.

제 15 조(상장) "발행회사"는 "본사채"의 증권신고서 수리시점에서 한국거래소에 "본사채"에 관한 상장을 신청하여야 한다.

제 16 조(특약사항) "발행회사"는 "본사채"의 상환을 완료하기 이전에 아래의 사항이 발생하였을 경우에는 지체 없이 "인수단"에게 통보하여야 한다.

1. "발행회사"의 발행어음 및 수표의 부도 또는 은행거래가 정지된 때
2. 영업의 일부 또는 전부의 변경 또는 정지
3. 영업목적의 변경
4. 화재 등 "발행회사"에게 막대한 손해가 발생한 때
5. 다른 회사를 인수 또는 합병하거나 "발행회사"를 분할하고자 할 때
6. 자산재평가법에 의하여 자산재평가 착수보고서와 재평가신고를 한 때
7. "발행회사" 자본금의 20% 이상을 타법 인에 출자하는 내용의 이사회 결의 등 내부 결의가 있은 때
8. "발행회사"자본금의 20% 이상의 차입 또는 기채를 그 내용으로 하는 이사회결의 등 내부결의가 있은 때

제 17 조(사채금 사용명세서 제출)

1. "발행회사"는 "본사채"를 증권신고서의 자금사용 목적의 내용대로 사용하여야 한다.
2. "발행회사"는 "본사채"금을 사용한 뒤 즉시 동 사채금의 사용내역을 "주간사회사"에게 제출하여야 한다.

제 18 조(원리금지급의무) "본 사채"의 원리금지급의무에 대하여는 "발행회사"가 전적으로 책임을 진다.

제 19 조(책임부담)

1. "발행회사"는 "본사채"의 인수 및 매출에 따른 모든 업무와 관련하여 "인수단" 및 그의 임직원에게 발생한 모든 손해(변호사비용 포함)를 배상한다. 단, "발행회사"로부터 배상을 받을 자의 고의 또는 중과실로 인하여 발생한 손해에 대하여는 예외로 한다.
2. "발행회사"가 본 계약 또는 증권신고서 및 사업설명서 등에 기재한 사항을 이행하지 아니함으로써 발생된 문제에 대하여 "발행회사"가 전적으로 책임을 지며, 만약 위 문제로 인하여 "인수단"또는 "인수단"의 임직원이 제3자와의 사이에 손해배상청구를 당한 경우 "발행회사"는 자신의 책임으로 "인수단" 또는 "인수단"의 임직원을 면책시켜야 한다.
3. "금융위"의 처분 또는 그에 대한 불복신청이 있거나 소송이 제기된 경우의 판결의 확정으로 제1항, 제2항의 일부 또는 전부가 무효화되어 "발행회사"와 "인수단"이 공동으로 책임이 있다고 인정되는 경우, "발행회사"와 "인수단"은 "본사채" 권면총액과 "인수단"의 수수료액의 배율로 그 책임을 분담한다.

제 20 조(해지)

1. "주간사회사"는 다음 각 항의 경우 "발행회사"에게 통보함으로써 본 계약을 해지할 수 있다.
   - "발행회사"가 본 계약을 위반한 때
   - 본 계약을 체결한 후, "한국거래소"의 유가증권거래가 중단된 경우
   - "거래소", "발행회사"가 속하는 업종 또는 국내경제에 중요한 불리한 상황이 발생하거나 발생이 예상되어 본 계약에서 예정한 "본사채"의 발행이 바람직하지 않다고 "주간사회사"가 판단하는 경우
2. 위 항에 의하여 본 계약이 해지되는 경우, "주간사회사"는 해지 전까지 본 계약과 관련하여 지급하였거나 또는 발생한 모든 비용에 대하여 "발행회사"에게 청구서를 제시하고, "발행회사"는 청구서의 수신일 7일 이내에 위 청구액을 지급한다.
3. 본 계약의 각 보장조항, 선약조항 및 책임조항은 본 계약의 해지 이후에도 계속 유효하다.

제21조(통보 및 요청) 본 계약에 있어 모든 통보나 요청은 서면으로 한다. 그러한 통보나 요청은 아래 명시한 당사자의 주소 또는 당사자 일방이 별도로 지정하는 주소에 인편, 우편, 또는 FAX로 전달하여 당사자가 수령함으로써 정당하게 이루어진 것으로 본다. 모든 통지, 요청 및 기타 연락사항은 수령인이 수령 장소의 정상근무시간 동안 수령한 경우, 당일 도달된 것으로 간주한다. 이 이외의 경우에는 어떠한 통지, 요청, 또는 기타 연락사항이라도 수령 장소의 익일 영업일에 도달된 것으로 간주한다.

"발행회사"의 주소 : 서울특별시 ____구 ____동 ____번지 ______빌딩
"주간사회사"의 주소 : 서울특별시 ____구 ____동 ____번지
"공동간사회사" : 서울특별시 ____구 ____동 ____번지
"인수회사"의 주소 : 서울특별시 ____구 ____동 ____번지

제22조(자료제출) "발행회사"는 "본사채"의 원리금이 상환될 때까지 각 "인수단"의 요구가 있을 경우에는 언제든지 재무제표의 열람 또는 제출의 요구에 응하여야 한다.

제23조(평가결과공시 등)

1. "주간사회사"는 "금융투자협회"가 정한 사채발행적격기준표에 의하여 만기상환일까지 "발행회사"의 매사업년도 정기주주총회 종료 후 30일 이내에 정기평가를 실시하고 동 평점결과(산출근거포함) 및 의견을 증권시장지에 공시하여야 한다.
2. "발행회사"는 신용평가회사로 하여금 만기상환일까지 "발행회사"의 매 사업년도 정기주주총회 종료 30일 이내에 정기평가를 실시하고 동 평가등급(등급내용 포함) 및 의견을 증권시장지에 공시하도록 한다.
3. "주간사회사"는 신용평가회사의 정기평가결과를 제출받아 증권시장지에 공시할 수 있다.

제24조(관할법원) 본 계약에 관한 소송(조정신청포함)은 "주간사회사"의 본점 소재지를 관할하는 법원을 그 관할로 한다.

제25조(계약의 해석원칙) 본 계약에 규정하지 아니한 사항 또는 본 계약의 해석에 관하여 당사자 간에 이의가 발생한 경우에는 상법의 규정 및 상관례에 의한다.

위와 같이 계약을 체결하고 본 계약체결의 증거로서 계약서 2통을 작성하여 "발행회사"와 "주간사회사", "공동간사회사", "인수회사"가 각 기명날인하여, "발행회사"와 "주간사회사"가 1통씩 보관하고 "공동간사회사"와 "인수회사"는 사본을 각 1통씩 보관한다.

20__년 ___월 ___일

"발행회사" : ×× 주식회사
대표이사 ㊞

"주간사회사" : ○○증권 주식회사
대표이사 ㊞

"공동간사회사" : △△ 은 행
총 재 ㊞

"인수회사" : □□증권 주식회사
대표이사 ㊞

05 A&D 전략

일반적으로 기업의 성장 전략은 경영자원의 활용방법에 따라 내적 성장과 외적 성장으로 구분해 볼 수 있다. 내적 성장은 기업이 이미 보유하고 있는 경영자원의 활용을 통해 제품혁신, 업무혁신, 제조설비증설 등을 통하여 기존 조직문화 및 기업 정신을 유지하면서 추진되는 성장전략이고, 이에 반해 외적 성장은 기업 외부의 경영자원, 즉 다른 기업의 경영자원을 이용하여 급속한 성장을 추진코자 하는 전략이다.

조직 · 시설 등 기업자원이 취약한 기업에는 외적 성장전략의 신속성과 효율성이 부각되어 전략적 A&D가 기업결합전략으로 활발히 전개되는 추세이다. 결합기업간 기능적 통합을 통한 시너지효과를 창출, 규모의 경제, 과도한 경쟁 배제에 따른 비용 절감, 신규 사업부문에 대한 진출, 사업 다각화를 통한 경영권 프리미엄 확대 등 결합기업 간의 다양한 전략적 목표 아래 기업결합이 추진되고 있다. 이러한 기업결합 전략은 기업으로 하여금 첫째, 수익기반을 강화시키고 둘째, 미래가치를 향상시킬 수 있다. 그리고 또한 기업결합을 통해 신규시장 진입에 따른 리스크를 회피하고 규모의 경제를 통해 시장선점을 통한 경쟁 우위를 장악할 수가 있다.

주권상장법인이 비공개법인을 인수하여 합병이나 자회사 등의 형태를 통해 상장법인의 기업구조조정과 기업가치 극대화를 하고자 할 경우를 인수 후 개발 인 A&D(Acquisition & Development)라고 한다. A&D는 기업인수 후 개발 형식의 기업 인수전략으로서 성장성과 수익성에 한계를 가진 기업을 인수한 후 이들 기업을 변화시켜 새로운 사업에 진출하는 것을 말한다. 이와 같은 인수 · 개발방식은 기업의 기술 · 인력 등 핵심역량을 강화하기 위한 점에서 단순히 기업의 덩치만 키우는 M&A 방식과는 다르다.

우리나라의 경우, 코스닥 상장기업들은 확실한 수익모델의 창출을 위해 인수 · 개발 형태의 구조조정을 통해 기업체질을 강화시키고 있다. 대기업의 인수 · 개발은 독자적인 상품판매 등에 한계가 뚜렷한 소규모 벤처기업이 대기업에 흡수되어 기술의 적용범위를 넓히고 운영자금을 확보한다. 이러한 기업의 인수 · 개발은 기술개발(R&D)과 인수 · 합병(M&A)의 중간 형태로써 기술개발 비용을 줄일 수 있다는 장점으로 대기업이나 중소 벤처기업들의 보편적인 합병방식으로 자리 잡고 있다.

1 A&D의 목적

A&D는 주권상장법인이 자산가치와 현금보유 능력은 있으나 수익가치가 낮거나 성장성 있는 사업이 부족할 경우 성장성 있는 비상장법인을 인수하여 합병한 후 기업가치를 극대화할 수 있으며 주식가치가 상승하는 효과를 거둘 수 있다. 이러한 A&D 전략은 관련 업종을 인수하여 수직적 또는 수평적 계열화를 통하여 기업의 시너지효과를 창출함과 동시에 새로운 사업으로의 사업다각화를 통해 기업구조조

정의 가속화를 유도함으로써 주주의 소유 및 지배구조를 개선하는 효과를 얻을 수가 있다. 뿐만 아니라 자본잠식의 해소, 유통주식의 거래량 부족현상의 해소, 수익사업의 합병으로 인한 수익구조의 개선에도 기여하게 되며 상장폐지 기준의 탈피 기능도 있다.

2 A&D의 형태 및 일반절차

A&D의 형태 A&D의 일반적인 형태는 대체적으로 다음과 같이 분류할 수 있다.

- 주권상장법인이 주권비상장법인 인수 후 개발
- 주권상장법인이 다른 주권상장법인 인수 후 개발
- 주권비상장법인이 다른 주권비상장법인 인수 후 개발
- 주권비상장법인이 다른 주권상장법인 인수 후 개발

A&D의 일반절차 A&D의 일반절차는 다음과 같다.

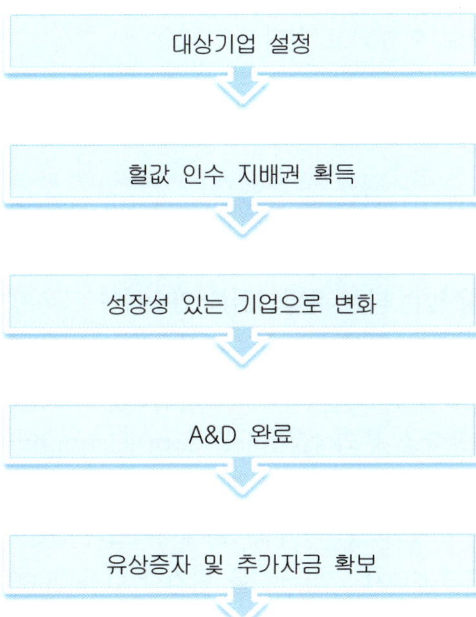

통상 M&A가 공장설비의 확보나 시장지배력의 강화를 위하여 부실기업이나 완성된 회사를 주로 인수·합병하는 것과는 달리 미국의 캘리포니아의 실리콘밸리에 있는 Cisco System은 시장을 리더하기 위하여 독자적으로 연구 개발하는 것보다 우수인력과 핵심기술을 가지고 있는 신생(start-up)기업을 인수하여 독립적으로 운영하는 방법으로 사업의 영역을 확장하였다. 이후에 이러한 기업의 인수방식이 인수 후 개발(A&D)방식이라고 불리고 있다. 그러나 한국에서는 주로 사양업종 또는 저성장형 코스닥상장법인을 성장가능성이 있는 장외기업과 결합하여 기업가치를 높이는 M&A 방식으로 이해되고 있다.

3 A&D 현황

한국에서의 A&D는 투하자본을 조속히 회수하여 투자이익을 실현하기 위하여 부도상태에 처하거나 혹은 성장이 정지된 주권상장법인을 인수하여 지배권을 확보한 다음 장외의 성장성 있는 다른 유망기업을 인수하여 그 사업내용을 새롭게 개발하여 회사의 주식가치를 향상시키는 측면을 중심으로 이를 이해하는 경향이 있다. 자력으로 단시간 내에 상장하기 어려운 회사가 간접적으로 상장되는 효과를 얻게 되는 측면에서 이러한 방식을 우회상장(Back door Listing)이라고 부르기도 한다.

2000. 3. 외국계 투자회사인 리타워스트래티직스가 송풍기 제조업체인 파워테크를 인수하여 리타워테크놀로지스로 상호를 변경한 다음 2000. 11.까지 비즈니스솔루션과 소프트웨어와 관련된 12개의 기업을 제3자 배정방식의 유상증자를 통하여 인수하였는데, 이것을 우리나라에서의 A&D에 의한 기업인수방식의 대표적인 사례로

보는 경향이 있다. 이 외에도 비슷한 시기에 몇 개의 기업들이 A&D를 표방하면서 유사한 방식으로 성장성과 수익성에 한계를 가진 기업들을 인수한 뒤 이들 기업을 변환시킨 뒤 이를 기반으로 새로운 비즈니스 모델을 구축하려는 시도를 하였다.

우회상장에 대한 규제 우회상장은 비상장기업이 주권상장법인의 주식을 인수하여 그 상장기업을 합병함으로써 실질적으로 상장되는 효과를 얻는 것을 말한다. 이 방식은 재무구조 등이 비교적 탄탄한 유가증권시장 상장법인보다는 주로 코스닥시장 상장법인을 대상으로 하여 행하여지는 경우가 많다. 우회상장을 하는 이유는 코스닥시장에 상장되는 경우 각종의 세제상의 혜택, 시장을 통한 손쉬운 자금의 조달, 기업성과의 제고 등의 이점이 있기 때문이다.

06 기타의 전략

1 P&A 전략

P&A(Purchase of assets and Assumption of liabilities)는 자산매각의 특수형태로서 자산 · 부채인수의 인수방식이라고 말하며, 이는 자산과 부채를 인수 매각하되 매도기업의 일부 자산과 부채를 분리하여 인수 매각하는 것을 말한다. P&A는 미국에서 주로 이용되고 있는 파산(부실)은행의 처리방법 중의 하나로서 건전한 은행이 부실은행의 자산을 취득하고 예금 등 부채를 인수하는 것이다.

즉, 공개입찰을 통해 선정된 인수은행이 부실은행의 모든 예금채무 및 일부의 비예금 채무를 인수하고 자산의 전부, 또는 일부(우량자산/대출금 · 점포 등)를 취득한다. 이러한 과정을 통해 인수은행은 부실은행의 청산업무를 사실상 수행하게 된다. 부실은행은 은행업 인가가 취소되면 해산하여 청산 소멸하게 되고, 부실은행의 근로관계는 특별한 사정이 없는 한 종료된다.

부실금융기관을 정리하는 여러 가지 방식 중의 하나로서 부실금융기관의 부실채권을 제외한 자산과 부채를 다른 금융기관에 인수시키는 방식으로 P&A가 사용되었다. 계약이전이라는 말을 쓰는 것은 금융기관의 속성상 자산과 부채의 대부분이 계약상의 권리 의무이기 때문이다. 즉 부실금융기관이 가진 자산과 부채의 기반이 되는 다수의 계약상 권리 의무를 인수기관에게 넘긴다는 의미에서 자산 부채 계약이전이라는 용어를 쓰는 것이다.

일반적으로 금융기관이 부실해져서 자력으로 건전성 회복을 하지 못할 경우에는 금융당국이 나서게 되며 이때 사용되는 부실금융기관의 정상화 방식은 구제금융(bailout) · 구제합병(assisted mergers) · 자산부채이전(P&A), 국유화 후 민영화 · 청산 등 크게 다섯 가지로 나눌 수 있다.

구제금융 구제금융은 금융기관의 영업과 소유권은 그대로 유지하면서 모든 손실을 정부가 부담하여 회생시키는 방안으로 우리나라에서는 잘 쓰이지 않는다. 주주가 손실을 부담하지 않는다는 면에서 시장원리에 배치되기 때문이다.

구제합병 구제합병은 인수의사가 있는 다른 금융기관이 부실금융기관을 인수합병할 유인을 갖도록 정부가 최종대부자로서 충분한 자금을 지원한다는 측면에서 구제금융과 구별된다. P&A는 구제합병과 마찬가지로 부실금융기관의 원활한 인수에 초점을 맞춘 것이지만 부채 및 일부 자산만을 인수하는 것이 구제합병과 다르다. 부실금융기관이 보유한 기존자산의 추가부실이나 기타 우발채무의 발생가능성에 대비해 안전한 자산만을 선별해서 이전하는 방식이다. 금융기관의 부채는 대부분 예금이며 P&A되는 부실금융기관의 예금자는 예금전액을 인수금융기관에서 찾을 수 있다.

국유화 후 민영화 국유화 후 민영화란 정부가 증자에 참여해 소유권을 확보한 뒤 이를 국내외 원매자에게 매각하는 것으로 제일은행 매각이 이에 해당한다. 대한생명 · 한빛은행 등은 이와 같은 방식의 부실 금융기관의 정상화전략으로 보아야 한다.

청산 청산은 부실기관의 자산을 처분하여 이를 채권자(예금자 포함)들이 채권액에 따라 배분하고 문을 닫는 방식이다. 예금자들은 예금보험에서 보장하는 한도를 초과하는 원리금에 대한 배분을 요구할 수 있다.

2 위임장 대결

일반적으로 소액주주는 기업의 경영의사결정에 큰 관심을 갖고 있지 않다. 그러나 기업의 대주주는 자신의 의사를 주주총회에서 관철시키고자 하는 유인을 갖게 되는데 이를 위해서는 일정량 이상의 투표권을 획득해야 한다.

따라서 대주주는 소액주주가 보유하고 있는 투표권에 대해 프리미엄을 지불하고 투표권을 위임받아 주주총회에서의 자신의 발언권을 확보하고자 하는데, 이러한 대주주 간의 경쟁을 위임장 대결이라고 한다.

적대적 M&A 추진자는 주주총회에서 영향력을 행사할 수 있는 최소한의 지분만을 확보한 후 주요 주주 및 일반 소액주주들을 설득하여 주주총회 의결권 행사에 대한 위임을 받아 주주총회에서 자신의 의결권과 위임받은 의결권을 이용하여 의안결정을 통제할 수 있게 된다.

위임장 대결 절차

위임장 대결은 일반적으로 다음의 세 단계의 절차에 의하여 이루어지고 있다.

제1단계/위임장 경쟁의 시작 기업의 경영권에 대한 위임장 경쟁은 주주총회에서 일정지분을 소유하고 있는 매수자가 경영진 교체를 결정하거나, 현 경영진에 반대하는 주주 측이 특별총회 개최를 요구하여 경영진의 교체를 정식으로 요청함으로써 시작될 수 있다. 또한, 경영진이 기업을 매각하거나 특정한 방어 전략을 수립하는 안건을 위해 위임장 경쟁이 시작되기도 한다.

제2단계/권유과정 주주총회에 앞서 반대주주 측은 다른 주주 측들을 설득하여 현 경영진 측 후보를 반대하고 매수에 대해 찬성하거나 특정한 방어 전략에 반대하도록 한다. 이를 위해 필요한 다른 주주들과의 접촉은 반대 주주 측이 고용한 위임장 권유자에 의해 행해진다. 현 경영진은 위임장 경쟁이 시작되면 위임장 권유회사(proxy firm)를 고용할 수 있다. 이들 위임장 권유회사들은 다양한 경로로 파악한 주주명부를 토대로 그들 고객의 주장이 합리적인 것임을 주주들에게 설득시키려고 노력한다.

제3단계/투표과정 위임장 경쟁에서 대상기업과 매수 측은 종종 그들 자신의 위임 요청인을 투표 개표과정에 참여시켜 투표가 공정하게 이루어졌음을 확인한다. 위임 요청인은 소송을 제기할 수 있는 모든 의심스러운 위임행위에 대해 감시를 한다.

위임장 쟁취에 의한 적대적 기업매수

적대적 M&A를 위한 위임장 쟁취란 인수회사가 자신이 제시한 인수제안을 거부하는 대상회사의 임원·이사 등의 현 경영진을 퇴임시키고 인수제안에 동의하는 자들로 대체시키기 위하여 대상회사의 주주들을 설득하여 의결권 대리행사의 위임장을 받아 주주총회에서 대결하는 것을 말한다.

이러한 위임장 쟁취 또는 경쟁을 위해서는 경영진과 외부의 반대파 주주 간에 이사선임이나 M&A 거래에 관하여 의결권을 가진 주주들로부터 서로 위임장을 얻기 위하여 신문광고나 전화 등을 이용하기도 한다. 주주는 회사의 소유주로서 주주총회에 참석하여 회사의 임원·이사 등에게 위임장을 받아 적대적 M&A가 행하여지는 과정에서 회사의 경영진을 선출하고 정관변경·주식의 배당과 같은 중요안건이 상정되면 표결로써 확정한다.

일반적으로 이사선임을 위한 주주총회에 관하여는 반대파 주주들이 적극적이고 M&A에 관하여는 경영진이 적대적인 M&A에 대한 방어책으로써 위임장 경쟁에 적극적으로 대응한다.

그러나 주주수가 많고 지분의 분산 정도가 큰 회사의 경우에는 주주들의 주주총수의 주주총회 참석비율이 낮으며 투표권을 다른 주주 또는 제3자에게 위임하여 의사표시를 하는 경우가 많다. 현 경영진의 경영방침에 대한 불만을 갖고 있는 불만주주는 그들의 불만사유를 주주들에게 호소하여 뜻을 같이하는 불만주주집단을 구성하게 된다. 이 불만집단은 다른 주주들에게 불만사유를 설명하고 주주총회에서 의결권을 행사할 수 있는 위임장(Proxy)을 받아내는데 이것이 위임장 권유이다.

이렇게 주주들을 규합하여 그들의 의견을 무시할 수 없는 다수의 의견으로 만들어 특정안건을 심의·표결에 붙여줄 것을 경영진에 요구할 수 있다. 위임장대결은 미국의 경우 오래 전부터 주주총회에서 이사지명권을 확보하는 수단으로 많이 사용되어 왔다.

특히, 1980년대 들어서 M&A 거래가 늘어남에 따라 경영권 장악을 위한 수단으로 활용되고 있다. 우리 상법도 제368조제3항에서 의결권의 대리행사를 강행법적으로 보장하고 있는데, 주식의 대중 분산화와 자본시장의 개방화가 정착됨에 따라 이 제도의 이용이 점차 증가할 것으로 보인다. 위임장 대결을 통하여 경영권을 장악하든지,

M&A 안건을 승인받는 방법은 성공만 한다면 공개매수와 같은 대규모 자본력의 동원수단과는 달리 경제적인 방법일 것이다. 그러나 회사의 정보·주주와의 친밀도에

있어서 현 경영진이 월등히 유리한 입장에 있으므로 소수의 불만주주집단으로서는 어려운 싸움을 하게 될 가능성이 있다.

의결권대리행사 권유절차

의결권대리행사 권유는 기업지배권 경쟁과정에서 이용될 수 있으므로 법적인 절차를 지키지 않은 경우 새로운 분쟁이 발생될 소지가 있을 수 있음으로 그 절차를 구체적으로 설명해 보기로 한다.

위임장용지 / 참고 서류의 사전제출 의결권대리행사를 권유하고자 하는 자는 위임장 용지와 참고서류를 피권유자에게 송부 · 비치하기 2일 전까지 의결권대리행사의 권유를 위한 참고서류 및 위임장용지의 사본을 금융위원회 전자공시시스템에 전자문서로 작성하여 제출하여야 하며, 2일이라는 기간 계산 시 5% 보고의 경우와 달리 공휴일 등을 포함하여 계산하여야 한다. 예컨대, 월요일에 참고서류 및 위임장용지를 송부하고자 하는 경우 그 전주 금요일까지 사본을 제출하여야 한다.

위임장용지 등의 기재내용 의결권 대리행사를 위한 위임장용지는 주주총회의 목적사항 각각에 대하여 피권유자가 찬 · 부를 명기할 수 있어야 한다. 통상 위임장용지에는 위임관계를 명확히 하기 위하여 권유자 또는 대리인에게 의결권행사를 위임한다는 취지의 내용 · 위임대상 주주총회 일시 및 장소 · 소유주식현황 및 위임대상주식 · 주총안건 · 찬 · 반 표시가 없는 경우의 의결권행사방법 등을 기재한다. 또한, 참고서류에는 회사의 영업개황에 관한 자료와 주주총회의 목적사항별로 그 세부내용이 기재되어야 하며, 위임장용지와 참고서류는 허위의 사실을 기재하거나 중요한 사항을 누락하여서는 아니 된다.

위임장용지 / 참고서류의 송부 / 비치 권유자는 권유와 동시 또는 그 이전에 위임장용지 · 참고서류를 피권유자에게 송부하고 다음의 장소에 비치 · 공시하여야 한다.

- 주권상장법인, 코스닥상장법인의 본 · 지점
- 명의개서 대행회사
- 금융위원회
- 한국거래소

금융위원회와 한국거래소에 대한 공시는 전자공시시스템을 통하여 공시하고 위임장용지·참고 서류의 공시기간은 위임장용지, 참고 서류의 사본을 위의 장소에 비치한 날로부터 당해 주주총회 종료일까지 이를 공시하여야 한다.

3 그린메일(Green Mail)

기업사냥꾼(Greenmailer)들이 상장기업의 주식을 대량 매입한 뒤 경영진을 위협·적대적인 인수·합병(M&A)을 포기하는 대가로 자신들이 확보한 주식을 시가보다 훨씬 높은 값에 되사들이도록 강요하는 행위로서 등치기·공갈 등을 뜻하는 'blackmail'과 미국달러 지폐 색깔인 '녹색(green)'의 합성어로 경영권을 위협하는 수준까지 특정 회사의 주식을 대량으로 매집해 놓고 기존 대주주에게 M&A를 포기하는 조건으로 일정한 프리미엄을 얹어 주식을 매입하도록 요구하는 행위를 말한다. 이것이 받아들여지지 않는 경우 실질적으로 적대적 M&A를 시도하거나 인수 의사가 있는 기업에 지분을 넘기기도 한다.

그린메일은 실질적으로 경영권 탈취를 목적으로 삼기보다는 M&A 위협을 통해 주식의 시세차익을 노리는 것이 보통이므로, 위협을 받은 기업은 자사 주식을 시가보다 비싼 가격으로 매입하여 경영권을 방어할 수 있으나 자금 부담이 매우 크고 일반 주주와의 형평성 문제가 발생할 수 있다. 그린메일이 성사되어 매수 대상기업이 매수 기업이나 투자가로부터 고가로 주식을 매입하고 나면 양자 간에는 일정 기간 동안 다시 적대적 M&A를 시도하지 않겠다는 약정을 맺을 수 있는데 이를 불가침협정(standstill agreement)라고 한다.

이러한 방법은 회사의 경영권 자체에는 실제 관심이 없고 단기 재무적 차익을 노린 기업사냥꾼(raiders)들이 주로 사용하는 방법으로 해당 기업의 주가가 주식시장에서 기업가치에 비해 지나치게 낮은 경우 해당 주식매집을 거쳐 M&A를 통해 경영권을 탈취하겠다는 위협을 구사함으로써 자신들이 매입한 주식을 고가에 되파는 수법을 사용한다. 자신들이 매입한 주식을 장내가 아닌 장외매각방식으로 현 경영진 개인이 매입하거나 또는 회사자금에 의한 자사주 매입 형태로 재매입을 요구한다는 점에서, 또 현재 시장에서 형성된 주가와 무관하게 기존 경영진으로부터 경영권 탈취 포기에 대한 프리미엄을 요구한다는 점에서 일종의 협박으로 볼 수 있다.

이는 주로 기존 경영진이 주식시장에서 자사의 주가 관리를 등한시하여 기업가치에 비해 주가가 크게 저평가되었을 경우 나타날 수 있는 현상으로서 단기 금전적 차익만을 노린 불완전한 M&A의 한 형태라 볼 수 있다.

4 백기사(white knight) · 흑기사(Black Knight)

인수대상기업이 적대적 인수세력으로부터 벗어나기 위해 우호적인 제3세력의 자본을 앞세워 경영권을 보호하는 것으로 이 우호적인 제3세력을 백기사(white knight)라 한다.

백기사 전략은 사실상 방어전략 보다는 경영진이 주주에 대한 의무를 다하기 위해 주주의 이익을 극대화할 목적으로 제3자에게 매각하는 방식이다.

백기사는 기업사냥꾼(Raiders)들로부터 적대적인 공격을 받고 있는 기업의 경영권을 지키는 역할을 한다. 방어 계책이 의미가 없고 방어자금의 조달이 더 이상 불가능한 상태에서 그 기업의 대주주와 경영진의 의사에 따라 우호적으로 경영권을 방어하는 제3자를 지칭한다. 이와는 약간 상이하지만 방어하는 측에 필요한 지분 확보를 도와줌으로써 경영권을 지키게 하는 백영주(White Squire)도 있다.

적대적인 M&A가 진행 중인 기업의 대주주와 경영진의 의사나 공격하는 측의 의사와 관계없이 독자적으로 기업의 경영권을 획득하려는 제3의 인수자를 가리켜 흑기사(Black Knight)라 한다. 이 경우 적대적인 인수자들보다 흑기사 측의 인수금액이 높아진다.

또한, 기업 내용이 양호할 경우 인수를 시도하려는 회사가 여럿 나타나게 된다. 좋은 대상기업을 찾아내 인수공격을 하더라도 다른 기업에서 더 높은 가격과 조건을 제시하면서 달려드는 경우를 지칭하기도 한다.

5 황금알(Crown Jewel) 매각

대상회사의 가치있는 자산이나 사업부분(Crown Jewel)을 우호적인 제3자에게 매각하거나 이를 인수할 권리인 Crown Jewel Option을 부여하는 것은 실질적으로 전부의 자산을 양도하는 것이 아니므로 주주총회의 승인을 받을 필요가 없고, 다른 기업인수자의 입장에서는 이러한 대상회사는 기업인수의 대상으로 선호하지 않기 때문에 사후적 방어책으로 활용한다.

즉, 매수기업이 매수대상기업의 황금알(crown jewel)을 노리고 적대적 M&A를 통해 대상기업을 매수하려고 시도하는 때 대상기업은 매수기업이 노리는 자산이나 사업부 또는 자회사를 매각하는 방법으로 매수기업의 매수의욕을 꺾을 수 있을 것이다.

여기서 황금알이라고 하는 것은 단지 공장이나 투자가치가 높은 부동산뿐만 아니라 영업권, 특허기술권 등 무형의 자산도 포함될 수 있다.

6 MBO(Management Buy Out)

MBO는 기업이 적자사업이나 한계기업을 매각할 경우 회사 내에 근무하고 있는 경영진이 중심이 되어 회사 또는 사업부를 인수하는 것을 말한다. 즉, 기업 및 사업 인수가 외부의 제3자에 의해서 이뤄지는 것이 아니라 회사 내부의 현직 임직원에 의해 이뤄지는 것이다.

이는 기업의 입장에서는 구조조정 · 고용안정 · 경영능력 극대화를 기할 수 있다. 대기업은 한계기업을 매각하여 수익성과 기업가치를 높일 수 있고, 적자기업은 책임경영을 기할 수 있으며 해당 부서의 임직원은 실업의 공포에서 벗어날 수 있다.

경영자 매수는 영국의 경우에는 국영기업의 효율성과 종업원의 고용 안정, 미국의 경우에는 불황 극복과 구조조정 방안으로 활용되었다. 기업경영을 담당한 현 경영진이 경영의 안정 및 독립을 목적으로 자사를 매수하는 것인데, 외부로부터의 기업매수 공세에 대해 효과적인 방어책이 될 수 있다.

MBO는 경영진이 주축이 되어 매각사업부 또는 계열회사를 인수하는 것을 의미한다. 주로 자금조달은 투자은행이나 벤처캐피탈을 통해서 이루어지며, 인수경영자 자신도 최대한의 투자를 통하여 경영권을 획득하게 된다. 이때 투자은행이나 벤처캐피탈의 경우에는 부채 형태로 투자를 하게 되고 경영자는 지분참여의 형태를 취하는 것이 일반적이다.

원래 MBO는 서구의 은행이나 투자회사가 부실기업의 정상화 과정에서 주로 사용하는 방법이었다. 은행이나 투자회사의 입장에서는 도산이 예상되는 기업에 대한 기업의 대출금을 결손 처리하는 것보다 경영정상화 기간 동안 상환을 유예하여 주고 향후 원리금을 상환받거나 대출금을 출자전환하여 향후 투자수익을 도모하는 방법의 일환으로 해당기업 내에서 기업가 정신이 있고, 경영 능력이 뛰어난 자를 발굴하여 그에게 자금을 제공함으로써 기업재건을 도모하고자 하는 것이다.

또한 회사의 주가가 저평가되어 있고 조금만 경영혁신을 하게 되면 현재보다 주가가 상승할 가능성이 높은 경우 해당 기업의 사정에 대해 누구보다 더 잘 알고 있으며 경영상황을 개선시킬 아이디어가 많은 경영진들에 의해 경영자 인수가 일어나는 경우도 자주 접할 수가 있다.

7 EBO(Employee Buy Out)

EBO는 제3자에 의한 기업 인수와는 달리 그 인수방식 면에서는 MBO와 동일하나 인수 주체가 경영자가 아닌 종업원이라는 점에서 차이가 있다.

MBO는 기존 경영진이 신설회사의 주요 주주이면서 동시에 경영진으로 참여하는 방식인 반면, EBO는 종업원들이 공동 출자로 회사를 인수하는 방식이다.

EBO는 기업부실이나 대주주의 잦은 교체로 기업 안정성에 문제가 발생할 경우 종업원이 단결하여 해당기업의 주식을 인수 또는 사업부문을 영업 양수하여 독립하는 것을 의미한다.

우리나라에서는 퇴직금이나 저축한 자금 등이 주된 인수자금이지만 서구에서는 종업원이 금융기관으로부터 인수에 필요한 자금을 대출받고 인수 대상기업이 이러한 채무에 대한 상환을 보증하는 방식으로 이루어지고 있다.

동시에 종업원이 인수한 주식 전량을 대출 금융기관에 담보로 제공되는 경우가 일반적이며, 이러한 대출금의 상환은 개별 종업원의 급여에서 일부를 공제하는 방식으로 이루어진다.

대체로 EBO에 참여한 종업원은 개별적인 주주권을 행사하지 않으며, 전체의 이익을 대변하는 기구를 수탁하는 기관을 지정하여 주권을 관리하고 주주총회에서 대표권을 행사하게 하고 있다. 재벌 그룹들이 MBO와 EBO를 통해 비주력업종이나 사업부문을 축소, 정리하는 방법으로 분사를 많이 시도하고 있다.

8 황금낙하산(Golden Parachute)

황금낙하산이란 경영진들이 회사에 밀려날 경우 막대한 보상을 받도록 정관 등에 명기하는 것을 말한다. 적대적 M&A 성사 시 임원 퇴직금으로 회사에서 막대한 자금이 유출되도록 함으로써 공격자의 경영권 확보 의지를 누그러뜨리는 기능을 한다. 정관 개정을 통해 적대적 M&A를 방어하는 대표적인 전략의 하나로 임원을 해임할 때 거액의 퇴직금 지급, 저가에 의한 주식 매입권 부여, 잔여임기 동안의 상여금 지급 등을 명시해 기업의 인수비용을 높이는 것을 말한다.

통상 황금낙하산 조항은 정관 변경을 필요로 하기 때문에 주총 특별결의를 거쳐야 한다. 특별결의란 상법 제434조에 따른 출석주주 의결권 가운데 3분의 2 이상, 발행주식 총수 중 3분의 1 이상 찬성으로 통과되는 것을 말한다.

이 방법은 기존 경영진의 동의 없는 경영권 탈취를 저지하는 데 효과적으로 사용될 수 있으나, 적대적 M&A의 위험이 없는 평상시에도 임원을 해임하기가 어렵게 되어 무능한 경영진에게 과도한 혜택을 부여하는 비효율성을 초래할 수도 있다. 한편, 경영자가 아닌 일반 직원에게도 일시에 많은 퇴직금을 지급하도록 규정하여 매수 기업의 매수 의욕을 떨어뜨리는 경우도 있는데, 이는 황금낙하산과 구별해 주석낙하산(tin parachute)이라 한다.

9 Spin-Off

Spin-Off는 신설회사로서 자회사를 설립하고 신설 자회사의 주식을 모회사 기존 주주의 지분율에 비례하여 주식을 배분함으로써 모회사의 기존 주주가 새로운 법인의 주식을 소유하는 형태를 의미한다. 따라서 스핀오프는 주식의 매수 등을 통해 두 개의 기업이 하나로 통합되는 M&A와는 상당히 다른 개념이다.

기업이 기업의 경쟁력 강화를 위해 일부 사업부문을 떼어내 자회사로 독립시키는 것을 말한다. 기업이 스핀오프를 하는 기본적인 이유는 사업부문을 핵심사업과 기타사업 등 여러 개의 자회사로 독립시켜 경영의 독립성과 효율성을 기하고 주주들의 만족을 높이려는 데 있다.

한편으로는 기업들이 스핀오프를 통해 군살을 빼려는 의도도 있다. 이 같은 몸집 줄이기는 고용을 그대로 유지하면서 경영 효율성을 높이고 재무구조를 개선하는 일석이조의 효과가 있어 불황 때 기업들이 선택하는 전략 중의 하나다.

최초에 A사업부와 B사업부라는 2개의 사업부를 가진 대기업의 경우 어떤 사업이 전망이 있다고 판단하여 이 회사의 B사업부를 스핀 오프시키려고 한다. 이때 B사업부가 분리되면서 독립적인 회사 S가 될 때 당초의 회사의 기존 주주들은 원래 소유지분비율대로 S사의 주식을 보유하게 된다. 결국, 스핀오프를 통하여 대기업은 B사업부를 자회사 S로 만들게 됨으로써 대기업과 S기업으로 나뉘게 된다. 이때 원래의 대기업을 모회사 또는 지주회사(Holding company)라고 하고 분리된 B사업부인 S회사를 자회사라고 한다. 이 과정이 바로 스핀-오프가 일어나는 과정이다.

10 Cross Investment

재벌들이 계열기업에 대한 지배력을 높이기 위해 동원하는 변칙적인 출자방법의 하나로써 계열기업이 여러 개 있을 경우 A계열사가 B계열사에, B계열사가 C계열사로, 다시 C계열사가 A계열사에 출자하는 것을 가리키며 상호출자 금지 규정을 피하기 위해서다.

이외에도 출자방법 등에 따라 훨씬 복잡한 순환출자 형태가 만들어질 수 있다. 이런 순환출자는 계열사 확장 등에 이용되고 있다. 따라서 연결고리에 있는 한 기업이 망하면 다른 기업도 연쇄적으로 부도가 나게 되어 있다.

그러나 기업행위 중 하나인 출자를 전면적으로 금지하기 전에는 순환출자의 어느 고리에서 규제할지가 기술적으로 힘들기 때문에 규제가 어려운 실정이다.

11 블랙엔젤(Black Angel)

자금 사정이 어려운 벤처기업에 투자를 미끼로 접근해 경영권 · 기술정보 · 물품 등을 빼앗아 가는 사람 또는 기업을 의미하는 것으로써 재무구조가 취약해 금융대출이나 기관투자를 유치하기 힘든 벤처기업에 천사처럼 나타나 필요한 자금지원과 경영에 관한 자문 등을 수행하다가 갑자기 얼굴을 바꾸어 창업자를 밀어내고 경영권 · 기술정보 · 물품 등을 빼앗아 가는 사람이나 기업을 말한다.

기업을 성장시켜 그 열매를 함께 나누는 정통적 의미의 벤처투자가 아니라 짧은 시간에 자본이득을 취하려는 이들의 유형은 다음과 같다.

- 기업성장에는 관심이 없고 투기행동으로 개인의 이익만을 좇는 무리
- 투자자를 가장하여 벤처기업에 접근한 후 회사 내부의 사업계획서를 빼내는 산업 스파이형
- 수출을 내세워 제품을 탈취해 달아나거나 투자금을 근거로 회사 경영권을 가로채는 경우 등 다양하다.

정부의 벤처육성책에 의해 벤처기업의 증가가 가속화됨에 따라 블랙엔젤의 횡포가 더욱 성행하게 되자 정부는 중소기업부에 신고센터를 설치하여 활동사례를 신고 받아 사실을 확인한 후 불법행위에 대하여 형사고발조치 등 강력하게 대응하고 있다.

Chapter 07

적대적 M&A

01 적대적 M&A

1 적대적 M&A의 개념

적대적 기업인수(hostile M&A, defended M&A)란 인수기업이 대상기업을 인수하려고 할 때 대상기업의 대주주나 경영진이 동의하지 않거나 반대하는 가운데 대상기업의 경영지배권을 취득하는 것으로서, 전략상으로도 많은 호전성을 보이고 실제로 인수하는 절차에서도 강압적인 방법이 사용되는 거래이다.

적대적 기업인수란 용어는 미국의 "hostile M&A"에서 유래됐으며, 국내에선 시부호적 기업인수 혹은 강제적 기업인수라고도 한다. 1980년대 미국의 M&A 붐의 뚜렷한 특징 중의 하나로 바로 적대적 M&A가 활발히 진행되었다는 점이다.

이 경우 인수기업 측에서 인수대상이 되는 양호한 기업을 발견하여 인수의사를 전달하고자 할 때 대상기업이 협상을 거절할 것이라고 판단되면 아예 처음부터 대상기업의 경영진과 협상을 시도하지 않고 다른 인수방법에 의한 전략을 구상할 필요가 있다. 그리고 경영진 측에서는 인수기업의 기업인수를 저지 지연시키기 위한 다양한 방어수단을 강구할 필요가 있다.

적대적 M&A의 목적

적대적 M&A는 1차적인 목적이 경영권 획득이거나, 주가차익을 노리는 것으로 대별할 수 있다. 경영권 획득을 위한 적대적 M&A의 경우 다시 적대적 M&A 성공 후 계속 경영을 위한 경우와 해산 또는 청산을 통한 이익 획득으로 나눌 수 있다. 주가차익을 노리는 경우는 적대적 M&A를 가장하여 증시에서 특정 기업의 주식을 대거 매집한 다음 이를 비싼 값에 되사도록 경영진에게 협박함으로써 매매차익을 챙기거나, 시장에 다시 되파는 수법으로 매매차익을 챙기는 것을 말한다.

적대적 M&A의 경제적 효과

기업의 우호적 M&A와 적대적 M&A에 대한 논의의 주요 쟁점은 기업의 인수합병 활동이 기업의 효율성을 향상시키고 주주의 부를 증가시키는지의 여부에 관한 것이다.

적대적 M&A의 긍정적 측면을 부각시키는 대표적인 것으로는 효율성 이론이 있는데, 이는 적대적 M&A가 비효율적 경영진을 교체시키는 등 소유구조 및 지배구조에 변화를 일으켜 자원의 효율적 배분을 가능케 하여 피인수기업의 새로운 가치를 창출시키는 등 기업의 효율성을 증가시킨다는 것이다.

이에 반하여 적대적 M&A에 대한 부정적 이론으로는 경영진들이 기업규모 확장을 통하여 자신들의 사회적 지위의 향상이나 보수의 증대를 꾀하려는 대리인적 행동에 의해 추진되고 있다는 것이다.

차별적 효율성(differential efficiency) 차별적 효율성이란 기업 경영자들 간에는 경영능력의 차이가 존재한다는 것으로 만약 기업 A의 경영진이 기업 B의 경영진보다 더 효율적이라고 가정하고 기업 A가 기업 B를 합병한 이후에 기업 B의 효율성이 기업 A 수준까지 증가하였다면 합병에 의해서 효율성이 증가되었다는 것이다.

다만, 차별적 효율성은 높은 효율성을 지닌 기업뿐만 아니라 평균 이하의 효율성을 갖거나 또는 잠재적 역량을 완전히 발휘하지 못하는 기업들이 존재한다고 가정하고 있다. 따라서 유사한 종류의 사업을 수행하고 있는 기업들이 잠재적 인수기업이 될 가능성이 크다는 것을 암시한다.

결국, 차별적 효율성 이론을 확대 해석할 경우 전체 경제에서 가장 높은 경영효율성을 갖고 있는 기업이 존재하고 궁극에는 이 기업만이 존재하게 되리라는 것이다. 그러나 차별적 효율성은 인수기업이 피인수기업과의 합병 효과를 지나치게 낙관적으로 판단하고 있어서 피인수기업에 너무 많은 대가를 지급하거나 혹은 인수가치에 반영된 만큼의 성과를 얻는 데 실패할 수도 있다는 것을 간과하고 있다는 주장이 있다.

영업시너지(operating synergy) 영업시너지는 기업 간 수평적 합병 · 수직적 합병 및 복합적 합병 등 어떠한 형태의 합병에서도 발생할 수 있는 영업상의 경제 상승효과를 일컬으며, 영업시너지는 일반적으로 규모의 경제와 범위의 경제를 통해서 이루어진다.

영업시너지는 낮은 산출량 수준에서는 이루어지기 어려우며 일정규모 이상의 산출량 범위에서만 가능하다. 즉 회사의 영업규모가 커짐에 따라 단위당 비용의 감소로 인한 규모의 경제가 실현될 수 있기 때문이다. 영업시너지효과는 수평적 합병과 수직적 합병으로 나누어 볼 수 있다.

첫째, 수평적 합병이란 동일한 형태의 사업 분야에서 기업합병이 이루어지는 것이기 때문에 규모의 경제를 달성하게 되어 영업시너지를 쉽게 일으키게 된다. 또한, 수평적 합병은 당해 시장에서의 점유율을 높이고 시장지배력을 증가시킬 수 있다. 시장지배력이 얼마나 증가하느냐는 합병된 회사의 크기와 당해 시장에서의 경쟁 정도에 따라 다를 수 있다. 그러나 수평적 합병을 이룬 회사의 시장점유율이 커질수록 당해 시장은 독과점 형태가 되어 사회적 비용을 발생하게 된다. 따라서 정부는 관련 시장의 경쟁을 제한하고 사회적 비용을 초래할 수 있을 정도의 수평적 합병에 대해서는 반독점규제에 의해 제한을 가하는 것이다.

둘째, 수직적 합병은 생산 공정상 전후 관계에 있는 기업들, 예를 들어 원료공급자와 제조업자 간에 이루어지는 합병 형태이다. 수직적 통합은 생산 공정 간에 효율적 협조가 가능케 하고 특히 거래비용을 감소시킴으로써 효율성을 향상시킬 수 있다. 다만, 기술이 빠른 속도로 발전하는 분야에서의 수직적 통합은 기술향상에 걸림돌이 될 수도 있다. 왜냐하면, 수직으로 통합된 기업의 경우 현존하는 공급원과 시스템에 안주하는 경향이 있어서 상대적으로 기술변화에 둔해질 가능성이 높기 때문이다.

재무시너지(financial synergy) 기업은 합병을 통하여 기업 자체에 분산투자를 하게 되며 이러한 분산투자는 자금조달에 있어서 자본비용을 감소시키거나 자금조달상 이익을 가질 수 있는데 이러한 효과를 재무시너지라 한다.

합병으로 인한 재무적 편익이 기업 내부 및 외부에서 나타나는 형태로 구분해보면 첫째, 기업 내부의 경우 합병기업은 자금을 한계투자수익률이 낮은 사업부문에서 높은 사업부문으로 배분시킴으로써 보다 효율적인 내부자본시장의 이점을 얻을 수 있다. 둘째로 기업외부의 경우, 합병으로 인하여 기업의 채무부담능력 또는 차입능력이 증가하게 되며, 또한 자본시장을 통한 자금조달에 있어서는 거래비용 및 발행비용을 감소시키는 재무적 편익을 발생시킬 수 있다.

경영다각화(diversification) 기업이 다른 기업을 인수·합병하고자 하는 중요한 동기 중의 하나가 경영다각화이다. 기업이 장기 경영전략을 수립하는 데 중요한 것은 기업이 처해 있는 환경을 평가하고 분석하는 것인데, 이때의 분석대상은 현재와 미래의 경쟁기업, 당해기업이 속해 있는 산업, 그리고 정치·경제적 요인들이다.

이러한 분석을 통하여 기업목표 달성을 위한 여러 전략을 세우게 되는데, 기업이 당장은 이익을 내고 있을지라도 장래에도 당해 사업 분야에서 지속적으로 수익을 낼 수 있을지는 불투명하기 때문에 경영다각화를 시도하려는 것이다.

즉 기업이 경영다각화를 하고자 하는 이유는 단순히 외형을 확대하려는 것 이외에 변화하는 경영환경에 전략적으로 적응하고 또한 현재의 사업 분야보다 수익성이 높은 분야로 진출하기 위한 것이다.

2 적대적 M&A의 절차

통상적으로 적대적 M&A는 다음과 같은 절차를 따르게 된다.

M&A 사전단계

- 상황분석 및 진출방향의 결정
- 진출수단의 결정

M&A 본단계

- 인수팀의 구성
- 대상기업 윤곽확정
- 해당기업 정밀조사
- 인수전략
- 인수실행
- M&A 사후발전과제 이행과정을 거치게 된다.

M&A 단계별 구체적 절차를 살펴보면 먼저 상황 분석 및 진출 방향의 결정은 미래 환경 분석을 통해 진출해야 할 분야를 정하고, 구성원의 의지 분석을 통해 진출하고 싶은 분야를 정하며, 현재의 여건 분석을 통해 진출할 수 있는 분야를 정한다. 이러한 공통부문이 핵심적인 진출방향이 된다.

진출수단의 결정은 Green Field 방식을 통해 Joint Venture, Licencing, Franchising, Alliance 등을 통해 Acquisions 중에서 가장 좋은 방식을 택하게 된다.

인수팀의 구성은 우선 구성방식에서 내부·외부(Agent) 내부와 외부를 합한 Task Force Team으로 나눌 수 있으며, 이때 조심해야 할 것은 통상의 의사결정 라인보다 별도의 의사결정 Line이 필요하며 Team 구성단계부터 가능한 비밀유지가 유지되는 것이 좋다.

한편, 인수팀에는 여러 분야의 전문가가 필요하게 되는데 총체적 추진 계획 및 세부실행을 지휘할 M&A 전문가를 비롯하여 법률전문가, 회계 및 세무 전문가 · 해당 산업 전문가 · 정보수집 및 유통전문가 등이 필요하다.

대상기업 윤곽 확정에서 유의할 점은 최고경영책임자(CEO)가 초기부터 참여하여 의사결정 과정에서 번복이 없어야 할 것이며, 가능한 복수의 기업을 선정하여 정밀조사 결과에 따른 부적격에 대비하여야 할 것이다.

다음으로 해당 기업 정밀조사에 들어가게 되는데 이때의 핵심 분석사항은 수익성분석과 용이성분석이다. 수익성분석은 그 기업이 본질가치를 파악하는 것으로 이것은 객관적 판단이 중요하며 결국은 경영권 프리미엄을 얼마나 인정할 것이냐가 가장 중요한 문제가 된다.

해당 기업의 정밀조사를 위해 수집해야 할 당해회사 주요자료 및 정보는 다음과 같다.

- 결산보고서
- 감사보고서
- 회사정관
- 회사등기부등본
- 회사의 주요내력
- 회사의 인사 관계 자료
- 주주명부 및 소유현황
- 주주총회의사록과 참석주주 현황
- 해당 회사의 주요 소수주주 현황과 소유경영자와의 관계
- 소유주와 경영주에 대한 여론
- 노동조합과 경영진과의 관계
- 근로자의 근무상태
- 소유경영자와 회사와의 거래사실
- 증시에 떠도는 루머
- 동업종에 대한 산업분석자료 및 평균 수치에 관한 사항
- 외부회계사와 변호사에 관한 사항
- 주거래은행에 관한 사항
- 계열사 관련 정보
- 해당 회사의 관련법규 및 세무조항 등이 있다.

인수 전략의 경우 우호적 M&A인 경우 협상전략이, 적대적 M&A인 경우 공격 및 방어 전략이 사용되게 된다. 다음으로, 실제 인수실행에 들어가게 되는데 이때의 핵심적인 전략은 주총전략과 경영권인수 전략이 된다. 마지막으로 M&A 사후 발전 과제를 이행하게 되는 데 인수효과를 정밀하게 분석해 보고 연계발전 전략을 마련하고 시행하게 된다.

3 적대적 M&A와 대상기업

적대적 M&A는 인수기업이 인수대상기업 경영진의 동의 없이 공개매수 · 주식매집 · 위임장 경쟁 등을 통하여 경영권을 인수하는 것을 말하며 M&A가 활성화되면 부실기업이 정리되고 우량기업 중심으로 기업의 구도가 재편되게 된다.

경영전략상 매력이 있는 기업이나 주가가 저평가되어 매수의 채산성이 좋은 기업 그리고 주식을 용이하게 매집할 수 있는 기업이 그 대상이 된다. 일반적으로 다음과 같은 요건을 갖고 있는 기업이 적대적 M&A의 대상이 된다.

자산을 많이 보유하고 있으나 저평가된 기업

경영이 부실해 자본수익성이 낮은 모든 상장기업이 M&A의 대상이 될 수 있으며 또한 그 특질은 기업의 규모가 아니라 투자수익률의 문제이다. 현실적으로 보았을 때 M&A의 대상기업은 특정기업이 자신의 본질가치를 주가에 반영하지 못하는 기업, 즉 주가가 저평가된 기업이 될 것이다. 이와 같은 저평가된 기업을 인수했을 때 높은 투자수익률을 올릴 수 있으므로 적대적 인수합병을 시도하게 된다.

주가수익률이 낮은 기업

두 개의 기업이 동일한 업종에 속하면서 재무구조가 비슷하다면 기업의 위험성과 수익성이 유사하다면 기업의 가치도 비슷하기 때문에 주가수익률(Price Earnings Ratio)이 비슷하게 나타나야 하지만 현실적으로 유사한 기업이라도 PER의 수치가 각양각색으로 나타난다.

일반적으로 업종별로 대체적인 평균 PER의 수준이 정해지며 그보다 낮은 기업은 상대적으로 투자가치가 높으므로 M&A의 대상이 된다.

[Tip] 주가수익률(PER/price earning ratio)

PER은 특정 주식의 주당시가를 주당이익으로 나눈 수치이다. 주가가 1주당 수익의 몇 배가 되는가를 나타낸다. 어떤 기업의 주식가격이 6만6000원이라 하고 1주당 수익이 1만2000원이라면 PER는 5.5가 된다. 여기에서 PER이 높다는 것은 주당이익에 비해 주식가격이 높다는 것을 의미하고 PER이 낮다는 것은 주당이익에 비해 주식가격이 낮다는 것을 의미한다. 그러므로 PER이 낮은 주식은 앞으로 주식가격이 상승할 가능성이 크다.

현금흐름이 풍부하면서 저평가된 기업

현금흐름이 풍부하면서 저평가된 기업은 주요 M&A의 대상이 되는데 차입매수 시에 인수기업은 인수한 후에 차입금의 이자와 원금을 상환하는데, 주로 대상기업에서 창출되는 현금흐름이나 불필요한 자산을 매각해 그 자금을 상환한다. 그리고 차입금 원금을 전액상환하고 나면 그야말로 인수자의 투자가치만 남게 되므로 이를 통해 자본차익을 얻게 된다. 이처럼 자산가치가 우량한 기업과 함께 현금흐름에 비해서 저평가되어 있는 기업은 매력적인 적대적 M&A의 대상이 된다.

내부유보율이 매우 높은 기업

내부 유보율이 높은 기업은 내부 원천자금도 풍부하고 부채비율이 매우 낮은 경우가 대부분이다. 그런데 내부유보율이 높은 기업이 풍부한 내부자금으로 현재의 자기자본 비용만큼 수익성을 내지 못하면 시장에서 주가가 저평가되기 때문에 이 또한 좋은 차입매수 대상이 된다.

지분분산이 우량한 기업

특정 주주가 매우 높은 지분을 보유하고 있지 않은 기업은 투자의 경제성에 문제가 없다면 좋은 M&A 대상이 된다.

대주주 간 내분 가능성이 있는 기업

지분경쟁 가능성이 있는 기업은 기업인수의 대상이 될 수 있다.

성장업종에 속하는 기업

최근 M&A 대상으로 가장 주목받고 있는 업종은 첨단기술 관련 업종으로서 이들 업종은 기업이 더욱 성장 발전하기 위해서는 필수적으로 진출해야 하는 업종으로 간주되고 있다. 그러나 이들 업종은 제품 수명주기가 짧음으로 해서 계속적인 신제품을 개발해야 하는 부담이 있으나 신규진출로는 힘들고 또한 시장 독점력이 높아서 초기의 시장선점이 중요하기 때문에 해당 시장이 포화되기 전에 신속히 진출하려 하므로 M&A의 가능성이 높다.

진입장벽이 있는 업종의 기업

정부의 보호 아래 진입제한이 있는 업종에 진출하려는 것은 국내 M&A의 대표적인 동기로 들 수 있다.

가치있는 무형자산을 보유한 기업

오랜 기업 운영으로 상표가치(브랜드 로열티), 유통망에 대한 가치 등의 무형자산이 축적되어 있는 기업은 충분한 가치가 있는 기업이다.

잠재주권을 많이 발행한 기업

지배주주가 보유하고 있지 않은 다양한 종류의 잠재증권을 발행한 기업은 자본희석화의 가능성이 높기 때문에 적대적 M&A의 공격대상이 된다.

양호한 자회사를 많이 보유한 지주회사

국내 상장기업의 소유구조는 주식의 교차 소유로 수직적인 모자회사 관계를 형성하고 있는데 이런 형태에서 모회사를 인수한 후 자회사를 매각해 자본차익을 실현시킬 수 있다.

02 적대적 M&A 공격전략

1 주식매집전략

주식매집(stock accumulation)전략은 시장을 통해 은밀히 주식을 매집하여 결국에 가서는 경영권을 장악하는 방법이다. 이를 위해서 사용되는 세부전략은 주식시장 내에서의 매집과 장외시장에서의 매집으로 구분된다.

장외시장에서의 매집은 차익거래를 하고자 하는 투자자로부터 웃돈을 주고 사는 방법을 의미하는데, 여기에는 법적인 제약이 따를 수 있다. 이러한 주식매집전략은 적대적 M&A를 시도하려는 기업으로서는 가장 먼저 생각해 볼 수 있는 전략이지만 성공가능성을 꼭 장담할 수 있는 것만은 아니기도 하다. 그 이유는 주식가격의 상승이나 루머와 같은 변수로 인하여 기존 대주주가 알아차리지 못하게 필요한 주식을 매집하는 것이 쉽지 않기 때문이다. 그러나 일정한 지분을 넘는 지분이 확보되었을 때에는 가장 확실한 공격전략이 될 수도 있다.

Tip 주식의 대량보유의 기준

「자본시장과 금융투자업에 관한 법률」 제147조는 주식의 5% 이상이라고 규정하고 있다. 또한 주식의 대량보유 후 그 변동사항의 기준에 관하여 보유주식비율이 1% 이상인 경우에 보고하여야 한다고 규정하고 있다. 주식의 대량소유 보고 시 주식의 5% 이상 보유하게 된 경우에는 보유상황 및 보유목적 등을 금융위원회와 거래소에 보고하도록 규정하고 있다.

이 방법을 사용할 경우 가장 중요한 것은 대주주가 눈치를 채지 못하도록 얼마나 은밀하게 주식을 매집하여 지분율을 높이는가 하는 것이다. 저가로 주식을 사들이기 위해서는 특히 대상기업의 주식을 사들이고 있다는 것을 철저히 비밀로 하는 것이 중요하다.

이때 통상적으로 시도되는 것은 주변의 우호적인 투자자 또는 기업들과의 사전협의와 이에 따른 공동분산 매수전략이 필요하다. 그 이유는 어느 한 투자자 또는 기업이 계속해서 매집하는 경우에는 전략이 쉽게 노출되기 때문에 가능한 많은 협조적 투자자를 통해 일정한 수준에 이르도록 해야 하기 때문이다.

시장매집은 공개매수에 비해 상대적으로 장기간에 걸쳐 이루어진다. 그리고 매집을 통하여 인수기업은 여러 가지 다른 전략을 구사하게 된다.

2 공개매수

공개매수의 개념

공개매수(take over bid)전략은 불특정 다수인을 상대로 유가증권을 시장 밖으로 매수청약을 하거나 매도청약을 권유하여 유가증권을 매수하는 것이다. 공개매수는 우호적인 인수협상이 가능하지 않은 경우에 사용된다. 공개매수에는 등록비용 · 공시비용 등을 지불하여야 하므로 우호적인 인수협상의 경우보다 비용이 더 많이 든다.

또한, 다른 기업이 대상기업에 대한 인수에 참여하여 경쟁구도가 이루어지는 경쟁적 공개매수의 경우에는 매수과정이 경매과정이 되어 비용을 추가적으로 상승시키고 대상기업의 주주들은 더 많은 프리미엄을 받게 된다.

공개매수의 분류

주식공개매수를 통해 기업을 매수하려고 할 때에는 우선적으로 매수하고자 하는 대상기업 주식의 수량과 매수가격 및 대금의 지급방법을 결정하여야 한다. 이때 먼저 전량인수를 할 것인지 아니면 부분인수를 할 것인지를 결정하여야 한다.

전량인수는 일정한 매수가격을 제시하고 언제까지 매수할 것인지를 정한 다음 정해진 매수 마감일까지 응모한 주식의 전량을 인수하는 방법이다. 이 방법은 차입인수(LBO)와 같은 방법으로 인수하여 탈 상장(going private)시킬 경우 흔히 사용되며 방어하기에 가장 어려운 방법이다.

부분인수는 대상기업의 경영권을 지배할 수 있는 정도만 주식을 매수하는 방법이다. 이 방법은 매수 마감일에 그 이상의 주식이 응모하였을 경우 응모한 주식에 비례해서 매수하는 것이다.

현금매수는 현금을 지급하고 주식을 양도받는 것이며, 주식교환은 매수대금을 매수회사의 주식이나 다른 주식으로 지급하는 방법이다. 주식교환은 인수회사의 지급부담을 덜어준다는 장점을 가지고 있기도 하다.

2단계 가격제시법은 주로 합병할 경우에 많이 사용되는 방법이다. 1단계에서 높은 가격의 현금매수를 해주고 이에 응하지 않은 주주들에게 2단계에서 합병하고자 하는 기업의 주식을 불리한 조건으로 교환해 주는 방법이다.

즉, 공개매수의 가격을 차등화하여 1단계 매수에 응하는 주주에게 높은 가격에 매수해 줌으로써 주주들에게 매도 압박을 가하는 것이다. 이와 같은 방법은 M&A를 조기에 성공시키려는 수단으로 이용된다.

3 위임장 대결

대량의 주식취득 및 공개매수는 대규모 자금을 동원하여 많은 주식을 매수함으로써 기업 지배권을 확보하는 방법이다. 그러나 적은 량의 주식을 소유하면서도 지배권을 확보할 수 있는 방법이 바로 위임장 대결(proxy fight)전략이다. 이는 주주총회에서 의결권위임장을 다수 확보함으로써 기업의 지배권을 확보하는 방법이다. 의결권위임장(proxy)은 의결권의 대리행사를 위해서 주주총회에 제출하는 대리권 증명 서면을 말한다. 의결권위임장은 원래 주주의 불참으로 인해서 당할 수도 있는 불이익을 줄이기 위해서 만든 제도이다.

위임장 대결은 대체로 대주주 지분율이 낮거나 지분 분산이 잘 된 기업 또는 지분분쟁이 있는 기업에서 많이 발생한다. 특히 경영자가 무능하여 경쟁에서 뒤지고 실적이 악화되므로 인해 주가가 낮은 기업이 주 공격대상이 될 수 있다. 또한, 경영자가 부도덕한 기업도 위임장 대결의 주요 공격대상이 될 수 있다.

이 외에도 기업의 자산을 비효율적으로 활용하는 기업, 경영자가 기업의 자산을 유용하는 기업, 경영자의 개인회사에 기업의 자금을 대여 또는 지급보증하거나 거래관계를 통해 개인의 사욕을 챙기는 기업도 위임장 대결의 공격대상이 될 수 있다.

결국 경쟁력 강화에 소홀하면서 경영자가 비효율적, 속단적인 경영을 하고 있는 기업이나 대주주 지분이 매우 낮아 지분분쟁의 소지가 있는 경우에 발생한다고 볼 수 있다.

공격자가 막대한 자금을 동원해 주식을 매수해 자기의 의결권을 행사하는 시장매집과 공개매수와 달리 기타 주주의 의결권 행사를 위임받아 공격자에 유리한 의결권을 행사한다는 점에서 차이가 있다. 이 방식은 선진국에서 공개매수와 더불어 많이 사용되고 있지만, 국내에서는 한화종금 경영권 분쟁, 골드뱅크 사태, LG텔레콤 등 일부의 경우에서만 사용됐다.

4 주식매도청구권

주식매도청구권이란 공개매수자가 대상회사의 주식의 일정비율(대개 90~95%)을 취득하는 상황에 있어서 공개매수자가 공개매수에 응하지 않은 소수주주에 대하여 일정한 가격으로 자기에게 주식을 매도할 것을 청구할 수 있는 권리이다.

[Tip] 지배주주의 주식매도청구권

1. 상법 제360조의24는 회사의 발행주식총수의 100분의 95 이상을 자기의 계산으로 보유하고 있는 주주는 회사의 경영상 목적을 달성하기 위하여 필요한 경우에는 회사의 다른 주주에게 그 보유하는 주식의 매도를 청구할 수 있다.
2. 제1항의 보유주식의 수를 산정할 때에는 모회사와 자회사가 보유한 주식을 합산한다. 이 경우 회사가 아닌 주주가 발행주식총수의 100분의 50을 초과하는 주식을 가진 회사가 보유하는 주식도 그 주주가 보유하는 주식과 합산한다.
3. 제1항의 매도청구를 할 때에는 미리 주주총회의 승인을 받아야 한다.
4. 제3항의 주주총회의 소집을 통지할 때에는 다음 각 호에 관한 사항을 적어야 하고, 매도를 청구하는 지배주주는 주주총회에서 그 내용을 설명하여야 한다.
5. 지배주주는 매도청구의 날 1개월 전까지 다음 각 호의 사실을 공고하고, 주주명부에 적힌 주주와 질권자에게 따로 그 통지를 하여야 한다.
6 제1항의 매도청구를 받은 소수주주는 매도청구를 받은 날부터 2개월 내에 지배주주에게 그 주식을 매도하여야 한다.
7. 제6항의 경우 그 매매가액은 매도청구를 받은 소수주주와 매도를 청구한 지배주주 간의 협의로 결정한다.
8. 제1항의 매도청구를 받은 날부터 30일 내에 제7항의 매매가액에 대한 협의가 이루어지지 아니한 경우에는 매도청구를 받은 소수주주 또는 매도청구를 한 지배주주는 법원에 매매가액의 결정을 청구할 수 있다.
9. 법원이 제8항에 따라 주식의 매매가액을 결정하는 경우에는 회사의 재산상태와 그 밖의 사정을 고려하여 공정한 가액으로 산정하여야 한다.

이러한 주식매도청구권은 공개매수자가 대상회사의 주식을 일정비율이상 취득하고자 하는 경우에 공개매수의 방법이 강제되는 의무공개매수제도와 연관되어 주로 유럽형 M&A법제에서 인정되는 제도이며, 판례법에 의하여 일정한 요건 하에 잔여주주에 대한 현금지급합병이 가능한 미국형 M&A법제에서도 인정되고 있다.

공개매수자에게 이러한 권한을 부여한 것은 다수파 주주에 대한 소수파주주의 억압을 방지하기 위한 것이고, 완전한 지배권을 확보하였다고 볼 수 있는 관계에서 잔여 소수주주의 사원관계로부터의 탈퇴를 허용하기 위한 것이다

5 주식매수청구권

주식매수청구권이란 공개매수자가 대상회사의 주식의 일정비율(대개 90~95%)을 취득하여 공개매수자에게 소수주주에 대하여 주식매도청구권이 인정되는 상황에서 소수주주가 공개매수자에 대하여 자기의 주식을 매수할 것을 청구할 수 있는 권리이다.

이러한 주식매수청구권은 공개매수자의 소수주주에 대한 주식매도청구권에 대응하는 개념으로서 소수주주의 보호방안의 하나라고 할 수 있다.

Tip 소수주주의 주식매수청구권

1. 상법 제360조의25는 지배주주가 있는 회사의 소수주주는 언제든지 지배주주에게 그 보유주식의 매수를 청구할 수 있다.
2. 제1항의 매수청구를 받은 지배주주는 매수를 청구한 날을 기준으로 2개월 내에 매수를 청구한 주주로부터 그 주식을 매수하여야 한다.
3. 제2항의 경우 그 매매가액은 매수를 청구한 주주와 매수청구를 받은 지배주주 간의 협의로 결정한다.
4. 제2항의 매수청구를 받은 날부터 30일 내에 제3항의 매매가액에 대한 협의가 이루어지지 아니한 경우에는 매수청구를 받은 지배주주 또는 매수청구를 한 소수주주는 법원에 대하여 매매가액의 결정을 청구할 수 있다.
5. 법원이 제4항에 따라 주식의 매매가액을 결정하는 경우에는 회사의 재산상태와 그 밖의 사정을 고려하여 공정한 가액으로 산정하여야 한다.

소수주주에게 이러한 권한을 부여한 것은 회사의 지배권이 변경된 경우에 그대로 그 회사의 주주로 잔류한다는 것은 주주들에게 불공평할 수 있으며, 소수주주들이 자신들의 주식을 매도할 기회를 부여받지 못한다는 점은 주주 및 시장에 유리한 점으로 작용하지 못할 수 있다는 점을 고려하였다고 볼 수 있다.

6 기타의 전략

그린메일(Green Mail)/기업사냥꾼(Raiders)

특정기업의 일정지분을 장내에서 사들인 뒤 경영권을 쥔 대주주를 협박하거나 장외에서 비싼 값에 되파는 수법으로써 이런 사람을 그린메일러(green mailer)라고 하며 기업 경영권 확보가 목적이 아닌 재무적 이득을 취함이 주목적이나 경우에 따라서는 경영권을 탈취할 수도 있다.

지분감추기(Parking)

우호적인 제3자를 통해 지분을 확보하게 한 뒤 주주총회에서 우세한 의결권을 기습적으로 행사하여 경영권을 탈취하는 전략이다.

곰의 포옹(Bear Hug)

공개매수를 선언하고 인수기업이 인수대상기업 경영자에게 방어행위를 중지하도록 권유하는 기법으로서 최고경영자 간에 이루어진다.

턴 어라운드(Turn Around)

내재가치는 충분한데 경영자의 경영능력이 부족해 주가가 떨어진 기업을 인수, 경영을 호전시킨 다음 고가에 되파는 전략이다.

차입매수(LBO)

금융기관 등으로부터 돈을 빌려 인수대금의 대부분을 조달하는 방법으로 대상기업의 경영자가 회사 자산을 담보로 제공하는 등 주로 우호적 M&A에서 많이 쓰이나 적대적 M&A의 경우에도 사용되는 전략이다.

토요일 밤의 기습작전

미국에서는 토요일 저녁 시간대에 방송매체를 통해서 전략적으로 공개매수를 선언하여 적대적 M&A를 방어할 틈을 주지 않는 전략이다.

흑기사 적대적 M&A를 시도하는 기업이 단독으로 경영권 확보에 필요한 주식을 취득하기 어려울 때 우호적인 제 3자를 찾아 도움을 구하게 되는데 이를 흑기사라고 한다.

공격수단별 비교

구 분	특 징	장 점	단 점
시장매집	주식시장에서 대상회사의 주식을 은밀하게 매수하여 보유지분을 증가시킴으로써 지배권을 획득하는 적대적 M&A	• 은밀한 매집가능 • 저가매입 가능 • 시가에 따라 탄력적 주식매집 가능	• 주식매집에 상당한 시간 소요 • 정보 누출시 주가가 급등할 우려
공개매수	특정기간 동안 일정한 가격으로 일정한 수량의 주식을 취득함으로써 지배권을 획득하는 적대적 M&A	• 단기간에 대량매수 가능 • 공개매수에 드는 자금의 합리적 예측 가능 • 공개매수절차가 공개됨으로 인해 매수의 투명성 및 일반 투자자의 이익확보	• 상대적으로 고가에 의한 주식 매수 • 공개매수 실패시 이미지 추락 위험 • 적대적 M&A의 선전포고로서의 기능
위임장 대결	대상회사의 주주,특히 불만주주에 대한 설득 및 권유를 통해 의결권 행사의 위임을 받아 경영권을 획득하는 적대적 M&A	• 소규모 자금으로 용이하게 경영권 획득 가능 • 유리한 여론조성을 통한 위임장 확보 가능	• 법적 절차의 엄격성 • 대상회사의 지배 및 소유구조 분석필요 • 항구적 지배권 확보의 어려움

03 경영권 방어전략

적대적 M&A는 자본시장에서의 외부규율기능을 통하여 기업지배구조를 확립시키고 기업의 경제적 효율성을 증진시키는 장점이 있다. 그러나 활발한 적대적 M&A를 통한 자본시장에서의 과도한 외부규율은 기업 경영진들로 하여금 기업의 장기적 이익과 배치되는 경영 결정(decision making)을 강요하는 결과를 초래하게 되는 등의 단점도 있다.

적대적 M&A에 대한 경영권 방어가 필요하다는 주요 쟁점은 적대적 M&A로 인한 경제사회적 폐해에 관한 것인데, 특히 적대적 M &A가 기존 경영진의 신분을 불안정하게 하기 때문에 기존 경영진들은 근시안적 경영에 치우치게 되어 장기적 투자 및 R&D 투자를 감소시키게 되는지의 여부에 관한 것이다.

현실적으로 경영진과 주주 간에 정보의 비대칭이 존재하고 주가는 단기적 회계이익에 민감하게 반응하게 된다. 여기에 더하여 당장의 경영실적을 중시하는 경영진의 경우 장기적 관점에서의 주가보다는 현재의 주가에 더욱 큰 관심을 갖고 있으므로 그들은 기업의 장기적 투자계획을 세우는 대신에 당장의 회계적 이익을 부풀릴 수 있는 방향으로 의사결정을 하게 된다.

특히 기업외부의 통제역할을 하는 기업지배권시장이 경영자들에게 과도하게 큰 압력으로 작용하는 상황에서 유능한 경영자와 그렇지 못한 경영자를 구분할 수 있는 정보가 기업의 단기적 이익이나 주가, 그리고 기업의 기타 공시사항에 지나지 않을 때에는 경영자들이 근시적으로 행동할 가능성이 더욱 커진다는 것이다.

이러한 견해에 따르면 경영자들이 근본적으로 근시적인 것이 아니라, 불완전한 정보를 가진 시장에 의해서 부과되는 규율에 대한 합리적인 반응으로서 근시적 행태를 보이게 된다는 것이다.

적대적 M&A로 인한 부의 증가는 단순히 기업 이해관계자들 간의 부의 이전에 지나지 않는 것이라 한다. 적대적 M&A는 기존의 경영진과 종업원 간의 계약, 혹은 협력업체 및 거래 기업 간의 묵시적 계약을 파기시키는 것이며 그로 인해 이들이 향유하던 부를 주주에게로 이전시키는 부의 재분배 효과가 있다는 것이다.

그러나 적대적 M&A가 이루어지면 일반적으로 경영진이나 종업원은 해고가 되거나 기존의 보수가 낮게 책정되기 마련이므로, 적대적 M&A가 활발히 이루어질 경우 경영자들은 기업고유의 인적 자본에의 투자를 기피하는 왜곡된 경영행태를 보이게 된다. 즉 부의 재분배 효과가 인적 투자를 기피하게 되고 이로 인해 생산성 저하 등의 폐해가 수반된다는 것이다.

1 재무구조조정을 통한 방어전략

고주가 전략

기업의 시장가치인 주가가 저평가되고 있다면 단순한 매매차익을 겨냥하는 투자자뿐만 아니라 관련 기업들이나 인수전문가들이 공격적인 투자를 시도할 것이기 때문에 적대적 M&A에 대한 최선의 방어전략은 기업가치인 주가를 높게 유지하는 것이다.

자기주식 취득전략

자기주식취득이 적대적 M&A에 대한 방어전략이 되는 이유는 적대적 M&A를 시도하려는 기업으로 하여금 매수대상기업의 주식확보를 어렵게 만들고 발행주식수도 감소되어 자연히 대주주의 지분율을 상승시키는 효과를 얻을 수 있다. 또한, 자기주식취득으로 매수대상기업의 주식매수 수요가 증가됨으로써 주가를 상승시켜 매수비용을 증가시키기도 한다.

소유구조 변경전략

적대적 M&A를 방어하기 위한 가장 확실한 전략은 대주주가 충분한 지분을 보유하는 소유구조를 만드는 방법일 것이다. 그러나 기업이 거대화되면서 대주주가 혼자서 투자한다는 것은 불가능하며 지주회사의 설립도 공정거래법에서 기업결합의 제한 및 경제력 집중에 대해 엄격히 억제하고 있으므로 쉽지 않은 방법이다. 따라서 차선의 방법으로 제시될 수 있는 것이 소유구조 변경전략이다.

이는 크게 두 가지 방법으로 구분될 수 있다.

첫 번째 방법은 먼저 그룹의 계열사를 몇 개의 중핵기업으로 나누어 모기업이 중핵기업의 지분을 일부 소유하는 형태로서 대주주는 모기업과 중핵기업의 지분을 소유한다. 또 중핵기업은 또 다른 자회사들의 지분을 교차 소유하는 형태로 한 기업을 인수하면 다른 기업이 자동적으로 인수되는 일이 발생하지 않도록 하는 방법이다.

두 번째 방법은 과거에 일부 대주주들이 많이 사용한 방법으로 대주주가 많이 보유하고 있는 기업과 그렇지 않은 기업의 합병비율을 조정하여 대주주 지분율을 높이는 방법이다. 그러나 이 방법은 상당히 긴 시간이 소요되고 면밀한 준비가 선행되어야 한다.

자본구조 개편전략

유보된 내부현금이나 부채가 적어 차입조달 여력이 많은 기업인 경우에 대규모 차입금을 동원하여 주주들에게 특별배당(super dividend)을 하거나 자사주를 매입하는데 사용할 수 있을 것이다. 이와 같은 조치를 취한다면 재무구조가 악화될 것이므로 적대적 매수의지를 약화시킬 수 있을 것이다.

그러나 우리나라의 경우에는 사채발행에 한도가 있으며 배당도 정기 주주총회 결의사항이어서 즉각적인 행동이행이 어렵고 또한 자사주 매입도 용이하지 않기 때문에 즉각적인 행동이행이 어렵다.

감자전략

감자를 통하여 자기주식을 매입하여 소각한다면 매수대상기업의 총발행주식수가 감소하게 된다. 그러면 총발행주식수의 감소로 대주주의 지분율은 상승하게 되고 주가도 상승하게 될 것이다. 따라서 매수기업으로서는 지분율 확보에 어려움이 따르게 되고, 주가상승으로 매수비용이 증가될 수 있어서 매수의욕이 꺾일 수 있을 것이다.

제3자 배정 증자전략

주식의 제3자 배정 증자는 기업이 매수대상기업이 되었을 때 주주의 신주인수권을 제한하고 기업을 인수할 의사가 없는 우호적인 제3자인 백지 주(white squire)에게 신주를 발행함으로써 주주의 지분율을 떨어뜨리는 방법이다. 이 전략을 사용하기 위해서는 몇 가지 제약요건이 필요하다.

신주인수권을 우호적인 제3자에게 배정하기 위해서는 정관에 주주의 신주인수권을 제한하고 대상을 구체적으로 명시하든지 이사회에 위임할 수 있다. 그러나 제3자 배정이 단순히 M&A에 대한 방어목적으로 사용될 경우에는 적법하지 않은 것으로 되어 있다.

따라서 주식의 제3자 할당증자가 적법한 것이기 위해서는 발행가격이 적정해야 하고, 발행목적이 현 이사진의 지배권 유지를 목적으로 하지 않는 경우에만 합당하며, 이사의 충실의무를 이해하여야 한다. 그러므로 이 전략은 단기적인 방어전략으로 보기보다는 장기적인 차원에서 우호적인 주주를 구성하여 방어하려는 전략이라고 할 수 있다.

2 예방적 방어전략

경영성과의 개선

방어전략의 기본은 건전하고 성공적인 경영을 통하여 회사의 가치를 극대화시키는 데 있다. 최선의 경영노력과 경영전략목표의 설정, 합리적 경영방침으로 회사의 비전을 제시하고 인력 및 기술개발 등으로 경쟁력을 강화하여 회사의 실적을 향상시키는데 노력함으로써 경영진 교체 등의 명분을 주지 않는 전략을 말한다.

지배권 변동 방어전략

첫째, 적대적 M&A로 인해 경영진이 임기 전에 물러날 경우 거액의 퇴직금(Golden Parachute)을 지급하기로 한다는 조항을 회사 정관에 삽입해 방어하는 방법이다. 둘째, 적대적 M&A로 인한 이사진의 교체 등 지배권 변동에 관한 사항의 경우 특별결의보다 더 높은 정족수의 찬성을 얻도록 하는 내용을 정관에 규정하는 초다수 결의 전략도 있다.

Tip 초다수 결의 조항의 방어효과 한계

1. 특별다수결조항은 2단계 공개매수를 전제로 하므로, 처음부터 2단계 거래를 예정하지 않고 지배권 취득에만 만족하는 공개매수자에 대해서는 방어효과가 없다.
2. 특별다수결 조항은 공개매수비용을 증가시키지만 비용증가를 감당할 수 있는 공개매수자의 공개매수는 방어할 수 없다.
3. 경영진이 2단계 거래를 저지하는데 충분한 수의 주식을 보유하고 있는 경우에도 투자의 유동성이 박탈되기 때문에 절대적인 방어효과를 가지지 못한다고 한다.

셋째, 이사 임기 교차제를 도입하여 이사진의 임기만료가 서로 교차되게 함으로써 적대적 인수자가 많은 주식을 매입하더라도 일시에 기업지배권을 획득하지 못하게 한다. 넷째, 이사 인원의 상한을 정관에 규정한다. 상법상 자본금 5억원 이상인 회사의 이사 수는 3인 이상이어야 한다고 규정되어 있으나 그 상한은 없다. 정관에 상한을 규정하는 것은 적대적 대주주가 과반수 이사를 점하는 것을 막기 위한 경영권 방어전략이 될 수 있다.

정관변경을 통한 예방

상어퇴치제(shark repellent)라고 불리는 정관변경은 경영권의 이전이나 합병 등을 어렵게 하기 위하여 법인의 정관을 개정하는 것을 말한다. 정관개정은 가장 오래 전부터 이용되어 오는 일반화된 방어수단으로 경영성과가 너무 나빠서 일반주주가 정관개정을 특별히 반대하는 경우를 제외하고는 경영진의 의도대로 정관개정이 이루어진다. 왜냐하면, 경영진은 정관개정에 반대하는 주주에 비하여 훨씬 조직적이고 또한 대부분의 기관투자자들이 기존 경영진을 지지하는 경향이 많기 때문에 정관개정이 용이한 것이다.

특별다수결조항 특별다수결조항(supermajority provision)이란 합병이나 자산 양도 등의 사업결합에 필요한 주주총회의 법정결의요건을 가중하는 조항을 말한다. 미국의 대부분의 주회사법에서는 약식합병을 제외하고는 합병의 경우에 주주총회의 결의요건을 과반수 또는 2/3 이상의 찬성을 요구하고 있는데, 특별다수결조항은 이와 같은 법정결의요건을 80% 또는 95%까지 가중하는 경우가 있다.

특별다수결조항은 매수기업이 대상기업의 상당지분을 인수하여 지배권을 획득한 후 2단계 거래에서 잔여주주를 축출하려는 것을 방해하기 위한 것으로서 1단계 거래(즉 공개매수)시에 프리미엄가격으로 인수하는 주식의 수를 증가시켜 인수비용을 높이는 효과가 있다. 그러나 이러한 특별다수결조항의 효과에도 일정부분 한계가 있다. 첫째, 특별다수결조항은 상기한 바와 같이 공개매수자가 2단계 공개매수를 사용하는 것을 전제로 하기 때문에 매수자가 지배권인수만을 목적으로 하는 경우에는 방어효과가 없게 된다. 둘째, 특별다수결조항은 전체 주식취득에 소요되는 총비용은 증가시키지만 증가된 비용 전부를 지불할 수 있을 정도로 충분한 매수자금을 동원할 수 있는 매수자를 저지하는 데에는 한계가 있다.

한편 공개매수자가 주식을 취득한 후에 통상의 정관변경 절차에 따라 특별다수결조항을 변경하지 못하도록 특별다수결조항의 변경에도 주주총회의 특별다수결조항을 요구하는 조항을 마련하기도 한다.

공정가격조항 공정가격조항(fair price provisions)은 특별다수결조항을 완화한 것으로서 정관변경을 통하여 매수자가 대상기업을 합병할 때 공개매수에 응한 모든 주주들에게 최소한 공정시장가격 이상을 지불하도록 규정한 것이다. 즉 일단 합병을 어렵게 하기 위하여 특별다수규정을 도입해 놓고 모든 주식에 대하여 공정한 가격으로 지불될 경우에 한하여 특별다수결조항을 배제한다는 규정을 삽입해 놓는 방법이다.

예를 들어, 공정가격조항을 2단계 공개매수에 적용해 보면, 2단계 공개매수의 제시에서 1단계에 청약한 주식 수가 초과될 때에는 매수에 응한 모든 주주에게 1단계와 2단계 가격을 가중 평균한 혼합가격으로 지불하도록 하는 것이다. 이같이 2단계의 잔여주식에 대하여도 공정가격이 지불되면 주주총회에서 특별다수의 찬성결의가 없어도 2단계 매수제의를 실행할 수가 있다.

[Tip] 공정가격조항의 효과

공정가격조항은 특별다수결조항과 같이 우호적인 거래에 영향을 주지 않도록 이사회의 승인으로 그 적용이 배제되는 경우가 있으며 대상회사 주식 전부에 대한 공개매수에 대해서는 방어효과가 없기에 대상회사 주식 전부에 대한 공개매수를 촉진하는 효과를 가지게 된다.

공정가격은 일반적으로 일정기간 동안에 매수기업이 지불한 가격 중 최고의 가격으로 정의되는데, 때로는 특정한 가격을 명시하거나 기업 PER의 일정 승수 등으로 규정되기도 한다. 이렇게 정해진 공정가격은 일반적으로 기업에 대한 매수청구권 행사시에 지급되는 가격보다 높기 때문에 대상기업의 주주는 만족하는 것이 보통이다.

한편 공정가격조항은 다른 종류의 인수방어수단에 비하여 기업인수에 대한 제한적 성격이 약하여 주주의 이익보호에도 도움이 되는 것으로 평가된다.

시차이사회 조항 또는 교차임기이사회 조항 시차이사회 조항(staggered terms of the board of directors)이란 모든 이사들의 임기가 특정연도에 동시에 만기가 되지 않도록 하기 위하여 이사를 3개 내지 4개 그룹으로 나누어 매년 1개 그룹씩만 선임하는 방법으로 이사의 임기에 시차를 두도록 하는 조항이다.

예를 들어 이사가 6명이고 임기가 3년이면 매년 2명씩의 이사만을 새로 선임케 할 경우 적대적 매수자가 기업지배권을 획득하는데 3년이 걸리므로 적대적 인수를 억지하기 위한 수단이다. 시차이사회 조항을 도입하기 위해서는 주주총회의 특별결의로 정관을 변경하여야 한다.

대상기업이 시차이사회 조항을 설정하였다 하더라도 매수자는 주주총회에서 이사해임결의를 하고 새로운 이사를 선출하여 이사회를 지배할 수 있다. 따라서 시차이사회 조항에는 이사해임시의 결의 요건을 현재의 특별결의에서 가중하거나 정당한 이유 없이 이사를 해임할 수 없다는 조항을 함께 규정하기도 한다. 그러나 결의요건의 가중은 오히려 현재의 경영권자의 신축적인 경영을 제약하게 될 위험성이 있다.

또한, 시차이사회 조항은 매수자의 이사회 지배를 지연시킬 수는 있으나 절대 방지하지는 못하며 또한 매수자가 일정지분을 확보한 이후에는 현재의 이사들이 계속해서 저항하기는 어렵다는 점에서 그 효과가 미미한 것으로 알려져 있다.

한편 시차이사회 조항은 이사회의 계속성을 유지하면 정보의 단절을 방지할 수 있다는 장점이 있기 때문에 일부 공기업에서 채택하는 경우가 있다.

[Tip] 시차이사임기조항의 문제점

첫째, 비용의 감소를 통한 시너지 효과를 위하여 대상회사를 인수하고자 한 경우에는 그러한 시너지 효과가 도출되기까지 시간 지연

둘째, 비효율적인 경영진의 교체에 목적을 둔 인수였다면 인수자의 투자에 대한 예상이익 창출의 지체는 물론 비효율적인 현경영진으로 인한 손실발생의 가능성이 증가

셋째, 인수자가 높은 이자비용을 지급하면서 인수를 시도한 경우에 지배권 이전의 지체는 인수비용의 증가를 초래하게 될 것이다

합병승인결의 특별정족수

M&A에 관한 사항. 이사의 선임에 대한 주주총회의 결의, 그 외의 중요한 안건에 대하여 통상의 안건보다는 더 많은 수의 지지를 얻지 않으면 결의할 수 없도록 하는 조항을 정관에 규정해 둔다. 예컨대 M&A와 관련된 것에 승인을 해주는 경우에는 80% 이상의 찬성을 얻어야만 승인되도록 특별한 규정을 설정하는 것과 같다.

그러한 조항을 두면 통상적인 다수의 주식, 예를 들면 50% 이상의 주식을 취득하더라도 기업의 경영권을 획득하지 못한다든지, 또는 합병을 할 수 없게 되어 매수자의 M&A 시도에 대한 방어책이 될 수 있다.

의결정족수 특약

회사의 주요 사항을 결정할 때는 주주총회에서 특별결의를 요구하는데 우리나라에서의 특별결의는 주주총회 출석주주의 3분의 2와 발행주식 총수의 3분의 1 이상의 찬성을 필요로 한다. 그런데 적대적 M&A로 인한 이사진의 교체 등 지배권 변동에 관한 사항의 경우 특별결의보다 더 높은 정족수의 찬성을 얻도록 하는 내용을 정관에 규정하면 회사의 경영권 장악이 어렵게 된다.

3 지분확보를 통한 예방전략

적대적 M&A는 매수자가 대상기업의 경영진의 의사에 반하여 경영권을 탈취하는 것이므로 매수자와 매수대상회사 간에 기업지배권 경쟁이 치열할 수밖에 없으며 이에 따라 경영권방어를 위한 전략이 개발되었다. 예를 들어 Goldman Sachs와 같은 주요 투자은행들의 방어전문가팀이나 법률회사들은 적대적 M&A에 대한 경영권방어 전

략의 개발에 큰 몫을 하여 왔다.

기업의 경영권 안정을 위해서는 51% 이상의 안정 의결권의 확보가 가장 안정적이나 대주주의 자금력의 한계로 51%의 의결 정족수 확보가 어려울 경우 우리사주조합, 은행, 투신 등 우호적 기관투자자 지분을 늘리도록 하여 안정지분을 유지하도록 하며, 자사주 매입을 통한 지분 확대나 전환사채, 신주인수권부사채 등을 발행, 보유하여 주식전환을 통한 지분확대가 가능하도록 한다.

독소증권(poison pill) 발행 전략

포이즌 필은 '주주권리 계획' 혹은 '주주매입권 계획'이라고도 하며 미국의 거의 모든 공개기업 이사회가 채택하여 온 적대적 M&A에 대한 가장 강력한 방어수단 중 하나이다. 포이즌 필이란 일반적으로 대상회사의 경영진이 대상회사 주주들에게 대상회사의 신주 또는 이후 합병하는 회사의 신주를 매입할 수 있는 내용의 콜옵션을 지급하는 것을 말한다.

포이즌 필이 경영권방어를 위한 수단으로 활용되는 이유는 인수 회사가 대상회사의 지배권을 취득하게 되면 포이즌 필이 발행되어 인수회사의 의결권을 엄청난 규모로 희석시켜서 결과적으로 인수회사의 지배권을 약화시키기 때문이다.

우선주 계획 미국에서 최초로 설계된 포이즌 필은 적대적 매수를 방어하기 위하여 사용한 것으로 전환권 우선주 배당계획이 있다. 우선주계획은 몇 가지 약점이 있는데, 첫째, 발행자가 발행된 우선주를 회수하는데 상당기간이 소요되며, 둘째, 우선주는 재무적 측면에서 장기부채로 간주하기 때문에 기업의 재무구조에 부정적인 영향을 끼친다는 것이다. 즉 우선주계획을 실행한 기업은 부채비율이 증가되어 위험이 증가하게 된다는 것이다.

플립 오버(flip-over rights plan) 우선주계획은 발행된 우선주가 재무구조를 악화시키는 문제점이 있는바 이러한 문제점을 보완하여 개발된 것이 플립 오버이다.

전환독약(flip over)은 '플립 인'과 달리 합병이 이루어지면 매수기업의 주식을 극히 낮은 가격으로 인수할 수 있는 권리, 즉 call option을 말한다. 이는 적대적 매수자가 대상기업 주식의 일정비율을 매수하여 지배권을 취득한 후 대상기업과 합병이나 기업결합 등의 거래를 하고자 하는 경우, 매수기업의 주식을 아주 낮은 가격으로 매수할 수 있는 call option을 미리 모든 보통주주에게 배당으로 부여하는 것이다.

플립 오버의 전략적 효과는 첫째, 합병이 종결된 후 존속기업의 주식을 낮은 가격에 매수할 수 있는 권리를 부여하므로 매수자의 지분을 감소시키는 효과가 있다. 둘째, 특정한 계기가 발생하기 전까지는 주식매수 권리가 정상가격으로 상환될 수 있기 때문에 매수자가 적대적 M&A를 시도하기 전에 대상기업의 경영진과 사전 협의를 할 유인을 제공한다는 것이다.

그러나 플립 오버 독약계획에도 몇 가지 약점이 있는바, 첫째, 플립 오버의 경우 매수자가 보통 20% 이상을 매수할 경우에 보통주주에게 권리증서가 배분되지만 이들 주주가 권리행사를 하기 위해서는 매수자가 100% 지분을 취득하여야 한다는 데 있다. 이는 본래 기업사냥꾼들은 기업을 매수한 후 대상기업의 자산과 자원을 마음대로 처분하기 위하여 100% 지분을 획득하고자 하기 때문에 이를 방지하려고 고안된 것이 플립 오버 독약계획이었다.

그런데 기업경영권은 일반적으로 51%의 지분 확보만으로도 탈취가 가능하기 때문에 이후 매수자들은 대상기업 지분 100%를 모두 매수하지 않음으로써 주주들의 플립 오버 독약계획의 권리행사를 쉽게 회피할 수 있었다.

한마디로 플립 오버는 공개매수 후에 2단계 합병을 하지 않으면 효력이 발생하지 않는다는 약점이 있다. 둘째는, 경영진에게 우호적인 백기사(white knight)가 대상기업의 주식을 매수하려 할 때도 역시 주식매수권이 발효된다는 문제점이 있다. 이러한 문제점을 해결하기 위하여 보통 경영진이 동의한 주식인수 거래 시에는 플립 오버 권리가 적용되지 않는다는 조항을 붙이게 된다.

플립 인(flip-in rights plan) 플립 오버는 매수자가 대상기업의 지분 100% 전부 매수하지 않을 경우에는 권리행사가 이루어지지 않는 문제가 있었다. 따라서 플립 인은 이러한 플립 오버의 문제점을 해결하기 위하여 대상기업의 지분 100%를 매수하지 않는 매수자에 대하여도 대항하기 위하여 설계된 방어수단이다.

예를 들어, 100만주의 보통주를 발행하고 있는 회사를 가정한다. 인수회사가 대상회사의 보통주 25만주에 대하여 공개매수를 선언할 경우 대상회사의 이사회는 이에 대항하여 대상회사의 보통주 2주씩을 매입할 수 있는 콜옵션, 즉 포이즌 필을 발행하게 된다. 인수회사가 예정대로 25만주를 취득하는 순간 콜옵션이 행사된다고 하면, 인수회사가 보유하고 있는 25만주 주식을 제외한 나머지 75만주 주식이 콜옵션을 행사할 수 있고 그 결과 주당 2주씩 신주가 발행된다. 따라서 추가적으로 100만주의 주식이 늘어나기 때문에 인수회사의 지분은 당초 목적한 25%가 아니라 전체 250만주 중에서 10%로 줄어들게 되어 인수회사의 지분을 엄청나게 희석시키는 것이다. 이 경우에 매수기업이 인수한 권리는 무효화된다.

플립 인은 매수기업이 합병을 하지 않아도 효력이 발생하기 때문에 플립 오버보다 강력한 수단이라 할 수 있다. 또한, 주식의 과반수 매수를 통한 경영권 확보를 하고자 하는 경우는 물론이고, 대상기업의 경영권에 영향을 미치는 정도의 지분만을 취득하여 경영에 관여하려는 자와 그린메일을 받아내려 하는 기업사냥꾼들에게도 효과적인 대응수단인 것이다. 포이즌 필을 사용하여 경영권을 방어하고자 하는 기업은 통상적으로 플립 오버와 플립 인을 같이 채택하고 있다. 즉 100% 지분 확보를 노리는 적대적 매수자와 50% 이상의 지분 확보로 경영권을 탈취하려고 하는 매수자 모두에 대한 방어수단으로 두 가지 포이즌 필을 결합하여 사용하고 있다.

매도권 계획(put right plan) 포이즌 필의 다른 형태로 매도권 계획이 있다. 매도권 계획이란 매수자가 일정비율 이상의 주식을 매수할 경우 주주들은 기업에게 그들이 보유한 주식을 현금 · 사채 · 우선주 등으로 교환해 줄 것을 청구할 수 있는 권리를 말한다. 즉 적대적 매수자를 제외한 대상회사 주주에게 보유 주식을 발행기업에게 매도할 수 있는 권리, 즉 put option을 부여하는 것이다.

이때 매도권리의 행사가격은 확정된 금액일 수도 있고 공개매수자가 과거에 지급한 최고가격일 수도 있다. 이 경우에도 공개매수자가 보유한 권리는 무효이다. 한마디로 매도권 계획의 취지는 지배권의 이전이 이루어진 후의 희석화로부터 잔여주주를 보호하기 위한 것이라 할 수 있다.

미국에서 일반적으로 사용되는 기법으로 특정기업을 상대로 적대적 인수 시도가 있을 경우 대상기업의 독소증권을 보유한 주주에게 특별한 권리를 부여해 이를 행사하게 함으로써 인수자로 하여금 적대적 인수를 포기하도록 유도한 방법이다. 독소증권은 예방적 차원에서 인수시도가 있기 전에 보통주주 등에게 배당형식으로 발행해 지급하는 것이 보통이며 독소증권발행은 주주총회 승인 없이 이사회의 결의만으로도 가능하다.

전환우선주 발행

보통주로 전환 가능한 우선주를 배당으로 발행하여 특정사건이 발생하면 우선주를 보유한 주주가 대상기업에 고가로 매각하거나 인수기업과 합병할 경우에는 합병기업의 주식으로 전환할 수 있는 권리를 부여한다.

voting plan

의결정족수 특약을 갖는 우선주를 갖는 대상기업의 주주에게 발행하고 특정 사건이 발생하면 인수자가 매입한 대상기업의 우선주에 대해서는 의결권을 부여하지 않는다.

황금낙하산(Golden parachutes)

황금낙하산은 적대적 M&A로 기업지배권이 이전됨에 따라 기존 경영자들이 그들의 직위를 상실했을 때 거액의 할증퇴직위로금을 지급하도록 하는 계약을 체결하는 것을 말한다.

황금낙하산의 계약기간은 통상 5년이며 기본급과 이익금이 계속 지급되는 기간은 3년인 경우가 많다. 따라서 적대적 매수자의 입장에서는 대상기업을 매수한 후에 거액의 퇴직금을 지급하여야 하는 부담을 안게 되는 것이다. 황금낙하산의 장점으로는 황금낙하산 계약은 원래 적대적 M&A에 대한 방어수단으로 채택되기 시작하였으나 현재 다수의 견해는 이 지배권 관련 계약이 주주와 경영진 간의 이해상충을 감소시키는데 기여하고 있으며 특히 경영진의 경우 고액의 퇴직금이 보장되므로 성실하고 소신을 갖고 근무를 할 수 있다는 것이다.

황금낙하산은 몇 가지 이유로 경영진들에 의해 옹호되고 있다.

첫째, 경영자들의 묵시적 계약의 개념에 근거하고 있다. 경영자들의 기업에의 기여도는 장기적으로 평가되는 것이 바람직하다는 입장에서 볼 때 황금낙하산의 지급은 상당한 보수가 묵시적으로 이연된 것이라는 것이다. 둘째, 일반적으로 기업 매수가 이루어지면 기존 경영진은 대개 새로운 경영진으로 교체되기 때문에 자신의 지위에 불안을 느끼는 경영진들은 매수자의 매력적인 제의를 쉽게 받아들이는 경향이 있다. 그러나 황금낙하산 제도는 기존 경영진이 주주를 위해 높은 인수프리미엄을 받아내도록 협상하는데 충분한 유인을 제공한다는 것이다. 그러나 황금낙하산 전략의 문제점으로는 황금낙하산 계약은 과도한 퇴직금을 지불하는 것이므로 주주의 '부'라는 측면에서 보면 주주에게 일방적인 부담으로 작용될 수 있으며 결국 '경영실패에 대한 보상'이라는 비난도 있다. 반면에 이러한 금액이 경영진 개인에게는 큰 금액이지만 규모가 큰 인수합병의 경우에는 황금낙하산 비용이 차지하는 비율이 기업인수 대금의

1%에 미달하기 때문에 상대적으로 효율적인 인수방어수단은 아니라는 의견도 있다.

황금낙하산의 법적 문제와 관련하여 미국의 경우에는 황금낙하산은 일반적으로 주주총회의 승인을 받지 않고 이사회에서 채택되기 때문에 종종 주주들이 이사회와 경영진이 충실의무를 위배했다는 소송을 제기하기도 한다. 그러나 이에 대하여 법원은 황금낙하산을 실행하는 이사회의 행동은 경영판단의 원칙에 적합한 것이라고 판결하였다. 우리나라에서는 임원의 보수결정은 주주총회의 의결사항이기 때문에 현 상법 아래에서는 과도한 퇴직금 지급을 위한 황금낙하산 계약은 어려울 것이다. 한편, 적대적 인수가 이루어진 뒤에는 경영진뿐만 아니라 일반 종업원들도 해고되거나 감봉되는 경우가 있는바, 이러한 이유로 적대적 M&A 이후에 일반 종업원이 퇴직할 경우에도 상당한 퇴직급여를 제공하기로 하는 약정을 양철낙하산이라 한다. 이러한 양철낙하산 계약은 적대적 M&A 이후 종업원 감축 등을 계획하고 있는 매수자에게는 상당한 부담으로 작용하게 된다.

Tip Golden Parachute의 3가지 조항

1. 지배권변동에 관한 조항
   이는 Golden Parachute의 효력발생시기에 관한 규정인데 일반적으로 제3자가 대상회사의 주식을 일정비율 이상 취득하거나 이사회의 구성원에 변동사항이 발생할 때 Golden Parachute가 효력을 발생한다고 본다
2. 계약종료에 관한 조항
   이는 회사지배권의 변동이 생긴 경우에 임원이 고용계약을 종료시키고 Golden Parachute에서 미리 정하여 놓은 금액을 수령할 수 있는 시기에 관한 규정인데, 그 내용은 각 Golden Parachute에 따라 매우 다양하다고 할 수 있다. 예를 들면 임원이 해고된 날로 정하거나, 공개매수가 행하여진 후 임원에게 언제든지 고용계약을 종료시킬 수 있는 무조건적인 권리를 부여하는 경우도 있다.
3. 보상에 관한 조항
   이는 임원의 퇴직으로 인한 손실을 보상하기 위하여 임원에게 일시금의 방법이나 일정기간 동안 기본급과 상여금을 지급하게 하는 규정이다. 즉 보상의 양과 형태에 관한 규정이며 보상에는 현금의 지급, 연금수령의 혜택, 주식매수선택권 등이 포함되는데, 이러한 보상의 합리성에 대하여 논의가 많이 있는 부분이다.

4 적극적 방어전략

자사주 매입

자사주 매입은 적대적 공개매수에 대한 방어수단으로 가장 많이 사용되는 전략

중 하나이다. 자사주 매입은 유통주식을 흡수함으로써 매수대상주식을 감소시켜서 주가를 상승시키고 또는 지분율을 증가시키는 효과가 있다.

자사주의 매입은 일반적으로 다음 3가지 방법으로 이루어진다.

첫째, 일반 및 비대상주식을 매입하는 것으로 이는 소유권을 고려하지 않는 단순한 매집이다. 둘째, 특정한 주식을 재매입하는 것으로 이는 적대적 매수자에게 주식을 매각할 가능성이 있는 주주들로부터 주식을 매수하는 것이다. 셋째, 자사주 공개매수로 이는 대상기업이 자사 주식에 대하여 공개매수를 행하는 것이다.

자사주 매입이 적대적 매수에 대한 방어기능을 수행한다는 근거를 살펴보면, 첫째, 자사주 매입은 기업가치가 저평가되어 있다는 신호를 시장에 전달함으로써 주가의 상승을 가져온다는 것이다. 이러한 신호전달과 주가상승 효과는 회사의 내부자인 임원들이 자사주 공개매수 기간 동안에 자신들이 보유하고 있는 주식을 매도하지 않을 것이라는 것을 시장에 전달할 경우 더욱 크게 나타나게 된다. 또한, 자사주 매입이 상당한 프리미엄이 주어지는 공개매수방식으로 이루어질 경우에는 잠재적 매수자에게 최소한 그 정도의 가격은 지불해야 하는 것으로 공고하는 역할도 하게 된다. 둘째, 자사주 매입에 응하는 주주들은 외부주주이므로 자사주 매입이 이루어지면 내부자의 지분율이 상승하게 되어 적대적 매수자가 지배권 획득에 필요한 지분을 확보하기가 어렵게 된다. 셋째, 자사주 매입의 결과로서 자본조정에 따라 당해 기업의 연말부채비율은 증가하게 되고 이는 인수대상기업으로서의 매력을 상실하게 된다. 넷째, 매입한 자사주를 일정기간이 경과한 후에 우호적인 제3자에게 매각한다면 그 의결권이 우호적으로 행사될 것이기 때문에 방어 수단으로서의 효력을 계속 유지할 수 있을 것이다.

우리나라의 경우 상법 제341조는 자기주식의 취득을 원칙적으로 금지하고 있다. 또한, 소각 등의 목적으로 인수된 자사주는 즉시 또는 일정기간 내에 처분하여야 하며 자사주의 의결권 행사는 불가능하다.

자사주 매입제도와 관련하여 자본시장법 제162조의2는 취득수량에는 한도를 두지 않고 있으며, 취득금액만 상법 제46 2조제1항의 규정에 의한 이익배당을 할 수 있는 한도 등으로 규정하고 있다. 자사주 매입과 매각을 유가증권시장을 통해서만 할 수 있도록 한정하고 있기 때문에 공개매수에 의한 자사주매입, 즉 자사주 공개매수는 실시할 수 없다.

따라서 자사주 매입이 경영권방어수단으로서의 기능을 수행하기 위해서는 거래방식의 제한이 완화되어야 할 것이다.

Tip 자사주 취득의 원칙

우리나라의 경우 상법은 자기주식의 취득을 원칙적으로 금지하고 있다. 또한, 소각 등의 목적으로 인수된 자사주는 즉시 또는 일정기간 내에 처분하여야 하며 자사주의 의결권 행사는 불가능하다. 자사주 매입제도와 관련하여 자본시장법에서는 취득수량에는 한도를 두지 않고 있으며, 취득금액만 상법 규정에 의한 이익배당을 할 수 있는 한도 등으로 규정하고 있다. 자사주 매입과 매각을 유가증권시장을 통해서만 할 수 있도록 한정하고 있기 때문에 공개매수에 의한 자사주매입, 즉 자사주 공개매수는 실시할 수 없다. 따라서 자사주 매입이 경영권방어수단으로서의 기능을 수행하기 위해서는 거래방식의 제한이 완화되어야 할 것이다.

공개매수에 대한 방어

공개매수에 대한 방어전략으로 다음과 같은 수단들을 활용할 수 있다.

반대의견 표시 경영진은 '공개매수에 대한 의견표시'에서 규정한 대로, 즉 법에 "공개배수 신청서가 제출된 유가증권의 발행인은 대통령이 정하는 바(고개매수에 관하여 공고 · 서신 · 기타문서)에 의하여 그 공개매수에 의한 의견을 표명 할 수 있다"라고 한 규정에 의거하여 반대의견을 표시하는 것이다. 이는 여론에 호소하는 대외적인 공시효과를 가질 수 있어서 일반 개인 투자자들에게 호응을 얻어낼 수 있다.

역공개매수(pec-man) 어떤 공개매수 의사를 나타낸 기업이 자신의 기업을 매수하고자 지분을 확대할 때에는 공개매수 의사를 나타낸 기업의 주식을 먼저 40%이상 매입 또는 공개매수하여 공개매수 의사 기업의 모회사가 되는 방법을 사용 할 수 있다. 이러한 방법을 역공개 매수(pec-man)전략이라고 한다.

예를 들면 역공개매수는 A회사가 B회사에 대하여 공개매수를 시도할 경우에 B회사도 A회사를 대상으로 역으로 공개매수하는 방법이다. 이러한 역공개매수는 몇몇의 우호적인 기업들이 있는 경우에는 효과적인 방어전략이 될 수 있다.

공개매수가격 상위유지 공개매수가격 상위유지전략은 공개매수 청약기간 동안 주가를 공개매수 가격보다 높게 유지함으로써 주주들로 하여금 청약에 의하지 않도록 하는 방법인 것이다. 일반주주들의 입장에서는 굳이 공개매수 가격보다 높은 가격으로 유지되는 경우에 공개매수에 응할 필요성을 느끼지 않게 되는 것이다.

다만 주주들은 공개매수 기간이 끝난 후에는 다시 상당히 하락 될 것을 염려하여 공개매수에 응할 수도 있다. 따라서 효과적인 방어전략이 되기 위해서는 공개매수가격보다 훨씬 더 높게 형성되도록 하는 것이 필요하며 또한 공개매수 기간이 끝나더라도 그 이상 유지될 수 있다는 가능성을 제시해야 할 것이다.

차입형 자본개편

자본개편은 1980년대 후반에 활발히 시행되던 전략으로 기업의 재무구조를 급격히 변화시키는 방어수단이다.

Tip LBO 관련 법률

1. 현행법상 LBO와 직접적으로 관련되는 규정은 없으나 상법은 이사가 자기 또는 제3자의 계산으로 회사와 거래하는 것은 원칙적으로 금지하고, 예외적으로 이를 행하는 경우에는 이사회의 승인을 얻어야 한다.
2. 자본시장법에서는 상장법인은 원칙적으로 당해 법인의 이사, 주요주주 등을 상대방으로 하거나 그를 위하여 담보를 제공하거나 채무의 이행을 보증하는 행위 등이 금지된다고 규정하고 있으며, 이는 LBO에 있어서 담보제공행위와 관련되는 규정이라 할 수 있다.
3. LBO의 대상회사가 상장법인인 경우에는 자본시장법이 정하고 있는 공시사항에 해당하는 사실 또는 이사회의 결의내용을 지체 없이 금융위원회와 거래소에 신고하여야 하며, 법인의 경영 · 재산 등에 관하여 중대한 영향을 미칠 사항 또는 투자자의 투자판단에 중대한 영향을 미칠 사항이 발생할 때에도 금융위원회와 거래소에 신고하여야 한다.
4. 상장법인 등의 업무와 관련하여 일반인에게 공개되지 아니한 중요한 정보를 직무와 관련하여 알게 된 자와 이들로부터 당해 정보를 받은 자는 당해 법인이 발행한 유가증권의 매매 기타 거래와 관련하여 그 정보를 이용하거나 다른 사람으로 하여금 이를 이용하게 할 수 없음을 규정하고 있다.

자본개편은 일반적으로 차입을 통하여 이루어지기 때문에 차입형 자본개편이라고도 한다. 차입형 자본개편은 1985년에 Goldman Sachs에 의해서 처음 개발된 방어수단으로 LCO(Leveraged Cash-Out) 또는 공개차입매수(public LBO)라고도 일컬어진다.

차입형 자본개편의 기본적인 형태는 기업이 대규모의 차입을 통하여 자금을 조달하고 그 자금으로 주주들에게 대폭적인 배당을 지급한다. 이처럼 초과배당을 받는 주주는 본래의 주식가치를 상당히 초과하는 가치를 받는 것이기 때문에 매수자의 공개매수를 거절할 수 있다.

차입형 자본개편의 특징은 우선, 대부분의 경우에 기업의 자기자본이 부(負)의 수준, 즉 자본잠식 상태에 이르게 된다는 것이다. 이처럼 차입을 통한 자본재편은 기업의 자본구조에서 부채비율을 비정상적으로 증가시키기 때문에 매수자의 입장에서 대상기업을 매수하고자 하는 매력을 떨어뜨리는 것이다. 둘째, 매수자가 대상기업의 자산을 담보로 하여 매수자금을 조달하려는 시도도 억제하게 된다. 셋째, 경영진의 소유지분도 자본개편을 통하여 크게 증가하게 된다. 차입형 자본개편을 실시한 기업들은 보다 확실한 경영권 방어를 위하여 정관개정이나 poison pill 등을 병행하여 추진하는 것이 일반적이다.

사업구조개편

대상기업은 사업구조개편을 통해서 인수제의기업이나 적대적 매수자가 제시하는 것보다 주주들에게 월등하게 높은 가치를 제공할 수 있다. 대상기업이 사업구조개편을 통하여 기업의 가치를 증가시킬 수 있는 경우는 기업이 보유하고 있는 자산의 활용도가 미흡한 경우, 특정사업에서 과다한 투자가 이루어진 경우, 기업의 중요한 자산이 증권시장에 적절히 알려지지 못한 경우 등을 들 수 있다.

사업구조개편은 인수합병과 관계없이 평상시에 행하여지는 것이 가장 바람직하지만 적대적 M&A 대상기업으로 지목된 후에 실행되는 경우도 많다. 미국에서도 사업구조개편은 2단계 공개매수 및 기업분할 목적의 공개매수에 대응하는 효과적인 방어수단으로 자리잡고 있다.

자산의 매각 자산의 매각을 통한 경영권방어란 매수자가 대상기업의 인수보다는 당해 대상기업이 보유하고 있는 특정 자산의 가치를 높이 평가하는 경우에 매수자에게 가장 큰 매력이 되는 사업부·자회사 또는 자산(왕관보석자산/crown jewel assets)을 매각함으로써 매수자의 인수의지를 좌절시키는 것이다.

또한, 특정자산을 즉시 매각하기보다는 현 경영진에게 우호적인 제3의 기업, 즉 백기사에게 특정 자산에 대한 매수옵션을 부여하는 잠금약정이 경영권방어수단으로 사용되기도 한다.

이러한 매수옵션의 부여는 매수자가 대상기업의 주식을 일정비율 이상 매수하는 계기가 발생하였을 때 행사한다는 조건으로 이루어진다. 다만, 이러한 매수옵션의 부여가 주주에게 이익이 되는지의 여부에 대하여는 논쟁이 있다.

즉 매수옵션의 부여가 적대적 매수자 이외에 경쟁적인 기업을 끌어들임으로써 인수가격을 높여서 주주에게 도움이 된다는 의견과 기존의 적대적 매수자를 인수경쟁에서 배척시킴으로써 경쟁제한적인 측면이 있다는 의견으로 나뉘고 있다.

따라서 주주들이 매수옵션의 부여에 반대하며 이를 저지하기 위하여 소송을 제기하기도 하는데, 이때 법원이 고려하는 가장 중요한 사항은 자산의 매수옵션 행사가격이 공정한 것인지의 여부이다.

대상기업의 판단과 달리 매수자가 잠금약정의 대상 자산을 특별히 선호하지 않든가 또는 제3의 기업에의 대상 자산 매각이 공정가격에 의해 이루어졌다면 매수기업은 매수옵션을 부여하는 잠금약정에도 불구하고 매수를 강행하게 될 것이다.

즉 제3의 기업이 자산 매수옵션을 행사할 경우 대상기업은 그 자산 대신에 더 많은 현금을 보유하게 되기 때문에 특별히 대상기업의 인수를 중단할 이유가 없다는 것이다.

따라서 이 경우에는 잠금협정이 방어수단으로서의 효력을 발휘하지 못하게 된다. 또한, 매수옵션이 부여된 자산이 대상기업 자산의 전부 또는 상당 부분을 차지할 경우에는 주주총회의 승인을 얻어야 하기 때문에 잠금약정은 효과적인 방어수단이 되지 못한다.

다른 기업의 인수 다른 기업의 인수를 경영권방어에 활용하는 이유는 다른 기업의 인수로 인하여 대상기업의 사업성격과 재무적 내용이 크게 변화하게 되어 매수하고자 하는 매력이 상실될 수 있기 때문이다.

첫째, 대상기업이 인수한 다른 기업의 업종과 매수기업의 업종이 같은 경우에 시장지배력이 커지기 때문에 반독점 문제가 발생할 수도 있다.

둘째, 다른 기업을 인수한 후에는 대상기업의 규모가 커지므로 매수기업 입장에서는 매수자금 조달의 문제가 발생할 수도 있다.

셋째, 대상기업이 현금이나 차입을 통하여 다른 기업을 인수할 경우에는 재무적 측면에서 매수기업에 대한 매력이 크게 감소될 것이다. 특히 재무상황이 양호한 대상기업이 재무상태가 나쁜 기업을 인수할 경우에는 매력이 더욱 감소할 것이다.

기타 방어수단

그린메일(Green Mail) 그린메일이란 인수를 시도할 가능성이 있는 매수자가 보유한 주식에 대해 프리미엄을 지급하고 재매입함으로써 매수자의 매수시도를 막는 방법을 말한다. 그린메일은 특정지분재매입의 형태를 갖는데, 이는 회사를 강탈할 의도가 없는 특정 주주들로부터 주식을 재매입하는 것까지 포함하는 광의의 용어이다.

그린메일의 지급은 현 경영진이 경영권을 계속 유지할 수 있게 하는 등 적대적 매수를 방어하는 데 탁월한 효과가 있다. 그러나 그린메일 발표 시 주가는 일반 주주의 이익에 반하는 결과를 가져온다.

백기사(White knights) 백기사 전략이란 기업이 원하지 않는 매수의 대상이 되거나 잠재적인 매수자의 매수위협에 직면한 현 경영진이 자신에게 우호적인 제3의 인수자를 찾게 되는데 이때의 제3의 인수자를 백기사라고 한다. 여기서 우호적이라는 의미는 매수자보다 더 높은 매수가격을 지불하는 것을 포함하여 회사를 청산하거나 현 경영진을 교체하거나 종업원을 해고하지 않는다는 것이다.

우리나라에서는 지배주주의 단계까지는 이르지 않더라도 상당한 규모의 지분을 취득해서 현 경영진의 경영권방어에 도움을 주는 제3자도 백기사로 불린다. 우리나라에서 대규모기업집단의 계열회사들은 잠재적인 백기사 역할을 하고 있다.

특히 대규모기업집단 계열회사들의 지배구조는 순환출자 등으로 얽혀 있어 계열사의 경영권은 상대적으로 안정되어 있으며 외부에서 적대적 매수를 하려는 동기가 거의 없는 편이다. 그러나 출자총액제한제도나 금융계열사의 의결권제한제도 등으로 인하여 계열회사들에 의한 백기사 역할이 다소 제한적이 되고, 특히 2006년 KT&G를 공격한 Carl Ichan 같은 외국의 기업사냥꾼의 적대적 매수가 현실로 나타나게 되자 상호 백기사 협약을 체결하는 기업들이 늘어나고 있다.

종업원지주제 종업원지주제(Employee Stock Ownership Plan)이란 종업원들이 퇴직이나 퇴사할 때까지 종업원들의 이익을 위하여 자신들의 회사의 주식을 소유하게 되는 퇴직급부제도를 의미하며, 우리나라의 경우에 있어서 우리사주조합제도를 통하여 구체화되는 종업원지주제도에 해당한다고 할 수 있다. 우리사주제도는 근로자의 경제 · 사회적 지위향상과 노사협력의 증진을 도모함을 목적으로 하며, 방어수단으로서의 차입형 우리사주조합의 우호적 제3자로서의 활용은 본래의 입법취지가 아님은 분명하나, 현재 상장법인에 대한 M&A의 가능성이 상시 존재하고 있는 상황을 고려한다면 차입형 우리사주조합의 우호적 제3자로의 활용은 그 필요성이 있다.

우리사주조합이란 주식회사의 근로자의 경제 · 사회적 지위향상과 노사협력증진을 도모함을 목적으로 당해 회사의 주식(자사주)을 취득 · 관리하기 위하여 일정한 법정요건을 갖추어 조직한 단체를 말한다. 우리사주제도는 1968년의 자본시장육성에 관한 법률에서 상장법인이 유상증자를 실시할 때 근로자에 대하여 신규발행 주식의 10%를 우선적으로 배정하는 특례조항을 마련하면서 시작되었다. 1997년에는 자본시장육성에 관한 법률이 폐지된 후 우리사주조합제도 관련규정들은 증권거래법에서 수용되었는데, 현재에는 자본시장법을 중심으로 운용해 오던 우리사주조합제도를 제도적으로 정비하여 근로자복지기본법에 수용하여 근로자복지기본법이 우리사주조합제도의 준거법으로 되고, 우리사주조합에 대하여 자본시장법에는 특례규정만 남게 되었다.

주요국의 M&A 공격과 방어수단

구 분			한국	미국	일본	영국	독일	EU
공격수단	시장매집	주식대량보유 보고의무	○	○	○	○	○	-
		대량보유 보고기한규제	○	○	○	○	○	-
	공개매수	공개매수기간 규제	○	○	○	○	○	○
		대상회사의 방어행위허용	○	○	○			
		잔여주식 공개매수의무	×	×	×	○	○	○
	위임장경쟁 규재		○	○	○	○	○	-
	이면거래 강요행위 금지		○	×	○			-
방어수단	주식의 제3자 배정		○	○	○	○	○	-
	초다수결의제		○	○	○	×	○	-
	시차임기제		○	○	○	×	○	-
	황금낙하산		○	○	○	○	○	-
	독약조항(Poison Pill)		×	○	○	×	○	-
	차등의결권 주식		×	△	○	○	×	-
	자기주식 취득		○	○	○	○	△	-

Chapter 08

회생절차의 M&A

기업회생절차란 상당한 영업이익이 발생되고 있음에도 불구하고 과도한 투자나 금융사고 등으로 인해 부채가 많아 금융비용을 영업이익으로 감당할 수 없는 경우 부채를 기업이 감당할 수 있는 수준으로 조정하고 일부 채무를 탕감하거나 주식으로 전환하는 등의 방법으로 기업에게 재기의 기회를 부여하는 제도이다.

우리나라의 회생절차는 다른 나라와 비교해 볼 때 두드러진 차이점 중의 하나가 M&A의 적극적 활용이라 할 수 있다. 회생계획을 인가받은 대부분의 회사는 자의 또는 타의에 의하여 M&A를 적극적으로 추구하는데, 그동안의 회생절차는 최초의 회생계획 입안단계에서부터 M&A에 지장을 초래할 만한 요소들을 제거하는 것을 중점 검토사항 중의 하나로 여길 정도로 M&A를 회생절차에서 필수적인 것으로 파악하여 왔다.

또한 회생계획 인가 후 관리인이 관리업무를 수행함에서도 항상 M&A를 염두에 두도록 지도 · 감독하여 왔으며, 그 결과 M&A가 경영부실기업이 회생절차를 통하여 회생하는 유일한 방안으로 자리 잡아 왔다고 해도 과언이 아니다.

현재 시행되고 있는 「채무자 회생 및 파산에 관한 법률」에서는 '기존경영자 관리인제도'를 도입하여 운영하고 있음에 따라 기존 경영자의 관리인의 업무수행을 견제 · 감시할 수 있도록 채권자협의회의 기능과 권한을 대폭 강화하고 있다.

기존경영자 관리인으로서는 가급적 사업 수행권의 유지는 물론 회생계획인가 후에도 회생절차에 의한 회사의 지배권도 유지하려고 할 것이기 때문에 M&A에 소극적인 태도를 취할 소지가 있어 회생절차에 의한 회사에 필요한 적절한 시기에 M&A에 착수하는 것이 어려워질 수가 있다.

반면 강화된 채권자협의회의 기능과 권한을 활용하여 채권자 측의 이해관계를 반영하려고 할 수도 있기 때문에, 특히 M&A 절차와 관련하여 더욱 복잡한 이해관계의 조정이 필요해질 수도 있다.

01 회생절차 M&A 개요

'채무자 회생 및 파산에 관한 법률'에서 규정하고 있는 법인회생제도란 재정적 어려움으로 파탄의 상황에 직면한 회사에 대하여 사업을 계속할 때의 가치가 사업을 청산할 때의 가치보다 크다고 인정되는 경우, 법원의 감독 하에 채권자·주주·지분권자 등 이해관계인의 법률관계를 조정하여 법인의 효율성 또는 사업의 효율성을 도모하는 것을 주된 목적으로 하는 기업회생 제도를 말한다.

회생절차의 Process

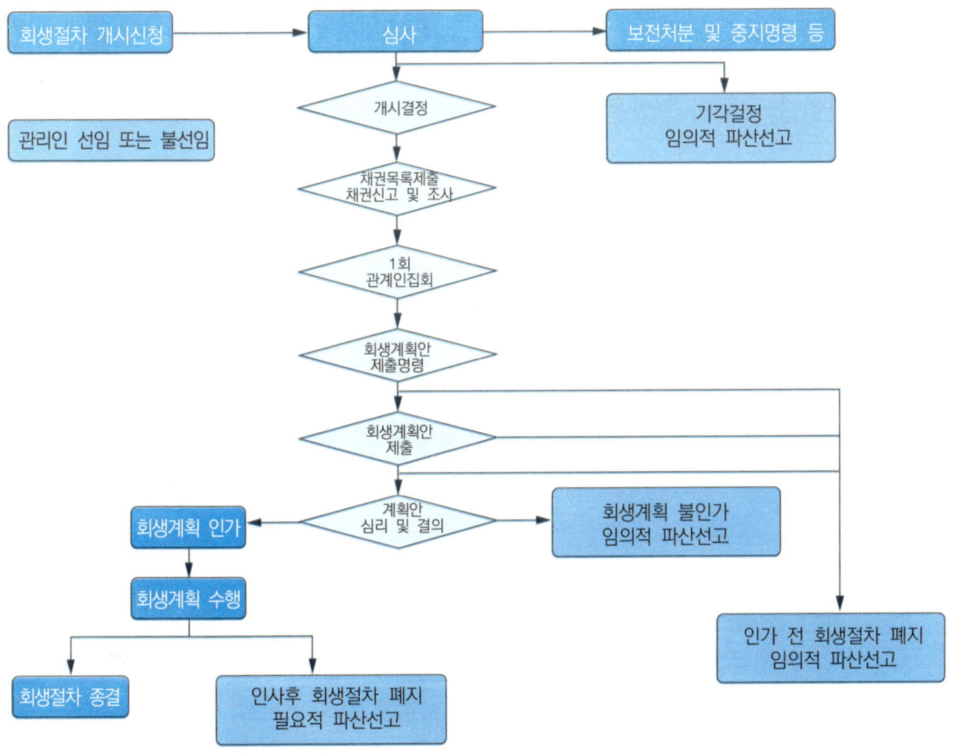

자료 : 유안타증권

또한 법인파산제도란 법인이 지급불능의 상태 또는 채무초과의 상태에 있을 때 파산선고를 하고 법원의 감독에 따라 채권조사절차를 통하여 채권자의 권리를 확정한 다음 기업의 재산을 환가하여 권리의 우선순위와 채권액에 따라 환가된 금액을 분배하는 과정을 말한다. 다시 말하면 경제적 파탄상태에 빠져 있는 회생이 어려운 법인의 총 재산을 강제적으로 관리 및 환가하여 전체 채권자에게 공평하게 분배 및 변제를 행하는 것을 의미한다.

1 회생절차 M&A의 의의

기업이 계속기업으로써의 기능을 지속적으로 유지하기가 어렵게 되어 경영상태가 위기에 처하게 되면 사적정리를 통한 정리를 하거나 또는 파산절차나 회생절차와 같은 법적절차를 선택하게 된다. '사적정리'란 도산절차에 의하지 아니하고 채무가가 중심이 되어 문제를 해결하는 임의적 채무정리방법을 의미한다. 이에 반해 '도산절차'란 채무자가 지급불능 · 지급정지 또는 채무초과의 상황에 놓이거나 계속기업으로서의 현저한 지장을 초래함이 없이 채무변제가 불가능하다고 판단되었을 때에 법원의 관여를 구하여 현안문제에 대한 해결을 도모하고자 하는 법적절차이라고 할 수 있다.

사적정리와 도산절차를 비교해 볼 때 채무자와 채권자 간에 채무의 정리에 관한 원만한 합의가 도출될 수 있는 경우가 아니라면 기업의 도산처리는 사적정리보다는 도산절차에 의하도록 유도하는 것이 더욱 바람직한 일이라고 할 수 있다. 사적정리의 경우에는 채무자 중심의 임의적인 채무정리방법이라는 점에서 비교적 적은 비용이 소요된다 하더라도 모든 채권자에 대한 공평한 변제를 기대하기가 어려울 뿐만 아니라 채무자의 도덕적 해이를 효과적으로 통제하기가 어렵다.

회생절차는 재정적 어려움으로 인하여 파탄에 직면하여 있는 채무자에 대하여 채권자 · 주주 · 지분권자 등 이해관계인의 법률관계를 조정하여 채무자 또는 그 사업의 효율적인 회생을 도모하는 것을 목적으로 하는 제도인 것을 이미 설명한 바 있다. 재정적 어려움에 처한 채무자의 경우에 경제적으로 회생시킬 가치가 있음에도 불구하고 회생할 수 있는 기회를 주지도 아니하고 바로 파산적 청산절차를 거치도록 한다면 사회경제적인 손실이 클 뿐만 아니라 채권자 기타 이해관계인에게도 손해가 되는 경우가 많다. 이와 같은 점을 고려하여 비록 채무자가 현 시점에서 재정적인 파탄에 직면하고 있다 하여도 원칙적으로 채무자의 사업을 계속할 때의 가치가 채무자의 사업을 청산할 때의 가치보다 크다고 인정되는 때에 법원의 감독 아래 채권자 · 주주 · 지분권자 등 이해관계인의 법률관계를 조정하여 채무자 또는 그 사업을 회생시키고자 하는 것이 회생절차의 목적인 것이다.

우리나라 기업의 도산처리에 관한 법적절차를 규율하는 법률로는 「채무자의 회생 및 파산에 관한 법률」이 있다. 파산절차란 채무자가 경제적으로 파탄한 경우 모든 채권자에 대한 공평한 변제를 위하여 채무자의 재산관계를 청산하는 법적절차를 말한다. 반면에 회생절차란 채무자가 경제적 파탄에 직면하였지만 채권자 · 주주 · 기타의 이해관계인의 이해를 조정하여 채무자의 갱생을 도모하는 법적절차를 말한다. 회생절차를 선택하는 기업은 채무금액의 탕감과 채무변제의 유예를 받아 자력으로 재건을 도모할 수도 있으며, 다른 기업과의 합병이나 기업인수 · 양도나 영업양수도와 같은 M&A방식을 통하여 재건을 도모할 수도 있다.

2 회생절차 M&A의 필요성

회생절차란 재정적인 어려움으로 도산 위기에 직면해 있는 채무자 기업에 대하여 채무자의 사업을 계속할 때의 가치가 채무자의 사업을 청산할 때의 가치보다 크다고 인정되는 때에 법원의 감독 아래 채권자, 주주 · 지분권자 등 이해관계인의 법률관계를 조정하여 채무자의 사업 또는 경제생활을 회생시키는 절차를 말한다.

회생계획은 회생절차에 의한 회사가 조기에 그 수익구조를 회복하지 못한다는 현실을 감안하여 계획기간 초기에는 일정한 기간 동안 채무 변제를 유예하는 내용의 회생계획을 작성함으로써 회생계획이 인가된 후, 일정한 기간 동안 채무의 압박에서 벗어나 오로지 사업과 수익능력 복원에 집중할 수 있도록 하여 장차 회생계획 수행의 토대를 조기에 확보하는 방향으로 입안되어 왔다. 따라서 회생절차에 의한 회사가 당초 예상한 대로 수익능력을 조기에 회복하여 사업의 계속을 위한 안정적인 토대를 마련하는 경우, 그 이후에는 인가된 회생계획을 그대로 수행하기만 하면 회생절차를 성공적으로 종료하여 독자적인 회생이 가능해 진다.

그러나 대부분의 회생절차에 의한 회사는 이러한 계획을 달성하지 못하고 있어 채무변제 유예기간을 지나 본격적인 채무 변제시기에 접어들면 회생계획의 수행에 심각한 어려움을 겪는 것이 보통이고, 이를 방치할 경우에는 더 나아가 회생절차 폐지에 이르게 되는 것이 현실이었다.

회생절차에 의한 M&A 회사가 이와 같이 회생계획 수행에 어려움을 겪는 것은 당초부터 회생절차에 의한 M&A 회사의 사업에 대한 전망을 지나치게 낙관적으로 예측하였거나, 채권자들의 동의를 얻기 위하여 감당할 수 있는 한계를 넘는 회생계획을 작성하였던 것이 원인이 되기도 하였다.

그러나 그 외에도 부도를 내고 시장에서 실패한 경험을 갖고 있는 채무자가 시장에서 부도 전의 신뢰를 회복하는 것이 채무자의 노력만으로 이루어질 수 없는 것일 뿐 아니라, 하루가 다르게 급변하는 경제현실 속에서 10년이라는 장기간 동안 인가 전에 예상한 회생계획을 수행할 것을 요구하는 것 자체가 불가능에 가깝기 때문일 것이다.

이와 같이 회생절차 중인 회사가 회생계획 수행 불가능의 단계에 이른 경우에 법원은 회생절차 중인 회사에 대하여 회생절차를 폐지하고 파산을 선고하면 됨으로 회생절차 내부에서 별다른 문제는 일어나지 않는다.

그러나 회생절차가 가져야 할 기본적인 기능을 생각해 보면, 회생계획의 수행이 어려운 회사에 대하여 폐지결정과 파산선고를 하는 것은 여러 이해관계인이 많은 시간과 비용을 들여 복잡한 절차를 거쳤음에도 불구하고 목적을 달성하지 못한 채 파산선고의 시기만 잠시 유예한 것과 같은 결과가 되어 회생절차가 무용한 절차라는 비판을 들을 수 있다.

따라서 회생절차 중인 회사가 당초 예정한 대로 사업을 수행하지 못하더라도 재정적 파탄상태에서 벗어나면서 동시에 채권자의 이해관계를 보호하고 자신의 회생을 도모할 수 있는 방안이 있다면 그 계획을 변경해서라도 이를 추구하는 것이 회사회생제도의 취지에 부합하는 것이라고 할 것이고 그동안 실제로 그 방안으로 추진되어 온 것이 M&A이다.

회생절차는 채권의 만족과 채무자의 회생'이라는 목적 하에 M&A를 추구하여 왔는데, 회사의 회생을 위해서는 회사를 운영할 책임 있는 경영 주체의 확보가 반드시 필요하다.

3 회생절차 M&A 특징

회생절차는 재정적 어려움으로 인하여 파탄에 직면한 채무자를 둘러싼 채권자·주주 등 여러 이해관계의 조정을 거쳐 채무자 사업의 효율적인 회생을 도모하는 것을 목적으로 하는 집단적 채무조정절차라고 정의할 수 있다. 회생절차가 가지는 사회적·경제적 기능은 다양하게 설명될 수 있겠지만, 회생절차는 집단적 채무조정 절차의 하나로서 자산과 수익을 채권자들에게 공정하게 배분하는 기능을 기본으로 한다.

다만 청산적 도산절차인 파산절차가 채무자의 해체와 사업의 중단을 전제로 하는 절차인 반면 회생절차는 채무자의 사업의 계속을 전제로 하여 그 수익금으로 채무변제를 하면서 채무자 자신의 회생을 도모한다는 점에서 차이가 있다. 즉 회생절차는 '사업의 계속'과 이를 통한'채권 만족의 극대화'라는 두 가지 목표를 동시에 추구한다는 특징이 있는 도산절차이다.

회생절차에서의 M&A는 일반적인 M&A와 대비해 볼 때 다음과 같은 특징을 가지고 있다.

매도자 중심의 M&A

회생절차 내에서 진행되는 M&A는 매도자 중심의 M&A이다. 회생회사 M&A의 주관자는 관리인이며, 관리인은 채무자와 그의 채권자 및 주주 등으로 이루어진 이해관계 단체의 공적 수탁자로서 복잡하게 교차하는 이해관계를 중립적인 견지에서 조정하여야 하는 입장에 있어 M&A 과정에서 발생하는 여러 문제점에 대하여 이러한 이해관계를 두루 고려할 수밖에 없으므로 중요한 사항에 대하여는 관리인 스스로 선택할 수 있는 방안에 적지 않은 제약이 있다.

M&A 절차에 참여하는 인수희망자의 입장에서 보면 일반적인 M&A에서 충분히 협상을 통하여 해결될 수 있는 사항에 대하여도 관리인이 엄격한 잣대로 접근하는 것을 종종 느끼게 되는 것이 이와 같은 이유 때문이다. 이런 측면에서 보면, 회생절차 M&A는 채무자의 회생과 채권만족에 필요한 사항을 매수자에게 수용하도록 강제하는 매도자 중심의 M&A라고 표현할 수 있다.

회생추구와 제약

회생절차 M&A는 채무변제 재원의 조달과 책임 있는 경영 주체의 확보를 통한 회사의 회생이다. 그중에서 '회생절차회사의 회생'이라는 목적을 달성하기 위하여 유상증자 참여의 우대, 경영능력의 요구, 인수 주식의 보호예수 강제, 법령상의 제약요소의 사전제거 요구 등 여러 측면에서 제약을 가지고 있다.

신속한 절차

회생절차의 M&A는 공고 후에는 매우 신속하게 진행된다. 관리인은 입찰 전에 입찰참가자들에게 입찰서 마감 후 진행되는 일정으로 우선협상대상자 선정 후 양해각서 체결 시한, 인수대금 조정을 위한 상세실사 허용시한, 인수대금 조정협상시한, 투자계약 체결시한 등을 정해 놓고 있고, 인수인의 필요에 의하여 이를 연장할 경우에는 법원의 허가를 받도록 함과 동시에 그 시한 연장마저 일정한 제한을 가하는 것이 보통이다. 이는 M&A 과정에서 거치게 되는 여러 단계의 협상을 조기에 확정함으로써 M&A가 지연되는 일이 없도록 하여 채무자의 사업을 조기에 안정시키기 위한 것이다.

회생법 절차의 수반

회생절차의 M&A는 대부분 회생계획의 변경절차라는 회생법 특유의 절차를 거치게 된다. 따라서 M&A에 고유한 사항 이외에도 회생절차 내부에서의 법적인 사항, 특히 회생계획 변경 시에 요구되는 사항과 회생절차의 종결 가능성에 대하여 면밀한 사전 검토가 필요하다.

공정성과 투명성 강조

회생절차의 M&A에는 기본적으로 채권의 만족을 추구하는 기능이 있고, 이를 위해서는 당연히 높은 인수금액을 제시하는 인수희망자를 유치하여야 한다. 회생절차 회사는 이에 대하여는 중립적인 이해관계를 갖고 있다고 할 수 있다.

회생절차에 의한 M&A에 대한 시장의 관심이 점차 높아짐에 따라 직접 인수를 희망하거나 주간사로 선정되려는 업체가 경쟁적으로 나서고 있는 상황이고, 경쟁에서 탈락한 업체들이 선정 과정에 대해서 이의를 제기할 가능성이 상존하고 있으므로 절차의 투명성과 공정성을 유지하는 것이 매우 중요하다.

이를 위해서 회생법의 규칙에서는 "관리인은 영업 또는 사업의 양도 등에 관하여 매각주간사, 채무자의 영업 및 재산을 실사할 법인 또는 우선협상대상자를 선정하는 때에는 미리 채권자협의회의 의견을 묻는 등 공정하게 절차를 진행하여야 한다."라고 하여 M&A 등의 공정한 절차 진행을 규정하고 있고, 서울중앙지방법원 파산부 실무준칙인 '회생회사 M&A에 관한 준칙', '회생절차에서의 M&A에 관한 준칙'에서도 M&A 등의 매각 주간사 선정 또는 우선협상대상자 선정 시 최종 용역제안서나 인수제안서(Binding Bid Offer)를 제출받기 전에 유상증자 · 기타 인수대금의 규모, 자금조달 가능성, 인수희망자 재무구조의 건전성, 채무자를 실제로 경영 · 발전시킬 의사와 능력이 있는지 여부 등을 평가항목으로 한 구체적인 평가기준을 관리인이 법원과 협의하여 미리 작성하여 두도록 하는 등 공정한 M&A 절차 진행을 강조하고 있다.

회생절차의 M&A는 법원의 감독 하에 모든 절차가 투명하고 공정하게 이루어진다. 회생절차의 M&A는 회생계획 변경절차를 통하여 법적인 효력을 갖추게 되므로 최종적으로 회생계획 변경계획의 결의를 위한 관계인 집회에서 채권자 측의 동의를 얻는 절차를 거치게 되어 있으나, 채권자 측의 동의절차에 이르기 전이라도 M&A 착수, M&A 주간사의 선정 입찰공고, 입찰안내서 및 양해각서 초안의 제시, 우선협상대상자의 선정, 양해각서의 협상, 인수대금 조정, 투자계약의 협상 등 모든 단계에 대하여 관리인이 그 권한을 행사함에 있어서 법원의 허가 및 감독을 받고 있어 일반적인 M&A보다 절차가 투명하고 공정하게 진행된다.

관리인과 회생법원이 M&A 절차에서 공정·투명성을 강조하는 또 다른 이유는 공정·투명한 진행으로 M&A 참가자들 사이에 경쟁이 유지될 수 있도록 하여 경쟁이 회생회사의 M&A 인수대금을 제고하는 기능을 하도록 함으로써 결과적으로 채권자들의 만족을 제고하려는 목적도 있다.

02 회생절차 M&A의 유형

회생절차에서 활용되는 M&A의 유형은 시기에 의한 분류방식과 내용에 의한 분류방식으로 대별할 수 있다. 전자에는 사전 M&A·회생절차개시 후 계획인가 전 M&A·회생계획에 의한 M&A·변경회생계획에 의한 M&A로 구분할 수 있으며, 후자에 속하는 것은 제3자 배정 신주인수·영업양수도·자산양수도 등의 방식을 들 수 있으나 대부분은 제3자 배정 신주인수방식이 주로 이용되고 있으며 부분적으로 영업양수도 방식이나 자산양수도 방식이 활용되고 있는 실정이다. 다만, 회사에 따라 여러 부문의 사업부를 가지고 있으나 그 사정이 각각 달라 어느 하나의 M&A 방식에만 의하면 M&A 목적을 조화롭게 달성하기 어려운 경우에는 여러 방식을 혼용하여 활용하기도 한다. 또한 M&A를 원활하게 진행하기 위아여 필요한 경우에는 회사분할절차 등이 수반하기도 한다.

1 사전 M&A

가급적 조기에 M&A에 착수하는 것이 채무자의 회생과 채권자의 만족이라는 두 측면에서 모두 도움이 되는 경우도 있을 수 있다. 채무자가 비록 재정적 어려움으로 말미암아 부득이 부도를 경험하고 회생절차를 신청하였다 하더라도 신청 당시까지 사업의 기반이 아직 와해되지 않고 계속기업으로서의 이익을 유지하고 있는 경우라면 효율성의 측면에서 가급적 조기에 M&A에 착수하는 것이 바람직할 것이다.

그리고 회생절차개시신청 전에 이루어진 M&A가 채무자가 채권자와 협의 하에 관리·진행되어 온 경우라면 그 협의 과정에서 채무자의 의사에 따라 회생을 위하여 필요한 사항도 적절하게 반영되어 있을 것이고, 채권자 측의 의사도 충분히 반영되어 있을 것이므로, 이러한 M&A는 회생절차 내에서 관리인이 법원의 감독 하에 진행하는 M&A와 다르지 않다.

이런 이유로 개시신청 전 M&A를 완료한 경우에는 M&A 결과를 존중하여 그 M&A를 토대로 회생절차를 진행하게 된다.

사전 M&A에 대한 검토사항

회생절차 개시신청 전에 이루어진 M&A를 토대로 회생절차를 진행하기 위해서는 그 M&A가 채무자와 채권자 사이의 협의 하에 이루어진 것이어야 하고, 공정·투명하고 합리적인 절차에 따라 이루어진 것이어야 한다.

따라서 사전 M&A가 회생절차 내에서 존중받기 위해서는 채권자 또는 채무자가 다른 이해관계인과의 협의 없이 자신의 이익만을 추구하는 것이어서는 아니 된다. 그리고 통상의 M&A와 같이 M&A 주간사 등을 선정하여 기업가치를 평가하고 이를 토대로 공개경쟁입찰방식으로 진행한 M&A에 대하여 채권자협의회의 동의를 얻었다면 그 M&A 절차를 그대로 승인할 수 있을 것이다.

특히 M&A 진행절차의 공정성·투명성·합리성은 인수희망자들 사이의 공정한 경쟁을 통한 적절한 인수대금의 확보에 매우 중요한 사항이므로 충분히 검토할 예정이다.

만일 이와 같은 부분에 의문이 있을 경우에는 사전 M&A 우선협상대상자가 제시한 조건보다 나은 조건으로 채무자를 인수할 것을 다시 공개경쟁입찰의 방식으로 부칠 수도 있고, 그와 같은 절차를 거쳤음에도 불구하고 사전 M&A보다 나은 조건을 제시하는 인수희망자가 없다면 M&A 절차의 공정성 등에 다소 의문이 있어도 채권자

협의회의 동의 아래 그 결과를 수용할 수도 있다. (서울중앙지방법원 파산부 '회생절차에서의M&A에 관한 준칙'7항 참조)

관리인 불선임 결정 및 회생절차의 신속한 진행

회생절차개시 전에 채무자와 채권단의 협의 하에 M&A 절차가 추진되어 왔고, M&A를 내용으로 하는 회생계획안의 주요 내용에 대하여 채무자와 채권단 사이에 협의가 완료된 채무자에 대하여는 법원은 관리인을 선임하지 아니하고 채무자의 대표자를 관리인으로 볼 수 있는 사전M&A가 채무자와 채권자 사이에 충분한 협의 하에 이루어진 경우 법원은 관리인을 선임하기보다는 관리인 불선임 결정을 하여 이해관계인이 자율적으로 선출한 채무자의 대표자를 관리인으로 보아 그 대표자로 하여금 관리인이 갖는 각종 권한을 행사하도록 하면서 회생절차를 진행 · 종결토록 하고 있다.

청산가치 및 계속기업가치의 평가

회생절차개시 전에 M&A 주간사 등에 의하여 이루어진 채무자에 관한 청산가치 및 계속기업가치 평가는 채권자협의회의 승인이 있는 경우에는 특별한 사정이 없는 한 회생절차개시 후에도 존중하며, 이 경우 법원은 조사위원에게 채무자에 관한 청산가치 및 계속기업가치의 조사 · 보고의무를 명하지 아니할 수 있으므로(서울중앙지방법원 회생실무준칙 '조사위원의 선정,보수기준 및 조사 · 보고사항' 9항 참조),조사위원의 조사를 위한 상당한 시간을 줄일 수 있다.

회생절차의 조기종결

이와 같이 사전 M&A를 통하여 회생의 기반을 마련한 채무자에 대하여는 그 M&A를 내용으로 하는 회생계획안이 인가되면 이를 수행하고 회생절차를 조기에 종결하게 된다.

2 회생절차개시 후 계획인가 전 M&A

회생절차에 들어가는 M&A가 대폭 간소화되었다. 서울중앙지법 파산부는 기업

회생절차개시나 회생계획인가 전에 추진된 M&A 관련 절차를 간소화하는 `회생절차에서의 M&A에 관한 준칙`을 개정하였다. 기업이 회생절차에 들어가면 기존 주식에 대해서는 감자절차가 이뤄지고 부채가 출자전환 되면서 채권자들이 대주주 지위에 오르기 때문에 진행되던 M&A는 대부분 중단되는 일이 발생했다.

하지만 개정을 통해 인수기업은 회사의 경영권 변화에 신경 쓰지 않고 M&A를 진행할 수 있게 돼 회생기업의 M&A가 활성화된다. 회생절차개시 이전 추진된 M&A는 관리인이 법원의 허가를 받으면 그 진행 결과를 유효한 것으로 인정받게 된다.

이에 따라 인수자와 본 계약을 맺거나 본 계약 체결 이전이라고 하더라도 계속해서 M&A를 진행할 수 있다. 그러나 절차의 공정성이 의심될 때는 인수조건을 비밀에 부치고 더 나은 인수조건을 제시하는 공정한 선정절차를 거치면 된다.

다만 이 경우에도 인가 후 M&A와 같이 엄격한 절차로 한정하지는 않기 때문에 신속한 M&A가 가능해진다.

회생 절차는 개시됐지만 회생계획이 인가되기 전에 추진된 M&A도 간소화된 절차에 따라 주간사를 선정해 M&A를 진행할 수 있다. 주간사 선정에 걸리는 시간을 단축해 M&A 추진이 회생절차 진행을 지연시키는 요인이 되지 않도록 하고 인수가격이 조사보고서의 영향을 받지 않게 하는 효과도 생기게 한다.

또 대법원 홈페이지에는 회생절차에서 진행되는 M&A의 경우 채무자 정보를 제공하고, 특히 장차 M&A를 추진할 의사가 있는 채무자 정보까지 제공하도록 M&A 관련 홈페이지 관리요령 준칙도 마련했다.

이에 따라 회생절차 장기화로 기업가치와 신용도가 하락하는 건설업이나 서비스업, 기술발전 속도가 빠른 업종이 신속하게 회생의 길을 모색할 수 있다.

회생계획인가 전의 영업양도

회생절차개시 이후 회생절차인가 전이라도 관리인은 채무자의 회생을 위하여 필요한 경우 법원의 허가를 받아 채무자의 영업 또는 사업의 전부 또는 중요한 일부를 양도할 수 있다.

회생계획인가 전의 영업양도의 필요성은 회생절차개시신청 전의 부도 등의 여파로 신용도의 급격한 하락, 기존 거래관계의 붕괴, 유능한 직원의 이탈 등으로 인하여

기업가치가 손상되거나 하락하여 청산가치가 계속기업가치보다 상회하는 결과에 이를 수가 있기 때문이다.

회생계획인가 전 영업양도의 요건 회생절차인가 전의 영업양도를 하기 위해서는 영업 또는 사업의 전부 또는 중요한 일부의 양도가 채무자의 회생을 위하여 필요한 경우에 해당하여야 한다. 회생계획인가 전의 영업양도에서 채무자의 회생을 위하여 필요한 경우란 채무자의 회생절차개시신청에 의한 신용훼손으로 인하여 영업이 급격히 악화되고 회생계획의 인가를 기다려서는 영업의 환가가치가 크게 하락하게 되기 때문에 이를 방지하기 위해서는 조기에 영업을 양도할 필요가 있는 경우를 말한다.

따라서 회생계획인가 전의 영업양도에서는 통상 그 신청 전후에 양수인 후보자가 존재하거나 선정되어 있는 상태일 것이다. 회생법이 영업의 전부 또는 중요한 일부의 양도가 행하여지는 경우에 인가 전 영업양도 절차를 이용할 수 있다고 규정하고 있으므로, 영업의 중요하지 않은 일부를 양도하는 경우에는 위 규정에 의하지 않고 관리인의 재산처분권 행사로서 이를 할 수 있는지가 문제될 수 있다.

관리인이 영업이나 재산의 전부 혹은 일부를 양도하는 경우에는 회생계획에 의하도록 정하고 있음에 비추어 단순한 법원의 허가에만 의하여 영업을 양도하는 것은 원칙적으로 허용되지 않는다고 보아야 할 것이지만, 당해 영업이 채무자의 사업에 중요하지 아니하고 그 영업의 계속이 지속적으로 손실을 발생시켜 회생계획의 인가 전이라고 시급히 당해 영업을 정리하는 것이 이익이 되는 경우에는 회생계획의 인가에 의하지 아니하고 법원의 허가에 의하여 영업을 양도할 수 있다고 할 것이다.

회생계획인가 전 영업양도의 절차

- 의견청취 : 회생계획인가 전 영업 등의 양도에 대한 허가를 하는 때에는 법원은 관리위원회, 채권자협의회, 채무자의 과반수로 조직된 노동조합의 의견을 들어야 한다. 근로자의 과반수로 조직된 노동조합이 없을 때에는 채무자의 근로자의 과반수를 대표하는 자의 의견을 들어야 한다.
- 주주보호절차
  - 회생계획에 의한 영업양도의 경우 영업양도에 의한 상법의 규정이 적용되지 않는 것은 명백하다. 주식회사인 채무자의 부채총액이 자산총액을 초과하는 때에는 법원은 관리인의 신청에 의하여 결정으로 상법 규정에 의한 주주총회의 결의에 갈음할 수 있다. 이 경우 상법 및 자본시장법에서 정하고 있는

주주의 주식매수청구권의 규정을 적용하지 아니한다.

- 법원은 위 주주총회의 결의에 갈음하게 하는 결정을 할 때에는 그 결정서를 관리인에게 송달하고 그 결정의 요지를 기재한 서면을 주주에게 송달하여야 한다. 위 주주총회의 결의에 갈음하게 하는 결정에 대하여 주주는 즉시항고를 할 수 있다. 위 즉시항고에는 집행정지의 효력이 있다.

• 법원의 허가
- 법원이 허가를 하는 경우 법원은 양도대가의 사용방법을 정해야 한다. 법원의 허가를 받지 아니하고 한 영업 등의 양도는 무효로 한다. 다만, 선의의 제3자에게 대항하지 못한다.
- 법원이 허가 여부의 결정시 고려할 사항은 양수인 후보자의 산정방법이 합리적일 것, 입찰조건에 가액을 하락시키는 부당한 조건이 부가되어 있지 않을 것, 양수인 후보자의 선정절차가 공정하게 진행되었을 것
- 채무자는 회생계획인가 전의 영업양도를 추진함에 있어서 미리 주요 회생담보권자 및 회생채권자와 사이에 양도대가의 사용방법을 포함한 회생계획안의 주요내용에 관하여 사전에 합의하는 것이 좋다.

• 영업양도계약의 내용
- 영업양도계약에는 양도대상인 재산의 범위, 양도가격, 담보권의 취급 및 담보권의 소멸, 교섭책임의 소재, 종업원의 고용승계여부 및 처우, 거래처의 승계, 양도실행일 등이 주요내용으로 포함될 것이다.
- 회생담보권의 목적인 재산이 양도대상에 포함되는 경우에는 담보권의 취급이 중요한 문제가 된다. 법원의 결정에 의하여 담보권을 소멸시키는 제도가 마련되어 있지 않은 이상 관리인이 회생담보권자와의 교섭을 통하여 담보권의 처리방법을 정할 수밖에 없을 것이다.

• 강제집행 등의 취소

법원은 영업 등의 양도허가가 있은 후 관리인의 신청에 의하여 강제집행 등의 취소를 명할 수 있을 것이다.

3 회생계획에 의한 M&A

채무자는 회생절차의 개시 이후 회생절차가 종료될 때까지 신주를 발행하거나 영업을 양도하는 등의 M&A를 하려면 원칙적으로 회생계획에 의하여야 한다. 회생계

획에 의한 M&A의 경우라도 회생절차개시신청 전에 채권단과 협의하여 공정하고 합리적인 기업가치평가 및 인수자 선정절차를 거치고 그에 따라 M&A를 내용으로 하는 계획안을 사전에 마련한 후 신속하게 관계인집회에 결의에 부치는 경우에는 사실상 인가 전 영업양도와 같이 조기에 절차를 종결시킬 수 있다.

회생법에서는 회생절차개시 이후부터 그 회생절차가 종료될 때까지 채무자는 회생절차에 의하지 아니하고는 다음에서 정하고 있는 행위를 할 수 없다고 명시하고 있다.

- 자본 또는 출자액의 감소
- 지분권자의 가입, 신주 또는 사채의 발행
- 자본 또는 출자액의 증가
- 주식의 포괄적 교환 또는 주식의 포괄적 이전
- 합병 · 분할 · 분할합병 또는 조직변경
- 해산 또는 회사의 계속
- 이익 또는 이자의 배당

제3자 배정 신주인수

제3자 배정 신주인수방식은 회생회사를 직접 경영할 의사와 능력이 있는 제3자에게 신주를 배정 · 발행하여 지배주주가 되도록 하고 그가 납입한 유상증자대금으로 정리채무를 일시에 변제함으로써 개선된 재무구조를 바탕으로 회생회사가 회생절차에서 조기에 벗어나는 것이 가능케 한다.

회생절차에서는 기존 주식의 감자를 시행할 경우 주주총회 특별결의나 채권자보호절차를 거칠 필요가 없고 회생회사의 부채가 자산을 초과하는 경우 주주는 관계인집회에서의 의결권이 인정되지 않으므로 일반 M&A에 비하여 지배구조 변경이 신속하고 경제적으로 이루어질 수 있는 이점이 있다.

영업 양 · 수도

회생회사의 영업의 전부 또는 일부에 관하여 이를 해체하지 않고 인적 · 물적 조직을 그 동일성을 유지하면서 일체로서 제3자에게 이전하는 방식이다. 영업 양 · 수도에 있어서 이전의 목적이 되는 것은 단순한 물건 또는 권리의무뿐만 아니라 거래선, 영업상의 비밀, 노하우 같은 경영조직의 사실관계를 포함한 유기적 일체로서 양수인은 이를 이용하여 양도인과 같은 영업자의 지위를 취득하게 된다.

특별한 사정이 없는 한 근로관계는 양수인에게 포괄적으로 승계된다. 회생절차에 의한 영업양도는 주주총회 특별결의를 거칠 필요가 없고, 반대주주의 주식매수청구권도 인정되지 않기 때문에 상법상의 영업양도에 비하여 여러모로 편리하다.

다만 영업 양 · 수도방식은 양도대상 자산 및 부채를 양수인에게 개별적으로 이전하는 특정승계절차를 취하므로 제3자 배정 신주인수방식에 비하여 절차가 복잡하고 양도되지 않은 잔존자산의 처분 등에 상당한 시일이 소요되어 회생절차를 곧바로 종결할 수 없다는 단점이 있다.

실무상으로도 영업 양 · 수도방식은 위와 같은 특수한 사정이 있는 경우에 한하여 이용되고 있는 실정이다.

4 변경회생계획애 의한 M&A

회생계획의 변경이라 함은 회생계획인가의 결정이 있은 후 부득이한 사유로 계획에 정한 사항을 변경하는 것을 말한다. 일반적으로 회생계획은 이미 기존의 관계인집회 절차와 법원의 인가를 거쳐 확정된 것이기 때문에 권리변경이 불가하며, 이미 실권의 효과가 발생되어 변제의 수행이 이루어지고 있는 상태임으로 수정 및 변경은 인정되지 않는다.

변경신청을 받은 법원은 재출한 내용이 관련 회생담보권자나 회생채권자 · 주주 · 지분권자들에게 혹여나 불리한 내용이 있는지 확인하고 그러한 내용이 없다면 변경신청을 승인한다.

하지만 심사과정에서 누군가에게 불리한 내용이 있다고 판단되면 변경을 원하는 회생계획안의 심리절차와 결의절차를 거치게 된다. 이와 관련하여 관계인집회를 열어 결의 혹은 서면결의로 가결이 되면 변경된 회생계획에 대한 인가결정을 되고, 부결이 되었을 때에는 권리보호조항을 정해 인가결정을 내리거나 변경불허결정을 내린다.

회생계획 변경의 필요성

채무자의 M&A에 있어 인수자들은 자신들의 투자에 대응하여 자본의 감소 · 채무조정 및 회생절차의 종결을 요구함이 일반적이며, M&A가 성사된 채무자에 대한 회생절차를 계속하는 것도 바람직한 일이 아닐 것이므로 M&A 과정에는 채무재조정을 내용으로 하는 회생계획변경과 이를 위한 변경회생계획안의 결의절차가 수반되는 것이 보통이다.

이 경우의 변경회생계획안의 내용은 일반적으로 M&A 추진경위, 인수계약의 내용, 기존 주식의 소각 또는 병합, 인수자에 대한 유상증자 내지 회사채발행, 회생채무의 감면과 인수대금에 의한 일괄변제, 관리인의 종결의무 등을 그 내용으로 한다.

그러나 회생계획 인가 후의 M&A가 성사된 후 회생절차를 종결하기 위하여 항상 회생계획변경 등의 절차가 수반되는 것은 아니다. 회생회사의 관리인이 이와 같은 제3자 배정방식의 신주발행을 계획한 회생계획 조항에 따라 신규자금을 유치할 목적으로 수권자본금 내에서 회생법원의 허가를 받아 신주를 발행하는 경우에는 회생회사의 기존 주주들이 회생계획에 의하여 감수하기로 예정한 불이익이 구체적으로 현실화되는 것에 불과하므로 특별한 사정이 없는 한 제3자 배정방식의 신주발행을 위하여 정리계획 변경절차를 거칠 필요가 없다고 판시하였다(대법원 2008.05.09. 자 2007그127결정).

채무조정의 방식

채무조정의 방식으로써 회생담보권 · 회생채권 모두 원 회생계획에서 정한 연도별 변제예정금액을 변경회생계획안의 결의를 위한 관계인집회 전일을 기준으로 하여 할인한 금액과 변제재원을 일치시키는 내부수익률을 산정한 다음 각 회생담보권 및 회생채권별로 연도별 변제예정금액을 내부수익률을 적용하여 현재가치로 할인한 금액을 현금 변제하는 내용으로 회생계획안을 변경하여 작성하는 방식이 원래의 회생계획에서 권리의 순위를 고려하여 정한 공정 · 형평한 차등을 훼손시키지 않으면서도 변제재원을 합리적으로 배분할 수 있어 발함직하다.

그러나 이와 같은 배분방식은 원래의 회생계획상 회생 담보권자에 비해 변제조건이 상대적으로 열악한 회생채권자들에 대하여는 변제금액이 줄어드는 결과가 되기 때문에 변제재원이 충분하지 않은 경우 회생채권자조의 동의를 얻는데 장애가 될 수 있다.

따라서 우선 변재재원에서 회생담보권의 담보물의 청산가치에 해당하는 금액만큼 회생담보권자에게 선순위로 배당하고, 회생담보권 중 담보물의 청산가치를 초과하는 부분은 일반회생채권과 동등하게 취급하여 후순위로 배분하는 방법이 자주 활용된다.

회생계획 변경절차를 요하는 경우

회생계획 변경절차를 요하는 경우는 다음에서 설명하고 있는 두 가지의 경우에 한한다.

회생계획에서 정한 사항의 교환적 변경 회생계획에서 정한 사항의 변경은 향후의 영업추정 등과 같이 단순한 예상 내지 목표로서의 정함이 아닌 한 절대적 기재사항은 물론이고 상대적 기재사항이라도 반드시 회생계획 변경절차를 밟아야 한다.

이 중에서 가장 중요한 사항은 채권자와 주주의 권리에 관한 조항이다. 예컨대 채권 가운데 다시 일부를 더 면제하거나 변제기를 또 다시 연기하거나 주주의 권리를 재감축하는 경우 등이 이에 속한다. 연체된 회생채권이나 개시 후 이자도 변경의 대상이 되고, 조세 등의 청구권도 징수권자가 동의하면 권리를 변경할 수 있다.

인가일 이후의 개시 후 이자도 회생채권에 부수한 채권으로서 변경계획안에 의한 권리변경의 대상이 될 수 있다. 주식의 경우에는 원래의 회생계획인가 당시의 주식은 물론이고 인가 후의 새로운 주식도 계획의 정한 바에 따라서 발행된 이상 권리변경의 대상이 된다.

그러나 변경계획안에서 회생채권에 갈음하여 발행된 주식에 한하여 권리변경을 하고 새로이 불입 또는 현물출자를 하여 발행한 신주는 권리변경 대상에서 제외하더라도 주주평등의 원칙에 반하는 것은 아니라고 해석된다.

회생계획에서 정함이 없는 사항의 추가적 변경 회생절차에 의하지 않으면 할 수 없는 사항으로써 자본의 감소 · 신주 및 사채의 발행 · 이익 및 이자의 배당 · 합병 · 해산 · 조직변경 · 청산 등은 절차 종료 전까지는 반드시 회생계획의 정함에 따라 행하여야 하므로 당초의 회생계획에는 없었으나 인가 후에 이러한 사항을 행할 필요가 있는 경우에는 반드시 회생계획 변경의 절차를 거쳐야 한다.

회생계획의 변경절차

회생계획의 변경 신청권자는 관리인 · 회사 또는 신고한 회생채권자 · 회생담보권자 또는 주주이며 직권에 의한 변경은 불가능하다. 회생계획의 변경이 허용되는 경우에는 인가결정이 있은 후 부득이한 사유로 계획에 정한 사항을 변경해야 할 필요가 생긴 때일 경우에만 가능하다.

'부득이한 사유'라고 함은 원 회생계획의 인가 당시 그러한 사정이 예상되었다면 당연히 현재와는 다른 계획이 수립되었을 것이라는 사태의 출현을 말한다. 인가 후 경제상황의 급변, 법령의 개폐와 같은 일반적인 사정변경이나 행정청으로부터 인·허가를 예정대로 받지 못하였거나 취소당한 경우, 관련기업의 부도발생 등 외부적 사유가 이에 해당될 것이나 주력공장의 소실, 의외의 영업부진과 같은 내부적 사유도 원 회생계획인가 당시 예상할 수 없었던 경우에는 부득이한 사유에 해당된다고 볼 수 있을 것이다.

'계획에 정한 사항을 변경할 필요'라고 함은 현재의 상태를 그대로 내버려두면 회생계획의 전부 또는 일부가 수행 불가능해지거나 현저하게 곤란하게 되는 상황에 처해 있거나 그 계획을 변경한다면 그와 같은 사태를 회피할 수 있고 기업의 유지 갱생을 도모할 수 있는 경우를 말한다.

회생계획 변경의 신청이 요건에 대한 구비조건이 충족된 경우에는 법원은 변경의 내용을 심리하게 된다. 즉, 변경 내용이 법률의 규정에 위반하거나 공정·형평의 원칙에 반한 경우 또는 수행 불가능한 경우에는 변경계획안의 수정을 명할 수 있으며, 수정명령에 응하지 않거나 수정명령에 응하더라도 흠결이 치유될 수 없다고 판단되는 경우에는 회생계획변경 불허가결정을 한다.

회생계획 변경의 효과

회생계획변경은 이를 인정하는 법원의 회생계획변경결정(이해관계인에게 불리한 경향을 미치지 않는 경우의 결정) 또는 변경계획인가결정((이해관계인에게 불리한 경향을 미치는 경우의 결정)이 있은 때로부터 그 효력이 발생한다.

원래의 회생계획 중 회생계획변경계획에 저촉되는 부분은 장래에 향하여 효력을 잃고, 효력을 잃지 않는 나머지 부분과 변경계획이 일체로 되어 하나의 회생계획을 형성한다.

회생계획변경결정 또는 회생계획인가결정에 대해서는 즉시 항고가 허용되므로 항고심에서 항고의 이유가 있다고 인정되면 원 결정을 취소하고 변경불허결정 또는 변경계획불인가결정을 하게 된다.

03 M&A 진행절차

회생절차에 의한 M&A의 진행절차는 사안에 따라 차이가 있기는 하지만 일반적으로 다음과 같은 각 단계의 단계별 일정을 따른다. 회생절차 종결까지 최소한 수개월 이상의 기간이 소요된다.

- M&A 추진 결정
- M&A 주간사 선정
- M&A 주간사의 자체실사
- M&A 공고
- 인수의향서 접수
- 우선협상대상자 선정기준 작성
- 인수제안서 접수
- 우선협상대상자 선정
- 양해각서 체결
- 우선협상대상자의 정밀실사
- 본 계약 체결
- 후속절차

  회생계획 변경계획안 작성→ 인수대금의 예치 → 관계인 집회 → 회생계획 변경계획안의 인가 → (인수기획단 파견) → 감자 · 유상증자 · 회 사채 인수 등 절차이행 → 회생채권 변제, 회생담보권 말소등기촉탁 → 인수기획단 파견, 임원진 개편 → 회생절차 종결

1 M&A 추진결정

회생절차 중인 회사의 M&A 추진의 주체는 관리인이다. 관리인은 회생절차회사의 사업의 경영과 재산의 관리처분권을 갖고 있고, 회생절차회사 · 채권자 · 주주 등 이해관계인의 공적 수탁자로서 회생절차회사를 갱생시킬 임무가 있기 때문이다.

회생절차에 의한 M&A가 관리인의 권한에 속하는 것이기는 하지만, 관리인이 이를 추진함에 있어서는 착수부터 종료 시까지 회생법원의 허가를 받아야 하므로 관리인이

M&A에 관한 사무를 자의적으로 처리할 수는 없다.

관리인이나 회생절차에 의한 M&A를 감독하는 법원의 입장에서 가장 어려운 것 중의 하나가 M&A 착수 시점의 결정이다. 회생절차 중인 회사의 M&A 추진 시기를 결정함에 있어서 고려하여야 할 현실적인 제약사항 중의 하나가 M&A 실패로 인한 부작용이다.

회생절차에 의한 회사는 회생계획의 인가결정을 통하여 회생의 발판을 마련한 회사이기는 하지만 아직 회생을 확언할 수 없는 불안정한 상태의 회사이고, 또 이미 부도를 경험하고 시장에서 실패한 경험이 있는 회사이기 때문에 추진하던 M&A가 실패하는 경우 회사 조직의 붕괴와 시장에 대한 이미지가 부정적으로 형성될 소지가 있으며, 경우에 따라서는 그 정도가 매우 심각하여 회사의 인적자원의 유출, 시장에서의 거래 단절 등을 초래하여 결과적으로 회생을 위하여 시도한 M&A가 회사의 존립을 위태롭게 할 수도 있으므로 관리인이나 회생법원 입장에서는 M&A의 성공 가능성을 면밀히 검토하지 아니한 채 그 착수 시점을 결정할 수는 없다.

따라서 관리인은 해당 업계의 현황, 잠재적 투자자들의 동향, 동종 업체가 시장에 매물로 나와 있는지 여부 등을 꼼꼼히 검토하여 M&A 추진시기를 신중하게 선택하여야 한다. 관리인에 따라서는 신중한 검토 없이 M&A를 서두르는 수도 있으나 M&A를 무리하게 추진하는 것보다는 M&A 시기를 신중하게 선택하고 M&A 추진에 앞서 기업가치를 높이는 데 주력하는 것이 바람직한 경우도 있다.

2 M&A 주간사 선정

M&A 주간사는 추진주체인 관리인에 대하여 M&A 절차와 관련된 일련의 업무에 관하여 자문 및 용역을 제공하는 회사를 말한다. M&A 절차 전반에 걸쳐 전문성과 공정성을 확보하기 위해서 공개경쟁입찰방식으로 주간사를 선정하는 것을 원칙으로 하고 있고, 그 선정의 공정성을 제고하기 위하여 관리인으로 하여금 용역제안서를 제출받기 전에 미리 법원과 협의하여 용역제안 업체의 M&A 수행·자문실적, M&A 성공실적, 제안서 내용의 충실도, 참여 인원의 능력 및 경험, 인수희망자 확보 여부, 회생절차대상회사·회생절차·M&A에 대한 이해도, 업무추진력 등 제반 요소를 종합적으로 고려한 구체적인 주간사 선정기준을 마련하여 두고 있다.

회생절차에 의한 M&A에 있어서는 인수자가 채무재조정 및 기존 주식의 감자를 요구하는 경우가 대부분이므로 인수자를 포함한 이해관계인들과의 협상 및 이해 조정능력도 주간사 선정 시 중요한 고려요소의 하나이다. 따라서 관리인은 예상 주간사 후보자들을 대상으로 용역제안요청서를 발송하여 용역제안서가 제출되면 위 선정 기준에 따라 이를 심사를 거쳐 우수한 용역제안 회사를 주간사로 내정한 후 용역수수료 · 계약기간 등 구체적인 용역계약조건에 관하여 협상을 벌여 용역계약을 체결하고 법원의 허가를 받는 과정을 거치게 된다.

주간사는 통상 회계법인 · 신용평가기관 · 은행 또는 금융기관의 M&A팀, 기업구조조정전문회사(CRC) 중에서 선정되는데, 기업가치 평가 · M&A 전략 수립 · 기업소개서(Information Memorandum) 작성 · 투자자 유인 · 인수 의향서(LOI) 접수 및 평가 · 채무재조정안 수립 · 채권자 설득 등 일련의 절차를 관리인과 함께 진행하게 된다.

실제에 있어서 회계법인이 단독으로 주간사가 되는 경우가 많으나 규모가 큰 회생절차에 의한 M&A에서는 기업구조조정전문회사 등과 회계법인이 컨소시엄을 구성하거나 공동 주간사가 되어M&A 절차를 진행하는 경우도 있고, 그 외에 투자은행(IB)이 주간사로 선정된 사례도 있다.

이외에도 관리인이 M&A 구도와 전략, 투자자 유치 등을 담당하는 주간사만을 선정한 후 그 주간사가 기업가치 평가를 담당하는 회계자문사와 법률적 사항을 조언하는 법무자문사를 관리인의 사전 동의 아래 따로 선임하도록 하는 경우도 있다.

이 경우에 M&A 주간사의 보수와 별도로 주간사의 회계 · 법무자문사 용역보수를 회생절차에 의한 회사가 부담하는 경우가 있고, M&A 주간사 용역보수에서 그 자문사 용역보수를 지급하도록 하는 경우도 있다.

3 M&A 주간사의 자체실사

주간사는 직접 또는 회계법인 등을 통하여 회생절차에 의한 회사의 자산 및 부채에 대하여 실사(due diligence)를 하고 이를 토대로 청산가치와 계속기업가치를 산정한다. 청산가치 산출은 M&A 성공 시 작성하는 회생계획, 변경계획안에서 채권자들에게 보장해 주어야 할 최소한의 몫이기 때문에 그 이하의 금액으로는 M&A를 추진할 수 없다는 점에서 중요한 의미를 갖는다. 계속기업가치의 산출은 M&A 자체에는 특별한 의미가 있지는 않지만 M&A 구도와 매각전략 수립에 필요한 M&A 인수대금을 예상하는 데에 중요한 참고자료로 이용된다.

주간사는 이와 같이 평가를 마친 후 관리인과 협의하면서 M&A 구도와 전략을 수립하게 된다. 이 단계에서 회생절차회사의 M&A 매각 예상금액을 잠정적으로 결정한다. 매각 예상금액은 통상 청산가치와 계속기업가치 사이에서 정해지는데, 이를 활용하여 추후 작성 가능한 변경계획을 개략적으로 예측하여 관계인 집회에서의 채권자들의 동의 가능성 등을 사전에 가늠하여 보면서 M&A 구도와 전략을 수립하게 된다.

회생절차에 의한 M&A의 매각구도를 검토할 때는 채무 변제재원의 확보와 회사의 회생 도모라는 두 가지 목적이 조화롭게 달성될 수 있는 방안을 모색하게 된다. 제3자 신주인수방식 · 영업양도방식 · 자산매각방식 중 어느 방식으로 M&A를 추진할 것인지를 이 시점에서 확정하게 된다.

회사의 존속과 회생이라는 목적을 달성하기 위해서는 제3자 신주배정방식으로 추진하는 것이 유리한 방안이 될 것이지만, 이 목적만을 고집할 경우에는 채권자의 이해관계가 훼손될 수 있으므로, 추진방식은 위 두 가지 목표를 고려하여 신중히 결정되어야 한다.

근래에는 회생절차에 의한 M&A가 다수의 인수희망자들 사이의 치열한 경쟁 속에 이루어지는 경우가 있고, 그 결과 실제 제시된 인수대금이 주간사 등이 사전에 예상한 금액을 훨씬 뛰어넘는 경우도 빈번하게 발견됨에 따라 ,제3자 배정방식과 영업양도방식의 인수대금을 사전에 검토해 본 결과 영업양도방식이 채권자에게 더 많은 채권변제를 할 수 있는 것으로 예상이 된다고 하더라도 쉽게 제3자 신주배정방식을 포기할 것은 아니라고 하겠다.

매각예상금액을 정함에서 공익채권를 고려하는 방식이 통일되어 있지는 않은데, 인수자의 입장에서는 인수대금에서 변제되지 않고 회생절차회사에 그대로 남아 승계되는 채무이므로 청산가치와 계속기업가치에서 공익채권를 각각 차감한 금액을 기준으로 매각예상금액을 정하는 경우도 있고, 공익채권은 사업을 통한 영업수익으로 감당이 되는 채무이기 때문에 계속기업가치 평가에 이미 반영된 사항으로 인수가격에 영향을 주지 아니한다고 보아 계속기업가치 산정에 있어서는 이를 고려하지 않은 채 정하는 경우도 있다.

이와는 별도로 우선협상대상자 선정기준을 확정할 무렵에 실제 인수제안서 평가시 적용할 최저입찰금액은 따로 정하는 경우가 보통이다. 최저입찰금액은 청산가치와 계속기업가치 사이에서 입찰 참가자들 사이의 경쟁정도 등을 고려하여 정하게 되는데, 회생절차회사가 M&A 시장에서 통용될 수 있는 수익력을 갖고 있고 경쟁이 치열하게 이루어지는 경우에는 계속기업가치에 보다 가까운 금액으로 결정하게 되고, 만약 M&A가 성사되지 않을 경우 회생절차를 폐지하여야 할 정도로 상황이 좋지 않은 회사라면 청산가치 이상으로만 매각되면 채권자들의 이익을 크게 해치는 것이 아니라고 할 것이므로 청산가치 수준에서 결정하기도 한다.

최근에는 최저입찰예정금액을 정하여 입찰서 제출상황을 보아 가면서 해당 입찰서는 무효화할 것인지를 결정하는 방식을 활용하기도 한다. 이러한 청산가치, 계속기업가치 및 최저입찰금액은 이를 공표할 경우 경쟁을 통한 시장가격의 형성을 저해할 우려가 있고, 특히 인수호감도가 낮은 회사의 경우 인수금액이 청산가치 수준으로 수렴할 우려가 있다고 판단하여 이를 공표하지 않고 있다.

관리인과 주간사는 M&A를 어떤 구도로 추진할 것인지에 관하여 구체적인 전략을 수립하고 잠재적 투자자(Potential Buyer)를 물색하며 입찰안내서 · 양해각서 초안 · 우선협상대상자 선정 기준표 초안 · 기업소개서 등)에 필요한 서류를 준비하여야 한다.

M&A 구도와 전략을 수립함에 있어서는 회사의 장 · 단점, 잠재적 투자자들의 동향, 채권관계 및 회사 지배구조의 분석 및 채권자 및 주주의 동향, 기타 이해관계인의 동향 등 여러 사정을 검토하고 있다.

4 M&A 공고

M&A 구도와 전략이 수립되면 관리인은 법원의 허가를 받아 인수의향서 제출기간 · 제출장소 · 제출서류 · 진행일정 등을 정하여 일간신문과 회사 홈페이지 등을 통하여 M&A 공고를 하는데, 이때가 M&A 절차가 본격적으로 개시되는 시점이다. 관리인과 주간사는 예상 투자자들에게 teaser(간단한 회사소개 · 투자가치의 홍보 · 일정안내 등)를 배포하는 등 마케팅작업에 착수한다.

5 인수의향서 접수

인수의향서(LOI)는 일반적으로 법적 구속력이 없기 때문에 M&A 과정 중에 변경 또는 수정될 수 있고 인수금액도 기재하지 않는다. 이 단계에서 인수의향서 제출업체로부터는 비밀유지확약서(Confidential Agreement)를 제출받는 것이 보통이다.

인수의향서의 제출과 입찰 참가자격을 연계하지 않는 것이 보통이므로 통상의 경우에는 인수의향서를 제출하지 아니하였다 하더라도 입찰서를 제출하는 데에 아무런 지장이 없다.

다만 인수의향서를 제출한 업체가 너무 많거나 인수의지가 불명확하거나 인수능력이 의문시되는 등 부적절한 업체들이 인수의향서를 제출하는 경우에는 사전에 마련된 평가기준에 따라 인수의향서를 평가하여 일부 업체를 배제하고 적정한 업체만을 선정하여 예비실사 참가자격과 입찰참가 자격을 부여하는 경우도 있다.

인수의향서 제출 업체 중 일부를 배제할 계획이 있는 경우에는 M&A 공고를 하면서 이를 사전에 알리는 것이 보통이다. 그 후 관리인은 예비실사에 참가할 업체들에게 기업소개서(IM)를 배포한다.

기업소개서에는 회사의 영업비밀에 해당하는 사항 등은 포함되지 않으나, 가급적 회사의 실상에 대한 정보를 충실히 포함시키고 있고, 특히 인수희망자들이 입찰대금의 결정에 중대한 영향을 미칠 사항은 그와 같은 판단을 할 수 있는 사실관계를 중심으로 상세히 기술하고 있다.

예비실사 참가자들에게는 소정의 정보이용료를 납부시키는 것이 보통이다. 예비실사 참가자들은 회사에 마련된 데이터 룸에서 회사의 재무자료, 영업 관련 자료 등을 열람할 수 있다.

예비실사단계에서는 인수희망업체들이 M&A 주간사를 통하여 질문을 하여 회사로부터 답변을 들을 수 있고, 필요한 경우에는 관리인과 주요 임직원들이 예비실사 대상자별로 경영진 설명회를 개최하여 질의·응답을 하기도 한다.

관리인은 이 단계에서 예비실사 참가자들에게 입찰안내서를 배포하는데, 구속력 있는 인수제안서를 제출하는 방식과 필요한 사항의 안내와 우선협상대상자와 체결할 양해각서의 초안 등을 주된 내용으로 한다.

6 우선협상대상자 선정기준 작성

우선협상대상자 선정기준 사전작성

과거 회생실무에 M&A가 도입된 직후에는 우선협상대상자 선정기준을 마련하지 않은 상태에서 관리인이 주간사의 자문을 얻어 사후적으로 입찰제안서를 평가한 사례도 있었으나, 최근에는 입찰제안서 마감 전까지는 우선협상대상자 선정기준을 사전에 마련하여 두고 있다.

이와 같이 우선협상대상자 선정기준을 사전에 마련하는 이유는 우선협상대상자 선정의 공정성·객관성을 유지하고자 함이다.

우선협상대상자 선정기준은 M&A 공고 전에 미리 작성할 필요는 없고, 오히려 미리 작성하여 둘 경우 세부적인 선정기준이 공개될 위험이 있으므로 입찰제안서 제출일 직전에 관리인이 법원에 허가신청서를 제출하고 법원은 입찰마감 직후 허가서 등본을 관리인에게 교부하는 것이 보통이다. 우선협상대상자 선정기준은 공표하지 않고 있으나, 인수희망자들의 입찰 준비의 편의와 입찰을 회사에 유리한 방향으로 유도하기 위하여 입찰 제안서 평가 항목과 제한된 범위 내에서 평가기준을 입찰 참가자들에게 공표하기도 한다.

우선협상대상자 선정기준

우선협상대상자 선정기준의 내용은 다음에서 요약한 바와 같다.

평가항목 등 우선협상대상자 선정기준을 작성함에 있어서는 통상 인수대금의 규모 및 유상증자비율·인수대금 중 부채부분의 조달조건·인수대금의 조달능력·인수 후 경영능력·주 인수자의 재무건전성·고용승계 여부 등을 배점기준에 포함시키고, 양해각서초안의 수정요청 여부를 배점기준에 포함시키는 경우도 간혹 있다.

인수대금 규모의 배점이 당연히 높게 마련인데, 인수대금의 규모에 따른 변별력이 비계량지표인 인수 후 경영능력, 고용승계 여부, 주 인수자의 재무건전성, 양해각서초안의 수정요청 여부 등에 비하여 지나치게 낮게 책정되지는 않았는지, 유상증자비율에 따라 배점에 차별을 둘 것인지, 비계량지표의 배점은 적절한지, 전략적 투자자가 재무적 투자자에 비하여 우대받도록 배점이 되어 있는지 등을 면밀히 검토하여야 한다.

이를 위해서 다양한 예상 데이터를 가지고 시뮬레이션을 실시하여 배점의 적정성을 점검하고 있다.

평가항목별 고려 요소

- 인수대금의 규모와 유상증자의 범위
- 인수대금 중 부채부분의 조달조건
- 인수대금의 조달능력
- 인수 후 경영능력
- 인수자의 재무건전성
- 고용승계 여부 및 고용 개선조건

7 인수제안서 접수

인수희망자들은 예비실사 결과를 토대로 미리 배포된 입찰안내서에 따라 인수금액을 기재한 구속력 있는 인수제안서를 제출하게 된다. 입찰서 제출이 마감되면 관리인과 주간사가 함께 제출된 입찰서를 법원으로 가져와 개봉하는 경우가 많다.

인수제안서가 제출된 이후에는 컨소시엄의 구성원을 임의로 변경할 수 없는 것이 원칙이고, 예외적으로 불가피한 경우에 한하여 관리인이 법원의 허가를 얻어 컨소시엄 구성원 변경을 허용하고 있다.

컨소시엄 구성원의 변경에 대한 제한은 이외에도 인수의향서 제출단계에서 예비실사에 참가할 수 있는 적격자를 선별한 경우에는 인수의향서 제출 이후에 입찰서 제출 전까지 컨소시엄 구성원의 변경에 제한을 가하기도 하는데, 인수제안서 제출 이후에는 컨소시엄 구성원의 변경이 우선협상대상자 선정을 위한 평가 내용을 초래한다는 점에서 보다 엄격하게 제한을 하고 있다.

8 우선협상대상자 선정

입찰제안서의 평가 주체

제출된 입찰제안서의 평가주체는 관리인이다. 대부분의 회생절차에 의한 M&A에서는 관리인이 주간사의 자문을 얻어 입찰제안서를 평가하여 우선협상대상자를 내정한 뒤 법원의 허가를 얻어 이를 선정하고 있다.

다만 몇몇 사례에서는 입찰평가위원회를 구성하여 여러 명의 평가위원이 평가에 참여한 경우도 있는데, 이때 평가위원회는 관리인 · 회사 임직원 · 주간사의 M&A

담당자들로 구성되는 것이 보통이다.

우선협상대상자의 선정

우선협상대상자 선정 시 인수희망자들이 제출한 입찰제안서를 평가한 결과에 따라 우선순위를 정하게 되는데, 동점자가 있을 경우에는 인수금액의 규모가 큰 인수제안서 제출자를, 인수금액 규모까지 동일할 경우에는 유상증자금액이 큰 인수제안서 제출자를, 유상증자금액까지 동일할 경우에는 기타 비계량지표의 배점점수가 큰 고득점 순으로 우선협상대상자를 선정하는 것이 일반적이다.

우선협상대상자를 선정하면서 평가점수 순위에 따라 예비협상대상자를 추가로 선정하여 두는 경우가 많다. 이는 우선협상대상자와의 협상이 결렬될 경우에 대비하여 처음부터 다시 절차를 밟을 필요 없이 당초의 우선협상대상자의 지위를 상실시키고 예비협상대상자에게 새로운 우선협상대상자의 지위를 부여할 수 있도록 하여 M&A 절차를 이어 가기 위한 것이다.

실제 예비협상대상자의 존재 자체가 관리인의 협상력을 높일 수 있으므로 사전에 정해 놓은 매각금액을 넘는 복수의 인수제안서 제출자가 있다면 가급적 예비협상대상자를 함께 선정하여 두는 것이 여러모로 유리하다.

한편 인수 제안서 제출자가 다수이고 그 우열을 가리기가 쉽지 않은 경우, 특히 입찰금액의 차이가 근소하고 비계량적 평가항목에서 다소 차이를 보이고 있으나 비계량적 평가항목에서 제시한 조건에 대하여 채무자에게 유리한 조건으로 개선할 용의가 있는 경우에는 우선협상대상자를 복수로 선정한 후 복수의 우선협상대상자 사이에 재입찰을 실시하여 최종적으로 우선협상대상자를 선정할 수도 있다.

우선협상대상자는 선정통보일로부터 수일 이내에 양해각서를 체결하여야 하고, 양해각서 체결일 전일까지 인수 제안금액의 5%에 해당하는 금액을 이행보증금으로 납입하여야 한다.

9 양해각서 체결

관리인은 우선협상대상자와 기 배포된 양해각서초안에 대한 협상을 거쳐 양해각서(MOU)를 체결하고 법원의 허가를 받는다. 이 단계에서 협상이 결렬되는 수도 있는데, 예컨대 당초 우선협상대상자로 선정된 기업이 회생절차에 의한 M&A에서 관행적으로 수용되고 있던 조건들의 수정(이행보증금제도의 철폐, 관할법원을 외국의 중재기관으로 할 것, 정밀실사의 범위를 무제한으로 허용하여 줄 것 등)을 요구하면서 협상을 끌다가 결국 협상포기를 선언하여 우선협상대상자의 지위를 상실한 적이 있고, 영업양도방식으로 M&A를 추진하던 중 우선협상대상자가 영업양도일까지 양수도대금의 무제한적인 정산을 요구하여 협상이 결렬된 적도 있다.

통상적인 순서로는 관리인이 우선협상대상자를 선정한 후 그와 양해각서의 내용에 대하여 협의를 하게 되지만, 우선협상대상자가 양해각서초안에 대하여 많은 수정사항을 요구하고 진행하는 M&A의 성공이 반드시 필요한 경우로서 우선협상대상자 이외에 달리 대안이 마땅치 않은 경우에는 우선협상대상자 선정 이전에 양해각서에 대한 협의를 먼저 거치는 경우도 있다.

10 우선협상대상자 정밀실사

우선협상대상자는 양해각서에서 정한 방법에 따라 회생절차에 의한 M&A 회사에 대한 정밀실사를 실시한다. 실사기간은 대개 2주 정도로 정하는데, 회사의 규모에 따라서는 한 달 이상 장기간으로 정하는 경우도 있고, 추가적인 실사기간이 필요한 경우에는 법원의 허가를 얻어 연장하는 경우도 있다.

우선협상대상자의 정밀실사의 목적은 회생절차에 의한 M&A 회사의 실사결과가 실사기준일 현재 실사범위에 해당하는 자산 · 부채가 실사기준에 따라 적정하게 평가되어 있는지 확인하도록 하는 것이다.

정밀실사 후 우선협상대상자는 인수대금조정요청서 또는 최종인수제안서를 제출하는데, 우선협상대상자에 따라서는 실사기준일 이후의 자산 · 부채의 변동사항을 가지고 인수대금 조정요청을 하는 경우가 있기 때문에 관리인은 미리 우선협상대상자에게 인수대금 조정요청의 범위를 주지시킬 필요가 있다.

인수대금의 조정 대상은 회생절차에 의한 M&A 회사의 실사 결과가 중대하고도 명백한 오류나 누락에 해당하는 사항에 한하여 이루어진다.

실제로 회생절차에 의한 M&A 에서는 일반 M&A와는 달리 부외부채나 우발채무의 발생 가능성이 거의 없기 때문에 통상 양해각서에 인수대금의 5% 한도 내에서 인수대금을 조정할 수 있는 것으로 정하고 있다.

우선협상대상자로부터 인수대금의 조정요청이 있는 경우에 M&A를 감독하는 회생법원은 관리인에 대하여 우선협상대상자의 조정요청 내용과 양해각서에 정해진 조정사유의 존부와 그 수용 여부에 관한 의견 및 이에 대한 구체적인 근거자료를 제시할 것을 요구하고 있고, 특히 매각공고 전에 자체실사를 주관한 주간사에 대하여는 인수자의 정밀실사 결과와 주간사의 자체실사 결과가 차이나는 이유를 납득할 수 있도록 설명할 것을 요구하고 있다.

언뜻 생각하면 매도자인 관리인과 매수자인 우선협상대상자 사이에 인수대금의 조정에 관하여 의견의 일치가 이루어지면 이를 존중하여 합의된 내용에 따라 인수대금을 조정하고, 그 결과에 대해서는 채권자들에게 관계인 집회에서 의결권 행사를 통하여 수용 여부를 의사결정 하도록 할 수도 있는 것이므로 인수대금의 조정에 대하여 합리적인 근거를 제시하도록 하는 것은 너무 엄격한 것이 아니냐는 지적이 있을 수 있다.

그러나 제시된 입찰대금을 감액하는 것은 채권자에게 배분될 몫을 감소시키는 것이므로 그 감액에 합리적인 근거를 요구하는 것은 당연하다고 할 것이다. 더구나 채권자협의회가 현실적으로 총채권자의 이해관계 충족도를 좌우하는 M&A를 관리인과 회생법원이 지나치게 주도하고 있다는 비판이 제기되고 있는 상황을 감안해 보면, 인수대금의 감액 여부는 엄격한 근거를 요구할 수밖에 없을 것이다.

통상 인수대금의 조정은 상당한 시일이 소요될 뿐 아니라 양측의 협상력을 가늠해 볼 수 있는 중요한 기회이다. 관리인으로서는 우선협상대상자의 근거 없는 조정요청을 거절하면서도 우선협상대상자가 계약을 포기하거나 절차의 진행이 지나치게 지연되지 않도록 협상력을 발휘하여야 할 필요가 있다.

현실적으로 M&A가 이 단계에 이르면 관리인과 주간사가 M&A를 추진하는 근본목적이 총채권자의 만족을 극대화하는 재원의 조달이라는 점에 있다는 것을 주의깊게 생각하지 않는 경우가 있고, 부득이 회생법원이 관리인과 주간사가 제시하는 인수대금 감액 근거의 합리성을 회생법원이 심도 있는 재검토하는 경우도 있다.

실제에 있어 인수대금조정 요청서를 검토하다 보면 인수인에 따라 천차만별의 차이를 보이고 있다. 인수대금조정 요청을 하면서 양해각서상의 기준에 따른 조정 요청사항과 그 이외의 조정 요청 사항을 함께 제출하면서 그 금액도 양해각서상의 인수대금조정 요청 한도액을 초과하는 사례가 있고, 인수대금의 조정보다는 M&A의 조속한 종결을 위하여 조정요청을 하지 않아 입찰대금이 그대로 최종인수대금으로 확정되는 사례도 있는데, 전자의 경우가 훨씬 많다.

11 본 계약 체결

인수대금조정 협상이 끝나면 기타 인수조건에 관해서도 세부적인 협상을 벌여 타결되면 본 계약을 체결한다. 본 계약에는 인수대금액수 · 인수대금의 지급 시기와 방법 · 지급조건 등 그간 협상해 온 M&A에 관한 모든 사항은 물론 후속절차에 대한 내용(회생계획 변경절차에 관한 내용, 회생담보권 · 회생채권의 변제에 관한 내용, 자본감소 · 유상증자 · 회사채 인수에 관한 내용, 인수기획단의 파견 · 회생절차의 종결에 관한 내용 등을 기재한다.

실제에 있어 이 단계에서 거의 모든 경우에 문제가 되는 것은 기존 주식의 감자비율이다. 종전에는 본 계약 체결 시 기존 주식의 감자 여부 및 감자비율은 추후 관리인이 회생계획 변경계획안을 작성하면서 상호 협의 하에 정하는 정도로 규정되어 왔는데, 지금은 아예 일정한 감자비율을 본 계약에 명시하자고 요구하는 경우가 자주 발생하고 있다.

이 과정에서 인수인 측에서 들고 있는 주된 논거는 (-)의 가치를 가지는 기존 주주가 인수인의 출재로 말미암아 (+)의 가치를 갖게 되어 부당하다는 것이다. 회생절차에 의한 M&A 회사의 부채가 자산을 초과하여 기존 주주의 가치가 없는 경우에는 그 주장을 받아들이는 것에 큰 문제가 없지만, 자산이 부채를 초과하여 기존 주주의 가치가 있고 기존 주주에게 정리계획 변경계획안에 대한 의결권도 있는 경우에는 그 주장을 받아들이는 것이 용이하지 않다.

이 문제는 결국 M&A 후의 기존 주주의 잔존가치를 얼마나 남겨 둘 것인가 하는 것인데, 이는 신주를 인수하는 인수인과 기존 주주 사이에서 결정될 문제는 아니고 회생계획 변경계획안에서 정하는 회생채권자의 손실률과 기존 주주의 손실률을 비교형량하여 '공정 · 형평한 차등'이라는 관점에서 정해져야 하는 문제이다.

종래 회생계획에서 이해관계인 사이에 차등을 두는 것이 공정 · 형평한 것인지가 주로 문제가 되었으나, 요즈음은 이해관계인 사이에 차등을 두는 것이 정당하다고 하더라도 어느 정도의 차등을 공정 · 형평한 것이라고 할 수 있는 것인지에 대한 논란이 제기되기도 하므로 이 단계에서 구체적인 감자비율을 정하는 것은 매우 곤란하다고 할 것이다.

본 계약에는 통상 인수자가 컨소시엄인 경우에는 컨소시엄 구성원 사이에 연대의

무관계에 있다는 내용을 기재하고, 원칙적으로 컨소시엄 구성원은 변경할 수 없으며, 예외적으로 불가피한 경우에 한하여 관리인이 법원의 허가를 얻어 컨소시엄 구성원을 변경할 수 있도록 함으로써 인수대금의 납입을 담보하게 하고 있다.

또한 본 계약 체결 당일 인수자로 하여금 인수대금의 10%(기 납입된 이행보증금 5% 포함)를 계약금으로 예치하게 하고, 인수자의 귀책사유로 인하여 본 계약이 해제 또는 해지되는 경우에는 위 계약금을 위약금으로서 몰취하는 조항을 본 계약에 명시함으로써 인수자가 부당하게 계약을 파기하지 못하도록 구속력을 확보하여 두고 있다.

계약금을 제외한 나머지 인수대금은 회생계획 변경계획안 심리 및 결의를 위한 관계인 집회 수일 전까지 예치하도록 정하는 것이 보통인데, 인수자에 따라서는 본 계약 체결 후 인수대금을 마련하지 못하였다는 이유로 인수대금 예치기한을 연장하여 줄 것을 요청하는 경우가 종종 있다.

인수자에게 회생절차에 의한 M&A는 우발채무 발생 가능성이 거의 없는 상대적으로 안전한 투자인 반면, 회생절차에 의한 회사로서는 본 계약만으로 M&A가 곧바로 종료되지 않고 회생계획 변경계획안 제출 및 관계인 집회에서의 가결까지 수개월이 소요되는 것이 보통이므로 인수대금 납입에 대한 구속력을 확보하기 위하여 위약금 규정은 불가피한 면이 있다.

12 후속절차

회생절차에 의한 M&A는 인수자가 납입한 인수대금으로 회생담보권과 회생채권을 전부 변제하여(따라서 인수자는 공익채권만을 승계하는 것이 보통이다) 재무구조를 개선하고 인수자는 지배주주가 되어 회생절차 종결 후 개선된 재무구조를 바탕으로 정상적인 기업을 운영해 나가는 것을 기본구조로 한다.

이에 따라 관리인은 인수자와 본 계약 체결 후 인수대금을 변제재원으로 하여 회생채권 및 회생담보권을 변제하는 내용의 회생계획 변경계획안을 작성・제출한다. 그런데 회생절차에 의한 M&A 회사가 부담하는 회생채무의 규모가 커서 인수대금으로 회생채무를 전액 변제하지 못하고 채무재조정을 통하여 일부만 변제하여야 하는 경우와 같이 회생계획 변경계획안이 이해관계인에게 불리한 영향을 미치는 경우 관리인은 채무재조정을 내용으로 하는 회생계획 변경계획안을 제출하여 관계인 집회의 심리 및 결의를 거쳐야 한다.

채무재조정방식으로서 회생담보권·회생채권 모두 원 회생계획에서 정한 연도별 변제예정금액을 회생계획 변경계획안의 결의를 위한 관계인 집회 전일을 기준으로 하여 할인한 금액과 변제재원을 일치시키는 내부수익률을 산정한 다음 각 회생담보권 및 회생채권별로 이러한 내부수익률을 할인율로 적용하여 현재가치로 할인한 금액을 현금 변제하는 내용으로 정리계획 변경계획안을 작성할 수 있다면, 그와 같은 회생계획 변경계획안은 원 회생계획에서 권리의 순위를 고려하여 정한 공정·평형한 차등의 정신을 훼손시키지 않으면서도 변제재원을 합리적으로 배분할 수 있어 바람직하다고 할 수 있다.

그러나 이와 같은 배분방식은 원 회생계획상 회생담보권자들에 비하여 상대적으로 변제조건이 열악한 회생채권자들에 대하여는 변제금액이 줄어드는 결과가 되기 때문에 변제재원이 충분하지 않은 경우 회생채권자조의 동의를 얻는 데 장애가 될 수 있다.

이에 따라 우선 변제재원에서 회생담보권의 담보물의 청산가치에 해당하는 금액만큼 회생담보권자에게 선순위로 배분하고, 회생담보권 중 담보물의 청산가치를 초과하는 부분은 회생채권과 마찬가지로 취급하여 후순위로 배분하는 방법이 자주 활용된다.

회생계획 변경계획안이 인가된 후에는 인수자의 희망에 따라 인수기획단이 파견되고, 인가결정에 대한 즉시항고가 없으면 회생계획 변경계획에 따라 기존주식의 감자·인수자에 대한 유상증자 및 회사채 발행, 인수대금에 의한 회생채무 변제, 회생담보권 말소등기촉탁 등 후속절차를 신속하게 진행하여 지배주주가 된 인수자의 경영권 행사가 늦어지는 일이 없도록 하고 있으며, 이러한 절차가 마쳐지면 임원진 개편 등의 후속절차를 진행하게 된다.

회생채권이 변제되면 관리인은 곧바로 회생절차 종결신청을 하고, 법원은 채권자 협의회와 관리위원회의 의견을 들어 회생절차 종결결정을 하게 된다.

Chapter 09

기업공개전략

01 IPO 전략의 개요
02 유가증권 상장
03 상장절차
04 우회상장전략
05 의무보호예수
06 상장폐지

01 IPO 전략의 개요

IPO(Initial Public Offering)란 주식을 신규로 상장하기 위하여 자본시장법에 의한 모집 또는 매출의 방법으로 주식을 새로이 발행하거나 이미 발행된 주식을 매도하는 것을 의미하는 것으로써 주식회사가 발행한 주식을 일반 대중에게 균일한 조건으로 공모하거나 이미 발행되어 대주주가 소유하고 있는 주식의 일부를 매출하여 주식을 분산시키고 재무내용 등 기업의 실체를 알리는 것을 말한다. 기업공개는 증권시장에서 자유롭게 거래될 수 있게 함으로써 직접금융방식에 의한 기업의 자금조달을 원활하게 하고 자본과 경영권의 분리에 의한 경영합리화를 도모함과 동시 기업의 건전한 발전을 통한 경쟁력 강화와 사회적 책임을 다할 수 있게 함으로써 국민기업으로 성장할 수 있는 기초를 마련하는 데 그 의의가 있다.

1 IPO의 개요

기업공개란 폐쇄된 기업이 최초로 일반인을 대상으로 신주를 발행하거나, 이미 발행된 주식을 매도함으로써 주식을 분산시키는 행위를 의미하며, 거래소상장을 위한 주식공모행위를 기업공개라고 한다.

기업공개는 광의의 의미로 소수인의 주주로 구성된 폐쇄기업(closed company)이 최초로 일반인을 대상으로 신주를 발행하거나, 이미 발행된 주식을 매도함으로써 주식을 분산시키는 행위를 의미하며 협의의 의미에서의 기업공개란 당해 법인의 주식을 한국거래소가 개설하는 증권시장에서 거래하기 위하여 일반인을 대상으로 신주를 모집하거나 구주를 매출하는 일련의 절차를 말한다.

'증권 인수업무에 관한 규정' 제2조3항에서는 "기업공개란 유가증권시장 또는 코스닥시장에 주권(외국증권예탁증권을 포함한다)을 신규로 상장하거나 유가증권시장(코스닥시장)의 주권상장법인이 코스닥시장(유가증권시장)에 주권을 신규로 상장하기 위하여 행하는 공모를 말한다."라고 정의를 내리고 있다.

IPO의 중요성

기업공개를 함으로써 증권시장을 통한 직접금융이 가능해지고 기업의 인지도가 높아질 뿐만 아니라 종업원의 사기가 진작되는 효과를 거둘 수 있으며, 중소기업의 경우 적정한 자금조달을 통하여 경쟁기업의 출현 및 관련 산업 정체에 따른 기업의 한계를 극복하고, 새로운 사업진출을 실현할 수 있는 발판이 될 수 있다.

- 장내 공모를 통한 적시성 있는 자금조달이 가능해 짐에 따라 기업의 직접금융기회가 확대된다.
- 기업 홍보 효과와 공신력을 제고할 수 있다.
- 기업의 경영 합리화와 사업 다각화 추진이 용이해진다.
- 상장규정에서 정하고 있는 기업분할제도, 지주회사제도, 장내매매를 통한 M&A 등의 다양한 방법을 통해 구조조정과 관련된 경영합리화 정책 및 사업다각화의 추진이 가능하다.
- 발행 주식의 20% 범위 안에서 당해 법인의 우리사주조합에 우선 배정이 가능케 됨으로써 종업원의 사기진작과 사주조합 우선 배정을 통한 주인의식 고취와 이를 통한 생산성 향상 및 우수인력 확보가 용이해 진다.
- 세제상의 혜택으로는 양도소득세 비과세 및 증권거래세 · 농특세 등을 경감 받을 수 있다.

증권시장의 구조

증권시장은 일반적으로 기업이 유가증권을 발행하여 자금을 조달하고 일반인이 자금을 제공하여 당해 유가증권을 취득하는 발행시장과 투자자가 취득한 유가증권을 현금화할 수 있는 유통시장으로 구성되어 있으며, 발행된 유가증권을 상장을 통하여 유통시장에서 매매할 수 있어야 유가증권을 취득한 투자자의 투자자금 회수가 가능하고 발행주체도 계속 유가증권을 원활히 발행할 수 있다.

우리나라의 유통시장은 한국거래소가 개설한 유가증권시장 · 코스닥시장 · 선물시장 및 금융투자협회가 개설한 장외주식시장인 프리보드를 통하여 유가증권의 매매가 이루어지는 시장이 있다.

자율성 확대

주관회사의 공모가격 및 물량배정 자율권이 강화되었으며 개인투자자나 해외투자자의 수요예측 참여를 허용할 뿐 아니라 기관투자자의 청약증거금제도가 폐지되었다.

또한, 개인 청약증거금률의 자율화와 풋백옵션제도의 폐지 및 초과배정물량 자율배정권을 강화하여 유가증권 상장공모 시에 구주매출을 100%(코스닥의 경우 50%) 허용하고 있다.

투명성 강화

지정감사제도에 의한 공개예정기업에 대한 회계감리의 실시, 분식회계 기업에 대한 수사기관 통보, 과징금 부과, 3년간 증권시장 진입 제한 등 자금관리, 회계시스템, 내부감사 독립성 등 내부통제시스템 집중 심사를 통한 투명성을 확보하였으며, 증권회사의 기업실사의무의 방안으로 현지 확인 및 최대주주 등의 평판 실사를 강화하고 공시서류의 허위기재 및 누락을 방지하기 위해 대표이사의 확인서명 의무화 제도를 운영하고 있다.

유가증권시장

일반적으로 넓은 의미에서는 유가증권의 매매거래가 이루어지는 시장을 유가증권시장이라고 지칭하나 한국거래소법 등 법률상 유가증권시장은 거래소 시장을 의미하며, 한국거래소 설립에 따라 동 거래소가 개설하는 시장이 유가증권시장 · 코스닥시장 및 파생상품시장으로 나누어져 있다. 자본시장법이 '유가증권시장'과 '코스닥시장'을 기초 개념으로 하여 전개되고 있는 점을 감안한 결과로 이해할 수 있다.

코스닥시장

코스닥시장은 중소 · 벤처기업 중심의 고위험 · 고수익을 추구하는 역동적인 증권시장으로서 유망 벤처기업 · 중소기업 등이 발행한 주식에 대하여 환금성을 부여함으로써 이들 비상장 중소 · 벤처기업이 신주공모 등을 통해 안정적인 자금을 조달투자자에게 유가증권시장에 상장된 대형주 이외에 작지만 강한 기업들의 주식에 투자할 수 있는 수단을 제공할 수 있는 기회를 부여하고 있다.

신생 벤처기업에 투자를 전문으로 하는 벤처금융(Venture Capital)회사들이 코스닥시장을 통하여 투자한 자금을 회수하는 한편 새로운 유망 벤처기업을 발굴하여 지원하기도 한다. 벤처기업의 발굴과 지원이 코스닥시장이라는 시장 기구를 통하여 선순환될 때 자금의 효율적인 배분이 가능하며 이러한 기능은 새로운 산업의 성장을 촉진하는 기회를 제공하게 된다.

증권시장의 구성도

구 분	정규 증권시장			비정규 증권시장
	유가증권시장	코스닥시장	코넥스시장	장외시장(OTC)
개념	한국거래소가 운영하는 시장		중소벤처기업전용 특화된 주식시장	자연적인 거래가 성립되는 비제도화 시장
거래시장	한국거래소에 상장된 유가증권		전문투자자 등으로 시장참여자 제한	제한 없음
거래형태	경쟁 매매		경쟁매매(기본예탁금제)	상대 매매
가격제한폭	±30%	±30%	±15%	-
증권거래세	0.15%	0.3%	0.3%	0.5%
매매단위	10주	1주	1주	-
양도소득세	면제(대주주 제외)	면제(대주주 제외)	면제	중소기업 10% 대기업 20%

2 IPO의 유형

신규상장

신규상장이란 거래소가 일정한 요건을 충족한 법인이 발행한 유가증권을 증권시장에서의 매매거래대상으로 인정하는 것으로서, 공모 여부에 따라 공모상장과 유통상장인 직상장으로 구분된다.

신규상장이란 일정한 요건을 충족한 기업들이 발행하는 유가증권에 대하여 거래소가 증권시장에서 최초로 매매 거래될 수 있는 자격을 부여하는 것을 말하며, 그 자격을 얻은 유가증권을 상장유가증권이라고 한다. 한국거래소에 주권을 상장하지 아니한 발행기업이 주식분산을 통하여 처음으로 발행주권을 상장하는 것을 주권신규상장이라고 하며, 모집 또는 매출 여부에 따라 공모상장과 직상장으로 구분된다.

공모상장

공모상장이란 거래소의 예비상장심사 결과, 상장 적격 통보를 받은 기업이 모집 또는 매출을 통하여 자금을 조달한 후 상장을 하는 형태의 신규상장을 말한다. 즉, 한국거래소에 신규상장을 원하는 기업이 상장을 추진하는 과정에서 일반투자자들을 대상으로 공모를 통하여 자금조달을 한 후 상장하는 형태를 말한다.

직상장

직상장이란 이미 분산요건을 충족한 기업이 한국거래소의 예비상장심사 후 공모를 통한 자금조달을 하지 아니하고 주권을 바로 상장하는 형태의 신규상장을 말하며 유통상장이라고도 한다. 즉, 상장을 추진하는 과정에서 자금조달이 수반되지 아니하는 형태이며, 금융투자협회 등록법인에 한하여 허용되고 있다.

3 상장의 효과

기업은 발행한 주식을 어느 시장에서 유통시킬 것인가를 결정하기 위하여 유통시장별 진입기준과 유통시장의 특성뿐만 아니라, 산업 및 기업의 특성 · 중장기적 성장전략 · 주주 및 이해관계자의 요구와 경쟁기업의 동향 등을 종합적으로 고려하여야 한다.

거래소에 주권상장을 하게 되면 기업은 다음과 같은 효과를 누릴 수 있다.

직접금융 조달기회 및 능력의 증대

주권상장법인은 유상증자와 사채발행 등 다양한 방법으로 일반대중으로부터 필요한 자금을 조달할 수 있다. 특히 한국거래소는 주식 · 전환사채 · 신주인수권부사채 · 교환사채 · 신주인수권증권 · 신주인수권증서 등을 상장 매매하고 있는 종합증권시장이라 할 수 있다. 따라서 주권상장법인은 자금조달목적에 적합한 유가증권을 발행하여 한국거래소에 상장함으로써 장기안정적인 자금을 조달할 수 있으며, 발행한 유가증권 전체를 종합적으로 관리할 수 있다. 상장유가증권에는 주권(뮤추얼펀드 · 리츠 포함) 신주인수권증권 및 신주인수권증서 채권(국공채 및 주식 관련 사채 포함) 주가지수(KOSPI200)선물 · 옵션, 개별주식옵션 수익증권 등이 있다.

기업의 국제적 인지도의 제고

주권상장법인은 국내외 투자자를 비롯한 많은 사람들의 관심의 대상이 되며, 기업의 재무 내용이나 경영상황이 매개체, 증권 관계기관의 각종 자료 등을 통하여 국내외에 전달됨으로써 기업의 인지도를 제고하는 효과를 얻을 수 있다. 특히 한국거래소는 주요 선진국의 증권관계기관으로부터 해외지정증권시장 등으로 인정받고 있으며, 국제 분산투자자 및 해외 바이어들은 국제적으로 인정된 증권시장에 상장된 기업에 많은 관심을 기울이고 있다. 따라서 상장기업은 해외진출 및 해외합작투자를 모색할 경우에 상장기업으로서의 지명도를 활용할 수 있다.

기업의 원활한 구조조정 추진

주권상장법인은 상장규정에서 정하고 있는 다양한 방법으로 구조조정을 추진할 수 있다. 즉, 기업분할제도 · 지주회사제도 등 기업의 구조조정과 관련된 상장제도를 적극적으로 활용하여 기업의 목적에 맞는 방법으로 구조조정을 추진할 수 있다. 특히, 상장기업이 인적분할 및 물적 분할을 하는 경우 분할재상장제도를 이용하여 상장할 수 있으며, 상장기업이 기존 상장기업을 자회사로 하는 지주회사(사업지주회사 및 금융지주회사)를 설립하는 경우에도 상장규정의 특례를 적용받아 신속하게 상장할 수 있다. 또한, 비상장법인이 합병 · 분할 · 분할합병 또는 영업양수(양수한 영업부문이 회사의 주된 영업에 해당할 경우에 한정)를 한 경우에도 실질적인 영업활동기간이 3년 이상일 경우에는 설립 후 3년이 경과하지 않은 경우에도 상장을 신청할 수 있어 기업구조조정 성과를 조기에 달성할 수 있다.

종업원의 사기진작과 경영권 안정

주권상장법인 또는 주식을 신규로 상장하고자 하는 법인이 주식을 모집 · 매출하는 경우 당해 법인의 우리사주조합에 모집 또는 매출하는 주식총수의 20% 범위 안에서 우선적으로 배정하여야 한다. 따라서 상장기업은 발행하는 주식을 종업원에게 우선적으로 배정함으로써 종업원의 사기진작과 주인의식을 제고시키며 생산성 향상을 기대할 수 있다. 또한, 종업원이 자사 주식을 보유하게 되면 우호적인 주주집단이 되어 경영권의 안정을 도모하는 효과도 얻을 수 있다.

상장에 따른 혜택

우리나라의 각종 법령에 따라 주권상장법인에 대하여 혜택을 부여하고 있다. 따라서 일반법인뿐만 아니라 중소기업 및 벤처기업이 한국거래소에 상장하면 혜택을 유지할 수 있다.

일반 공모증자의 용이 주권상장법인은 정관이 정하는 바에 따라 이사회의 결의로써 주주의 신주인수권을 배제하고 불특정 다수인을 상대로 하여 용이하게 신주를 모집할 수 있다.

의결권 없는 주식의 발행한도 특례 상법상 의결권 없는 주식은 발행주식 총수의 25%까지 발행할 수 있으나, 주권상장법인이 외국에서 주식을 발행하거나 외국에서 발행한 해외전환사채 · 해외신주인수권부사채 · 기타 주식과 관련된 증권 또는 증서의 권리행사로 발행하는 의결권 없는 주식은 발행한도의 계산에 산입되지 않는다.

주식배당의 특례 상법상 주식배당은 이익배당총액의 1/2을 초과하지 못하나, 주권상장법인의 경우에는 이익배당총액에 상당하는 금액까지 주식배당을 실시할 수 있다.

신종사채의 발행 주권상장법인은 전환사채와 신주인수권부사채 이외에도 교환사채 등의 신종사채를 발행할 수 있다.

특히, 자본시장법의 규정에 따라 주권상장법인은 취득하여 보유하고 있는 자사주를 기초로 교환사채를 발행할 수 있으므로 일반사채에 비하여 유리한 조건으로 자금조달이 가능하다. 자사주 교환사채를 발행하는 경우에는 전환사채와는 달리 교환권 청구 시 신주를 발행하지 않고 보유하고 있는 자사주와 교환하게 되므로 다른 주주의 이익을 침해하지 않는다.

사채발행의 한도 확대 주권상장법인이 발행한 전환사채나 신주인수권부사채 중 주식으로 전환 또는 신주인수권의 행사가 가능한 부분에 해당하는 금액은 상법 제470조의 규정에 의한 사채발행한도(순자산액의 4배를 초과하지 못함)의 제한을 받지 않는다.

주주총회 소집절차의 간소화 상법상 주주총회의 소집통지는 각 주주에게 서면으로 하게 되어 있으나, 주권상장법인은 의결권 있는 발행주식 총수의 1% 이하를 소유하는 주주에 대하여는 주주총회일 2주 전에 2개 이상의 일간신문에 각각 2회 이상 공고함으로써 주주총회의 소집통지를 갈음할 수 있다.

중소기업의 사업손실준비금적립 주권상장법인이 사업손실을 보전할 목적으로 사업손실준비금을 손금으로 계상한 때에는 조세특례제한법에 따라 상장일이 속하는 연도를 포함하여 3년간 소득금액의 30% 범위 안에서 적립할 수 있다. 코스닥상장법인이 유가증권시장에 상장한 경우에도 손금산입할 수 있는 과세연도는 합산하여 3년 이내로 한다.

자사주 처분 손실준비금적립 주권상장법인이 주가안정을 위하여 자사주를 취득한 경우 공주식의 처분에 따른 손실을 보전할 목적으로 자사주처분손실준비금을 손금으로 계상한 때에는 조세특례제한법에 따라 당해 과세연도에 취득한 자기주식 취득가액의 30% 범위 내에서 소득금액 계산 시 이를 손금에 산입할 수 있다. 자기주식 취득 후 6월 이내에 처분하는 경우 당해 자기주식에 상당하는 준비금은 처분 연도에 익금으로 산입한다. 익금에 산입하지 아니한 준비금은 자기주식처분손실이 발생하는 경우 당해 손실과 상계하여야 하며, 상계 후 잔액은 손금산입연도 종료일로부터 5년째 되는 과세연도 소득금액 계산 시 이를 익금에 산입한다.

주주의 배당소득에 대한 분리과세 주권상장법인의 경우 소액주주의 배당소득은 15%의 원천징수세율로 분리과세 되며, 소액주주가 아닌 자의 배당만 종합과세 된다. 그러나 비상장 법인의 경우에는 대주주뿐만 아니라 단 1주의 주식을 소유한 주주의 배당소득도 모두 종합과세의 대상이 된다.

주식양도소득에 대한 비과세 상장주식의 경우에는 대주주 등을 제외하고는 주식 양도에 따른 양도소득세를 부과하지 않으나, 비상장 주식의 경우 양도차익의 20%(중소기업의 경우 10%, 대기업이 발행한 주식을 소유한 대주주로서 1년 미만 보유 시 30%)를 세금으로 납부하여야 한다. 그러나 주권상장을 위해 모집하거나, 증권시장을 통하여 양도하는 경우에는 양도소득세가 면제된다.

상속 및 증여재산의 시가평가 비상장 법인의 주식은 상속세 및 증여세법에서 정한 산식으로 평가 하나, 주권상장법인이 발행한 주식을 상속 또는 증여할 경우에는 평가기준일(상속개시일 또는 증여일) 전·후 2개월간 최종시세의 평균액으로 평가한다.

증권거래세 탄력세율 적용 비상장 법인의 주식을 양도하는 경우 0.5%의 증권거래세율이 적용되지만, 유가증권시장을 통해 양도되는 주식에 대하여는 0.15%의 세율을 적용되고, 코스닥시장을 통하여 양도되는 주식은 0.3%의 세율이 적용된다.

02 유가증권 상장

유가증권의 상장은 당해 유가증권의 발행인으로부터 상장신청이 있어야 한다. 즉, 한국거래소 상장은 유가증권 발행인의 자유의사에 의한 신청에 의해서만 이루어지게 된다.

주권을 상장하고자 하는 경우 이미 발행한 주식 중 그 일부만을 상장신청 할 수 없으며 회사가 발행하고 있는 주식 전부를 상장해야 한다. 예외적으로 우선주 등 보통주를 제외한 주식의 경우에는 종목별로 상장신청을 하지 않을 수 있다.

한국거래소는 발행 주권과 관련하여 주권의 배당기산일이 주식의 종류별로 동일하지 아니하거나, 신주발행의 효력과 관련하여 소송이 제기된 경우에 상장을 유예하고 있다. 또한, 보통주를 제외한 주식을 발행한 경우 유통성을 확보하기 위하여 상장 신청 주식수가 일정수량(액면 5,000원 기준으로 5만주) 미만에 해당하는 경우에도 상장을 유예하고 있다.

1 유가증권시장 상장요건

형식적 상장요건

기업공개 대상기업의 주식이 유가증권시장에서 원활히 유통될 수 있기 위한 최소한의 요소를 제시한 것으로써 다양한 사항이 포함되어 있지만 크게 나누어 기업의 규모 · 재무내용 · 유통성 · 건전성 및 공익과 투자자보호에 관한 요건을 충족해야 한다. 유가증권시장 신규상장 요건은 다음과 같다.

- 영업활동기간 : 설립 후 3년 경과 계속 영업 활동을 하고 있을 것
- 기업규모 등
  - 상장예정주식총수가 100만주 이상일 것
  - 자기자본 100억원 이상 또는 기준시가총액 200억원 이상일 것 (코스닥시장 상장법인의 경우 300억원 이상일 것)
- 주식의 분산
  - 소액주주의 소유주식수 등
    - ① 의결권 있는 주식총수가 25% 이상일 것
    - ② 공모할 주식수가 10% 이상으로 자기자본 기준으로
      - ②-1 500억원~1,000억원 : 100만주 이상
      - ②-2 1,000억원 이상~2,500억원 : 200만주 이상
      - ②-3 2,500억원 이상 : 500만주 이상
    - ③ 신규상장신청일 현재 기준시가총액
      - ③-1 1,000억원~2,000억원 : 100만주 이상

③-2 2,000억원~5,000억원 : 200만주 이상
③-3 5,000억원 이상 : 500만주 이상
④ 국내외 동시공모 10% 이상으로서 국내공모 100만주 이상
- 상장예비심사 후 공모할 주식의 수가 5% 이상일 것
- 소액주주수 1,000명 이상일 것

- 경영성과(다음 중 하나일 것)
  - 최근 사업연도 매출액 300억원 이상
  - 최근 3년 사업연도 평균 매출액 200억 이상
  - 최근 사업연도 이익액이 25억원 이상이고 합계가 50억원 이상
  - 최근 사업연도 자기자본이익률 5% 이상이고 최근 3사업연도 합계가 10% 이상이고 현금흐름이 양(+)일 것.
  - 자기자본 1,000억원 이상인 법인으로 최근연도 자기자본이익률 3% 이상이거나 50억원 이상
  - 최근사업연도 매출액 700억원 이상, 기준시가총액 500억원 이상으로서 최근 사업연도 현금흐름 20억원 이상일 것
- 최대주주 : 예비심사청구일부터 1년 전의 날 현재 최대주주가 상장예비심사 청구일 전 1년 이내에 변경이 없을 것
- 감사의견 : 최근년도 적정, 직전 2년 적정 또는 한정(감사 범위 제한으로 인한 한정 제외)
- 합병 등
  - 합병 · 분할 · 분할합병 · 영업전부 또는 중요한 일부의 양수도 및 감자의 경우 당해연도 결산이 확정될 것
  - 합병 등의 기일부터 당해 사업연도말까지의 기간이 3월 미만인 경우 다음 사업연도 결산이 확정될 것
- 기 타
  - 주식양도에 대한 제한이 없을 것
  - 명의개서대행계약이 체결되어 있을 것
  - 주권이 통일규격유가증권일 것
  - 액면가액은 100원, 200원, 500원, 1,000원, 2,500원, 5,000원 중에서 택일
  - 사외이사는 이사 총수의 1/4 이상일 것(상장 후 최초 정기주총선임)
  - 최근연도 말 자산총액이 1천억원 이상 법인은 상근감사를 둘 것

질적 상장요건

질적 심사기준은 기업경영의 계속성(Going Concern), 기업의 지배구조(Corporate Governance), 기업공시에 관한 사항과 주주이익보호에 관한 사항 등으로 구성되어 있으며 한국거래소는 상장심사의 객관성을 확보하기 위하여 상장심사지침을 제정·운영하고 있다.

2 코스닥시장 상장요건

형식적 상장요건

코스닥시장의 형식적 상장요건은 다음과 같다.

설립 후 경과연수 3년 이상(합병·분할·분할합병·종속회사의 편입·영업양수에 의하여 설립 시에는 실질적인 영업환경을 고려할 수 있음)

자기자본과 시가총액(택1)

- 자기자본
  - 일반기업 30억원
  - 벤처기업 15억원
  - 신성장동력기업 15억원 이상
- 시가총액 : 일반기업·벤처기업·신성장동력기업 공히 90억원 이상

주식분산

- 모집상장(하나의 요건을 충족)
  - 소액주주 500명 이상과 지분 25% 이상으로서(택1)
- 심사청구일 현재 소액주주지분이 25% 이상인 경우 : 청구 후 5%(10억원) 이상 모집
- 심사청구일 현재 소액주주지분이 25% 미만인 경우 : 청구 후 10% 이상 모집
  - 자기자본 500억원 이상법인-소액주주 500명 이상과 심사청구 후 모집 지분이 10% 이상으로서 자기자본/시가총액 규모별 일정 주식수 이상
  - 공모 25% 이상과 소액주주 500인
- 기분산 직상장(모집없이 상장) : 심사청구일 현재 소액주주가 500명 이상이고 그

소액주주가 모집에 의해 소유한 지분이 25% 이상인 경우 위의 요건 비적용

자본상태 자본잠식이 없을 것

경영성과

- 일반법인 : 법인세비용차감전 계속사업이익 시현
- 벤처기업 : 법인세비용차감전 계속사업이익 시현
- 신성장동력기업 : 해당없음

이익규모/매출액과 기준시가총액(택1)

- 일반기업
  - ROE 10%
  - 당기순이익 20억
  - 최근 매출액 100억원과 기준시가총액 300억원 이상
- 벤처기업
  - ROE 5%
  - 당기순이익 10억
  - 최근 매출액 50억원과 기준시가총액 300억원 이상
- 신성장동력기업 : 해당사항 없음

무상증자 최근 1년간 잉여금의 자본전입 총액이 2년 전 자본금의 100% 이하

유상증자 1년간 총액이 2년전 자본금의 100% 이하

최대주주 변경제한 심사청구일 이전 1년간 최대주주 변경금지

감사의견 최근연도 적정

합병 등

- 합병 등을 한 경우 합병 등의 기일이 속한 사업연도의 결산재무제표가 확정되었을 것
- 합병 등의 기일로부터 사업연도말까지의 기간이 3월 미만 시 다음 반기재무제표 확정

기타외형요건
- 주식양도에 대한 제한이 없을 것
- 세칙에서 정한 액면가일 것

질적 상장요건

코스닥시장의 질적 상장요건은 다음과 같다.

시장성
- 주력시장 등의 규모
- 주력시장의 경쟁정도
- 주력시장 등의 성장률
- 매출의 지속여부

수익성
- 매출 및 이익규모
- 주력제품의 원가율 및 수익구조

재무상태
- 우발채무 위험도
- 매출채권 및 재고자산의 건전성
- 차입금 상환계획의 적정성
- 주요 재무비율의 악화 여부
- 영업활동으로 인한 현금흐름이 양호할 것

기술성
- 핵심기술 및 지적재산권의 보유 여부
- 핵심기술 인력의 고용안정 여부

경영성
- 경영진의 불법행위 여부
- 내부통제구조의 적정성
- 안정적인 경영권 확보 여부

- 이해관계자 거래의 적정성
- 지배구조의 독립성
- 관계회사의 경영성과에 의한 부실화가능성

코스닥시장의 상장심사 시 우선순위로써 벤처기업의 경우에는 기술성 · 시장성 · 수익성 · 경영성 · 재무상태의 순서에 의하여 평가하며, 일반기업의 경우에는 수익성 · 시장성 · 재무상태 · 경영성 · 기술성의 순서에 따라 심사 평가한다.

3 상장 시 사전 고려사항

상장 신청에 앞서 고려하여야 할 내부통제시스템의 주요 검토사항은 다음과 같다.

점검항목	주요 검토사항	유의사항
최대주주 등에 관한 사항	• 최근 2개년 최대주주 등과의 자금거래 내역 • 최대주주 등에 대한 주식, CB, BW, Stock Option	가수금/가지급금 유의
이해관계자에 관한 사항	• 이해관계자에 대한 유상증자, 대여금, 지급보증, 담보제공, 기타 비현금거래내역 등 • 이해관계자와의 거래 적정성 및 객관성	이해관계자와의 거래
이사회, 감사 및 외부감사인	• 최대주주의 특수관계인 포함 여부 [가족기업 → 공개기업] • 이사회의사록, 주총의사록, 감사일지 등 내부관리의 적정성 및 내규확립 여부 • 이사, 감사 등의 증권거래법 자격요건 결격 여부 및 내부거래 내역 • 외부감사인의 변경 여부 및 변경사유/주식 등의 보유 여부 및 독립성	이사회의사록, 주총의사록 정리
회계처리에 관한 사항	• 회계업무의 자체 기장 여부 및 전산화 수준 • 회계와 자금의 업무분장 현황 • 매출, 매입, 재고자산 등 주요 회계장부의 관리체계의 적정성	개발비 적정성 회계장부 관리
자금관리시스템에 관한 사항	• 매출/매입관련 자금거래에 대한 증빙현황/거래처와의 대금방법 및 현황 • 자금의 입출금 절차관리의 적정성/사내 대여금 규정 정비 • 어음, 수표, 현금출납장 등의 관리현황	관련증빙 정리
관계회사에 관한 사항	• 관계회사와의 지분관계/경영의 독립성 확보/재무 안정성 • 임원겸직 여부 및 이로 인한 이해상충 가능성 • 관계회사와의 거래관계의 적정성 및 객관성, 내부통제 절차의 확보 여부	임원겸직 해소, 거래의 적정성

03 상장절차

1 사전준비단계

기업공개 및 상장 시기결정

일반적으로 소수주주가 경영하던 폐쇄기업이 공모를 통해 기업공개를 하고 발행주식을 한국거래소에 상장하기 위해서는 사전에 철저한 준비를 하여야 한다. 특히 기업공개 및 신규상장은 기업의 성장 및 발전과정에서 단 한 차례만 실시하는 것이므로 의사결정에 신중을 기하여야 한다.

기업공개 및 신규상장의 시기 결정시에는 일반적으로 다음과 같은 상황을 고려할 수 있다.

- 기업의 수익력 및 장래의 수익력 확보 가능성
- 자본조달의 필요성 및 향후 재무정책
- R&D 또는 신규투자계획
- 기업신뢰도 및 인지도 확대
- 우리사주조합제도를 활용한 사내 분위기 진작
- 증권시장의 동향 등

특히, 한국거래소의 예비상장심사결과 상장적격성을 통보받은 기업은 상장적격성 통지접수일로부터 6개월 이내에 상장신청을 할 수 있어, 상장적격성을 통보받은 후 증권시장의 동향 등을 고려하여 공모시기를 조절할 수 있다.

기업공개 및 상장 준비팀의 구성

기업공개 및 상장을 추진하기 위해서는 경영관리조직의 정비와 각종 내규정비 · 관련서류 작성 · 상장심사 및 증권신고서 제출 등에 대한 적절한 대응이 필요하다. 일반적으로 기업공개 및 상장 관련 업무는 전략팀 · 재무회계팀 또는 홍보(IR)팀 등에서 담당하도록 하고 있으나, 기업가치를 극대화하고 효율적인 대응과 준비를 위해서는 기업공개를 위한 IPO 프로젝트팀을 구성하기도 한다.

회사 내부에서 기업공개 및 상장 관련업무를 담당하는 팀에서는 주간사회사 · 회계법인 및 법무법인 · 기타 관계기관 등과의 교섭창구역할을 하게 되며, 다음과 같은 업무를 영위하게 된다.

- 기업공개 및 상장 일정 작성
- 경영관리조직의 정비
- 내규 등 제반 규정정비
- 내부통제제도 및 회계관리제도의 정비
- 이익계획 및 예산통제계획
- 관계회사 및 이해관계자와의 거래정비
- 기업공개 및 상장신청(예비상장심사청구서 포함)과 관련된 서류 작성
- 관계기관접촉 등

따라서 기업공개 및 상장추진을 위해서는 위와 같은 업무에 적합한 인재를 사전에 확보하여 준비하는 것이 바람직하다.

2 상장준비

재무정책 및 자본정책 등

한국거래소는 투자자를 보호하고 안정적인 경영권확보를 확인하기 위하여 예비상장 심사청구일 전의 일정기간에 대해서 다음과 같이 특정행위를 제한하고 있으므로 상장을 희망하는 기업은 이러한 행위제한에 대하여 사전에 충분하게 주지하고 있어야 한다.

상장신청 전 유 · 무상증자

상장 전에 과도한 유 · 무상증자를 실시하는 경우 주식가치의 희석화가 발생할 우려가 있으므로, 거래소는 적립금 · 잉여금 및 자본금 등을 고려하여 예비상장심사청구일로부터 소급하여 1년간 일정금액 이상의 유 · 무상증자 규모를 제한하고 있다. 그러나 코스닥상장법인에 대해서는 시장가격이 유 · 무상증자 결과를 반영하고 있으므로 유 · 무상증자 규모제한의 규정을 적용하지 않는다.

합병 · 분할 · 분할합병 · 영업양수도 및 감자

합병(소규모합병 제외) · 분할 또는 분할합병 · 영업의 전부 또는 일부의 양수도("합병 등"이라 함) 및 감자 등 경영상 중요한 변화가 발생한 경우에는 그러한 경영의사결정이 회사의 수익성으로 연결될 수 있는지를 확인할 수 있어야 한다.

따라서 한국거래소는 이러한 사실이 발생한 경우에는 당해 사업연도의 결산재무제표를 확정한 후에 상장을 신청할 수 있도록 하고 있으며, 특히 당해 합병 등의 기일과 감자의 등기일로부터 사업연도 말까지의 기간이 3월 미만인 경우에는 다음 사업연도의 결산재무제표를 확정한 후에 상장 신청할 수 있도록 하고 있다.

상장 전 최대주주 등의 지분변동

한국거래소는 회사의 안정적인 경영권 유지를 확인하고, 상장 이전에 특정인으로의 지분이전을 통한 상장차익획득 등을 방지하기 위하여 예비상장 심사청구일을 기준으로 1년 전부터 최대주주 등 및 1% 이상 소유주주의 소유주식비율변동을 제한하고 있다. 그러나 최대주주가 변동되지 않은 코스닥상장법인의 경우와 부득이한 지분변동의 경우에는 예외적으로 인정하고 있다.

회계감사인 선정 및 회계감사

상장을 추진하는 법인은 상장 직전사업연도에 한하여 한국거래소가 지정한 회계감사인(지정감사인)으로부터 회계감사를 받아야 한다. 그러나 한국거래소가 미리 지정한 회계법인으로부터 감사를 받은 경우 지정감사인으로부터 회계감사를 받은 것으로 본다. 거래소는 매년 상장예정법인을 감사할 수 있는 회계감사법인을 선정 발표하고 있다. 거래소가 지정하지 아니한 회계법인으로부터 감사를 받는 경우에는 다음의 방법으로 지정감사인으로부터 회계감사를 받은 후에 상장을 신청할 수 있다.

- 정기주주총회에서 거래소가 지정한 감사인으로 변경하여 당해연도에 회계감사를 받은 후 다음 사업연도에 상장신청 가능
- 정기주주총회 종료 후에는 증권선물위원회에 외부감사인 지정신청을 하여 당해 사업연도에 거래소가 지정한 감사인으로부터 회계 감사를 받은 후 다음 연도에 상장신청 가능

주간사회사 선정

주간사회사는 발행주식을 인수함에 있어서 인수회사를 대표하여 발행회사와 인수조건 등을 결정하고, 인수 및 청약업무를 총괄하여 관리하며, 기타 발행주식인수와 관련하여 필요한 업무를 수행하게 된다.

상장을 추진하는 법인이 주식의 인수를 의뢰하고 상장에 관련된 제반업무를 원활하게 진행하기 위해서는 금융투자회사를 주간사회사로 선정하고 주간사계약을 체결해야 한다. 예비상장심사청구서를 제출하는 경우에는 예비상장심사청구일로부터 6월 이전에 주간사계약을 체결하여야 한다.

주간사회사 선정 시에는 "증권 인수업무에 관한 규정"에서 규정하고 있는 제한요건에 해당하지 않는가를 사전에 검토하여야 한다. 다음의 경우에는 신규상장을 위한 주간사회사로서 선정할 수 없다.

금융투자회사가 발행회사와 다음 각 호의 어느 하나에 해당하는 관계에 있는 경우 해당 금융투자회사는 해당 발행회사의 기업공개 또는 장외법인공모를 위한 주식의 주관회사의 업무를 영위할 수 없다. 다만, 한국거래소법 제324조에 따른 증권금융회사(이하 '증권금융회사'라 한다)가 발행하는 주식은 그러하지 아니하다.

- 발행회사 및 발행회사의 이해관계인이 주관회사의 주식 등을 100분의 5 이상 보유하고 있는 경우
- 주관회사가 발행회사의 주식 등을 100분의 5 이상 보유하고 있는 경우
- 주관회사와 주관회사의 이해관계인이 합하여 발행회사의 주식 등을 100분의 10 이상 보유하고 있는 경우
- 주관회사의 주식 등을 100분의 5 이상 보유하고 있는 주주와 발행회사의 주식 등을 100분의 5 이상 보유하고 있는 주주가 동일인이거나 이해관계인인 경우. 다만, 그 동일인 또는 이해관계인이 정부 또는 기관투자자인 경우에는 그러하지 아니하다.
- 주관회사의 임원이 발행회사의 주식 등을 100분의 1 이상 보유하고 있는 경우
- 주관회사 또는 발행회사의 임원이 발행회사 또는 주관회사의 이해관계인인 경우

기업공개 및 상장과 관련하여 주간사회사는 다음과 같은 기능을 담당한다.

- 발행회사의 경영실적 및 영업 관련 사항 등에 대한 자료 확인 및 현지조사
- 발행회사의 재무, 회계 및 세무관리에 대한 지도 및 점검

- 상장요건과 관련한 협의 및 지도
- 상장관련 진척사항의 정기점검
- 주식분석 및 발행가 협의
- 상장관련 서류작성 지원
- 수요예측
- 공모 및 청약사무주관
- 상장 후 시장조성 관련업무 등

한국금융투자협회 등록법인의 직상장 추진과 관련한 상장주선인의 주요한 기능은 다음과 같다.

- 상장에 대비한 지원 및 경영자문
- 상장관련 서류작성 지원
- 상장요건 충족에 관한 사항
- 주식분석에 관한 사항 등

정관 정비

상장을 신청하고자 하는 기업은 주식관련 사무를 원활하게 처리하기 위해서 상장을 신청하기 전에 상장회사협의회가 제정한 "상장회사 표준정관"을 참고하여 회사에 적합하게 정관의 내용을 정비할 필요가 있다. 표준정관은 상장회사의 주식관련사무의 편의와 표준화를 도모하기 위해 상장회사협의회가 주식업무자문위원회의 심의를 거쳐 정하는 것으로서 주요 내용은 다음과 같다.

수권주식수의 조정 상장을 위한 신주공모 또는 상장 후 증자(예정) 등으로 발행주식수는 증가하게 된다. 따라서 정관상의 수권주식수가 부족할 것으로 예상되는 경우 상장 전에 정관을 변경하여 수권주식수를 늘려야 한다.

회사가 발행할 주식의 종류 상장기업이 되면 여러 가지 종류의 주식을 발행하여 자금을 조달할 수 있게 된다. 그러나 회사가 보통주식 이외에 의결권이 없는 우선주 등 다양한 종류의 주식을 발행하기 위해서는 정관에 회사가 발행할 수 있는 각종 주식의 내용과 수를 정하여야 한다. 또한, 이익배당에 관하여 우선적 내용이 있는 종류의 주식에 대해서는 정관으로 최저배당률을 정하여야 한다.

1주의 금액 상법상 주식 1주의 금액은 100원 이상으로 정할 수 있도록 되어 있어 금액상의 제한은 없다. 그러나 1주의 금액이 지나치게 높을 경우 상장 후 주식의 유동성에 문제가 있을 수 있기 때문에 유동성을 높이고 투자자의 거래 편의를 위해 미리 주식을 분할하는 것이 바람직하다. 거래소는 상장신청법인이 1주의 금액이 5,000원 미만인 주식을 발행할 경우 권면액을 100원, 200원, 500원, 1,000원, 2,500원으로 하도록 규정하고 있다.

신주인수권의 배제 및 제약에 관한 조항 신주인수권은 주주의 기본적인 권리로서 정관에 다른 정함이 없으면 주주는 신주가 발행될 경우 소유주식수에 비례하여 신주를 배정받을 권리를 가진다. 따라서 일반 투자자들을 대상으로 신주를 모집하고 우리사주조합에게 우선배정하기 위해서는 정관에 주주의 신주인수권을 배제하는 조항을 두어야 한다.

물론 구주매출방법으로 기업을 공개할 경우에는 주주의 주식양도이므로 이에 관한 정관의 규정이 있어야 할 필요는 없으나 상장 이후 모집의 필요성에 대비하여 정관에 당해 조항을 갖추는 것이 바람직하다.

주주총회의 소집공고에 관한 사항 상법상 주주총회의 소집을 위해서는 회의일 2주간 전에 회의의 목적사항을 기재하여 주주에게 서면으로 통지하여야 한다. 그러나 상장법인은 자본시장법에 의하여 의결권 있는 발행주식 총수의 1% 이하의 주식을 소유하는 주주에 대해서는 정관에서 정하는 바에 따라 회의일 2주간 전에 총회를 소집하는 뜻과 그 목적사항을 2개 이상의 일간신문에 각각 2회 이상 공고함으로써 소집통지에 갈음할 수 있기 때문에 정관으로 주주 총회의 소집통지와 공고에 관한 사항을 규정할 필요가 있다.

명의개서 대행제도에 관한 조항 상장규정에서 주권신규상장법인은 명의개서 업무에 관하여 명의개서 대행회사와 계약을 체결하도록 하고 있다. 따라서 한국거래소에 주권을 상장하고자 하는 법인은 정관으로 명의개서 대리인에 관한 사항을 정하여야 한다.

신주의 배당기산일에 관한 사항 상장신청기업은 유상증자·무상증자 및 주식배당에 의하여 신주를 발행할 경우 신주에 대해 구주와 동일한 배당기산일이 적용되도록 이에 관한 조항을 정관에서 정하여야 한다. 한국거래소는 주식의 종류별로 배당기산일이 다를 경우 그 사유가 해소될 때까지 당해 주권의 상장을 유예하고 있다. 따라서 정관에서 “신주의 이익배당은 신주를 발행한 날이 속하는 사업연도의 직전

사업연도 말에 발행된 것으로 본다."라고 정하여야 한다.

증권발행인의 등록

자본시장법에서는 유가증권발행의 공정성을 기하고, 기업의 공시를 위하여 한국금융투자협회 등록법인이 아닌 비상장 법인으로서 유가증권을 모집 · 매출하고자 하는 법인 등"에 대하여 금융위원회에 등록하도록 하고 있다. 따라서 한국거래소에 상장을 위해 모집 또는 매출을 계획하고 있는 법인은 사전에 금융위원회에 등록하여야만 한다.

금융위원회에 기업을 등록한다는 것은 증권의 모집 또는 매출 등을 위한 기본적인 공시의무를 이행한 법인이 된다는 것을 의미하며, 모집 또는 매출을 통하여 상장하고자 하는 법인은 등록법인신청서(회사의 개황 · 사업의 내용 · 재무에 관한 사항 · 관계회사 · 주식에 대한 사항 · 임원 및 종업원에 관한 사항 · 이해관계자와의 거래내용 등을 기재)에 정관 · 등기부등본 · 주주명부 및 최근연도의 결산서류 등을 첨부하여 금융위원회에 제출하여야 한다.

증권발행인의 등록은 증권의 모집 · 매출행위를 개시하기 전에 완료하여야 한다. 즉 공모를 위한 청약권유 전에 등록이 완료되어야 하며, 증권발행인 등록신청서의 처리기간이 7일(공휴일 제외)인 점을 고려할 때 사전에 등록신청서를 금융위원회에 제출하여야 한다.

등록신청법인은 신청서제출일로부터 7일 후 서면으로 "유가증권 발행인 등록통지서"를 수령함으로써 발행인 등록이 완료된다.

명의개서 대행계약체결

상장법인이 되면 주주수가 많아지고 주식의 매매거래가 빈번해짐에 따라 주주명부 및 주권의 관리 등 주식사무의 양이 방대해지므로, 주식명의개서 및 주권발행업무 등 주식사무를 전문적으로 대행하는 명의개서 대행회사에 위임할 필요가 있다.

상장규정에서는 특별한 법인을 제외하고는 의무적으로 명의개서 대행회사를 선임하도록 규정하고 있다. 따라서 상장에 앞서 정관의 근거조항에 의하여 명의개서 대행회사를 선정하고 명의개서 대행계약을 체결하여야 한다.

예비상장심사청구 후 공모하는 법인은 증권신고서 제출 시에 이러한 사항을 기재해야 하는 점을 감안하여 거래소로부터 예비상장심사결과를 통보받은 후부터 증권신고서 제출일 전까지 계약을 체결하면 된다.

우리사주조합의 구성

우리사주조합은 기업의 공개 여부에 관계없이 어느 기업이든지 자율적으로 전 종업원을 대상으로 결성할 수 있다. 그러나 자본시장법에서는 "주권상장법인 또는 주권을 신규로 상장하고자 하는 법인이 주식을 모집 또는 매출하는 경우에 특별한 경우를 제외하고는 당해 법인의 우리사주조합원에게 모집 또는 매출하는 주식총수의 20% 범위 안에서 우선적으로 배정받을 권리"를 부여하고 있다. 따라서 공모를 통하여 상장하고자 하는 기업은 사전에 우리사주조합을 구성하여 공모하는 주식총수의 20%를 우리사주조합원에게 우선적으로 배정하여야 한다.

한국거래소와의 예비접촉

주권을 상장하고자 하는 법인은 예비상장심사청구서 제출 이전에 거래소와 미리 접촉하여 상장절차와 예비상장심사청구시기 및 상장일정 등에 관하여 협의함으로써 상장과 관련한 시간과 노력을 절약할 수 있다.

거래소는 상장희망기업 및 주간사회사들의 상장 관련 업무를 지원하기 위하여 상장지원팀을 운영하고 있으며, 상장을 준비하거나 희망하는 기업 및 주간사회사의 담당자는 상장심사기준, 상장절차, 상장신청서 작성방법 및 제출서류, 기타 상장과 관련한 각종 제도 등에 대하여 거래소와 사전에 접촉함으로써 상장 관련 업무를 원활하게 추진할 수 있다.

상장을 위한 이사회 결의

상장을 위한 이사회결의는 공모상장의 경우와 직상장의 경우로 구분하여 볼 수 있다.

공모상장의 경우 주권을 신규로 상장하기 위하여 신주를 발행하는 경우에 정관에 규정이 없으면 이사회(정관으로 주주총회에서 결정하기로 정한 경우에는 주주총회)에서 다음 사항에 대해 결의하여야 한다.

- 신주의 종류와 수

- 신주의 발행가액과 납입예정기일
- 신주의 인수방법
- 우리사주조합에 대한 우선배정에 관한 사항
- 공모일정 및 기타사항
- 구주주의 신주인수권 배제에 관한 사항

구주매출을 통해 주권을 상장하는 경우에 최대주주로부터 매출주식 수 및 매출가액 등 구주 매출에 관한 제반사항에 대한 위임을 받아 이사회 결의에 따라 매출을 하게 된다.

직상장(유통상장)을 위한 이사회 결의 코스닥시장 상장법인이 공모를 하지 않고 유가증권시장으로 이전하고자 하는 경우에는 동 사실에 대한 이사회 결의를 거친 후 상장신청하면 된다.

최대주주 등의 소유주식 보호예수

거래소는 신규상장 후 최대주주 등의 보유주식 매각에 따른 주가하락과 이에 따른 일반투자자의 피해를 방지하기 위하여 최대 주주 등이 소유하고 있는 주식 등에 대해서 예비상장심사청구일 전일부터 상장 후 일정기간 동안 한국예탁결제원에 보호예수 하도록 정하고 있다.

이는 상장 후 최대주주 등이 보유하고 있는 주식이 일시에 증권시장에 유통될 경우 가격하락에 따른 시장의 충격이 발생하게 되고, 일반투자자의 손실이 발생할 가능성이 있기 때문에 이를 방지하기 위함이다.

이를 위해 발행회사의 대표이사는 최대주주 등으로부터 주식 등의 보호예수와 관련된 업무를 위임받아 주간사회사와 "최대주주 등의 확약서 제출에 관한 약정"을 체결하여야 하며, 이 약정에 따라 발행회사는 최대주주 등이 소유하고 있는 주식 등을 주간사회사 또는 상장주선인에게 예탁하고, 주간사회사 또는 상장주선인은 당해 예탁주식 등을 한국예탁결제원에 주주별로 보호예수시켜야 한다.

또한 예비상장심사청구법인은 최대주주 등이 소유하는 주식 등을 한국예탁결제원에 보관하여 거래소가 필요하다고 인정하는 경우 이외에는 그 주식 등을 인출하거나 양도하지 않겠다는 "소유주식 등의 계속보유확약서"와 한국예탁결제원이 발행하는 최대주주 등의 소유주식 등 보관증명서를 제출하여야 한다.

이사회 의사록
(공모/신주모집)

주식회사××는 회사 정관 규정이 정하는 바에 따라 제 __회 이사회를 다음과 같이 개최하다.

1. 일 시 : 20__년 ___월 ___일 ___시부터 ___시까지
2. 장 소 : 서울특별시 _____구 _____동 _____번지 위 회사 회의실
3. 제적이사 총 _____명
   출석이사 _____명
   출석감사 _____명

부의안건 : 제 1 호 의안 한국거래소 상장을 위한 신주 모집의 건

의장인 대표이사 ○○○는 정관 제 __조에 의하여 합법적으로 이사회가 개최되었음을 선언한 뒤 의안 심의에 들어가다.

의장은 상기 의안을 상정하고 한국거래소 상장을 통한 회사의 도약을 위해 신주를 모집해야 하는 필요성을 설명하고 승인을 구한바, 이사 상호 간 충분한 토의가 있은 후 출석 이사 전원이 다음과 같이 신주를 모집할 것을 만장일치로 가결하다.

의결사항
- 신주의 종류와 수 : ___________주
- 신주의 액면가액 : ___________원
- 신주의 발행가액 : 증권인수에 관한 규정 제5조에 의거 주간사회사가 실시하는 수요예측의 결과를 감안하여 인수회사와 협의하여 정한 가격으로 한다.
- 신주발행 후 납입자본금 : _____________원
- 신주의 발행방법 : 공개 모집. 단, 자본시장과 금융투자업에 관한 법률 제

165조의7조에 의거 모집주식의 20%에 해당하는 _____주는 우리사주조합에 배정한다.

- 신주인수권 배제 : 당사 정관 제 조에 의거 구주주의 신주인수권은 배제하기로 한다.
- 기타사항 : 기타 신주모집에 관한 구체적인 사항의 결정 및 집행은 대표이사에게 위임한다.

본 이사회의 의안내용과 결의사항은 명확히 하기 위하여 본 의사록을 작성하고 의장 및 참석자가 서명 날인하다.

20___년 ___월 ___일

서울특별시 구 동 번지
주식회사 ×××
대표이사 ㉑

이 사 ㉑

이 사 ㉑

이 사 ㉑

3 예비상장심사

주권을 신규로 상장하고자 하는 법인은 신규상장신청 전에 예비상장심사청구서를 한국거래소에 제출하여 상장적격성 여부에 대한 심사를 받아야 한다.

예비상장심사청구서 제출

예비상장심사청구서의 제출이 가능한 시기는 12월 결산법인의 경우 결산확정,

외부감사보고서의 제출 및 주주총회의 일정을 감안하여야 한다. 특히 결산 재무제표 확정을 위한 정기주주총회를 개최하기 위해서 이사는 정기주주총회의 6주간 전에 재무제표 및 영업보고서를 감사에게 제출하여야 하고, 감사는 동 서류를 받은 날로부터 4주간 내에 감사보고서를 이사에게 제출해야 하므로, 당해기일이 종료한 이후에 예비상장심사청구서를 제출할 수 있다.

또한, 외부감사인으로부터 회계감사를 받은 감사보고서는 주주총회 1주일 전에 회사에 제출하여야 한다. 당해 사업연도의 반기가 경과한 때에는 반기재무제표에 대한 외부감사인의 검토보고서의 제출을 감안하여야 한다.

예비상장심사청구를 하는 경우에는 대표이사가 기명날인한 예비상장심사청구서 2부에 다음 서류를 첨부하여 제출하여야 한다.

- 최근 3사업연도 재무제표와 당해 사업연도의 반기 재무제표
- 최근 3사업연도의 재무제표에 대한 감사보고서와 당해 사업연도의 반기 재무제표에 대한 감사인의 검토보고서
- 주간사회사 또는 상장주선인이 작성한 주식분석보고서 : 주식분석보고서 기준일은 예비상장심사청구일 전일로 하되, 분석 기준일 이후에 분석에 중대한 영향을 줄 수 있는 사항이 발생한 경우에는 그 사항이 발생한 날로 한다.
- 최대주주 등의 소유주식 등 계속보유확약서 및 한국예탁결제원이 발행한 최대주주 등의 소유주식 등의 보관증명서
- 주권의 권종별 견양(공모하는 법인의 경우 신규상장신청시 제출, 예탁자계좌부 기재확인서로 우선 갈음 가능)
- 법인등기부등본
- 정관
- 최근 사업연도말(최근 사업연도 말 이후 주주명부를 폐쇄한 경우에는 그 폐쇄시점) 현재 주주명부 및 실질주주명부
- 명의개서대행계약서 사본(공모하는 법인의 경우 신규상장 신청시 제출)
- 상장주선인을 선임한 경우에는 상장주선인 선임계약서 사본
- 기타 거래소가 상장심사에 필요하다고 인정하는 서류

예비상장심사 청구 후 신규상장일 전일까지 다음에 관한 사항이 발생하였을 경우에는 신청법인은 그에 관한 서류를 제출하여야 한다.

- 유가증권에 관한 사항에 대한 이사회나 주주총회의 결의가 있을 때에는 그 의사록 사본
- 다음의 경영상 중대한 사실이 발생하였을 때에는 그 보고서
- 발행한 수표 또는 어음의 부도, 영업활동의 정지, 재해 또는 과다한 손실의 발생, 다액의 고정자산의 매각, 소송의 제기, 임원의 변경, 합병 · 분할 및 분할합병(물적 분할에 의한 분할, 분할합병을 포함 ·)영업의 양수도 · 주요자산의 임대 · 경영위임 결의 등(지주회사의 경우에는 자회사에 관한 사항을 포함)
- 모집 또는 매출의 신고를 한 때에는 사업설명서(예비사업설명서 및 간이사업설명서 포함)
- 당해 사업연도 반기종료 후 45일이 경과한 경우 반기재무제표 및 반기재무제표에 대한 감사인의 검토보고서

예비상장심사 및 심사결과통지

거래소는 예비상장심사청구서를 접수하여 주식의 분산요건 등을 제외한 상장요건의 충족 여부를 심사하며, 심사과정에서 필요한 경우에는 현지실사를 실시하게 된다. 거래소는 상장위원회의 심의를 거쳐 상장적격성 여부를 확정하며, 그 결과를 심사청구일로부터 2개월 이내에 신청법인과 금융위원회에 문서로 통지한다.

다만, 예비상장심사청구서 및 첨부서류의 정정 또는 보완, 기타 불가피한 사유가 있을 경우에는 그 결과 통지를 연기할 수 있으며, 이 경우에 그 사유와 예상처리기간을 명시하여 당해 신청법인과 금융위원회에 문서로 통지한다. 그러나 예비상장심사결과를 신규상장신청인에게 통지한 후 심사결과에 중대한 영향을 미칠 수 있다고 인정할 만한 사유가 발생한 경우, 한국거래소는 예비상장심사결과에 대해 효력을 인정하지 아니할 수 있다.

이 경우 당해법인은 예비상장심사청구서를 다시 제출하여 심사를 받아야 한다. 예비상장심사결과의 효력을 인정하지 않는 경우란 다음의 사항이 발생하여 예비상장심사결과에 중대한 영향을 미치는 경우라고 할 수 있다.

- 다음의 경영상 중대한 사실이 발생한 경우 : 발행한 수표 또는 어음의 부도, 영업활동정지, 재해 또는 과대한 손실의 발생, 다액의 고정자산매각, 소송의 제기, 임원변경, 합병 · 분할 · 분할합병(물적 분할에 의한 분할 · 분할합병을 포함), 영업의 양수도 · 주요한 자산의 임대 및 경영위임의 결의 등

- 예비상장심사청구서에 허위의 기재 또는 표시가 있거나 중요한 사항을 기재 또는 표시하지 않은 사실이 발견된 경우
- 사업설명서(예비사업설명서 및 간이사업설명서 포함)의 내용이 정정된 경우
- 상장심사결과를 통보받은 날로부터 6월 이내에 신규상장신청서를 제출하지 아니한 경우
- 기타 상장심사결과에 중대한 영향을 미치는 것으로 거래소가 인정하는 경우 등

증권신고서 제출

한국거래소로부터 상장적격통지를 받은 신청인은 예비상장심사결과 사본 등을 첨부하여 증권신고서를 금융위원회에 제출하여야 한다. 당해 법인은 증권신고서가 수리되어 효력이 발생되어야 상장을 위한 유가증권을 모집 또는 매출을 할 수 있다. 상장을 위한 증권신고서는 수리한 날로부터 15일이 경과하면 그 효력이 발생한다.

증권신고서의 주요 기재사항은 다음과 같다.

모집 · 매출의 개요 모집 · 매출의 요령, 자금의 사용목적, 인수기관의 당해 유가증권에 대한 의견, 상장 여부, 분석기관의 평가의견 및 유가증권 분석내역, 기타 투자자보호를 위하여 필요한 사항 등

발행인에 관한 사항 회사의 개황, 사업의 내용, 재무에 관한 사항, 감사인의 감사의견, 지배구조 및 관계회사의 거래, 주식에 관한 사항, 임원 및 직원에 관한 사항, 이해관계자와의 거래내용, 재무제표 부속명세서, 기타 투자자보호를 위하여 필요한 사항 등

정정신고서 제출

금융위원회는 증권신고서에 형식상 하자가 있거나 중요한 사항의 기재가 불충분하다고 인정한 때에는 그 이유를 제시하고 정정신고서의 제출을 명할 수 있으며, 또한 신고서제출자는 청약일 개시 전에 신고서의 기재사항에 변경이 있는 때에는 정정신고서를 제출할 수 있다.

또한, 발행가격 등 발행조건의 변경, 배정기준일, 청약기간 또는 납입기일의 변경, 자금의 사용목적 변경, 인수기관의 변경 등의 변경이 발생한 경우에는 반드시 정정신고서를 제출하여야 한다.

정정신고서를 제출한 때에는 그 정정신고서가 수리된 날에 당해 증권신고서가 수리된 것으로 본다. 정정신고서를 제출하는 경우 예비사업설명서 또는 사업설명서에도 동일하게 정정되어야 하며, 이 경우 거래소에도 그 정정내용을 통보하여야 한다.

4 공모절차

기업설명회 개최

IR 활동은 주주 · 투자자 · 애널리스트 등에게 회사의 사업내용 · 경영전략 · 장래 비전 등에 관한 정보를 제공함으로써 기업의 이미지를 향상시키고 시장으로부터 적절한 평가를 받기 위하여 실시하는 것으로써, 최종적으로는 주식시장과 회사와의 신뢰관계를 구축하기 위해 실시하는 것이다.

일반적으로 기업공개 및 신규상장과 관련하여 실시하는 IR 활동은 증권신고서 효력이 발생한 이후부터 공모가격 결정을 위한 수요예측을 하기 이전의 기간 사이에 실시하게 된다.

기업은 독자적인 인력을 활용하여 IR을 실시할 수 있으며, 기관투자자 및 애널리스트 등 핵심투자자를 선정하여 초청하고 IR 활동과 관련한 전문적인 조언을 구하기 위해서 주간사회사 또는 IR 활동을 전문적으로 지원하는 회사 등과 협의하여 실시할 수 있다. 한국거래소는 상장예정법인이 요청하는 경우에 IR개최 장소를 제공한다.

수요예측 및 공모가격 결정

공모가격은 본질가치인 자산가치와 수익가치, 상대가치, 사업성 가치를 고려하여 발행회사와 주간사회사가 공모희망가격을 제시하고, 수요예측 등의 절차를 통해 결정된다.

사업성 가치산정

회사가 속한 사업의 향후 성장성, 유사업종의 본질가치 대비 발행가할증률 등을 고려한 가치를 말한다. 사업성 가치는 주간사회사와 발행회사가 협의하여 발행가액 산정에 고려할 수 있는 선택사항이며 강제조항은 아니다.

사업성 가치의 산출방법은 다음의 3가지 방법 중 2가지 이상의 방법으로 산정한 비율의 단순평균을 본질가치에 할증하여 산정한다.

- 발행회사가 속한 산업(업종)의 시장규모 및 성장가능성과 외국의 사례 등을 감안하여 합리적으로 산정한 발행회사의 향후 성장률
- 최근 1년 이내 신규로 상장한 회사 발행회사와 동일 또는 유사한 업종의 법인이 상장 또는 등록을 위한 공모 시에 적용한 공모희망가액 및 확정공모가격을 본질가치와 대비한 할증률의 평균
- 기타 객관적이고 합리적인 자료에 근거하여 산출한 비율

공모희망가 제시

수요예측 시 발행회사와 주간사회사는 본질가치 · 상대가치 및 사업성 가치를 고려하여 공모희망가격을 제시한다. 공모희망가액은 발행회사의 희망가액과 인수회사의 희망가액 두 가지로 하며, 최고가액(발행기업의 희망가액)은 최저가액(인수회사의 희망가액)의 150% 범위 이내로 한다.

수요예측 실시

수요예측(Book Building)이란 기업공개를 위한 신주공모 시 공모가격을 결정하기 위하여 공모주 청약을 정식으로 받기 전 기관투자가와 금융투자회사들로부터 사전 수요(희망매수가격과 수량)를 조사하는 것을 말하며 일반적으로 다음의 절차를 거친다.

최종공모가 결정 수요예측에 따른 가중평균가격의 30%의 범위에서 발행회사와 주간사회사가 협의하여 최종 공모가격을 결정한다.

사업설명서 제출 사업설명서(prospectus)는 유가증권의 청약을 권유할 때 일반투자자에게 제공하는 투자권유문서로서 증권신고서의 내용을 보다 알기 쉽고 이해하기 쉽게 작성하여 일반투자자에게 제시해 줌으로써 올바른 투자판단을 하게 할 수 있도록 하는 문서이다.

예비사업설명서는 증권신고서가 수리된 후 효력발생기간 전에 청약권유를 위하여 사용하는 것인데 비해, 사업설명서는 증권신고서의 신고가 수리되어 효력이 발생한 후 사용할 수 있는 투자권유문서이다

사업설명서에는 증권신고서에 기재된 내용과 상이한 내용을 표시하거나 그 기재사항을 누락하여서는 아니 되며, 발행인은 사업설명서를 작성하여 발행회사의 본·지점뿐만 아니라 금융위원회, 한국거래소 및 청약사무를 취급하는 장소에 비치하고 일반인들이 공람할 수 있도록 하여야 한다.

청약, 배정 및 납입 등

청약 및 배정 주간사회사는 증권신고서가 수리되어 효력이 발생하면 발행회사와 협의하여 발행회사, 간사회사, 인수회사 및 청약사무취급회사 전원의 연명으로 청약안내공고를 한다. 주간사회사는 주식청약서, 청약명세서 및 청약예정금액 확인서 등 주식의 청약에 필요한 서류와 사업설명서를 인쇄하여 청약취급처에 배포한다.

주식의 모집·매출에 대한 청약은 증권신고서의 효력이 발생한 후 통상 2일간 실시하며, 청약자는 청약서를 작성하여 날인하고 청약증거금을 납부하게 된다.

납입 주간사회사는 배정된 주식에 대한 납입금액을 청약증거금에서 대체시키며, 청약증거금이 주금납입금에 미달한 경우 청약자는 납입기일 전일까지 그 미달금액을 추가로 납입하여야 한다. 최종실권주식에 대해서는 주간사회사가 자기계산으로 인수하게 된다. 납입금을 초과하는 청약증거금은 납입기일의 전일부터 환불한다.

자본금 증자등기 및 증권발행실적 보고

주금납입이 완료되면 발행회사는 납입일 익일부터 2주간 이내에 본점소재지 관할법원에서 자본금 변경등기를 하여야 한다. 증자등기 완료 후에는 등기부등본 등을 첨부하여 주금 납입처에 제시하여 주금을 수령하게 된다.

또한, 주식발행이 완료되면 발행회사는 금융위원회에 증권발행실적보고서를 제출하여야 하며, 그 사본을 거래소에 제출하여야 한다.(신규상장신청 시 제출가능) 동 신고서에는 발행인의 명칭·간사회사의 명칭·청약에 관한 사항·공시이행에 관한 사항·유가증권교부일·상장일 및 등기일·유상증자 전후의 주요주주 지분변동 상황·신주인수권증서의 발행내역 등을 기재하여야 한다.

5 신규상장

신규상장신청서 제출

한국거래소로부터 적격의 예비상장심사결과를 통보받아 증권신고서를 제출하고 모든 공모절차를 종료한 법인은 모집 또는 매출의 납입기일 후 일주일 이내에 신규상장신청서를 거래소에 제출하여야 한다.

특히 공모를 통해 상장하는 경우 신주발행의 경우 납입일 익일부터 주주의 권리가 발생하므로 가능한 한 빠른 시일 이내에 등기절차를 종료하여 상장신청 함으로써 공모에 참여한 투자자의 환금성을 조기에 보장해주는 것이 바람직하다.

신규상장신청 시에는 신규상장신청서 2부에 다음의 서류를 첨부하여 제출하여야 하며, 예비상장심사청구서 제출 후 모집 또는 매출하지 않거나, 예비상장심사청구 시 제출한 서류로서 변경사항이 없을 경우 생략할 수 있다.

- 당해 주권의 권종별 견양(예탁자계좌부 기재확인서로 우선 갈음 가능)
- 법인등기부등본(자본금 증자등기 사항 포함)
- 증권발행실적보고서 사본
- 주식분포상황표
- 명의개서대행계약서 사본
- 상장계약서
- 상장명세서(예비상장심사청구 후 공모하지 않는 법인에 한함)
- 기타 거래소가 신규상장에 중대한 영향을 미칠 수 있다고 인정하는 사항이 있는 경우 그 관련서류

주권발행 전에 유가증권시장 또는 코스닥시장에서의 매매거래를 고객계좌부 또는 예탁자계좌부상 계좌 간 대체의 방법으로 결제하는 경우에는 발행회사에 대하여 효력을 인정하고 있으므로, 신규상장신청법인은 주권 견양에 갈음하여 한국예탁결제원이 발행하는 예탁자계좌부기재확인서를 상장신청 시 제출함으로써 주권을 발행하기 이전에도 상장 신청할 수가 있다.

상장승인 및 통보

예탁자계좌부기재확인서 등 제반서류가 완비된 신규상장신청서를 제출하면 거래소

는 주식분산요건 등 예비상장심사 시에 확인되지 않은 사항과, 명의개서대행계약체결 사실 및 통일규격유가증권 발행 여부를 확인한다. 거래소는 신규상장신청서를 접수한 후 일주일 내에 신규상장승인 여부를 신규상장신청법인 및 관계기관에게 통보한다.

상장기념식 주권의 신규상장일은 신규상장신청법인과 협의하여 거래소가 결정한다. 신규상장일에 신규상장법인, 주간사회사 및 거래소 임직원이 신규상장을 축하하기 위하여 증권시장 종합홍보관에서 상장기념식을 개최한다.

이를 기념하기 위하여 한국거래소는 신규상장법인의 대표자에게 상장기념패와 상장증서를 수여하게 되며, 이 시점 이후부터 당해법인은 상장기업으로서의 모든 혜택을 누리며 또한 의무를 지게 된다.

또한 신규상장법인의 관련 임직원은 주간사회사 대표자 및 거래소 임직원들과 함께 증권시장을 관람하고 최초 기준가격 결정방법 및 불공정거래 감시방법 등에 대한 안내를 받게 된다.

기준가격결정 및 매매거래 개시

- 기준가격결정을 위한 호가접수 : 거래소는 신규상장일 날의 기준가격 결정을 위해 신규상장일 08 : 00부터 09 : 00까지 매수 및 매도호가를 접수하게 된다. 투자자는 기준가격 결정을 위한 호가접수시간(08:00-09:00)에 거래소가 정하는 가격을 기준으로 90%와 200% 범위 이내에서 매수 또는 매도호가를 제출할 수 있다.
- 기준가격결정 : 08 : 00부터 09 : 00까지 접수된 매수 및 매도 호가를 기준으로 단일가격에 의한 개별 경쟁 매매방법(동시호가)에 의하여 기준가격이 결정된다.
- 기준가격 결정 후의 매매거래 : 09 : 00 이후에는 위에서 결정된 기준가격에서 가격제한폭(상하 15%) 범위 내에서 복수가격에 의한 개별경쟁매매방법에 의해서 매매거래가 체결된다.

6 IPO 성공전략

성공적인 상장을 위해서는 먼저 적정한 IPO 시점을 선정하는 것이 무엇보다 중요하다. 그렇기 위해서는 기업의 성장속도, 주식시장 여건 등을 고려하여 이익 급증 시점을 선택하는 것이 필요하다. 상장 이후 안정적인 매출구조의 형성과 지속적인 기업성장을 유지하는 것 또한 IPO 목적을 달성하는 데 있어서의 빼놓을 수 없는 중요한 일이다.

성공적인 IPO를 위해서는 다음 사항들을 반드시 체크해야만 한다.

- 구체적 자본계획 수립
  - IPO로 인한 자금유입은 기업 자금조달 목적에 적합하게 사용
  - 자본금 변동, 유·무상 증자, 대주주 지분 변동제한 등을 고려
- 검토 단계부터 관리부문 정비
  - 최대주주, 관계회사 및 자금관리 등에 대한 내부통제시스템 구축
  - 전문 컨설팅회사의 자문 및 우수 관리 인력의 채용
- 신뢰성 있는 회계법인의 외부감사 수검
  - IPO시점 최소 2년 전부터 공신력 있는 회계법인의 외부감사 수검
  - 회계처리 관련하여 관리체계의 적정성 확보
- 최적의 Win-Win전략 구현을 위한 주관회사 선정
  - 기업실사, 심사대응, 공모가 결정능력 등 최적의 증권회사 선정
  - 등록심사 시, 문제가능 부분의 사전점검 등 Due Diligence Review 실시로 개선
- 적정한 가치 산정
  - 기간, 산업별 특성에 맞는 Tool을 적용하여 적정 공모가격 산정
  - 우호적 심사환경 조성 및 투자자 관심도 제고를 위한 마케팅 Tapping 수행
- 차별화된 IR전략 수행
  - One-on-One, 투자설명회 등 투자자별 차별화된 전략 수행으로 성공적인 상장 유도
  - 상장 이후 우호적 투자가 확보, 경영투명성 제고 등 지속적 기업 이미지 관리로 적정주가 유지
- 대주주 지분 관리
  - 지분투자의 장, 단점을 정확히 파악하고 대처
  - 경영권 확보에 필요한 자기지분 및 우호지분 유지
  - IPO 이전단계부터 지분율 변동에 대한 구체적 시뮬레이션을 시행
  - IPO 후 유상증자 등에 대한 자금소요계획 사전 준비

04 우회상장전략

비공개법인이 공개법인을 인수하여 합병하거나 영업양수도 · 현물출자 · 주식교환 등을 통해 일반적인 기업공개의 절차를 거치지 않고 공개법인으로 전환되는 것을 우회공개 또는 우회등록 · 우회상장이라고 한다. 이러한 우회상장은 기업공개를 위한 복잡한 일반적인 절차를 거치지 않고 비교적 간단한 방법으로 공개를 할 수 있기 때문에 기업의 가치혁신을 위한 전략으로 많이 활용되고 있으며 우회공개가 이루어질 경우 많은 이점을 함께 누릴 수가 있다.

1 직접적 우회상장 전략

직접적 우회상장 방법

직접적 우회상장은 비공개법인이 공개법인과 합병의 과정을 거쳐 공개법인으로 전환하는 것으로 우호적 M&A의 한 형태이다. 직접적인 우회공개를 위한 M&A는 반드시 비공개법인과 공개법인이 합병한 후 비공개법인은 소멸하고 공개법인이 합병 후 존속하는 흡수 합병의 형태를 택한다.

다만, 주식의 지분은 우회공개를 하고자 하는 비공개법인 또는 비공개법인의 대주주가 1대 주주가 되어 합병 후 공개법인의 경영권을 갖는 것이 일반적이다.

우회상장의 목적

우회상장은 비공개기업이 공개기업과의 합병을 통해 공개기업으로 전환되는 것으로 그 목적은 다음과 같다.

첫째, R&D를 통해 높은 기술력을 갖추었거나 성장성이 높은 비공개 기업이 시간을 단축하여 조기에 우회상장을 하고자 하는 경우

둘째, 우회상장을 통해 기업의 이미지를 상승시키고 자본시장에서 금융조달을 원활히 하고 법적 혜택을 얻고자 하는 경우

셋째, 자금력은 있으나 매출이 부족한 공개기업을 인수하여 자신이 소유한 우량한 비공개기업과의 합병을 통해 조기에 경영을 정상화시켜 기업의 가치를 극대화하고자 할 경우

넷째, 기업공개의 심사과정에서 보류 또는 기각판정을 받을 수 있는 위험요소를 사전에 제거하고 보다 확실하게 기업공개를 하고자 하는 경우이다.

우회상장에 따른 주주의 영향

우회상장이 성사될 경우 주주의 입장은 투자한 주식이 공개되므로 주식의 환금성이 보장되고 투자자금을 회수할 수 있는 길이 열리게 되는 것이며, 주식을 매각하거나 상속 또는 증여할 경우 조세혜택을 얻을 수 있다.

또한 대주주일 경우 M&A 과정에서 경영권을 포함한 프리미엄의 가격으로 소유지분을 양도할 수 있어 창업이득과 투자자금을 회수할 수 있는 반면 M&A 과정에서 지분의 변동으로 소유지분이 축소되거나 증가될 수 있어 경영권에 영향을 미칠 수 있다.

2 직접적 우회상장의 절차

주 요 절 차		주 요 업 무 내 용
1단계	기본전략수립	• Task force team 구성 • 우회상장 기본전략수립
2단계	주식지분인수	• 주식인수 • CB 또는 BW인 수 후 주식전환 • 제3자 배정 신주인수 • 시장매수 • 공개매수 • 주식교환
3단계	경영권 확보	• 주주총회개최를 위한 이사회결의 • 주주총회에서 이사 및 감사선임
4단계	기업구조조정	• 재무구조조절 • 사업구조조정
5단계	합병	• 우회상장완료에 따른 시너지 창출과 법적 혜택 • 주주의 투자자금회수와 주식의 환금성 확보
6단계	Post M&A	• 기업가치 극대화를 위한 프로그램수립 • 기업문화 통합을 위한 프로그램 수립

기본전략수립

우회상장을 위한 M&A를 실시하기 위해 우선적으로 검토해야 할 사항은 업무를 효과적으로 수행할 전담부서(Task force team)를 구성하여 우회상장과 관련되는 기본적인 전략의 수립이 요구되며, 전담부서의 구성이 힘들 경우에 M&A 전문중개회사의 협조를 받을 수 있다.

주식지분 인수

비공개법인 또는 비공개법인의 대주주가 인수합병 대상회사인 공개법인의 주식인수를 위해 정밀실사와 기업가치 평가, 주식인수를 위한 조건 등의 최종협상을 거치게 되며 주식인수의 방법은 공개법인의 대주주 등이 소유한 구주 인수 · 전환사채(CB) 또는 신주인수권부사채(BW)의 인수 후 주식전환 · 제3자 배정 신주인수 · 시장매수 · 공개매수 · 주식교환 등이 있다.

경영권 확보

인수대상 공개회사의 경영권 획득을 위한 주식의 인수가 완료될 경우 그 즉시 정기주주총회에서 이사 및 감사의 선임으로 경영권확보를 완료한다.

기업구조조정

기업구조조정의 과정은 반드시 필요로 하는 것은 아니나 비공개법인의 인수 측이 인수대상회사인 공개법인의 재무구조조정이나 사업구조조정이 필요한 경우 합병을 실시하기 전에 기업구조조정을 거치는 경우가 있다.

예컨대 공개법인의 재무구조가 악화되어 있거나 자산의 부실화가 심할 경우 사전에 정밀실사를 거쳐 적정한 기업가치를 평가할 필요가 있으며 자본의 무상 감자를 실시하여 유상증자를 하거나 합병가치 산정을 위한 재무구조개선을 실시한다.

합 병

비공개법인이 공개법인과의 합병을 통해 비공개법인이 공개법인으로 전화되는 절차가 마무리되며, 공개법인으로서의 시너지 창출과 법적인 혜택을 동시에 얻을 수 있다. 또한, 비공개법인의 주주에 대한 투자자금의 회수와 주식에 대한 환금성을 확보할 수 있게 된다.

PMI

합병 후 기업의 경쟁력 확보와 기업의 가치 극대화를 위한 프로그램이 필요하며 또한 이질적인 기업문화의 통합을 위한 노력이 요구된다.

3 간접적 우회상장 전략

비공개법인이 공개법인과의 합병에 의한 직접적 우회상장방법은 엄격한 심사와 법적 제한으로 많은 시간이 소요되고 그 성공 가능성을 예측하기 힘든 것이 사실이다.

따라서 합병에 의한 직접적 우회상장의 방법을 택하지 않고 영업양수도, 현물출자, 주식교환에 의한 우회상장 방법을 택함으로써 짧은 시간 내에 비교적 쉬운 절차를 통해 공개법인의 효과를 창출하는 것으로 간접적 우회상장이라고 한다.

영업 양 · 수도에 의한 우회공개

영업 양 · 수도에 의한 우회공개의 방법은 비공개법인 또는 비공개법인의 대주주가 공개법인의 유상증자에 참여하여 공개법인의 주식을 인수한 다음 비공개법인의 영업을 공개법인에 양도한 후 공개법인으로부터 영업양도대금을 받음으로써 두 회사 간의 영업이 하나로 합쳐지게 되어 실질적인 우회공개의 효과를 얻는 방법이다.

그 후 비공개법인의 주주는 비공개법인으로부터 청산배당을 수취하는 방법이다. 영업양 · 수도에 의한 우회상장을 위해 먼저 검토하여야 할 사항은 다음과 같다.

공개법인의 증자 공개법인이 비공개법인의 영업을 양수하기 위해 자금이 소요되며 이러한 자금조달을 위해 대부분의 경우 공개법인의 증자를 먼저 실시하고 그 증자에 비공개법인 또는 비공개법인의 대주주 등이 참여한다.

이러한 공개법인의 증자에 참여한 비공개법인 또는 비공개법인의 주주 등에 대한 자금의 회수 전략을 살펴보면 첫째, 비공개법인일 경우 비공개법인이 공개법인으로부터 받은 영업 양도대금으로 증자대금을 회수하게 된다. 둘째, 비공개법인의 주주일 경우 비공개법인으로부터 받은 청산배당을 통하여 증자대금을 회수하게 된다.

청산배당 시 청산배당금액이 당초 비공개법인의 주식을 취득하기 위하여 투자한 금액을 초과하는 경우에 의제배당에 대한 과세 문제가 발생하므로 비공개법인의 주주는 관련세금부담을 함께 검토할 필요가 있다.

법적 절차검토 공개법인이 비공개법인의 영업양수를 할 때 다음에 해당할 경우에는 자본시장법에서 정하고 있는 규정에 따라 영업 양·수도를 위한 주주총회의 특별결의, 반대주주의 주식매수청구권행사, 금융위원회 및 거래소에 주요사항보고서 제출 등의 절차를 거쳐야 한다.

- 영업양수부분이 최근 사업연도 자산총액의 10% 이상
- 영업양수부분의 매출액이 최근 사업연도 매출액의 10% 이상
- 영업양수에 따라 인수할 부채액이 최근사업연도 부채총액의 10% 이상
- 영업전부의 양수

법적 제한사항 검토

- 주요사항보고서 제출 : 공개법인이 비공개법인의 중요한 영업의 전부 또는 중요한 영업의 일부를 양수할 경우 자본시장법에 의하여 금융위원회, 거래소에 주요사항보고서를 제출해야 한다.
- 매각제한 : 코스닥상장법인이 감자와 병행 또는 감자 후 1년 내에 제3자 배정 유상증자를 하는 경우 동 증자참여자 중 코스닥상장법인의 최대주주 및 특수 관계인은 배정받은 주식을 당해 주식의 교부일로부터 1년간 계속 보유해야 한다.
- 주주총회 특별결의 : 상법에 따른 영업양수·양도계약서 승인을 위한 주주총회의를 개최하여 특별결의를 해야 한다.
- 주식매수청구권 : 반대주주에 대한 주식매수청구권을 인정해야 한다.

현물출자에 의한 우회상장

현물출자에 의한 우회상장의 방법은 비공개법인의 모든 영업부문 또는 중요한 영업부문을 공개법인에 현물출자(양도)하고 공개법인이 발행한 신주를 인수한다.

이러한 과정을 통하여 실질적으로 두 회사 간 합병의 효과가 발생한다. 비공개법인은 현물출자의 대가로 받은 공개기업의 주식을 증권시장에서 매각하여 비공개법인의 주주들에게 현금으로 배당하거나 직접 공개법인의 주식을 비공개법인의 주주에게 청산배당하고 비공개법인은 청산하는 경우의 방식이다.

현물출자에 의한 우회상장의 장점은 비공개법인 주주는 현금배당 또는 공개법인의 주식배당으로 주식의 환금성 확보와 공개법인이 비공개법인의 영업양수대가로 공개법인 주식으로 지급하기 때문에 현금지급부담이 없고 그만큼 시간을 절약할 수 있다.

반면, 단점으로는 비공개법인의 영업양도에 대한 회수를 현금이 아닌 공개법인주식으로 회수하는 것과 등기가 필요하고 등기 시 검사인의 선임을 법원에 청구하거나 공인된 감정인의 감정이 필요할 뿐만 아니라 법원의 현물출자에 대한 심사가 필요하다.

주식교환에 의한 우회상장

주식교환에 의한 우회상장제도는 모회사가 자회사의 주식을 100% 소유하는 주식의 포괄적 교환제도와 모회사가 자회사 주식의 일부를 소유하는 주식의 부분적 교환제도로 구분할 수 있다.

주식의 포괄적 교환에 의한 우회상장 포괄적 주식교환에 의한 우회상장의 방법은 비공개법인의 주식은 소멸되고 비공개법인의 주주는 공개법인의 주주로 전환되어 공개법인의 주주로서 효과를 얻게 되는 우회상장 방식이며, 공개법인에 대한 유상증자 대가를 현금이 아닌 비공개법인의 구주로 납입하는 것이 인정된다.

결과적으로 비공개법인의 모든 주주는 공개법인의 주주가 되고 비공개법인은 완전 자회사가 되는 형태를 갖는 주식의 포괄적 교환에 의한 우회상장이 되는 것이다.

주식의 부분적 교환에 의한 우회상장 부분적 주식교환에 의한 우회상장은 비공개법인의 주주가 공개법인의 주식을 인수하기 위하여 비공개법인의 구주를 공개법인에 매각하는 대신 공개법인의 신규증자에 참여하는 절차를 걸쳐 비공개법인의 우회상장 효과를 얻는 방식이다.

부분적 주식교환에 의한 우회상장에 검토되어야 할 사항은 조세특례제한법 및 상법상 혜택을 받지 않는 대신 주주총회승인, 반대주주의 주식매수청구권 인정 등 특별한 법적 절차도 필요하지 않다.

4 우회상장법인의 혜택

비공개법인이 공개법인을 인수하여 합병하거나 주식교환 방식을 통해 합병하여 공개법인으로 전환될 경우 자본시장법에서 정한 자본조달과 양도소득세 등 세법에서 정한 세제혜택, 기업의 공신력 제고와 홍보, 기타 자기주식취득 등 공개법인으로서의 여러 가지 혜택을 얻을 수 있다.

자본시장 혜택

이익소각 공개법인은 정관에 이익소각을 규정한 경우 배당가능 이익 범위 내에서 이사회 결의로 주식소각이 가능하다.

자기주식 취득 비공개법인은 불가피한 경우를 제외하고는 자기주식을 취득할 수 없으나 공개법인은 배당가능 이익 범위 내에서 자기주식 취득이 가능하여 경영권 방어나 주가관리 등에 용이하다.

일반공모 증자 공개법인은 정관 규정에 따라 이사회 결의를 통해 주주의 신주인수권을 배제하고 불특정 다수인을 상대로 하여 용이하게 신주를 모집하여 자본을 조달할 수 있다.

의결권 없는 주식의 발행한도 특례 상법상 의결권 없는 주식은 발행주식 총수의 1/4까지 발행할 수 있으나 주권상장법인이 외국에서 주식을 발행하거나 외국에서 발행한 해외전환사채, 해외신주인수권부사채, 기타 주식과 관련된 증권 또는 증서의 권리행사로 발행하는 의결권 없는 주식을 발행한도의 계산에 산입되지 않는다.

다만, 자본시장법의 의결권 없는 주식과 상법 제370조제2항의 규정에 의한 의결권 없는 주식을 합한 의결권 없는 주식의 총수는 발행주식 총수의 2분의 1을 초과하지 못한다.

주식배당 한도확대 비공개 법인은 이익배당 총액의 1/2까지 주식배당이 가능하나, 공개법인은 시가가 액면가액 이상일 경우 이익배당 총액까지 주식배당이 가능하다.

신종사채 발행가능 공개법인은 전환사채 및 신주인수권부사채 외에 이익참가부사채 · 교환사채의 발행이 가능하다. 특히 자본시장법의 규정에 따라 주권상장법인은 취득하여 보유하고 있는 자사주를 기초로 교환사채를 발행할 수 있으므로 일반사채에 비하여 유리한 조건으로 자금조달이 가능하다.

사채발행 한도 비공개 법인은 순자산의 4배까지 사채를 발행할 수 있으나 공개법인은 전환사채와 신주인수권부사채에 대해 주식전환 또는 신주인수권 행사가 가능한 부분은 상법상 사채 발행한도의 제한을 받지 않는다.

주식의 액면미달 발행 비공개법인은 주주총회 특별결의와 법원의 인가에 의하여 액면 미달 발행이 가능하나 공개법인은 주주총회 특별결의에 의해서만 액면미달 발행이 가능하다.

일반적 혜택

기업의 홍보효과 및 공신력 제고 공개법인은 국내외 투자자를 비롯한 많은 사람들의 관심의 대상이 되며 기업의 재무내용이나 경영상황이 신문 · TV · 증권 관계기관의 각종 자료 등을 통하여 국내외에 전달됨으로써 기업의 인지도를 제고하는 효과를 얻을 수 있다.

따라서 공개기업은 홍보효과를 통해 대외적인 신인도 제고는 물론 기업의 해외진출 및 해외합작투자를 모색할 경우에 공개기업으로서의 지명도를 최대한 활용 할 수 있다.

기업의 원활한 구조조정 추진 상장법인은 유가증권시장 상장규정에서 정하고 있는 다양한 방법으로 구조조정을 추진할 수 있다. 즉 기업분할제도 · 지주회사제도 등 기업의 구조조정과 관련된 상장제도를 적극적으로 활용하여 기업의 목적에 맞는 방법으로 구조조정을 추진할 수 있다.

경영합리화 도모 기업의 재무내용 공시를 통해 동업종 타사와의 비교가 용이하고 주가를 통해 경영실적이 객관적으로 평가받게 되어 경영합리화를 도모하게 된다.

주주총회 소집절차의 간소화 상법상 주주총회의 소집통지는 각 주주에게 서면으로 하게 되어 있으나 상장법인은 의결권 있는 발행 주식 총수의 1% 이하를 소유하는 주주에 대하여는 주주총회일 2주 전에 2개 이상의 일간신문에 각각 2회 이상 공고함으로써 주주총회의 소집통지를 갈음할 수 있다.

중소기업의 사업손실준비금 적립 상장법인이 사업손실을 보전할 목적으로 사업손실준비금을 손금으로 계산할 때에는 상장일이 속하는 연도를 포함하여 3년간 소득금액의 30% 범위 안에서 적립할 수 있다.

코스닥상장법인이 거래소에 상장한 경우에도 손금산입할 수 있는 과세연도는 합산하여 3년 이내로 한다.

자사주 처분 손실준비금 적립 상장법인이 주가안정을 위하여 자사주를 취득한 경우 공주식의 처분에 따른 손실을 보전할 목적으로 준비금을 손금으로 계산할 때에는 당해 과세연도에 취득한 자기주식 취득가액의 30% 범위 내에서 소득금액 계산 시 이를 손금에 산입할 수 있다.

자기주식 취득 후 6개월 이내에 처분하는 경우 당해 자기주식에 상당하는 준비금은 처분연도에 익금으로 산입한다. 익금에 산입하지 아니한 준비금은 자기주식처분 손실이 발생하는 경우 당해 손실과 상계하여야 하며, 상계 후 잔액은 손금산입연도 종료일로부터 5년째 되는 과세연도 소득금액 계산 시 이를 익금에 산입한다.

05 의무보호예수

의무보호예수제도는 주가급락으로 인한 소액투자자 보호와 같은 일정한 정책적 목적 달성을 위해 관련규정에 따라 특정한 사유가 발생할 경우 최대주주 등이 보유하고 있는 주식을 일정기간 동안 의무적으로 보유하여야 하는 것으로서 유가증권을 한국예탁결제원에 일정기간 동안 의무적으로 예치하는 것을 의무보호예수라고 한다.

의무보호예수제도의 특징은 주가의 안정 또는 최대주주 등 특정 주주의 주식의 대량매매에 따른 소액주주의 피해를 방지하기 위하여 일정한 유가증권의 유통을 일정기간 도안 금지시키기 위한 제도로서 의무보호예수의 사유가 발생한 경우 일정한 자는 한국예탁결제원과 의무적으로 보호예수계약을 체결하여야 한다.

예탁결제원은 보호예수의무자와 보호예수 계약을 체결하고 보호예수 되어 있는 유가증권을 보관 · 관리하며 보호예수 기간의 종료 시에 유가증권을 반환하는 등 중심기관으로서의 역할을 하고 있다. 반대로 보호예수의무자인 대표주관회사나 상장주선인 또는 발행회사가 보호예수의무자 혹은 보호예수의뢰인으로서 보호예수 계약의 일방 당사자의 지위, 즉 임치인 자격으로 보호예수와 관련되어 있는 모든 권리와 의무의 주체가 된다.

1 최대주주 등의 의무보호예수

한국거래소에 주식을 상장 준비하는 회사는 유가증권시장 또는 코스닥시장 상장을 위한 예비심사청구서를 거래소에 제출하여야 하며, 이때 유가증권시장 상장규정 제10조제3항과 코스닥시장 상장규정 제21조에 따라 한국예탁결제원이 발행하는 보호예수증명서를 함께 제출하여야 한다.

대상유가증권

최대주주 등이 소유하는 주식 등으로 주권 · 신주인수권을 표시하는 증서 · 전환사채권 · 신주인수권부사채권 · 교환사채권 등이 그 대상이며 의무보호예수 기간 중 무상증자가 있는 경우 이 주식도 최초 보호 예수되어 있는 주식의 의무보호예수 기간 중 잔여기간 동안 의무보호예수를 하여야 한다.

의무보호예수 기간

양 시장 공히 상장일로부터 6개월간 한국예탁결제원에 의무보호예수를 하여야 한다. 코스닥시장 상장규정 개정(2014. 06. 18)에 따라 최대주주 등 및 상장예비심사청구일 전 1년 내 제3자배정으로 신주를 취득하거나 최대주주 등의 소유주식을 취득한 자는상장일로부터 6개월간 보호예수 하여야 하며,2014. 06. 30 이후 코스닥시장 신규상장분에 대해서는 5% 반환조항이 적용되지 않는다.

보호예수 절차

한국거래소에 상장하려는 회사의 최대주주는 상장절차를 위하여 선임한 대표주관사에 보호예수 대상증권을 인계하고 대표주관사는 인계받은 주식 등을 한국예탁결제원에 주주별로 의무보호예수하고, 한국예탁결제원은 최대주주 등이 소유하는 주식 등의 보호예수증명서를 발급하며 대표주관사는 이 증명서를 한국거래소에 제출한다.

의무보호예수 증권의 반환

최대주주 등이 소유하는 의무보호예수 유가증권은 다음의 사유가 발생할 경우 반환이 허용된다.

- 보호예수기간이 만료된 경우에는 대표주관사가 한국예탁결제원으로부터 의무보호예수 주식 등을 반환받아 해당 최대주주에게 실물을 인계한다.
- 의무보호예수기간 중 일시적인 반환의 경우 의무보호예수 주식을 통일규격유가증권으로 교체하거나 상호변경 · 주권의 액면분할 등으로 인한 신주권으로의 교체, 기타 질권설정 등을 위하여 일시적으로 반환하여야 할 사유 발생 시에는 한국거래소의 승인을 받아 일시적 반환이 가능하다.

예약매매의 금지

의무보호예수 기간 중에는 해당 보호예수증권의 매매가 제한된다. 계속보유의무대상주식을 매매예약 등의 방법으로 매각제한을 위반하는 경우 계속보유기간이 매각사실이 확인된 날로부터 1년간 및 계속보유 잔여기간의 합산으로 연장되는 제재가 이루어진다.

매각제한 기간이 1년을 경과하지 않은 경우 매각사실이 확인된 시점을 기준으로 1년 및 매각제한 기간 중 1년까지의 미경과 기간을 합산한 기간이 경과한 날로부터 매 1월마다 매각제한 중인 주식에 대하여 최초 계속보호의무 주식의 5%에 상당하는 부분까지 매각이 가능하다.

매각제한기간이 1년을 경과한 경우 매각사실이 확인된 시점을 기준으로 매각 가능한 주식을 제외한 계속보유위무 주식을 대상으로 1년이 경과한 날로부터 매 1월마다 매각제한 중인 주식에 대하여 최초 계속보호의무 주식의 5%에 상당하는 부분까지 매각이 가능하다.

2 모집관련 의무보호예수

자본시장법에 따른 증권의 모집은 50인 이상의 자를 대상으로 10억원 이상의 자금을 모집하기 위해 유가증권을 신규로 발행하는 것을 말한다(2012.6.29.개정). 이러한 경우 발행인은 자본시장법에 따라 증권신고서를 금융위원회에 제출하여야 하며, 50인 미만의 자를 그 대상자로 하여 신규 발행하는 경우에도 발행 후 1년 이내에 50인 이상에게 전매 가능성이 있는 경우에는 모집으로 간주되어 증권신고서를 제출하여야 한다. 다만, 50인 미만으로부터 유가증권을 모집하면서 발행유가증권을 한국예탁결제원에 보호예수하는 경우에는 그 전매 가능성이 부인되어 의제모집에 해당되지 아니하여 증권신고서 제출의무가 면제될 수 있다.

대상유가증권

발행회사는 인수자가 인수한 모든 증권을 보호예수해야 하며 대상증권의 종류는 최대주주 등의 의무보호예수와 동일하다.

의무보호예수 기간

모집에 의한 보호예수기간은 최대주주 의무보호예수와 달리 한국예탁결제원에 보호예수를 한 날로부터 1년간이며 발행회사는 유가증권 발행 후 지체 없이 모든 인수인의 유가증권을 의무보호예수하여야 한다.

의무보호예수 증권의 반환

최대주주 의무보호예수의 경우에서 본 바와 같은 사유가 보호예수기간 중 발생한 경우 보호예수 주식의 반환이 가능하다.

다만, 최대주주 의무보호예수의 경우에는 반환사유에 해당하는 사유가 발생하였다 하더라도 한국거래소의 승인이 있어야 반환이 가능하지만 모집관련 의무보호예수는 다음과 같은 사유의 발생 시에 발행회사가 직접 한국예탁결제원에 반환을 신청할 수 있다.

- 통일규격 유가증권으로 교환하기 위한 경우
- 전환사채권, 신주인수권부사채, 교환사채권에 대하여 전환권, 신주인수권 또는 교환권 행사를 위한 경우
- 회사의 합병 또는 회사의 분할에 따라 합병 신주 등으로 교환하기 위한 경우
- 액면분할 또는 액면병합에 따라 신주권으로 교환하기 위한 경우

이러한 사유에 해당하지 않을 경우에는 금융감독원장의 승인이 있어야만 의무보호예수 되어 있는 유가증권의 반환이 가능하다.

3 법원 M&A에 따른 의무보호예수

회생기업의 재무구조를 개선하고 정리절차를 조기에 종결할 목적으로 관리인이 작성한 회사정리계획안에 따라 유상증자를 통한 제3자 매각에 대해 법원이 인가를 한 경우 그 M&A 과정에서 발행된 신주의 인수인은 그 인수 신주의 일정량을 일정 기간 동안 처분할 수 없다.

이러한 처분금지를 구체화하기 위해서 인수주식을 한국예탁결제원에 의무적으로 보호예수하여야 하는 것이 법원 M&A에 의한 의무보호예수이다. 이러한 취지는 단기차익을 노린 주식인수를 방지하고 정리회사의 회생절차가 실효를 거둘 수 있게 하기 위한 조치라 할 수 있다.

보호예수 기간과 수량

법원 M&A에 따른 의무보호예수의 경우 발행회사는 회사정리계획안에서 정한 기산일로부터 1년간 보호예수를 하여야 하며 의무보호예수 수량은 전 인수주식의 50%이다. 일반적으로 주식인수 절차가 종료되면 회사는 정리절차가 종결되며 법정관리기업의 지위에서 벗어나지만 이 경우에도 발행회사는 1년간의 보호예수 기간이 경과하여야만 보호예수되어 있는 주식의 반환을 신청할 수 있다.

권리행사 및 담보설정 보호예수 기간 중에는 주식 인수인 스스로 자신의 보호예수 주식에 대한 권리를 행사할 수 있다. 다만 의무보호예수 기간 중에 보호예수 증권의 질권설정을 하고자 하는 경우에는 보호예수의뢰인이 보호예수 해당 감독기관인 법원의 승인을 받아야 가능하다.

4 기타 의무보호예수

초과 유상증자

발행회사가 코스닥시장에 상장하고자 할 경우 상장예비심사 청구일 전 1년 이내의 유상증자 등의 금액이 상장예비심사 청구일로부터 2년 전의 날이 속하는 사업연도 말 현재 자본금의 100분의 100을 초과하는 경우 그 초과하는 주식 등을 한국예탁결제원에 의무보호예수 하여야 한다.

벤처금융

벤처기업특별법에 해당하는 벤처기업이 코스닥시장에 상장하려 하는 경우 그 벤처기업에 투자한 벤처금융이 보유하는 그 회사의 주식 등을 일정기간 동안 한국예탁결제원에 의무적으로 보호예수를 해야 한다.

이 경우 상장을 위한 대표주관사가 한국예탁결제원에 계좌를 개설하고 보호예수계약의 당사자로서 벤처금융 소유의 유가증권을 보호예수하여야 하며, 이에 따른 의무보호예수 기간은 벤처금융의 해당 기업에 대한 투자기간에 따라 다음과 같이 달라진다.

- 투자기간이 2년 미만인 경우에는 상장일로부터 1월간
- 투자기간이 2년 이상인 경우에는 보호예수의무가 없다.
- 한도는 투자금액 중 상장신청일 현재 자본금을 기준으로 10%

투자회사(Mutual Fund)

투자회사가 유가증권시장에 상장하거나 코스닥시장에 상장하기 위하여 주권의 상장신청서를 제출할 때 상장예정일 전 1년 이내에 모집 · 매출 이외의 방법으로 주식을 발행한 경우 한국예탁결제원에 이 주식을 보관하고 보호예수증명서를 한국거래소에 제출하여야 한다.

기관투자자

벤처기업에 투자한 기관투자자가 투자한 벤처기업이 코스닥시장에 상장을 신청하는 경우 상장예비심사 청구일 1년 이내에 취득한 주식으로 투자금액 중 상장신청일 현재 자본금을 기준으로 10%까지 보호예수 하여야 하며 보호예수기간은 상장일로부터 1개월이다.

합병 주식교환

유가증권시장 상장법인이나 코스닥시장 상장법인이 비상장법인과 합병하는 경우 비상장법인에 투자하고 있는 최대주주 · 벤처금융 및 기관투자자가 소유하고 있는 주식에 대해 의무적으로 보호예수 하여야 한다.

- 유가증권시장 상장법인은 합병기일로부터 6월간
- 코스닥시장 상장법인의 최대주주는 합병기일 또는 주식교환 일로부터 2년간. 다만, 1년이 경과한 후에는 매 1월마다 5%에 상당하는 부분까지 매각이 가능하다.
- 벤처금융은 투자기간이 2년 미만인 경우 1개월간
- 기관투자자는 투자기간이 1년 이내인 경우 1월간

제3자 배정 유상증자

코스닥시장 상장법인이 감자와 병행 또는 감자 후 1년 이내에 제3자 배정 유상증자를 하는 경우 유상증자에 참여한 자 중 당해 코스닥 상장법인의 최대주주가 된 자와 그 특별관계인은 배정받은 주식을 그 교부일로부터 1년간 의무보호예수 하여야 한다.

외국인 양수

외국인투자촉진법에 따라 외국투자자가 유상증자 신주를 취득하는 경우로서 거래소에 주권상장을 하기 위해 취득일로부터 1년간 그 소유주식의 계속보유확약서와 보호예수증명서를 한국거래소에 제출하여야 한다. 이 경우 그 외국인은 국내의 상임대리인을 통해야 한다.

의무보호예수 관련 규정

구 분	규 정	사 유
한국거래소	유가증권시장 상장규정	• 최대주주 보호예수 • 외국인 양수분 보호예수 • 투자회사 합병 보호예수
	코스닥시장 상장규정	• 최대주주 보호예수 • 외국인 양수분 보호예수 • 초과유상증자분 보호예수 • 벤처금융 · 투자회사 · 기관투자자 · 합병/주식교환 · 제2자 배정유상증자 보호예수
금융위원회	증권의 발행 및 공시에 관한 규정	• 모집관련 보호예수
법원	정리회사 M&A에 관한 준칙	• 정리계획안에 따른 보호예수

06 상장폐지

1 유가증권시장 상장폐지 기준

거래소는 유가증권시장 주권상장법인이 다음 각 사항의 어느 하나에 해당되면 당해 주권의 상장을 폐지한다.

사업보고서 미제출

사업보고서 미제출로 관리종목으로 지정된 유가증권시장 주권상장법인이 당해 사업연도 사업보고서를 법정제출기한부터 10일 이내에 제출하지 아니하는 경우

사업보고서 · 반기보고서 또는 분기보고서 미제출

반기보고서 또는 분기보고서 미제출로 관리종목으로 지정된 유가증권시장 주권상장법인이 사업보고서 · 반기보고서 또는 분기보고서를 제출하지 아니하는 경우

감사의견

- 유가증권시장 주권상장법인이 감사인의 감사보고서상 감사의견이 최근 사업연도에 부적정 또는 의견거절인 경우
- 2년 연속 감사보고서상 감사의견이 감사범위 제한 한정인 경우

자본잠식

- 유가증권시장 주권상장법인이 최근 사업연도의 사업보고서상 자본금 전액이 잠식된 경우
- 관리종목으로 지정된 유가증권시장 주권상장법인이 최근 사업연도의 사업보고서상 자본금의 100분의 50 이상이 잠식된 경우

주식분산 미달

- 일반주주수 200명 미만 2년 연속

- 지분율 10% 미만 2년 연속. 다만, 200만주 이상인 경우 해당되지 않는 것으로 간주

거래량 미달

2반기 연속 반기 월평균거래량이 유동주식수의 1% 미만

회생절차개시

- 회생절차기각, 취소, 불인가 등(상장적격성 실질심사)
- 기업의 계속성 등 상장법인으로서의 적격성이 인정되지 않는 경우(상장적격성 실질심사)

지배구조미달

- 최근 2사업연도 계속하여 사업보고서상 사외이사의 수가 법정수에 미달할 경우
- 최근 2사업연도 계속하여 사업보고서상 감사위원회를 설치하지 아니하였거나 또는 감사위원회의 구성요건을 충족하는 수를 선임하지 아니한 경우

파산신청 법원의 파산선고 결정

공시의무 위반

- 관리종목 지정 후 최근 1년간 누계벌점이 15점 이상 추가(상장적격성 실질심사)
- 관리종목 지정 후 고의, 중과실로 공시의무 위반(상장적격성 실질심사)

매출액미달 2년 연속 매출액이 50억원 미만인 경우

주가 · 시가총액 미달 관리종목 지정 후 90일 이내 관리지정사유 미해소

기타 즉시퇴출 사유

- 최종부도 또는 은행거래정지
- 법률에 따른 해산사유 발생
- 주식양도에 제한을 두는 경우
- 당해법인이 지주회사의 완전자회사가 되고 지주회사의 주권이 신규상장되는 경우
- 우회상장 시 우회상장 기준위반

상장 적격성 실질심사

- 주된 영업이 정지된 경우(분기 매출액 5억원 미달)
- 주권의 상장 또는 상장폐지와 관련한 제출서류의 내용 중 중요한 사항의 허위기재 또는 누락내용이 투자자보호를 위하여 중요하다고 판단되는 경우
- 기업의 계속성 · 경영의 투명성 · 기타 공익과 투자자보호 등을 종합적으로 고려하여 상장폐지가 필요하다고 인정되는 경우
- 유상증자나 분할 등이 상장폐지요건을 회피하기 위한 것으로 인정되는 경우
- 당해 법인에게 상당한 규모의 재무적 손실을 가져올 것으로 인정되는 횡령 · 배임 등과 관련된 공시가 있거나 사실 등이 확인된 경우
- 국내회계기준을 중대하게 위반하여 재무제표를 작성한 사실이 확인되는 경우
- 주된 영업이 정지된 경우
- 자본잠식에 따른 상장폐지기준에 해당된 법인이 자구감사보고서를 제출하여 상장폐지사유를 해소한 경우
- 거래소가 투자자보호를 위해 상장폐지가 필요하다고 인정하는 경우

2 코스닥시장 상장폐지 기준

코스닥시장 상장법인이 다음 각 호의 어느 하나에 해당하는 경우 당해 기업의 상장을 폐지한다.

- 발행한 어음 또는 수표가 주거래은행에 의하여 최종부도로 결정되거나 거래 은행에 의하여 거래가 정지되는 경우
- 최근 사업연도의 매출액이 30억원 미만인 경우
- 최근 사업연도에 최근 사업연도말 자기자본의 100분의 50을 초과하는 법인세비용차감전계속사업손실(10억원 이상인 경우에 한한다)이 있는 경우. 다만, 연결재무제표 작성대상법인의 경우에는 연결재무제표상 법인세비용차감전 계속사업손실 및 자기자본을 기준으로 한다.
- 타법인에 피흡수 합병되거나 주식교환으로 타법인의 완전자회사가 되는 때 또는 파산선고를 받는 등 법률의 규정에 의한 해산사유에 해당되었을 경우
- 다음 분기에도 연속하여 동 규정에 의한 거래량 미달상태가 계속되는 경우
- 관리종목으로 지정된 코스닥시장 상장법인이 1년 이내에 동 규정에 의한 주식분

산 기준미달을 해소하지 아니하는 경우

- 다음 각 목의 어느 하나에 해당하는 경우
  - 최근 사업연도말을 기준으로 자본전액잠식 상태인 경우
  - 최근 반기말이나 사업연도말(관리종목 지정일 이후에 반기말이나 사업연도말이 도래하는 경우에 한한다)을 기준으로 자본잠식률이 100분의 50 이상인 경우
  - 최근 반기말이나 사업연도말(관리종목 지정일 이후에 반기말이나 사업연도말이 도래하는 경우에 한한다)을 기준으로 자기자본이 10억원 미만인 경우
  - 최근 반기(관리종목 지정일 이후에 반기말이 도래하는 경우에 한한다)의 재무제표에 대한 감사인의 감사의견이 부적정, 의견거절 또는 감사범위제한으로 인한 한정이거나 반기보고서 법정제출기한의 다음날부터 10일 이내에 반기보고서(감사보고서를 포함하여야 한다)를 제출하지 아니한 경우
- 최근 사업연도의 재무제표에 대한 감사인의 감사의견이 부적정 또는 의견거절이거나 감사범위제한으로 인한 한정인 경우. 다만, 동 감사의견의 사유가 계속기업으로서의 존속능력에 대한 불확실성에 의한 경우에 한하여 사업보고서 법정제출기한의 다음날부터 10일 이내에 동일한 감사인의 동 사유 해소에 대한 확인서를 제출하여 거래소가 이를 인정하는 경우에는 동 제출일이 속하는 반기를 기준으로 다음 각 목의 어느 하나에 해당하는 경우
  - 반기재무제표에 대한 감사인의 감사의견이 부적정 또는 의견거절이거나 감사범위 제한으로 인한 한정인 경우
  - 반기보고서 법정제출기한의 다음날부터 10일 이내에 반기감사보고서를 제출하지 아니한 경우
- 사업보고서, 반기보고서 또는 분기보고서를 법정제출기한 내에 제출하지 아니하는 경우
- 정기공시서류 제출과 관련하여 다음 각목의 1에 해당하는 경우
  - 최근 2년간 3회 이상 사업보고서, 반기보고서 또는 분기보고서를 법정 제출기한 내에 제출하지 아니하는 경우
  - 법정제출기한까지 사업보고서를 제출하지 아니한 후 법정제출기한의 다음날부터
- 10일 이내에 사업보고서를 제출하지 아니하는 경우 : 주식양도에 관한 제한이 있는 경우. 다만, 법령 또는 정관 등에 의하여 제한되는 경우로서 그 제한이 매

매거래를 저해하지 아니한다고 거래소가 인정하는 경우에는 그러하지 아니하다.

- 유가증권시장에 상장하기 위하여 상장폐지 신청을 하는 경우
- 다음 각 목의 어느 하나에 해당하는 경우. 다만, 해당되는 기업결합의 취소 결의·결정이 있고 그 이행이 확인된 경우에는 그러하지 아니하다.
  - 코스닥상장규정 제19조제1항제2호의 요건을 위반하여 합병하는 경우
  - 코스닥상장규정 제19조의2제1항제2호의 요건을 위반하여 주식교환을 하는 경우
  - 코스닥상장규정 제19조의3제1항제2호 및 같은 조제2항제2호의 요건을 위반하여 영업자산의 양수, 주식 등의 발행 등 우회상장을 완료하는 경우
  - 코스닥상장규정 제19조의3제3항의 요건을 위반하여 주식의 발행을 하는 경우
  - 코스닥상장규정 제22조부터 제22조의4까지를 위반하여 매각제한을 이행하지 아니하고 우회상장을 완료하는 경우
- 관리종목으로 지정된 후 90일간의 기간이 경과하는 동안 보통주식의 시가총액이 다음 각 목의 요건을 하나라도 충족하지 아니하는 경우
  - 시가총액 40억원 이상인 상태가 10일 이상 계속될 것
  - 시가총액 40억원 이상인 일수가 30일 이상일 것

3 기업인수목적회사(SPAC) 주권상장폐지 기준

거래소는 주권상장 기업인수목적회사가 다음 사항의 어느 하나에 해당하는 경우 당해 주권의 상장을 폐지한다.

임원의 자격미달 관리종목 지정일부터 6월 이내에 동 사유를 해소하지 못하는 경우

주식분산기준미달 관리종목 지정일부터 1년 이내에 동 규정에 따른 주식분산기준미달을 해소하지 아니하는 경우

자금 예치의무 위반 등 관리종목 지정일부터 10일 이내에 동 사유를 해소하지 못하는 경우

재무활동 제한의 위반 관리종목 지정일부터 10일 이내에 동 사유를 해소하지 못하는 경우

상장예비심사청구서 미제출 관리종목 지정일부터 1월 이내에 동 사유를 해소하지 못하는 경우

관리종목지정사유 미해소 관리종목에 지정된 기업인수목적회사가 관리종목 지정일부터 3개월 이내에 동 사유를 해소하지 못하는 경우

의결권행사 제한 등에 관한 약정위반 기업인수목적회사의 상장예비심사청구일 현재 주주 등이 약정 내용을 위반한 사실이 확인된 경우

사업목적 위반 다른 회사 주식의 소유 · 영업 자산양수 · 분할 또는 분할합병 등 합병 외의 사업활동을 영위하는 사실이 확인된 경우

상장부적격 법인과의 합병 등 주주총회에서 다음의 어느 하나에 해당하는 합병의 결의를 하는 경우

- 제19조의4의 규정에 따른 합병에 관한 상장예비심사의 부적격 통보를 받은 법인과의 합병의 결의
- 법 시행령 제176조의5제1항 각 호에 따라 산정된 합병가액 및 최근 사업연도말 현재 재무상태표상 자산총액이 제19조의4제2항제2호에서 정하는 요건에 미달하는 법인과의 합병의 결의
- 제28조제1항 또는 「유가증권시장 상장규정」 제47조제1항에 따라 관리종목으로 지정된 코스닥시장 상장법인 또는 유가증권시장 상장법인(합병의 결의 이후 관리종목으로 지정된 경우도 포함한다)과의 합병의 결의
- 세칙에서 정하는 기업인수목적회사(제4조의3제1항에 따른 상장예비심사청구일 현재 주주등 및 임원을 포함한다)와 특별한 이해관계가 있는 법인과의 합병의 결의
- 주주총회에서 합병에 의하여 회사를 설립하거나 주권비상장법인으로 되는 합병의 결의
- 코스닥시장규정 제19조의4제2항제4호의 요건을 위반하는 합병의 결의

4 상장폐지 실질심사

유가증권시장 실질심사기준

거래소는 다음 각 호의 어느 하나에 해당하는 보통주권 상장법인에 대하여 제49조에 따라 상장적격성 실질심사를 실시한 결과 기업의 계속성, 경영의 투명성, 그 밖에 공익 실현과 투자자 보호 등을 종합적으로 고려하여 필요하다고 인정하는 경우에는 해당 보통주권을 상장폐지한다.

- 회생절차개시신청으로 관리종목으로 지정된 상태에서 법원의 회생절차개시 신청 기각, 회생절차개시결정 취소, 회생계획 불인가, 회생절차폐지의 결정 등이 있는 경우.
- 공시의무 위반으로 관리종목으로 지정된 상태에서 다음 각 목의 어느 하나에 해당하는 법인
  - 불성실 공시에 따른 누계벌점이 최근 1년간 15점 이상 추가된 경우
  - 기업 경영에 중대한 영향을 미칠 수 있는 사항에 대하여 고의나 중과실로 공시의무를 위반하여 불성실공시법인으로 지정된 경우
- 상장 또는 상장폐지 심사과정에서 제출한 서류에 투자자 보호와 관련하여 중요한 사항이 거짓으로 적혀있거나 빠져있는 사실이 발견된 경우
- 주권 상장법인이 다음 각 목의 어느 하나에 해당하는 경우. 이 경우 구체적인 판단기준은 세칙으로 정한다.
  - 유상증자 · 분할 등이 상장폐지를 회피하기 위한 것으로 인정되는 경우
  - 해당 법인에 상당한 규모의 횡령 · 배임 등과 관련된 공시가 있거나 사실 등이 확인된 경우
  - 국내회계기준을 중대하게 위반하여 재무제표를 작성한 사실이 확인되는 경우
  - 주된 영업이 정지된 경우
  - 자본잠식으로 상장폐지 사유에 해당된 보통주권 상장법인이 사업보고서의 법정 제출기한까지 세칙으로 정하는 감사보고서를 제출하여 그 사유를 해소한 사실이 확인되는 경우
  - 그 밖에 공익 실현과 투자자 보호를 위하여 상장폐지가 필요하다고 인정되는 경우

상장적격성 실질심사

- 거래소는 보통주권 상장법인이 제48조제2항 각 호의 어느 하나에 해당하는 사실을 확인한 날부터 15일 이내에 그 법인이 기업심사위원회의 심의 대상인지를 결정해야 한다.
- 거래소는 제1항에 따라 보통주권 상장법인을 기업심사위원회의 심의 대상으로 결정한 경우에는 지체 없이 기업심사위원회를 개최하여 상장적격성 유지 여부 또는 개선기간 부여, 그 밖에 세칙으로 정하는 사항을 심의한다.
- 거래소는 제1항과 제2항의 심사 또는 심의에 필요하다고 인정하는 경우에 해당 보통주권 상장법인에 대하여 관련 자료의 제출 또는 관계자의 의견진술을 요청하거나 현지조사를 실시할 수 있다.
- 거래소는 제2항에 따라 부여된 개선기간이 종료된 경우에는 기업심사위원회를 개최하여 개선계획의 이행 여부 등을 고려하여 상장적격성을 유지하고 있는지를 심의한다. 다만, 다음 각 호의 어느 하나에 해당하는 경우에는 개선기간이 종료되기 전에 심의할 수 있다.
  - 개선계획을 이행하지 않는 경우
  - 영업활동에 필요한 자산을 보유하지 않거나 영업활동이 사실상 중단되는 등 계속 기업으로서의 존립이 어렵다고 인정되는 경우
  - 해당 보통주권 상장법인의 신청이 있는 경우

코스닥시장 상장폐지 실질심사기준

코스닥시장 상장법인이 다음 각 호의 어느 하나에 해당되는 경우 코스닥시장 기업심사위원회(이하 "기업심사위원회"라 한다)의 상장적격성 유지여부에 대한 심의·의결을 거쳐 당해 기업의 상장폐지 여부 또는 개선기간 부여여부 등을 확정하되, 기업심사위원회의 심의결과가 상장폐지에 해당하는 경우에는 시장위원회의 심의·의결을 거쳐 당해 기업의 상장폐지 여부 또는 개선기간 부여여부 등을 확정하여야 한다.

- 관리종목으로 지정된 후 법원의 회생절차개시신청 기각, 회생절차개시결정 취소, 회생계획 불인가 또는 회생절차폐지의 결정 등이 있은 때.
- 상장 또는 상장적격성 실질심사와 관련한 제출서류의 내용 중 중요한 사항의 허

위기재 또는 누락내용이 투자자보호를 위하여 중요하다고 판단되는 경우

- 다음 각 목의 어느 하나에 해당하는 경우로서 기업의 계속성, 경영의 투명성 또는 그 밖에 코스닥시장의 건전성 등을 종합적으로 고려하여 상장폐지가 필요하다고 인정되는 경우
  - 코스닥시장 상장법인의 증자·분할 또는 사업부 매각 등으로 상장폐지기준 및 상장적격성 실질심사기준을 회피하기 위한 것으로 인정되는 경우
  - 세칙에서 정하는 규모의 횡령·배임 혐의가 공시 등을 통해 확인되는 경우
  - 외감법 제5조제3항의 중대한 위반 등이 확인된 경우
  - 세칙에서 정한 주된 영업이 정지된 경우(기업인수목적회사는 제외한다)
  - 감사보고서를 제출하여 상장폐지사유를 해소한 경우. 다만, 회생절차개시결정 법인이 상장폐지 사유를 해소한 경우에는 상장적격성 실질심사를 면제한다.
  - 매출채권 이외의 채권에 대하여 세칙에서 정하는 규모의 손상차손 발생이 공시 등을 통해 확인되는 경우
  - 관리종목 또는 투자주의 환기종목으로 지정된 코스닥시장 상장법인에 대하여 세칙에서 정하는 경영권 변동사실이 공시 등을 통해 확인되는 경우
  - 관리종목 또는 투자주의 환기종목으로 지정된 코스닥시장 상장법인이 제3자 배정 유상증자로 해당 코스닥시장 상장법인의 신주를 취득한 자에 대하여 당해 취득일부터 6월 이내에 선급금 지급·금전의 가지급·금전대여·증권의 대여·출자에 관한 결정 등이 공시 등을 통해 확인되는 경우
  - 코스닥시장 상장법인이 분할 또는 분할합병을 하는 경우로서, 다음의 어느 하나에 해당할 때

    ① 분할 또는 분할합병 후 존속될 당해 분할 또는 분할합병 결의일 현재 분할 또는 분할합병 후 존속될 예정인 영업부문에 대하여 다음의 요건을 충족하지 못하는 경우.
      · 자기자본이 30억원 이상(벤처기업의 경우 15억원 이상)일 것
      · 자본잠식이 없을 것
      · 이익 등 : 제17조제2항제2호의 요건을 구비할 것
      · 위의 재무내용 등에 대한 감사인의 검토보고서상 검토의견이 적정일 것

    ② 주권비상장법인과 합병한 후 3년 이내에 분할 이사회 결의를 하는 경우로서 분할로 존속될 법인의 주된 영업이 합병 당시 주권비상장법인의 영업부문에 속하는 경우

- 관리종목으로 지정된 코스닥시장 상장법인이 최근 사업연도에 영업손실이 있는 경우
- 관리종목 지정 유예기간 중 세칙으로 정하는 규모의 매출액 감소가 공시 등을 통해 확인되는 경우
- 공시규정에 따라 벌점을 부과받는 경우로서 해당 벌점을 포함하여 최근 1년 이내의 누계벌점이 15점 이상인 경우
- 감사의견에 의하여 상장폐지기준에 해당하거나 해당 감사보고서상 감사의견이 변경되거나 차기 감사보고서상 감사의견 적정으로 감사의견 상장폐지사유를 해소한 경우
- 투자주의환기종목으로 지정된 코스닥시장 상장법인이 외감법 제8조에 따른 내부회계관리제도의 운영실태에 대해 감사인이 검토하거나 감사한 결과 중요한 취약점이 발견되거나 중요한 범위제한 또는 검토·감사의견이 표명되지 아니한 경우
- 투자주의환기종목으로 지정된 코스닥시장 상장법인이 최근 사업연도의 재무제표에 대한 감사인의 감사의견이 계속기업으로서의 존속능력에 대한 불확실성에 의한 한정인 경우
- 거래소가 투자자보호를 위하여 상장을 폐지할 필요가 있다고 인정하는 경우

Chapter 10 M&A 가치평가

M&A에 있어 기업의 가치평가는 M&A의 성공 여부를 좌우하는 가장 중요한 요소 중의 하나로서 인수할 대상기업의 인수가격을 결정하기 위하여 기업가치를 분석·평가·산출하는 것으로서 합리적인 인수가격의 기준으로 작용한다. 합병의 결과로 인한 기업의 손익은 합병의 기대이익수준과 합병비용인 인수가격 및 합병조건에 달려 있기 때문에 기업에 대한 정확한 가치평가는 기업인수자나 매도자 모두에게 중요하다. 이것은 대상기업이 보유하고 있는 모든 자산들의 미래의 수익창출능력이 얼마인가에 대한 가치의 부여라고 할 수 있다. M&A 대상기업의 가치평가는 누가 평가하는가에 따라서 달라질 수 있고, 기업가치를 평가하는 시점에 따라 평가액이 달라질 수 있으며, 기업의 매각 목적에 따라서도 달라질 수 있다. 벤처기업의 M&A의 경우에는 그 기업이 보유하고 있는 기술가치의 평가 등이 중요한 기업가치평가의 요소가 될 수 있다.

01 M&A 가치평가의 개요

1 M&A 가치평가의 개념

기업의 가치평가는 다양한 목적에 의해 다양한 시각에서 적용되어 왔으며 다양한 가치평가의 방법이 존재한다. 그러나 많은 가치평가방법 중 모든 상황에 적용될 수 있는 하나의 유일한 방법은 존재하지 않을 것이다. 상황에 따라 평가의 목적에 따라 유용하게 사용될 수 있는 가치평가의 모형은 서로 다를 수밖에 없으며, 때로 목적에 부합하도록 모형을 재편성할 필요가 있을 것이다.

이러한 관점에서 외적성장전략으로서 경영다각화, 사업다변화 등 다양한 목적을 가지고 시도되는 기업의 M&A 절차상 가장 중요한 부분인 목표기업(target company)의 가치평가를 위한 방법의 유용성과 한계를 검토해 볼 필요가 있다.

이러한 목적을 위하여 기업가치평가와 M&A와 관련된 일반적 사항과 그 체계에 대하여 알아본다. M&A와 관련된 일반적 사항으로는 그 개념을 알아보고, M&A와 기업가치평가와의 관련성을 살펴본다. 위와 같은 내용을 기초로 하여 다양한 기업가치평가의 방법들을 분류하고, 각 방법들을 구체적으로 검토해봄으로써 그 장단점을 살펴보고 합리적인 기업가치평가의 방안을 모색할 것이다.

M&A 과정에서 인수·합병하고자 하는 기업의 가치를 정확하게 측정하는 것은 성공적인 거래를 완성하기 위해서 매우 중요한 의미를 갖는다. 어떤 종류의 M&A에 있어서도 종국적으로는 대상기업의 가치를 평가하는 것이 가장 중요한 이유는 기업가치평가가 M&A의 추진과정에 있어서 대상기업에 대한 적정한 매수·매도가격의 기본적 판단기준이 되고 또한, 기업을 매수 또는 매도한 이후에도 동 M&A의 성공 여부와 동 M&A가 매수기업 또는 매도 기업의 기업가치 극대화에 도움이 되었는지에 대한 사후평가에 있어서도 기본적 판단기준이 되기 때문이다.

그러므로 기업은 M&A의 개념과 유용성에 대한 정확한 인식과 함께 그 성장전략의 각 단계에서 M&A를 효과적으로 활용한다면 이는 기업의 성장잠재력을 일깨워 시너지효과를 창출하는 가장 훌륭한 수단의 하나가 될 것이다.

M&A 과정에 있어 M&A 대상기업의 가치평가는 기업의 매수매도금액의 기초가 되며 주식 교환비율 또는 합병교부금 산정에 기본이 되어 M&A 협상에 중요한 사안으로 대두된다. 즉, 어느 기업의 매수를 검토하고 협상을 통해 매수를 결정하는데 가장 중요한 기준이 되는 것은 바로 매수대상기업의 평가가치이다.

M&A 거래에 있어 기업의 가치를 평가한다는 것은 통상 기업이 발행한 주식의 평가가치를 말하게 되며, 자산 또는 영업을 매수하는 경우에는 매수대상 자산 및 부채 등의 평가가치를 의미한다.

기업가치평가는 다양한 개별재화에 대한 가치평가와는 구별된다. 개별재화는 기업이 소유하고 있는 특정자산에 대한 평가이지만 기업가치평가는 개별자산의 복합체인 기업 전체를 대상으로 하기 때문이다. 그러므로 기업가치평가에서는 개별자산에 대한 평가보다 훨씬 복잡하고 광범위한 평가기법이 동원되어야 하는 것이 일반적이라 할 수 있다. 따라서 기업가치평가는 기업 전체를 다루는 가치평가이므로 개별재화와 비교할 때 평가기법과 적용방식에 차이가 있고 특히 M&A에 있어서 적용되는 가치평가방법은 보다 특수성을 가진다.

M&A와 기업가치평가

M&A의 성패를 좌우하는 가장 중요한 요인은 목표기업의 가치평가와 관련된 것이다. 합리적이며 정확한 가치평가는 M&A 의사결정의 결정적 요인이 된다. M&A 시 행해지는 기업가치평가의 결과가 협상가격이 되는 것은 아니다. 양자는 밀접한

관련이 있지만 극단적인 상황에서는 별개로 작용할 수도 있다.

일반적으로 매수기업은 목표기업의 가치 이상의 대가를 지불해야만 한다. 왜냐하면, M&A로 인한 긍정적인 요인이 작용, 즉 시너지가 발생하기 때문이다. 시너지의 가치로서 매수기업이 매도기업에게 어느 정도의 대가를 지불하게 될 지를 결정하는 데는 바로 그 기업의 협상능력이 발휘되는 것이다.

이러한 시너지에 대해 지불되는 프리미엄(premium)은 반드시 시너지의 가치를 넘지 않는 범위 내에서 제반 비용을 고려하여 결정되어야 할 것이다. 아래에서는 이와 같은 관계들을 두 가지 모델을 이용하여 구체적으로 고찰해 보고자 한다.

M&A 시너지의 가치평가

기업이 M&A로 인하여 발생될 시너지를 명확히 측정하는 것은 협상가 결정에 데에 매우 중요한 문제이다. 시너지를 고려하여 평가된 목표기업의 가치와 실제거래에서 지불하게 되는 가격의 크기에 따라 M&A의 성과가 다르게 평가된다. 시너지는 Bill Pursche가 정의한 것처럼 다음과 같은 3개의 넓은 범주로 구분 될 수 있다.

보편적 시너지(universal synergy)

인수시도 기업이 유능한 경영진과 적절한 자원을 갖춘 경우 일반적으로 얻을 수 있는 종류의 시너지를 가리킨다. 예로서 다양한 종류의 규모의 경제와 기업인수에 의하여 유발되는 기회를 이용하는 것을 들 수 있다. 예를 들어, 기업합병에 의하여 경영정보시스템을 공유하게 되는 경우 정보시스템에 투자된 고정비용에 비해 이를 사용하는 조직의 규모는 확대되는 효과를 가져 온다.

인수기업 시너지(endemic synergy)

소수의 인수기업에게서만 발생 가능한 종류의 시너지이며 전형적으로 피인수기업과 같은 업종에 종사하는 인수기업에게 발생한다. 이러한 시너지의 유형으로는 업무범위의 확대와 대부분의 이용 가능한 기회들이 포함된다. 한 예로서 지리적인 판매대상지역의 확대와 판매 인력의 중복에 따른 인력절감 기회를 들 수 있다.

특수한 시너지(unique synergy)

특정 인수기업 또는 피인수기업만이 이용할 수 있는 기회를 갖고 있을 때 이를 특수한 시너지라고 할 수 있다.

다음에 보게 될 순부가가치의 개념은 M&A로 인한 시너지의 가치와 크게 관련되어 있다. M&A의 결과 순부가가치(Net Value Added)를 얻게 되는 “Win-Win”의 거래형태와 음의 순부가가치(Net Value Lost)를 얻게 되는 "Win-Lose"의 거래형태의 두 가지 유형을 볼 수 있다. 기업의 인수로 인한 순부가가치(Net Value Added or Lost)는 다음과 같은 구성요소로 이루어 진다. 순부가가치 혹은 음의 순부가가치는 총 취득가치에서 총지불가치를 차감한 것이다.

> 순부가가치 = 총취득가치 – 총지불가치

여기에서 총 취득가치는 목표기업의 본질적 가치와 시너지 가치의 합으로 이루어 진다. 총 지불가치는 평가된 목표기업의 가치와 프리미엄의 합으로 이루어진다.

> 총 취득가치 = 목표기업 본질가치 + 시너지 가치
> 총 지불가치 = 목표기업의 가치 + 프리미엄

이러한 M&A로 인한 순부가가치(NVA)를 계산하는 틀의 이점은 이익의 변화보다는 가치의 변화에 더 초점을 두고 있다는 점과 EPS 값이 변화하더라도 M&A로 인한 NVA의 계산에는 영향을 끼치지 않는 것과 같이 재무적 의사결정과 이러한 행위는 분리되어 있다는 점이다.

M&A로 인한 가치의 구성요소

M&A로 이루어지는 결합가치(combined value)와 그로 인한 순 취득가치(net value gained)의 개념을 이용하여 M&A로 인한 가치의 구성요소를 다음에서 살펴보고자 한다.

결합가치 인수 후의 기업의 결합가치는 다음과 같은 요소들로 구성되어 있다. 즉, 매수기업의 가치와 목표기업의 가치의 합에 시너지의 가치의 더한 전체가치에서 거래비용를 차감한 것이 기업의 인수 후의 결합가치이다.

결합가치 = 매수기업의 가치 + 목표기업의 가치 + 시너지 가치 − 거래비용

순 취득가치 순 취득가치는 인수 후의 결합가치에서 차선책의 가치와 지불가격을 차감한 것이다. 이때, 순 취득가치와 지불가격의 합은 취득기업 관점에서의 목표기업의 가치이다.

순취득가치 = 결합가치 − 차선책의 가치 − 지불가격

일반적으로 인수 전 매수기업의 본래가치와 차선책의 가치는 동일하다. 한편, 시너지효과를 가치 평가함에 있어서 매수자가 얻을 수 있는 실질적인 시너지효과뿐만 아니라 다른 잠재적인 인수자들에 의해 생겨나는 시너지효과까지도 고려하여야 할 것이다. 시너지 효과의 귀속주체가 매수기업인지 목표기업인지에 따라 프리미엄, 혹은 순부가가치의 실질적인 소유자도 달라질 것이다.

2 M&A 기업가치의 특성

기업은 이윤극대화를 목표로 자본과 인력을 적절히 활용하여 끊임없이 변화하고 성장해가는 영속체(Going Concern)로서의 특성을 갖고 있다. 따라서 기업의 가치는 기업이 현재 보유하고 있는 유·무형의 자산들의 미래 수익창출능력의 평가액이라고 할 수 있다. 그러나 미래의 영업상황을 예측하고, 예상되는 수익을 추정하기 위해서는 고려하여야 할 요소가 너무 많고, 개발된 평가방법 또한 복잡하여 평가자 및 평가결과의 이용자가 전문적 지식이 없이는 쉽게 이해할 수 없는 특징을 갖고 있다.

그리고 기업의 가치는 누가(Who)·언제(When)·어떤 목적으로(Why) 평가하는

가에 따라 다르게 평가되는 특성을 지니고 있다. 즉, 매수대상기업이 소유하고 있는 유·무형의 자산이 매수하고자 하는 자에 따라 시너지효과(Synergy Effect)의 정도에 차이가 발생하기 때문에 기업의 가치는 매수하려는 자가 누구냐에 따라 달라질 수 있게 되는 것이다.

그리고 평가하는 시점에 따라서도 기업가치의 평가 결과는 제각기 다르게 나타나게 된다. 평가하려는 기업이 속한 산업의 경기순환상 상승국면일 때와 하강국면일 때와의 평가가치는 현저한 차이가 있을 것이며, 전년도 또는 당해연도의 영업실적이 상대적으로 좋게 나타나는 시점에서의 기업가치가 그렇지 않은 때보다 높게 평가될 가능성이 많다. 기업의 시장가치를 대표하는 주가를 생각해 보면, 강세장에서의 기업가치평가와 약세장에서의 평가는 현저한 차이가 있게 된다. 따라서 기업의 가치는 시간의 흐름에 따라 끊임없이 변동되는 것으로 이해할 수 있다.

한편, 기업의 가치를 어떤 목적에서 평가하는가에 따라 평가의 기준 및 관점이 변화되므로 평가목적 또한 기업가치에 차이를 가져오는 중요한 변수가 된다. 기업매수를 목적으로 기업가치를 평가한다면, 평가자는 매수 후에 매수대상기업으로부터 창출해 낼 수 있는 수익 또는 현금유입액을 중요한 평가의 기준으로 삼을 것이나, 기업에 자금을 대출하여 주는 채권자의 기업에 대한 평가는 기업의 청산을 가정한 자산 등의 처분가치 및 향후의 부도발생 위험 등에 상대적으로 높은 가중치를 두고 가치평가를 하게 될 것이다.

그리고 매수를 목적으로 한 가치평가라 하더라도 매도대상기업이 발행한 총주식의 50% 이상을 매수하여 기업의 경영권까지 확실히 확보하는 경우와 경영권의 완전한 확보가 보장되지 않는 정도의 주식매수를 목적으로 평가하는 기업가치와는 또 다르게 된다.

3 M&A 기업가치의 결정요인

가치평가를 위한 가치의 기준

평가자는 목표기업을 평가하고자 하는 가치평가의 목적과 가치의 기준, 가치의 가정과 부합하도록 그 평가방법을 선택하여야 한다. 기업의 가치평가에 있어서 가치의 가정은 계속기업으로서의 가치, 자산의 결합으로서의 가치, 순차적 처분에 의한 가치, 강제적 청산에 의한 가치의 네 가지로 분류할 수 있으나 크게는 첫째, 계속기업으로서의 가치와 둘째, 청산기업으로서의 가치로 구분할 수 있다.

M&A시 기업평가는 일반적으로 계속기업으로서의 기업가치의 가정 아래 수행되어야 한다. 평가의 목적에 따른 가치의 기준으로는 크게 공정시장가치, 투자가치, 내재적 또는 기본적 가치, 그리고 공정가치의 네 가지로 구분해 볼 수 있다.

일반적으로 M&A시 기업가치의 평가는 공정시장가치나 투자가치의 산출을 위한 것이다. 그러나 경영효율화의 목적을 위해서 M&A를 고려할 경우 내재가치를 기준으로 가치평가방법을 고려해야 할 것이다. 따라서 가치의 기준은 평가의 목적에 따라서 결정되어야 할 것이며, 또한 이러한 결정에 부합하는 기업 가치평가 방법을 적용해야 할 것이다.

기업가치의 결정요인

기업의 가치는 앞에서 언급한 바와 같이 기업이 보유하고 있는 유 · 무형 자산의 미래 수익창출능력의 평가액이라 할 때, 이 미래의 수익창출 능력을 결정짓는 요소로는 기업 내부환경 뿐만 아니라 기업을 둘러싼 외부환경요인이 있을 것이고, 구체적 수치로 계량화할 수 있는 요소인 양적 요인과 계량화하기는 곤란하나 궁극적으로 기업의 계량화된 가치에 중대한 영향을 미치는 요소인 질적 요인이 있을 것이다.

이처럼 기업가치를 평가하는 데 있어 고려하여야 할 중요 요소들을 정리하면 다음과 같다.

- 가치 평가요소 : 내부환경 요소, 외부환경 요소
- 양적 요인 : 기업의 재무상황(B/S)
  - 기업의 영업실적(P/L)
  - 기업의 재무분석지표 · 경제성장률
  - 동업종 시장성장률
  - 이자율
- 질적 요인 : 경영자의 경영능력
  - 축적된 기술력
  - 공장의 입지(Location)

- 노사관계(노동조합) · 시장개방 정책
- 정부의 산업지원정책
- 경쟁사의 동향
- 기술발전 추이

4 영업권과 경영권 프리미엄

경영권의 이동을 수반하는 M&A 거래에 있어서 가격협상을 할 때 항상 제기되는 문제는 영업권과 경영권 프리미엄(Premium)에 대한 평가방법과 구분 문제이다.

영업권이란 '기업의 명성 · 상표 · 상호의 소유 · 특정지역에서 장기간에 걸쳐 이룩한 과거의 성공적인 영업성과 · 그동안 투자를 통해 축적하여 놓은 생산 · 판매 Know-how 등으로 인해 미래에 기대되는 초과수익력의 평가금액'이라고 정의할 수 있으나, 이런 영업권의 가치를 평가하는 획일적이고 객관적인 기법이나 방법은 존재하지 않는다고 할 수 있다.

그러나 논리적으로 영업권이란 미래에 기대되는 초과수익력의 현재가치 합계액으로 볼 수 있다. 이런 영업권 평가방법은 논리적이기는 하나 추정변수가 많아 평가결과의 객관성을 유지하기가 힘든 단점이 있으며, 미래 현금흐름할인가치 및 수익가치 평가방법에 의한 기업가치의 평가와 중복되는 면이 있기도 하다.

영업권은 기업이 보유한 무형의 자산에 대한 가치인 반면, 경영권 프리미엄은 기업경영에 관한 의사결정권한에 대한 대가라 할 수 있다. 즉, 영업권은 기업고유의 가치로 경영권 이전과 상관없이 평가되는 개념인데 비해, 경영권 Premium은 기업고유의 가치라고 하기보다는 기업의 경영권을 매개로 하는 거래에 있어서 매수자의 매수에 따른 시너지효과와 더 긴밀한 관계가 있으며 학문적으로도 명확히 정립되지 못한 개념의 가치라 할 수 있다.

그 가치의 산정에 있어서도 영업권은 기업가치평가의 한 요소로 고려되어 평가되는 개념으로, 자산가치 평가에서는 산정한 영업권 가치를 순자산가치에 가산하면 되고, 수익가치와 상대가치 평가방법에서는 영업권의 가치가 이미 이들 가치에 포함되게 된다.

한편, 경영권 Premium은 기업가치평가와는 별도로 경영권이전을 전제로 한 M&A 거래 당사자 간의 협상력에 의해 결정되는 경향이 있으며, 이론적으로는 매수자가 평가한 미래 현금흐름할인가치에 포함되어 있다고도 말할 수 있을 것이다. 그리고 영업권이 크게 평가되는 기업일수록 경영권 Premium 또한 높게 요구되는 것이 일반적인데, 이는 영업권과 경영권 Premium의 두 용어의 혼용에서 오는 혼돈이라고 생각되기는 하나, 영업권과 경영권 Premium과의 사이에 높은 상관관계가 있다는 점을 부인할 수는 없을 것이다.

경영권의 이동을 수반하는 M&A 거래에 있어서 이 영업권과 경영권 Premium에 대한 거래당사자 간의 개념정립이 명확치 않아 일반적으로 양자를 혼돈하여 사용하는 경향이 많은데, 앞에서 언급한 바와 같이 양자 간에는 개념상의 차이가 분명히 존재한다. 따라서 M&A 거래 당사자들은 가격협상 전에 이런 두 용어에 대한 개념정립을 명확히 해둔 후에, 기업의 가치평가 및 구체적 가격협상에 임하는 것이 용어의 혼돈에서 오는 오해를 없애고, 협상의 지연을 피할 수 있는 지름길이 될 것이다.

5 합병가액의 평가

일반법인의 합병가액

일반법인의 합병은 상법상의 합병에 관한 규정이 적용되는데 상법상으로는 합병계약서에서 합병으로 인하여 소멸하는 회사의 주주에게 발행하는 주식의 배정에 관한 사항을 정하도록 되어 있기 때문에 합병당사 회사의 주식가치를 기초로 계산되는 주식교환비율을 정하는 것이 전제되어 있다고 보인다.

그러나 상법은 기업의 가치평가방법에 관하여 명문의 규정을 두지 않고 있으므로 M&A 상황에 있어 기업의 가치는 일반적인 기업회계에 따라 정하여지는 것으로 볼 수 있다. 일반적으로 기업가치는 평가기준일 현재의 자산과 부채를 기준으로 순자산을 산출하여 이를 발행주식 총수로 나누어 산출하는 자산가치평가방식 · 수익가치평가방식 · 상대가치평가방식 등을 혼합하여 산출된다.

비상장기업의 경우에는 주식의 평가방법이 따로 규정되어 있지 않기 때문에 실무상으로는 증여의제 등 세법상의 불이익을 당하지 않기 위하여 세법의 규정을 참고로 하여 세법상의 부당한 합병이 되지 않도록 합병대가를 산정하고 있다. 그러나 비상장법인이 자본시장법의 적용을 받는 기업과 합병하는 경우 등에는 자본시장법이 규정하고 있는 방식에 따라야 한다.

자본시장법상의 합병가액

주권상장법인이 다른 법인과 합병하고자 하는 경우에는 자본시장법이 정하는 방법에 따라 합병가액을 산정하여야 한다. 유가증권시장 상장법인과 코스닥시장 상장법인은 합병계약을 체결하거나 이에 대한 이사회의 결의가 있은 때에는 합병비율의 산정방법을 기재한 주요사항보고서를 금융위원회와 거래소에 제출하여야 한다.

이때에 주권상장법인과 합병하려는 상대회사 중 합병가액을 주식시세를 기초로 하여 산출하는 경우가 아닌 경우에는 합병비율의 적정성에 대한 외부평가기관의 평가의견을 첨부하여야 한다. 그런데 외부평가기관은 합병비율의 적정성 평가를 자본시장법의 규정에 따라서 평가하고 있기 때문에 실무적으로는 자본시장법의 규정에 따라 합병비율의 적정성을 평가하고 있다고 보면 된다.

유가증권시장 상장법인 혹은 코스닥시장 상장법인 사이의 합병의 경우에는 주식시장에서 형성된 주가를 기준으로 합병가액을 산정한다. 즉, 주요사항보고서를 제출하기 전날부터 소급한 1개월 평균종가, 1주일 평균종가 및 최근일 종가를 산술평균한 가액과 최근일의 종가 중 낮은 가액을 기준주가로 한다.

유가증권시장 상장법인 혹은 코스닥시장 상장법인과 그렇지 아니한 법인 간의 합병의 경우 주권상장법인에 대하여는 앞서와 같은 방식으로 합병가액을 산정하되 그 주가가 주권상장법인의 자산가치에 미달하는 경우에는 자산가치로 합병가액을 산정할 수 있고, 비상장법인에 대하여는 '증권의 발행 및 공시 등에 관한 규정'에 따라 주식의 자산가치와 수익가치를 산출하고 주식의 본질가치를 산정하여 이를 합병가액으로 하되 주권상장법인 중에 당해 비상장법인과 업종과 규모 및 주요 재무비율 등이 유사한 회사가 2개 이상 있는 경우에는 상대가치를 적용할 수 있다.

상속세 및 증여세법

소득세법에 의한 주식평가와 상속세 및 증여세법의 주식평가 규정이 모두 과세문제와 관련되어 있지만 일반적으로 양도소득금액으로 인한 소득세액은 개별주주의 주식의 보유과정에 따라 큰 차이가 있을 수 있고, 양도소득세는 증여세에 비하여 납부세액이 많지 않기 때문에, 세법에 따라 주식을 평가하여 합병비율을 산정할 때에는 주로 상속세 및 증여세법을 따른다.

주권상장법인의 주식은 2개월간의 시가의 단순산술평균액을 기준으로 하고, 비상장주식의 1주당 가액은 1주당 최근 3년간의 순손익액의 가중평균액을 자본환원율로 나눈 순손익가치에 의하여 평가하되 이러한 순손익가치가 당해 법인의 순자산액을 발행주식의 총수로 나눈 순자산가치에 미달하는 경우에는 순자산가치로 평가한다.

02 M&A 가치평가 방법

방법(methods)이라는 용어는 접근법(approaches)과는 구별되어야 한다. 방법은 접근법보다 구체적인 개념이다. 평가자는 기업가치평가를 위해 선택한 접근법의 범주 내에서 적절한 방법을 결정하게 되고 결정된 방법을 순차적인 절차에 의해 수행하는 것이다.

기업가치를 평가하는 방법은 다양하다. ASA(American Society of Appraisers)에서는 기업가치 평가방법을 세가지의 접근법에 의해 체계화하고 있다.

첫째는 이익접근법이다. 이익접근법은 평가하고자 하는 목표기업의 예측되는 이익을 전환함으로써 기업의 가치를 결정하는 것이다

둘째는 시장접근법이다. 시장접근법은 평가하고자 하는 목표기업과 유사한 기업이나 비교 가능한 거래의 분석을 통하여 기업의 가치를 결정하고자 하는 것이다.

기업가치 평가방법

이익접근법 (수익가치법)	• 경제적 이익 할인법 • 경제적 이익방법 • 처분가능현금흐름법 • 현금흐름할인법 • Leveraged ESOP 분석 • 이익의 자본화 방법	• 실체현금흐름할인법 • 가치誘引법 • 전략적 구매자 현금흐름할인법 • LBO 분석 • 배당할인법 • 초과이익자본화방법
시장 접근법 (시장가치법)	• 비교가능기업 분석법 • M&A 거래분석방법 • 합병시장승수분석	• 유사기업분석 • 비교가능거래분석
자산가치기준 접근법 (자산가치법)	• 자산합계방법 • 장부가치분석	• 초과이익방법
기타 평가방법	• 청산분석방법 • Breakup 분석방법 • Greenfield plant 분석법	• 대체원가분석법 • Unit-of-capacity 분석방법

셋째는 자산기준접근법이다. 자산기준접근법은 원가접근법이라고도 하며 기업의 자산과 부채를 분석을 통하여 기업의 가치를 결정하려는 접근이다.

이러한 세 가지의 접근법은 상호 연관되어 있으며 이론적으로는 어떤 접근법에 의하든 동일한 가치평가의 결과를 제공해야 할 것이다. 그러나 현실적으로 접근법에 따라 명확히 다른 결과를 제시하는 경우가 나타난다. 이 책에서는 우리나라에서 가장 많이 활용되고 있는 평가방법 중심으로 설명하고자 한다.

1 수익가치평가법

수익가치평가법은 평가하려는 기업이 장차 벌어들일 것으로 생각되는 주당 배당가능이익의 흐름을 추정한 다음 그 액수를 현가화하는 것으로 즉 1주당의 기대이익을 일정의 적당한 이율로 할인하는 방식으로서 현재 가장 호응을 얻고 있는 방식이다.

이 방식은 기업의 자산 · 부채를 각각 평가하여 산출하는 것이 아니라, 기업이 갖고 있는 인력 · 상품 및 자금 · 기술 등 모든 경영자원 들을 사용하여 획득할 장래의 이익을 현재의 가치로 할인하여 평가하는 것이다. 그러나 장래의 수익을 추정한다는 것이 그리 간단한 것이 아니며 또 할인율을 몇 퍼센트로 할 것인가 하는 점에서 실무적으로 어렵다고 할 수 있다.

할인율은 기대수익률(Market Capitalization Rate)로 하는데 기대수익률은 동업계의 평균이익률, 해당 기업의 이익률 추이, 수익성 있는 시장금리 및 정기예금 이자율 등을 고려하여 결정한다.

우리나라에서는 금융투자협회에서 유가증권 분석기준으로 정기예금 금리를 적용하도록 하고 있다. 평가하려는 기업이 속하고 있는 산업의 성숙도에 따라 또 그 기업이 기업의 라이프 사이클 상 어디에 위치하고 있느냐에 따라 장래 수익가치의 흐름을 여러 가지로 예상할 수 있는 바 네 가지로 가정하여 계산해 보는 것이 일반적이며 이 수익가치 방식은 다른 방식으로 계산한 기업의 가치를 비교 검토하기 위하여 계산해 보는 경우가 많다.

기본적으로 수익가치 방식은 기업의 가치를 영업을 하여 얼마나 많은 이익을 올려 그것을 주주들에게 얼마만큼을 배당할 수 있느냐에 따라 계산하는 것이다. 따라서 수익가치란 기업의 주당 배당가능금액의 변화가 어떻게 되느냐에 따라 달라진다.

자산가치는 그 평가방법이 비교적 단순하고 객관적이라는 장점을 가지고 있으나 기업이라는 실체가 미래의 수익 또는 현금흐름창출을 목적으로 존재하는 영속체라는 점에서의 미래 수익창출능력을 반영하지 못하는 단점을 가지고 있다.

즉, M&A를 통해 지속적 성장을 꽤하려는 매수자는 목표기업의 매수 후에 기업이 보유하고 있는 각 자산을 매각처분하여 매매차익을 실현시키려하는 것이 아니라, 매수 후에 계속적인 영업을 통해 수익(또는 현금흐름)을 창출하고, 기존의 영업과 시너지효과를 극대화시키려는 목적에서 기업을 매수하는 것이므로, 매수대상기업의 현재의 재산 상태를 가지고 향후에 얼마만큼의 수익을 실현시킬 수 있는가에 보다 많은 관심을 갖게 된다.

따라서 기업가치의 평가에 있어 기업의 현 재무상황도 중요하지만, 향후의 수익창출능력 또한 중요한 평가요인이 아닐 수 없다.

그리고 미래의 수익이라는 것은 궁극적으로 현금수입을 말하는 것이므로, 미래수익창출능력은 향후 영업을 통해 기대되는 순현금흐름(Net Cash Flow)이라 할 수 있으며, 미래의 순현금흐름을 일정한 할인료로 할인한 현재가치가 곧, 미래의 영업을 고려한 기업가치가 된다.

수익가치평가법

가치평가방법	주 요 내 용	적용시 특징 및 문제점	
		특징	문제점
현금흐름할인법	미래현금흐름의 현재가치	국제적인 척도로 인정	미래추정 및 자본 비용의 객관성에 대한 논란
조정현가법 (현금흐름할인법의 변형)	100%자기자본 가정한 기업가치에 타인자본 도입시 발생되는 부수 효과를 조정	잠재 매수자의 시너지 효과 분석에 유리	미래추정 및 자본 비용의 객관성에 대한 논란
경제적 부가가치법	자본비용을 고려한 영업이익 가치평가	특정시점의 평가에 유리	기업외적요인, 인플레에 의한 왜곡 가능성
가격수익비교법	순이익 중심의 평가	가치척도로서 순이익은 현금흐름보다 열위	회계방법에 따른 순이익 변동가능성
배당환원법	미래 배당액의 현가		임의적인 배당문제
순이익환원법	순이익의 현가	가치척도로서 순이익은 현금흐름보다 열위	미래 추정 및 자본 비용에 대한 논란

한편, M&A를 통해 기업을 매수하려는 매수자는 매수가격보다 매수 후 미래현금흐름의 현재가치가 크다고 판단될 때 매수를 결정하게 될 것이다. 즉, 앞에서 설명한 자산가치가 M&A 거래에 있어서 가격협상의 기초가 된다면, 미래현금흐름의 현재가치는 매수의사결정의 핵심지표인 동시에 매수가격으로 제시할 수 있는 최대치가 된다.

현금흐름할인법(Discounted Cash Flow method)

현금흐름할인법(DCF)이란 M&A 대상기업의 장래 예상되는 현금흐름을 적절한 할인율로 현재가치로 환원하여 인수가액을 산정하는 방법이다. 미래의 영업을 통해 기대되는 순현금흐름을 일정한 할인율로 할인한 현재가치를 기업의 가치로 평가하는 평가방법으로 기업의 존재목적과 기업에 대한 투자목적을 고려할 때 이론적으로 가장 합리적 평가방법이라 할 수 있으나, 평가과정에서 고려하여야 할 변수가 너무 많고 복잡하여 평가결과에 대한 이해를 구하기가 상당히 어렵다는 단점이 있다.

이 평가방법을 이용하기 위해서는 먼저 기업의 향후 영업상황을 예측하고 투자계획을 반영하여 추정손익계산서를 작성한 다음, 이를 기초로 순현금흐름을 구하여야 한다.

그 다음은 이런 미래의 순현금흐름을 현재가치로 환산하기 위한 할인율을 결정하여야 한다. 이 할인율은 이론적으로 기업에 대한 투자를 통해 투자자가 요구하는 요구수익률이라 할 수 있는데, 일반적으로 이용되는 할인율 산정방식으로는 가중평균자본비용(WACC)이 있다.

그리고 미래의 영업을 무한정 추정할 수는 없으므로 일정한 기간의 추정년도 이후에는 잔존가치라 하여 추정년도 말 현재의 기업가치로 단순평가하게 된다. 현금흐름할인가치는 위에서 언급한 바와 같이 크게 세 가지, 즉 미래순현금흐름 · 할인율 · 잔존가치의 변수를 산정하는 과정에서 평가자의 주관적 판단이 개입될 여지가 많고, 평가 및 평가결과의 이해를 위해서는 회계와 재무에 관한 전문적 지식을 필요로 하기 때문에, 그 논리적 합리성에도 불구하고 실용적이지 못하다는 평가를 받고 있다.

그러나 매수대상기업의 미래수익 및 자산가치를 담보로 자금을 조달하여 기업매수를 추진하는 LBO가 성행하는 미국 등의 선진국에서는 이 현금흐름할인가치를 M&A거래의 가장 중요한 판단기준으로 삼고 있다.

현금흐름할인법에 의한 기업의 가치는 잔존가치의 현가와 예측가능기간 동안의 현금흐름의 현가의 합이다. 현금흐름할인법은 다음의 세가지 요소로 이루어진다.

- 일정기간 동안의 기대현금흐름
- 잔존가치
- 할인율

즉 예측기간 동안의 현금흐름을 결정하고 잔여가치를 측정할 적절한 방법을 결정하고 마지막으로 위의 두가지 요소를 모두 할인해 줄 적절한 할인율을 결정하는 것이다. 이렇게 결정된 세 가지 요소를 도구로 순현가법이나 내부수익률법을 이용할 수 있다.

$$\text{자산의 가치} = \sum_{t=1}^{n} \frac{CF_t}{(1+r)^t}$$

n : 자산의 수명

CFt : t기간에 기대되는 미래 현금흐름

r : 할인율

이중에 잔존가치는 기업의 가치를 평가하는 데 있어서 가장 민감한 사항으로 간주된다. 이 때 잔존가치의 중요성을 감소시키기 위해서는 현금흐름에 대한 예상기간의 폭을 늘리면 된다.

그러나 현실적으로는 현금흐름에 대한 예상기간을 늘인다고 해도 잔존가치의 존재는 여전히 중요한 문제로 남는다. 또한 잔존가치를 계산할 때 목표회사를 재처분하려 한다면 판매에 따른 세금효과를 계산해야 하고, 목표회사를 계속 운영하려 한다면 지분의 총잔여가치를 에상현금흐름분석에 포함시켜야 한다.

잔존가치를 결정하는 방법으로는 다음과 같은 다섯 가지의 유형이 있다.

- 주가이익비율방법 : 주가이익비율방법은 예측기간 말의 순이익을 주가이익비율로 곱합으로써 잔여가치를 계산하는 것이다.
- EBDIAT 승수방법 : EBDIAT 승수방법은 예측기간 말의 세후 현금흐름으로부터 계산된 EBDIAT에 분석된 승수를 곱합으로써 잔여가치를 계산하는 것이다.
- 계속성장방법 : 계속성장방법은 예측기간 말의 현금흐름을 가중평균자본비용에서

성장율을 차감한 수치(WACC)로 나누어 줌으로써 잔여가치를 계산한다.

- EBITDA 승수방법 : EBITDA 승수방법은 예측기간 말의 세전 현금흐름으로부터 계산된 EBITDA에 적절한 승수를 곱함으로써 잔여가치를 계산한다.
- EBITA 승수방법 : EBITA 승수방법은 예측기간 말의 세전 현금흐름으로부터 계산된 EBITA에 적절한 승수를 곱함으로써 잔여가치를 계산하는 방법이다.

> 현금흐름(CF) = 영업활동으로 얻는 현금흐름
> = EBIT(1 - t) + D
> D : 감가상각비
> t : 법인세율
> EBIT : 영업이익
> s : 매출액

- WACC(가중평균자본비용) = 자기자본에 대한 자본비용
  × (자기자본조달금액/총 조달금액)
  + {타인자본에 대한조달비용
  × (1-법인세율)
  × (타인자본조달금액/총조달금액)}
- EBIT = 당기순이익 + 이자비용 + 법인세

$$\text{기업가치} = \frac{\text{WACC}(1-t)}{\text{EBIT}}$$

경제적 이익모형

경제적 이익모형에서는 아래의 식에서와 같이 기업의 가치는 투자된 자본과 미래 창출될 이익의 현가와의 합으로 나타낼 수 있다. 또한 경제적 이익은 투자에 대한 수익율과 자본비용의 차에 투자자본을 곱함으로써 계산된다.

> 가치 = 투자자본 + 미래 이익의 현가
> 경제적 이익 = 투자자본 ÷ (ROIC − WACC)
> ROIC(투하자본수이익율) = (세후영업이익/영업투하자본)×100

경제적 이익의 개념은 1890년의 "현재의 이자율로 자본에 대한 이자를 공제한 후의 남는 잔여이익이 그의 이익이라고 한 Alfred Marshall로부터 시작되었다.

마샬은 기업의 가치에는 반드시 회계적 비용뿐 아니라 자본의 기회비용 또한 고려되어져야 한다고 하였다. 현금흐름할인모형에 비하여 경제적 이익모형이 갖는 이점은 처분가능 현금흐름과 달리 경제적 이익은 어떤 하나의 기간에서든 기업의 성과를 이해하는데 유용한 측정치라는 것이다.

이익할인법

이익할인 평가방법은 현금흐름할인가치가 논리적 강점이 있으나 실용성이 떨어지는 면을 고려하여 좀 더 계산하기 간편하고 이해하기 쉽게 변형한 평가방법으로, 우리나라에서 기업공개 및 장외등록을 위한 주식평가 등에 널리 사용되고 있다. 이익할인가치 평가방법에서는 현금흐름할인방법에서의 현금흐름 대신 당기순이익을 사용하며, 할인율을 정기예금금리에 일정 배율을 곱하는 식으로 단순하게 산정하게 된다. 그리고 추정기간도 비교적 단기(통상 2년)이며 잔존가치를 고려하지 않는 대신 추정기간의 순이익이 영원히 계속된다는 가정에 따라 현재가치를 무한수열로 계산하게 된다. 이러한 수익가치는 현금흐름할인가치에 비해 계산이 간단하고 이해하기 쉬우나, 향후 2개년의 추정수익이 영원히 계속된다는 가정이 비현실적이며 가중치의 산정근거도 논리적이지 못하다. 특히, 평가대상회사의 개별위험을 고려하지 않고 자본환원율을 일률적으로 적용하는 것은 비논리적이라 할 것이다. 그러나 우리나라 증권발행시장에서 대표적인 수익가치 평가방법으로 사용되고 있는 것이 현실이며, 따라서 M&A 거래에 있어서도 기업가치의 참고자료로 많이 사용되고 있다.

잉여현금흐름(Free Cash Flow model)법

잉여현금흐름법은 기업가치 평가모형의 하나로서 부가가치의 창출력을 잉여현금흐름액으로 측정한다. 잉여현금흐름이란 본업활동이 창출해 낸 현금유입액에서 당해 연도 중에 새로운 사업에 투자하고 남는 것을 뜻한다.

기업에 귀속되는 현금흐름은 다음과 같이 계상할 수 있다.

- EBIT로부터 FCF를 계산하는 방법
- FCF = EBIT(1 − 세율) + 감가상각비 − (총설비투자 + 운전자본증감)

• 매출액 기준으로 FCF를 계산하는 방법

FCF = 매출액 − 매출원가 − 판관비(상각비 포함)
= 영업이익 − 영업이익세율
= 세후순영업이익 + 유 · 무형 고정자산 상각비
= OCF − 순운전자본투자 − 순고정자산투자
FCF = OCF − DIC
= OCF − DEP

따라서 사업예측기간 중 발생할 잉여현금흐름을 적절한 자본비용으로 할인하여 합산하면 기업가치를 추산할 수 있다.

기업가치 = ΣPV(FCF) + 잔여가치(Terminal Value)

배당할인법

기업의 미래수익 또는 미래의 순현금흐름이 투자자의 수익으로 실현되는 것은 배당을 통해서 라고 가정할 때 투자자 입장에서의 기업가치는 향후에 기대되는 투자기업으로부터의 배당금을 적정한 할인율로 할인한 현재가치가 될 것이라는 논리에 따라 개발된 고전적인 기업가치 평가모델로 배당평가모형이 있다.

이러한 배당평가모형에 의한 가치평가는 장기간의 미래 배당금을 추정하는데 어려움이 있으며, 우리와 같이 배당금 지급이 정책적 또는 자의적이고 상대적으로 배당수익률이 낮은 나라에서는 비합리적인 면의 대주주 지분 이동을 전제로 하고 있기 때문에, 기업의 매수자는 배당금수입을 얻기 위하여 기업매수를 하는 것이 아니므로 이러한 배당평가모형에 의한 기업가치가 M&A 거래에서 사용될 여지는 거의 없다고 할 것이다.

배당할인분석법은 투자자가 목표기업으로부터 얻을 수 있을 것으로 기대되는 배당을 분석함으로써 목표기업의 가치를 평가하는 방법이다. 일반적으로 두 가지 방법이 적용된다. 첫째는 항상성장모형을 사용하는 단순한 분석이며, 둘째는 제한된 기간 동안의 기대되는 배당을 할인한 것과 기업의 잔여가치를 할인한 것의 합을 계산함으로써 분석하는 것이다. 두번째의 경우 잔여가치는 현금흐름할인법에서와 마찬가지로 P/E 방법이나 EBDIAT 승수방법을 통하여 측정한다.

위의 두 가지 방법은 현금흐름할인법에서 사용된 방법과 동일하다. 그러나 이러한 방법들은 모두 주주에 대한 현금흐름에만 초점을 두고 있다. 때문에 비록 배당할인분석법이 현금흐름할인법과 개념적으로는 동일하다고 하여도 현금흐름할인법이 배당할인분석법보다 가치평가에 있어서 더욱 유용한 방법이라 할 수 있다.

LBO 분석법

LBO(leveraged buy-out)란 타인자본, 즉 외부 차입금으로 조달된 자금으로 기업을 M&A하는 것을 말한다. LBO 분석법은 현금흐름할인법과 유사하다.

LBO 분석에서 가장 핵심적인 사항은 거래에 이용 가능한 조달자금의 최대량을 결정하는 것이다. LBO 분석의 성공의 핵심은 LBO거래를 위한 자본시장에 대한 정보에 있다. LBO 구조는 경제적 여건의 변화와 정부의 정책 및 규제의 변화가 자금공여자들에게 미치는 영향에 따라 계속하여 변화한다.

LBO 분석법은 많은 경우 목표기업이 동의할 수 있는 최저가격을 설정해 준다는 점에서 중요하다. 또한 LBO 분석법은 타인자본을 포함한 거래의 경우 부채비율에 의한 영향이 중요시 되기 때문에 현금흐름할인법의 경우보다 더 적절한 방법이다.

LBO 분석법에 의해 도출된 가치는 특정한 시기의 재무시장의 상황에 크게 의존한다. 따라서 LBO 분석의 약점 중의 하나는 재무적 상황에서의 일시적인 변화에 의하여 너무 많은 영향을 받는다는 점이다.

2 시장가치평가법

시장가치는 기업의 재무상황과 미래 수익창출 가능성을 기초로 시장메커니즘을 통해 형성되는 기업의 가치를 말한다. 즉, 상장기업의 경우 발행주식가격이 형성되는데, 이런 증권시장에서의 주가는 바로 주식발행기업의 시장가치가 되는 것이다.

시장가치 형성의 기초는 물론 자산가치와 수익가치, 즉 기업의 본질가치가 그 기준이 되지만 주식시장 전체의 상황에 따라 주가는 끊임없이 변동하는 특성을 갖는다. 이는 '증권 인수업무에 관한 규정'상의 산정방법이다.

이론적으로 보면 시장가치는 궁극적으로 기업의 본질가치와 일치하여야 하나 변화하는 시장상황 하에서 수요와 공급의 법칙에 따라 시장가격은 형성되고 변동되므로 본질가치와 반드시 일치하지는 않는다.

따라서 어느 평가시점에서의 시장가치는 본질가치보다 현실적인 기업가치가 될 수 있으며, M&A 거래에 있어서도 거래시점에서의 시장가치는 가격협상의 중요한 기준이 되게 된다.

한편, 비상장기업의 시장가치는 증권시장을 통해 형성될 여지가 없기 때문에 객관적인 시장가치는 존재하지 않으나, 동일한 업종에 속하고 규모가 비슷한 상장기업의 주가를 이용하여 상대적인 시가(상대가치)를 산정해 볼 수 있다.

상대가치는 비교가능한 상장유사기업이 존재하지 않거나 기업의 규모에 차이가 클 경우, 또는 주당경상이익과 순이익의 차이가 클 경우에는 그 실효성이 없게 되며, 주당경상이익은 미래의 추정이익이 되어야 논리적이나, 모든 유사회사의 경상이익을 추정한다는 것은 극히 어려운 일이므로 통상 과거실적을 사용하여 계산하게 되는데, 이 또한 비논리적이라 할 것이다.

그리고 비상장사가 곧 상장을 앞두고 있는 경우가 아니라면, 언제든지 증권시장을 통해 매도와 매수가 가능한 상장주식과는 다른 비상장주식으로서의 비유동성에 대한 고려가 반드시 있어야 할 것이다. 따라서 비상장기업의 M&A 거래에 있어서 이 상대가치는 그 논리의 한계성으로 인해 크게 고려되지 않는 것이 현실이다.

시장접근법의 범주에 분류되는 기업가치 평가방법으로서 다음에서는 비교가능기업 분석법과 비교가능거래 분석법을 살펴본다.

시장가치 평가방법

가치평가방법	주요내용	적용시 특징 및 문제점	
		특징	문제점
유사기업 비교법	유사기업의 EBITDA/EBIT/ SALES 비율 분석	투자가의 투자 비교 척도로 활용	유사기업 그룹핑의 어려움
유사 기업 거래가격 비교법	최근 M&A거래의 거래가격 정보	투자가의 중요 참고 자료로 활용	유사기업 그룹핑의 어려움

비교가능기업 분석법

비교가능기업 분석법이란 유사기업의 실제자료를 통해 가치의 측정치를 도출하여 이것을 평가하고자 하는 목표기업의 본래 자료에 적용함으로써 가치평가의 결과를 얻는 방법이다.

여기에서 가치의 측정치는 일반적으로 다양한 승수로서 표현되며 비교가능기업 분석의 결과는 승수의 배열로 나타나게 된다. 즉 비교가능기업들로부터 다양한 승수를 도출하여 이것을 평가하려고 하는 평가기업에 대입함으로써 목표기업에 대한 가치평가의 결과를 얻는 것이다.

실제적으로 가치평가에 대한 대용치로서 비교 가능한 공개기업을 이용하는 것은 비공개기업의 가치평가를 위한 가장 중요하고 적당한 방법일 것이다.

그러나 비교가능기업의 선정에 대한 어려움이 이 방법의 유용성을 제한한다. 선정된 유사기업의 비교가능성의 문제는 이 방법의 유용성을 결정하는 주요 문제가 되는 점이다.

이 방법은 기업의 근접한 공개시장가치를 결정하는 데 유용하다. 이러한 공정시장가치는 M&A에서의 목표기업의 가치를 결정하는데 좋은 시발점이 된다.

M&A거래에 있어서는 목표기업의 유효한 시장가치의 측정치를 얻기 위해서 지배구조의 변화에 따른 프리미엄이 부가되어야 한다.

이 방법의 약점 중의 하나는 오직 목표기업에 대한 좋은 비교가능기업이 존재할 때만 그 결과가 의미가 있다는 것이다. 또 다른 중요한 약점은 기업마다 적용되는 회계정책이 본질적으로 다를 수 있다는 것이다. 이러한 차이는 고시된 이익이나 대차대조표의 수치들에 대해 중대한 차이점을 가져올 수 있다.

비교가능거래 분석법

비교가능거래의 분석법은 평가하고자 하는 기업이 속한 산업 혹은 유사한 산업에서 일어난 최근 몇 년간의 모든 거래를 검토해 보는 방법이다.

이 방법은 분석에 필요한 거래와 관련하여 이용 가능한 공개 자료의 양에 의하여 제한되는 만큼 비교 가능한 거래들을 결정하는 것이 가장 중요하고도 어렵다. 비교될 거래의 당사자인 기업과 목표기업과의 사업특성과의 유사점이 그 거래가 비교가능성을 결정하는 주요한 요인이 된다.

비교기업 분석법과 비교가능거래 분석법은 일반적 내용은 동일하다. 비교가능기업의 선택이 어렵고도 중요한 문제인 만큼 비교가능거래의 선택에 있어서도 동일한 문제점을 가지고 있다.

이용될 M&A거래의 요건 또한 비교가능 기업의 요건과 같은 요소들을 포함한다. 그러나 비교가능기업에 비하여 비교 가능한 M&A 거래는 그 수가 적기 때문에 선택 요건을 다수 넓힐 필요가 있다. 어느 정도의 기간까지를 거래를 포함할 것인가의 문제와 관련하여 비교 가능한 유사 거래를 선택하기 위해서 다소 긴 기간 동안의 거래를 분석한다.

이것은 분석하고자 하는 기업과 동일한 산업 또는 유사 산업에서의 몇 년간 동안의 거래를 분석하는 것을 포함한다. 이렇게 기간의 폭을 길게 할 수 있는 것은 거래의 수가 적다는 현실적인 문제도 있으나 또한 M&A거래에 의한 결과로 도출되는 승수는 시간의 변화에 따라 변동이 작기 때문이다.

그러나 유사거래의 발생 당시의 가치를 평가하고자 하는 현재의 가치로의 어느 정도의 시간에 대한 조정은 필요하다. 만일 분석에 유용한 유사거래에 대한 자료가 충분한 양이라면, 기업환경의 변화가 큰 경우 시간의 차이에 대한 과감한 조정보다는 그러한 거래들을 제외시킴으로써 평가의 목적을 달성할 수 있다.

시간의 차이를 조정하는 일반적인 방법은 산업평균주가 차이 또는 가치평가 승수의 산업평균차이를 이용하여 이루어진다.

이 방법은 목표기업의 가치의 영역을 결정하는 데 종종 가장 효율적이다. 목표기업의 산업에서 이용 가능한 최근의 그리고 완전히 비교 가능한 거래가 존재한다고 가정한다면, 이 방법을 통하여 거의 확실히 목표기업의 가치를 결정할 수 있을 것이다.

상대가치평가의 장단점

이 방법은 대상기업을 상장되어 있는 기업의 가치와 유사하게 평가하는 방식으로 주식시장에서의 가치는 대상기업을 평가하는 출발점으로 매우 유용한 의미를 갖는다고 볼 수 있다.

그러나 상장회사의 인수에 있어서는 인수 전의 시장가치에 상당한 Premium이 더해지는 것이 현실이므로 대상기업의 평가에 있어서도 이러한 Premium이 추가로 고려되어야 하며 또한, 이 방식이 효과적으로 적용되기 위해서는 적절한 비교 회사들이 존재하여야 하고, 설령 비교 회사들이 존재한다 하더라도 각 회사들의 회계처리방식에 차이가 있다면 그로 인하여 비교 재무 지수들의 가액이 크게 달라질 수 있다는 것이 단점일 수 있다.

3 자산가치평가법

자산가치평가법은 기업의 순자산은 자산에서 부채를 차감한 잔액이라고 보고 이것을 기업의 가치로 본다. 순자산가치법(Net Value Method)은 대차대조표상의 자산과 부채를 평가하여 총자산가치에서 부채가치를 차감한 순자산가치로 기업의 가치를 평가하는 방식이다.

이때 부채의 가치를 단순하게 장부가로 평가하는 장부가 평가방법과 공정시장가치로 평가하는 시가평가방법이 있으나 기업가치평가에는 개별자산의 가치를 평가하여 이를 합산하여 총자산의 가치를 평가하는 개별자산평가법과 총자산의 가치를 자산 전체가 창출하는 수익으로 평가하는 집합자산평가법 등 여러 가지 방법이 있을 수 있다.

자산가치는 기업이 현재 보유하는 총자산에서 총부채를 차감한 순자산가치를 기업의 가치로 평가하는 평가방법으로 이해하기 쉽고 평가방법도 상대적으로 간편하여 M&A 거래에 있어 기본적 평가방법으로 널리 사용되고 있다. 그러나 이 자산가치의 평가에 있어서도 대차대조표상의 각 자산과 부채항목을 어떤 기준에 의해 어떻게 평가할 것인가에 따라 자산가치 금액은 상이할 수 있다.

즉, 기업회계기준에 따라 작성된 대차대조표상의 순자산가액을 자산가치로 평가할 수 있고, 장부상의 각 자산, 부채를 시가로 재평가한 후, 이 재평가금액을 기준으로 순자산가액을 평가할 수도 있을 것이다. 또한, 보수적인 관점에서 현재 회사가 보유하고 있는 각각의 자산을 처분한다고 할 때 예상되는 처분가격의 합계금액에서 총부채금액을 차감한 잔여가액을 자산가치로 한 청산가치 평가방법이 있을 수 있다.

일반적으로 M&A 거래에 있어서는 장부가치에 자산·부채의 각 항목을 적절히 평가한 후 그 평가차액을 가감하여 산정하는 시가평가방법이나 재평가방법에 의한 자산가치를 널리 사용하고 있다.

자산가치는 다른 가치평가에 비해 객관적이고 이해하기 쉬운 장점을 가지고 있기 때문에 M&A 거래에 있어서 가격협상의 기준이 되는 기초평가 자료로서 중요한 역할을 하고 있다.

즉, 국내기업 간 M&A 거래에 있어서 가격협상의 기준이 되는 기초평가 자료로서 중요한 역할을 하고 있음. 즉, 국내기업 간의 M&A에 있어서 대부분의 가격협상은 '자산가치 + 영업권 또는 경영권 Premium'을 기본 틀로 하고, 여기서 수익가치와 시장가치를 참고로 고려하는 식으로 이루어지는 경향이 있다.

따라서 M&A 거래에서의 자산가치의 중요성을 고려할 때 M&A 거래를 추진하는 양 당사자는 원활한 가격협상을 위해서는 목표기업의 자산가치를 구하기 위한 구체적인 평가방법에 대해 사전에 충분한 협의와 합의를 해 둘 필요가 있다.

자산가치평가방법

가치평가방법	주요 내용	적용시 문제점
순자산가치법	유형자산의 가치평가	계속기업으로서의 평가 부적절, 무형자산평가 소홀, 회계처리방법에 따른 영향과 자산디플레 상황 하에서 역사적 가치를 근거로 함으로써 외국 투자가와의 협상시 설득력 부족
청산가치법	청산시 현가	
대체가치법	신규사업 구축시 투입비용	

순자산가치방법

순자산가치방법에서는 모든 기업의 자산과 부채는 개별적으로 분석되고 평가된다. 개별적으로 평가된 자산의 가치에서 부채의 가치를 차감한 것이 순자산가치방법에 의한 기업가치이다.

> 기업가치 = 개별적으로 평가된 유형과 무형자산의 가치
> —개별적으로 평가된 우발부채를 포함한 부채의 가치

순자산가치방법은 다음과 같은 단계로 수행된다. 첫째단계는 대차대조표(Balance Sheet)를 준비하는 것이다. 둘째단계는 재평가되어야 할 자산과 부채를 명확히 하는 것이다. 이 단계에서는 대상기업의 가치평가를 위해 선택된 가치의 기준에 의하여 재평가하기 위해 필요한 자산과 부채의 분류를 결정하기 위해 대차대조표상의 자산과 부채의 분류를 분석한다. 셋째단계는 대차대조표에 기록되지 않은 그러나 인식되어

져야하는 자산들을 결정하는 것이다. 유형자산의 경우는 대차대조표에 모두 나타나지만 무형자산의 경우는 확인할 필요가 있다. 넷째단계는 대차대조표에 기록되지 않은 그러나 기록되어져야 하는 부채들을 결정하는 것이다. 이러한 것으로는 우발부채 등이 있다. 다섯째단계는 위에서 결정되어진 항목들에 대한 가치평가를 하는 것이다. 이 단계는 기업의 자산과 부채를 각각 재평가하는 양적인 과정이다. 전형적으로 평가자들은 가치평가의 분석을 자산의 분류에 의해 수행한다. 여섯째단계는 가치기준에 의한 대차대조표를 작성하는 것이다. 결과적으로 작성된 가치기준 대차대조표를 통해 무형자산을 포함한 총 자산의 가치에서 우발부채 등을 포함한 총 부채의 가치를 차감함으로써 기업의 가치를 구한다.

구체적인 단계에서 나타난 것과 같이 순자산가치법은 대차대조표에 나타난 모든 항목들과 더불어 그 이외의 기업가치에 영향을 줄 모든 항목들에 대한 재평가를 통하여 이루어진다. 둘째단계에서 넷째단계까지의 분석에서는 재평가의 대상으로 다음과 같은 기업의 모든 항목을 포함하여야 한다.

- 재무적 자산
- 유형의 개별자산
- 유형의 실물자산
- 무형의 실물자산
- 무형의 개별자산
- 유동부채
- 장기부채
- 우발부채
- 기타의 채무

유동자산의 가치평가 현금 · 외상매출금과 받을어음 · 선급비용 · 재고자산 등으로 유가증권은 상장법인의 주식인 경우는 평가일을 전후하여 주가의 흐름을 검토한 다음 평가일 전 일정 기간의 주가를 평균하는 등 적정하게 조정하여 산정하고 비상장법인의 주식인 경우는 자산가치 · 수익가치 · 상대가치 · 주가수익률 · 현금흐름 할인 또는 절충평균 가치방식 등을 사용하여 산정할 수 있다. 그리고 대여금 또는 매출채권의 경우에는 비정상적으로 회수가 지연되는 경우 회수 가능성을 판단하여 채권의 가액을 적정하게 조정 평가한다.

유형고정자산의 가치평가 토지 · 건물 · 기계장치 · 집기비품 · 차량운반구 · 구축물 등의 유형고정자산 평가를 위한 가치평가에는 비용접근법 · 수익접근법 · 시장접근법 등이 주로 사용된다. 수익접근법에는 직접자본환원법과 수익률자본환원법이 있으며 대상 고정자산의 특성으로 인하여 각각의 접근법의 적용이 부동산 가치에 적절한지를 평가한 후 각 접근법으로 평가한 시산가치를 종합하여 최종적으로 대상 유형고정자산의 가치를 결정한다.

- 비용접근법 : 비용접근법이란 평가대상의 형성에 사용되는 각종 제반 소요비용을 기초로 하여 평가대상을 평가하는 방법이다. 평가대상 자산을 현재시점에서 재획득하는데 소용되는 각종 제반 소요비용을 합하고 이에 감가수정을 가하여 평가대상자산이 가지는 가치를 산정하여 평가하는 방법이다. 즉, 평가대상자산의 가치는 새로운 자산을 구입, 개발하는 비용과 그 자산의 내용연수기간 중에 얻어지는 경제적 수익의 경제적 가치가 일치한다는 가정하에서 평가대상이 실현하는 장래의 모든 경제적 수익의 재조달을 위하여 필요한 비용이다.
- 수익접근법 : 수익접근법이란 평가대상으로부터 발생되는 미래현금흐름의 현재가치의 합계로서 평가대상을 평가하는 방식이다. 즉, 평가대상을 소유 또는 운영함으로써 발생하는 추가적인 현금흐름을 추정하여 평가대상의 가치를 평가하는 방법이다. 이 방법은 평가대상의 수익창출능력을 자본화함으로써 무형자산의 공정시장가치에 대한 지표를 제공함으로써 미래지향적이며 이론적으로 가장 근본적인 가치산정 방식이다. 수익접근법의 가장 큰 유용성은 공정시장가치의 정의를 구체화한다는 점이다. 왜냐하면 공정시장가치는 어떤 투자대상을 소유함으로써 얻을 수 있는 미래현금흐름의 현재시장가치와 같기 때문이다.
- 시장접근법 : 가치평가에 있어 가장 먼저 시도될 수 있는 방법은 거래하려는 대상과 유사한 거래사례를 찾아 이와 비교함으로써 시장가치를 추정하는 것이다. 이와 같이 시장에서 발생한 거래의 결과를 바탕으로 가치를 산정하는 방법을 시장접근법라고 한다. 물론 유사한 사례가 존재하지 않으면 이 방식을 사용할 수 없다. 또한, 정상적인 시장에서의 거래가 아닌 특수관계인 사이의 거래와 같이 특수한 사정이 개입된 자료는 비교사례로서 적합하지 않다. 반면 거래 자료가 풍부한 경우에는 가장 적은 비용으로 현실적으로 시장상황을 잘 반영한 가액을 산정할 수 있다는 장점이 있다. 시장접근법을 적용하는데 전제 조건은 첫째, 비교가능한 평가대상 자산의 활발한 거래가 있는 시장이 존재해야 한다. 둘째, 과거에

비교 가능한 자산들의 거래사례가 있어야 한다. 셋째, 비교 가능한 자산의 거래가격에 관한 정보에 접근이 가능해야 한다. 넷째, 독립 당사자 간의 거래이어야 한다. 따라서 이 방법은 주로 부동산, 일반적인 기계류 및 설비, 차량, 범용 컴퓨터 소프트웨어, 하드웨어, 주류허가권, 프랜차이즈의 평가에 적합한 방법이다.

무형자산의 가치평가 무형자산이란 특허권 · 실용신안권 · 의장권 · 상표권과 같은 산업재산권과 영업권 · 고객망 · 저작권 · 전산프로그램 등과 같은 무형자산을 의미한다. 무형자산의 평가에 있어서도 유형고정자산의 가치평가 접근법 중 하나 또는 그 이상을 사용하여 추정된 가치를 종합하여 최종가치를 평가하게 된다.

순자산가치방법의 이점으로는 다음과 같은 것들이 있다. 첫째, 평가의 결과가 누구에게나 친숙한 전통적 대차대조표양식으로 나타난다. 둘째, 이 방법은 기업의 모든 가치를 분류한다. 셋째, 이 방법은 기업의 매매에 대하여 협상을 할 때 매수자와 매도자 모두에게 유용하다. 넷째, 이 방법은 대체적으로 어떤 가치의 기준에든 어떤 가치의 가정에든 사용될 수 있다. 다섯째, 거래성사 이후 일시불로 구매되었던 각각의 자산에 대한 신속하고 합리적인 가치할당이 가능하다. 여섯째, 이 방법은 주된 거래의 재무적 의사결정과 관련하여 유용하다.

이 방법의 주요한 단점은 극단적으로는 그 결과를 도출하는 데에 매우 많은 비용이 들고 시간만 소비할 수도 있다는 것이다. 또한 이 방법에서 사용하고 있는 대부분의 무형자산의 가치들은 이익접근법에 크게 의존하고 있다. 그러므로 이 방법은 궁극적으로 이익변수들과 같은 유형자산의 가치에 의존하고 있는 것이다.

4 본질가치 평가방법

본질가치란 통상 기업이 보유하고 있는 내재가치를 말하는 것으로 자산가치와 수익가치로 구성된다. 본질가치는 주당 기업의 가치를 평가한 것으로 주당순자산가치와 주당수익가치를 고려해 계산한다. 공모 시 주간사가 공모희망가격을 제시할 때 사용된다.

본질가치는 주당순자산가치에 주당수익가치를 1.5배로 곱하여 이 둘을 더한 수치에 2.5로 나눈 값을 의미하며, 기업의 공모가격 결정시 주요 산정 기준이 된다.

보통 내재가치를 중심으로 상대 가치를 반영해 기업의 적정 가격을 결정한다.

본질가치의 평가방식은 '증권 인수업무에 관한 규정'에 의거하여 주식의 본질가치를 구하는 방식으로 주식공모 시 공모가의 기준이 되는데 그 평가방식은 다음과 같다.

본질가치

회사의 현재 순 자산가액인 주당 자산가치와 미래의 수익력을 기초로 산정한 기업 내재가치인 주당 수익가치를 1 : 1.5의 가중치로 평균한 가액이다.

주당 자산가치 주당 자산가치는 순자산가액을 발행주식 총수로 나눈 것이다.

순자산가액 최근 사업연도 말 현재의 대차대조표상 순자산가액에 가산항목과 차감항목을 가감하여 산출한다.

- 가산항목 : 분석기준일까지의 유상증자, 재평가적립금 등 자본잉여금 증가액
- 차감항목 : 이연자산, 회수불능 채권, 퇴직금추계액에 미달액, 분석기준 일까지의 지급의무가 확정된 배당, 상여 등이다.
- 발행주식 총수 : 분석기준일 현재의 발행주식 총수

수익가치

향후 2개 사업연도의 추정 손익계산서상 주당 순이익을 3 : 2의 가중치로 평균한 가액을 자본환원율로 환산한 가액임

추정 주당 순이익의 산정 실적 추정에 의한 경상이익에 신고서 제출일 사이에 유상증자가 된 경우 은행예금이자를 가산하고 법인세와 우선주배당금을 차감한 가액을 각 사업연도 말 현재 발행주식 총수로 나눈 가액

자본환원율 4 개 시중은행의 1년 만기 정기예금이자율 평균치의 1.5배를 적용한다.

위에서 서술한 바와 같이 동 평가방식은 주식 공모 시 그 기준이 되는 방식으로 비상장주식을 상장 또는 등록하고자 할 경우 그 공모가를 추정하는데 유용하게 쓰일 수 있으며 또한 현재 기업의 자산으로서의 가치와 향후 수익창출 근원으로서의 가치가 혼합되어 있는 장점이 있으나 미래에 대한 추정이 불확실하고 진정한 미래의 기업 내재가치인 현금창출(Cash Generation)을 나타내지는 못하는 단점이 있다.

5 기타 평가방법

상속세법상 비상장주식의 평가방식

상속세법상 자산의 평가는 시가에 의한 평가를 원칙으로 하는데, 주식의 경우 주권상장법인 주식의 종가 및 기준가격은 시가로 봄으로 이러한 주권상장법인의 주식에 추가적인 평가는 생략하기로 한다.

시장성 없는 비상장 주식은 순 손익가치와 순자산가치 중 큰 금액으로 평가하도록 상속세법상 되어 있는데 순손익가치는 과거 3년간의 주당 순손익을 가중 평균한 것을 미래 영구적인 현금흐름(Perpetuity)의 추정치를 사용하여 적정이자율로 할인한 현재가치로서 현금흐름에 의한 할인 모형과 유사하며, 순자산가치는 법인의 주당 장부가치와 유사하다.

비상장주식의 평가방법은 다음과 같다.

> 비상장주식의 평가 = MAX [순손익가치, 순자산가치]
> 순손익가치 = 최근 3년간 주당 순손익액의 가중평균액 ÷ 평균이자율

각 사업연도의 순손익액의 계산 = ① − ② + ③

① 세법상 각 사업연도소득(세무조정된 소득)

② 차감항목 : 세액과 손금부인된 벌금 · 공과금 · 업무무관경비 · 과다경비 · 지급이자 손금불산입액 · 접대비 및 기부금 한도초과액 등 법인이 지출한 비용이나 조세 정책적 목적에 따라 손금불산입된 금액

③ 가산항목 : 익금불산입된 국세 및 지방세 과오납금 환급이자, 비업무용 토지 취득세 중과분 환급액 등 법인의 수익이나 조세정책적 목적에 따라 익금불산입된 금액

④ 결손인 경우에는 "0"으로 계산

- 각 사업연도 발행주식수 : 각 사업연도 종료일 현재의 발행주식총수로 하되 무상증자가 있은 경우는 무상증자 전 발행주식수 × [(무상증자 직전사업연도 발행주식수 + 무상증자 주식수)/무상증자 직전사업연도 발행주식수]로 환산한 주식수로 한다.

- 주당 순 손익액 : 각 사업연도 순손익액 ÷ 각 사업연도 발행주식수
- 3개년 간의 가중치 : 상속개시일 전 1년이 되는 사업연도부터 3년이 되는 사업연도까지의 가중치로 한다.
- 가중평균 순손익액
- (1년 전 주당순손익액 × 3 + 2년 전 × 2 + 3년 전 × 1) ÷ 6
- 평균이자율 : 금융기관의 3년 만기 회사채 유통수익률을 고려하여 국세청장이 정하는 이자율로서 현재 고시이자율은 10%이다.

순자산가치 = 순자산가액 ÷ 발행주식총수 — 순자산가액 = ① — ② + ③

① 대차대조표상 순자산가액 ± 유보금액(세무조정계산서상) ± BS가액과 상속세법상 자산평가액과의 차액

② 차감항목 : 선급비용 · 이연자산 · 평가기준일까지의 법인세 · 퇴직금추계액 등

③ 가산항목 : 퇴직급여충당금 등 부채성충당금과 조세특례제한법 등에 의한 제준비금 등

- 발행주식 총수 — 평가기준일 현재 발행주식 총수
- 상속세법상 자산의 평가
  - ① 시가가 있는 경우 - 시가
    감정가액 및 위 비상장 주식평가액 포함
  - ② 시가산정이 어려운 경우
    상속세법 61~65조의 평가액 준용
    토지 : 개별공시지가, 건물 : 국세청장 고시가격 등

이러한 상속세법상 시장성이 없는 비상장주식의 평가방식은 주식거래 시 세무상 거래가액의 기준이 되고 또한 부당행위 부인 등의 피해를 피할 수 있는 장점이 있는 반면, 그 계산이 다소 복잡하고 실질적인 기업의 내재가치를 반영하는 데는 그 한계가 있다고 할 수 있다.

주가 및 거래량의 동향에 따른 평가방식

주가 및 거래량의 최근 동향에 따른 평가 방법에는 다음의 3가지 방법이 주로 사용된다.

주가와 거래량의 분석 일정 기간 동안의 대상기업의 주가와 거래량을 분석함으로써 그 기업의 가치를 평가하는 방법으로 그 기간은 짧게는 최근 30~60일에서 길게는 3~5년으로 정하는 것까지 회사의 상황에 맞도록 다양하게 정할 수 있다.

특정 가격대별 거래량의 분석 이 역시 일정 기간 동안에 있어서 가격대별로 그 거래량을 분석하는 방법으로, 이 방법을 통하여 매수자는 최근 주주들이 대상기업의 주식을 실제로 얼마에 취득하였는지를 알 수 있다.

종합주가지수와 상관성 분석 이는 주로 장기에 걸쳐 대상기업의 주가의 변동과 종합주가지수의 변동을 비교하는 방법이다.

이러한 평가방법은 주권상장기업처럼 시장성이 있는 주식인 경우 그 주식의 가치는 시장에서 거래되는 시가에 의한다는 가장 기본적인 시장성에 기인하는 평가방식으로 인수로 인한 대상기업의 환경의 변화를 반영하지 않고 과거의 역사적인 자료에만 의존하여 미래를 적절히 반영하지 못하고 있다는 단점이 있다.

그러나 이 방법은 매수자에게 회사의 가치에 대한 과거의 자료를 자세히 제시하고 있어서 매수자가 다른 방법으로 대상기업을 평가하더라고 주요한 참고자료로 활용할 수 있을 것이다.

주가수익률 평가방식

이 방식은 대상기업의 세금공제 후 이익에 유사한 공개기업의 주가수익률(PER)을 적용하여 기업의 가치를 평가하는 것으로 유사한 공개기업의 연도별 PER에 연도별로 적정 가중치를 부여한 후 이의 가중평균을 근거로 대상기업의 주가를 계산하는 방식이다.

대상기업의 과거 3~5년간의 세후순익을 가중평균으로 계산하는 전통적인 역사적 이익법과 여기에 인수 후 1개년의 예상이익을 반영시키는 수정된 역사적 이익법이 있는데 2가지 방식이 인수년도 추정이익의 반영 여부만 차이가 난다.

일반적으로 이 방식은 사후 통계치로써는 중요한 의미가 있으나 단지 P/E로 기업을 평가한다는 것은 너무 단순하고 무리가 있으므로 매도자나 매수자가 기업인수라는 흔치 않은 대형 거래를 놓고 대략 대상기업을 평가해 보는 출발점의 역할로서 충분할 것이다.

배당(Dividend)에 의한 평가방법

이는 투자자가 대상기업으로부터 기대하고 있는 배당에 대한 분석을 통하여 대상기업을 평가하는 방법이다. 현금흐름 대신 배당을 이용한다는 점을 제외하고는 현금흐름에 의한 평가방법과 동일하다.

순자산가액 배수방법

대상기업의 순 자산가액(장부상 총자산-장부상 총부채±시가에 의한 조정 등)에 1.5~2.5배의 배수(Adjusted Net Asset Multiple Range)의 배수를 곱하여 평가하는 방법이다. 배수는 대상기업의 향후 영업전망, 수익성, 매수자의 인수목적 등에 따라 다르게 결정된다. 일반적으로 백화점, 호텔 및 주유소 등 자산의 규모, 등급 및 입지에 따라 기업의 가치가 영향을 받거나 평가되는 사업영역에 사용할 수 있다.

매출액 배수 평가방법

대상기업의 매출액에 0.5~1.5배의 배수를 곱하여 평가하는 방법으로 현재 Internet 기업 등 E-Business에 연관된 신종 사업의 수익 Model로 일부 사용되고 있다.

대체원가 평가방법

대상기업의 영업자산 및 제반 영업 관계를 현재와 같은 상태로 만들기 위하여 소요될 대체비용으로 대상기업을 평가하는 방법이다. 이 방법은 영업 초기에 거액의 개발비 등의 투자를 요하는 회사거나 유통망의 확보 단계에서 거액의 손실이 예상되는 회사의 경우에 적용할 수 있다.

또한, 무형의 자산가치에 대하여 적절히 평가하고자 할 때에도 적용할 수 있다. 상표의 가치(Brand name) 또는 명성(Loyalty) 등이 그러한 예이다.

청산가치에 의한 평가방법

모든 기업은 최소한의 청산가치를 갖고 있다. 즉, 회사의 청산 시에 회사의 자산 및 부채를 정산할 때에 실현되는 현금액으로 대상기업을 평가할 수 있는데 이러한 방법은 극히 예외적으로 이미 대외 지급불능의 단계(Default)에 처한 회사 또는 영업이나 경영권에 대한 Premium을 포기한 회사 등에게만 적용할 수 있을 것이다.

03 기술가치의 평가

1 기술평가의 개요

기술가치평가란 대상의 가치를 명확히 하는 것으로서 대상 기술에 한 기술성 · 시장성 · 사업성 · 권리성 및 기타 요인에 대한 기회 요인과 위험요인을 종합적으로 분석하여 기술의 시장가치(fair market value)를 나타내는 일련의 활동을 의미한다.

기술가치평가는 종합기술가치평가와 특정기술가치평가로 구분할 수 있다. 종합기술가치평가란 기업이 보유하고 있는 신기술을 사업추진능력 및 영업력 등 제반여건을 감안하여 평가하는 것으로 보증지원 등 내부목적용 · 금융기관 등의 여신 참고용 및 기업 M&A 시 기업의 기술가치평가에 주로 활용되며 특정기술가치평가는 특정 신청기술에 대한 기술성 및 사업성을 사업추진주체의 경영요소를 배제하여 평가하는 것으로서 기술의 매매알선용 · 로열티 산정용 및 기타 업무참고용으로 활용되고 있다.

종래의 기술자산은 경리 · 재무에 따른 상각자산으로 다루어졌으나, 무형자산의 중요성이 증대되면서 기업의 자산은 창조성으로 대표되는 기술자산이라는 인식과 함께 기업과 기술자산의 단독평가가 가능하게 되었으며, 이에 대한 중요성은 보다 강조되고 있다.

기술자산의 가치를 정확하게 평가할 수 있는 가치평가의 체계가 이루어지면 기술거래 · 기술공여 · 기술담보설정, 그리고 기업의 매수합병 등이 보다 활성화될 수 있을 것이다.

기술평가는 서수적(ordinal) 평가와 기수적(cardinal) 평가로 나눌 수 있다. 즉,

항목별로 개략적인 상대적 위치를 평가하거나 항목별 점수를 산정하고 합산하여 상대적인 위치를 정하는 일종의 등급평가인 기술성 평가와 기술의 가치를 금액으로 환산하는 기술가치평가로 구분된다.

물론 양자를 혼합하여 사용하되 서수적 기법을 세부분석에서 활용하여 결과적으로 금액으로 평가하는 절충적인 방법도 있다. 기술을 금액으로 평가하기 위해서는 그 평가대상이 일정한 특성을 구비해야 한다는 점이 아직까지 국내에서는 크게 인식되지 못하고 있다.

무형자산의 평가, 특히 기술의 평가에 있어서는 평가대상을 얼마나 정확하게 이해하고 인식하느냐가 중요하다. 왜냐하면, 유형자산은 비교적 쉽게 평가대상의 내용을 파악하고 확정할 수 있으나 무형자산은 특히 그 분야에 정통하지 못하면 사실 확인이 어렵기 때문이다. 평가자가 가치평가 모델의 활용능력이 있다 하더라도 대상에 대한 명확한 인식 없이 이를 평가 할 때는 근본적 오류를 범하기 쉽기 때문이다.

기술평가의 유형

기술평가는 그 목적에 따라 크게 다섯 가지 측면에서 구분될 수 있으며, 이러한 평가유형에 따라 적용될 평가방법론이 달라지고, 그 평가결과 또한 상이하게 된다.

첫째 유형은 기술혁신의 현장에서 이루어지는 기술평가이다. 이 평가는 아이디어의 우수성 평가, 연구개발 프로젝트의 선정을 위한 평가, 프로젝트의 계속 여부 판단, 다른 기술과의 비교 등의 차원에서 검토되는 평가로서 한 형태가 아니라 과학적 혹은 공학적 평가와 특정 연구개발 혹은 기술개발 사업을 위한 목적별 평가라는 형태로 구분되기도 하나 크게 보아 과학기술계 내부의 가치평가라 할 것이다.

둘째 유형은 기술의 예측평가로서 일반적으로는 기술예측이라고 표현된다. 이 평가는 미래의 기술이 어떻게 발전하게 될 것인지를 예측하는 것이라고 할 수 있으며, 기술혁신의 전반적인 동향이나 특정기술의 발전 여부 등에 대한 평가활동을 의미한다. 이러한 평가는 국가의 산업정책을 수립하는 데 필요한 평가라 할 수 있다.

셋째 유형은 특정기술의 사회경제적인 영향을 파악하고자 하는 것으로 기술영향평가이다. 기술영향평가는 특정기술이 사회에 미치는 부정적인 영향을 파악하고자 하는 것으로서, 평가대상 기술에 대한 경제적인 측면과 함께 사회적인 측면도 동시에 검토되며, 긍정적인 측면과 함께 부정적인 측면이 함께 검토된다. 이러한 특성으로 사회학이나 철학 혹은 역사학에서 주로 검토되는 평가형태이다.

넷째 유형은 기술에 대한 경제성 평가(cost benefit analysis)이다. 이 접근은 현장 중심의 경제성은 산업공학에서, 경제적인 효과는 경제학에서 주로 검토된다. 경제적인 파급 효과 분석은 경제 전체에서 나타나는 효과를 수치로 파악한다는 점에서 전반적으로 복잡한 계산절차를 갖는다. 우리나라의 과학기술진흥법에서 언급하는 기술평가는 세 번째 유형과 네 번째 유형을 상정하고 있다.

다섯 째 유형은 협의의 기술가치평가이다. 이 유형에서는 기술의 사회경제적인 영향보다는 중립적 거래상황에서 기술의 금전적 가치를 측정한다는 특징이 있다. 이 유형의 평가는 산업기술기반조성법이나 벤처기업육성특별법에서 언급하고 있는 기술평가이다.

기술평가의 절차

기술평가는 단음과 같은 단계별 절차에 이루어진다.

- 1단계 : 평가업무의 목적과 성격을 규정
- 2단계 : 평가대상이 되는 관련기술의 서술
- 3단계 : 해당기술에 대한 사회적 가정과 조건의 설정
- 4단계 : 기술파급에 의해 영향을 받는 분야의 파악
- 5단계 : 일차적 영향분석
- 6단계 : 가능한 대응조치와 대안의 파악
- 7단계 : 최종적 영향분석

평가업무의 정의 제1단계인 평가업무의 정의는 대상기술의 주요과제와 문제를 검토하여 평가 작업의 목적과 범위를 규정하는 단계이다.

관련기술의 서술 제2단계인 관련기술의 서술에서는 평가대상의 주요기술에 대한 서술뿐 아니라 지원기술 및 관련기술에 대해서도 서술하고 또한 주요기술 및 보조기술의 경쟁기술에 대한 서술도 포함시켜야 한다.

사회적 가정과 조건의 설정 제3단계 관련기술의 활용에 영향을 받는 비기술적 요인들을 파악하여 서술하는 것이다.

영향분야의 파악 제4단계 평가대상 기술의 적용에 따라서 파급 효과가 발생할 수 있는 주요한 분야를 체크리스트와 같은 점검표를 통해 파악

일차적 영향분석 제5단계 상호영향 매트릭스와 같이 해당기술의 활용에 의해 미래에 발생될 잠재적 사건들의 발생확률을 구하고 이러한 상황에서 생긴 영향을 측정하는 접근을 사용

가능한 대응조치 대안의 파악 제6단계는 가능한 대응조치 및 대안을 개발하는 단계이다. 즉 기술 발전의 방향과 속도를 사회적 이익이 극대화될 수 있도록 조정하는 방법을 개발하는 것이다.

최종적 영향분석 마지막으로 제7단계에서는 기술파급에 따른 영향분석을 완성하여 의사결정자를 위한 최종적인 정책대안을 제시하는 과정이다.

기술평가의 범위

기술평가의 차원	기술평가의 내용
국가 차원	기술수요 평가, 기술능력 평가
산업 차원	기술현황 평가
기업 차원	기술내용 평가
공통 차원	기술환경 평가

기술영향평가 정부, 과학기술의 개발에 관련된 주체들, 그리고 과학기술의 결과에 영향을 받는 이해당사자들의 참여를 통해 기술 자체에 관한 그리고 기술의 부차적 영향에 대한 연구, 토론, 분석, 조사활동들을 총칭하는 용어이다.

기술성능평가 기술의 경제적 가치를 평가하기보다 기술 자체의 공학적 가치를 평가한다.

기술능력평가 기술을 습득하고, 소화하고, 사용하고, 변용하고, 창조하는 데 필요한 다양한 지식과 숙련의 수준을 평가하는 작업이다.

기술체계평가 개별기술을 독립적으로 평가하지 않고 해당기술의 전체적인 체계를 평가하는 접근이다.

기술수요평가 목적달성을 위해 어떠한 기술이 필요하며 또한 그 기술을 필요로 하는 분야가 무엇인지를 평가하는 작업이다.

기술성과평가 해당기술의 개발 및 활용으로 인한 기술적 또는 경제적 효과를 측정하여 그 성과를 평가하는 작업이다.

기술가치평가 개별적인 기술자산이 제공할 미래수익을 현재의 가치로 전환시킨 화폐 가치로 평가하는 작업이다.

2 기술가치 평가의 대상

특정기술 자체에 의해 또는 그 기술이 중요한 부분을 차지하여 형성된 자산의 가치를 평가하는 접근이다. 특정기술이 기업의 수익에 공헌할 수 있는 잠재력을 화폐 금액으로 산정한 가치라고 할 수 있다.

기술력 평가

기술을 습득하고 · 소화하고 · 사용하고 · 변용하고 · 창조하는 능력을 평가하는 작업이다. 평가대상이 기술 자체의 가치나 효과가 아니라 기술의 사용주체가 지니고 있는 능력이다.

대상	논리적 근거	평가방법
기업가치	• 기술과 기업은 일체 • 기술가치는 기업가치의 평가를 통해 파악	• 총 투자자본의 가치 • 자기자본의 가치 • 보통주의 가치
무형자산가치	• 기술은 무형자산의 일종 • 기술가치는 무형자산가치의 평가를 통해 파악	• 간접평가방식 - 초과자산 수익률 - 자산시장 프리미엄 • 직접평가방식 • 스칸디아 모형 • 균형 평가표
기술가치	• 기술은 별개의 평가대상 • 기술가치는 기술자체의 본질적 가치 평가	• 비용접근법 • 시장접근법 • 수익접근법
기술력	• 기술은 기술력의 일부 • 기술자체의 가치는 종합적 기술의 평가를 통해 파악	• 체크리스트 방법 • 평점법 • 벤치마킹 방법 • 갭분석

3 기술가치 평가방법

평가방법	측정기준	세부내용
프로파일법	상대비교	상대비교 토대로 주요항목에 대한 비교대상 기술 간의 우열을 시각적으로 표현
벤치마킹법	비율, 격차	선도기술(최고수준)에 대한 기준점을 설정한 후 선도기술과 비교한 평가대상기술의 수준을 비율 또는 격차로 표현
지표법	지표	기술가치를 종합적으로 측정할 수 있는 지표를 개발한 후 주요항목에 대한 평가대상기술의 값을 대입하여 종합적인 지표의 값을 산정
평점법	점수	기술가치를 설명할 수 있는 주요항목을 설정한 후 각 항목별로 평가대상기술의 점수를 부여한후 이를 합하거나 곱하여 종합적인 평점을 산정
금액법	화폐가치	기술가치를 비용, 수익, 또는 시장 가치로 파악하여 평가대상기술의 가치를 직접적인 화폐가치로 산정

4 기술가치(valuation) 평가모형

기술가치평가란 특정기술의 경제적 가치를 평가하는 작업이다. 따라서 사전에 평가방법의 유형별 특성과 각 평가방법 적용을 위한 전제조건 등을 고려하여 비용접근법, 시장접근법, 실물옵션접근법, 소득접근법 중 합리적인 평가방법을 선택하여야 한다.

비용접근법(cost approach)

비용접근법은 특정기술의 재제작 비용 또는 대체 비용을 산정한 후 기술가치의 하락, 즉 감가상각분을 빼면 계산이 가능하다. 감가상각의 속도는 경쟁 및 대체기술의 개발속도와 기술의 노후화로 인한 경제적 진부화의 속도에 비례하여 빨라진다. 즉, 경쟁기술의 출현이 가속화되면 될수록 감가상각의 크기는 커진다는 말이다.

비용접근법을 사용할 경우 전제조건으로 첫째, 합리적으로 기술개발비용의 산정이 가능하여야 하고 둘째, 기술개발에 투하된 총비용과 시간의 흐름에 의한 가치하락을 산정할 수 있어야 하며 셋째, 신기술 획득 또는 개발비용과 그 자산으로부터 내용연수기간 중에 얻어지는 효익의 경제적 가치가 일치할 것으로 추정 가능 하 여야 한다. 이 방법은 기술의 창출을 위해 소요된 비용을 근거로 기술가치를 평가하는 기법으로서 기술개발에 투여된 총비용에서 시간의 흐름에 따라 발생될 수 있는 가치하락

정도를 가감하여 산출한다(적정시장가치 = 개발투하총비용 - 가치하락요소).

여기에서 개발에 투하된 총비용은 첫째, 기술개발을 위하여 투입된 인원에 대한 급여 등 금전 및 기타 등가물에 의한 보상, 연구기자재에 대한 간접비, 사무원 및 기능공의 간접비, 원재료비, 실험기자재 구입비 및 검사비용, 외부 평가기관의 평가비용, 시험생산에 소요된 비용을 포함한다. 둘째, 비용집행의 효율성을 고려하여 비용인정대상을 가감 조정할 수 있다. 가치하락요소에는 시간의 흐름에 따른 자연적인 가치하락, 기능의 쇠퇴, 경제성의 쇠퇴에 의한 가치하락을 포함한다.

시장접근법(market approach)

시장접근법은 공정한 거래를 전제로 하는 시장가치를 측정하려는 것으로 기존의 실제 거래 자료와 당시의 시장상황 및 현재의 시장상황에 대한 평가를 근거로 변동요인을 고려하여 평가한다.

이 접근법에서는 유사한 기술의 시장거래 사례가 기술가치의 가장 중요한 준거기준이 된다. 시장접근법은 유사한 기술이 시장에서 거래된 사례가 많은 경우 특히 유용하며 합리적인 가치 환산이 가능해진다. 반면에 유사한 기술매매가 발생하지 않은 경우에는 비교 대상의 부재로 인하여 시장접근법은 한계를 가질 수밖에 없다.

그리고 기술유통에 대한 정보접근이 용이할수록 시장접근법은 적용될 가능성이 높아진다. 즉, 시장접근법을 사용할 경우 비교 가능한 기술자산이 활발하게 거래되는 시장이 존재하여야 하며, 비교 가능한 기술자산이 과거에 거래된 실적이 다수 존재하여야 하고, 비교 가능한 기술자산의 거래가격에 관한 정보에 접근이 용이하여야 하며, 그리고 독립된 당사자 간의 거래이어야 한다.

이 방법은 평가대상기술과 유사 또는 동일한 기술의 시장거래가격을 기준으로 신청기술의 우열 등을 고려하여 산출한다(시장가치 = 매매사례가격 × 변동요인), 변동요인은 평가대상기술에 대하여 거래가격 형성시점의 시장성 및 가격수준, 기술의 사용가능 잔여기간, 시장점유율, 대체신기술 개발가능여부, 유사 또는 동일기술과의 우열관계 등을 고려하여 결정한다.

실물옵션접근법(real-option approach)

실물자산에 대한 옵션의 경우에 있어서 의사결정자는 자신의 이익을 위하여 선택권을 행사할 권리를 갖고 있으므로 의사결정의 유연성이 증가한다.

이때 옵션이 제공하는 이익이 옵션의 비용에 비하여 크다면 옵션이 가치를 지니게 된다. 또한, 현재의 투자가 미래 투자기회의 전제 조건이 되는 경우에는 미래의 투자기회로부터 기대되는 이익이 현재의 투자 손실을 보상하고도 남을 가능성이 있다.

이러한 경우를 성장 옵션(growth option)이라 하는데 대부분의 연구개발이 단계적으로 평가, 수행되므로 성장 옵션에 해당된다.

$$V = N(d1)A - N(d2)Xe - rT$$
$$d1 = [1n(A/X) + (r + 0.5\sigma 2)T]/\sigma\sqrt{T}$$
$$d2 = d1 - \sigma\sqrt{T}$$

v = 옵션의 현재가치
A = 기초자산(underlying asset)의 현재가치
X = 투자비용(cost of investment)
γ = 무위험수익률(risk free rate of return)
T = 만기일까지 남아있는 기간(time to expiration)
σ = 기초자산의 변동률(volatility)
$N(d)$ = 표준정규분포의 d보다 적은 편차가 발생할 확률(누적확률)

위 식에서 우변 첫 번째 항은 옵션 만기일에 기초자산의 가치가 투자비용보다 클 경우, 즉 만기일에 A 〉 X인 경우에 대한 기초자산의 기대값이다. 두 번째 항에서 N(d2)는 만기일에 기초자산의 가치가 투자비용보다 클 확률, 즉 $A > X$가 될 확률이며 $X3 - rT$는 투자비용의 현재가치이다.

소득접근법(income approach)

소득접근법은 원가비용과는 관계없이 그 자산의 소득창출능력에 초점을 두고 있다. 기술자산의 가치는 자산의 수명기간 동안 창출되는 현금흐름(cash flow)의 현재가치로 추정된다는 것이다.

추정과 관련하여 현금흐름 · 할인율 · 기술자산 수명 등의 방법에서 다양한 이론으로 세분화된다. 현금흐름할인법에 의한 기술가치는 매년 발생하는 현금유입에서

현금지출액을 제외한 후 산출된 순현금수입액에 기회비용관점인 할인율(discount rate)을 반영하여 산출한다.

소득접근법을 사용하기 위해서는 첫째, 기술의 경제적 수명이 합리적으로 추정 가능해야 하며, 둘째, 기술로 인한 미래현금흐름의 크기가 추정 가능해야 하고, 셋째, 합리적으로 할인율 추정이 가능해야 한다. 소득접근법에 따르면 기술가치는 평가대상기술을 이용하여 생산되는 재화(또는 용역)으로부터 기술의 수명기간 동안 기대할 수 있는 미래수익을 추정하여 다음과 같이 산출한다.

$$\text{기술가치} = \left[\sum_{t=1}^{n} \frac{\text{초과이익}_t}{(1+\text{할인율})^t} + \frac{\text{잔존가치}}{(1+\text{할인율})^n}\right] \times \text{기술기여도}$$

단, n : 수익추정기간

기술가치를 소득접근법으로 산정한다는 것은 특정기술이 가진 미래의 소득창출 능력에 초점을 맞춘 것이다. 여기에 미치는 변수들을 살펴보면 첫째, 기술수명이다. 기술수명이란 평가대상기술에 의해 초과이익이 발생되는 전 기간을 말하며, 매 회계년도별로 수익을 추정하는 수익추정기간과 수익추정기간 이후부터 기술수명이 완료되는 시점까지의 잔존기간으로 구분한다. 둘째, 수익추정기간을 보면 제품수명주기 · 기술진보 속도 · 경쟁기술 출현가능성 등을 종합적으로 고려하여 기술수명 이내에서 회계연도별 초과이익의 예측이 합리적으로 가능한 기간을 수익추정기간으로 운용한다. 여기에서 기술가치를 산정하는 기준일은 평가일이 속한 사업연도의 개시일로 한다. 셋째, 초과이익은 평가대상기술에 대하여 아래의 산식에 의하여 산출한다.

초과이익 = 매출액 − 매출원가 − 판매비와 관리비 − 법인세 + 감가상각비 등 − 자본비용

매출액은 평가대상기술의 기술성 · 가격경쟁력 · 생산능력 · 시장진입의 용이성 · 마케팅능력 · 판매처확보 여부 · 제품의 수명주기 · 관련업계 경기동향 등을 참고하고, 매출원가 및 판매비와 관리비는 원재료 단가 추이 · 사업장현황(입지 · 규모 · 설비보유현황 · 가동률 등), 설비수준 · 인력수 급여건 및 동 업계 급여수준 등 제조 원가와 기술개발능력, 기술의 진보속도, 종업원의 생산성 정도 비정형화된 과세가감요인 등을 종합적으로 검토하여 산출한다. 법인세는 추정영업이익을 과세표준으로 하여 평가기준일 현재 관련세법에서 정해진 세율을 적용하여 산출함을 원칙으로 하되, 향후의 세율변동이나 소득공제 · 세액감면 · 기타 세액계산에 영향을 미치는 사항으로서 중요하다고 인정되는 항목은 그 내용을 반영할 수 있다.

여기에는 비현금유출비용은 포함되지 않기 때문에 감가상각비 등 현금유출 없는 비용항목은 영업비용에 산입하지 않으며 이에 대한 세금절감 효과만을 현금흐름에 가산한다. 마지막 항목인 자본비용은 아래의 산식에 의하여 산출한다.

자본비용 = 투하자본×할인율 = (초기투자 + 신규투자) × 할인율

초기투자는 최근결산일 현재 평가대상기술과 관련된 제품사업부(또는 제품라인)에 투하된 운전자본과 고정자산을 말하며 다음과 같이 산출한다.

초기투자 = 자산총액 – 비영업자산 – 영업부채 – 무형자산 – 다른 사업부의 자산

신규투자는 동 업계 업종평균자료 또는 최근 결산연도 재무제표를 이용하여 수익추정기간 내에 평가대상기술과 관련된 제품사업부(또는 제품라인)에 추가적으로 투하될 것으로 추정되는 운전자본과 고정자산을 합산하여 산출한다.

운전자본은 경상적인 매출채권, 재고자산 및 매입채무 등을 보유함에 따라 소요되는 자본으로서 아래와 같이 산출한다. 운전자본소요율은 '운전자본 / 매출액'을 말하며 '매출채권 + 재고자산 – 매입채무'를 운전자본의 대용치로 보아 산정한다.

고정자산은 신규투자가 진행 중이거나 생산능력의 부족으로 증설투자가 예상되는 경우에는 설비투자계획을 근거로 투자시점별로 해당 투자가액을 반영한다.

할인율은 평가대상기술을 이용한 사업의 위험을 산정하는 것으로 조달한 자금의 원천별 자본비용의 가중평균으로 산출한다.

보통의 경우 타인자본비용 대용치로 은행보증 3년만기 회사채 유통수익률을 자기자본 비용의 대용치로는 「증권인수업무에 관한 규정」을 준용하여 정기예금 최저이율의 1.5배를 사용한다.

할인율 = (타인자본비용 × 타인자본구성비 + 자기자본비용 × 자기자본구성비) × 재무안정성 조정계수

현재가치계수 = 1 / (1 + 할인율) t

재무안정성 조정계수는 기업의 차입금의존도가 업종평균 차입금의존도를 초과하는 시점부터 재무적 곤경 위험이 인지되는 것으로 보아 다음 산식과 같은 방법으로 재무안정성 조정계수를 적용한다. 다만, 이 값이 “1” 미만인 경우에는 재무안정성을 조정하지 않고 “1”을 적용한다.

재무안정성 조정계수 = 차입금의존도/동업종평균 차입금의존도

잔존가치는 수익추정기간 이후에 발생하는 초과이익의 합계액으로서 수익추정기간 최종년도의 초과이익이 잔존기간(m-n) 동안 매년 유지되는 경우에는 아래의 산식에 의하여 산출한다. 다만, 최종연도의 초과이익이 잔존기간 동안 매년 일정률만큼 성장하는 경우에는 당해 성장률을 감안하여 산출한다.

$$잔존가치 = \sum_{t=n+1}^{m} \frac{n\text{차년도의 초과이익}}{(1+\text{할인율})^{t-n}}$$

기술기여도는 아래의 산식에 의하여 산출한다.

기술기여도 = 기술자산구성비 × 완성도계수

기술자산구성비는 아래의 산식에 의하여 산출한다.

기술자산구성비 = 기술자산평점/(기술자산평점 + 시장자산평점 + 인적자산평점)

기술완성도계수를 보면, 기술완성도가 추정의 불확실성에 미치는 영향을 반영하기 위해 아이디어 구상단계에서부터 안정적인 시장확보단계까지의 과정을 세분화하여 각 단계별로 기술완성도를 조정한다.

기술가치평가방법론 비교

구 분	주요 변수	적용 영역	문제점
비용접근법	• 개발비용 • 감가상각방법	• 공공기관의 기술이전	• 미래기회수익 미반영
시장접근법	• 유사기술의 시장사례가치	• 라이센스 및 로열티 산정	기술시장이 전제 • 거래사례가 존재하여야 함
실물옵션접근법	• 기초자산 변동성 • 무위험 이자율 • 기술수명	• 연구개발투자 • 미래불확실성이 큰 프로젝트	• 변수추정의 어려움
소득접근법	현금흐름 • 할인율 • 기술수명	• 기술거래, 이전 • 보편화된 기술시장	• 변수추정의 주관성

참고문헌

강병구, 「적대적 MA의 방어방법과 이사의 역할, 단국대학교, 2010

강재구, 「회계원리의 이해」, 백산출판사, 2016

거래소, 「KRX 상장심사 가이드북」, 증권선물거래소, 2014

고동수, 「적대적 M&A와 경영권방어제도」, 산업연구원, 2010

권기훈, 「독점규제 공정거래법」, 경상대학교 출판부, 2018

권오승 외, 「독점규제법 이론과 실무」, 법문사, 2018

권종호, 「적대적 M&A방어수단의 도입 필요성」, 한국상사판례학회, 2009

김경진, 「기업가치평가」, 율곡출판사, 2017

김광윤, 「최신회계원리」, 범한, 2015

김근수, 「M&A 실전교과서」, 한언, 2015

김근수, 「M&A 실천 교과서」, 한언, 2018

김대규, 「적대적 M&A에 대한 방어행위의 허용기준」, 원광대학교, 2010

김병회, 「기업가치 평가에 대하여」, 충청대학, 2009

김시범, 「적대적 MA와 이사의 방어행위에 관한 법적 연구, 한양대학교, 2011

김종오, 「재무분석과 가치평가」, 에피스테메, 2018

김종찬, 「기업공시 실무안내」, 금융감독원, 2018

김중연, 「쟁점정리 상법」, 새흐름, 2018

김철중, 「기업가치 중심의 경영분석」, 명경사, 2009

김태희, 「적대적 M&A와 포이즌 필에 관한 연구」, 연세대학교, 2011

김택수, 「M&A 최후의 승자는 누구인가」, 삼일인포마인, 2015

김택수, 「기업회생 이론과 실무」, 삼일인포마인, 2013

김화진, 「상법강의」, 박영사, 2016

노순규, 「M&A의 사례와 방법」, 한국기업경영연구소, 2015

박기환, 「회생절차실무: 법인 일반 간이회생」, 진원사, 2016

박정우 외, 「M&A와 자본거래의 세무」, 영화조세통람, 2015

박한성, 「회사법제와 M&A」, 한국학술정보, 2015

백복현 외, 「재무제표분석과 기업가치평가」, 박영사, 2018

서명길 외, 「기술금융과 기술평가실무」, 마인드 탭, 2018

서보일, 「PMI 합병 후 통합핵심메뉴얼」, 미디어아트, 2017

성희철, 「자본시장법 강의」, 캐피털북스, 2018

손재호, 「적대적 M&A」, 매일경제신문사, 2010
송원희, 「중소기업의 자본구조에 관한 실증적 연구」, 청주대학교, 2010
심동석 외 1명, 「최고경영자 교체와 기업가치」, 한국회계정보학회, 2012
안동섭, 「개정 상법해설」, 홍문관, 2012
안청헌, 「기업회생절차상 M&A실무」, 퍼플, 2014
이광중, 「회사분할과 M&A」, KDBI, 2009
이영기, 「자본시장법 시행에 따른 M&A법과의 실제」, 유로, 2009
이준승 외, 「M&A성공을 위한 통합전략」, 삼일회계법인, 2009
이철송, 「회사법 강의」, 박영사, 2018
임대규, 「고객만족이 기업가치 및 수익성에 미치는 영향」, 경희대학교, 2010
임영철, 「공정거래법」, 박영사, 2018
임재연, 「자본시장법」, 박영사, 2016
임창남, 「기업가치평가모형의 정립에 관한 연구」, 충남대학교, 2006
임창호, 「기업 경쟁력 평가모형에 관한 연구」, 한국항공대학교, 2012
임채우, 「적대적 M&A 방어수단에 관한 연구」, 건국대학교, 2010
장세진, 「경영전략」, 박영사, 2018
정용기, 「기업법실무 강의」, 충남대학교출판문화원, 2016
정찬현, 「상법강의」, 박영사, 2016
제해진, 「M&A와 기업구조조정 전략」, 씨앤톡, 2010
조지호, 「벤처기업의 가치평가」, 한양대학교출판부, 2004
최상우 외, 「기업금융과 M&A」, 삼일인포마인, 2016
Aspatore Books, 「M&A Deal Strategies」, West Group, 2018
Berghese Robert J, 「M&A planning to Integration」, Macraw-Hill, 2016
Gerald M., 「M&A Disputes」, Wiley I, 2017
Hooke, Jeffrey C. 「M&A A Practical Guide to Doing the Deal」, Wiley, 2014

찾아보기

기타

저자 약력

■ 남 영 호

- 경희대경영대학원 졸업
- 한국능률협회 지도위원 역임
- 한국상장회사협의회 감사회 전문위원 역임
- 주식회사 신동방 이사
- 삼부벤처캐피탈(주) 전무이사
- 현대아이티(주) 전무이사
- (현) Young 컨설팅그룹 LLC. 대표컨설턴트
- 원가관리사 / 경영진단사 / 경영정보관리사

〈주요저서〉

- 유통서비스의 소집단활동 / 한국능률협회
- 문제해결기법/한국능률협회
- 주먹구구론 돈 벌 수 없다 / 세명서관
- 소비자금융 중심의 여신금융실무 / 세명서관
- 전략사업계획서실무 / 세명서관
- 파이낸스금융 이론과 실무 / 세명서관
- 전략기획실무 / 세명서관
- 경영계획과 목표에 의한 성과관리 / 세명서관
- 전면개정7판 기업내부의 감사진단실무/ 세명서관
- M&A War Game 창과 방패 / 세명서관
- 개정증보4판 사업타당성분석 / 세명서관
- 기획실 업무편람 / 세명서관
- 사업계획 이론과 실무 / 세명서관

■ 진 현 식

- 서울과기대 인문사회대학 명예학장
- 경희대학교 관광개발연구소 교수(관광학박사, Ph.D)
- 경희사이버대학교 관광레저항공경영학과 겸임교수
- 제주국제자유도시개발센터(JDC) 사업심의위원
- 거제해양관광개발공사 투자자문위원
- 충청북도 투자자문관
- 제37회 ADB(Asia Development Bank)총회 자문위원
- 쉔톤리갈인베스트먼트(싱가포르)
- 한국테마리조트연구소 운영
- 오솔레미오리조트 휴양지 운영(태양의섬)
- 이삭홀딩스그룹 CEO

〈주요저서〉

- 관광이벤트경영론 / 백산출판사
- 도시디자인 / 지혜원
- 토지와사람 / 지혜원
- 테마가 있는 리조트개발 및 경영 / 형설출판사
- 파이낸스금융 이론과 실무 / 세명서관
- 전략기획실무 / 세명서관
- M&A War Game 창과 방패 / 세명서관
- 사업계획 이론과 실무 / 세명서관

[개정판] 전략적 M&A 실무

2010년 1월 17일 초판 인쇄
2010년 1월 26일 초판 발행
2019년 9월 17일 개정판 인쇄
2019년 9월 26일 개정판 발행

지은이 | 남영호 · 진현식
발행인 | 오 영 환
발행처 | 세명서관
등행록 | 1989. 2. 20. 제2-409호

주 소 | 서울특별시 중구 다산로 22길 18 2층(신당동)
전 화 | (02) 2238-9055, 2235-9601
FAX | (02) 2234-9291
E-mail | semyoungbook@hanmail.net

값 70,000원 ISBN 978-89-89097-56-3 92320

• 잘못 만들어진 책은 교환해 드립니다.